■2025年度中学受験用

昭和学院秀英中学校

4年間(＋3年間HP掲載)スーパー過去問

●収録内容一覧

入試問題と解説・解答の収録内容

年度	収録内容	
2024年度 午後特別	算数・国語 (解答のみ)	実物解答用紙DL
2024年度 1回	算数・社会・理科・国語	実物解答用紙DL
2024年度 2回	算数・社会・理科・国語	実物解答用紙DL
2023年度 午後特別	算数・国語 (解答のみ)	実物解答用紙DL
2023年度 1回	算数・社会・理科・国語	実物解答用紙DL
2023年度 2回	算数・社会・理科・国語	実物解答用紙DL
2022年度 午後特別	算数・国語 (解答のみ)	実物解答用紙DL
2022年度 1回	算数・社会・理科・国語	実物解答用紙DL
2022年度 2回	算数・社会・理科・国語	実物解答用紙DL
2021年度 午後特別	算数・国語 (解答のみ)	
2021年度 1回	算数・社会・理科・国語	
2020～2018年度(HP掲載) 「カコ過去問」 (ユーザー名) koe (パスワード) w8ga5a1o	問題・解答用紙・解説解答DL ◇著作権の都合により国語と一部の問題を削除しております。 ◇一部解答のみ(解説なし)となります。 ◇9月下旬までに全校アップロード予定です。 ◇掲載期限以降は予告なく削除される場合があります。	

～本書ご利用上の注意～　以下の点について，あらかじめご了承ください。

★別冊解答用紙は巻末にございます。実物解答用紙は，弊社サイトの各校商品情報ページより，一部または全部をダウンロードできます。
★編集の都合上，学校実施のすべての試験を掲載していない場合がございます。
★当問題集のバックナンバーは，弊社には在庫がございません(ネット書店などに一部在庫あり)。

合格を勝ち取るための
『スーパー過去問』の使い方

本書に掲載されている過去問をご覧になって，「難しそう」と感じたかもしれません。でも，多くの受験生が同じように感じているはずです。なぜなら，中学入試で出題される問題は，小学校で習う内容よりも高度なものが多く，たくさんの知識や解き方のコツを身につけることも必要だからです。ですから，初めて本書に取り組むさいには，点数を気にしすぎないようにしましょう。本番でしっかり点数を取れることが大事なのです。

過去問で重要なのは「まちがえること」です。自分の弱点を知るために，過去問に取り組むのです。当然，まちがえた問題をそのままにしておいては意味がありません。

本書には，長年にわたって中学入試にたずさわっているスタッフによるていねいな解説がついています。まちがえた問題はしっかりと解説を読み，できるようになるまで何度も解き直しをしてください。理解できていないと感じた分野については，参考書や資料集などを活用し，改めて整理しておきましょう。

このページも参考にしてみましょう！

◆どの年度から解こうかな　「入試問題と解説・解答の収録内容一覧」

本書のはじめには収録内容が掲載されていますので，収録年度や収録されている入試回などを確認できます。

※著作権上の都合によって掲載できない問題が収録されている場合は，最新年度の問題の前に，ピンク色の紙を差しこんでご案内しています。

◆学校の情報を知ろう!!「学校紹介ページ」

このページのあとに，各学校の基本情報などを掲載しています。問題を解くのに疲れたら息ぬきに読んで，志望校合格への気持ちを新たにし，再び過去問に挑戦してみるのもよいでしょう。なお，最新の情報につきましては，学校のホームページなどでご確認ください。

◆入試に向けてどんな対策をしよう？「出題傾向＆対策」

「学校紹介ページ」に続いて，「出題傾向＆対策」ページがあります。過去にどのような分野の問題が出題され，どのように対策すればよいかをアドバイスしていますので，参考にしてください。

◇別冊「入試問題解答用紙編」

本書の巻末には，ぬき取って使える別冊の解答用紙が収録してあります。解答用紙が非公表の場合などを除き，（注）が記載されたページの指定倍率にしたがって拡大コピーをとれば，実際の入試問題とほぼ同じ解答欄の大きさで，何度でも過去問に取り組むことができます。このように，入試本番に近い条件で練習できるのも，本書の強みです。また，データが公表されている学校は別冊の１ページ目に過去の「入試結果表」を掲載しています。合格に必要な得点の目安として活用してください。

本書がみなさんの志望校合格の助けとなることを，心より願っています。

株式会社　声の教育社　編集部

昭和学院秀英中学校

所在地	〒261-0014 千葉県千葉市美浜区若葉1-2
電　話	043-272-2481
ホームページ	https://www.showa-shuei.ed.jp/
交通案内	JR総武線「幕張駅」・京成千葉線「京成幕張駅」より徒歩15分 JR京葉線「海浜幕張駅」より徒歩10分

くわしい情報は
ホームページへ

トピックス

★例年，学校説明会への参加には事前に本校HPからの予約が必要。
★午後特別試験は時間・満点が第1・2回試験と異なります（参考：昨年度）。

創立年
昭和60年

男女共学

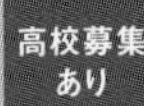

応募状況

年度	募集数		応募数	受験数	合格数	倍率
2024	PM　30名	男	352名	343名	87名	3.9倍
		女	338名	326名	66名	4.9倍
	①　110名	男	685名	616名	200名	3.1倍
		女	672名	597名	184名	3.2倍
	②　約20名	男	107名	103名	17名	6.1倍
		女	137名	132名	13名	10.2倍
2023	PM　30名	男	302名	292名	80名	3.7倍
		女	330名	317名	67名	4.7倍
	①　110名	男	663名	600名	204名	2.9倍
		女	660名	590名	189名	3.1倍
	②　約20名	男	126名	123名	13名	9.5倍
		女	186名	180名	7名	25.7倍

本校の目標

本校では，大学受験だけでなく，その先の未来を見すえ，「質の高い授業」「きめ細やかな進路指導」「豊かな心の育成」を実践目標にしています。この３つの柱をもとに，本校独自の充実したカリキュラムを展開し，生徒一人ひとりの可能性を高め，豊かな未来をひらいています。

入試情報（参考：昨年度）

【午後特別】
出願期間：2023年12月16日～2024年１月15日
試 験 日：2024年１月20日　14：30集合
試験科目：国・算
合格発表：2024年１月21日　12：00［HP］
【第１回】
出願期間：2023年12月16日～2024年１月15日
試 験 日：2024年１月22日　８：20集合
試験科目：国・算・社・理
合格発表：2024年１月24日　10：00［HP］
【第２回】
出願期間：2024年１月25日～2024年２月２日
試 験 日：2024年２月３日　８：20集合
試験科目：国・算・社・理
合格発表：2024年２月３日　19：00［HP］
※出願方法はインターネット出願です。初日は各回とも９時から，最終日は午後特別・１回は14時まで，２回は24時まで。

2023年度の主な大学合格実績

＜国立大学・大学校＞
東京大，東京工業大，一橋大，東北大，北海道大，筑波大，東京外国語大，東京医科歯科大，千葉大，横浜国立大，お茶の水女子大，防衛医科大

＜私立大学＞
慶應義塾大，早稲田大，上智大，東京理科大，明治大，青山学院大，立教大，中央大，法政大，学習院大，津田塾大，東京女子大，日本女子大

編集部注一本書の内容は2024年3月現在のものであり，変更されている場合があります。正確な情報は，学校のホームページ等で必ずご確認ください。

出題傾向＆対策

◆基本データ（2024年度１回）

試験時間／満点	50分／100点
問題構成	・大問数…５題 計算・応用小問２題（７問） ／応用問題３題 ・小問数…15問
解答形式	解答のみを記入する問題と途中式を書く問題があり，途中式を書くと部分点があたえられる。
実際の問題用紙	Ｂ５サイズ，小冊子形式
実際の解答用紙	Ｂ４サイズ

◆出題傾向と内容

▶過去３年の出題率トップ３
１位：角度・面積・長さ19％　２位：体積・表面積14％　３位：数の性質８％
▶今年の出題率トップ３
１位：角度・面積・長さ24％　２位：体積・表面積12％　３位：場合の数など７％

１・２題めは，応用小問からなる集合題です。試験回によっては計算問題もあり，計算のくふうをすれば簡単にできるもの，逆算などもふくまれます。応用小問で出題される単元は，数の性質，規則性，角度，面積，体積，速さなどです。基礎的な知識があれば解けるものから，かなり思考力を要するものまで，はば広く出題されています。もちろん，計算ミスにも気をつけましょう。

３題め以降は，いくつかの小設問を持つ応用問題です。図形や場合の数が重視されているようです。

◆対策～合格点を取るには？～

まず，計算練習を毎日続けて，計算力を身につけましょう。計算をノートにきちんと書き，答え合わせのときに，どんなところでミスしやすいかを発見するようにつとめること。

数の性質，割合と比では，はじめに教科書にある重要事項を整理し，類題を数多くこなして，基本的なパターンを身につけましょう。

図形では，はじめに求積問題を重点的に学習しましょう。

特殊算については，参考書などにある「○○算」の基本を学習し，公式をスムーズに活用できるようにしてください。

分野＼年度		2024			2023		
		午後	１回	２回	午後	１回	２回
計算	四則計算・逆算	○	◎		○	○	○
	計算のくふう			○		○	
	単位の計算						
和と差	和差算・分配算						
	消去算						
	つるかめ算			○			
	平均とのべ						○
	過不足算・差集め算	○					
	集まり						
	年齢算						
割合と比	割合と比			◎	○	○	○
	正比例と反比例					○	
	還元算・相当算						
	比の性質						
	倍数算						
	売買損益						
	濃度			○			
	仕事算		○				
	ニュートン算						
速さ	速さ						
	旅人算			○			
	通過算						
	流水算						
	時計算						
	速さと比						○
図形	角度・面積・長さ	●	●	●	●	◎	◎
	辺の比と面積の比・相似		◎	○		○	○
	体積・表面積	◎	○	◎	○	◎	◎
	水の深さと体積		○			○	○
	展開図						
	構成・分割	○			○	○	○
	図形・点の移動	○		○	○		○
表とグラフ							
数の性質	約数と倍数	○					
	N進数						
	約束記号・文字式						
	整数・小数・分数の性質		○	○	◎	○	
規則性	植木算						
	周期算						
	数列				○		
	方陣算						
	図形と規則	○					
場合の数		◎		○	◎	○	○
調べ・推理・条件の整理			○				○
その他							

※　○印はその分野の問題が１題，◎印は２題，●印は３題以上出題されたことをしめします。

社会 出題傾向＆対策

◆基本データ(2024年度１回)

試験時間／満点	40分／50点
問題構成	・大問数…４題 ・小問数…27問
解答形式	記号選択と適語の記入がほとんどだが，記述問題も２問出題されている。
実際の問題用紙	Ｂ５サイズ，小冊子形式
実際の解答用紙	Ｂ４サイズ

◆出題傾向と内容

地理分野，歴史分野，政治分野からまんべんなく出題されており，各分野のはば広い知識が問われています。出題形式も統計の読み取り，文章での記述など思考力を要するものがめだちます。

●地理…日本各地の地形(河川や島など)，産業，都市や農産物を題材とした各地域の特色などが出題されています。また，地形図から読み取れる内容について問うもの，日本と関係の深い外国についての出題も見られます。

●歴史…歴史上の人物を題材として，その人物や関連することがらについて問うもの，外交，産業，土地制度などのテーマにそって問うもの，ある時代や分野に関連するできごと・人物について問うものなどが見られます。

●政治…憲法や三権のしくみについての問題が多く出されており，特に，憲法については日本国憲法の条文をはじめとして，くり返し問われています。また，国際関係・経済・福祉などについても出題されています。

分野＼年度		2024		2023		2022	
		1回	2回	1回	2回	1回	2回
日本の地理	地図の見方	○	○		★	○	
	国土・自然・気候	○	○	○	○	○	
	資源	○	○		○		
	農林水産業	○	○	○	○	○	○
	工業			○		○	
	交通・通信・貿易				○		
	人口・生活・文化		★			○	○
	各地方の特色	○	★	○		○	○
	地理総合	★		★	★	★	★
世界の地理			○			○	★
日本の歴史 時代	原始～古代	○	○	○	○	○	○
	中世～近世	○	○	○	○	○	○
	近代～現代	○	○	○	○	○	○
日本の歴史 テーマ	政治・法律史						
	産業・経済史		★				★
	文化・宗教史		★				
	外交・戦争史		★	★			
	歴史総合	★		★	★	★	★
世界の歴史							
政治	憲法	○	○			○	
	国会・内閣・裁判所	★	○	○	○	○	○
	地方自治	○					
	経済	○				○	○
	生活と福祉		○	○			
	国際関係・国際政治		○	○	○	○	○
	政治総合	★	★	★	★	★	★
環境問題				○			
時事問題							
世界遺産							
複数分野総合							

※　原始～古代…平安時代以前，中世～近世…鎌倉時代～江戸時代，近代～現代…明治時代以降

※　★印は大問の中心となる分野をしめします。

◆対策～合格点を取るには？～

はば広い知識が問われていますが，大半の設問は標準的な難易度ですから，まず，基礎を固めることを心がけてください。教科書のほか，説明がていねいでやさしい標準的な参考書を選び，基本事項をしっかりと身につけましょう。

地理分野では，地図とグラフが欠かせません。つねにこれらを参照しながら，白地図作業帳を利用して地形と気候をまとめ，そこから産業のようす(もちろん統計表も使います)へと広げていってください。

歴史分野では，教科書や参考書を読むだけでなく，自分で年表をつくって覚えると学習効果が上がります。できあがった年表は，各時代，各分野のまとめに活用できます。本校の歴史の問題にはさまざまな分野が取り上げられていますから，この作業はおおいに効果が期待できます。

政治分野では，日本国憲法の基本的な内容と三権についてはひと通りおさえておいた方がよいでしょう。また，時事問題については，新聞やテレビ番組などでニュースを確認し，国の政治や経済の動き，世界各国の情勢などについて，ノートにまとめておきましょう。

理科　出題傾向＆対策

◆基本データ(2024年度1回)

試験時間／満点	40分／50点
問題構成	・大問数…4題 ・小問数…25問
解答形式	記号の選択や適語・数値の記入のほかに，記述問題や計算式を書く問題もある。
実際の問題用紙	B5サイズ，小冊子形式
実際の解答用紙	B4サイズ

◆出題傾向と内容

どの分野も基本的な問題がほとんどですが，実験・観察・観測をもとにした問題が多いので，単純に知識を暗記するだけの中途はんぱな学習では，合格点を取るのは難しいでしょう。

●生命…四季の植物・野鳥，ミツバチ，食物連鎖，ナナホシテントウ，消化と吸収，広葉樹，生物の環境とくらしのほか，ウイルスなど時事的な話題とからめたものなども取り上げられています。

●物質…ものの溶け方と粒子，水溶液の性質，中和反応と濃度，金属の燃焼，水の状態変化と温度，気体の発生と性質，金属と塩酸の反応などが出題されています。計算問題や実験装置についての問題も多く出題されています。

●エネルギー…自転車の歯車，密度，熱量，ふりこ，音，ピストンと圧力，てこのつり合い，ばねと浮力などが見られます。計算問題も多く出されています。

●地球…気団と前線，地球の動きと星の見え方などが出題されています。環境問題についても出されています。

分野 ＼ 年度		2024		2023		2022	
		1回	2回	1回	2回	1回	2回
生命	植物			○	○		
	動物		○	○	○	★	
	人体						★
	生物と環境				★		
	季節と生物		★	★			
	生命総合						
物質	物質のすがた					★	
	気体の性質		★	○			○
	水溶液の性質		○	○	★		★
	ものの溶け方				○		
	金属の性質			○			
	ものの燃え方	★		★			
	物質総合						
エネルギー	てこ・滑車・輪軸	★		★			★
	ばねののび方						★
	ふりこ・物体の運動		★				
	浮力と密度・圧力			○		★	○
	光の進み方						
	ものの温まり方				★		
	音の伝わり方					★	
	電気回路						
	磁石・電磁石						
	エネルギー総合						
地球	地球・月・太陽系	★					
	星と星座						
	風・雲と天候				○	★	
	気温・地温・湿度						
	流水のはたらき・地層と岩石						
	火山・地震						
	地球総合						
実験器具							
観察							
環境問題		★		○	○		
時事問題							
複数分野総合							

※　★印は大問の中心となる分野をしめします。

◆対策～合格点を取るには？～

各分野から出題されていますから，基本的な知識をはやいうちに身につけ，そのうえで問題集で演習をくり返しながら実力アップをめざしましょう。

「生命」は，身につけなければならない基本知識の多い分野ですが，楽しみながら確実に学習する心がけが大切です。

「物質」では，気体や水溶液，金属などの性質に重点をおいて学習してください。そのさい，中和反応や濃度など，表やグラフをもとに計算する問題にも積極的に取り組んでください。

「エネルギー」は，力のつり合い，物体の運動，かん電池のつなぎ方や豆電球の明るさ，磁力の強さなどの出題が予想される単元ですから，学習計画から外すことのないようにしましょう。

「地球」では，太陽・月・地球の動き，季節と星座の動き，天気と気温・湿度の変化，地層のでき方などが重要なポイントです。

なお，環境問題・身近な自然現象に日ごろから注意をはらうことや，テレビの科学番組，新聞・雑誌の科学に関する記事，読書などを通じて多くのことを知るのも大切です。

国語 出題傾向＆対策

◆基本データ（2024年度１回）

試験時間／満点	50分／100点
問題構成	・大問数…３題 文章読解題２題／知識問題１題 ・小問数…20問
解答形式	記号選択と書きぬきのほかに，15～70字程度の記述問題も見られる。
実際の問題用紙	Ｂ５サイズ，小冊子形式
実際の解答用紙	Ｂ４サイズ

◆出題傾向と内容

▶近年の出典情報（著者名）
説明文：高階秀爾　徳井直生　信原幸弘
小　説：近藤史恵　神田　茜　いとうみく

●読解問題…引用文については，説明文・論説文と小説・物語文から１題ずつ出題されることがほとんどです。設問内容は多様で，説明文・論説文では論旨の展開を正しく理解しているかどうかを問うもの，小説・物語文では状況や動作・行動，登場人物の性格などとからめて，心情を問うものが中心となっています。具体的には，内容の読み取りのほか，適語・適文の補充，指示語の内容，接続語の補充などがはば広く出題されています。

●知識問題…漢字の読みと書き取りが５問ほど出題されます。また，文法，語句の意味，慣用句などが取り上げられることもあります。

◆対策～合格点を取るには？～

本校の国語は，読解力を中心にことばの知識や漢字力もあわせ見る問題ということができますが，その中でも大きなウェートをしめるのは，長文の読解力です。したがって，読解の演習のさいには，以下の点に気をつけましょう。①「それ」や「これ」などの指示語は何を指しているのかをつねに考える。②段落や場面の構成を考える。③筆者の主張や登場人物の性格，心情の変化などに注意する。④読めない漢字，意味のわからないことばが出てきたら，すぐに辞典で調べ，ノートにまとめる。

また，知識問題は，漢字・語句（四字熟語，慣用句・ことわざなど）の問題集を一冊仕上げるとよいでしょう。

分野 ＼ 年度			2024			2023		
			午後	１回	２回	午後	１回	２回
読解	文章の種類	説明文・論説文	★	★	★	★	★	★
		小説・物語・伝記		★	★		★	★
		随筆・紀行・日記						
		会話・戯曲						
		詩						
		短歌・俳句						
	内容の分類	主題・要旨	○	○	○		○	○
		内容理解	○	○	○	○	○	○
		文脈・段落構成		○	○			
		指示語・接続語		○	○		○	
		その他		○	○		○	
知識	漢字	漢字の読み	★	○	○	★	○	○
		漢字の書き取り	★	○	○	★	○	○
		部首・画数・筆順						
	語句	語句の意味			○			○
		かなづかい						
		熟語						
		慣用句・ことわざ						○
	文法	文の組み立て						
		品詞・用法						
		敬語						
	形式・技法							
	文学作品の知識							
	その他							
	知識総合							
表現	作文		○			○		
	短文記述							
	その他							
放送問題								

※　★印は大問の中心となる分野をしめします。

2024年度

昭和学院秀英中学校

【算　数】〈午後特別試験〉(60分)〈満点：120点〉

※円周率は3.14とし、角すいや円すいの体積はそれぞれの角柱や円柱の体積の$\frac{1}{3}$とします。

1 次の［　　］の中に適当な数を入れなさい。

(1)　$(1+2+4+8+16+32)\div 7+1.3\times\frac{7}{10}-\frac{2}{5}\times\frac{2}{5}+0.25=$［ア］

(2)　大中小の3個のサイコロを同時に1回投げるとき、出た目の数の積が偶数になる目の出方は［イ］通りです。

(3)　1から100までの整数のうち、2か3で割り切れる数は［ウ］個あります。

(4)　高校生の兄と中学生の弟は、どちらも千葉駅～幕張駅の通学定期券を利用しています。高校生の料金は1ヶ月3,610円、中学生の料金は1ヶ月2,810円で、毎月購入しています。弟は定期券を家に忘れると、片道180円の切符を往復で買って登下校します。先月、弟は家に定期券を［エ］回忘れたため、かかった交通費の合計は兄よりも多くなりましたが、今月は忘れた回数が1回少なかったため、かかった交通費の合計は兄よりも少なくなりました。また、弟が［オ］ヶ月間に［カ］回忘れたところ、弟の交通費の合計と兄の交通費の合計は等しくなりました。ただし、兄は定期券を忘れることは無いとし、［オ］についてはできるだけ小さい数字を答えなさい。

2 次の［　　］の中に適当な数を入れなさい。

(1) 図において、四角形ABCDは平行四辺形です。辺AD上に点Eを、BCの長さとECの長さが等しくなるように取ります。また、直線BEと直線CDが交わる点をFとします。このとき角 ㋐ の大きさは［キ］度です。

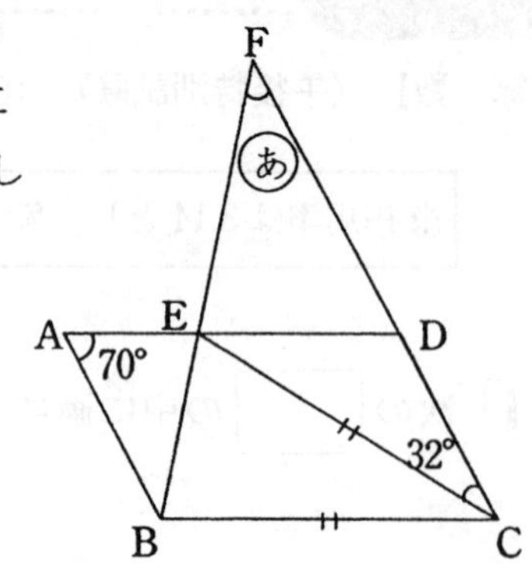

(2) 面積が144 cm^2 の正六角形があります。黒い点が各辺の真ん中の点であるとき、小さい正六角形の面積は［ク］cm^2 です。

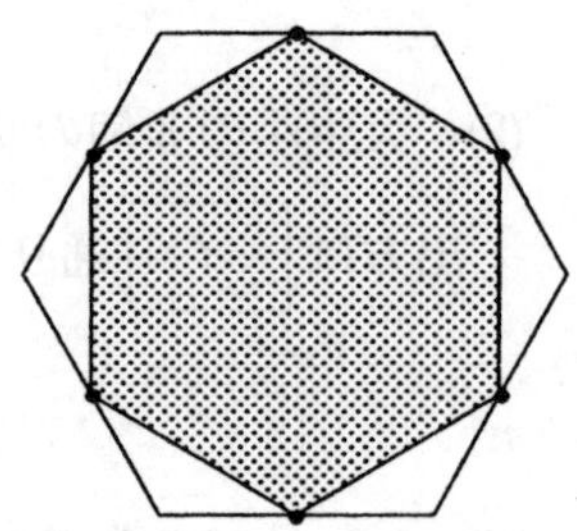

(3) 図の直角三角形を、長さ5 cmの辺を軸として1回転させてできる立体の体積は［ケ］cm^3 です。

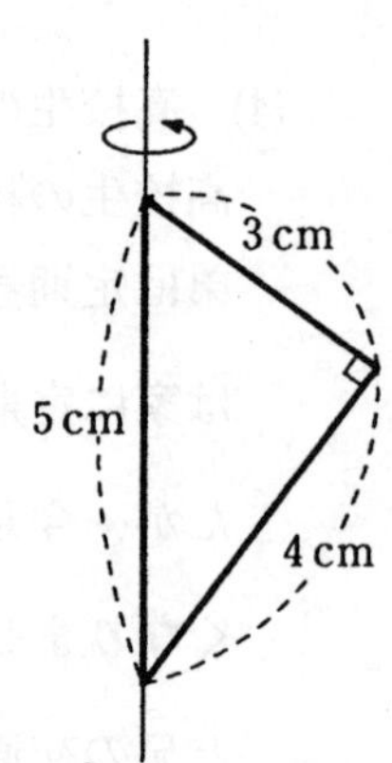

(4)　図のような、半径６cm，中心角60度のおうぎ形を２つ重ねてできた図形があります。この図形を直線上をすべらないように転がして１回転させたとき、図形が通る部分の面積は［コ］cm^2です。

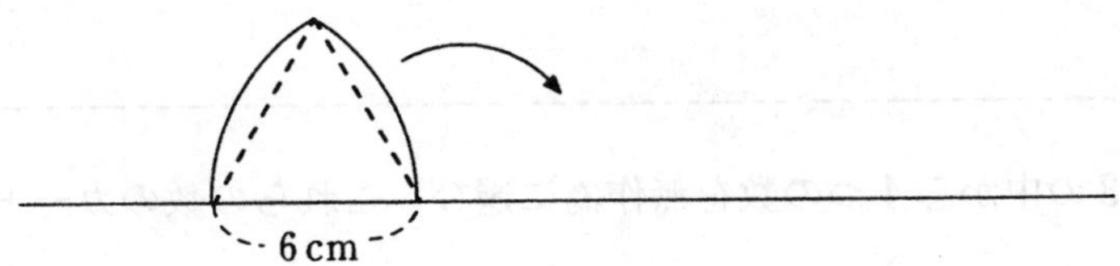

3　１辺の長さが１cmの正方形を並べて、図のような階段の形をした図形を作っていきます。次の各問いに答えなさい。

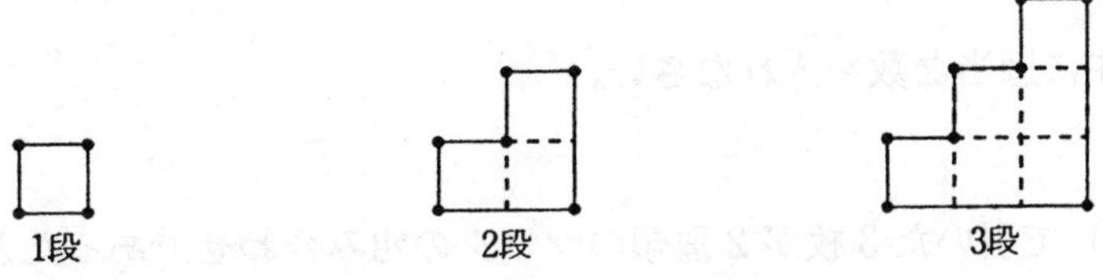

(1)　階段が１段のとき頂点の数は４個，２段のとき頂点の数は６個です。階段が100段のときの頂点の個数を求めなさい。

(2)　頂点の数が2024個のときの階段の段数を求めなさい。

(3)　階段が１段の図形の面積は$1cm^2$，２段の図形の面積は$3cm^2$です。階段が200段の図形の面積を求めなさい。

(4)　階段の図形の面積が$1225cm^2$のときの階段の段数を求めなさい。

4 トランプには、スペード，ダイヤ，クローバー，ハートの4つのマークがあり、4つのマークにはそれぞれ1～13の数を表すカードが1枚ずつあります。また、どのマークにも属さないジョーカーがあります。ジョーカーをのぞいた52枚のカードで次のような操作を行い、得点を決めます。

操作の手順

（Ⅰ） 1～13の中から4つの数を無作為に選び、これらの数のカード16枚をよく混ぜます。

（Ⅱ） （Ⅰ）の16枚から3枚のカードを引きます。引いた中に同じマークのカードがあれば、それらの数の積を得点とし、同じマークがないカードは、その数を得点としてそれらを合計します。例えば、引いた3枚が「ハートの4，ハートの5，スペードの1」の場合の合計得点は4×5+1=21点となります。

次の［　　］の中に適当な数を入れなさい。

(1) 手順（Ⅱ）で引いた3枚が2種類のマークの組み合わせであったとき、最高得点は［サ］点で、その場合の3枚のカードの組み合わせは［シ］通りあります。

(2) 手順（Ⅰ）である4つの数を選んだところ、手順（Ⅱ）で3枚を引いた最高得点が240点になりました。手順（Ⅱ）で引いた3枚のマークは［ス］種類で、また手順（Ⅰ）での4つの数字の選び方は、［セ］通りあります。

5 図は、1辺の長さが6cmである立方体を、すき間無く4個合わせてできた立体です。この立体を、次の3点を通る平面で切ったときの、それぞれの体積を求めなさい。

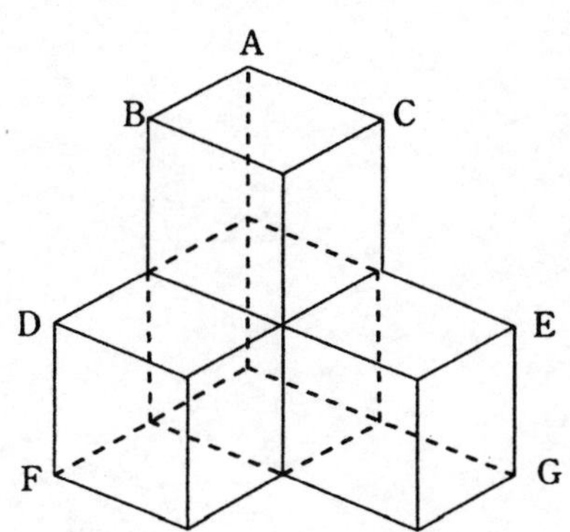

(1) 3点A,F,Gを通る平面で切ったとき、点Bを含まない立体の体積

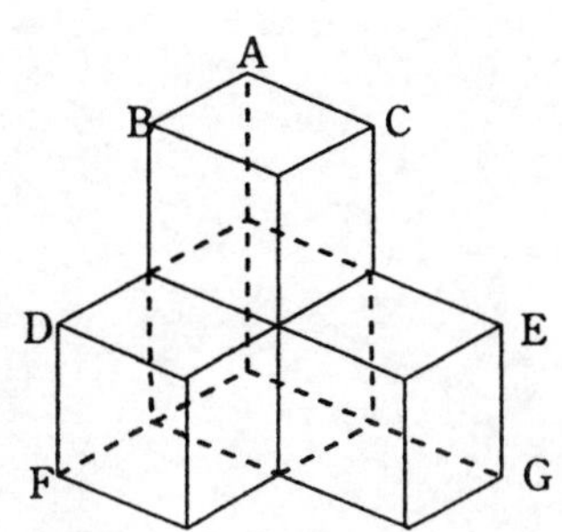

(2) 3点B,C,Dを通る平面で切ったとき、点Aを含む立体の体積

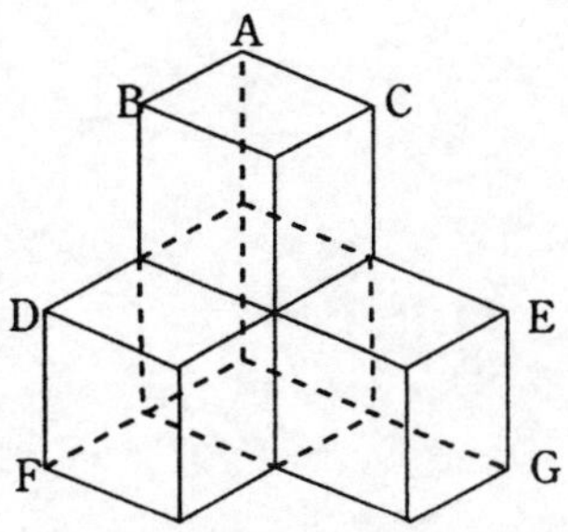

(3)　3点A,D,Gを通る平面で切ったとき、点Fを含む立体の体積

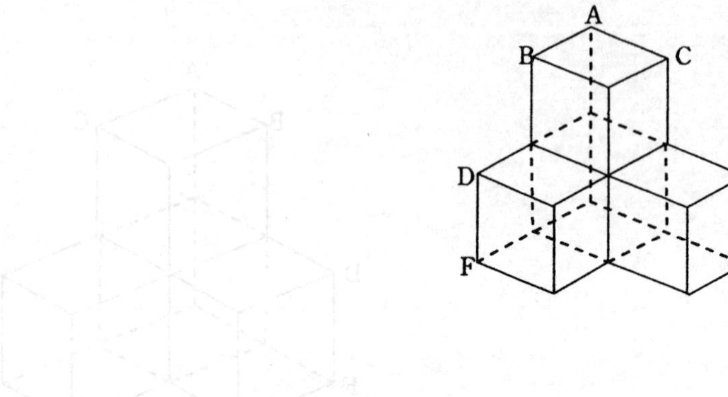

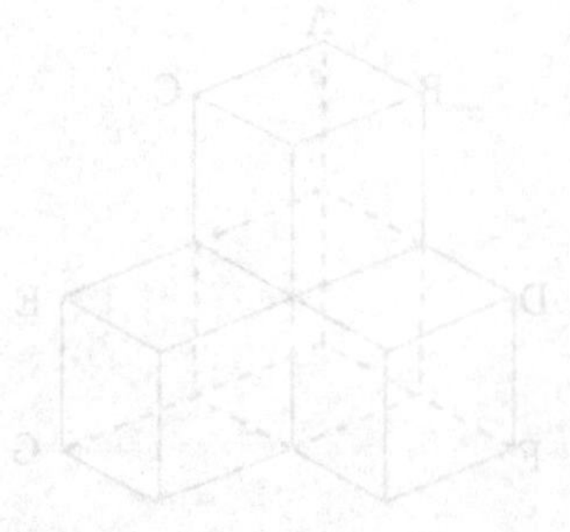

2　レオナルド・ダ・ヴィンチの「聖アンナと聖母子」と、現代のアート作品のそれぞれについて、作品をよく理解するための鑑賞のしかたを、文章A・文章Bに則して、200字以内で説明しなさい。

3　次の画像は、アドビ社の画像生成AI「Firefly」が生成したものである。この画像はアート作品と言えるか、文章A・文章Bをふまえながら、あなたの考えを100字以内で述べなさい。

ア

イ

ウ

エ

オ

館で見られるような絵画や彫刻などだけでなく、音楽やダンス、文学作品などにも当てはまります。

もちろん、「美」の概念は今も重要な要素ではありますが、美術批評家、哲学者のアーサー・ダントーによると、美がアートから切り離されたのが20世紀のアートです。岡本太郎の「芸術はいやらしくなければならない」「芸術はうまくあってはならない」という言葉がまさに象徴的です。前節でも触れた※デュシャンの『泉』は、アートには作者の意図と作品のコンセプトだけが必須であり、それ以外の表現のスキルやテクニック、ましてや費やした労力などは※副次的なものに過ぎない、という新しい観点を暴力的なまでの手法で示しました。それ以降、絵の表面に残された目に見えるかたちや色といった表象やその表現技術ではなく、絵の背景にある、直接は見えない作者の心象や意図に鑑賞の対象の中心が移っていくことになります。とはいっても、※ノイズ・ミュージックやパンク・ロックが生まれたからといって、バッハやモーツァルトの価値が下がるわけではないように、デュシャンによって、ダヴィンチやレンブラントの評価が変化したわけではなく、アートの概念が拡張したと考えられます。

（徳井直生『創るためのＡＩ』より）

※スーツケース・ワード……意味のとらえ方が人によって異なる言葉。

※コンセプト……意図や主張。

※デュシャンの『泉』……フランスの芸術家のマルセル・デュシャンが「制作」した作品。既成品の便器にサインをしてそのまま作品としたもの。

※副次的……主要なものではないこと。

※ノイズ・ミュージックやパンク・ロック……二十世紀になって生まれた音楽のジャンル。伝統的な音楽の基準では「うるさい」と言われるような音づくりをしている。

1　文章Ａの傍線部について、ジョットーが描いた聖母子像にあてはまるものを次ページのア～オの絵画から選び、記号で答えなさい。

永遠不動のものとするため、構図上の最も重要な点、すなわちそのピラミッドの頂点に、聖アンナのあの神秘の微笑が置かれているのである。現実と理想とを巧みに統一した見事な構成と言うべきであろう。

(高階秀爾『名画を見る眼』より)

※素描……色をつけず、線のみでえがいた絵。デッサン。
※モティーフ……作品の構成要素。

文章B

2016年、AIを利用して書かれた短編SF小説が、星新一賞の一次審査を通過し、話題になりました。『コンピュータが小説を書く日』と題された小説は、AIが高性能化した近未来、AIが「エーアイによるエーアイのためのノベル」、「アイノベ」を書き始めるお話です。

文章の生成システムの詳細は、『コンピュータが小説を書く日――AI作家に「賞」は取れるか』に詳しく書かれていますが、最近の機械学習を用いたものではなく、人の手によって定められたルールを中心とする仕組みになっていたようです。この「きまぐれ人工知能プロジェクト 作家ですのよ」の中心人物、松原仁氏は、書き上がった作品に対する貢献度を「人間が八割、AIが二割程度」と評します。また、プロジェクトのメンバーで文章生成エンジンを担当した佐藤理史氏は、コンピュータが意思を持って、何かをするなど現時点ではあり得ない、『コンピュータが小説を書く日』は全くのフィクションであるとした上で、「コンピュータを使って私が書いた」、「ワープロで文章を書くのと本質的には変わらない」とまで明言されています。

コンピュータは意識を持ちませんし、自由意志も持ちません。「書きたい」「知りたい」と思うこともなければ、「退屈さ」「悲しさ」といった感情を理解しているわけでもありません。作品内でAIを「エーアイ」としているのも、このお話がパロディーであることを示すためであり、その上で、人がAIを擬人化して考えるきらいが強いことを指摘しています。

【中略】

AIシステム自体は意図を持たないことを確認したところで、今度は、アートとは、創作活動とは何かという別の角度から考えてみましょう。「アート」や「創作」といった言葉も、もしかしたら※スーツケース・ワードの一つなのかもしれません。どちらも定義が難しい言葉です。アートと聞いて思い浮かべるイメージは人によって大きく異なることでしょう。それでもかねてからアートと紐付けられる※コンセプトとして、「美」が挙げられます。〝アートとは美しいもの〟というイメージが一般的なのではないでしょうか。これは美術るもので、それ故、すべての人間に代わって十字架につけられるイエスの受難を象徴する。とすると、愛らしい仔羊にまたがろうとするイエスの無邪気な戯れは、実は十字架上の受難を暗示する悲劇的な意味を帯びたものとなる。それなればこそ、マリアは、わが子をその悲劇的運命から救おうとして、思わずイエスの方に大きく手をさしのべているのである。つまりここでは聖母は、犠牲の仔羊のなかに、わが子の将来の運命をはっきりと読み取っている。彼女の表情からあの神秘的な微笑が消えて、悲しげな諦めだけが読み取れるのも、そのためにほかならない。上体を大きく前に曲げて手をさし出したマリアのドラマティックなポーズは、そのまま神の母としての運命の自覚と、人間的な愛情との激しい葛藤を示すものであると言ってよいであろう。

【中略】

絵画表現の上から言えば、この「聖アンナと聖母子」において、レオナルドは、すべてが静止している「モナ・リザ」の場合とは逆に、ダイナミックな動きに満ちた主題を、安定した構図のなかにはめこむという試みを行なっている。

事実、この作品を見てすぐ気がつくことは、聖母の身体の大きな動きである。聖アンナの膝に深く腰をかけ、上体を大きく曲げながら両手をのばしてわが子イエスを抱こうとするマリアのポーズは、よく見れば不自然なくらい大きな動きを示す姿勢であり、その衣裳も、身体の動きに応じて複雑な襞を見せている。一方、幼児イエスも、そのマリアの動きに呼応するかのようにやはり両手を前にさし出して仔羊をかかえ、片足を上げてその上に乗ろうとしながら、首を大きくひねって母親の方を振り返っている。イエスに摑まれた仔羊も、脚をばたつかせながらもがいている。そして、最も動きの少ない聖アンナですら、マリアを載せるために身体を大きく画面左の方にひねり、顔は逆にイエスの方に向けるという捩れたポーズをとっており、さらに、左肘を大きく後ろの方に張り出している。おそらく、三人の人物と一匹の動物を描いたこの群像構図の※モティーフをひとつひとつ取り出してみれば、いずれもきわめて複雑な動きを示すものとなるであろう。

それにもかかわらず、われわれがこの画面から落ち着いた静かな印象を受けるのは、個々の動きの多いモティーフが、ピラミッド型の安定した構図のなかに見事におさめられているからである。

レオナルドの最初の構想を示す「バーリントン・ハウスのカルトン」では、イエスだけは身体を捩って聖ヨハネの方に身を乗り出すという動きを見せているが、聖母と聖アンナはほとんど同列に並んで、腕や脚は垂直か水平の方向に向けられ、きわめて安定した構図になっている。それに対して、ルーヴル美術館の油絵の方では、聖母の両腕をはじめ、脚も、頭もすべて斜めになっており、聖アンナの腕や脚でさえ、やはり斜めの方向を強調している。このように動きの多い群像をぴたりとピラミッド型におさめて、ダイナミックな効果を保ちながらしかも安定した印象を与えるように構成したところに、レオナルドの絶妙な技巧が見てとれる。そして、その安定した構図をリアのこの「謎の微笑」は、ルーヴル美術館の油絵ではすっかり消えて、聖アンナが微笑んでいるのとは対照的に、聖母はどこか悲しげな表情を示すようになっている。

【中略】

もともと、聖母子像といったような宗教的主題の作品は、本来礼拝の対象として描かれるものであって、そのため中世においてはイエスは「神の子」、マリアは「神の母」として、近づき難い威厳を備えた表現をとるのが普通であった。ところが、ルネサンス時代になって人間的なものがあらためて見直されるようになると、「聖母子」も、普通の母と子として、その人間的な側面が強調されるようになる。同じ聖母子にしても、例えば十四世紀のジョットーや時には十五世紀のマサッチオにおいてさえ、マリアもイエスも厳しい表情でじっと正面を睨んでいるように描かれていたのに、十五世紀後半にはいると、次第に子供をあやす母親や、あるいは子供に乳を飲ませる母親といったような人間的な聖母子が描かれるようになる。聖母マリアの母親である聖アンナとか、マリアの夫である聖ヨセフといったようなイエスとマリアをめぐる周辺の人物が画面に登場してくるのも、ひとつには、このような人間的表現のあらわれであって、これはやがて「聖家族」という主題として、絵画史上に定着するようになる。

「モナ・リザ」

「聖アンナと聖母子と幼児聖ヨハネ」
（「バーリントン・ハウスのカルトン」）

しかしながら、レオナルドのこの作品では、礼拝対象としての教義的な意味がすっかり失われてしまったわけではない。いやそれどころか、仔羊と戯れる子供、その子供を抱こうとする母、それを見守る祖母というきわめて家庭的な雰囲気に満ちたこの作品も、実ははっきりと教義的な内容を備えており、その意味でれっきとした宗教的作品なのである。

例えば、中世以来教義上の約束ごととして決まっている象徴表現が、やはりここでも見られる。第一に、聖母マリアは赤い衣裳を着て青いマントをかけているが、聖母の衣裳のこの赤と青という組み合わせは、愛情と真実の象徴として最初から決められたものである。また、幼児イエスが戯れている仔羊は、犠牲の儀式に使われ

三　次の文章A・文章Bを読んで、あとの問いに答えなさい。

文章A

文章Aは、レオナルド・ダ・ヴィンチの絵画「聖アンナと聖母子」と、関連して「モナ・リザ」について説明した文章である。

　しかし、少なくともひとつたしかなことは、この種の微笑は決して「モナ・リザ」だけにかぎられるものではないということである。同じルーヴル美術館に、「モナ・リザ」と並んで陳列されているこの「聖アンナと聖母子」を見れば、そのことはただちに納得がゆくであろう。マリアを膝の上に載せて、俯し目がちに聖母とイエスを静かに見守る聖アンナの口許には、同じような微笑が、いっそうはっきりと描かれているからである。

　さらに、この「聖アンナと聖母子」よりも十年近く前に、すなわち、おそらく「モナ・リザ」が描かれるより前に制作されたと思われるこの絵のための下絵※素描（現在ロンドンのナショナル・ギャラリー所蔵）を見てみると、そこでも聖アンナは、はっきりと同じようなもの静かな微笑をたたえている。いやそればかりでなく、かつてロンドンのバーリントン・ハウスが所蔵していたところから「バーリントン・ハウスのカルトン」と呼ばれるこの下絵素描においては、聖アンナと顔を並べている聖母マリアも、控え目ながら口許にやはり同じ微笑を浮かべている。笑いの表情がそれほどはっきりと強調されておらず、笑っているのかどうかにわかに決めかねる不思議な曖昧さを持っている点では、このカルトンの聖母の表情が最も「モナ・リザ」に近いと言えるかもしれない。しかし、聖母マ

「聖アンナと聖母子」

2024年度

昭和学院秀英中学校

【国語】〈午後特別試験〉(四〇分)〈満点:八〇点〉

一 次の1~5の傍線部の漢字の読みをひらがなで答えなさい。

1 おおくの色をない交ぜにして模様をえがく。
2 今年の初氷は例年に比べて早かった。
3 機構を改組して新たな体制にする。
4 手をつくして、費用をどうにか工面できた。
5 働きやすくなるように社屋を新しく建てる。

二 次の1~5の傍線部のカタカナを漢字に直しなさい。

1 あの小説の名モンクはいつ聞いても感動する。
2 セイウンの志をいだいて故郷を出発した。
3 ぼくもかつてはコウガンの美少年と言われていました。
4 司会者がキテンのきいた発言で場をなごませた。
5 あの人の気持ちを想像することはとてもヤサしい。

2024年度

昭和学院秀英中学校　▶解　答

算　数　＜午後特別試験＞（60分）＜満点：120点＞

解　答

1 ア 10　イ 189　ウ 67　エ 3　オ 9　カ 20　2 キ 39　ク 108　ケ 30.144　コ 131.88　3 (1) 202個　(2) 1011段　(3) 20100cm²　(4) 49段　4 (1) サ 169点　シ 12通り　(2) ス 1種類　セ 13通り　5 (1) 288cm³　(2) 756cm³　(3) 486cm³

国　語　＜午後特別試験＞（40分）＜満点：80点＞

解　答

一 1 ま(ぜ)　2 はつごおり　3 かいそ　4 くめん　5 しゃおく　二 下記を参照のこと。　三 1 ア　2 （例）レオナルド・ダ・ヴィンチの「聖アンナと聖母子」は，中世以来のキリスト教の教義上の約束事として決まっている象徴表現の意味を理解したうえで，人物の表情や複雑な動きを安定した構図にはめこむというたくみな技術を見ぬきその効果を味わうことが大切である。現代のアート作品は，絵の表面に残された目に見える形や色といった表象や表現技術だけでなく，絵の背景にある目に見えない作者の心象や意図を見ぬくことが重要である。　3 （例）この画像は，AIが自分の意思でつくり出したものではなく，人間の意思で，AIを道具として使って生成させたものにすぎない。ここには画像の作者の意思がふくまれていないため，この画像はアートとはいえない。

●漢字の書き取り

二 1 文句　2 青雲　3 紅顔　4 機転　5 易(しい)

Dr.福井の
入試に勝つ！脳とからだのウルトラ科学

寝る直前の30分が勝負！

みんなは，寝る前の30分間をどうやって過ごしているかな？　おそらく，その日の勉強が終わって，くつろいでいることだろう。たとえばテレビを見たりゲームをしたり——。ところが，脳の働きから見ると，それは効率的な勉強方法ではないんだ！

実は，キミたちが眠っている間に，脳は強力な接着剤を使って海馬（かいば）（脳の，知識をためる倉庫みたいな部分）に知識をくっつけているんだ。忘れないようにするためにね。もちろん，昼間に覚えたことも少しくっつけるが，やはり夜——それも“寝る前”に覚えたことを海馬にたくさんくっつける。寝ている間は外からの情報が入ってこないので，それだけ覚えたことが定着しやすい。

もうわかるね。寝る前の30分間は，とにかく勉強しまくること！　そうすれば，効率よく覚えられて，知識量がグーンと増えるってわけ。

では，その30分間に何を勉強すべきか？　気をつけたいのは，初めて取り組む問題はダメだし，予習もダメ。そんなことをしても，たった30分間ではたいした量は覚えられない。

寝る前の30分間は，とにかく「復習」だ。ベストなのは，少し忘れかかったところを復習すること。たとえば，前日の勉強でなかなか解けなかった問題や，１週間前に勉強したところとかね。一度勉強したところだから，短い時間で多くのことをスムーズに覚えられる。そして，30分間の勉強が終わったら，さっさとふとんに入ろう！

ちなみに，寝る前に覚えると忘れにくいことを初めて発表したのは，アメリカのジェンキンスとダレンバッハという２人の学者だ。

Dr.福井（福井一成（ふくいかずしげ））…医学博士。開成中・高から東大・文Ⅱに入学後，再受験して翌年東大・理Ⅲに合格。同大医学部卒。さまざまな勉強法や脳科学に関する著書多数。

2024年度 昭和学院秀英中学校

【算　数】〈第１回試験〉（50分）〈満点：100点〉

1，**2**，**4**の(1)，(2)，**5**の(1)の①，②は答えのみ記入しなさい。それ以外の問題に対しては答えのみでも良いが，途中式によっては部分点を与えます。

※円周率は3.14とし，角すいや円すいの体積はそれぞれ角柱や円柱の体積の $\frac{1}{3}$ とします。

1 次の□の中に適当な数を入れなさい。

(1) $0.26\times2\frac{7}{13}-\left(1\frac{3}{4}-0.125\right)\div3\frac{1}{4}=$ ア

(2) $100\div17-($ イ $-91\div7)\div(91-74)=3$

(3) 50円のアメと30円のチョコレートを1000円分買いました。個数の合計が最も多いとき，50円のアメの個数は ウ 個です。

(4) ２つの分数 $\frac{260}{21}$，$\frac{182}{15}$ のいずれにかけても積が整数になるような分数のうち最小のものは エ です。

2 次の□の中に適当な数を入れなさい。

(1) 下の図１のような２辺BCとCDの長さが等しい四角形ABCDがあります。角xの大きさは ア 度です。

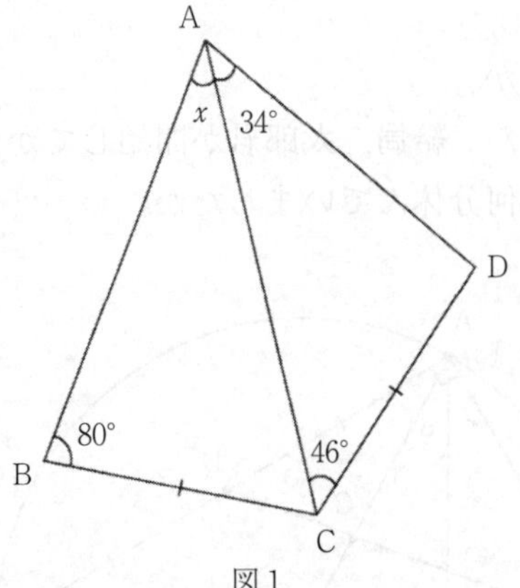

図１

〔編集部注…学校より，**2**の(1)において，問題の設定に不備があったとのコメントがありました。なお，本誌では学校の了解のもと，変更を加えて掲載しております。〕

(2) 正方形の紙を次のページの図２のように折ったときBG＝３cm，BE＝４cm，EG＝５cmとなりました。このとき，三角形IHFの面積は イ cm^2 です。

(3) 次のページの図３のように，１辺が12cmの立方体の中に高さが24cmの正四角すいの一部が入っています。正四角すいの一部と立方体が重なっている部分の体積は ウ cm^3 です。

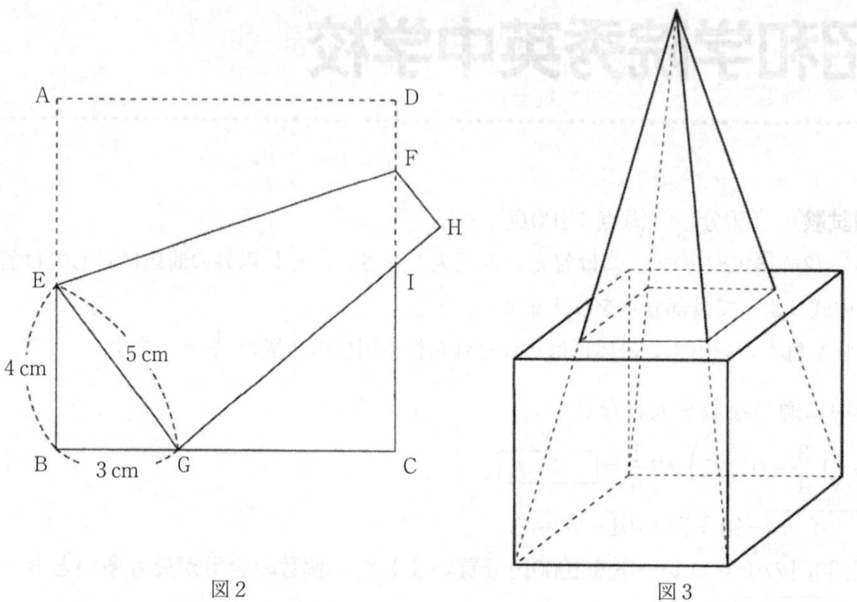

図２　　図３

3　子供部屋の掃除を太郎君１人ですると45分かかります。太郎君が掃除を始めてから全体の$\frac{2}{3}$を終えたところで，弟の次郎君が手伝ってくれたため，全体は40分で終えることができました。

(1) 次郎君が１人で子供部屋を掃除すると何分かかりますか。

(2) 太郎君と次郎君が一緒に掃除を始めました。ちょうど半分を終えたところで次郎君が休憩しました。

① ２人で半分の掃除を終わらせるのに何分かかりましたか。

② 次郎君は少し休んだ後，また一緒に掃除してくれました。結局，太郎君が開始してから35分経ったところで部屋の掃除が終わりました。次郎君は何分休んでいましたか。

4　右の図のような点Oを中心とした半径６cmの円に，BC＝12cm，AB＝６cmの直角三角形ABCが内側で接しています。辺ACの真ん中の点をDとして２直線BD，AOの交わる点をGとします。また角BAOの大きさを二等分する直線が辺BCと交わる点をE，円と交わる点をFとします。

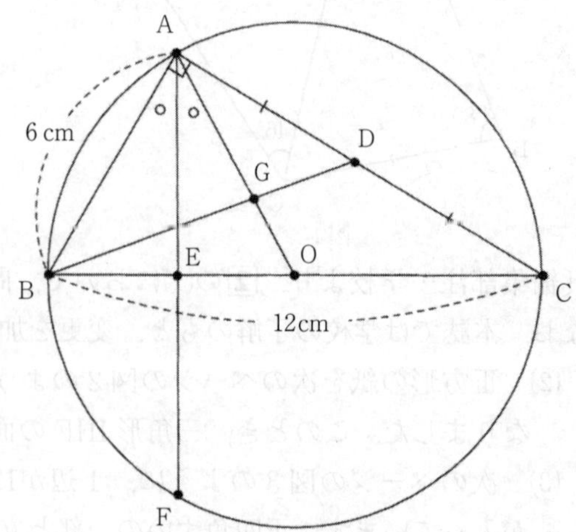

(1) AGの長さを求めなさい。

(2) ECの長さを求めなさい。

(3) AEとEFの長さの積を求めなさい。

(4) ACとAFの長さの積を求めなさい。

5 右の図１のように１辺が30cm の立方体の容器に深さ15cm まで水を入れました。このとき，水面は底面と平行です。以下，水面を［　］部分で表します。

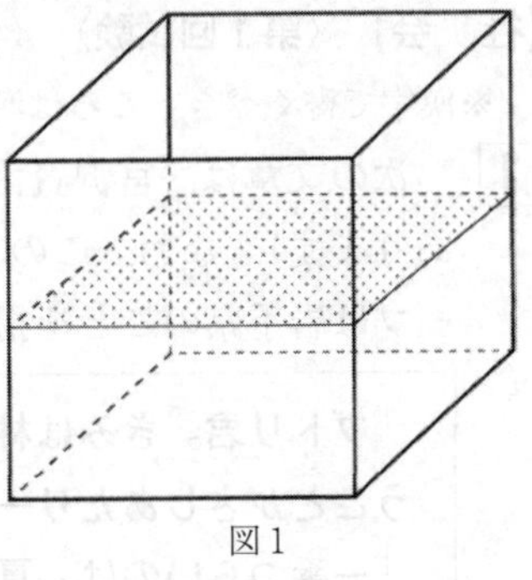
図１

(1) ゆっくりと容器を一定の方向に傾（かたむ）けていきます。

① 下の図２のように傾けたとき，x の値を求めなさい。

② 図１の状態から下の図３になるまでさらに容器を傾けました。水が通過した部分の体積を求めなさい。

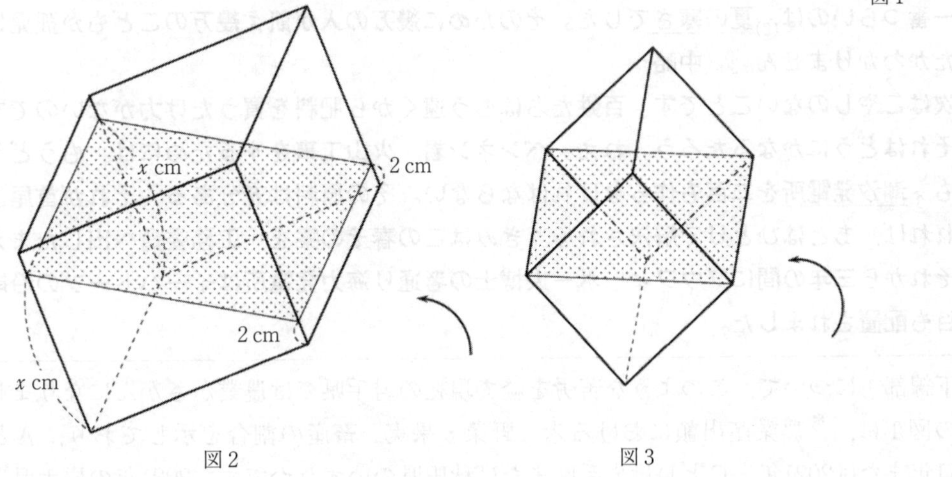

図２　　図３

(2) 立方体の容器に穴のあいたふたをかぶせました。その後，ゆっくりと容器を図４のように傾けました。残っている水の体積を求めなさい。ただし，ふたの穴は図５のように面の対角線を４等分する点を結んで得られる正方形とします。

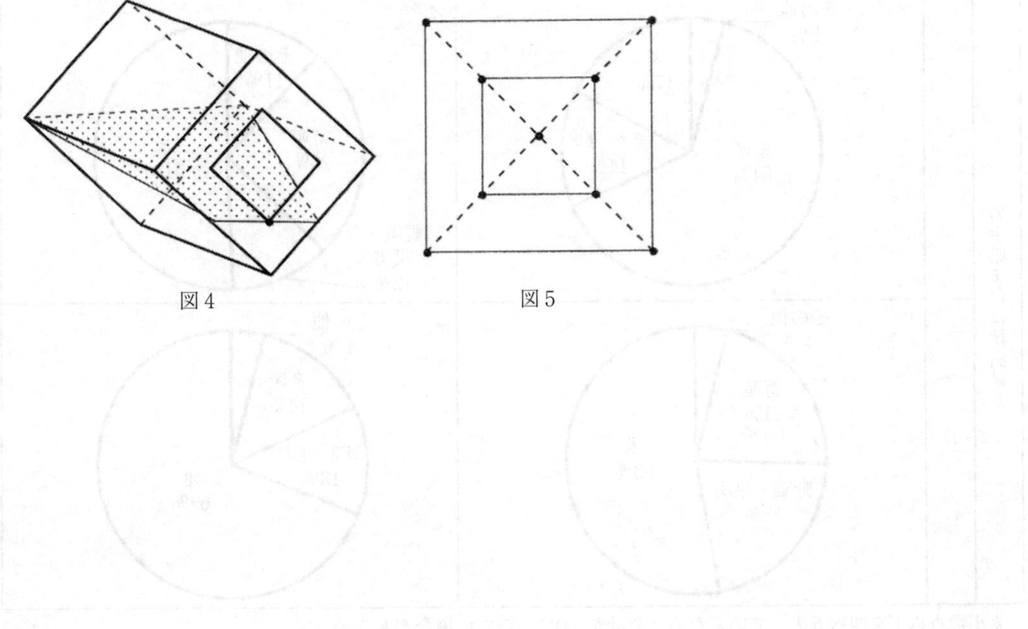
図４　　図５

【社　会】〈第１回試験〉（40分）〈満点：50点〉

※漢字で書くべきところは漢字で答えなさい。

1　次の文章は，宮沢賢治の著作『グスコンブドリの伝記』の一部です(一部表現を改めた所があります)。なお，この文章は岩手県を舞台にしており，文章中の沼ばたけは水田，イーハトーブは岩手県のことを指します。これを読み，以下の設問に答えなさい。

> 「ブドリ君。きみは林の中にも居たし，①沼ばたけでも働いていた。沼ばたけではどういうことがさしあたり一番必要なことなのか。」
> 「一番つらいのは②夏の寒さでした。そのために幾万の人が飢え幾万のこどもが孤児になったかわかりません。」(中略)
> 「次はこやしのないことです。百姓たちはもう遠くから肥料を買うだけ力がないのです。」
> 「それはどうにかなるだろう。ねえ。ペンネン君。火山工事をするためには，もうどうしても③潮汐発電所を二百も作らなければならない。その原料は充分ある。それが首尾よく作れれば，あとはひとりで解決される。きみはこの春その案を，工務委員へ出したまえ。」
> 　それから三年の間にフウフィーボー大博士の考通り海力発電所はイーハトーブの沿岸に二百も配置されました。

問１　下線部①について，このような苦労を経て現在の岩手県では農業がさかんになりました。次の図１は，＊農業産出額における米，野菜・果実，畜産の割合を示しており，ＡとＢは1971年または2021年，ＣとＤは岩手県または秋田県のいずれかです。2021年の岩手県にあたるものをア～エより一つ選び，記号で答えなさい。

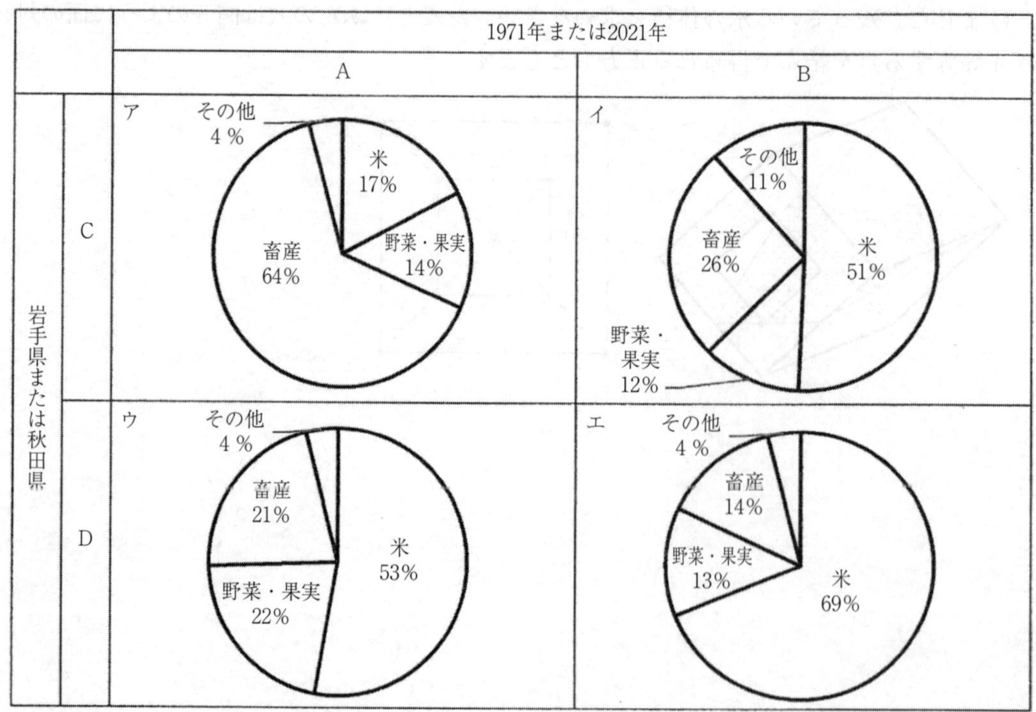

＊小数点以下を四捨五入しているため，合計が100にならない場合がある。

生産農業所得統計により作成。

図１

問２　下線部②について，岩手県ではたびたび凶作が発生してきました。右の表１はいくつかの県の＊1993年における米の作況指数を表したものであり，Ｅ，Ｆは秋田県，岩手県のいずれかです。この年の大凶作は，地域特有の風による低温が一因となったとされています。この風の向きと，岩手県の作況指数との組合せとして最も適当なものを下のカ～ケより一つ選び，記号で答えなさい。

表１

青森県	28
Ｅ	30
宮城県	37
Ｆ	83
全国	74

農林水産省資料による。

＊1979年以降の平年における水田10アール当たりの米の収穫を100とした時の収穫量を表す。

	カ	キ	ク	ケ
風の向き	北東	北東	北西	北西
岩手県の作況指数	Ｅ	Ｆ	Ｅ	Ｆ

問３　下線部③について，以下の設問に答えなさい。

(1)　潮汐発電とは湾や入り江において海水をせき止め，干潮時と満潮時の高さの差を利用して発電する方法です。

岩手県の沿岸にはたくさんの湾や入り江がある地形が広く発達しており，この文章ではこれら多数の湾や入り江を用いてたくさんの電気を得ようとしました。岩手県の沿岸と同じような地形が発達している海岸として最も適当なものを右の図２中のサ～セより一つ選び，記号で答えなさい。

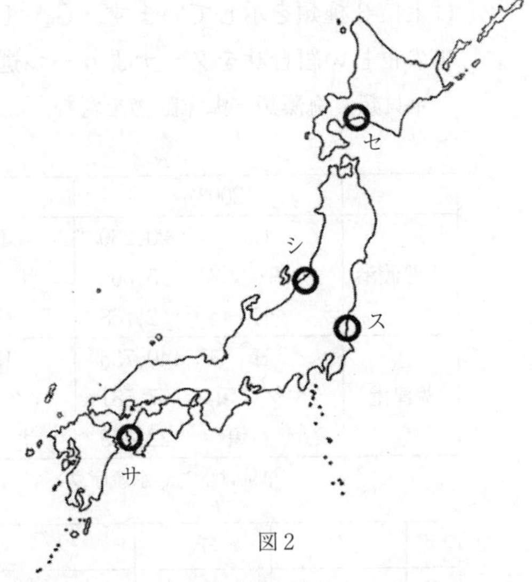

図２

(2)　現在，岩手県では潮汐発電以外の方法で発電がおこなわれています。次のページの図３は東北地方北部の陰影図であり，図４は図３の太枠部分を拡大したもので，＊一定規模以上の太陽光発電所，地熱発電所，風力発電所の分布を示しています。太陽光発電所はどのような場所に立地しているか，地形や気候といった自然環境の面から25字以内で説明しなさい。

＊太陽光発電所は２MW（メガワット）以上，地熱発電所は７MW 以上，風力発電所は20MW 以上の出力に限る。ElectricJapan ウェブページにより作成。

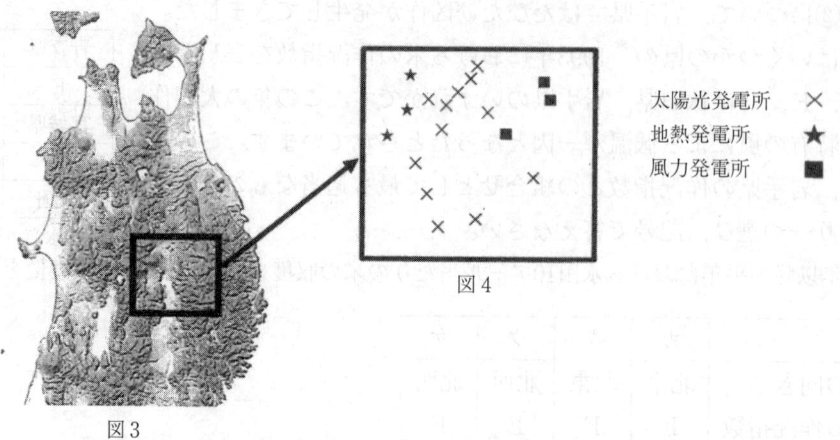

図３　図４

問４　次の表２は，岩手県の大船渡港と静岡県の焼津港における2003年と2021年の＊品目別水揚げ上位３種類を示しています。Ｇ～Ｉはイワシ類，カツオ類，サンマのいずれかです。Ｇ～Ｉの正しい組合せをタ～ナより一つ選び，記号で答えなさい。

＊貝類，海藻類，海洋動物を含む。

表２

	2003年		2021年	
大船渡港	Ｇ	20,230	Ｉ	11,879
	サケ・マス	5,065	サバ類	5,399
	Ｈ	2,768	Ｇ	2,454
焼津港	Ｈ	140,755	Ｈ	94,315
	マグロ類	67,581	マグロ類	43,532
	サバ類	22,465	サバ類	8,587

単位はトン。水産庁ウェブページにより作成。

	タ	チ	ツ	テ	ト	ナ
Ｇ	イワシ類	イワシ類	カツオ類	カツオ類	サンマ	サンマ
Ｈ	カツオ類	サンマ	イワシ類	サンマ	イワシ類	カツオ類
Ｉ	サンマ	カツオ類	サンマ	イワシ類	カツオ類	イワシ類

問５　岩手県では伝統工芸品の製造が現在まで続く一方，工場も立地するようになりました。次の文Ｊ，Ｋの下線部の正誤について正しい組合せをハ～ヘより一つ選び，記号で答えなさい。

Ｊ．森林面積の大きい岩手県では，伝統工芸品として将棋の駒の製造がさかんにおこなわれてきた。

Ｋ．東北自動車道のインターチェンジ付近には，鉄鋼や石油化学の工場が建ち並んでいる。

	ハ	ヒ	フ	ヘ
Ｊ	正	正	誤	誤
Ｋ	正	誤	正	誤

問６　次のページの図５と図６はそれぞれ宮沢賢治にゆかりのある花巻市のほぼ同じ範囲を示した大正２年と，平成20年の５万分の１地形図です（２つの地形図は同じ倍率で拡大してある）。

両方の図を見て，以下の設問に答えなさい。

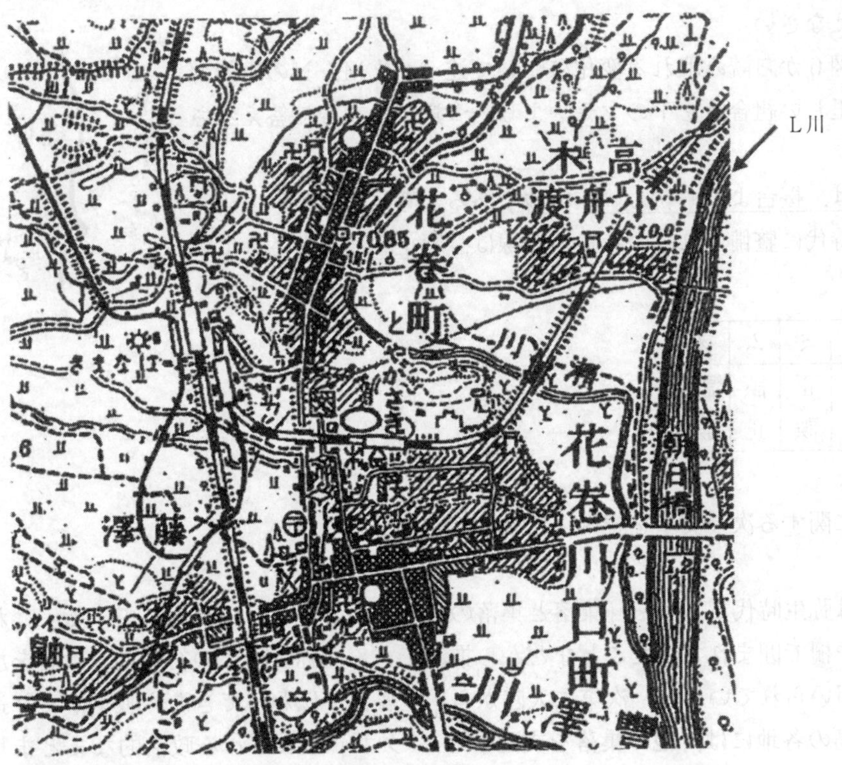

横書きの語句は右から左に向かって読みます。

図５

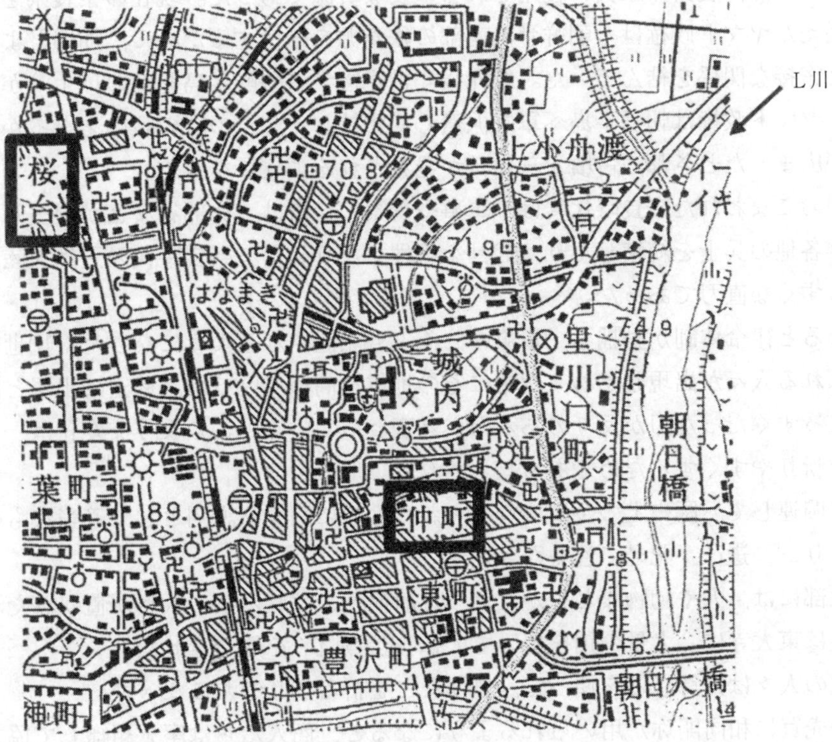

図６

(1) 図５，図６中のＬ川は，右の図７のものと同一です。この川の名前を答えなさい。

(2) 図５と図６から読み取れる変化について述べた文Ｍ，Ｎの下線部の正誤の正しい組合せを下のマ～メより一つ選び，記号で答えなさい。

Ｍ．仲町は，桜台よりも新しい住宅地であると考えられる。

Ｎ．大正時代に整備されていた鉄道路線は，廃止や変更がされている。

図７

	マ	ミ	ム	メ
Ｍ	正	正	誤	誤
Ｎ	正	誤	正	誤

2 戦争の技術に関する次の文章を読み，以下の設問に答えなさい。

【Ⅰ】

日本列島では弥生時代ころから，集落と集落の戦争が始まったと考えられている。これは当時の集落が堀や柵で囲まれていたことなどから推測できる。弥生時代の初めころは石を加工した剣や弓矢が用いられていたが，次第に大陸から①金属器が伝わってきた。戦争がくり返される中で日本列島の各地には，他の集落を支配する，「クニ」とよばれる政治的なまとまりが形成されていった。

鉄は武具だけでなく，農具や工具に使用される重要な資源であった。現在の奈良県を中心に各地の豪族を従えたヤマト政権は，朝鮮半島南部の鉄資源を確保するために，加耶とよばれる国々や②百済と密接な関係を結んでいた。紀元後４世紀後半に朝鮮半島北部の（ １ ）が南へ侵攻してくると，ヤマト政権は朝鮮半島へ軍を派遣して対抗した。この時の戦いをきっかけにして乗馬の風習が広まったとされ，古墳から馬具が発見されるようになった。

③律令政治がおこなわれた奈良時代には，軍事や警察の仕事は，兵部省などが担当した。兵部省は防人など各地の兵士を統轄したり，武具を管理したりした。奈良時代の刀は大陸由来の，反りのないまっすぐな直刀であった。

平安時代になると律令体制が動揺し，軍事のしくみも見直されるようになった。10世紀ころには武士とよばれる人々が出現し始め，次第にその地位を高めていった。武士の出現と同時期に，これまでまっすぐだった刀が反りのある刀へと変わっていく。このような変化は，一説には，馬上で敵を斬りやすくするためであったとされる。

問１ 下線部①に関連して，歴史上の金属でつくられたものに関する説明として適当なものを，次のア～エより一つ選び，記号で答えなさい。

ア 古墳の上部には，人や動物などをかたどった埴輪とよばれる銅の人形が置かれた。

イ 桓武天皇は東大寺に，大量の銅を用いて大仏(盧舎那仏)を建造させた。

ウ 弥生時代の人々は銅鐸などを使って，豊作などを祈る祭りをおこなった。

エ 市場での売買に和同開珎が用いられるようになると，商人たちは座を組織して協力し合った。

問２　下線部②について，百済に関する説明として適当なものを，次のア～エより一つ選び，記号で答えなさい。

ア　福岡県志賀島では，奴国の王が百済の王から与えられた金印が発見されている。

イ　６世紀半ばころ，百済によって日本(倭国)へ仏教が伝えられた。

ウ　百済が隋の攻撃を受けたため，日本は軍隊を派遣したが，白村江の戦いで敗れた。

エ　７世紀に日本と百済の関係が悪化したため，遣唐使は朝鮮半島沿岸を避けるようになった。

問３　下線部③について，律令政治に関する説明として適当なものを，次のア～エより一つ選び，記号で答えなさい。

ア　中国で統一王朝が成立したことに対応して，天皇中心の政治体制を目指して導入された。

イ　701年に天武天皇のもとで完成し，大宝律令として制定された。

ウ　律が行政のしくみを，令が刑罰を定めたもので，後には律令に含まれない官職も創設された。

エ　都の貴族を国司と郡司に任命し，徴税や治安維持など地方の統治を担当させた。

【Ⅱ】

戦乱が続き，刀の製造技術が高まると，日本刀は貿易品として輸出されるようになった。室町幕府は④日明貿易において多くの刀を送っている。その背景には，日本刀で武装した（　2　）が中国沿岸部で略奪や密貿易をおこなっていて，彼らに対抗するために明の軍が日本刀を必要としていたという事情もあった。

鎌倉時代から室町時代にかけて，武具だけでなく戦術や，城などの防衛施設の建築といった戦争に関する技術は向上していく。特に戦争のあり方を大きく変え，政治や社会のしくみにも影響を与えたのが，1543年に（　3　）に漂着したポルトガル人がもたらした鉄砲である。戦国時代の諸大名は競うように鉄砲を導入し，戦術や城の建築も鉄砲の使用を前提に改革された。一方で，鉄砲自体が高価で，製造地が限られていた上に，銃弾の原料となる鉛や火薬の原料となる硝石は中国や東南アジアなどからの輸入に頼っていた。そのため，大きな経済力を持ち，南蛮貿易の港を支配している大名が優位に立つことになった。その代表例が⑤織田信長であり，その跡を継いだ豊臣秀吉である。鉄砲の出現は，天下統一や貿易の発展を促す役割を果たしたとも言えるだろう。

徳川家のもとで幕藩体制が確立すると，以後，200年以上にわたっておおむね平和な時代が続いた。幕府の方針も次第に変化し，５代将軍徳川綱吉は⑥武家諸法度を改定して学問を重視する政策をおこなった。平和な時代には戦争の技術はどうなったのだろうか。刀が戦争で使用されることはほぼなくなったため，支配者身分である武士たちの権威を示すものとして装飾性の強い日本刀がさかんにつくられるようになった。また，戦国時代の日本は世界有数の鉄砲保有国であったが，江戸時代には火薬を用いた⑦花火の技術が発展し，大都市で武士や⑧町人を楽しませた。江戸時代と現代では平和に対する考え方は違うかもしれないが，戦争の技術を平和的に活用し，人々の暮らしを豊かにしようという姿勢が感じられる。

問４　下線部④について，日明貿易に関する説明として適当なものを，次のア～エより一つ選び，記号で答えなさい。

ア　足利尊氏が明の皇帝に朝貢し，「日本国王」に任命されたことから始まった。

イ　明は朱印状を発行し，幕府の船を日本の正式な貿易船として区別した。

ウ　明から輸入された銅銭は，日本国内で流通して商工業の発展に影響を与えた。

エ　明の商人は堺や博多を訪れ，銀を用いて日本の綿織物を輸入した。

問５　下線部⑤について，織田信長と豊臣秀吉の政策に関する説明として適当なものを，次のア～エより一つ選び，記号で答えなさい。

ア　織田信長は，関所を廃止して人や商品の行き来を自由にすることで，商工業を発展させた。

イ　織田信長は，南蛮貿易を重視する一方，キリスト教を禁止し，宣教師を弾圧した。

ウ　豊臣秀吉は，交通が便利で，もともと比叡山延暦寺のあった大坂(大阪)に本拠を置いた。

エ　豊臣秀吉は，太閤検地により，武士の領地と貴族の荘園をはっきり区分した。

問６　下線部⑥について，武家諸法度は1615年に制定されて以来，改定がくり返されてきました。次の史料は，1615年に制定されたものと，徳川綱吉の時代の1683年に改定されたものの，それぞれ一部を掲載しています。江戸時代初期と綱吉のころでは江戸幕府が求める武士の役割はどのように変化したのか，幕府が重視した学問を具体的に明記しながら，説明しなさい。

> 1615年
>
> 一．学問と武芸，特に弓や馬術の訓練にひたすらはげむこと
>
> 一．諸国の居城は例え修理であっても必ず報告せよ。まして，新しく築城することはかたく禁止する。
>
> 1683年
>
> 一．学問と武芸とともに，忠義と孝行に励み，身分の上下間の礼儀を正しくすること
>
> 一．実子のいない大名の養子は一族の者から選び，もしふさわしい者がいない場合は，候補者を大名自身が生きているうちに報告せよ。……

問７　下線部⑦に関連して，今日でも私たちを楽しませている隅田川花火大会の起源は，徳川吉宗が享保のききんで亡くなった人々をなぐさめ，伝染病の流行をふせぐことを願って開催したものであったとされます。吉宗の政治に関する説明として適当なものを，次のア～エより一つ選び，記号で答えなさい。

ア　イギリスやロシアの船の来航が相次いだため，外国船打払令(異国船打払令)を出した。

イ　大商人による米の買い占めが問題となっていたため，株仲間を解散させた。

ウ　裁判の公平性をはかるため，御成敗式目を定めて訴訟の基準にした。

エ　キリスト教以外の洋書の輸入を認め，後の蘭学が発展するきっかけをつくった。

問８　下線部⑧について，江戸時代には町人を担い手とする文化が栄えました。その説明として適当なものを，次のア～エより一つ選び，記号で答えなさい。

ア　井原西鶴は庶民の風俗を描く浮世絵を大成し，風景画で人気を得た。

イ　多色刷りの錦絵など版画の技法が発達したため，大量生産された浮世絵は庶民にも流行した。

ウ　庶民の生活をユーモラスにえがいた曲亭(滝沢)馬琴の『東海道中膝栗毛』は，旅行への関心を高めた。

エ　元禄時代に江戸を中心に発展した町人文化は，京都や大坂(大阪)へと広まった。

【Ⅲ】

18世紀ころにイギリスで産業革命が起こると，欧米諸国は工業生産力を飛躍的に高めた。欧米列強はアジアやアフリカへの侵略をおこない，日本にも開国を求めた。藩政改革に成功した薩摩藩や長州藩は，イギリスなどから先進的な兵器を購入し，倒幕を目指した。幕府側もフランスなどに学んで近代的な軍の創設に力を入れたが，戊辰戦争において旧幕府軍は敗北した。「富国強兵」「殖産興業」をかかげる明治政府は，模範となる官営工場を設立して近代的な産業の育成に取り組んだ。江戸幕府が創設した兵器工場や造船所も明治政府によって引き継がれ，⑨工業製品の輸出で得た資金によって工場の建設や軍備の増強が進められた。

しかし，戦争の技術の発達にともなって戦死者は急増し，莫大な物資や資金が費やされるようになる。例えば日露戦争では，日・露それぞれ８万人以上の⑩戦死者を出し，両国の国民は重い負担に苦しんだ。これほどに犠牲が増えた要因のひとつは，機関銃などの強力な兵器が導入されたためであった。日露戦争の10年後には，ヨーロッパを中心に第１次世界大戦が勃発した。戦車や毒ガスなどの兵器が登場し，民間の非戦闘員も含めて1000万人以上の戦死者が出た。

このような国際情勢のもとで，平和の維持を目指す運動が起こり始めた。第１次世界大戦の戦後処理が話し合われた⑪パリ講和会議では，アメリカのウィルソン大統領の提案に基づいて，スイスの（　４　）に本部を置く国際連盟が設立された。この機関はイギリスや日本などの大国が中心となって国際平和の維持をはかったが，十分に機能せず，人類史上２度目の世界大戦をふせぐことはできなかった。第２次世界大戦では戦車や飛行機などの兵器がより大規模に用いられ，戦争の被害はますます大きくなった。また，民間人に対する虐殺や都市部への空襲などにより，これまでの戦争より⑫民間人の犠牲が増大した。さらに第２次世界大戦末期に開発された原子爆弾の投下で，広島・長崎は多くの犠牲者を出し，今もなお放射線による障害に苦しむ人々がいる。

1945年10月にはアメリカのニューヨークに本部を置く国際連合が創設され，強い権限を持った安全保障理事会を中心に集団安全保障体制がつくられた。このような国際協調の雰囲気が高まる一方で，資本主義陣営と社会主義陣営の対立が次第に激しくなっていった。戦後，GHQのもとで⑬非軍事化・民主化の改革を進めてきた日本もこの対立に巻き込まれていく。1956年に日本は国際連合への加盟を果たすが，その国連も米ソ両大国が互いに拒否権を行使することによって，機能不全に陥ることが多かった。また，冷戦の時代には⑭核兵器の開発競争も激化した。より高性能の核兵器やミサイル技術が開発され，核兵器を保有する国が拡大していく中で，世界は核戦争への危機感を高めていった。2022年２月に始まったロシアによるウクライナへの侵攻は，核兵器を保有する大国がその軍事力をおどしに使いながら他国を屈服させようとするものであり，核兵器廃絶を目指す議論がさらに注目されることになるだろう。

問９　下線部⑨について，日本の工業製品の輸出に関する説明として適当なものを，次のア～エより一つ選び，記号で答えなさい。

ア　富岡製糸場ではフランスの技術が導入され，質の高い綿糸を生産・輸出できるようになった。

イ　第１次世界大戦でヨーロッパ諸国が疲弊したため，日本商品がアジアへさかんに輸出された。

ウ　アメリカ経済が世界恐慌で衰退すると，代わって日本の生糸の輸出が増えて世界一となった。

エ　石油危機によって自動車など機械工業の輸出が伸び悩み，鉄鋼業や石油化学工業が発展した。

問10　下線部⑩に関連して，戦死者・戦傷者が増える中で，近代的な医学も進歩していきました。破傷風の治療法を発見するなど細菌学研究を主導し，「近代日本医学の父」ともよばれる人物を，次のア～エより一つ選び，記号で答えなさい。

ア　志賀潔　　イ　北里柴三郎　　ウ　高峰譲吉　　エ　野口英世

問11　下線部⑪について，パリ講和会議とその影響に関する説明として適当なものを，次のア～エより一つ選び，記号で答えなさい。

ア　小村寿太郎が全権大使として参加し，大戦中に獲得したドイツの権益を引き継いだ。

イ　民族自決が提唱されてヨーロッパで独立国が生まれたため，朝鮮で三・一独立運動が起こった。

ウ　敗戦国のイタリアはすべての植民地を失い，多額の賠償金を課せられたため，不満が強まった。

エ　各国の軍艦の保有量を決定するなど軍縮について話し合われ，軍部が不満を持つようになった。

問12　下線部⑫に関連して，大戦中に沖縄にはアメリカ軍が上陸して激しい戦闘がおこなわれました。また，日本軍に強要されて自決した人々もいて，多くの民間人が犠牲となりました。戦後の沖縄に関する説明として誤っているものを，次のア～エより一つ選び，記号で答えなさい。

ア　サンフランシスコ平和条約で，沖縄などはアメリカの軍政下に置かれることが定められた。

イ　アメリカ軍基地が建設され，在日米軍基地面積の約70％が，今日でも沖縄に集中している。

ウ　池田勇人内閣は基地を維持するという条件でアメリカと交渉し，沖縄返還を実現した。

エ　普天間飛行場の周辺における事件や事故が問題視され，辺野古への移転が進められている。

問13　下線部⑬について，1949～50年ころを境に日本の政治改革や外交は冷戦の影響を強く受けるようになりました。その説明として適当なものを，次のア～エより一つ選び，記号で答えなさい。

ア　日本の軍は解体されていたが，朝鮮戦争が開戦した1950年に，国内の防衛や治安維持のために自衛隊が創設された。

イ　三井や住友など財閥の解体を進めたが，早期の日本の経済復興を望むアメリカの意向で不徹底に終わった。

ウ　地主の土地を安く買い上げ，小作人に売り渡して自作農を増やそうとする農地改革は，地主の反対で失敗に終わった。

エ　サンフランシスコ講和会議にソ連など社会主義諸国は参加せず，冷戦終結まで国交は回復しなかった。

問14　下線部⑭について，国際連合で包括的核実験停止条約（CTBT）が採択された時期として適当なものを，次のア～エより一つ選び，記号で答えなさい。

1949年　ソ連が原爆の開発に成功
↓　ア
1954年　アメリカがビキニ環礁で水爆の実験をおこない，日本の第五福竜丸の乗組員が被爆
↓　イ
1962年　キューバ危機が発生し，アメリカ・ソ連の核戦争の危機が高まる
↓　ウ
1989年　アメリカ・ソ連の首脳による冷戦終結の宣言
↓　エ

問15　【Ⅰ】～【Ⅲ】の文中の(１)～(４)にあてはまる語句を，それぞれ答えなさい。

3　以下の設問に答えなさい。

問１　以下の【資料Ａ】は日本国憲法第64条第１項の条文です。(　)にあてはまる語句を答えなさい。

【資料Ａ】

国会は，罷免の訴追を受けた裁判官を裁判するため，両議院の議員で組織する(　　)裁判所を設ける。

問２　以下の【資料Ｂ】はフランスの思想家が18世紀に記した著書の一部です。この著書名を答えなさい。

【資料Ｂ】

「もし，同じ人がこれらの３つの権力，―すなわち法を作る権力，公の議決を執行する権力，および犯罪または私人の争いを裁判する権力―を行使するならば，すべては失われてしまうだろう。」

出典：宮沢俊義 訳　岩波書店（解答に関わるため，著書名は明記しない。）

問３　租税は直接税と間接税に分類でき，租税総額中に占める直接税と間接税の割合を直間比率と言います。なぜ1985年度以降に，次のページの【資料Ｃ】に見られるように国税における間接税の割合が上昇したのか，その理由として考えられることを税制の変更の観点から20字程度で説明しなさい。

【資料C】（総務省資料をもとに作成した1975年度以降の国税の直間比率）

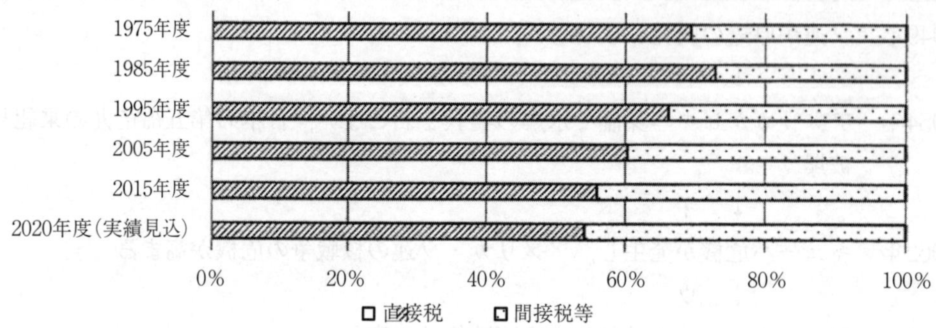

※2020年度は補正後予算額，それ以外は決算額である。

4 右の図を見て，以下の設問に答えなさい。

問１　下線部①について，2022年12月28日以降に実施される衆議院選挙では，議員定数を配分する方法の一つであるアダムズ方式が初めて適用されます。以下の説明文を読み，アダムズ方式が適用されることで見られる変化として最も適当なものを，下のア～エより一つ選び，記号で答えなさい。

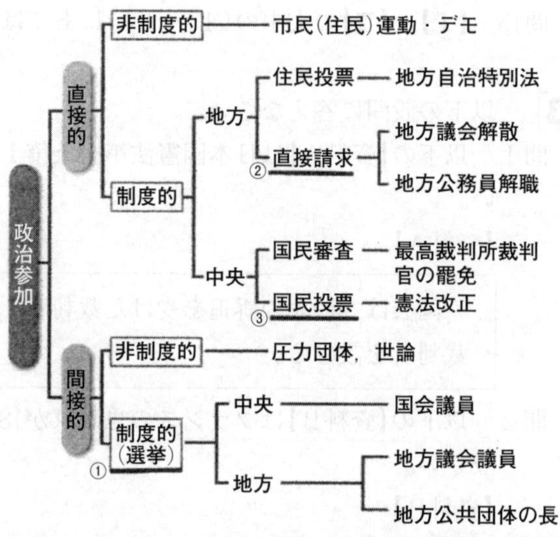

出典：『詳説政治・経済』図版より引用

【説明文】

> これまでは一人別枠方式が採られ，各都道府県にまず１議席ずつ配分した上で残りの議席を人口に比例して配分していた。新しく適用されるアダムズ方式では各都道府県の人口をある数Xで割り，その答えの小数点以下を切り上げる。こうして出した数が各都道府県の議席数となる。なお，ある数Xとは各都道府県の議席数の合計がちょうど議員総定数となるように調整した数値である。

ア　人口比をより反映するために適用されたアダムズ方式により，東京都のほかに，千葉県や神奈川県などで議席数が増えることになる。

イ　有権者数が少ない地方に配慮するために適用されたアダムズ方式により，地方の声がより国会に届くことになる。

ウ　地方創生の観点から適用されたアダムズ方式により，人口の少ない県に多くの議席が配分されることになる。

エ　平等選挙を実現するために適用されたアダムズ方式により，議員１人あたりの有権者数の差が広がることになる。

問２　下線部②について，住民による直接民主制の考え方を取り入れた直接請求権の行使の具体例として適当なものを，次のア～エより一つ選び，記号で答えなさい。

ア　有権者５万人の市で，千人分の有権者の署名を集め，市議会に条例の制定請求をおこなった。

イ　有権者１万人の町で，２百人分の有権者の署名を集め，町長に町議会の解散請求をおこなった。

ウ　有権者６千人の村で，２千人分の有権者の署名を集め，村の選挙管理委員会に村長の解職請求をおこなった。

エ　有権者10万人の市で，市議会の解散請求がおこなわれた後に実施された住民投票で，投票した９万人のうち３万人が同意したので議会は解散した。

問３　下線部③について，日本国憲法第96条で，憲法を改正するためには国民投票で過半数の賛成が必要と定められていますが，「国民投票の過半数」が何を指すのかについては，以下のＡ～Ｃの３つの解釈があります。

Ａ　有効投票総数(賛成票と反対票の和)の過半数 Ｂ　投票総数(賛成票と反対票のほかに無効票を含む。棄権は含まない)の過半数 Ｃ　有権者総数(投票総数に加え，棄権を含む)の過半数

2007年に国民投票法が制定され，Ａの解釈が採用されました。しかし，ＢやＣの解釈を採用した場合，Ａの場合とは結果が変わることがあります。今，国民投票をおこなった結果が以下の通りであったと仮定します。この時，３つの解釈Ａ～Ｃと，それに対応する結果ｘ～ｚとの組合せとして正しいものを，下のア～カより一つ選び，記号で答えなさい。

【国民投票の結果】

有権者全体１億人　　賛成票3,900万票　　反対票3,800万票　　無効票300万票 棄権した人2,000万人

【３つの解釈Ａ～Ｃに対応する結果】

ｘ　賛成の割合は39％にとどまり，憲法改正は実現しない。 ｙ　賛成の割合はわずかに50％に届かず，憲法改正原案は廃案となる。 ｚ　賛成の割合は50％を上回り，憲法改正は承認される。

ア　Ａ―ｘ　Ｂ―ｙ　Ｃ―ｚ

イ　Ａ―ｘ　Ｂ―ｚ　Ｃ―ｙ

ウ　Ａ―ｙ　Ｂ―ｘ　Ｃ―ｚ

エ　Ａ―ｙ　Ｂ―ｚ　Ｃ―ｘ

オ　Ａ―ｚ　Ｂ―ｘ　Ｃ―ｙ

カ　Ａ―ｚ　Ｂ―ｙ　Ｃ―ｘ

【理　科】〈第１回試験〉（40分）〈満点：50点〉

1　各文章を読み，続く問いに答えなさい。

重さ30ｇ，長さ60cm の棒の左端をＡ，右端をＢ，中央をＭとします。ABの長さは60cm，ＭはＡから30cm の位置になっています。Ｍの位置でたこ糸につるすと棒は図１のように水平につりあいました。このことから，棒全体の重さ30ｇは棒の中央に集まっていると考えられます。また，棒は変形せず，その太さを考える必要はありません。

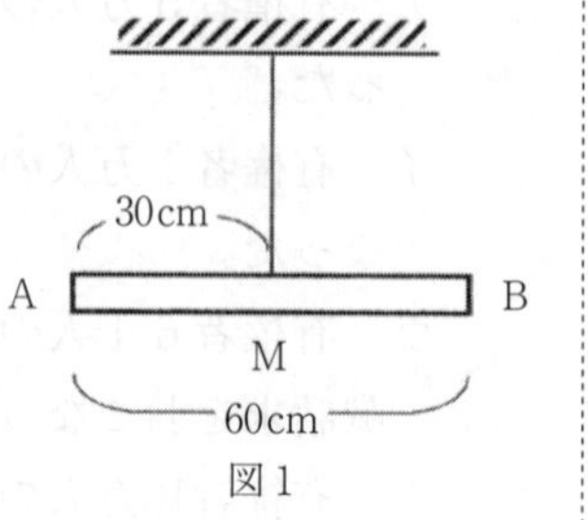

図１

問１　下の図２のように，棒のＡから右に15cm の位置Ｃに40ｇのおもり①をつるし，さらにＢにおもり②をつるすと棒は水平につりあいました。おもり②の重さは何ｇですか。

問２　下の図３のように，棒の右端Ｂのおもり②を10ｇのおもり③に変えると，棒は左に傾（かたむ）いたので，位置Ｄに25ｇのおもり④をつるしたところ，棒は水平につりあいました。MD の長さは何cm ですか。

問３　下の図４のように，たこ糸をつける位置を棒の左端Ａから右に35cm の位置Ｎに変えて，左端Ａに20ｇのおもり⑤をつるし，右端Ｂにおもり⑥をつるしたところ，棒は水平につりあいました。おもり⑥は何ｇですか。

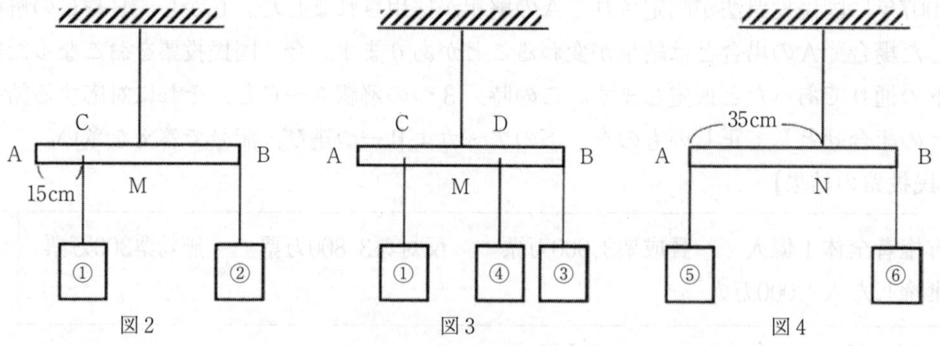

図２　図３　図４

図５は，「さおばかり」を表しています。さおの左端をＡ，右端をＢ，支点をＥとします。ABの長さは80cm であり，さおは重さが250ｇの均一な棒と考えます。Ａには重さをはかるものを載（の）せるための，重さ500ｇの皿をつり下げます。皿に載せたものの重さは，重さ１kg の分銅をつり下げた位置から求めることができます。

さおばかりの目盛り０の位置は，何も載せていない皿と分銅がつりあうときの分銅の位置です。AE の長さは16cm であり，Ｂから左へ２cm の間は分銅をつり下げることができません。また，皿をつるす紐（ひも）の重さを考える必要はありません。

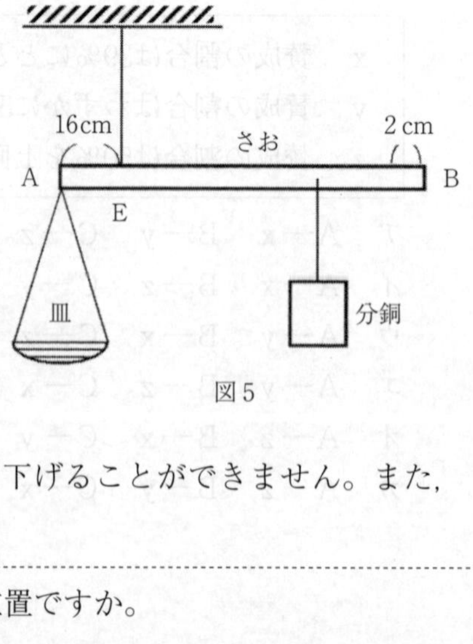

図５

問４　このさおばかりの目盛り０の位置はＥから何cm の位置ですか。

問５　このさおばかりは最大で何kgまではかることができますか。小数第二位まで求めなさい。

図６のように長さ50cmの棒の左端をＡ，右端をＢとします。点Ｐに50ｇのおもり⑦，点Ｑに20ｇのおもり⑧をつるし，棒上の点Ｒで棒を支えると棒が水平につりあったので，Ｒは支点であると分かります。APの長さは10cm，BQは５cmです。また，棒は変形せず，その重さを考える必要はありません。

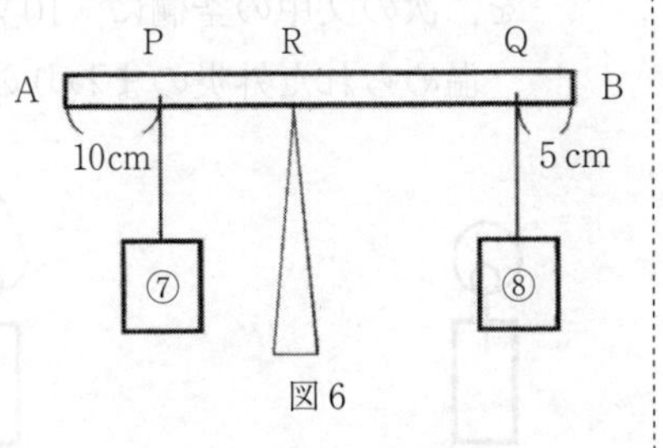

図６

問６　Ａから支点Ｒまでの長さは何cmですか。

図６の棒のおもりの位置はそのままにして，図７のように棒の両端Ａ，Ｂにばねばかり１とばねばかり２をつけて棒を水平につりあわせました。

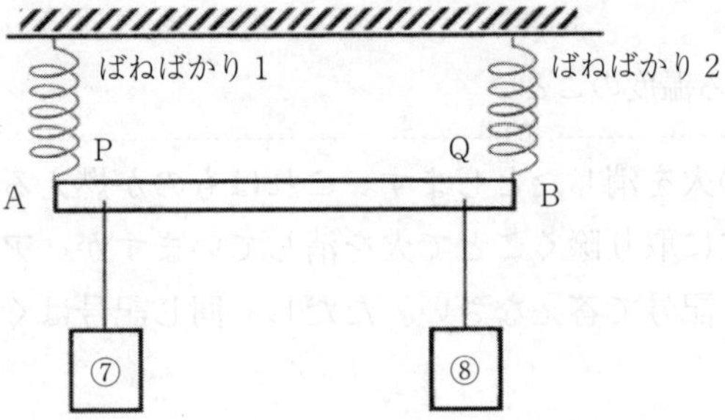

図７

問７　ばねばかり１とばねばかり２の表示の合計は何ｇですか。

問８　ばねばかり１とばねばかり２の表示は，それぞれ何ｇですか。

2　次の各問いに答えなさい。

問１　ろうそくについて，誤りを含むものを**ア**～**オ**より２つ選び，記号で答えなさい。

ア．外炎は空気に多く触れているため，内炎に比べて温度が低い。

イ．ろうそくを燃やすと二酸化炭素のみが発生する。

ウ．液体のろうがろうそくの芯(しん)を伝い，気体のろうになってから燃える。

エ．水でしめらせた割り箸(ばし)をろうそくの外炎と内炎の中に横から入れると，外炎の部分のみが黒くなる。

オ．ろうそくの芯の近くの炎にガラス管を入れると，白いけむりが出てくる。そのけむりに火をつけると燃える。

問２　直径１cm，長さ10cmのろうそくが燃えつきるまでの時間は１時間であるとします。直径３cm，長さ15cmのろうそくが燃えつきるまでに何時間かかりますか。必要であれば，小数第二位を四捨五入して，小数第一位まで求めなさい。ただし，ろうそくが燃えつきる時間はろうそくの体積にのみ比例するものとします。

問３　ろうそくの炎は，地上の空気中では図１ではなくて図２のような形になります。この理由を，次の文中の空欄に，10文字以内の適切な語句を答えて完成させなさい。

温められた外炎のまわりの空気は，(　　　　　)ため。

図１

図２

ものが燃えるためには，「燃える物質がある」，「酸素がある」，「温度が(注)発火点以上である」の３つの条件が必要になります。これらの条件を取り除くことで火を消すことができます。

(注)　物質の温度を上げたときに燃え始める温度のこと

問４　次の(1)～(4)の４種類の方法でろうそくの火を消したとします。これはものが燃える条件のうち，以下の**ア**～**ウ**のうちのどの条件を主に取り除くことで火を消していますか。**ア**～**ウ**より適切なものを，それぞれ１つずつ選び，記号で答えなさい。ただし，同じ記号はくりかえし用いてもよいものとします。

(1)　ろうそくにコップをかぶせる

(2)　ろうそくの炎に水をかける

(3)　ろうそくの炎に息を吹きかける

(4)　ろうそくの芯をピンセットでつまむ

ア．燃える物質がある

イ．酸素がある

ウ．温度が発火点以上である

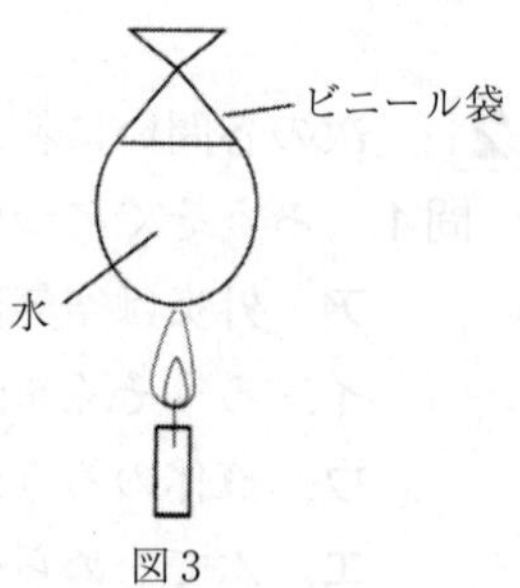

図３

問５　図３のように水の入ったビニール袋をろうそくで温めたところ，ビニール袋が破れることなく加熱を続けることができました。この理由を，次の文中の空欄に，10文字以内の適切な語句を入れて完成させなさい。

水が入っていることで，炎が当たっている部分の(　　　　　)ため。

問６　火のついた高温の油に水を注ぐと，水は瞬時(しゅんじ)に熱せられて水蒸気となり，油が周囲に飛び散るため危険です。ある温度の水500ｇを十分な量の高温の油に注ぎ，すべての水が水蒸気に変化した場合に発生する水蒸気の体積は何Ｌになりますか。必要であれば，小数第一位を四捨五入して，整数で求めなさい。ただし，油に注ぐ前の水は１cm^3あたり0.98ｇであり，液体の水は水蒸気に変化すると体積が1700倍になるものとします。

3　各文章を読み，続く問いに答えなさい。

星の運動には日周運動と①年周運動の２種類があります。日周運動とは星が地球のまわりを１日で１回転する見かけの運動で，１時間で約（ ② ）度進みます。年周運動とは星が地球のまわりを１年で１回転する見かけの運動で，１か月で約（ ③ ）度進みます。

問１　文章中の下線部①の運動は地球のどのような動きが原因ですか。

問２　文章中の空欄(②)に入る数値を，その計算式を含めて答えなさい。

問３　文章中の空欄(③)に入る数値を，その計算式を含めて答えなさい。

問４　ある日の午後10時に千葉で真南に見えた星は，２か月後の午後８時に同じ場所で観察したとき，どの位置に見えますか。次の文の空欄(④)には数値を，空欄(⑤)には当てはまるものを，**ア〜エ**より１つ選び，文を完成させなさい。

元の位置より(④)度(⑤)の位置に見える。

ア. 東　**イ**. 西　**ウ**. 北　**エ**. 南

下図は，太陽を中心とした地球と黄道12星座の位置関係を，北極側から表したものです。６月20日の午前０時頃に千葉のある地点で南の空を観察すると，いて座を見ることができ，そのときに西の空ではおとめ座が地平線に沈みつつありました。このことから，４月20日の午後10時頃に南の空に見える星座は，（ ⑥ ）であると分かります。

（ ⑥ ）を毎月20日に観測したとすると，（ ⑦ ）月20日の午後10時頃には，この星座は西の空の地平線に沈みつつあると考えられます。

また，地球がAの地点にあるときの日没後間もない時刻には，東の空の地平線近くに（ ⑧ ）を見ることができるでしょう。

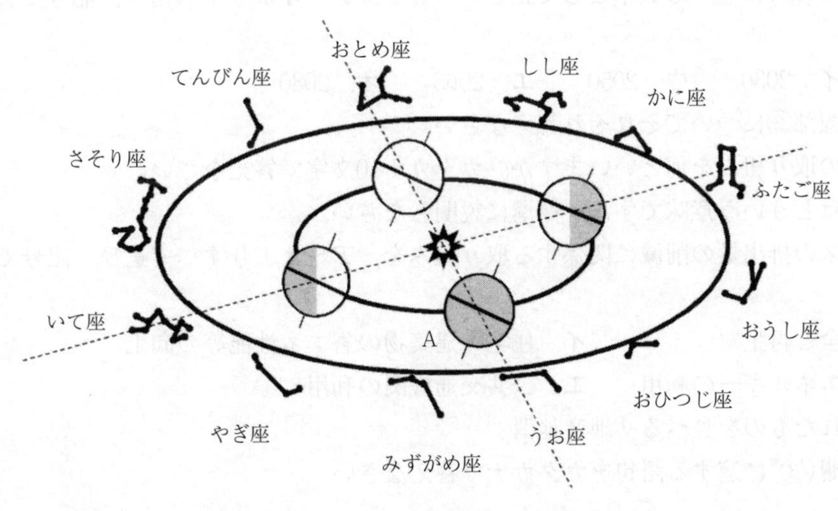

問５　文章中の空欄(⑥)に当てはまる星座を，黄道12星座から１つ答えなさい。

問６　文章中の空欄(⑦)は何月にあたりますか。数字で答えなさい。

問７　文章中の空欄(⑧)に当てはまる星座を，黄道12星座から１つ答えなさい。

4 次の文章を読み，続く問いに答えなさい。

世界の平均気温は2020年時点で，(注)工業化以前と比べて約1.1℃上昇したことが示されています。このままの状況が続けば，更なる気温上昇が予測されます。

気象災害と気候変動問題との関係を明らかにすることは容易ではありませんが，気候変動に伴(ともな)って今後はさらに豪雨や猛暑のリスクが高まり，農林水産業，自然生態系，自然災害，経済活動等への影響が出ることが指摘されています。

気候変動の原因となっている温室効果ガスを削減するため，2020年10月，日本政府は(　①　)年までに②温室効果ガスの排出を全体としてゼロにすることを目指すと宣言しました。

日本の熱中症による救急搬送者数や死亡者数は高い水準で推移しており，熱中症対策はただちに行うべき課題となっています。その対策の一つとして，2023年４月に「改正気候変動適応法」が成立され，2024年春に施行される方針です。改正法では，重大な健康被害が発生するおそれのある場合に熱中症特別警戒情報を発表するとしています。また，暑さを避けるため，図書館などの公共施設のほか，ショッピングセンターやコンビニエンスストア，薬局などの冷房の効いた民間施設を「(　③　)シェルター」として開放する取り組みも広まっています。

このことからも，将来の世代も安心して暮らせる，持続可能な経済社会をつくるために今から脱炭素社会の実現に向けて取り組む必要があると考えられます。

(注)　1850～1900年頃

問１　文章中の空欄(①)に適する数字として正しいものを，**ア**～**オ**より１つ選び，記号で答えなさい。

ア．2025　**イ**．2030　**ウ**．2050　**エ**．2065　**オ**．2080

問２　文章中の下線部②についてそれぞれ答えなさい。

(1)　下線部②の取り組みを何といいますか。カタカナ10文字で答えなさい。

(2)　下線部②はどういう意味ですか。簡潔に説明しなさい。

問３　温室効果ガスの排出量の削減に関係する取り組みを，**ア**～**オ**よりすべて選び，記号で答えなさい。

ア．森林の保全と再生　**イ**．住宅・建築物の省エネ性能等の向上

ウ．再生可能エネルギーの利用　**エ**．公共交通機関の利用

オ．地元で採れたものを食べる「地産地消」

問４　文章中の空欄(③)に適する語句をカタカナで答えなさい。

場所を維持することであり、飼い主と犬を繋ぎ続ける大切なものだと思うが、自分に仕事を頼んでくる飼い主に対しては反発を感じている。

7 傍線部⑥「タヌ吉は、目を輝かせて尻尾を振った」とあるが、これを見て智美がどんな気持ちになったと考えられるか。その説明として最も適当なものを次の**ア**～**オ**から選び、記号で答えなさい。

ア タヌ吉が、飼い主と久しぶりに会えたことをうれしがっている様子を見て、自分が飼い主の替わりとなれるよう、もっと可愛がってあげたいという気持ちになっている。

イ タヌ吉が、飼い主の事情に振り回されていることに気付かずにいる様子を見て、逆に飼い主の身勝手さを思いうかべ、タヌ吉に同情して暗い気持ちになっている。

ウ タヌ吉が、飼い主と会える次の機会を楽しみにしている様子を見て、その機会がいつ来るかわからないと改めて伝えるのがためらわれ、やるせない気持ちになっている。

エ タヌ吉が、飼い主と引き離されている事情もわからないまま、智美にもなついてくる様子を見て、改めてその境遇を思いやり、愛おしさが増した気持ちになっている。

オ タヌ吉が、飼い主と別れた直後に、智美にも愛嬌を振りまく様子を見て、自分がいくら心配したり気づかったりしても、犬には通じていないのがわかり、拍子抜けした気持ちになっている。

※碧…「ブランケット」のスタッフ。

※クロと瀬戸口…クロはブランケットに預けられた別の犬で、瀬戸口はその飼い主。

1 空欄**A**～**C**に入る、最も適当な語句をそれぞれ下の**ア**～**オ**から選び、記号で答えなさい。

A **ア** 緩衝材　**イ** 逸材　**ウ** 消耗材
エ 素材　**オ** 吸音材

B **ア** 恨めしげに　**イ** くやしげに　**ウ** 物ほしげに
エ 苦しげに　**オ** 切なげに

C **ア** 働ける　**イ** 割り切れる　**ウ** 頼める
エ 慰められる　**オ** 楽しめる

2 傍線部①「ふいにタヌ吉の顔が変わった」とあるが、それはなぜか、15字～20字で説明しなさい。

3 傍線部②**a**・②**b**について、②**a**「女性」の名前を本文から見つけて答えなさい。また②**b**「年配の女性」とはだれなのかを、本文から抜き出して答えなさい。次の空欄に当てはまる形で書くこと。

[a]と、その[b]

4 傍線部③「タヌ吉が別の飼い主を見つけてもらうわけでもなく、ブランケットに預けられている」とあるが、これはなぜか、本文全体をふまえ61字～70字で説明しなさい。書き出しは「飼い主が」とすること。

5 傍線部④**a**「笑った」・④**b**「泣きそうな顔をした」とあるが、この部分の心情説明として、次の**ア**～**オ**から当てはまらないものを二つ選び、記号で答えなさい。

ア タヌ吉と一緒に暮らしていた頃のいたずらの数々を思い出し、その頃が懐かしくてたまらなくなった。

イ タヌ吉が台無しにした物の数々を思い浮かべ、それらを自分が愛用していたことを思い出し、つらくなった。

ウ タヌ吉をブランケットに預けた期間の長さを思い返し、離ればなれになっている淋しさが、改めて強くこみあげてきた。

エ タヌ吉は、飼い主と離れた期間の方が長いのに、変わらず慕ってくれるので、愛しさがつのって逆に切なくなった。

オ タヌ吉が、飼い主の自分を忘れていないことを目の当たりにし、つらい治療に立ち向かう意欲がかきたてられた。

6 傍線部⑤「うちはこれが仕事ですから」とあるが、本文全体をふまえたとき、摩耶子は自分の仕事について、どのような考えや気持ちを抱いていると考えられるか、その説明として最も適当なものを次の**ア**～**オ**から選び、記号で答えなさい。

ア 自分の仕事は、事情があって飼い主と一緒に暮らせない犬を手厚く世話することであり、ブランケットの仕事は飼い主の事情にあわせて犬の幸せな生活を維持しているという強い誇りを持っている。

イ 自分の仕事は、飼い主の事情に応じて、離ればなれでも飼い主と犬の絆を維持しているという自信があるが、犬自身が行き届いた世話だと感じているかについては自信が持てないでいる。

ウ 自分の仕事は、犬が飼い主に愛されてずっと一緒に暮らすという本来の姿からすれば不要なものだが、飼い主が犬を飼えない状況にあるとき、その事情に寄り添うという点で価値があると考えている。

エ 自分の仕事は、犬にはわからない勝手な事情で飼い主から引き離された犬を助けることであり、犬の不幸せについて心を痛めてはいても、犬が安心して暮らせる環境を準備できて喜ばしいと感じている。

オ 自分の仕事は、飼い主の事情でゆきどころを失いかけた犬の居面会は二十分ほどで終わった。

それだけの時間でも彼女はあきらかに疲れているように見えた。タヌ吉は名残惜しそうにしていたが、摩耶子はリードを引いて、タヌ吉を引き離した。

「じゃあ、また体調がいい時にでも連絡下さいね」

そう言うと、彼女の母が頭を下げた。

「本当にお世話をかけますが、よろしくお願いします」

摩耶子はタヌ吉を抱き寄せながら微笑んだ。

「⑤うちはこれが仕事ですから。美月さん、お大事にして下さいね」

彼女は力強く頷いた。

「絶対に早く治ります。タヌ吉ともう一度暮らせるように……」

「タヌ吉も待っていますよ」

タヌ吉は［B］鼻を鳴らして、美月をじっと見ていた。

彼女たちと別れて車に乗り込むと、摩耶子が言った。

「甲状腺の難病なんですって。入退院を繰り返しているそうよ」

大きな目と通った鼻筋、大病を患っていることは見た目でわかるが、それでも可愛らしい顔をしていた。

「もともとは和歌山に住んでいたんだけど、治療のためこちらに引っ越してきて犬を飼える状況じゃなくなったんですって」

ペット可の住居を探せばいいという問題ではない。母親も彼女の看病で手いっぱいで、犬の世話をする余裕はないだろう。

「新しい飼い主を見つけることも考えたんでしょうけど、美月さんはもう一度タヌ吉と一緒に暮らしたいと望んでいるの」

いくら知人や親戚でも、人に預けてしまえばその人たちも情がうつる。返してくれとは簡単には言えないだろう。

※碧や智美もタヌ吉のことは可愛がっているし、別れることを考えれば悲しいけれど、仕事だからまだ耐えられる。

だから、タヌ吉はブランケットにいる。彼女の心の支えであるために［C］。

「タヌ吉はほかの飼い主と一緒に暮らした方が幸せになれるでしょうね。ブランケットにいるのは、あの人たちの都合に過ぎないとわたしは思っているわ。でも、もしかすると、そうじゃないかもしれない。新しい飼い主はタヌ吉を愛さないかもしれないし、いい加減な飼い方で早死にさせてしまうかもしれない」

話を聞きながら、智美は気付いた。

摩耶子は、タヌ吉の話をしながら、※クロと瀬戸口の話をしているのだ、と。

智美にとっては、タヌ吉と美月は同情できるし、理解できる。瀬戸口のことは理解したくもない。だが、タヌ吉とクロにとっては、大きな違いではない。

どちらも、大好きな飼い主から引き離されて、ブランケットにやってきて、たまに飼い主に会うことができる。飼い主の抱えている事情が、よんどころないものか、身勝手かなんて、犬にはわからない。

「自分の仕事が犬を幸せにしているなんて思わないわ。老犬ホームがなければ、最後まで飼い主のそばにいられたかもしれない」

摩耶子はまっすぐに前を見ながら独り言のようにつぶやいた。

「でもね、この仕事があることで、犬と飼い主との間に、選択肢がひとつ増えるの。それは誇りに思っているわ」

見捨てるのではなく、手放すのでもなく、迷いを迷いのままで置いておくように。

智美はタヌ吉のケージを覗き込んだ。⑥タヌ吉は、目を輝かせて尻尾を振った。

（近藤史恵『さいごの毛布』より）

りの人すべてに愛嬌を振りまき、可愛がられていた。女子高生などはきゃあきゃあと声をあげて、タヌ吉を撫で回した。

「名前、なんて言うんですか？」と尋ねられたので、タヌ吉と答えると、彼女たちは道を歩いている人が振り返るような声で笑い転げた。

知らない人は苦手なのに、犬と一緒にいると身構えないですむ。犬が　Ａ　になるような感じだ。

ベンチでコーヒーを飲んでから、摩耶子と智美はタヌ吉を連れて歩き出した。

近くの公園で飼い主と待ち合わせをしているという。

「まだちょっと早いけど……早くきているかもしれないから」

①ふいにタヌ吉の顔が変わった。リードを引っ張ってぐんぐん先に進もうとする。

「こら、タヌ吉！」

引っ張り癖のあるタヌ吉の首輪は、ハーフチョークという形のものだ。半分がチェーンでできていて、無理に引っ張ると首輪が軽く絞まるようになっている。

それでもタヌ吉は、どんどん前に進む。尻尾が円を描くように大きく振り回された。

「タヌ！」

公園の奥にいる人が声をあげた。タヌ吉は弾かれたように走り出した。

車椅子に乗っている②ａ女性——智美と同い年くらいだろうか。そしてもうひとり、②ｂ年配の女性がいた。彼女らのところに、タヌ吉はまっすぐに走っていった。

「タヌ、タヌ、タヌ、元気だった！」

車椅子の女性に飛びついて、タヌ吉は激しく顔を舐め回した。

すぐに追いついてきた摩耶子と、母親らしき年配の女性が挨拶をしている。

「すみません、早くからありがとうございます」

「いいえ、こちらこそいつもお世話になっています」

タヌ吉は身体を捩るようにして、車椅子の女性に甘えている。

彼女はひどく痩せていた。ニット帽をかぶっているが髪が普通よりもずっと薄いことがわかる。皮膚もくすんだような色をしていた。

なんの知識もないが、それでも彼女がなんらかの病を患っていることは間違いないように思えた。

彼女はタヌ吉の名前を呼びながら、豊かな毛に顔を埋めている。

聞くまでもなかった。なぜ若いのに、③タヌ吉が別の飼い主を見つけてもらうわけでもなく、ブランケットに預けられているのか。

車椅子の彼女は笑顔で、摩耶子と智美に会釈した。

「タヌ、すごく元気そうです。ありがとうございます」

「元気ですよ。病気一つしません。元気すぎて、困るくらい」

摩耶子のことばに、彼女は声をあげて④ａ笑った。

「うちにいたときも、本当に元気で参りました。わたしのおきにいりの籠バッグを嚙みちぎってしまったり、スリッパもみんな歯型だらけで……」

そう言った後、彼女は④ｂ泣きそうな顔をした。

「あれからもう二年も経つんですね。うちにいた期間よりも、ブランケットでの生活の方が長いのに、タヌはちゃんとわたしのことも覚えていてくれる……」

摩耶子は静かな声で言った。

「犬は愛してくれた人のことは絶対に忘れませんよ」

彼女はぎゅっとタヌ吉を抱きしめた。

「治るからね。わたし、早く治るから……。また一緒に暮らそうね」

タヌ吉は目を細めて彼女の声を聞いていた。

3 本文中の□に入れるのに、最も適当な表現を次の**ア**〜**オ**から選び、記号で答えなさい。

ア 触覚によって「立方体」と「球」という言葉を習得した
イ 「立方体」と「球」の手触りの違いを重視している
ウ 形がわからなくても「立方体」と「球」を想像する
エ もともと「立方体」と「球」の形の違いに興味があった
オ 「立方体」と「球」の違いを、中身によってわかる

4 傍線部①「身体で覚える」についての説明として、最も適当なものを次の**ア**〜**オ**から選び、記号で答えなさい。

ア 脳と身体でやりとりする信号の調整により、柔軟な関節と引き締まった身体に不可欠な筋肉ができてくる。
イ 脳から送られる信号を受け取った身体が、その信号に従って適切に動ける筋肉や関節の備わった身体になる。
ウ 脳からの指令にとらわれずに、身体を鍛え上げて適切な動きの実現にふさわしい筋肉のあり方ができる。
エ 脳と身体の双方向的な信号のやりとりを繰り返して、その動きに対応できるような身体を作っていく。
オ 脳からの一方的な信号に従うのではなく、その動きが可能になった身体が信号を脳に発信するようになる。

5 傍線部②「上手な練習」とはどういうことか。17字〜20字で抜き出して答えなさい。

6 傍線部③「『分節化』」について、次の問いに答えなさい。

(1) 「『分節化』」の例として当てはまらないものを次の**ア**〜**オ**から一つ選び、記号で答えなさい。

ア 天文観察を繰り返すうちに、夜空に浮かぶ無数の星々を見て、ぱっと何の星座かが言えるようになる。
イ 経験豊富な医師は、レントゲン写真を見ただけで、未熟な医師には見つけられない病気を発見できる。
ウ 料理人ができあがった料理の味を確かめて、隠し味に使われた食材の名前がわかるようになる。
エ 様々な楽器の音が響き合うなかで、交響曲の指揮者が音を聞き分けて、すぐに的確に指示を出す。
オ 留学生が現地の人とさまざまにコミュニケーションを重ねて、現地の友人を増やしていく。

(2) 筆者は、世界を分節化してとらえるためにはどんな力が必要だと述べているか。傍線部③より後から8字で抜き出しなさい。

7 傍線部④「エナクティヴィズム」と同じことを述べたところを、傍線部④より前から、次の空欄に当てはまるように見つけ(字数は空欄内の指示に従う)、最初と最後の5字を書きなさい。

[(35字)]というとらえ方

8 波線部「生まれつき眼の見えない人」が開眼手術を受けた後、事物を見分けられるようになるまでには、どのような段階をふむか。65字以内で書きなさい。

三 次の文章を読んで、後の問いに答えなさい。

> 智美は摩耶子が経営する老犬ホーム「ブランケット」に勤めている。「ブランケット」は飼い主から料金を受け取って老犬を預かり、最後まで大切に面倒を見るという施設だが、飼い主の様々な事情で若い犬を預かることもある。

車が空いていて、予定よりも早く目的地に到着したから、テイクアウトできるコーヒーショップで飲み物を買って、外のベンチで飲んだ。

摩耶子が飲み物を買ってくるのを待っている間、タヌ吉は通りすが

ように思われる。なぜなら、立方体が立方体に見え、球が球に見えても、その立方体と球の視覚的な現れ(見え姿)はそれらの触覚的な現れ(手触り)とは明らかに異なるので、どちらが立方体で、どちらが球かを、触覚によって正しく述べることができても、視覚によって正しく述べることはできないように思われるからである。【オ】

しかし、じっさいは、その前提が成り立たない。開眼手術を受けた人が眼を開いても、すぐには何も見えないのである。眼のまえに広がるのはまったくの混沌である。ふつうの人でも強烈な光を浴びると、まぶしくて、ほとんど何も見えなくなる。それと似て、開眼手術を受けた人の場合も、最初は光の渦が眼前に広がるだけである。そこから時がたつと、やがて立方体が立方体に見え、球が球に見えるようになる。しかし、そのためには、立方体や球から光の刺激を受け、それに応じて身体(頭や眼球など)を動かすという経験を積まなければならない。そのような経験のなかには、身体の動きを触覚的に感受することも含まれている。つまり、立方体と球の視覚経験のなかには、触覚経験が入りこんでいるのである。

そのため、立方体が立方体に見え、球が球に見えるようになったときには、立方体と球の視覚的な現れから、どちらが立方体で、どちらが球かを言い当てることができるかもしれない。[Ⅲ]、それらの視覚経験に入りこんだ触覚経験が、立方体と球の触覚的な現れと何らかのつながりがあるかもしれないからである。このようなつながりがあれば、立方体と球の視覚的な現れをそれらの触覚的な現れと関係づけることができるかもしれず、そうなると、視覚的な現れから、どちらが立方体で、どちらが球かを言い当てることができるようになるだろう。

【中略】

④エナクティヴィズムという考え方がある。それは、事物が事物として知覚できるようになるためには、身体を動かして事物からうまく刺激を探り出すことが必要だという考え方である。机が机に見え、雨音が雨音に聞こえるという分節化された知覚が成立するためには、それらの事物から受ける刺激に応じて身体(とくに眼や耳などの感覚器官)を適切に動かして、それらの事物から新たな刺激を探り出し、その新たな刺激に応じてまた身体を適切に動かすということを繰り返していく必要がある。

このような「刺激の探り出し」を適切に行う能力は「感覚―運動スキル」とよばれる。私たちは事物との交わりを通じてこの感覚―運動スキルを習得する。そしてこのスキルを用いて事物から刺激を適切に探り出すことによって、分節化された知覚を得るのである。何が描かれているのかがよくわからない図をしばらくあれこれ眺めていると、パッとあるもの(たとえば、髭をはやした男)が見えてくることがある。そしていったんそれが見えるようになると、つぎはすぐそれを見ることができる。しばらく眺めているあいだに、それを見るための感覚―運動スキルを習得したのである。

(信原幸弘『「覚える」と「わかる」知の仕組みとその可能性』より)

※知覚…たとえばコーヒーを飲んで「苦い」と思うように、五感による刺激を受けて、その刺激に意味づけすること。

※混沌…物事の区別がはっきりつかず、ごちゃごちゃになった状態。

1 空欄Ⅰ～Ⅲに当てはまる語句を次の**ア**～**カ**から選び、記号で答えなさい。

ア だから　**イ** しかし　**ウ** なぜなら
エ ところで　**オ** たとえば　**カ** つまり

2 次の一文を入れる場所として最も適当なのはどこか、本文の**【ア】**～**【オ】**から選び、記号で答えなさい。

〔しかし、じっさいはそんなことはないのだ。〕

手な練習をすると、身体に悪い癖がつく。②上手な練習をして、良い動きを繰り返せば、良い身体ができあがる。だが、下手な練習をして、悪い動きを繰り返すと、その動きに合った良くない身体ができあがる。もちろん、そのときには、身体と脳のあいだの信号のやりとりも良くないものとなる。［Ⅱ］、下手な練習をすると、脳と身体に悪い癖がつくのだ。

テニスやゴルフなどを習うときは、我流ではなく、ちゃんとしたコーチについたほうがよい。自分ひとりで練習していると、身体に悪い癖がついてしまう恐れがある。どれほど一所懸命練習しても、いやむしろ一所懸命やればやるほど、悪い癖がつく可能性が高まる。【イ】

いったん悪い癖がついてしまうと、そこから脱するのは並大抵のことではない。なにしろ身体が変形してしまったのだから、それを元に戻さなければならない（ただし、その変形は目に見えるものでないことも多い）。この変形を元に戻すためには、少なくとも身体が変形するのに要したのと同じだけの時間と労力が必要となろう。悪い癖がついてしまってから良いコーチについても、それはゼロからの出発ではなく、マイナスからのスタートとなる。悪い癖のついた身体を元に戻すことから始めなければならないからである。【ウ】

身体で覚えるのは、身体そのものを作らなければならないから、非常にたいへんだ。いわゆる座学は、先生の話を聞いて頭で覚えるだけだから、身体を使う必要はほとんどない。しかし、実習や演習になると、身体で覚えることが中心になる。慎重に正しい手順で身体の訓練を行うことが、実習や演習では何よりも重要となるのである。

身体で覚えるものはたくさんあるが、※知覚や感覚もそのひとつである。知覚や感覚はひょっとすると、私たちに生まれつき備わった能力だと思われているかもしれない。たとえば、オギャーと泣いて生まれた瞬間から、眼をあければ、人の顔や部屋の天井が見えるし、いろいろな足音や話し声が聞こえるように思われるかもしれない。それらがいったい何なのか、どんな意味をもつのかはわからないとしても、顔は顔に見えるし、足音は足音に聞こえる。知覚される世界、感覚される世界は、赤ん坊でも大人とたいして変わらない。こう思われるかもしれない。【エ】

知覚や感覚もまた、私たちが世界から刺激を受け、それに応じて身体を動かすという経験を積んでいくなかで、次第に習得されるものである。そのような世界との交わりの経験がなければ、世界はただの※混沌として立ち現れるだけで、顔、天井、足音、話し声などに明確に区別されて立ち現れることはない。それぞれの事物が互いに明確に区別されることを③「分節化」と言うが、身体による世界との交わりがなければ、世界は分節化されて立ち現れてこないのである。

モリヌークス問題という興味深い問題がある。これは、生まれつき眼の見えない人が開眼手術を受けて眼が見えるようになったとき、その人は立方体と球を眼で見ただけで、どちらがどちらであるかを正しく言い当てることができるだろうか、というものである。この人はもちろん、［　　］ので、手で触れれば、どちらが立方体で、どちらが球かを正しく述べることができる。しかし、手で触れずに、眼で見るだけで、どちらがどちらなのかを正しく言い当てることができるだろうか。

パッと聞くと変な問いに感じられるかもしれないが、この問題は人の知覚の成り立ちを考えるうえで、とても重要な視点を与えてくれる。なぜなら、この問題の背後には、ひとつの重大な前提があるからだ。それは、開眼手術を受けた人がはじめて眼を開いて立方体と球を見たとき、立方体はすでに立方体に見え、球はすでに球に見えるという前提である。

この前提のもとでは、モリヌークス問題への答えは「ノー」である

2024年度 昭和学院秀英中学校

【国語】〈第一回試験〉（五〇分）〈満点：一〇〇点〉

＊設問の都合で、本文には一部省略・改変がある。
＊字数制限のある場合は、句読点なども字数に入れること。

一　次の傍線部の①～⑤のカタカナは漢字に直し、漢字は読みをひらがなで答えなさい。

1　あちこちを旅すれば、ケンブンが広がる。
2　松島といえば有名なケイショウ地です。
3　努力がケツジツして第一志望に合格した。
4　外国に行った友とはオンシン不通になっている。
5　根拠のないことを軽軽に発言してはならない。

二　次の文章を読んで、後の問いに答えなさい。

頭で覚えるというより、①身体で覚える知識がある。大工は巧みに金槌でクギを打つが、金槌の打ち方を頭で知っているわけではない。金槌でクギを打とうとすれば、おのずと手が動き、うまく金槌がクギに当たる。頭ではなく「手が知っている」のだ。

もちろん、手が知っているといっても、脳が何の役割も果たしていないというわけではない。脳の働きがなければ、当然、手は動かないし、金槌も動かない。しかし、手の動かし方にかんして、脳から手に一方的に指令が送られ、手はただその指令に従って動くだけというわけではない。脳と手のあいだには、双方向的な信号のやりとりがある。手はみずからその筋肉のあり方に従って動き、その動きが神経信号として脳に伝えられる。脳はその信号にもとづいて手の動きをどう調整するかを決め、その調整信号を手に送る。手はそれにもとづいて動きを調整し、その新たな動きをふたたび脳に伝える。このような双方向的なやりとりを繰り返すことによって、金槌でクギを打つときの手の巧みな動きが可能になる。

手はみずからその筋肉のあり方に従って動こうとする。けっして脳の指令どおりにただ動くのではない。これが肝心な点だ。金槌でクギの打ち方を覚えるとき、手にはクギを打つのにふさわしいような筋肉がついてくる。そのような筋肉があってはじめて、うまく打てるようになる。もちろん、手と脳のあいだの適切な信号のやりとりも不可欠であり、クギの打ち方を覚えるときに、そのやりとりも習得される。［Ｉ］、それだけではなく、クギを打つのにふさわしい筋肉もついてくるのだ。この筋肉のあり方が金槌でクギを打つという知識の不可欠な要素である。手が知っているというのは、手がしかるべき筋肉のあり方をしているということだ。「知る」ということは、頭だけで行われるのではなく、身体でも行われるのである。

このクギ打ちの例のように、身体で覚えるには、身体をつくらなければならない。泳げるようになるためには、泳ぐという動作にふさわしい身体をつくる必要がある。手足にしかるべき筋肉をつけることはもちろんだが、それだけではなく、関節の柔軟性や引き締まった体形も重要だ。泳ぐ練習をするということは、そのような身体をつくるということでもある。もちろん、そうはいっても、身体と脳のあいだの適切な信号のやりとりを習得することも、やはり不可欠である。いくら身体ができても、信号のやりとりがうまくできなければ、泳ぐことはできない。しかし、逆に、信号のやりとりがうまくできても、泳ぐのにふさわしい身体をつくらなければ、泳ぐことはできないのである。【ア】

下手な練習は、しないほうがよいと言う。どうしてであろうか。下

2024年度

昭和学院秀英中学校 ▶解説と解答

算　数 ＜第１回試験＞（50分）＜満点：100点＞

解　答

1 ア $\frac{4}{25}$　イ 62　ウ 2　エ $4\frac{1}{26}$　**2** ア 34度　イ 1.5　ウ 1008
3 (1) 90分　(2) ① 15分　② 15分　**4** (1) 4 cm　(2) 9 cm　(3) 27
(4) 108　**5** (1) ① 28cm　② 16875cm³　(2) 7875cm³

解　説

1 四則計算，逆算，場合の数，整数の性質

(1) $0.26\times2\frac{7}{13}-\left(1\frac{3}{4}-0.125\right)\div3\frac{1}{4}=\frac{13}{50}\times\frac{33}{13}-\left(\frac{7}{4}-\frac{1}{8}\right)\div\frac{13}{4}=\frac{33}{50}-\left(\frac{14}{8}-\frac{1}{8}\right)\div\frac{13}{4}=\frac{33}{50}-\frac{13}{8}\times\frac{4}{13}=\frac{33}{50}-\frac{1}{2}=\frac{33}{50}-\frac{25}{50}=\frac{8}{50}=\frac{4}{25}$

(2) $100\div17=\frac{100}{17}$，$91\div7=13$，$91-74=17$より，$\frac{100}{17}-(\square-13)\div17=3$，$(\square-13)\div17=\frac{100}{17}-3=\frac{100}{17}-\frac{51}{17}=\frac{49}{17}$，$\square-13=\frac{49}{17}\times17=49$　よって，$\square=49+13=62$

(3) アメの個数を□個，チョコレートの個数を△個とすると，50×□＋30×△＝1000(円)と表すことができる。等号の両側を10で割って簡単にすると，5×□＋3×△＝100となるから，この式を満たす□と△の組は右上の図１のようになる。このうち，□と△の合計が最も多くなるのは，□＝2，△＝30の場合であり，アメの個数は２個とわかる。

図１

□	20	17	14	11	8	5	2
△	0	5	10	15	20	25	30

(4) 求める分数を$\frac{\triangle}{\square}$とすると，$\frac{260}{21}\times\frac{\triangle}{\square}$が整数になるので，□は260の約数，△は21の倍数とわかる。同様に，$\frac{182}{15}\times\frac{\triangle}{\square}$が整数になるから，□は182の約数，△は15の倍数とわかる。また，最小の分数を求めるので，□はできるだけ大きく，△はできるだけ小さい方がよい。よって，□は260と182の最大公約数，△は21と15の最小公倍数になる。したがって，右上の図２の計算から，□＝２×13＝26，△＝３×７×５＝105となるから，求める分数は，$\frac{105}{26}=4\frac{1}{26}$である。

図２

```
 2）260  182
13）130   91
     10    7

3）21  15
    7   5
```

2 角度，相似，面積，体積

(1) 角 ADC の大きさは，180－(34＋46)＝100(度)だから，下の図１のように，三角形 ABC の辺 BC と三角形 ACD の辺 DC が重なるように変形すると，AA′は直線になる。また，AC と A′C は同じ長さだから，三角形 ACA′は二等辺三角形である。よって，角 x の大きさは角 DAC の大きさと等しく34度とわかる。

(2) 下の図２で，同じ印をつけた角の大きさはそれぞれ等しいから，かげをつけた３つの三角形は相似であり，３つの辺の長さの比はすべて３：４：５になる。また，正方形の１辺の長さは，５＋４＝９(cm)なので，GC＝９－３＝６(cm)であり，$GI=6\times\frac{5}{4}=7.5$(cm)とわかる。よって，IH＝

9 −7.5＝1.5(cm)だから，FH＝1.5×$\frac{4}{3}$＝２(cm)と求められる。したがって，三角形IHFの面積は，1.5×２÷２＝1.5(cm²)である。

(3)　正面から見ると下の図３のようになる。三角形OABと三角形OCDは相似であり，相似比は，24：(24−12)＝２：１なので，三角形OABの部分の四角すいと三角形OCDの部分の四角すいの体積の比は，(２×２×２)：(１×１×１)＝８：１とわかる。よって，四角すいと立方体が重なっている部分の体積は，三角形OABの部分の四角すいの体積の，(８−１)÷８＝$\frac{7}{8}$(倍)になる。また，三角形OABの部分の四角すいの体積は，12×12×24÷３＝1152(cm³)だから，四角すいと立方体が重なっている部分の体積は，1152×$\frac{7}{8}$＝1008(cm³)と求められる。

図１

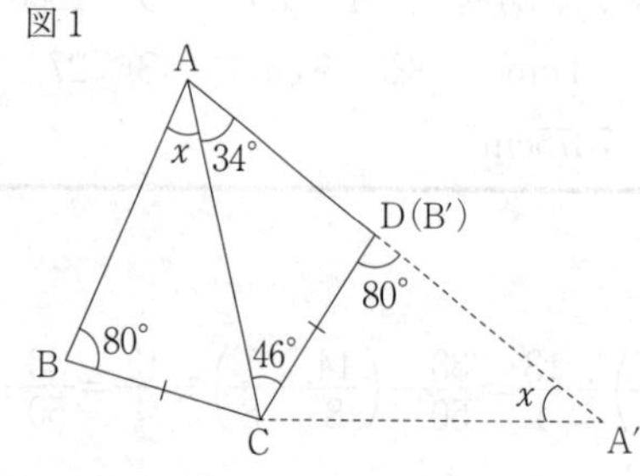

図２

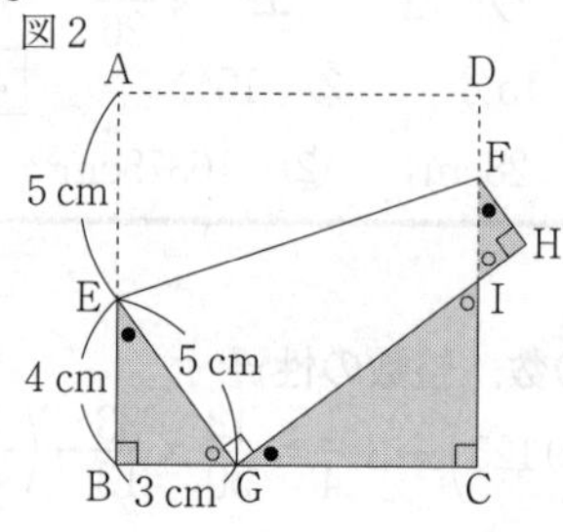

図３

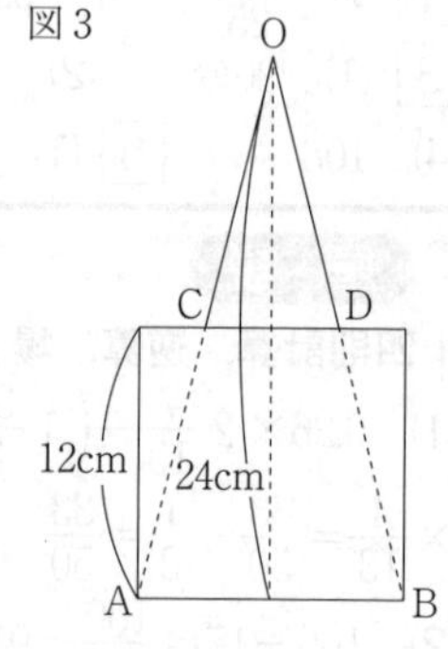

3 仕事算

(1)　太郎君が全体の$\frac{2}{3}$を終えるまでの時間は，45×$\frac{2}{3}$＝30(分)だから，太郎君と次郎君の２人でした時間は，40−30＝10(分)である。また，太郎君が１分間にする掃除(そうじ)の量を１とすると，この掃除全体の量は，１×45＝45となる。すると，全体の$\frac{2}{3}$の量は，45×$\frac{2}{3}$＝30となるので，太郎君と次郎君の２人でした量は，45−30＝15とわかる。つまり，太郎君と次郎君の２人は10分で15の掃除をしたから，太郎君と次郎君が１分間にする掃除の量の和は，15÷10＝1.5となる。よって，次郎君が１分間にする掃除の量は，1.5−１＝0.5なので，この掃除を次郎君が１人ですると，45÷0.5＝90(分)かかる。

(2)　①　全体の半分の量は，45÷２＝22.5である。また，２人ですると１分間に1.5の掃除ができるから，２人で半分の掃除を終えるまでの時間は，22.5÷1.5＝15(分)と求められる。　②　太郎君は35分掃除をしたので，太郎君がした量は，１×35＝35である。よって，次郎君がした量は残りの，45−35＝10だから，次郎君が掃除をした時間は，10÷0.5＝20(分)と求められる。したがって，次郎君が休んだ時間は，35−20＝15(分)である。

4 平面図形—相似

(1)　右の図で，OA，OB，OCの長さはすべて６cmだから，三角形OABは正三角形，三角形OCAは二等辺三角形である。また，角ABCの大きさは60度なので，三角形ABCは正三角形を半分にした形の三角形である。次に，OとDを結ぶと，三角形ODCと三角形ODAは合同になるから，角ODCは直角とわかる。よって，三角形DOCも正三角形を半分にした形の三角形なので，OD＝６×$\frac{1}{2}$＝３(cm)と求められる。さらに，三角形ABGと三角形ODGは相似であり，相似比は，AB：OD＝６：３＝２：１だから，AG：OG＝２：１と

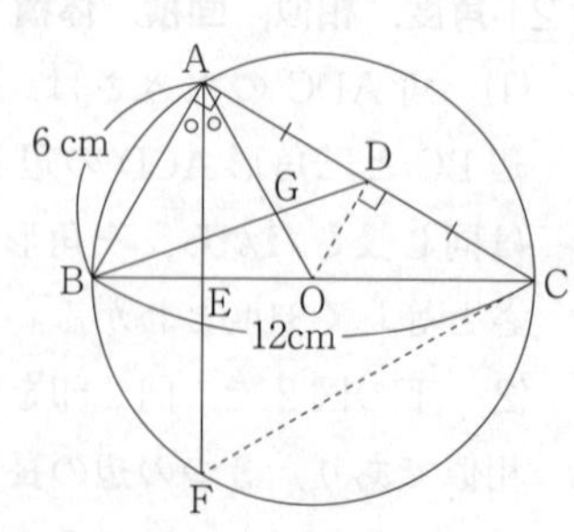

わかる。したがって，AG＝$6\times\frac{2}{2+1}$＝4(cm)である。

(2)　○印をつけた角の大きさは，60÷2＝30(度)なので，角AEBの大きさは，180－(30＋60)＝90(度)である。すると，三角形ABEも正三角形を半分にした形の三角形になるから，BE＝6÷2＝3(cm)とわかる。よって，EC＝12－3＝9(cm)と求められる。

(3)　角AEBが直角なので，AEとEFの長さは等しく，AE×EF＝AE×AEとなる。また，三角形ABEと三角形CAEは相似だから，どちらも直角をはさむ2辺の比は等しくなる。つまり，BE：AE＝AE：CEなので，3×AE＝AE×9と表すことができる。ここで，ア：イ＝ウ：エのとき，イ×ウ＝ア×エという関係があるから，AE×AE＝3×9＝27と求められる。

(4)　三角形AFCは正三角形なので，ACとAFの長さは等しく，AC×AF＝AC×ACとなる。また，ACの長さはAEの長さの2倍だから，AC×AC＝(AE×2)×(AE×2)＝AE×AE×4となることがわかる。よって，(3)より，AC×AC＝27×4＝108と求められる。

5　立体図形─体積

(1)　①　正面から見ると下の図Ⅰのようになる。図Ⅰのかげをつけた2つの四角形の面積は等しく，どちらも高さが30cmの台形と考えることができる。よって，2つの台形の，(上底)＋(下底)の値は等しくなるから，15＋15＝2＋xより，x＝15＋15－2＝28(cm)と求められる。　②　下の図Ⅱで，はじめの水の位置はかげの部分である。この状態から●を中心として斜線(しゃせん)部分まで移動するので，水が通過した部分(太線で囲んだ部分)の面積は，15×30＋15×15÷2＝562.5(cm²)となる。また，容器の奥行(おくゆ)きは30cmだから，水が通過した部分の体積は，562.5×30＝16875(cm³)とわかる。

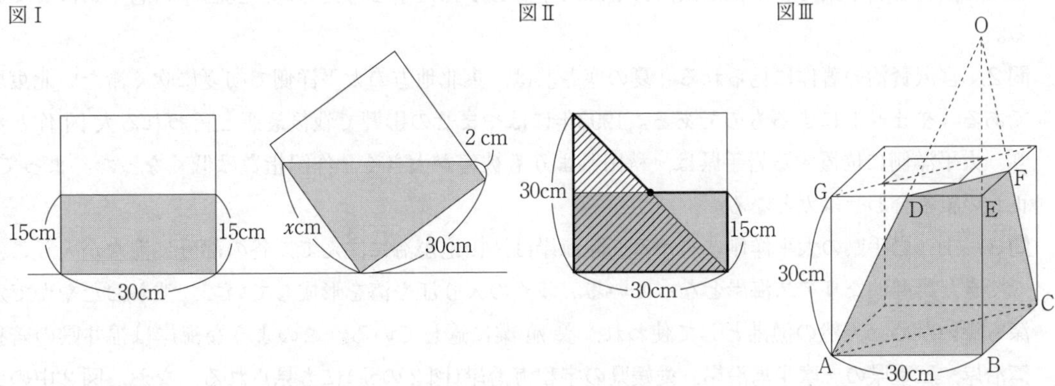

(2)　残っている水は上の図Ⅲのかげの部分であり，これは，三角すいO－ABCから三角すいO－DEFを取り除いた形の立体である。ここで，DはEGの真ん中の点なので，三角形ODEと三角形ADGは合同であり，OEの長さは30cmとわかる。よって，三角すいO－ABCの体積は，30×30÷2×(30＋30)÷3＝9000(cm³)，三角すいO－DEFの体積は，15×15÷2×30÷3＝1125(cm³)となり，残っている水の体積は，9000－1125＝7875(cm³)と求められる。

〔編集部注…学校より，2の(1)において，問題の設定に不備があったとのコメントがありました。なお，本誌では学校の了解のもと，変更を加えて掲載しております。〕

社　会　＜第1回試験＞（40分）＜満点：50点＞

解　答

1 **問1**　ア　**問2**　カ　**問3**　(1)　サ　(2)　(例)　日照時間の長い北上盆地に沿って立地している。　**問4**　ナ　**問5**　へ　**問6**　(1)　北上川　(2)　ム　**2** **問1**　ウ　**問2**　イ　**問3**　ア　**問4**　ウ　**問5**　ア　**問6**　(例)　江戸初期には幕府のために戦う役割が求められていたが，綱吉の時代には朱子学を学んで，主君に忠実にはたらく役割が重視された。　**問7**　エ　**問8**　イ　**問9**　イ　**問10**　イ　**問11**　イ　**問12**　ウ　**問13**　イ　**問14**　エ　**問15**　(1)　高句麗　(2)　倭寇　(3)　種子島　(4)　ジュネーヴ(ジュネーブ)　**3** **問1**　弾劾　**問2**　法の精神　**問3**　(例)　消費税が導入され，段階的に引き上げられたから。　**4** **問1**　ア　**問2**　ウ　**問3**　カ

解　説

1 **岩手県の産業をもとにした地理の問題**

問1　岩手県と秋田県は奥羽山脈を境にして，岩手県は太平洋側，秋田県は日本海側に位置する。両県ともかつては稲作を中心とする農業が行われてきた。しかし，岩手県は初夏に吹く「やませ」と呼ばれる冷たい北東風の影響で冷害が起こることが多かった。そうした背景もあり，岩手県では畜産業にも力を入れ，近年では岩手県の農業産出額に占める畜産の割合は6割前後となっている。よって，Cが岩手県でDが秋田県，Aが2021年でBが1971年と考えられ，2021年の岩手県はアである。

問2　宮沢賢治の著作に見られる「夏の寒さ」は，東北地方の太平洋側で初夏に吹く冷たい北東風である「やませ」によるものである。1993年にはやませの影響で戦後最悪と言われる大凶作となり，太平洋側に位置する岩手県は，秋田県よりも被害が大きく，作況指数は低くなった。よって，正しい組み合わせはカとなる。

問3　(1)　岩手県の太平洋側に広がる三陸海岸は，山地が海に沈んで，谷の部分に海水が入りこんでできた典型的なリアス海岸となっている。多くの入り江や湾を形成していて，波がおだやかで水深も深いため，天然の漁港として使われ，養殖業に適している。このような海岸は福井県の若狭湾沿岸，三重県の志摩半島沿岸，愛媛県の宇和海沿岸(図2のサ)にも見られる。なお，図2中のシ～セには砂浜海岸が広がっている。　(2)　図3と図4から，地熱発電所(★)は奥羽山脈沿い，風力発電所(■)は北上山地，太陽光発電所(×)は北上盆地の周囲に分布していることがわかる。北上盆地は奥羽山脈と北上高地にはさまれ，季節風の影響を受けにくいことから，降水量が少なく日照時間が長いため，太陽光発電所の設置に適していると考えられる。

問4　焼津港(静岡県)は，カツオ類やマグロ類の水揚量が多いことで知られる(H…カツオ類)。大船渡港(岩手県)は，千島海流(親潮)に乗って南下するサンマやサケ・マスの水揚量が多いが，近年はイワシの水揚量が大きく増える一方でサンマの水揚量が大きく減っている(G…サンマ，I…イワシ類)。よって，正しい組み合わせはナとなる。

問5　「将棋の駒」は山形県天童市の伝統的工芸品である(J…×)。東北自動車道沿線には，IC(集積回路)などの電子部品工場が多く立地している(K…×)。よって，正しい組み合わせはへとな

る。

問６　(1)　北上川(全長249km)は岩手県から宮城県にかけて，おおむね北から南へ向かって流れ，仙台湾(太平洋)に注ぐ，東北地方でもっとも長い川である。　(2)　図５と図６を比べると，「仲町」には図５ですでに街並みが形成されている一方で，「桜台」には，図６に見られるような多くの建物は図５では見られない(M…×)。図５では，「はなまき」駅から東に伸びる路線など，多くの鉄道路線が見られるが，図６では鉄道路線が少なくなっている(N…○)。よって，正しい組み合わせはムになる。

2　戦争の技術を題材にした歴史の問題

問１　銅鐸は，弥生時代に祭りで用いられたと考えられる道具である(ウ…○)。なお，埴輪は銅製ではなく，素焼きの土器である(ア…×)。東大寺の大仏の造立を命じたのは聖武天皇である(イ…×)。和同開珎は708年に鋳造された貨幣で，座は鎌倉・室町時代に発達した商工業者の同業組合である(エ…×)。

問２　６世紀半ば，百済の聖明王により仏教が日本に伝来した(イ…○)。なお，福岡県志賀島で発見された金印は，１世紀ごろに北九州にあった小国の奴国の王が，後漢(中国)に使いを送り，皇帝から授けられたものとされる(ア…×)。白村江の戦い(663年)は，百済が新羅と手を結んだ唐(中国)にほろぼされたのをきっかけに起こった戦いである(ウ…×)。遣唐使が朝鮮半島沿岸の航路を避けたのは，新羅との関係が悪化したからである(エ…×)。

問３　７世紀に中国で唐王朝が成立すると，日本も唐の律令制度を取り入れた国づくりを始めた(ア…○)。なお，大宝律令(701年)は文武天皇のもとで完成した(イ…×)。「律」は現在の刑法，「令」は現在の民法・行政法にあたる(ウ…×)。国司は都から貴族が派遣されたが，郡司は地元の豪族が任命された(エ…×)。

問４　室町時代に始まった日明貿易では，明(中国)から日本に大量の明銭が輸入され，日本国内で貨幣経済が発展した(ウ…○)。明に朝貢したのは，室町幕府第３代将軍を務めた足利義満である(ア…×)。この貿易で用いられたのは「勘合(符)」で，「朱印状」は江戸時代初めの貿易許可状である(イ…×)。明は銅銭を用いて日本の銅や硫黄，刀などを輸入していた(エ…×)。

問５　織田信長は関所を撤廃して商品の流通をうながしたほか，「楽市・楽座」と呼ばれる政策を行い，商工業者の営業を自由化し，商工業を発展させた(ア…○)。なお，信長は，南蛮貿易による利益を得たり，一向一揆などの仏教勢力を抑えたりする目的で，キリスト教の宣教師を保護した(イ…×)。豊臣秀吉が築いた大坂(大阪)城は，石山本願寺の跡地である(ウ…×)。秀吉の検地(太閤検地)により，荘園制は崩壊した(エ…×)。

問６　資料の1615年の武家諸法度では，大名を厳しく統制し，幕府に反抗する姿勢は許さないとする意図が見える。しかし，1683年の武家諸法度では，主君に忠実に仕えるようにうながす意図が見える。1683年の武家諸法度は第５代将軍の徳川綱吉が発したもので，綱吉はこれまでの「武断政治」にかわり，学問や礼節を重んじる「文治政治」を目指し，特に，主従関係や上下関係を大切にする儒学の一派である朱子学を重視した。

問７　第８代将軍の徳川吉宗は享保の改革を行った。その中でキリスト教と関係のない実学書の輸入が許された(エ…○)。なお，外国船打払令(異国船打払令)は第11代将軍の家斉の治世の1825年に出された(ア…×)。株仲間の解散は老中の水野忠邦による天保の改革(1841～43年)における政策である(イ…×)。御成敗式目は鎌倉幕府第３代執権の北条泰時が定めた，日本で最初の武家法で，吉宗が定めたのは公事方御定書である(ウ…×)。

問８　江戸時代後半の化政文化の時期，「錦絵」と呼ばれる多色刷り版画が普及し，浮世絵が庶民の娯楽として発展した(イ…○)。なお，井原西鶴は浮世草子作家(ア…×)，『東海道中膝栗毛』は十返舎一九の作品(ウ…×)，元禄文化は江戸時代前半の上方(京都・大坂)を中心とする文化(エ…×)である。

問９　第一次世界大戦(1914～18年)では，日本はアジア諸国への輸出を増やし，大戦景気と呼ばれる好景気となった(イ…○)。なお，富岡製糸場は，1872年に操業を開始した，生糸を生産する官営模範工場である(ア…×)。1929年に始まった世界恐慌では，アメリカ向けの生糸の輸出が激減した(ウ…×)。石油危機(1973年)の後の日本では，鉄鋼業や石油化学工業が縮小した一方で，機械工業の生産は伸長した(エ…×)。

問10　北里柴三郎は細菌学者で，ドイツに留学して破傷風の血清療法を発見するなどの功績で，「近代日本医学の父」と呼ばれた(イ…○)。なお，アの志賀潔は赤痢菌を発見した細菌学者，ウの高峰譲吉はアドレナリン抽出に成功した化学者，エの野口英世は黄熱病研究で知られる細菌学者である。

問11　パリ講和会議でベルサイユ条約が結ばれた(1919年)が，会議で唱えられた「民族自決」という考え方により，敗戦国のドイツやオーストリアに支配されていた東ヨーロッパで次々に独立国が生まれた。これを受けて，植民地支配が続いたアジアやアフリカでも独立を求める動きが活発となり，日本の植民地であった朝鮮で三・一独立運動が起こった(イ…○)。なお，パリ講和会議の日本の全権は西園寺公望である(ア…×)。イタリアは連合国側に加わり，戦勝国となった(ウ…×)。講和会議で軍縮の機運が高まったが，実際に軍縮条約が結ばれたのはこれより後の1922年である(エ…×)。

問12　沖縄返還交渉が進み，返還が実現したのは1972年の佐藤栄作内閣のときである(ウ…×)。

問13　戦後の民主化政策の中で，財閥解体が行われたが，実際に解体された会社はごく少数で不徹底に終わった(イ…○)。なお，朝鮮戦争(1950～53年)を受けて発足したのは，自衛隊の前身となる警察予備隊である(ア…×)。農地改革では，地主の所有できる土地が制限され，多くの自作農が生まれた(ウ…×)。冷戦終結(1989年)より前の1956年に，日ソ共同宣言で日本はソ連と国交を回復している(エ…×)。

問14　包括的核実験禁止条約(CTBT)が国際連合総会で採択されたのは1996年なので，年表中のエに当てはまる。

問15　(1)　４世紀後半の朝鮮半島北部にあった国は高句麗である。朝鮮半島に進出していたヤマト政権は，南下する高句麗と戦い，敗北している。　(2)　鎌倉時代末から室町時代にかけて，朝鮮半島や中国沿岸を荒らし，略奪や密貿易を行っていた集団は，倭寇である。　(3)　1543年，ポルトガル人が漂着し，日本に鉄砲が伝わるきっかけとなったのは，種子島(鹿児島県)である。

(4)　国際連盟はアメリカのウィルソン大統領の提案により1920年に発足し，本部はスイスのジュネーヴ(ジュネーブ)に置かれた。

３　政治と税制についての問題

問１　国会は，裁判官にふさわしくない行いをしたり，職務上の義務に違反したりした裁判官を裁く弾劾裁判所を設置することができる。

問２　三権分立の考え方は，18世紀前半にフランスの思想家モンテスキューがその著書『法の精神』で初めて提唱した。三権分立とは，国の権力を立法権（法律をつくる権力），行政権（法律にもとづいて政治を行う権力），司法権（法律にもとづいて裁判を行う権力）の３つに分け，１つの機関に権力が集中し過ぎるのを防ぐ考え方である。

問３　かつて政府は直接税（税負担者と納税者が同じ税）を主な財源としていたが，社会保障制度にあてる財源を確保するため，1989年に国民から広く徴収できる消費税を導入したことで，間接税（税負担者と納税者が異なる税）の比率が上昇した。特に近年の少子高齢化や人口減少により，社会保障費の財源確保が難しくなっていることから，導入時は３％であった消費税率は，段階的に引き上げられ，現在では10％（食料品などは８％の軽減税率）になっている。

４　国民の政治参加についての問題

問１　説明文から，アダムズ方式は，議員定数の配分について，これまでの制度よりも厳密に人口比を反映させた制度といえる。この方式が採用されると，これまで人口に関係なく配分されていた１議席も人口比にもとづいて配分されるため，人口の多い都道府県の議席が多くなり，人口の少ない都道府県の議席は少なくなる（ア…○）。なお，有権者数の少ない地方は議席数が減るので，地方の声が国政に届きにくくなる（イ…×，ウ…×）。アダムス方式では，議員１人あたりの有権者数の格差（一票の格差）は縮まる（エ…×）。

問２　村長などの地方公共団体の首長の解職請求は，有権者の３分の１以上（有権者数が40万人以下の場合）の署名を集めて，選挙管理委員会に請求する（ウ…○）。なお，条例の制定・改廃の請求先は，首長である（ア…×）。議会の解散請求は，有権者の３分の１以上（有権者数が40万人を超えない場合）の署名を集めて，選挙管理委員会に請求する（イ…×）。議会の解散についての住民投票では，有効投票総数の過半数の賛成があれば解散する（エ…×）。

問３　Ａの有効投票総数の過半数という条件の場合，国民投票の結果で賛成票（3900万票）と反対票（3800万票）を足した有効投票総数（7700万票）のうち，賛成票が過半数を上回るので，憲法改正は承認される（Ａ…ｚ）。Ｂの投票総数の過半数という条件の場合，国民投票の結果で賛成票（3900万票）と反対票（3800万票）と無効票（300万票）を足した投票総数（8000万票）のうち，賛成票がわずかに過半数に届かないので，憲法改正は成立しない（Ｂ…ｙ）。Ｃの有権者総数の過半数という条件の場合，国民投票の結果で賛成票（3900万票）は有権者全体（１億人）の39％にしかならないので，憲法改正は実現しない（Ｃ…ｘ）。よって，正しい組み合わせはカとなる。

理　科　＜第１回試験＞（40分）＜満点：50点＞

解　答

１　**問１**　20g　**問２**　12cm　**問３**　34g　**問４**　2cm　**問５**　3.75kg　**問６**　20cm　**問７**　70g　**問８**　**ばねばかり１**…42g　**ばねばかり２**…28g　**２**　**問１**　ア，イ　**問２**　13.5時間　**問３**　（例）　軽くなり上にあがる　**問４**　(1)　イ　(2)　ウ　(3)　ア　(4)　ア　**問５**　（例）　温度が上がりにくい　**問６**　867L　**３**　**問１**　（例）　地球が太陽のまわりを回る動き。　**問２**　15　**問３**　30　**問４**　④　30　⑤　イ　**問５**

おとめ座　**問６**　７月　**問７**　うお座　**4** **問１**　ウ　**問２**　(1)　カーボンニュートラル　(2)　(例)　温室効果ガスの排出量と吸収量を均衡させること。　**問３**　イ，ウ，エ，オ　**問４**　クーリング

解説

1 **てこのつりあいについての問題**

問１　てこのつりあいは，(加わる力の大きさ)×(支点からの距離)で求められるモーメントで考えることができ，左回りと右回りのモーメントの合計が等しいときにてこはつりあう。おもり②の重さを□gとすると，Mを支点としたときのつりあいの式は，40×(30－15)＝□×30となり，□＝40×15÷30＝20(g)と求められる。

問２　MDの長さを□cmとしたときのつりあいの式は，40×15＝25×□＋10×30であるから，□＝(40×15－10×30)÷25＝12(cm)とわかる。

問３　棒の中央からNまでの長さは，35－30＝５(cm)，NBは，60－35＝25(cm)である。おもり⑥の重さを□gとすると，20×35＋30×５＝□×25が成り立ち，□＝(20×35＋30×５)÷25＝34(g)と求められる。

問４　さおの重さ250gは，Eから右に，80÷２－16＝24(cm)の位置に集まっていると考えられる。Eを支点としたつりあいは，目盛り０の位置がEから右に□cmにあるとすると，500g＝0.5kg，250g＝0.25kgより，0.5×16＝0.25×24＋１×□となる。これより，□＝(0.5×16－0.25×24)÷１＝２(cm)とわかる。

問５　最大の重さをはかることができるのは，分銅をBから左へ２cmの位置に下げたときで，これは，Eから，80－16－２＝62(cm)の位置である。さおばかりではかることができる最大の重さを□kgとすると，Eを支点としたつりあいの式は，(□＋0.5)×16＝0.25×24＋１×62となる。よって，□＝3.75(kg)とわかる。

問６　Pから支点のRまでの長さを□cmとすると，つりあいの式は，50×□＝20×(50－10－５－□)で，50×□＝700－20×□が成り立ち，70×□＝700より，□＝10(cm)である。したがって，ARの長さは，10＋10＝20(cm)となる。

問７　おもり⑦とおもり⑧の重さの合計は，50＋20＝70(g)である。これを，ばねばかり１とばねばかり２で支えているので，その表示の合計は70gとわかる。

問８　おもり⑦とおもり⑧の重さの合計70gは，問６より，Aから20cmの位置に集まっていると考えられる。ばねばかり１の表示を□gとしたとき，Bを支点としたつりあいの式は，□×50＝70×(50－20)で，□＝42(g)と求めることができる。このことから，ばねばかり２の表示は，70－42＝28(g)となる。

2 **ろうそくの燃焼についての問題**

問１　ろうそくの炎(ほのお)は，中心から順に，炎心(えんしん)，内炎，外炎の３つの部分からなる。炎心はろうそくのろうが気体になっている部分，内炎はろうが不完全燃焼をしている部分，外炎は空気とふれて完全燃焼している部分である。このとき，外炎が最も温度が高いので，アは誤りといえる。また，ろうそくにふくまれている炭素と水素が燃えると，それぞれ二酸化炭素と水になる。よって，イもまちがい。ろうそくは，炎によって温められた固体のろうが，ろうそくの芯(しん)を伝い，炎心で気体の

ろうになるので，ウは正しい。炎心にガラス管を入れて出てくる白いけむりは，気体のろうが冷やされて固体のろうとなったもので，火をつけると再び気体となり燃える。したがって，オも正しいといえる。水でしめらせた割り箸(ばし)をろうそくの炎に入れると，最も温度が高い外炎の部分が黒くなるため，エも適切な説明である。

問２　円周率を3.14とすると，直径３cm(半径1.5cm)，長さ15cmのろうそくの体積は，直径１cm(半径0.5cm)，長さ10cmのろうそくの，(1.5×1.5×3.14×15)÷(0.5×0.5×3.14×10)＝13.5(倍)である。ろうそくが燃えつきる時間はろうそくの体積に比例するので，直径３cm，長さ15cmのろうそくが燃えつきるまでの時間は，１×13.5＝13.5(時間)となる。

問３　外炎の周りの空気は，ろうそくの熱によって温められてぼう張し，同じ体積あたりの重さが軽くなって上昇(じょうしょう)する。このとき，ろうそくの炎の下から空気が入って流れができ，炎は図２のような形になる。

問４　(1)　かぶせたコップの中の酸素が，ろうそくの燃焼によって使われて少なくなると，ろうそくの火は消える。　(2)　ろうそくの炎に水をかけると，ろうの温度が下がって発火点以下になる。　(3)　ろうそくの炎に息を吹(ふ)きかけると，気体のろうが吹き飛ばされ，燃える物質がなくなる。　(4)　ろうそくの芯をつまむと，液体のろうが上がってこなくなるので，燃える物質がなくなって火が消える。

問５　ビニール袋(ぶくろ)はプラスチック製品の１つで，固体のプラスチックの多くは，100℃をこえるととけて液体になる。よって，ビニール袋も100℃をこえると破れる。しかし，図３のようにしてビニール袋に入っている水を温めたとき，水の温度は少なくともふっとうが終わるまで100℃をこえないので，これと接しているビニール袋の温度も上がりにくくなり，破れなかったと考えられる。

問６　水が液体から気体(水蒸気)になると，体積が1700倍になることから，500ｇの水が水蒸気になったときの体積は，500÷0.98×1700÷1000＝867.3…より，867Lである。

3　星の日周運動と年周運動についての問題

問１　星が地球のまわりを１年で１回転するように見える運動は，地球が太陽のまわりを公転していることによって起きる。

問２　星は日周運動によって，地球のまわりを１日で１回転するので，１時間に進む角度は，360÷24＝15(度)である。

問３　星は地球のまわりを１年で１回転するように見えることから，１か月で進む角度は，360÷12＝30(度)となる。

問４　午後10時に真南に見えた星は，２か月後の午後10時には，真南より，30×２＝60(度)西に見える。この２時間前の午後８時には，15×２＝30(度)東に見えるので，元の位置より，60−30＝30(度)だけ西の位置に見えると考えられる。

問５　いて座が午前０時頃(ごろ)に南中することから，６月20日の地球の位置は，いて座と太陽の間の位置である。地球は太陽のまわりを，北極側から見て反時計回りに公転しているので，６月20日の２か月前の４月20日の地球の位置は，てんびん座と太陽の間の位置で，４月20日の午前０時頃にはてんびん座が南中する。さらに，地球は北極側から見て反時計回りに自転していることから，その日の午後10時頃に南の空に見えるのは，てんびん座の，15×２＝30(度)西に位置する，おとめ座である。

問６　同じ時刻に見える星は年周運動により，１か月に30度ずつ西に動いて見える。４月20日の10時頃に南に見えたおとめ座が，同じ時刻に西の地平線近くに見えるのは，90÷30＝３（か月後）なので，４＋３＝７より，７月20日とわかる。

問７　図のＡの地点に地球があるのは，６月20日の３か月後の９月20日である。この日の午前０時頃に南の空に見えるうお座は，90÷15＝６（時間前）の午後６時頃（日没頃）に東の空からのぼったと考えられる。

４ 気候変動と温室効果ガスについての問題

問１，問２　気候変動の原因となっている温室効果ガスを削減するためには，温室効果ガスの排出量を減らし，吸収量を増やす必要がある。そこで，日本は，2020年10月に，2050年までに，温室効果ガスの排出量から吸収量を差し引いた合計がゼロになるようにする（カーボンニュートラル）と宣言した。なお，カーボンニュートラルのカーボン（炭素）は，炭素をふくむ温室効果ガスを，ニュートラル（中立）は，差し引きゼロにして増やさないようにすることを意味する。

問３　アのように，森林を保全し再生すると，植物の光合成による二酸化炭素の吸収量を増やすことができる。これは，温室効果ガス（二酸化炭素）の吸収量の増加に関係する取り組みなので，あてはまらない。イは，住宅・建築物の省エネ性能等の向上によって使用する燃料が減少し，温室効果ガスの排出量の削減となる。ウは，再生可能エネルギーを利用することで，化石燃料の使用を減らせるので，温室効果ガスの削減に関係するといえる。エは，公共交通機関を利用すると，１人あたりの使用燃料が少なくできるので，温室効果ガスの排出量を削減できる。オの「地産地消」は，食材のむだをなくすと同時に，輸送にかかわる燃料を軽減できることから，あてはまるといえる。

問４　クーリングシェルター（避暑施設）は熱中症対策の１つで，重大な健康被害が発生するような暑さを避け，冷房の効いたすずしい施設で体温を下げて熱中症をへらすことを目的としている。

国語　＜第１回試験＞（50分）＜満点：100点＞

解答

一　**１～４**　下記を参照のこと。　**５**　けいけい　二　**１**　Ⅰ　イ　Ⅱ　カ　Ⅲ　ウ　**２**　エ　**３**　ア　**４**　エ　**５**　慎重に正しい手順で身体の訓練を行うこと　**６**　⑴　オ　⑵　感覚―運動スキル　**７**　身体による～れてこない　**８**　（例）　最初すぐには何も見えないが，光の刺激を受けそれに応じ身体を動かす経験を積み，視覚的な現れと触覚的な現れを結びつけ，事物を知覚する。　三　**１**　**Ａ**　ア　**Ｂ**　オ　**Ｃ**　イ　**２**　（例）　大好きな元の飼い主がいると気づいたから。　**３**　**ａ**　美月　**ｂ**　母親　**４**　（例）　（飼い主が）病気で，犬を飼える状況にないが，タヌ吉ともう一度一緒に暮らすことを目標にして頑張っているので人に預けて返してもらいづらくしないため。　**５**　イ，オ　**６**　ウ　**７**　エ

●漢字の書き取り

一　**１**　見聞　**２**　景勝　**３**　結実　**４**　音信

解説

一　**漢字の読みと書き取り**

１　見聞きして得た知識。　２　景色がすばらしいこと。　３　成果があらわれること。
４　連絡やたより。　５　深く考えず軽率なさま。

□二 **出典：信原幸弘『「覚える」と「わかる」　知の仕組みとその可能性』**。筆者は，動作を身体で覚えたり，事物を知覚して区別したりするためには，身体を動かし世界とかかわる経験が必要だと述べている。

１　Ⅰ　筆者は，クギの打ち方を覚えるときに，手と脳のあいだの信号のやりとりも不可欠だと前で述べたうえで，後で，それだけではなくクギを打つのにふさわしい手の筋肉も必要だと述べている。よって，前のことがらを受けて，それに反する内容を述べるときに用いる「しかし」が合う。　Ⅱ「下手な練習」にともなう悪い結果が具体的に説明された後，「脳と身体に悪い癖がつく」と短くまとめられている。よって，“要するに”という意味の「つまり」がふさわしい。
Ⅲ　筆者は，開眼手術を受けた後，立方体や球を「視覚的な現れ」から区別できるようになるのは，「触覚的な現れ」との関連づけによると述べている。よって，前のことがらを受けて，その理由を説明するときに用いる「なぜなら」がよい。

２　もどす文では，直前に書かれていることが「じっさい」は正しくないと述べられている。【エ】に入れると，「知覚や感覚」は人間に「生まれつき備わった能力だと思われているかもしれない」が，「じっさい」には経験を積んで少しずつ習得するものだというつながりになり，文意が通る。

３　二重囲み部の直後に「ので」という理由を表す語があるので，二重囲み部に入るのは，その後の「手で触れれば」立方体と球とを正しく言い当てられるという内容の理由だとわかる。「この人」，つまり「生まれつき眼の見えない人」は，眼が見えるようになったときに「眼で見るだけ」で正しく言い当てられるか，という問いを受けて，「触れれば」わかることを説明しているので，「生まれつき眼の見えない人」は「触覚」によって「立方体」と「球」の違いを習得したとしているアがふさわしい。なお，「眼の見えない人」は，手触りの違いを重視しているというよりも，手触りしか根拠がない状態なので，イは合わない。

４　傍線部①に続く部分で筆者は，動きを「身体で覚える」ために不可欠な二つの要素として，脳と身体のあいだの「双方向的な信号のやりとり」を習得すること，そして動作にふさわしい「身体をつくる」ことをあげている。よって，エがふさわしい。なお，信号のやりとりの習得と身体づくりに決められた順番はなく，同時に並行して進められるものとして書かれているので，アやイやオは正しくない。手は脳からの信号にもとづいて「動きを調整」すると本文で述べられているので，ウは選べない。

５　直後の部分で筆者は，「上手な練習」とは良い動きを繰り返して良い身体をつくることだと述べ，「ちゃんとしたコーチ」についたほうがいい理由を説明している。さらに【ウ】の次の段落で，「身体で覚える」ことについて，「慎重に正しい手順で身体の訓練を行うこと」が重要だと言いかえられているので，この部分が抜き出せる。

６　⑴　前後の部分では，「分節化」とは，物事の区別がつかずごちゃごちゃになった状態から，それぞれをはっきりと区別できるようになることであり，それは刺激に応じて身体を動かすという経験を積むことで可能になると述べられている。友人が増えることと，区別ができるようになることとは異なるので，オが正しくない。　⑵　文章を読み進めていくと，傍線部④に続く部分で，再び「分節化」について説明されている。「分節化された知覚」を得るためには，事物からの刺激に応じて適切に身体を動かすことを繰り返す必要があり，その能力を「感覚―運動スキル」とよぶと書かれている。

7　直後に，「エナクティヴィズム」とは，「事物が事物として知覚できる」ためには「身体を動かして事物からうまく刺激を探り出すことが必要だ」という考え方だと述べられている。事物を知覚するというのは，「分節化された知覚が成立する」ことである。問６でみた，「分節化」について述べられた傍線部③の部分に注目すると，身体と「分節化」の関係について，「身体による世界との交わりがなければ，世界は分節化されて立ち現れてこない」とあり，これが「エナクティヴィズム」と同じ「とらえ方」だといえる。

8【中略】の前の二つの段落で筆者は，「開眼手術を受けた」人が立方体と球を視覚で区別できるようになるまでの流れを説明している。最初はまぶしくて「何も見えない」状態から，「光の刺激」に応じて頭や眼球など「身体」を動かしたり，触覚経験と視覚的な現れを関連づけたりしていくうちに，立方体や球を見てどちらがどちらかを言い当てられるようになると書かれている。

三　**出典：近藤史恵『さいごの毛布』**。飼い主に代わって犬の面倒を見る施設「ブランケット」で働く智美は，ある日上司の摩耶子と出かけ，職場で預かっているタヌ吉という犬の事情を知る。

1　**A**　本来「知らない人は苦手」な智美は，タヌ吉と一緒にいると，犬を話題やきっかけとして見知らぬ人とも気楽に話せると感じている。よって，“間に入って衝撃をやわらげるもの”を表す「緩衝材」がよい。　**B**　前の部分でタヌ吉は，美月から引き離されながら「名残惜しそう」にしており，別れを惜しんでいることが読み取れる。よって，「切なげに」がふさわしい。　**C**　犬を預かった人は通常であれば「情がうつる」が，智美のように「仕事」として預かる場合はまだそうならないようにできる，という文脈なので，“感情的にならずに距離をとる”ことを表す「割り切れる」が合う。

2　続く部分でタヌ吉は，制止を振り切って走り出し，公園の奥にいた「車椅子の女性」に飛びついている。女性は再会を喜び，タヌ吉も激しく甘えている。女性が二年前までタヌ吉を飼っていたことが書かれているので，タヌ吉は，かつての飼い主を見つけて反応したことがわかる。

3　**a**　読み進めていくと，傍線部⑤の直後で，摩耶子が車椅子の女性に「美月さん」と呼びかけている。　**b**　少し後で，「母親らしき年配の女性」と摩耶子が挨拶をしたとあり，別れ際にも「彼女の母」が頭を下げて挨拶をしている。

4　読み進めていくと，面会が終わった後で，摩耶子が，飼い主だった美月が難病の治療中のため犬を飼える状況ではないことや，それでも美月は「もう一度タヌ吉と一緒に暮らしたい」と願い，それが「心の支え」になっていることを説明している。また，人に預けてしまうとその人たちの「情」がうつり，将来，タヌ吉を返してほしいとは言いづらくなる。これらを，預けられている理由としてまとめる。

5　摩耶子から最近のタヌ吉のようすを聞いた美月は，一緒に暮らしていた頃のタヌ吉のやんちゃぶりを楽しそうに語った後，タヌ吉と離れて「二年」という時の流れを実感してしんみりしている。美月がタヌ吉のいたずらを本気でつらく感じていたようすはないので，イは正しくない。また，美月が治療への決意を新たにするのは，摩耶子から「犬は愛してくれた人のことは絶対に忘れませんよ」と言われた後なので，オも合わない。

6　本文の最後の部分で摩耶子は，「自分の仕事が犬を幸せにしているなんて思わない」と述べたうえで，犬と飼い主との間に「選択肢」をひとつ増やせることは誇らしい，と話している。「大好きな飼い主」から引き離される犬の気持ちを思いやりながらも，自分たちが飼い主の「迷い」を尊重し，力になれることに意義を見出しているとわかるので，ウがふさわしい。

7　智美は摩耶子と話しながら，ブランケットを頼る飼い主たちの事情はそれぞれ異なるが，その違いは犬にはわからず，ただ「大好きな飼い主」に「たまに」しか会えなくなることなのだと思い至っている。人間の事情に振り回されながらもひたむきで，愛嬌を振りまくその姿に，智美はけなげさを感じたと想像できるので，エがよい。

2024年度 昭和学院秀英中学校

【算　数】〈第２回試験〉(50分)〈満点：100点〉

1, 2, 4 は答えのみ記入しなさい。それ以外の問題に対しては答えのみでも良いが，途中式によっては部分点を与えます。

※円周率は3.14とし，角すいや円すいの体積はそれぞれの角柱や円柱の体積の $\frac{1}{3}$ とします。

1　次の［　］の中に適当な数を入れなさい。

(1)　7×5.42＋4×2.71＋27.1÷5＝［ア］

(2)　ＡさんとＢさんは地点Ｐから地点Ｑへ，Ｃさんは地点Ｑから地点Ｐへ同時に出発します。ＡさんとＣさんが出会ってから３分後にＢさんとＣさんが出会いました。このとき，２地点Ｐ，Ｑの距離は［イ］ｍです。ただし，Ａさんは分速40ｍ，Ｂさんは分速30ｍ，Ｃさんは分速50ｍで進むものとします。

(3)　濃度が［ウ］％の食塩水Ａと，濃度が［エ］％の食塩水Ｂを混ぜます。Ａが200ｇ，Ｂが300ｇのときは濃度が12％，Ａが300ｇ，Ｂが200ｇのときは濃度が10％となりました。

(4)　定価が600円の品物を定価の15％引きで売ると，原価［オ］円の20％の利益となります。

(5)　７で割って小数第１位を四捨五入すると５になる整数のなかで，３で割って小数第１位を四捨五入すると13になる整数は［カ］です。

2　次の［　］の中に適当な数を入れなさい。

(1)　右の図１は長方形の紙を２回折った図です。このとき，xの角度は［キ］度です。

(2)　下の図２で，点ＰはDEの真ん中の点です。三角形ABCの面積が10cm²のとき，三角形PBCの面積は［ク］cm²です。

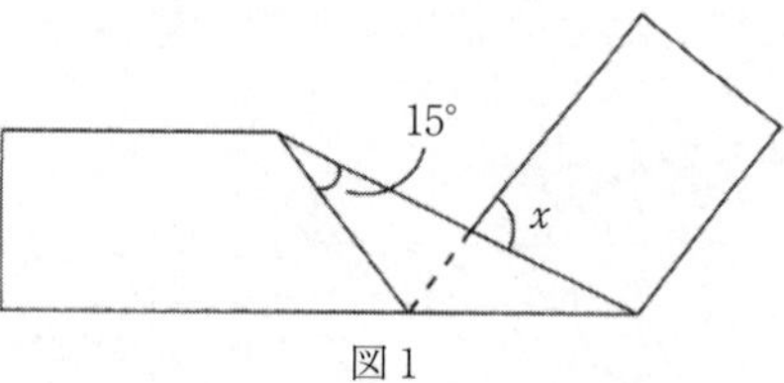

図１

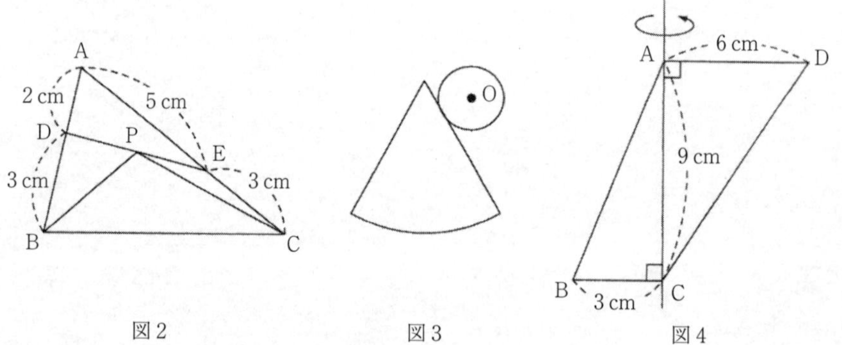

図２　図３　図４

(3)　上の図３のように半径９cm，中心角60°の扇形のまわりを半径１cmの円がはなれることなく１周します。このとき，円の中心Ｏが描く図形の長さは［ケ］cmです。

(4)　前のページの図４のような台形ABCDを，直線ACを軸に１回転させたときにできる立体の体積は［　コ　］cm^3です。

(5)　図５のように１辺の長さが12cmの正方形の紙ABCDがあります。E，Fは辺AB，ADの真ん中の点です。これを３点A，B，Dが重なるようにEC，FC，EFで折り曲げ，図６のように三角すいAECFを作りました。三角形ECFを底面としたときの，この三角すいの高さは［　サ　］cmです。

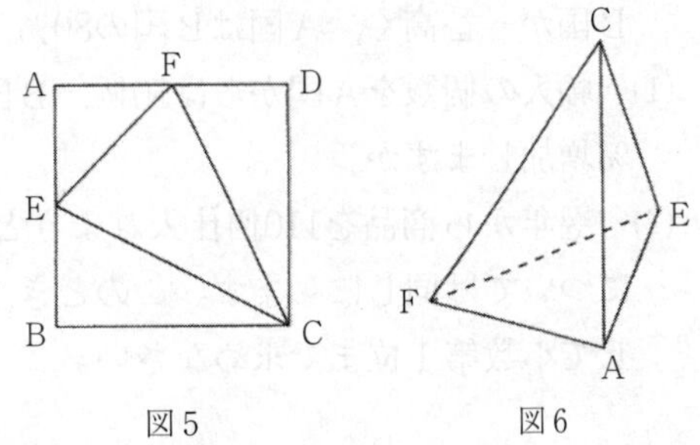

図５　　図６

3　高さが18cm，底面の半径が９cmの円すいがあります。この円すいに対して次の２つの操作を考えます。

<操作１>　図１は円すいを真横から見た図です。図の長方形［斜線］の部分を手前から奥に向かってまっすぐに円すいから削り取ります。

<操作２>　図２は円すいを真上から見た図です。図の半径３cmの円［斜線］の部分を真上から下に向かってまっすぐに円すいから削り取ります。

(1)　<操作１>をしたあとに残る立体の体積を求めなさい。

(2)　(1)でできた立体に<操作２>をしたあとに残る立体の体積を求めなさい。

図１

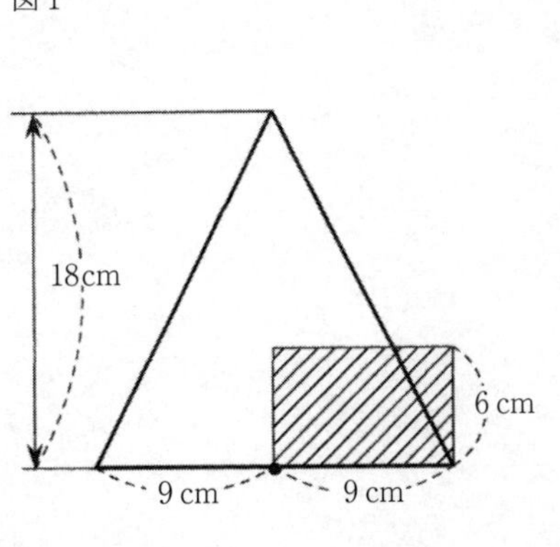

図２

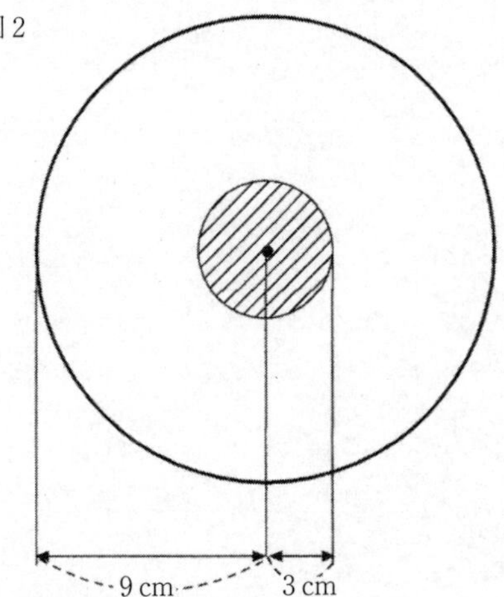

4　１個のサイコロを４回投げたとき，出た目の数を順番にa，b，c，dとします。このとき次の問いに答えなさい。なお，組で答える問題は$(a, b, c, d)=(1, 2, 3, 4)$，$(2, 3, 4, 5)$のように答えなさい。

(1)　aとbの積とcとdの積の和が４になるa，b，c，dの組をすべて答えなさい。

(2)　aとbの積とcとdの積の和が６になる目の出方は何通りありますか。

(3)　aとbの積からcとdの積を引いた差が１になる目の出方は何通りありますか。

5　ある商品100個をＡ，Ｂ，Ｃの３つの国から輸入します。ある年に輸入した個数は，Ａ国からは60個，Ｂ国からは20個，Ｃ国からは20個です。その商品１個を輸入するのにかかる金額はＢ国が一番高く，Ａ国はＢ国の80％，Ｃ国はＢ国の60％です。

(1)　輸入の個数をＡ国からは50個，Ｂ国からは40個，Ｃ国からは10個に変えると，合計金額は何％増加しますか。

(2)　翌年から商品を110個仕入れようと思います。Ａ国の個数の割合は全体の40％で，合計金額については同じにします。このとき，Ｂ国の個数の割合は全体の何％になりますか。四捨五入して小数第１位まで求めなさい。

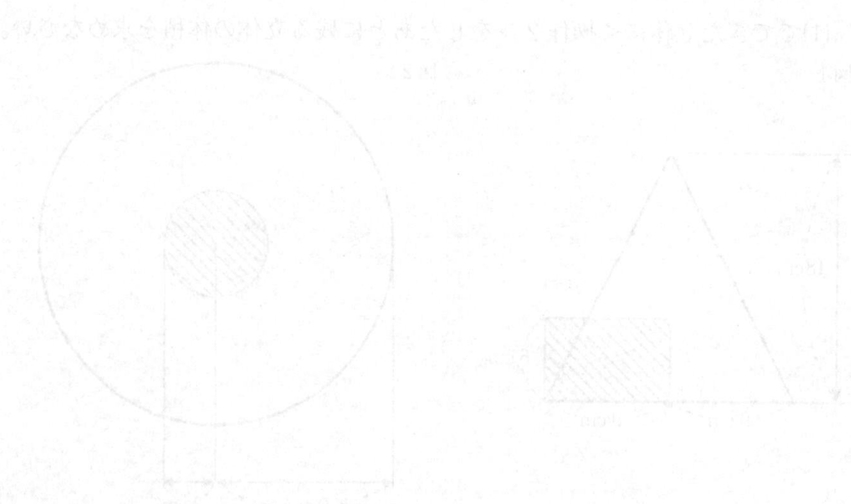

【社　会】〈第２回試験〉（40分）〈満点：50点〉

※全ての問題について，特に指定のない限り，漢字で答えるべきところは漢字で答えなさい。

1　人口について述べた次の文章を読み，以下の設問に答えなさい。

世界の人口は増加しており，世界人口白書によると2022年に（ ア ）億人に達した。2023年現在，10億人を超える国は（ イ ）カ国ある。しかし，①人口の推移は国により違いがみられる。日本の総人口は2010年以降減少を続けており，2070年には9000万人を割り込むという予想もある。日本は人口減少と同時に，超高齢化にも直面している。②総人口に占める高齢者の割合が高い自治体の中には，共同生活の維持が困難な地域もある。そのため，政府や自治体はこれらの課題解決に向けて積極的な対策をとってきた。労働力不足解消のために③外国人を積極的に受け入れる自治体もみられる。

問１　文章中の（ア）・（イ）に当てはまる最も適当な数字を次の中からそれぞれ選び，その数字を答えなさい。

1　　2　　3　　4　　50　　60　　70　　80

問２　下線部①に関連して，次の図１中のＡ～Ｄは中国と日本の総人口に占める15歳未満の人口の割合および，65歳以上の人口の割合の推移を示したものです。中国の15歳未満の人口の割合を示すものを図１中のＡ～Ｄより一つ選び，記号で答えなさい。

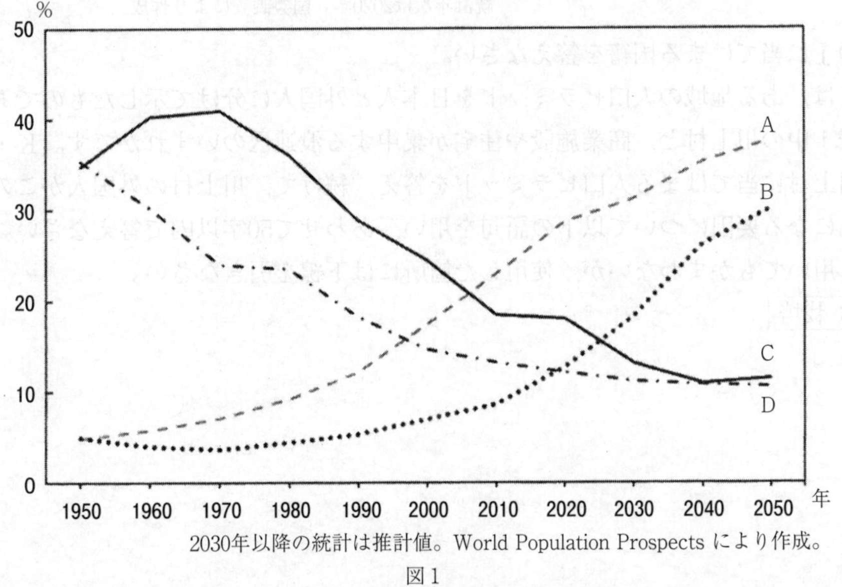

2030年以降の統計は推計値。World Population Prospects により作成。

図１

問３　下線部②に関連して，地方では高齢化の進行が深刻な問題となっています。このような地域でとられる高齢化の進行をおさえるための対策と，高齢化の進行にともない生じると考えられる課題として適当なものを，次のｅ～ｈの文のうちからそれぞれ選び，その組合せとして正しいものを，後のカ～ケより一つ選び，記号で答えなさい。

〔対策〕　ｅ　育児と仕事との両立が可能な労働環境の整備。

　　　　　ｆ　住宅地における移動販売の拡大。

〔課題〕　ｇ　医療や介護の分野で失業者が増加する。

　　　　　ｈ　空き家が増え，治安悪化の可能性が高まる。

	カ	キ	ク	ケ
対策	e	e	f	f
課題	g	h	g	h

問４　下線部③に関連して，次の表１は総人口に占める外国人人口の割合が大きい上位５市区町村の総人口に占める外国人人口の割合と，＊外国人人口の出身国の国籍を人口の多い順に示したものです。これを見て，後の(1)・(2)の問いに答えなさい。

＊韓国・北朝鮮は「韓国・朝鮮」としている。

表１

順位	市区町村	総人口に占める外国人人口の割合(％)	外国人人口の出身国の国籍		
			１位	２位	３位
1	大阪府大阪市生野区	21.8	韓国・朝鮮	中国	ベトナム
2	長野県川上村	19.0	フィリピン	インドネシア	中国
3	群馬県大泉町	18.4	J	ペルー	ネパール
4	長野県南牧村	14.0	フィリピン	ベトナム	インドネシア
5	大阪府大阪市浪速区	12.4	中国	韓国・朝鮮	ベトナム

統計年次は2020年。国勢調査により作成。

(1)　表１中のＪに当てはまる国籍を答えなさい。

(2)　次の図２は，ある地域の人口ピラミッドを日本人と外国人に分けて示したものであり，Ｋ・Ｌは表１中の川上村と，商業施設や住宅が集中する浪速区のいずれかです。Ｋ・Ｌのうちから川上村に当てはまる人口ピラミッドを答え，続けて，川上村の外国人がこのような人口構成になる要因について以下の語句を用い，あわせて50字以内で答えなさい。語句はくり返し用いてもかまわないが，使用した箇所(かしょ)には下線を引きなさい。

指定語句：栽培

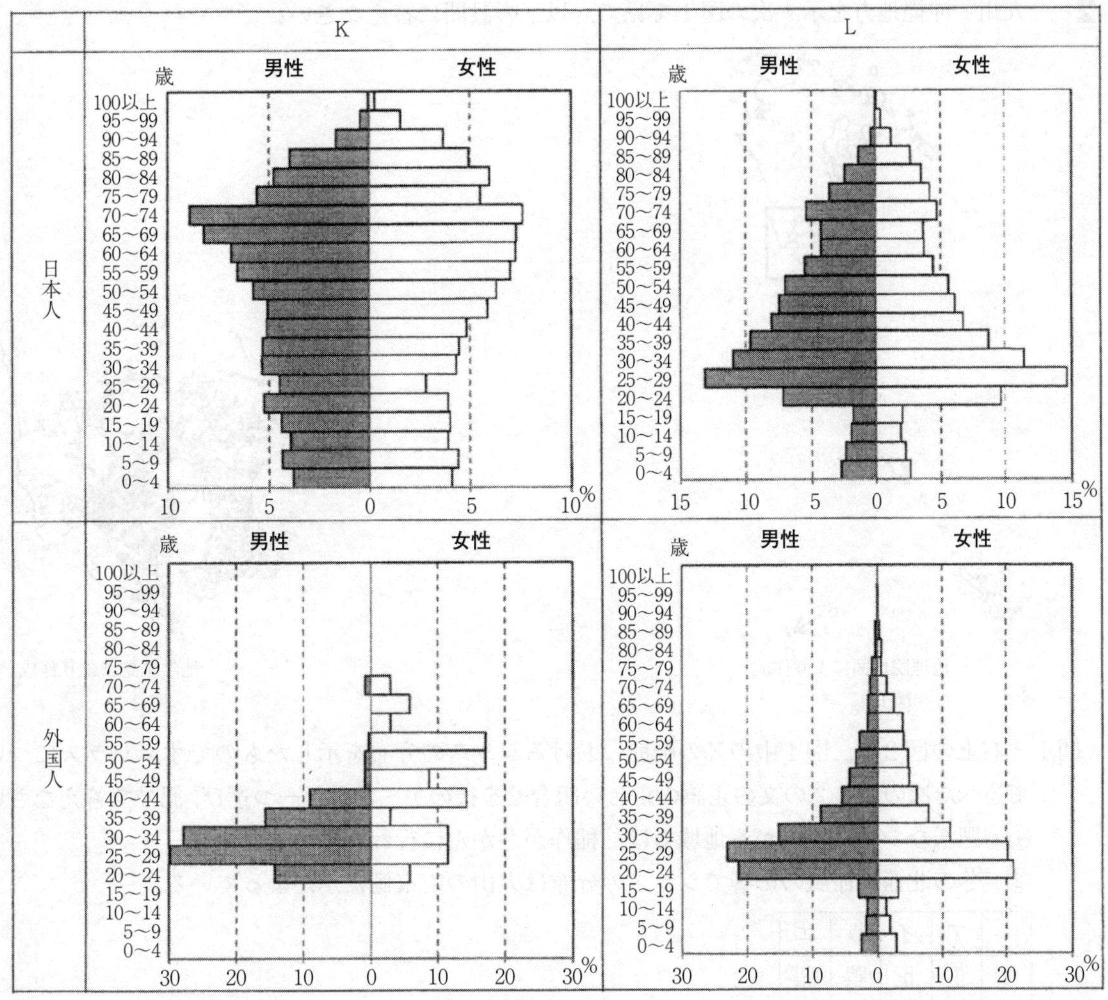

縦軸が年齢，横軸が割合を示す。2023年１月１日時点。住民基本台帳により作成。

図２

2 九州・沖縄地方を示す次の図１を見て，以下の設問に答えなさい。

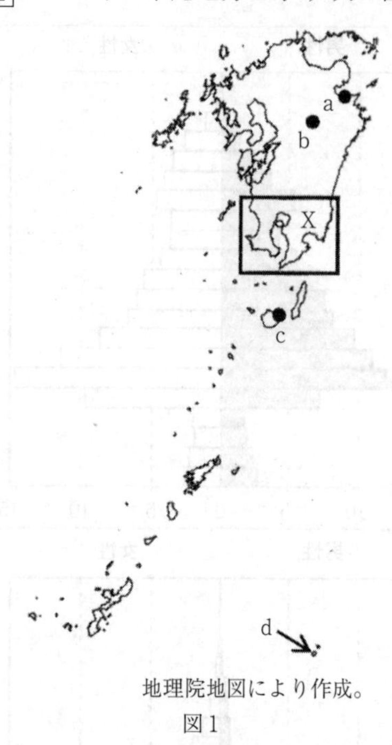

地理院地図により作成。
図１

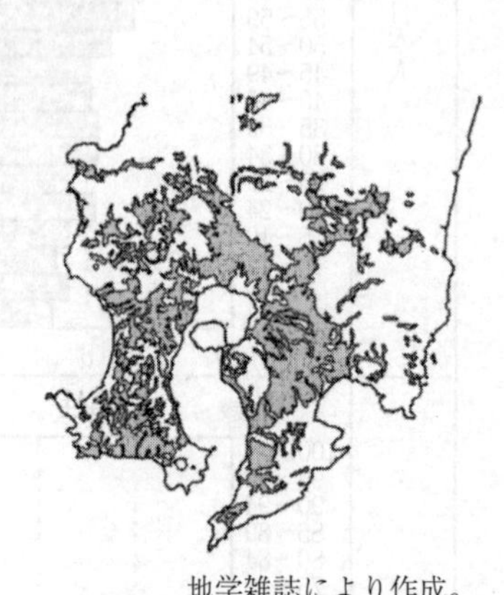

地学雑誌により作成。
図２

問１　右上の図２は，図１中のＸの範囲におけるシラスの分布を示したものです。シラスについて述べた次の①・②の文の正誤の正しい組合せを後のア～エより一つ選び，記号で答えなさい。

①　肥沃(ひよく)なシラスの広がる地域では，稲作がさかんに行われている。

②　冬の北西季節風の影響でシラスの分布は火山の南東側にかたよっている。

	ア	イ	ウ	エ
①	正	正	誤	誤
②	正	誤	正	誤

問２　次の表１は，図１中のａ～ｃの地点における風速毎秒10ｍ以上の風を記録した日数，日照時間，最も暖かい月の平均気温，最も寒い月の平均気温を示します。Ｅ～Ｇとａ～ｃとの正しい組合せを後のカ～サより一つ選び，記号で答えなさい。

表１

	風速毎秒10ｍ以上の風を記録した日数(日)	日照時間(時間)	最も暖かい月の平均気温(℃)	最も寒い月の平均気温(℃)
Ｅ	110.0	1515.8	27.5	11.8
Ｆ	4.1	1992.4	27.7	6.5
Ｇ	2.4	1761.4	24.3	2.2

1991～2020年における年間の平均を示す。気象庁の資料により作成。

	カ	キ	ク	ケ	コ	サ
Ｅ	a	a	b	b	c	c
Ｆ	b	c	a	c	a	b
Ｇ	c	b	c	a	b	a

問３　次の図３は，図１中のｄの島の南東部の土地利用を示したものです。この島の大半で広く生産されている農作物の名称を答えなさい。

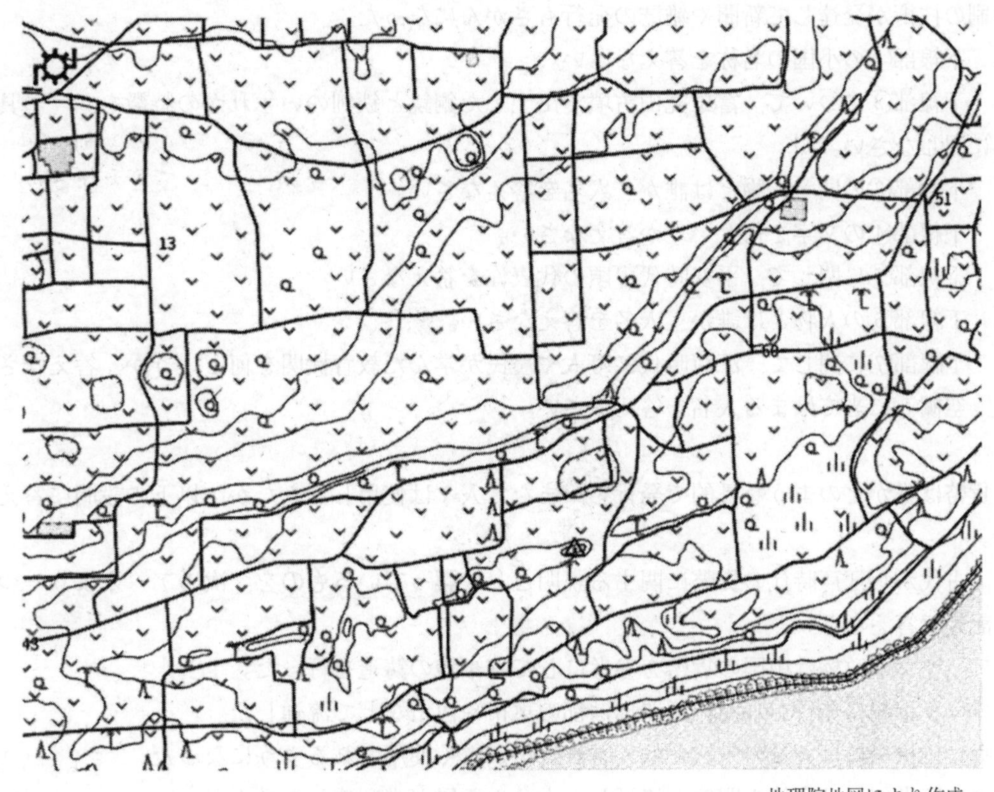

地理院地図により作成。

図３

3　文字の使用に関する次の文章を読み，以下の設問に答えなさい。

中国で漢字が生み出され，日本列島にも伝わった。志賀島で発見された金印は，中国の歴史書と照らし合わせると１世紀の中頃に，①現在の福岡市のあたりに成立していた小国にもたらされたと考えられる。３世紀には「親魏倭王」という称号と金印，銅鏡百枚を与えたと中国の歴史書は伝えている。

2023年に遺物の発見が公表され，現地調査が行われた②奈良県の富雄丸山古墳では，日本列島で製作されたと考えられる銅鏡と鉄剣の発見が話題となった。

５世紀になると日本列島で漢字の使用が確認されている。埼玉県の稲荷山古墳や熊本県の江田船山古墳で発見された遺物から，③同一人物の影響が現在の埼玉県や熊本県の地方豪族におよんでいたことがわかる。日本最古の歌集には，④漢字を日本語の音に合わせてそのまま使った文字で記されていたが，平安時代の中頃には，カタカナとひらがながつくられ，和歌や物語や⑤随筆などの文学が発達した。平安時代から鎌倉時代にかけて，漢字は貴族の支配や教養に欠かせなかったが，武士には十分に普及していなかった。⑥御成敗式目を定めた人物は，「この式目は仮名を知っている者が世間にも多いので，あまねく人にわかりやすくするために，また武家の人への配慮のために仮名書きしているのである。（現代語訳）」と述べている。御成敗式目は江戸時代になると，⑦庶民が読み書きの教科書として使った。

江戸時代には木版印刷によって文学などが庶民に普及した。元禄文化で上方の町人の生活をテーマに『日本永代蔵』などの浮世草子を著したのは(⑧)である。明治時代になると，活字印刷の技術が発達して新聞や雑誌の発行もさかんになった。

問１　下線部①の小国の名称を答えなさい。

問２　下線部②について，富雄丸山古墳で出土した銅鏡と鉄剣のいずれかの特徴を，一つ具体的に記しなさい。

問３　下線部③の同一人物とは誰か，人名を答えなさい。

問４　下線部④の文字を何というか答えなさい。

問５　下線部⑤に関して，平安時代中頃の代表作を答えなさい。

問６　下線部⑥の人物とは誰か，人名を答えなさい。

問７　下線部⑦に関して，江戸時代に町人や農民が学んだ教育機関を何というか，答えなさい。

問８　空欄⑧に当てはまる人名を答えなさい。

4　貨幣は誰がどのような目的で発行し，また，人々は使用してきたか，以下の設問に答えなさい。

問１　古代から江戸時代の貨幣に関する説明として**誤っているもの**を，次のア～オより一つ選び，記号で答えなさい。

ア　ヤマト政権は中国の貨幣を参考にして富本銭の鋳造を行った。

イ　９世紀に発行された和同開珎は都の東市や西市などで流通した。

ウ　12世紀には大量の宋銭が輸入され貨幣が広く使用されるようになった。

エ　15世紀には宋銭や明銭が流通し，土倉や酒屋が高利貸しを営んだ。

オ　江戸幕府は金貨・銀貨とならんで銭貨として寛永通宝を鋳造した。

問２　鎌倉時代や室町時代の貨幣経済に関するＡ～Ｄの説明文を読み，正しいものの組合せを，後のア～カより一つ選び，記号で答えなさい。

Ａ　鎌倉時代や室町時代には平安時代より貨幣が広く使用され，年貢を貨幣で納める人も現れた。

Ｂ　元軍との戦いに従軍した御家人の中には，借金を抱えて領地を失った人もいた。

Ｃ　鎌倉幕府は大量の貨幣発行により御家人を救おうとしたので，物価が上がった。

Ｄ　鎌倉幕府は永仁の徳政令を出して借金を帳消しにしたので，御家人は借金をしやすくなった。

ア　ＡとＢ　イ　ＡとＣ　ウ　ＡとＤ　エ　ＢとＣ　オ　ＢとＤ　カ　ＣとＤ

問３　次の史料は室町時代に発達した今堀という惣(惣村)で，おきてとして定められた条文です。この３つの条文をよく読み，これに関連したＡ～Ｄの説明について正しいものの組合せを，後のア～カより一つ選び，記号で答えなさい。

一．惣の共有地と私有地との境界争いは，お金で解決しなさい。
一．寄合があるとき，二度連絡しても参加しない者は，五十文の罰金とする。
一．森林の苗木を切った者は，五百文の罰金とする。

Ａ　土地をめぐる対立は武力などの実力で解決してきたが，平和な解決を望むようになった。

B　惣村ではおきてなどを定める寄合の参加は，村人の自由であった。

C　惣村の森は肥料の材料となる柴を確保する上で大切であったので，おきてを定めて管理した。

D　惣村には大量の貨幣が持ち込まれたので，武士は農民に借金をすることが多くなった。

ア　AとB　　イ　AとC　　ウ　AとD　　エ　BとC　　オ　BとD　　カ　CとD

問４　江戸時代の末期に開国したころに関する資料文を読み，A～Dの説明について正しいものの組合せを，後のア～エより一つ選び，記号で答えなさい。

（資料文）日本の貨幣と欧米の貨幣は，金貨・銀貨ごとに同量で交換されることが定められた。ところが日本と欧米では金貨と銀貨の交換比率が違ったので，日本から金貨が流出した。そこで幕府は，金貨に含まれる金の含有量を変えて流出を防いだ。その結果，物価が上がる要因が加わることとなった。

A　開国時，日本より欧米の方が金貨に対する銀貨の価値が高かった。

B　開国時，日本より欧米の方が金貨に対する銀貨の価値が低かった。

C　幕府は金の含有量を増やして金貨の流出を防いだ。

D　幕府は金の含有量を減らして金貨の流出を防いだ。

ア　AとC　　イ　AとD　　ウ　BとC　　エ　BとD

5　次の1871年以降の資料を見て，以下の設問に答えなさい。

1871年　廃藩置県が行われた。

1872年　日本と清の両方に属していた琉球王国を改め，琉球藩とした。

1875年　ロシアとの条約で，ロシアが樺太(サハリン)を領有し，日本が千島列島を領有することになった。

1876年　日朝修好条規が結ばれ，日本だけが領事裁判権を持つことになった。

1879年　琉球藩を廃止して沖縄県としたが，清はこれを認めなかった。

1895年　下関条約が結ばれ，清は沖縄県が日本の統治下にあることと朝鮮の独立を認め，台湾などを日本にゆずることになった。その後，遼東半島は清に返還されることになった。

1897年　朝鮮が国号を韓国に改め，王国から帝国(大韓帝国)に変わった。

1898年　ロシアが旅順・大連の租借権や満州の鉄道経営権などの権益を獲得した。

1905年　ポーツマス条約が結ばれ，ロシアが樺太(サハリン)や，旅順・大連の租借権，南満州の鉄道経営権をゆずることになった。

1910年　韓国併合が行われ，朝鮮総督府による統治が行われるようになった。

1912年　清にかわって中華民国(中国)が成立した。

1915年　中国はドイツが山東省に持つ権益を日本にゆずることを認めた。

1917年　ロシアで皇帝を倒す革命が起こり，やがて社会主義のソ連が成立した。翌年以降，革命に対して日本など資本主義の国々はシベリア出兵を行って干渉したが1925年までに撤兵した。

1919年　強国の支配に対して民族自決の声が世界各地で広がり，朝鮮では独立を求める運動が起こり，中国では権益を回収する運動が始まった。

1922年　山東省の権益を中国に返還することになった。

1931年　関東軍が満州事変を起こし，満州全土を占領すると，清の最後の皇帝を立てて「満州国」を建国した。こうして中国との15年にわたる戦争が始まった。

1937年　満州(中国東北部)を実質的に支配する日本が，華北にも勢力を広げ，中国軍と衝突して開戦した後，日中戦争は上海や南京などにも広がった。ソ連やアメリカ，イギリス，インドシナ半島を支配するフランスなどは中国を支援し，戦争が長期化した。

1941年　日本は中国への支援を断ち切るため，インドシナ半島にも軍を進めると，アメリカは日本に対して石油の輸出を禁止するなどの措置をとったので，対立が激しくなり，日本はアメリカやイギリスとの戦争に踏み切った。

1945年　日本はポツダム宣言を受け入れて降伏し，連合国軍による占領統治を受けた。日本の敗戦にともない，植民地支配から解放された朝鮮は，やがてソ連軍が支援する北部の朝鮮民主主義人民共和国(北朝鮮)と，米軍が支援する南部の大韓民国(韓国)に分裂した。

1949年　日本の侵略を打ち破った中国では国民党と共産党の内戦となり，国民党は内戦に敗れて台湾に逃れ，共産党は中華人民共和国を成立させた。

1952年　日本は独立国として主権を回復したが，すべての交戦国や植民地との国交を回復したわけではなかった。また，沖縄は長く占領状態が続き，返還後も米軍基地が多く残されている。

問１　沖縄が「県」として日本の主権の下にある年代として正しいものを，次のア～クより一つ選び，記号で答えなさい。

ア　1872年以降今日まで　　イ　1872年～1945年と1952年以降今日まで
ウ　1872年～1945年と1972年以降今日まで　　エ　1872年～1945年まで
オ　1879年以降今日まで　　カ　1879年～1945年と1952年以降今日まで
キ　1879年～1945年と1972年以降今日まで　　ク　1879年～1945年まで

問２　２つの韓国(大韓帝国と大韓民国)の主権が実際に及ぶ領域に関する説明として正しいものを，次のア～エより一つ選び，記号で答えなさい。

ア　両国の領域は同じく朝鮮半島全域である。

イ　大韓帝国の領域は朝鮮半島全域にわたっていたが，大韓民国の領域は朝鮮半島の南部である。

ウ　大韓帝国の領域は朝鮮半島の北部に限られていたが，大韓民国の領域は朝鮮半島全域である。

エ　両国の領域は同じく朝鮮半島の南部である。

問３　中国本土と台湾が政治的に分裂した原因や背景について，Ａ～Ｄの説明として正しいものの組合せを，後のア～カより一つ選び，記号で答えなさい。

Ａ　アメリカを中心とする資本主義国とソ連を中心とする社会主義国の対立があった。

Ｂ　50年にわたる日本の台湾植民地支配が終わったことと，中国本土で共産党が内戦に勝利したことがあった。

Ｃ　朝鮮戦争が始まり，台湾では米軍から大量の物資の注文を受けて好景気となった。

Ｄ　サンフランシスコ平和条約が結ばれ，台湾の統治権を獲得したアメリカが基地を設けた。

ア　ＡとＢ　　イ　ＡとＣ　　ウ　ＡとＤ　　エ　ＢとＣ　　オ　ＢとＤ　　カ　ＣとＤ

問４　資料から1910年代に植民地や権益を獲得する動きと植民地や勢力圏とされた地域で自立を求める動きがぶつかることがわかります。民族自決や自立の動きが始まるきっかけとなった1914年に始まった出来事は何か答えなさい。

問５　日本が太平洋戦争の開戦に踏み切った理由について資料を参考にしながら，「日中戦争」「経済制裁」の２つの用語を使って100字以内で説明しなさい。用語の使用順は自由とします。

指定語句：日中戦争　　経済制裁

6　次の文章を読み，以下の設問に答えなさい。

2023年５月，広島で第49回主要国首脳会議(サミット)が行われた。会議にはG7のほかオーストラリアや①インドネシアなどの招待国８か国，②国際連合や③WHOなど７つの招待機関，ゲスト国としてウクライナが参加した。④岸田文雄内閣総理大臣が議長となり，世界経済だけでなく⑤外交・安全保障や環境，複合的危機への連携した対応など幅広い分野について話し合われた。

さらに，複合的危機への対応のために2030年までに達成をめざす⑥SDGsについては９月に国際連合本部で「SDGsサミット」が開催された。

問１　下線部①について，インドネシアは周辺国との間で組織する経済・政治・社会などに関する地域協力機構の議長国として招待されました。10か国からなる地域協力機構の名称を答えなさい。

問２　下線部②について，次のグラフは国際連合の加盟国数の推移をオセアニア，アジア，アフリカ，ヨーロッパ，南北アメリカの地域別にあらわしたものです。グラフを見て，後の問いに答えなさい。

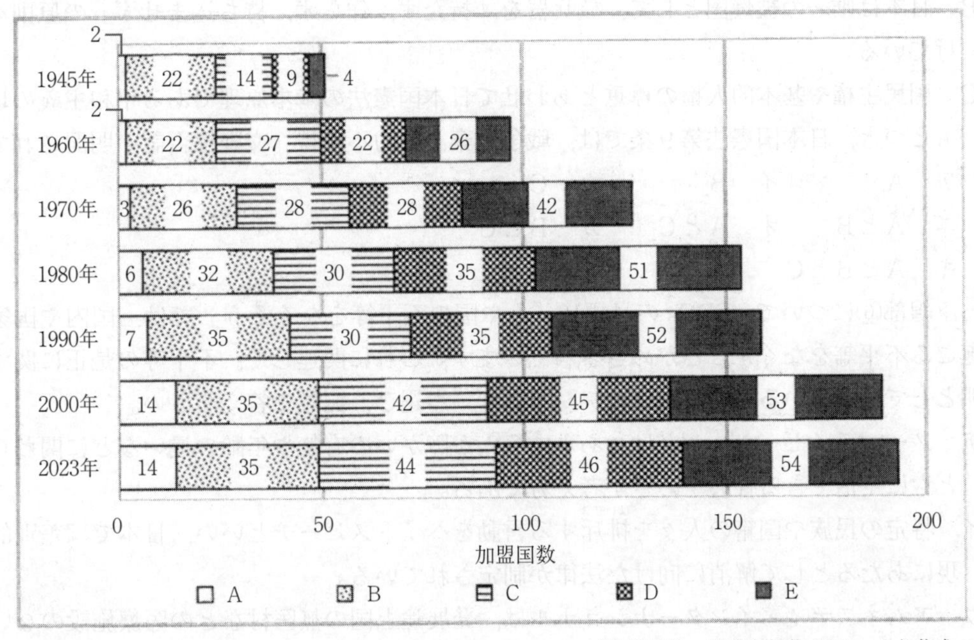

『最新政治・経済資料集 2023』より作成。

(1)　1990年から2000年にかけて加盟国数が増加した理由を，国際情勢の変化をふまえて説明しなさい。

(2)　グラフ中のＡ～Ｅのうち，オセアニア，アフリカ，南北アメリカにあたるものの組合せとして正しいものを，次のア～エより一つ選び，記号で答えなさい。

ア　オセアニア―Ｄ　アフリカ―Ｅ　南北アメリカ―Ａ
イ　オセアニア―Ａ　アフリカ―Ｅ　南北アメリカ―Ｂ
ウ　オセアニア―Ｄ　アフリカ―Ｃ　南北アメリカ―Ａ
エ　オセアニア―Ａ　アフリカ―Ｃ　南北アメリカ―Ｂ

問３　下線部③について，WHOはすべての人々の健康を増進し保護することを目的として設立された機関です。これに関連して，日本の社会保障制度の４つの柱のうち，保健所を設置するなどして国民の健康の保持・増進を図ることを何というか，漢字４字で答えなさい。

問４　下線部④に関連して，内閣総理大臣に関する説明として正しいものを，次のア～エより一つ選び，記号で答えなさい。

ア　内閣総理大臣の指名は，衆議院のみに認められた権限である。
イ　内閣総理大臣が欠けたときは，内閣は総辞職をしなければならない。
ウ　内閣総理大臣は，国会議員のなかからすべての国務大臣を任命しなければならない。
エ　内閣総理大臣は，国会が議決した法律案を拒否する権限を持っている。

問５　下線部⑤に関連して，日本の安全保障をめぐるＡ～Ｃの記述のうち正しいものの組合せを，後のア～キより一つ選び，記号で答えなさい。

Ａ　自衛隊は，サンフランシスコ平和条約と同日に結ばれた日米安全保障条約の調印をきっかけに警察予備隊にかわって発足した。

Ｂ　日本は唯一の被爆国として，核兵器を「持たず，作らず，持ち込ませず」の原則をかかげている。

Ｃ　国民主権や基本的人権の尊重とあわせて日本国憲法の基本原理である平和主義の理念にもとづき，日本国憲法第９条では，戦争放棄，戦力不保持，交戦権否認が明記されている。

ア　Ａ　　　イ　Ｂ　　　ウ　Ｃ
エ　ＡとＢ　オ　ＡとＣ　カ　ＢとＣ
キ　ＡとＢとＣ

問６　下線部⑥について，SDGsの目標10「人や国の不平等をなくそう」では，国内や国家間で起こる不平等をなくすことがめざされています。これに関連して，不平等の是正に関する説明として**誤っているもの**を，次のア～エより一つ選び，記号で答えなさい。

ア　ノーマライゼーションとは，あらゆる人が障がいの有無や年齢の違いなどに関わらず，ともに生活できる社会をめざす考え方である。

イ　特定の民族や国籍の人々を排斥（はいせき）する言動をヘイトスピーチといい，日本では差別的な表現にあたるとして解消に向けた法律が制定されている。

ウ　アムネスティ・インターナショナルは，発展途上国の無医村などの医療施設のない地域で医療活動を行うことを目的として設立された。

エ　発展途上国の生産者や労働者の生活改善と自立をめざして，発展途上国で生産された原材料や製品を公正な価格で取引することをフェアトレードという。

【理　科】〈第２回試験〉（40分）〈満点：50点〉

1　《文章Ⅰ》・《文章Ⅱ》を読み，《文章Ⅰ》の結果をもとに，続く問いに答えなさい。

《文章Ⅰ》

重さの等しいＡ～Ｆの６つのビーカーに，溶液Ｇ（うすい塩酸）を20mLずつ入れて用意しました。また，炭酸カルシウム（石灰石の主成分）の重さを表のように1.0ｇ～6.0ｇまで用意しました。溶液Ｇの入ったビーカーＡの重さと炭酸カルシウム1.0ｇの重さを合わせると56.0ｇでした。

溶液Ｇの入ったビーカーＡ～Ｆのそれぞれに，用意した炭酸カルシウムを下表のように加えた後，反応が終わったところでビーカー全体の重さをはかりました。これを「反応後の重さ」として結果をまとめました。

表

ビーカー	A	B	C	D	E	F
加えた炭酸カルシウムの重さ〔ｇ〕	1.0	2.0	3.0	4.0	5.0	6.0
反応後の重さ〔ｇ〕	55.6	56.2	56.8	57.4	58.4	59.4

問１　溶液Ｇに炭酸カルシウムを加えた後，反応が終わったことをどのように判断すればよいですか。次の文の空欄に適する語句（10字以内）を入れて文を完成させなさい。

「（　　　　　）ときを反応の終わりと判断する。」

問２　ビーカーＡ～Ｆについて，加えた炭酸カルシウムの重さ〔ｇ〕と反応前後のビーカー全体の重さの差〔ｇ〕の関係を示すグラフを描きなさい。ただし，縦軸の目盛りの数字も書き込みなさい。

問３　ビーカーＡ～Ｆの順で操作を行ったとき，反応が終わった後に溶け残りがはじめて確認できるビーカーをＡ～Ｆより１つ選び，記号で答えなさい。

問４　**問３**で選んだビーカーに溶液Ｇを更に加えて，溶け残っていた炭酸カルシウムを完全に溶かしました。「溶け残りのあったビーカー全体の重さと追加した溶液Ｇの重さの和」と「反応後の重さ」の差〔ｇ〕を答えなさい。なお，答えは整数または小数で答えること。

問５　ビーカーＡについて，炭酸カルシウムの代わりに，石灰石（炭酸カルシウムを75％含む）を1.0ｇ加えました。石灰石の成分のうち，炭酸カルシウム以外は反応に関与しないこととすると，「反応後の重さ」は何ｇになりますか。なお，答えは整数または小数で答えること。

《文章Ⅱ》

はかりの上に載っている密閉容器Ａ内に，溶液Ｇが20mL入った容器Ｂと，石灰水が入った容器Ｃを設置しました。容器Ｂは上部をゴム栓で塞ぎ，容器Ｂと容器Ｃは下図のようにガラス管でつなぎ，容器Ｃの上部は開いたままにしてあります。また，容器Ｂには密閉容器Ａの外から回転させることができるスプーンの先が入っており，スプーンには炭酸カルシウム1.0ｇが入っています。ただし，容器Ｂはガラス管の中以外は密閉された状態になっています。初めに全体の重さを測定した後，スプーンを回転させ，溶液Ｇと炭酸カルシウムを反応させ，この反応が終わったときにもう一度重さを測定しました。このとき，石灰水は白く濁っていました。

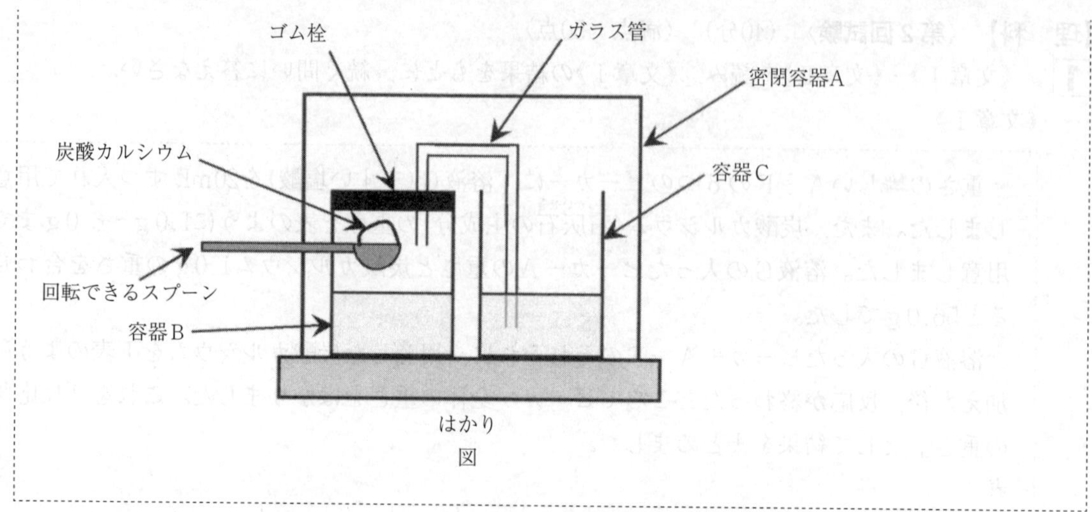

図

問６　反応前の石灰水に溶けている物質は何ですか。この物質の名称(めいしょう)を答えなさい。

問７　反応前の石灰水にBTB溶液(ようえき)を加えたときに示す色を答えなさい。

問８　反応前後のはかりの値の差は何ｇですか。増減がある場合には「増える」「減る」も含(ふく)めて答えなさい。

問９　**問８**の結果となる理由を20字以内で簡潔に答えなさい。

2《文章Ⅰ》～《文章Ⅳ》を読み，続く問いに答えなさい。

《文章Ⅰ》

我が家の庭では，四季を通して多くの植物が花を咲(さ)かせます。また，この花をもとめて多くの昆虫(こんちゅう)や鳥が集まり，その姿を観察することができます。たとえば，春に花を咲かせる植物として，ウメ，モモ，サクラ，ブルーベリー，シラン，ムラサキハナナ，フクジュソウなどがあります。植物が花を咲かせるのは，昆虫に受粉をゆだねるためですが，そこには，花と昆虫の受粉をめぐる関係が見られます。

野生のフクジュソウは，早春の１月～４月頃，落葉樹林に３～４cmの黄色の花を咲かせる※多年生植物で，10～20cmの短い茎(くき)の上に花を咲かせます。花には光沢(こうたく)があり，中央がくぼんだ凹面鏡(おうめんきょう)のようになっていて，蜜(みつ)はないのですが，昆虫が集まってきます。春が深まると，次第に茎や葉を伸(の)ばし，６月には葉が枯(か)れ，翌年の春まで休眠(きゅうみん)に入ります。

フクジュソウ

フクジュソウが開花したその日，地上1.5mの気温は12℃，花が咲いている地表面近くは15℃，花の中の温度は20℃になっていました。昆虫は花粉を集めている間に，花の中で体温を上げ，活発に飛び回ることができると考えられています。それでは，フクジュソウの花の役割は光を集めて昆虫を温め，昆虫に受粉をゆだねるだけなのでしょうか。次のような実験があります。

人工的に受粉させた花を多数準備し，花びらをすべて切り取ったグループと，花びらを残したグループを用意して，種ができるのを待ちました。種ができた確率は，花びらを切り取ったグループでは50%，花びらを残したグループでは73%でした。

※多年生植物：茎の一部，地下茎（ちかけい），根などが枯れずに残り，毎年茎や葉を伸ばす植物のこと。

問１　受粉を助ける鳥類と花の組合せとして適当なものを，次の**ア〜オ**より１つ選び，記号で答えなさい。

ア．ウメとウグイス　**イ**．ウメとメジロ　**ウ**．サクラとムクドリ
エ．サクラとスズメ　**オ**．モモとエナガ

問２　虫媒花（ちゅうばいか）であるフクジュソウの受粉を助けると思われる昆虫を，次の**ア〜オ**より１つ選び，記号で答えなさい。

ア．アゲハチョウ　**イ**．モンシロチョウ　**ウ**．ハナアブ
エ．コガネムシ　**オ**．カメムシ

問３　《文章Ⅰ》の実験の結果から，花の役割と直接関係が認められないと思われる事柄（ことがら）を，次の**ア〜ウ**より１つ選び，記号で答えなさい。

ア．光合成の効率を高め，養分を種に送る。
イ．種子の成熟を促進（そくしん）させる。
ウ．めしべを温めて，受精の効率を高める。

問４　野生のフクジュソウは，暖かくなるのを待たず，昆虫が少ない早春に開花するのはなぜですか。最も適当と考えられることを，次の**ア〜エ**より１つ選び，記号で答えなさい。

ア．暖かくなると，フクジュソウの受粉を専門に行う昆虫がいなくなるから。
イ．暖かく雨が多い季節になると，花粉が流されやすくなるから。
ウ．暖かくなると，花の種類が多くなり，昆虫を独占（どくせん）できなくなるから。
エ．暖かくなると，林の中は葉が茂（しげ）り，光合成が充分（じゅうぶん）にできなくなるから。

《文章Ⅱ》

花の形や色，花が咲く状況（じょうきょう）と蜜を求める昆虫の間には色々な関係が見られます。次の表は花の形や花が咲く状況の一部をまとめたものです。

表

	分類	特徴	例
①	上向きに咲く花	おしべ，めしべも上を向いている。	ノイバラ，ホオノキ
		小さな花が集団になって茎の先端（せんたん）に付く。	ニラ，セリ
②	下向きに咲く花	花びらの先端が少し反り返っているものも多い。	スズラン ドウダンツツジ
③	夜咲く花	夕方から花が咲き始める。蜜を蓄（たくわ）えた長い筒状（つつじょう）の構造を持つ。	オオマツヨイグサ カラスウリ

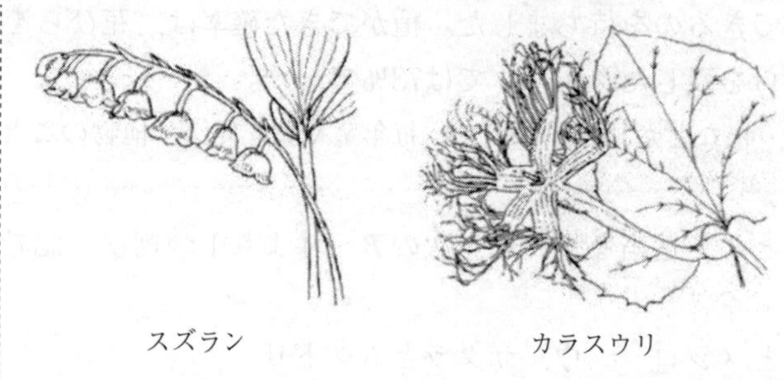

問５　スズランやカラスウリの花に多く訪れると思われる昆虫を，次の**ア**～**エ**より１つずつ選び，記号で答えなさい。

ア．カナブン　　**イ**．スズメガ　　**ウ**．マルハナバチ　　**エ**．スズメバチ

《文章Ⅲ》

花の色と花に訪れる昆虫の間には，いくつかの関係があるようです。たとえばスイセンやアブラナの花など，春には黄色の花が多く，ミツバチはこれら黄色の花を好みますが，アゲハチョウは赤色の花に訪れることが多いのです。ミツバチは，視覚，聴覚，味覚，触覚，嗅覚などを用いて行動していますが，色を感じること(区別すること)はできるのでしょうか。ミツバチが蜜の存在をどのように確認しているかを調べる実験を行いました。

大きさが同じで，白から黒までのさまざまな濃さの灰色の紙11枚と，それらと同じ大きさの黄色の紙(図１)１枚の合計12枚を図２のように並べ，その上を①薄い透明なガラス板で覆いました。12枚の紙の上に載るように，それぞれ透明なガラスの皿(以後は皿とする)を置いて，黄色の紙の上の皿にだけ砂糖水を入れ，残りの皿には水を入れて，ミツバチが来るのを待ちました。また，②紙の配置は，実験ごとに替えました。そして多数のミツバチが黄色の皿に通うようになったとき，黄色の紙の上の皿を水に取り替えました。それでもミツバチは黄色の紙の上の皿に集まってきました。逆に，すべての皿に砂糖水を入れても，ミツバチは，しばらくの間は黄色の紙に集まってきました。

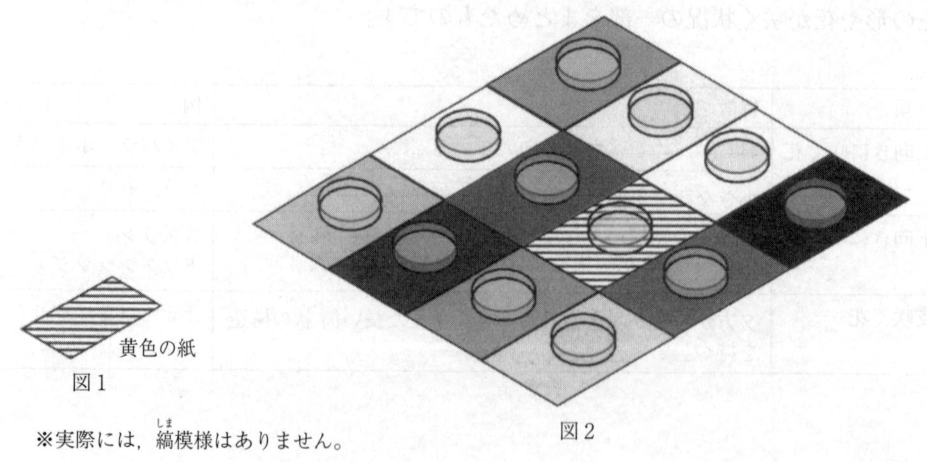

図１

図２

※実際には，縞模様はありません。

問６　《文章Ⅲ》の下線部①の操作は，ある目的で行われたものです。その目的とは何ですか。実験の意図を考えて最も適するものを，次の**ア**～**ウ**より１つ選び，記号で答えなさい。

ア．実験に用いた紙が風でなびかないようにするため。

イ．ゴミや糞(ふん)で紙が汚(よご)れないようにするため。

ウ．紙の色素から出るにおいを防ぐため。

問７　《文章Ⅲ》の下線部②は，実験を行う中で考えられるある疑問をなくすために行った操作です。その疑問とは何ですか。次の文の空欄に適する語句(15字以内)を入れて文を完成させなさい。

「ミツバチが(　　　　　)のではないかという疑問」

問８　黄色のかわりに，色を変えて青色，紫色(むらさきいろ)で同じ実験を行ったところ，黄色の場合と同様な結果が得られました。この結果について，次の文の空欄に適する語(３字以内)を入れて文を完成させなさい。

「ミツバチは，少なくとも黄色，青色，紫色を(　　)ではなく，色として区別していることがわかる。」

《文章Ⅳ》

植物は，大切な花粉の一部を昆虫に食べられ，蜜を作るために多くのエネルギーが必要になるにも関わらず，受粉を昆虫に託(たく)しています。昆虫による受粉は植物にとって都合の良い場合と，そうでない場合があります。たとえば，それはヤマツツジとアゲハチョウ，ヤマツツジとミツバチの関係に見ることができます。

長いストローのような口を持つアゲハチョウは，その口で，ヤマツツジの奥(おく)に蓄えられた蜜だけを取ろうとします。ところがヤマツツジの花びらは５つに大きく裂(さ)けており，アゲハチョウが蜜を吸うための安定した足場がありません。そのため，不安定であっても，アゲハチョウは，足場にできる長いおしべとめしべに脚(あし)をかけ，羽をハタハタと動かして蜜を吸います。蜜はアゲハチョウが活動するために必要なエネルギー源となり，このとき，からだについた花粉は遠くに運ばれます。一方，ミツバチは，となりの花からとなりの花へと転々と移動しながら多くの花粉や蜜を集め，幼虫のいる巣に持ち帰ります。このミツバチの習性は，ヤマツツジにとってはあまりありがたくないのです。

問９　花粉や蜜を集めるこのミツバチの習性が，ヤマツツジにとってあまりありがたくないのはなぜですか。その理由について，次の文の空欄に適する語句を入れて文を完成させなさい。

「ミツバチの花粉の集め方では(　　　　　)から。」

3 《文章Ⅰ》～《文章Ⅲ》を読み，続く問いに答えなさい。

《文章Ⅰ》

軽い糸におもりをつけて天井(てんじょう)からつるし，図１のような振(ふ)り子Ａ～Ｆを作りました。破線は鉛直線(えんちょくせん)(静かに手を離(はな)して落とした物体が落下する方向)です。おもりを手で支えて，それぞれ図の位置で静かに離しました。振り子に関する情報を下表のようにまとめました。

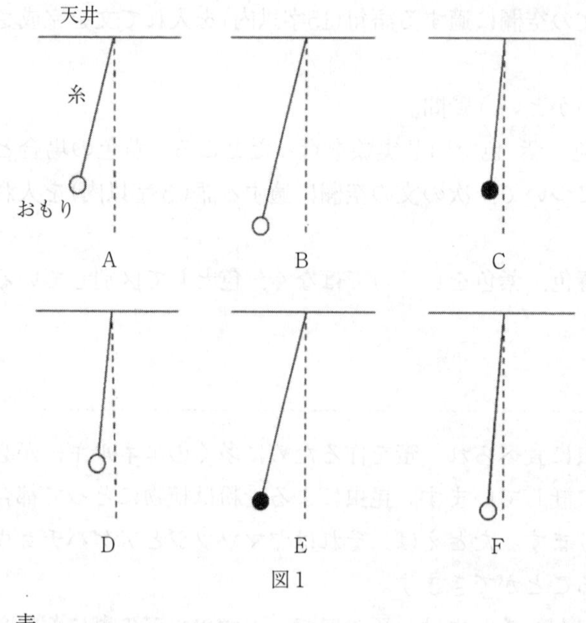

図１

表

振り子	A	B	C	D	E	F
振り子の長さ〔cm〕	80	100	80	80	100	100
おもりの重さ〔g〕	120	120	160	120	160	120
振り始めの糸と鉛直線の角度	15°	15°	5°	5°	15°	5°

問１　振り子の周期(１往復にかかる時間)が最も長いものを，Ａ～Ｆよりすべて選び，記号で答えなさい。

問２　振り子の振れ幅(はば)が最も小さいものを，Ａ～Ｆよりすべて選び，記号で答えなさい。

問３　おもりの中心が鉛直線(図中の破線)を通過するときの速さが，最も速いものをＡ～Ｆよりすべて選び，記号で答えなさい。

《文章Ⅱ》

振り子Ｂの周期は２秒でした。振り子Ｂを用いて，おもりを図２の**ア**の位置で静かに離しました。

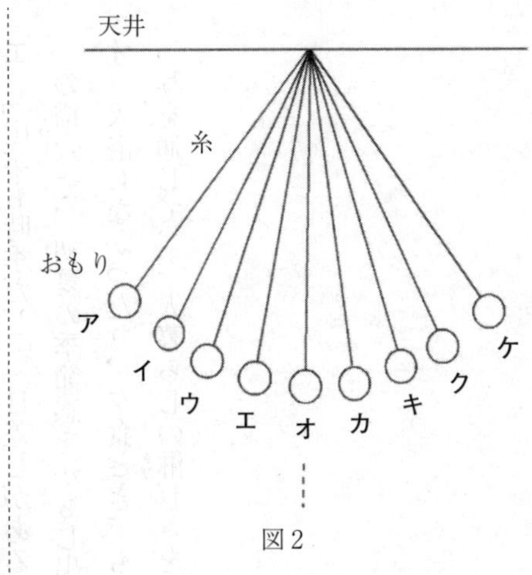

図２

問４　おもりの速さが最も速い位置はどこですか。図２の**ア**～**ケ**よりすべて選び，記号で答えなさい。

問５　1.75秒後のおもりの位置に最も近いものを，図２の**ア**～**ケ**より１つ選び，記号で答えなさい。

問６　6.25秒後のおもりの位置に最も近いものを，図２の**ア**～**ケ**より１つ選び，記号で答えなさい。

《文章Ⅲ》

次に，振り子Ｂを水平なレールの上を進む電車の天井からつるしました。おもりを手で支え，図３の位置で静かに離します。この操作を，「電車が停止しているとき」と「電車が矢印の向きに進み，一定の割合で速くなっているとき」で行い，電車の中で観察しました。図中の破線は電車が停止しているときの振り子の位置を示しています。なお，電車の窓やドアは開いていません。

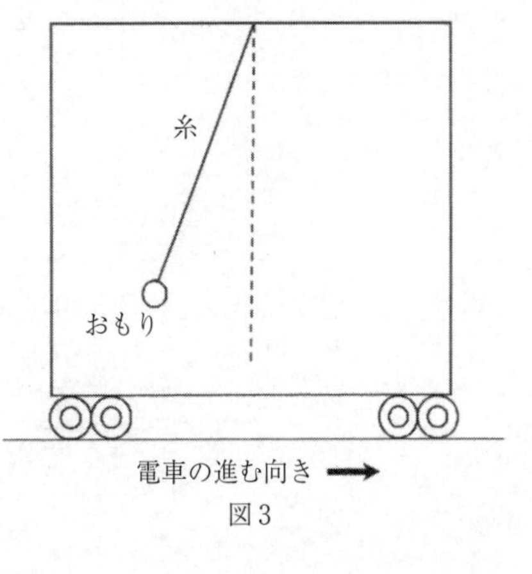

図３

問７　電車が停止しているときの様子に比べて，電車の速さが一定の割合で速くなっているときの振り子の様子について正しく述べているものを，次の**ア**～**オ**よりすべて選び，記号で答えなさい。

ア．停止しているときと同じだった。
イ．振り子の運動の中心の位置が破線の位置より電車の進む向きにずれた。
ウ．振り子の運動の中心の位置が破線の位置より電車の進む向きと反対向きにずれた。
エ．振り子の振れ幅が大きくなった。
オ．振り子の振れ幅が小さくなった。

に少なからず好意を持っていることを伝えている。

エ　「山菜も時季だし」「日差しがあるおかげで車内が暖かい」などの描写で、初夏の季節感をかもし出している。

オ　入浴しなかったり、夕食どきでも食欲がわかなかったりする描写を通じて、一人暮らしの淋しさを強調している。

ウ **a** 愛想のいい　**b** あわてて
c 満足げな　**d** 手ぐすねをひいて

エ **a** 物怖じしない　**b** てきぱきと
c 目を輝かせた　**d** 目を皿にして

オ **a** 応対がうまい　**b** せっかちに
c 満足げな　**d** 目を皿にして

3 傍線部①・②には、ともに「寂しい」という語が登場する。「寂しい」気持ちの理由について、以下のように説明してみた。空欄に入る内容を自分で考え、指定字数内で答えなさい。

人が大勢いる町にいる、また、美味しかった妻の手料理を自分で作れる、どちらも［21～25字］ので、寂しい。

4 傍線部③「独居老人は地域とのつながりを大切にするようにという話」について、「私」はどのような考えや気持ちでいるか。最も適当なものを次の**ア**～**オ**から選び、記号で答えなさい。

ア 役所から言われたことに、当初は反発を感じたが、やはり言われたとおり、人付き合いを大切にしようと考え直し、「はる子さん」と親しくなろうと、あれこれ手段を考えている。

イ 家族がいなくても、買い物や料理、洗濯など自分の生活は自分で切り回せている自信があり、今さら、地域の生活支援サービスは必要ないと息巻いている。

ウ 山小屋生活が長くなり、自分一人の生活に一抹の不安を感じているところへ、役所からちょうどその不安を指摘してきたので、反射的に怒りを感じている。

エ 家族に見とってもらうならともかく、ひとりで自分の生活をきちんと保てている今、地域や行政に頼る必要はなく、自分のペースで毎日をすごしたいと思っている。

オ 役所が、独居老人を脅すようなことばかり言うことに反感を持ち、現実的に、医者や看護師、町内の隣人をつなげる具体策をつくることは役所の仕事だと批判している。

5 傍線部④「そのハチミツは品質が落ちるんだ」と言った「私」が、傍線部⑤「ああ、やってみるよ」と気持ちを変えた理由として、当てはまらないものを、次の**ア**～**オ**から二つ選び、記号で答えなさい。

ア クセがあって不味い蕎麦のハチミツが、工夫しだいで魅力的なものになりうると分かったから。

イ 蕎麦のハチミツは、養蜂家には敬遠されがちであっても、栄養豊富で価値のあるものだと知ったから。

ウ 蕎麦粉のパンケーキが自分の好みの味で、これに蕎麦のハチミツを合わせるアイディアに乗り気になったから。

エ クセのある蕎麦のハチミツだが、はる子さんなら、きっと、このハチミツを喜びそうな気がして、楽しくなったから。

オ 蕎麦粉のパンケーキは、亡妻の作ったパンケーキと通じるものがあり、その再現に蕎麦のハチミツが役立つと考えたから。

6 波線部**A**「だったら住みなれた場所でひとり静かに死にたい」と言っていた「私」が、波線部**B**「なんだかやる気が湧いてくる。そうとなれば、蕎麦百パーセントの濃いハチミツを作らねばなるまい」と考えるようになったのはなぜか。「私」の心情に即して、80字以内で説明しなさい。

7 本文の表現の効果と内容の説明として、最も適当なものを次の**ア**～**オ**から選び、記号で答えなさい。

ア 「～た」という文末を多く用いることで、読み手も「私」に寄り添ってその場にいるような気にさせる。

イ 弘美のせりふに敬語を入れないことで、彼女と「私」の間柄が、対等で、仕事に徹したものであることを伝えている。

ウ はる子さんを何かと思い浮かべるところを入れることで、彼女よっぽど使い方を考えないとね」

「それは研究しておくからさ」

［d］、弘美が試作品の蕎麦粉パンケーキを食べてみてほしいという。木の皿に載ったそれをナイフで切って口に運ぶと、しっかり歯ごたえのある生地だ。甘みを抑えてあるので、蕎麦の香りをちゃんと感じられる。

「これはね、おやつとかデザートじゃなくて食事にしたいの。野菜サラダや、キンピラや、かぼちゃの煮たのを載せて」

「その上から蕎麦のハチミツ？」

「バルサミコ酢とか、ヨーグルトと合わせて、新しいソースを作るの。まだ試作中だけど、体にいいほうが売りになるもんね」

その話を聞きながら、はる子さんなら体にいいパンケーキを好きだろうと考えた。ここにはる子さんを連れて来たら、喜びそうな気がする。

「いいね、このパンケーキ。昼ご飯に、もう一枚くれる？」

「よかった。じゃあ、おじさん、蕎麦のハチミツもお願いします」

「⑤ああ、やってみるよ」

店を出て軽トラを走らせながら、クセが強くて嫌われものの蕎麦のハチミツも、純粋であれば価値があるのかと可笑しくなった。世の中には家で愛されているのに、大勢に交ざると変わり者に見える人間がいるものだ。Bなんだかやる気が湧いてくる。そうとなれば、蕎麦百パーセントの濃いハチミツを作らねばなるまい。

帰り道に山のなかまで入り、桜の木のそばに置いた巣箱の様子を見て、小屋に戻った。見ためよりもとにかく頑丈であるようにと注文して、知り合いの大工に作ってもらった小屋は、平屋で窓が二つしかない。緑色のトタン屋根は雪が落ちるよう三角にして軒下を広くとってある。その軒下に干してあった洗濯物を取り込みながら小屋に入ると、買ってきたものを冷蔵庫に入れた。米も袋ごと冷蔵庫の野菜室だ。もともとひとりであれば、それなりに身の丈に合った物を揃えたのだが、冷蔵庫は家族向けの大型で、物干しハンガーも大きい。余った隙間を見るにつけ、ひとりを思い知らされる。

昨日は麓にある町営温泉に行ったから、今日は風呂に入らなくていいことにする。あとはラジオでも聴いて、ゆっくり晩飯を作ってゆっくり食べて、一日はおしまいだ。

夕日が沈もうとしても腹が空かないと思えば、昼のパンケーキか。それでは今夜は買ってきた卵とハムを焼いてY仕舞いにしよう。

（神田　茜『母のあしおと』より）

1　二重傍線部X「まかなえる」・Y「仕舞い」の、ここでの意味を後のア～オからそれぞれ選び、記号で答えなさい。

X「まかなえる」

ア　下ごしらえできる　イ　必要な分は手に入る
ウ　豊富に食べられる　エ　少しだが食事に出せる
オ　たくさん保管できる

Y「仕舞い」

ア　主なおかず　イ　楽しみ
ウ　終わり　エ　片付け
オ　主食

2　空欄a～dに入る語の組み合わせとして、最も適当なものを次のア～オから選び、記号で答えなさい。

ア　a　愛想のいい　b　せっかちに
　　c　目を輝かせた　d　顔をほころばせて
イ　a　応対がうまい　b　あわてて
　　c　顔をしかめた　d　顔をほころばせて

に、また役所からの集会の誘いがあるのが見えた。こんな封筒など持ってこないで捨ててしまえばよかったと、気分が沈んだ。役所の誘いに乗って行ったことがあるが、③独居老人は地域とのつながりを大切にするようにという話を聞かされるだけだった。どこぞで死後何日も経った孤独死体が見つかったなどと、老人を脅すようなことばかり言って、有難がるとでも思っているのだろうか。

ひとりで死ぬことの何が悪いというのか。死ぬ間際に誰かに「死にそうだ」と告げたとしても、看取ってくれるのは知らない医者か看護師か、町内の誰かだろう。Aだったら住みなれた場所でひとり静かに死にたい。

日差しがあるおかげで車内が暖かい。従妹の子どもがやっている国道沿いの喫茶店に向かった。そこの弘美という娘は札幌の調理師学校に行き、同級生と結婚して喫茶店を開いた。

お茶とパンケーキが売り物らしく、若い客でけっこう賑わっている。道子が元気なころは毎週食べに来ていた。道子はパンケーキがふわふわで美味しいと言っていたが、私にはやわらかすぎた。子どもたちが小さかったころに道子が作っていた、硬めで卵の味がするホットケーキが食べたくなった。店を出てからよくそう言ったものだが、道子は若いころ作ったホットケーキは失敗作だったと言い張って、とうとう作ってはくれなかった。

「忙しい時間かい？」

「あ、おじさん。もうランチが落ち着いたところ。どうぞ」

「いや、お茶はいいよ。ほら、ハチミツ」

「あー嬉しい。初物だ」

客商売をしているだけあって、［ a ］娘だ。なにやら相談したいことがあるのだと、カウンターの席に座らされた。弘美は隣の椅子を引き、腰かけないうちから［ b ］話しだす。

「うちのひとの実家で蕎麦が穫れるからね、蕎麦粉パンケーキの材料に使ってみたの」

「ああ、いいね、蕎麦」

そう言えば、店主の実家は、蕎麦や小麦や小豆を作る農家と聞いた。

「けっこう美味しいパンケーキになったから、店の新メニューで出そうと思ってるんだけど。それで、蕎麦についていろいろ調べているうちにね、蕎麦のハチミツが体にいいって、最近売れてるんだって。知ってる？」

［ c ］弘美は、何か企んでいそうだ。

「蕎麦のハチミツは昔から嫌われもんなんだよ。蜂の先生のところで舐めたけど、クセがあって不味いんだ。だから養蜂家は蕎麦の花が咲く前に採蜜をあせるの。ヘタをすると蕎麦の花が早く咲いて、混じっちゃうことがあって、④そのハチミツは品質が落ちるんだ」

「そうなんだ。ネットで一個買ってみたら、やっぱりクセがある味ね。でもね、ミネラル、鉄分がすごく多くて美容にいいんだって。せっかく蕎麦粉のパンケーキにするなら、蕎麦のハチミツかけたら面白いんじゃないかと思って。おじさん、今年、採ってみてよ」

「蕎麦で？」

「そう」

レジ横の壁に貼ってあるカレンダーを見ながらすこし考えた。蕎麦の花が咲く時期は七月から八月だから、その時期までに新しい巣箱を置けばいい。店主の実家の畑に置かせてもらおうか。苦情が来ないように通学路などのない場所にしないといけない。まあ、知り合いの養蜂家に尋ねながら実験的に一箱だけやってみるか。

弘美の顔を見て「うん」と頷いた。

「やったー。じゃあ、お願い」

「蕎麦畑は広いから、確実にハチミツは採れると思うけど、あの味は

エ　人間が栽培している農作物についても、地球温暖化の影響を野生生物と同じように受けることで、高温早熟障害、黒星病、変色、分離などの生育障害が発生するようになったこと。

オ　さまざまな生物が共存している地球上において、明確に示されている地球温暖化の証拠に人間が気づかなかった結果、野生生物や栽培作物にも大きな被害が生じるようになったこと。

8　波線部「重要なことは、はっきりと地球温暖化のフィンガープリントが読み取れるようになったということです」とあるが、「はっきりと地球温暖化のフィンガープリントが読み取れるようになった」ことを、筆者はなぜ「重要」と考えているのか、本文の内容に即して80字以内で説明しなさい。

三　次の文章を読んで、後の問いに答えなさい。

ふたりの息子は東京で家庭を持ったので、私は定年を迎えてから親父が生前買っていた山のなかに山小屋のようなものを建てた。養蜂を始めるのが目的だったのに、道子はそこでの暮らしを気に入り、春から秋までは家よりも小屋に寝泊まりすることが多くなった。道子がいなくなって三年半になるが、ひとりになった今も、雪のない時期は山にいて蜂の世話をしている。

いつか、はる子さんに「山でひとりじゃ、寂しいでしょう」と言われ、「いやあ、①町にひとりでいるほうが寂しいよ」と答えたことがある。はる子さんは怪訝な顔をしていたが、あのころはまだご主人が健在で意味がわからなかったのだろう。

前を走るシルバーの車が右折して、パチンコ屋の駐車場に入った。ほとんど行ったことはないが、パチンコ屋とカラオケ屋というのは、いつも常連で賑わっていそうだ。

連れ合いに先立たれた者が、賑やかな場所に行って大勢で騒いで、それから家に帰ってひとりで寝るのはどんなに寂しいものか。いやしかし、それも私の性格上の問題で、私以外のひとり者は、大勢でいればすこしでも寂しさが紛れるものなのか。

ウインカーを上げて左折すると、大型スーパーの駐車場に軽トラを停めた。

【中略】

スーパーの入口にソフトクリーム売り場があり、ちょっとした休憩スペースではいつも幼子らのはしゃぎ声がしている。そこの前を素通りすると大きなカートを押して、牛乳と卵、ハムの塊と、ツナやサバの缶詰をカゴに入れた。あとは米を十キロ。小屋の冷蔵庫には、鮭やホッケが冷凍してあるし、青野菜は小屋の前に種を蒔いて芽が出ている。山菜も時季だし、野菜類はしばらく X まかなえるだろう。空いている通路を選んでレジに向かった。

道子は毎朝作る味噌汁に、山で採ったきのこを入れていた。あとはウドの酢味噌和え、ワラビのおひたし、フキの煮物もよく作った。もう一度食べたいと思うが、自分で作る気にはならない。②私が作って美味しかったとしても、寂しいだけのような気がする。

カートに乗せたカゴと米の袋をレジ台に置きながら、はる子さんにこんど山で採れた山菜を持って行こうと思いついた。

「ポイントカード、お持ちですか？」

レジの女性に問われ、あわてて財布からそれを取り出した。なんど来ても言われるまで出すのを忘れてしまう。

はる子さんも、道子と同じくらい長く家事をしてきたひとだ。もしも機会があったら、はる子さんの味付けで山菜料理を食べてみたい。一緒に歩いて舞茸の出る場所を教えてやりたい。そんなずうずうしいことを考えてみた。

運転席に乗り込みながら、助手席にさっき放り投げた郵便物のなか

ウ　d→a→b→c　　エ　a→d→c→b

オ　d→b→a→c

3　傍線部①「私は、この研究をとても高く評価しています」について、著者が高く評価している点として当てはまらないものを次のア～オから一つ選び、記号で答えなさい。

ア　長期間、さまざまな地域で動植物の動きを観察し続けている点。

イ　不規則的な変化や不十分なデータを注意深く確認している点。

ウ　記録を整理して、地球温暖化による変化を読み取っている点。

エ　採集者ごとのデータの矛盾や地域ごとの差を直している点。

オ　膨大な数の資料から、研究に必要な記録を見つけ出している点。

4　空欄Aに当てはまる言葉を、本文中から2字で抜き出しなさい。また、文中の空欄Bに当てはまる言葉を、文中の言葉を用いて5字以内で書きなさい。

5　傍線部②「その順序が狂うと野生生物が死に絶えることになりかねないのです」とあるが、その例として当てはまらないものを次のア～オから一つ選び、記号で答えなさい。

ア　エゾエンゴサクという花は雪解けとともに芽を出し、春に開花する。その花粉の受け渡しをする役目はマルハナバチが担っているが、温暖化の影響でマルハナバチの出現よりも早く開花してしまい、種子ができなくなる。

イ　ジャイアントパンダは竹林に生息し、その竹を食物としている。野生の竹は数十年おきに開花するものもあり、その間に温暖化で気温や気候に変化が起こると生長できなくなる。その結果、竹林の減少や消滅につながり、ジャイアントパンダの生存がおびやかされる。

ウ　トナカイは夏の間に北極圏から植物の豊かなツンドラへ移動し、栄養を蓄えて秋の終わりに出産する。しかし、温暖化によって北極圏での結氷や降雪の状況が変化すると、ツンドラにおける夏の訪れが遅れ、食物不足で繁殖が難しくなる。

エ　ホッキョクグマはアザラシなどの獲物が豊富な春に海氷の上で狩りを集中的に行って脂肪を蓄え、氷の解ける夏の間は何も食べずに過ごす。温暖化が進むと解氷が早くなるため、狩りの期間が以前より短くなり、食物不足や母乳の脂肪分不足で子グマの生存率が下がる。

オ　コムクドリという鳥は春に南から日本へ渡って子育てをする。コムクドリは桜の実を好んでヒナの餌として与えているが、温暖化による気温上昇が原因で桜の開花よりも子育ての開始が早くなり、餌が手に入りにくくなる。

6　空欄Cに入る語句として、最も適当なものを次のア～オから選び、記号で答えなさい。

ア　分布する魚種の変化　イ　魚種ごとの適温の変化

ウ　多様な魚種の分布　エ　魚種ごとの生態の変化

オ　世界の海水温の上昇

7　傍線部③について、「問題となること」の説明として、最も適当なものを次のア～オから選び、記号で答えなさい。

ア　環境変化に対応するために野生生物に複雑な変化が生じたことによって、同じ場所で単一種類が栽培される農作物に、野生生物と同様に深刻な生育障害が発生するようになったこと。

イ　野生の生物が地球温暖化の影響を受けて生活環境の変化に対応しているのとは異なり、人間の栽培する農作物は環境の変化に対応できずに、生育障害が発生するようになったこと。

ウ　野生生物が徐々に進化しながら地球温暖化による環境変化を克服しているのに、人間の手で育てられる農作物は地球温暖化に対応できないため、障害に苦しむようになったこと。

てきました。海水温はいったん上がるとなかなか冷えず、地球温暖化の効果が持続して累積していきますから、**C**が明確にわかるのです。北極海の温暖化が進むとタラやシャケの行き所がなくなってしまうでしょう。やがて海水温が高すぎて生息できる場所がなくなり、死に絶えることになるかもしれません。

以上が地球温暖化のフィンガープリントの話題です。生態系というさまざまな生物が共存している地球上で、私たちの目には何も変わらないように見えて、実際には温暖化の効果がさまざまな形で現れていることがわかると思います。

③そこで問題となることがあります。人間が農作物として育てている植物は、常に人間に管理されているので、高山植物のようにより生育に適した土地へ移動するというわけにはいきません。その結果、農作物が暑さに負けて育ちが悪くなるという、地球温暖化による生育障害が起こるようになっているのです。イネが高温早熟障害によってコメ粒が白濁したり割れやすくなったりし、梅の実は春先に雨と高温があると黒星病が発生して黒い斑点ができ、ミカンは果皮が日焼けして褐色に変色したり果皮と果肉が分離したりというふうに、さまざまな高温障害が報告されています。

犯人探しの推理小説に喩えると、地球温暖化のフィンガープリントの研究がかすかな痕跡(指紋)を辿って地球温暖化という犯人を炙り出しているのに対し、栽培植物の高温障害は明確な殺人事件の捜査のようなものかもしれません。犯人は高温であるとわかっていて、さてどのような方法で障害(殺人)を起こさせたかを調べるようなものですから。いずれにせよ、地球温暖化は地球の生態システムに大きな変化をもたらすであろうことは確かで、地球の持続可能性にたいする大きな問題になりつつあり、放っておくわけにはいかなくなっているのです。

(池内 了『なぜ科学を学ぶのか』より)

注 ※この研究…「地球温暖化のフィンガープリント」の研究。今回抜き出した部分を含む章では、新現象を予言した科学研究を複数紹介しており、その一例として提示する言い方である。

1 空欄Ⅰ～Ⅲに当てはまる語句の組み合わせとして、最も適当なものを次の**ア**～**オ**から選び、記号で答えなさい。

ア Ⅰ ところで　Ⅱ また　Ⅲ かつ
イ Ⅰ とりわけ　Ⅱ 同様に　Ⅲ すなわち
ウ Ⅰ さて　Ⅱ さらに　Ⅲ そして
エ Ⅰ たとえば　Ⅱ あるいは　Ⅲ つまり
オ Ⅰ すでに　Ⅱ 一方　Ⅲ または

2 空欄**X**内には、次の**a**～**d**の文が入る。**a**～**d**の正しい順番はどれか、最も適当なものを後の**ア**～**オ**から選び、記号で答えなさい。

a というのは、野生植物は花が受精すると周辺部に花粉を振り撒くだけでなく、虫にくっついたり、風に吹かれたり、獣の毛にくっついたり、鳥に食べられ遠くまで運ばれたり、というような方法で次の世代の子孫である花粉を広い場所に散らばらせているからです。

b 植物は自分では動くことはできませんが、生える場所は移動できるのです。

c そして、その土地が植物の好む温度や湿度であれば発芽して花を咲かせ、温度が高くて成育に好ましくなければ発芽しないままとなりますから、植物も生育の条件が良い土地に移動すると言えますね。

d 野生植物でいえば、高山植物がどの程度山の高い場所へと移動しているかが調べられています。

ア a→b→d→c　**イ** b→d→c→a

このようなさまざまな記録を世界各地から集約して、実際に地球温暖化が野生の動植物の分布にどのような影響を与えているかを調べた研究があります。指紋を調べて犯人の挙動を推理するのに似て、長年の動植物の動きを指紋と同じように読み取り、地球温暖化がどのような痕跡を自然に与えてきたかを探ろうというわけです。

①私は、この研究をとても高く評価しています。まず、いろんな地域で動植物の地道な観察が行われ、それを何年にもわたって続けていることに敬意を表したいと思います。さらに、その報告を数多くの文献から探し出して整理し、地球温暖化のフィンガープリントとして歴史を読み取る研究の粘り強さにも脱帽しています。実際のデータは採集者ごとに矛盾していたり、地域ごとの差があったりする上、年ごとの変化はジグザグで一辺倒ではないし、不十分なデータを補わねばならない、というように実に注意深い研究が必要であるからです。

そして1500種くらいの動植物のデータを集約して、この10年間に、野生の生物は約6km［A］し、高山植物は6m［B］、鳥が卵を孵化し、桜の花が開花するのが2・3日早くなったという結果が報告されています。「たったそれだけの変化なの?」と思われるかもしれませんが、このような変化が100年続くとすれば、この結果を10倍しなければなりません。実際には地球温暖化は加速され、どんどん進み方が速くなっていますから、50年でこの10倍になり、100年先には50倍になっているかもしれません。重要なことは、はっきりと地球温暖化のフィンガープリントが読み取れるようになったということです。地球の生物の分布に大きな変化が生じるようになっていると言えるのです。

この研究の予言が証明されつつあることを述べておきましょう。春先になると①植物の若葉が広がり、②昆虫の幼虫(毛虫)が蠢き始め、③鳥が卵をかえしてヒナの養育を開始します。実は、自然界がこの①—②—③の順序で春を迎えるということが、野生の生物にとってとても重要なことなのです。昆虫の毛虫は柔らかい葉っぱしか食べられませんから、幼虫が蠢き始める頃には植物に新緑が芽を出していなければなりません。また、鳥はかえったばかりの幼いヒナに毛虫を餌として与えますから、鳥が孵化してヒナとなるころには毛虫が蠢き始めていなければなりません。このように、植物の新緑の葉—毛虫—ヒナが、ほぼ同じ頃に順序を違えずに育っている必要があり、②その順序が狂うと野生生物が死に絶えることになりかねないのです。

例えば、植物の若芽が早く育ってしまい、毛虫が動き始める頃にはもはや固い葉っぱになっているとか、逆に植物の新緑が出るのが遅くなると、生まれた毛虫には食べ物がなく死んでしまうでしょう。あるいは、毛虫が現れるのが早すぎて、鳥のヒナが育つころにはチョウやガになって飛び回っていたら、親鳥もヒナのために必要な餌を集めることができないでしょう。何しろ、ヒナは1日に50匹は毛虫を食べるそうですから。だから、ヒナが育つころに毛虫がいなくなっていたら、ヒナは餌がなくて餓死してしまうことになります。野生生物が生き残る上では、微妙な時期の調節がなされる必要があるのです。

実際に、最近のヨーロッパの研究で、毛虫が育つのが早すぎて、まだヒナが育つ前に毛虫がいなくなり、マダラヒタキのヒナが腹を空かせていて危機的状況である、ということが報告されています。マダラヒタキは、春先にアフリカから渡ってくる鳥で、ヨーロッパの温暖化が進んでいることを知らないままやって来て、毛虫がいなくなっているという困難に陥っているようなのです。

海の魚の分布を調べた研究もあります。北海に潜って、どのような魚種が多く泳いでいるかを、地域ごとの分布を調べたものです。その結果、この30年の間にタラとかシャケ(サケ)とかの比較的低温を好む魚の分布の中心が、北に200kmも移動しているということがわかっ

2024年度

昭和学院秀英中学校

【国　語】〈第二回試験〉（五〇分）〈満点：一〇〇点〉

＊設問の都合で、本文には一部省略・改変がある。
＊字数制限のある場合は、句読点なども字数に入れること。

一　次の傍線部のカタカナを漢字に直し、漢字は読みをひらがなで答えなさい。

1　各地のタンデンが日本のエネルギー需要を支えていた。
2　重大なジキョクに直面している。
3　数多くのオウチョウが成立しては滅びていった。
4　誕生会にたくさんのお客さんをショウタイする。
5　自然の営みはまるで永遠に続くように見える。

二　次の文章を読んで、後の問いに答えなさい。

春が近づくと「桜前線」が日本列島を北上していくことで春の訪れを思い、晩秋になると今度は「紅葉前線」が日本列島を南下していくことで冬の訪れを実感しています。日本列島がほぼ南北方向に並んでいるために、気温の上昇が南から北へ、気温の下降が北から南へと進んでいくことを、桜と紅葉で代表させていると言えるでしょう。

※この研究で取り上げるのは、例えば桜が開花する日がどれくらい早くなったか、紅葉が始まる日がどれくらい遅くなったかで、地球の温暖化がどれくらい進んでいるかを調べようというものです。実は、桜前線は３００年以上前から暦などに書かれてきましたから、３００年の間の開花の記録があります。桜や紅葉だけでなく、さらに昔からのいろんな記録を使って、野生の動植物が地球の気温変化にどう反応したかを調べれば、地球が温暖化している証拠が得られるのではないか、と期待できるでしょう。これを「地球温暖化のフィンガープリント（指紋）」と言います。自然が何気なく残した「指紋」を読み取れば、過去の地球環境の変化を探れるだろう、というアイデアです。

［Ⅰ］、比較的温度が低い場所を好むクマゼミが、日本列島を北上していることを知っていますか？　クマゼミは、最初九州や沖縄の島々に生息していたのですが、少しずつ北上を続けて１９８０年代に関西の都市部で見られるようになり、１９９０年代には中部地方、２０００年代には神奈川や東京にまで広がってきたことが報告されています。クマゼミの生息地が北上しているのは確かなのです。実際にこのことを具体的に確かめようと、大阪や京都の博物館が呼びかけて子どもたちの協力を得て、いつクマゼミが鳴き始めたか、その数はどう変わったか、都市部と山間部でどんな違いがあるか、などの観察が10年以上にわたって続けられました。その結果、クマゼミが鳴き出す時期は早くなり、関西での全体の数は減っており、都市部から山間部へと移動していることがわかってきました。やはりクマゼミは気温が高くなった場所から、比較的低温の場所へと移動しているようなのです。

［Ⅱ］、低温を好むツクツクボウシが鳴く時期が、8月末頃であったのが、9月に入って鳴くようになり、そのうちに9月末になってやっと鳴き始めたというふうに、暑い時期が長引くのでツクツクボウシが姿を見せる時期が遅くなっていることも観察されています。その他のさまざまな昆虫（コオロギ、スズムシ、ホタル、カブトムシ、トンボなど）の分布の変化も併せて調べれば、もっと地球温暖化の証拠が示せるのではないでしょうか。

［Ｘ］寒いところを好む高山植物も地球温暖化のために、より気温が低い場所、［Ⅲ］より高い場所へと「登る」わけです。

2024年度

昭和学院秀英中学校　▶解説と解答

算　数　＜第２回試験＞（50分）＜満点：100点＞

解　答

1 ア　54.2　イ　2160　ウ　6　エ　16　オ　425　カ　38　2 キ　45　ク　$4\frac{7}{8}$　ケ　33.7　コ　386.22　サ　4　3 (1)　989.1cm^3　(2)　678.24cm^3　4 (1)　(a, b, c, d)＝(1, 1, 1, 3), (1, 1, 3, 1), (1, 3, 1, 1), (3, 1, 1, 1), (1, 2, 1, 2), (1, 2, 2, 1), (2, 1, 1, 2), (2, 1, 2, 1)　(2)　20通り　(3)　34通り　5 (1)　7.5%　(2)　11.8%

解　説

1 計算のくふう，旅人算，濃度，消去算，割合，数の性質

(1)　$A\times C+B\times C=(A+B)\times C$となることを利用すると，7×5.42＋4×2.71＋27.1÷5＝7×2×2.71＋4×2.71＋2.71×10÷5＝14×2.71＋4×2.71＋2×2.71＝(14＋4＋2)×2.71＝20×2.71＝54.2

(2)　3人が進むようすは右の図1のようになる。図1で，Bさんと Cさんは1分間に，30＋50＝80(m)ずつ近づくので，AさんとCさんが出会ったとき，AさんとBさんの間の距離は，80×3＝240(m)である。また，AさんとBさんは1分間に，40−30＝10(m)ずつはなれるから，AさんとCさんが出会うのにかかった時間は，240÷10＝24(分)とわかる。さらに，AさんとCさんは1分間に，40＋50＝90(m)ずつ近づくので，2地点P，Qの距離は，90×24＝2160(m)と求められる。

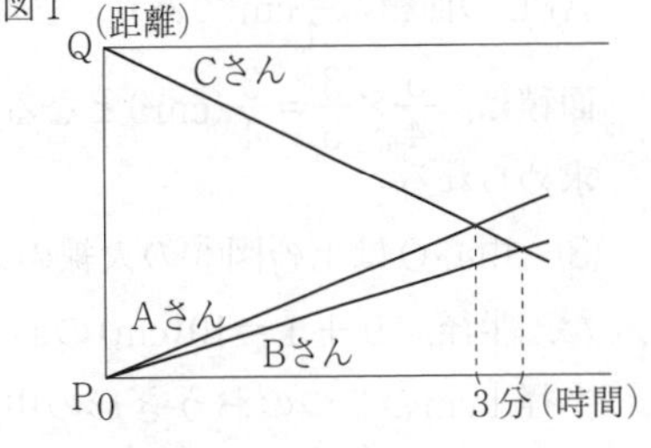

(3)　濃度12%の食塩水には食塩が，(200＋300)×0.12＝60(g)ふくまれ，濃度10%の食塩水には食塩が，(300＋200)×0.1＝50(g)ふくまれるので，A100gにふくまれる食塩の重さをA，B100gにふくまれる食塩の重さをBとして式に表すと，右の図2のア，イのようになる。アの式を2倍，イの式を3倍して，これらの式の差を考えると，A×9−A×4＝A×(9−4)＝A×5が，150−120＝30(g)とわかる。よって，A＝30÷5＝6(g)，B＝(60−6×2)÷3＝16(g)だから，Aの濃度は，6÷100×100＝6(%)，Bの濃度は，16÷100×100＝16(%)である。

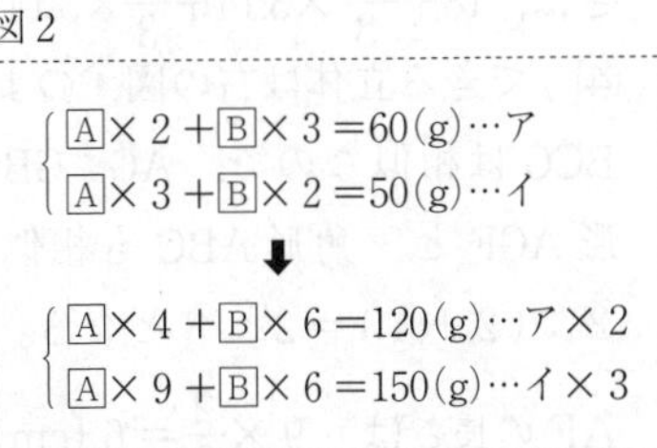

(4)　定価の15%引きの売り値は，600×(1−0.15)＝510(円)である。これが原価の，1＋0.2＝1.2(倍)にあたるから，原価は，510÷1.2＝425(円)となる。

(5)　小数第1位を四捨五入すると5になる数は，4.5以上5.5未満なので，もとの数の範囲は，4.5×

７＝31.5以上，5.5×７＝38.5未満である。また，小数第１位を四捨五入すると13になる数は，12.5以上13.5未満だから，もとの数の範囲は，12.5×３＝37.5以上，13.5×３＝40.5未満である。よって，求める整数は両方に共通する38とわかる。

2 角度，面積，図形の移動，長さ，体積，展開図

(1) 下の図①で，アの角度は15度で，イの角度はアの角度の錯角(さっかく)なので15度である。また，ウの角度も錯角を利用すると，15×２＝30(度)となり，対頂角と折り返しから，エとオの角度もそれぞれ30度とわかる。さらに，三角形の外角はとなり合わない内角の和に等しいから，xの角度はイの角度とオの角度の和の，15＋30＝45(度)となる。

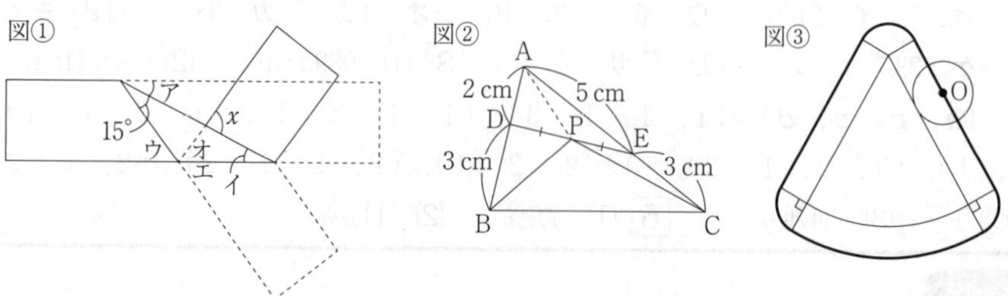

(2) 上の図②で，三角形ADEの面積は，$10\times\frac{2}{2+3}\times\frac{5}{5+3}=\frac{5}{2}$(cm²)になる。すると，DP＝PEより，三角形ADPの面積は，$\frac{5}{2}\div 2=\frac{5}{4}$(cm²)であり，三角形ADPと三角形DBPの面積の比は２：３だから，三角形DBPの面積は，$\frac{5}{4}\times\frac{3}{2}=\frac{15}{8}$(cm²)とわかる。同様に考えると，三角形APEの面積は$\frac{5}{4}$cm²であり，三角形APEと三角形PCEの面積の比は５：３だから，三角形PCEの面積は，$\frac{5}{4}\times\frac{3}{5}=\frac{3}{4}$(cm²)となる。よって，三角形PBCの面積は，$10-\frac{5}{2}-\frac{15}{8}-\frac{3}{4}=4\frac{7}{8}$(cm²)と求められる。

(3) 中心Oは上の図③の太線のように動く。直線部分の長さの和は，９×２＝18(cm)である。また，半径，９＋１＝10(cm)のおうぎ形の弧(こ)の長さは，$10\times 2\times 3.14\times\frac{60}{360}=\frac{10}{3}\times 3.14$(cm)となり，半径１cmの３つのおうぎ形の中心角の和は，(360−90×２−60)＋90×２＝300(度)だから，その弧の長さの和は，$1\times 2\times 3.14\times\frac{300}{360}=\frac{5}{3}\times 3.14$(cm)になる。よって，円の中心Oが描(えが)く図形の長さは，$18+\frac{10}{3}\times 3.14+\frac{5}{3}\times 3.14=18+5\times 3.14=33.7$(cm)である。

(4) できる立体は右の図④のようになる。図④で，三角形AEGと三角形BCGは相似なので，AG：GB＝AE：BC＝６：３＝２：１であり，三角形AGFと三角形ABCも相似だから，GF：BC＝AF：AC＝AG：AB＝２：(２＋１)＝２：３となる。すると，GFの長さは，$3\times\frac{2}{3}=2$(cm)，AFの長さは，$9\times\frac{2}{3}=6$(cm)，CFの長さは，９−６＝３(cm)である。

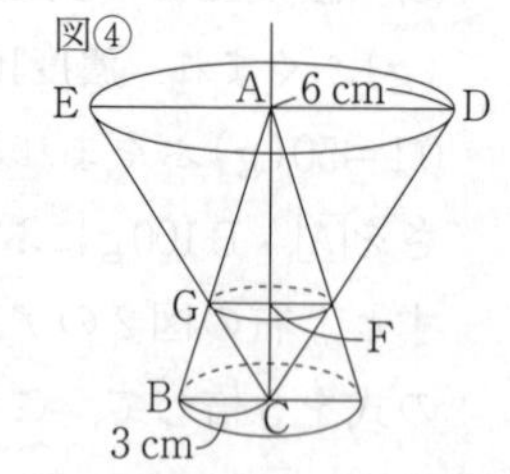

よって，この立体の体積は，底面の円の半径が３cmで高さが９cmの円すいの体積から，底面の円の半径が２cmで高さが６cmの円すいの体積を引いたものと，底面の円の半径が６cmで高さが９cmの円すいの体積から，底面の円の半径が２cmで高さが３cmの円すいの体積を引いたものの和になるから，$3\times 3\times 3.14\times 9\times\frac{1}{3}-2\times 2\times 3.14\times 6\times\frac{1}{3}+6\times 6\times 3.14\times 9\times\frac{1}{3}-2\times 2\times 3.14\times 3\times\frac{1}{3}=123\times 3.14=386.22$(cm³)と求められる。

(5) 問題文中の図２で，AE，AFの長さは，12÷２＝６(cm)だから，底面の直角二等辺三角形AEF

の面積は，$6\times6\div2=18(\text{cm}^2)$となる。すると，高さCAの長さは12cmなので，図２の三角すいの体積は，$18\times12\times\frac{1}{3}=72(\text{cm}^3)$である。また，問題文中の図１で，三角形ECFの面積は，$12\times12-12\times6\div2\times2-18=54(\text{cm}^2)$となるから，三角形ECFを底面としたときの高さは，$72\times3\div54=4(\text{cm})$とわかる。

3 立体図形―相似，体積

⑴ 〈操作１〉をしたあとに残る立体の見取図は，右の図①で，円すいからかげの部分を除いた立体になる。図①で，三角形OCQと三角形OAPは相似で，CQ：AP＝OQ：OP＝(18－６)：18＝12：18＝２：３なので，CQの長さは，$9\times\frac{2}{3}=6(\text{cm})$である。よって，この立体の体積は，底面の円の半径が９cmで高さが18cmの円すいの体積の半分と，底面の円の半径が６cmで高さが12cmの円すいの体積の半分の和になるから，$9\times9\times3.14\times18\times\frac{1}{3}\times\frac{1}{2}+6\times6\times3.14\times12\times\frac{1}{3}\times\frac{1}{2}=315\times3.14=989.1(\text{cm}^3)$となる。

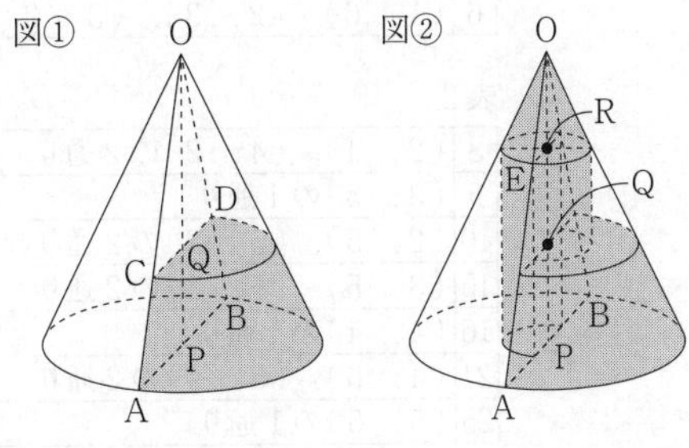

⑵ 〈操作２〉をしたあとに残る立体の見取図は，右上の図②で，円すいからかげの部分を除いた立体になる。図②で，三角形OERと三角形OAPは相似で，OR：OP＝ER：AP＝３：９＝１：３なので，ORの長さは，$18\times\frac{1}{3}=6(\text{cm})$となり，RQの長さは，$12-6=6(\text{cm})$，RPの長さは，$18-6=12(\text{cm})$である。よって，〈操作２〉で削(けず)り取った部分の体積は，底面の円の半径が３cmで高さが６cmの円すいの体積と，底面の円の半径が３cmで高さが６cmと12cmの円柱の半分の体積の和だから，$3\times3\times3.14\times6\times\frac{1}{3}+3\times3\times3.14\times(6+12)\times\frac{1}{2}=99\times3.14=310.86(\text{cm}^3)$となる。したがって，求める体積は，$989.1-310.86=678.24(\text{cm}^3)$である。

4 場合の数

⑴ 積の和が４になるのは，$(a\times b,\ c\times d)=(1,\ 3),\ (3,\ 1),\ (2,\ 2)$のときである。また，積が１となる２つの目は(１，１)，積が２となる２つの目は(１，２)，(２，１)，積が３となる２つの目は(１，３)，(３，１)になる。よって，$(a,\ b,\ c,\ d)=(1,\ 1,\ 1,\ 3),\ (1,\ 1,\ 3,\ 1),\ (1,\ 3,\ 1,\ 1),\ (3,\ 1,\ 1,\ 1),\ (1,\ 2,\ 1,\ 2),\ (1,\ 2,\ 2,\ 1),\ (2,\ 1,\ 1,\ 2),\ (2,\ 1,\ 2,\ 1)$の８通りある。

⑵ 積の和が６になるのは，$(a\times b,\ c\times d)=(1,\ 5),\ (5,\ 1),\ (2,\ 4),\ (4,\ 2),\ (3,\ 3)$のときである。積が１，２，３，４，５，６となる２つの目は，下の表１のようになるので，(１，５)の場合は，$1\times2=2$(通り)，(５，１)の場合は，$2\times1=2$(通り)，(２，４)の場合は，$2\times3=6$(通り)，(４，２)の場合は，$3\times2=6$(通り)，(３，３)の場合は，$2\times2=4$(通り)ある。よって，$a\times b+c\times d=6$となる目の出方は，$2+2+6+6+4=20$(通り)ある。

⑶ $a\times b-c\times d=1$になるのは，$(a\times b,\ c\times d)=(2,\ 1),\ (3,\ 2),\ (4,\ 3),\ (5,\ 4),\ (6,\ 5),\ (9,\ 8),\ (10,\ 9),\ (16,\ 15),\ (25,\ 24)$のときである。積が８，９，10，15，16，24，25となる２つの目は，下の表２のようになるので，表１，表２から，それぞれの場合の目の出方は，下の表３のように計算できる。よって，目の出方は全部で，$2+4+6+6+8+2+2+2+2=34$(通り)ある。

表１

積	２つの目
1	(1，1)の１通り
2	(1，2)，(2，1)の２通り
3	(1，3)，(3，1)の２通り
4	(1，4)，(2，2)，(4，1)の３通り
5	(1，5)，(5，1)の２通り
6	(1，6)，(2，3)，(3，2)，(6，1)の４通り

表２

8	(2，4)，(4，2)の２通り
9	(3，3)の１通り
10	(2，5)，(5，2)の２通り
15	(3，5)，(5，3)の２通り
16	(4，4)の１通り
24	(4，6)，(6，4)の２通り
25	(5，5)の１通り

表３

$a\times b-c\times d$	目の出方
2－1	2×1＝2(通り)
3－2	2×2＝4(通り)
4－3	3×2＝6(通り)
5－4	2×3＝6(通り)
6－5	4×2＝8(通り)
9－8	1×2＝2(通り)
10－9	2×1＝2(通り)
16－15	1×2＝2(通り)
25－24	1×2＝2(通り)

5 割合，つるかめ算

(1)　Ｂ国から商品１個を輸入するのにかかる金額を１とすると，Ａ国から輸入する金額は0.8，Ｃ国から輸入する金額は0.6である。すると，ある年に３つの国から輸入するのにかかった合計金額は，0.8×60＋１×20＋0.6×20＝48＋20＋12＝80になる。また，輸入の個数を変えたときにかかる合計金額は，0.8×50＋１×40＋0.6×10＝40＋40＋６＝86となる。よって，86÷80＝1.075より，合計金額は7.5％増加する。

(2)　翌年のＡ国からの個数は，110×0.4＝44(個)で，Ｂ国とＣ国からの個数の和は，110－44＝66(個)になる。また，Ａ国から輸入するのにかかる金額は，0.8×44＝35.2で，Ｂ国とＣ国から輸入するのにかかる合計金額は，80－35.2＝44.8となる。ここで，Ｃ国から66個輸入したとすると，Ｂ国とＣ国からの合計金額は，0.6×66＝39.6となり，実際よりも，44.8－39.6＝5.2少なくなる。そこで，Ｃ国からの個数を減らして，Ｂ国からの個数を増やすと，合計金額は１個あたり，１－0.6＝0.4ずつ多くなる。よって，Ｂ国からの個数は，5.2÷0.4＝13(個)とわかり，Ｂ国からの個数の割合は，13÷110×100＝11.81…より，小数第２位を四捨五入して，11.8％と求められる。

社　会　＜第２回試験＞（40分）＜満点：50点＞

解　答

1 **問１** **ア** 80　**イ** 2　**問２** C　**問３** キ　**問４** (1) ブラジル　(2) (例) K。高冷地でのレタスなどの抑制栽培を，流出し不足する若年男性にかわり，外国人がうけ負うため。　**2** **問１** エ　**問２** コ　**問３** サトウキビ(さとうきび)　**3** **問１** 奴国　**問２** (例) 盾型銅鏡(蛇行剣)　**問３** ワカタケル大王　**問４** 万葉がな(万葉仮名)　**問５** 枕草子　**問６** 北条泰時　**問７** 寺子屋　**問８** 井原西鶴　**4** **問１** イ　**問２** ア　**問３** イ　**問４** エ　**5** **問１** キ　**問２** イ　**問３** ア　**問４** 第一次世界大戦(第１次世界大戦)　**問５** (例) 日本は東南アジアへの勢力拡大による日中戦争の解決を試みたが，中国を支援するアメリカやイギリスなどは日本に石油輸出を禁止するなど経済制裁を加えた。対立がつのったので日本は太平洋戦争の開戦に踏み切った。　**6**

問１　ASEAN（東南アジア諸国連合）　**問２**　(1)（例）冷戦の終結にともない，旧ソ連が解体され加盟国が増加しているため。　(2) イ　**問３**　公衆衛生（保健医療）　**問４**　イ
問５　カ　**問６**　ウ

解　説

1 人口についての問題

問１　ア　2022年，世界人口は80億人を突破した。　イ　人口が10億人を超える国は，中国（中華人民共和国）とインドの２か国である。これまでは中国が人口世界第１位であったが，現在はインドが中国を上回っている（2023年）。

問２　人口において，中国がインドに抜かれた要因には，中国が1979年から実施した「一人っ子政策」にあり，2016年には廃止したものの，その後も出生数の低下が続いている。その結果，中国では，1970年代までは子どもの割合が高く人口も増え続けたが，現在は急激な少子化が進んでいる（Ｃ…○）。なお，Ａは日本の65歳以上，Ｂは中国の65歳以上，Ｄは日本の15歳未満である。

問３　高齢化の進行をおさえるには，子どもの数を増やさなければならない。そのためには，女性が育児と仕事を両立できる労働環境を整備することが必要だと考えられている（ｅ…正）。また，高齢化により地域の過疎化が進んで空き家が増えると，家屋の倒壊や放火の対象となる危険性，犯罪の拠点になるなど治安悪化のおそれが高まると考えられている（ｈ…正）。よって，組み合わせはキ（ｅ，ｈ）である。ｆの移動販売の開始は，買い物難民となっている高齢者の支援策であって，高齢化をおさえる政策にはあたらない。また，ｇの医療や介護の分野では，今後ますます労働者が必要となる。

問４　(1)　表１の群馬県大泉町は，自動車工場など数多くの製造工場があり，バブル経済期の人手不足のころに積極的に外国人労働者を雇用した。中でも，日系ブラジル人を多く受け入れたことが，ブラジル人の移住のしやすさにつながっていると考えられる。　(2)　図２において，Ｋの外国人はすべて20歳以上で20～40歳代の男性に偏っているという点に大きな特徴がある。つまり，元々川上村で暮らしている外国人ではなく，外部から入ってきた働き手としての外国人である。なお，川上村はレタスなどの高原野菜の産地として知られているが，農業を継ぐ若い働き手が不足しているため，外国人労働者に頼らざるを得ないと考えられる。

2 九州・沖縄地方についての問題

問１　「シラス」は火山灰質の土なので，養分が少なく，水持ちも悪いので稲作には適さない（①…誤）。また，図２から「シラス」は鹿児島県や宮崎県など九州南部に広く分布しているので，特に火山の南東側に偏っているというわけではない（②…誤）。よって，組み合わせはエである。

問２　図１のａは大分市，ｂは阿蘇山（熊本県），ｃは屋久島（鹿児島県）である。ａは瀬戸内海に面しているので瀬戸内の気候となり，年間降水量が少なく日照時間が長い。ｂは内陸部に位置するので，夏と冬の寒暖差が大きい。ｃは島で周りに障害物がないので強風が吹きやすく，また冬でも比較的温暖である。よって，組み合わせはコ（Ｅ…ｃ，Ｆ…ａ，Ｇ…ｂ）になる。

問３　図１のｄは南大東島（沖縄県）で，図３より，土地利用のほとんどが畑であることがわかる。これはこの島特産のサトウキビ畑である。

3 文字の歴史についての問題

問１　中国の歴史書『後漢書』東夷伝によると，１世紀（57年），北九州にあった小国の１つである奴国の王が中国（後漢）に使いを送り，皇帝から「漢委奴国王」と刻まれた金印を授けられたとさ

れている。この金印は，江戸時代の1784年に志賀島(福岡県)で発見された。

問２　2023年，４世紀後半に造られたとされる富雄丸山古墳(奈良県)から，長さが２ｍを超える国内最大の「蛇行剣」(蛇のように曲がりくねった鉄剣)や，過去に例を見ない「盾形銅鏡」(盾は防御用の武具)が出土した。その他にも，木製のひつぎがほぼ埋葬当時の姿で発見され，大きなニュースになった。

問３　稲荷山古墳(埼玉県)と江田船山古墳(熊本県)からは，「ワカタケル大王」と刻まれた鉄剣・鉄刀が出土しており，このワカタケル大王は５世紀終わりごろに在位した雄略天皇だと推定される。

問４　奈良時代に編さんされた『万葉集』には，天皇から庶民まで幅広い階層の人々がよんだ約4500首の歌が収められている。日本語を表記するために，漢字の音を借りて用いる「万葉がな」が使われた。

問５　平安時代に入ると，漢字を書きくずしたひらがなやカタカナなどのかな文字が成立した。漢字にしばられない自由な表現が可能になったことで多くの文学作品が生まれ，随筆では清少納言の『枕草子』が有名である。

問６　北条泰時は鎌倉幕府の第３代執権で，1232年に初の武家法となる「御成敗(貞永)式目」を制定した。源頼朝以来の武家社会での慣習をもとに51か条からなり，その後の武家法の模範となった。

問７　江戸時代，農民や町人の子どもの教育機関として寺子屋があり，「読み・書き・そろばん」が教えられた。なお，武家の子どもは，各藩が設立した藩校で教育を受けた。

問８　井原西鶴は江戸時代前半の元禄文化を代表する浮世草子作家で，代表作に『日本永代蔵』『世間胸算用』などがある。

4　貨幣の歴史についての問題

問１　「和同開珎」が鋳造されたのは708年(８世紀)のことである(イ…×)。

問２　鎌倉時代には日宋貿易により大量の宋銭が，室町時代には日明貿易により大量の明銭が輸入され，貨幣経済が広がった(Ａ…正)。また，鎌倉時代の元寇(元軍の襲来)では，十分な恩賞が与えられなかったため，御家人の生活が苦しくなり，商人からの借金を返済できずに領地を失う者も出た(Ｂ…正)。よって，組み合わせはアが正しい。なお，Ｃについて，鎌倉幕府は貨幣の発行はしていなかった。Ｄについて，鎌倉幕府は御家人の救済のため，永仁の徳政令(1297年)を発して借金を帳消しにした。一時的な効果はあったものの，これ以降御家人は土地を担保に借金ができなくなり，また商人側も再び借金が返済されなくなると困るので，お金を貸さなくなった。そのため御家人はますます困窮し不満を募らせたことが，後の幕府の弱体化につながった。

問３　資料の「おきて」の１つめに，「境界争いは，お金で解決しなさい。」とある(Ａ…正)。また，３つめには「森林の苗木を切った者は，五百文の罰金とする。」とある(Ｃ…正)。よって，組み合わせはイが正しい。なお，Ｂの寄合について，「二度連絡しても参加しない者は，五十文の罰金とする。」とあるので，その参加が義務だったことがわかる。Ｄについて，武士が農民から借金したかどうかは，この内容からはわからない。

問４　(資料文)に，日本と欧米の金銀交換比率の違いによって，「日本から金貨が流出した。」とあるので，日本より欧米の方が銀の価値が低かったことがわかる。実際に，日本では金１＝銀５だったのに対し，欧米では金１＝銀15であった(Ｂ…正)。そこで，江戸幕府は流出を防ぐため，金の含有量が少なく形も小さい「万延小判」を鋳造した(D…正)。よって，組み合わせはエが正しい。なお，質の悪い万延小判が流通すると，貨幣価値が下がり，物価の上昇をまねくことになった。

5 明治時代以降の外交関係についての問題

問１　年表の1879年に「琉球藩を廃止して沖縄県とした」とあるので，この時に沖縄県になった。しかし，太平洋戦争(1941～45年)後，日本は連合国軍の占領下に置かれ，1951年に結んだサンフランシスコ平和条約により独立を回復したが，沖縄県や小笠原諸島は依然としてアメリカの施政権下に置かれた。沖縄県が日本に返還されたのは1972年なので，キが正しい。

問２　年表の1897年に「朝鮮が国号を韓国に改め，王国から帝国(大韓帝国)に変わった。」とある。その後，1910年の韓国併合で日本の植民地となり，年表の1945年に「植民地支配から解放された朝鮮は，やがてソ連軍が支援する北部の朝鮮民主主義人民共和国(北朝鮮)と，米軍が支援する南部の大韓民国(韓国)に分裂した。」とあるので，大韓民国の領域は朝鮮半島南部である。よって，イが正しい。

問３　年表の1949年に「中国では国民党と共産党の内戦となり，国民党は内戦に敗れて台湾に逃れ，共産党は中華人民共和国を成立させた。」とある(B…正)。この背景には，アメリカを中心とする資本主義国と，ソ連を中心とする社会主義国との冷戦の影響があった(A…正)。よって，組み合わせはアが正しい。なお，Cの朝鮮戦争(1950～53年)で，米軍から大量の軍需物資の注文を受けて好景気になったのは日本。Dのサンフランシスコ平和条約で，アメリカが統治権を獲得して基地を設けたのは沖縄県である。

問４　第一次世界大戦(1914～18年)は，欧米の列強国の対立や民族の対立などが複雑に絡み合って起きた。そのため，戦争が終わると民族自決の動きが高まり，東ヨーロッパでは多くの国が独立した。

問５　年表の1937年に，日中戦争が始まると「ソ連やアメリカ，イギリス，インドシナ半島を支配するフランスなどは中国を支援し，戦争が長期化した。」とある。そして，1941年に「日本は中国への支援を断ち切るため，インドシナ半島にも軍を進めると，アメリカは日本に対して石油の輸出を禁止するなどの措置をとったので，対立が激しくなり，日本はアメリカやイギリスとの戦争に踏み切った。」とある。よって，この２つの内容をふまえたうえで，指定語句を必ず使ってまとめるとよい。

6 広島サミットを題材にした問題

問１　ASEAN(東南アジア諸国連合)は，1967年に結成された，東南アジアの安定や経済協力の促進などを目的とする組織である。結成当初はタイやインドネシアなどの５か国であったが，2023年現在は10か国が加盟しており，本部はインドネシアのジャカルタに置かれている。

問２　(1)　1989年，米ソ首脳によるマルタ会談で冷戦の終結宣言が発せられた。そして，1991年にソ連が崩壊したことで，連邦を構成していた15か国が独立。それらの国が国際連合に加盟したことが増加の主な理由である。　(2)　資料のAは数の少なさからオセアニア，Bは南北アメリカである。Cは2000年に増加していることから，1992年のソ連崩壊後に独立した国が加盟したと考えられるのでヨーロッパ，Dはアジア。Eは1960年に増加していることから，同年に多数の植民地が独立したアフリカである。よって，組み合わせはイになる。

問３　日本の社会保障制度は，社会保険・社会福祉・公的扶助(生活保護)・公衆衛生(保健医療)の「四本柱」からなる。保健所は地域住民の健康や衛生を支える公的機関の１つで，公衆衛生に関する仕事を中心に，災害医療や感染症対策などの業務を行う。

問４　日本国憲法に従い内閣が総辞職をしなければならないのは，衆議院で内閣不信任案が可決(信任案が否決)され10日以内に衆議院が解散されないときや，内閣総理大臣が死亡または何らかの理由で議席を失ったとき，衆議院議員総選挙後に召集される特別国会が開かれたときである(イ…○)。また，内閣総理大臣が病気や政治情勢などを理由に自らの判断で総辞職をする場合もある。なお，アの内閣総理大臣の指名は，衆参両議院が行う。ウの国務大臣の過半数は，国会議員でなければならない。エの国会の議決した法律案について，内閣総理大臣に拒否(きょひ)権はない。

問５　Ａについて，自衛隊が発足したのは1954年であり，サンフランシスコ平和条約を結んだのは1951年である(Ａ…×)。Ｂは，当時の佐藤栄作首相が掲(かか)げた「非核三原則」(Ｂ…○)，Ｃは，日本国憲法の「平和主義」の原則の説明である(Ｃ…○)。よって，Ａだけが正しくないので，組み合わせはカである。

問６　アムネスティ・インターナショナルは，人権擁護(ようご)活動を行うNGO(非政府組織)である(ウ…×)。なお，医療活動を行うNGOは，国際赤十字同盟や国境なき医師団などである。

理　科　＜第２回試験＞（40分）＜満点：50点＞

解　答

１　**問１**　（例）　気体の発生が止まった　**問２**　解説の図を参照のこと。　**問３**　Ｅ　**問４**　0.4g　**問５**　55.7g　**問６**　水酸化カルシウム　**問７**　青色　**問８**　0g　**問９**　（例）　生じた気体が密閉容器から出なかったから。　**２**　**問１**　イ　**問２**　ウ　**問３**　ア　**問４**　エ　**問５**　**スズラン**…ウ　**カラスウリ**…イ　**問６**　ウ　**問７**　（例）　黄色の紙の位置を覚えている　**問８**　（例）　明るさ　**問９**　（例）　花粉を遠くへ運んでもらえない　**３**　**問１**　Ｂ，Ｅ，Ｆ　**問２**　Ｃ，Ｄ　**問３**　Ｂ，Ｅ　**問４**　オ　**問５**　イ　**問６**　イ　**問７**　ウ，オ

解　説

１　**炭酸カルシウムと塩酸の反応についての問題**

問１　うすい塩酸に炭酸カルシウムを加えると，気体の二酸化炭素が発生する。反応が続いている間は気体が発生するが，反応が終わると気体の発生は止まる。

問２　ビーカーＡ～ビーカーＦで，加えた炭酸カルシウムは1.0gずつ増え，ビーカーＡの重さと炭酸カルシウム1.0gの重さを合わせると56.0gだから，反応前後のビーカー全体の重さの差は，ビーカーＡが，56.0－55.6＝0.4(g)，ビーカーＢが，57.0－56.2＝0.8(g)，ビーカーＣが，58.0－56.8＝1.2(g)，ビーカーＤが，59.0－57.4＝1.6(g)，ビーカーＥが，60.0－58.4＝1.6(g)，ビーカーＦが，61.0－59.4＝1.6(g)となる。これらの点を方眼上に●でとり，直線で結ぶと，グラフは右の図のようになる。

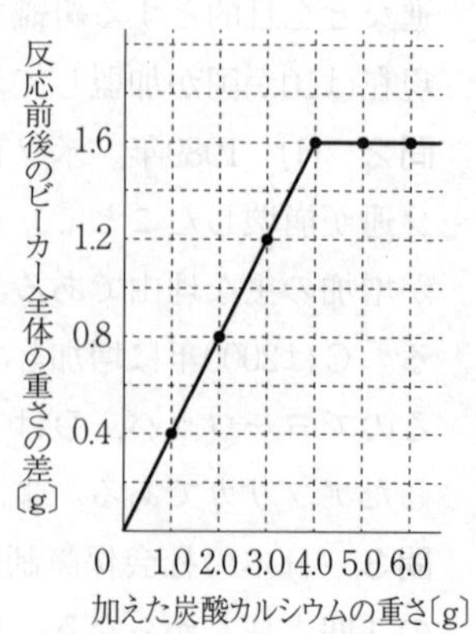

問３　反応前後のビーカー全体の重さの差は，発生して空気中に放

出された二酸化炭素の重さを表している。グラフより，発生した二酸化炭素の重さは，炭酸カルシウムの重さが4.0ｇまでは炭酸カルシウムの重さに比例することがわかり，溶液Ｇ（うすい塩酸）20mLと炭酸カルシウム4.0ｇが過不足なく反応するとわかる。したがって，反応が終わった後に溶(と)け残りがはじめて確認できるビーカーはＥである。

問４　ビーカーＥでは，炭酸カルシウムが，5.0－4.0＝1.0（ｇ）溶け残っていて，これを全て反応させると二酸化炭素が0.4（ｇ）発生する。ここで，問３に述べたように，反応前後の全体の重さの差は発生した二酸化炭素の重さになるから，求める差は0.4ｇとわかる。

問５　加えた石灰石1.0ｇに含(ふく)まれる炭酸カルシウムの重さは，$1.0\times\frac{75}{100}=0.75$（ｇ）なので，発生する気体の重さは，0.4×0.75＝0.3（ｇ）になる。これより，反応後の重さは，56.0－0.3＝55.7（ｇ）と求められる。

問６　石灰水は固体の水酸化カルシウムが溶けた水溶(よう)液で，二酸化炭素を通すと白く濁(にご)る。

問７　石灰水はアルカリ性なので，BTB溶液を加えると青色を示す。

問８，**問９**　密閉された容器の中で反応が起こっているので，発生した気体は容器Ａの外に出ることができない。よって，反応前後で容器全体の重さは変化せず，はかりの値の差は０ｇとなる。

２　受粉を助ける生物についての問題

問１　メジロがウメの蜜(みつ)を吸うとき，からだに花粉がつき，その花粉がついたメジロが別の花を訪れることで受粉を助けている。なお，ウグイスは昆虫(こんちゅう)を食べ，ムクドリ，スズメは雑食性で，エナガは虫の卵などを食べる。

問２　蜜を出さないフクジュソウは，花粉を食べるハナアブに受粉を助けられている。アゲハチョウやモンシロチョウの成虫は花の蜜，コガネムシの成虫はイタドリなどの葉，カメムシは植物のしるをえさとしているためフクジュソウの花には集まらない。

問３　花は光合成を行わず，養分を種に送ることもしない。

問４　落葉樹林の下で育つフクジュソウにとって，早春はまわりの樹木に葉がついておらず，早春に開花し，葉をはやく出すと太陽の光をたくさん受けることができる。よって，フクジュソウは光合成を充分(じゅうぶん)に行うことができる。

問５　マルハナバチは，スズランのように下向きに咲(さ)く花の中にもぐりこむようにして入って蜜を食べる。スズメガは夜行性の昆虫で，長いストローのような口で夜に咲くカラスウリの花の蜜を吸う。

問６　ミツバチは嗅覚(きゅうかく)なども用いて行動するので，色の見え方（視覚）について調べるときは，紙の上をガラス板で覆(おお)って紙の色素から出るにおいを防ぐ必要がある。

問７　ミツバチが黄色の紙の位置を覚えて，場所を目印にしてしまうことが考えられるので，紙の配置は実験ごとに替(か)えている。

問８　ミツバチが黄色，青色，紫(むらさき)色を明るさや色の濃(こ)さで区別しているのだとすると，黄色，青色，紫色と同じ明るさに感じる濃さの灰色の紙に集まることも考えられる。しかし，灰色の紙に集まらなかったことから，少なくとも黄色，青色，紫色を色として区別しているとわかる。

問９　ヤマツツジにとって，アゲハチョウは行動範囲(はんい)が広いので，花粉を遠くまで運んでもらえる存在だといえる。一方，ミツバチは花から花へと近いところを転々と移動して花粉や蜜を集めたのち，花粉や蜜を幼虫のいる巣に持ち帰るので，花粉を遠くまで運んでもらうことができない。

3 振り子についての問題

問１　振り子の周期は振り子の長さによって決まり，振り子の長さが長いＢ，Ｅ，Ｆは周期が長くなる。周期は，おもりの重さや振り始めの糸と鉛直線の角度には関係しない。

問２　振り子の長さが同じものどうしで比べると，振り始めの糸と鉛直線の角度が小さいものほど，振り子の振れ幅は小さくなる。また，振り始めの糸と鉛直線の角度の大きさが同じものどうしで比べると，振り子の長さが短いほど，振り子の振れ幅は小さくなる。よって，振り子の振れ幅が最も小さいものは，振り子の長さが80cmと短く，振り始めの糸と鉛直線の角度が５度と小さいＣとＤである。

問３　おもりの中心が鉛直線を通過するときの速さは，おもりの最下点からの高さで決まり，おもりを最下点から高い位置で離すほど速くなる。振り始めの位置が最下点から高くなるのは，振り子の長さが長く，振り始めの糸と鉛直線の角度が大きいＢとＥである。

問４　おもりの速さが最も速くなるのは，おもりが最下点のオにきたときである。

問５　振り子Ｂの周期は２秒なので，アからケまで振れるのに１秒かかり，ケからオまで振れるのに0.5秒かかる。次に，オからアまで振れるのに0.5秒かかるが，最下点オで最も速くなったおもりは0.25秒間にオとアの中間のウより高くまで振れるので，1.75秒後の位置はイが適切である。

問６　６秒間に，６÷２＝3(往復)しておもりはアの位置にくる。問５より，おもりがイからアまでもどるのに，2.00－1.75＝0.25(秒)かかるので，アからイまで振れるときも0.25秒かかる。よって，6.25秒後のおもりの位置はイが適切である。

問７　電車の速さが一定の割合で速くなっているとき，おもりには，おもりの重さ(重力)のほかに電車が進む向きとは反対の向きの力(慣性力という)がはたらく。このときのおもりにはたらく力の様子を示すと，右の図のようになり，振り子には見かけの重力がはたらくことになる。これより，振り子の運動の中心の位置が破線の位置より電車の進む向きと反対向きにずれる。また，中心がずれた分だけ振り始めの糸と振り子の運動の中心との角度が小さくなるので，振れ幅は小さくなる。

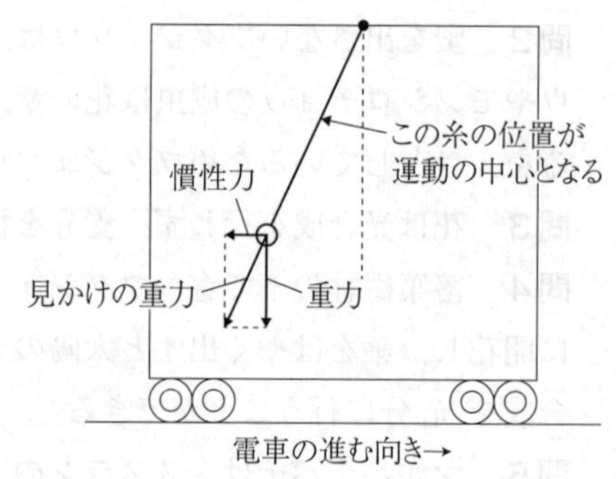

国語　＜第２回試験＞（50分）＜満点：100点＞

解答

一　１～４　下記を参照のこと。　５　いとな(み)　二　１　エ　２　オ　３　エ　４　Ａ　北上　Ｂ　(例)　高く登り　５　イ　６　ア　７　イ　８　(例)　地球上では，私たちの目には何も変わらないように見えて，実際には温暖化の効果が現れていることがわかり，地球の持続可能性について放っておくわけにはいかなくなるから。　三　１　Ｘ　イ　Ｙ　ウ　２　ア　３　(例)　今はもう妻がおらず自分が一人だと強く感じる　４　エ　５　ウ，オ　６　(例)　クセのある蕎麦のハチミツを，一人でいたがる変わり者の自分と重ね，ハチミツのクセも純粋であれば価値があるなら，自分こそそれを作るのにふさわしいと思ったか

ら。　７　ウ

●漢字の書き取り

□一 １　炭田　２　時局　３　王朝　４　招待

解　説

□一 漢字の書き取りと読み

１　石炭が多くとれる地域。　２　世の中の，そのときの情勢。　３　王家が国を支配した期間。　４　客を招いて，もてなすこと。　５　音読みは「エイ」で，「自営」などの熟語がある。

□二 **出典：池内了『なぜ科学を学ぶのか』。**地球温暖化のフィンガープリントについて説明し，地球温暖化が大きな問題になりつつあることを述べている。

１　「地球温暖化のフィンガープリント」の例として，「比較的温度が低い場所を好むクマゼミが，日本列島を北上していること」があげられているので，Ⅰには具体的な例をあげるときに用いる「たとえば」が合う。また，「暑い時期が長引くのでツクツクボウシが姿を見せる時期が遅くなっていること」もその例のひとつなので，Ⅱには，同類のことがらを並べ立て，いろいろな場合があることを表す「あるいは」があてはまる。Ⅲの「より気温が低い場所」とは，「より高い場所」のことなので，“要するに”という意味の「つまり」が合う。

２　空欄Ｘの後に，高山植物も，より気温が低い場所へ移動することが述べられている。したがって，「地球温暖化のフィンガープリント」として，「高山植物がどの程度山の高い場所へと移動しているかが調べられて」いるというｄに，「植物は自分では動くこと」はできないが，「生える場所は移動できる」と述べるｂが続く。さらに野生植物が生える場所を移動する手段について書かれたａの後に，ｃの「植物も生育の条件が良い土地に移動する」というまとめが入ると，文脈が通る。

３　著者は，「いろんな地域で動植物の地道な観察が行われ，それを何年にもわたって続けていることに敬意を表したい」と思っているのでアは合う。「その報告を数多くの文献から探し出して整理し，地球温暖化のフィンガープリントとして歴史を読み取る研究の粘り強さにも脱帽して」いるとあるのでウとオも合う。「実際のデータは採集者ごとに矛盾していたり，地域ごとの差があったりする上，年ごとの変化はジグザグで一辺倒ではないし，不十分なデータを補わねばならない，というように実に注意深い研究が必要」とあるためイもあてはまる。データの矛盾や差を直しているという記述はないためエがあてはまらない。

４　Ａ　「比較的温度が低い場所を好むクマゼミが，日本列島を北上して」おり，また，「タラとかシャケ（サケ）とかの比較的低温を好む魚の分布の中心が，北に200kmも移動している」ことから，日本の野生の生物は北へ進んでいるということができる。　Ｂ　「寒いところを好む高山植物も地球温暖化のため」に，「より高い場所」へと登っている。

５　季節の変化とともに，ある一定の順序で物事が起こらないと，野生生物は絶滅する恐れがある。イのジャイアントパンダと野生の竹との関係は特別なできごとが絶滅を引き起こす例であり，一定の順序で物事が起こらなかった例とはいえない。

６　前の文に，低温を好む魚の分布の中心が北に移動していると述べられている。「海水温はいったん上がるとなかなか冷えず，地球温暖化の効果が持続して累積して」いくので，ある海域に住む魚の種類が，次第に移り変わっていることがはっきりわかると考えられる。

7　野生の生物は，地球温暖化の影響を受けて，北上したり，高地に移動したりすることができるが，「人間が農作物として育てている植物は，常に人間に管理されている」ので，「より生育に適した土地へ移動するというわけには」いかない。その結果として，「生育障害が起こるようになっている」ことが問題なのである。

8　「はっきりと地球温暖化のフィンガープリントが読み取れるようになったということ」は，人間が気づかないうちに，地球温暖化が環境や生態系に大きな影響を与えるようになった，ということである。それは，地球温暖化が，「地球の持続可能性にたいする大きな問題になりつつあり，放っておくわけにはいかなくなっている」ことを示しているので，「重要」なのだということができる。

三　**出典：神田茜『母のあしおと』**。妻が亡くなってから，春から秋まで山小屋で一人で暮らしている「私」は，従妹の子どもの弘美に頼まれて，蕎麦のハチミツをつくることになる。

1　**X**　「まかなう」は，“間に合わせることができる”“必要を満たせる”という意味。　**Y**　「仕舞い」は，物事が終わること。

2　a　「私」がハチミツをあげると，弘美は「初物だ」と言って喜んだ。「客商売をしているだけあって」，弘美は人との応対がうまく，愛想のいい娘だとわかる。　b　弘美が，「私」の隣の椅子を引いて，「腰かけないうちから」話しだしたことから，先を急ぐ「せっかち」なようすが読み取れる。　c　弘美が，蕎麦のハチミツは体によく，最近売れているそうだ，と言っている場面なので，興奮して目を輝かせていると考えられる。　d　「私」が，蕎麦のハチミツを採ることを引き受け，弘美が喜んでいる場面なので「顔をほころばせて」が合う。

3　人が大勢いる町で過ごすと，自分がひとりきりだということが際立って感じられ，妻が得意だった手料理を自分が上手に作ると，改めて妻の不在を感じることになる。今はもう妻は死んでいて，自分は一人ぼっちなのだということを身にしみて感じるので，「寂しい」のだと考えられる。

4　今のところ，「私」は，地域や行政の世話になるつもりはなく，「知らない医者か看護婦か，町内の誰か」に看取られるぐらいなら，いっそ「ひとり静かに死にたい」と思っていた。そのため，役所からの誘いを見て，余計なお世話だと思い，気分が沈んだので，エが合う。

5　蕎麦のハチミツは味にクセがあって不味いので，養蜂家には嫌われている。しかし，弘美から，ミネラルや鉄分が豊富で体にも美容にもいいので，やり方によっては売り物になるだろう，という話を聞かされて，「私」は蕎麦のハチミツを作る気になった。この内容がアとイに合う。また，「私」は，はる子さんなら「蕎麦のハチミツ」を使った「体にいいパンケーキ」を気に入ってくれるだろうと思っているので，エも正しい。

6　妻が死んでから，「私」は一人で暮らすことを好むようになり，死ぬ時も「ひとり静かに死にたい」と思っていた。しかし，「クセが強くて嫌われものの蕎麦のハチミツも，純粋であれば価値がある」ということを知って，蕎麦のハチミツと自分には共通点があるように感じ，それなら，まわりから見れば変わり者にちがいない自分が，蕎麦のハチミツを作ってやろう，と決意したのである。

7　「〜た」という文末は，事実を述べているにすぎず，読み手の感情にうったえかける表現ではないためアは合わない。弘美は，かなり年上の「私」に対しても敬語を用いていないが，それによって，弘美と「私」が親しい関係にあることがわかるのでイも正しくない。「私」が，しばしばはる子さんのことを考えていることから，はる子さんに好意を持っていることがわかるのでウがよい。「日差しがあるおかげで車内が暖かい」とあるように，車の外はまだ寒く初夏ではないので，エはふさわしくない。前日に入浴したので，今日は風呂に入らなくてもいいことにしたり，食欲がなければ，パンケーキと卵とハムで夕食をすませようと思ったりするのは，むしろ，「私」の一人暮らしが気楽なものであることを表しているので，オも誤り。

Memo

2023年度 昭和学院秀英中学校

【算　数】〈午後特別試験〉(60分)〈満点：120点〉

※円周率は3.14とし、角すいや円すいの体積はそれぞれの角柱や円柱の体積の$\frac{1}{3}$とします。

1 次の□に当てはまる数を答えなさい。

(1) $2\frac{6}{7}\times\left\{\frac{2}{3}-\left(0.7\times5\frac{5}{7}-3\frac{3}{23}\right)\div2.4\right\}=$ ア

(2) $1+2+4+5+7+8+10+11+\cdots\cdots+997+998+1000+1001=$ イ

(3) 2023より小さい整数の中で，2023との最大公約数が1であるものの個数は ウ 個です。なお，289は素数ではありません。

(4) 歯の数が90の歯車Aと歯の数が120の歯車Bがかみ合って動いています。歯車Aの回転数は歯車Bの回転数の エ 倍になります。さらに，歯車Bの歯の数を30増し，歯車Bの回転数を20％増すと，歯車Aの回転数は，もとの回転数の オ 倍になります。

2 次の［　］に当てはまる数や番号を答えなさい。

(1) 右の図は半径6 cmのおうぎ形OABと半径2 cmのおうぎ形OCDを重ねたものです。重なっていない斜線部分の周の長さが44 cmのとき，斜線部分の面積は［カ］cm^2です。

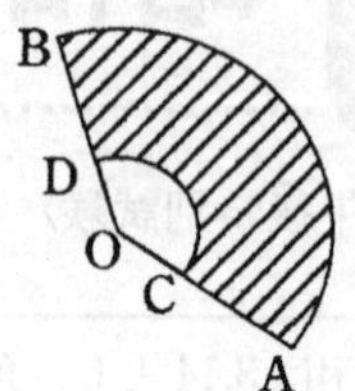

(2) 右の図において，xの角度は［キ］度です。

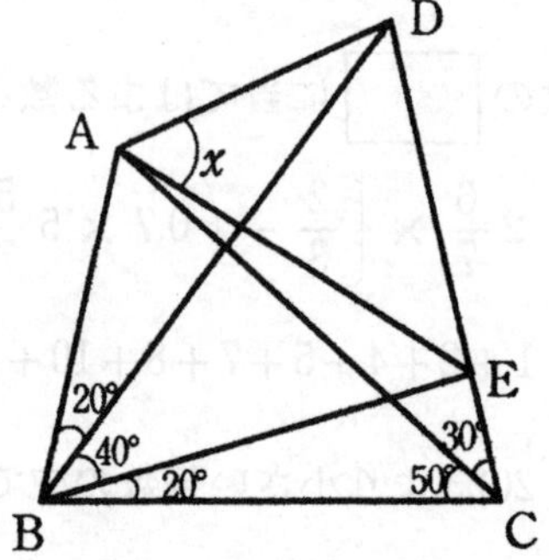

(3) 右の図のように東西に7本，南北に8本の道があります。図のA地点からB地点まで遠回りしないで行く道順は［ク］通りです。そのうちP地点もQ地点も通らない道順は［ケ］通りです。

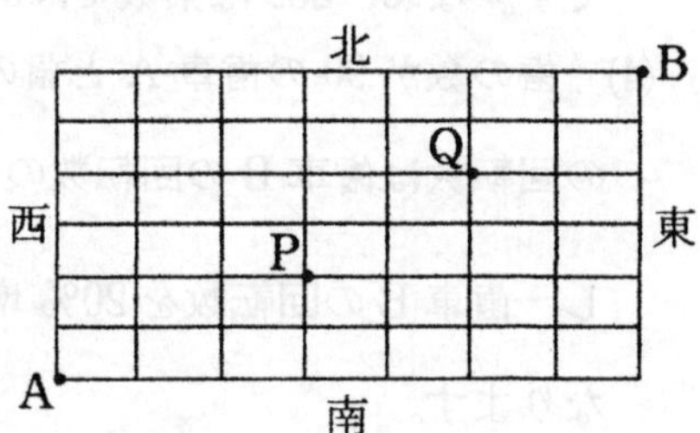

(4) 矢印が書かれた半径1 cmのコインが右のようなコースをSからGまで滑ることなく転がっていきます。直線部分の長さの和は半径1.5 cmの円の周の長さと等しいです。Gについたときのコインの向きを下の①～⑧の中から番号で答えると［コ］です。

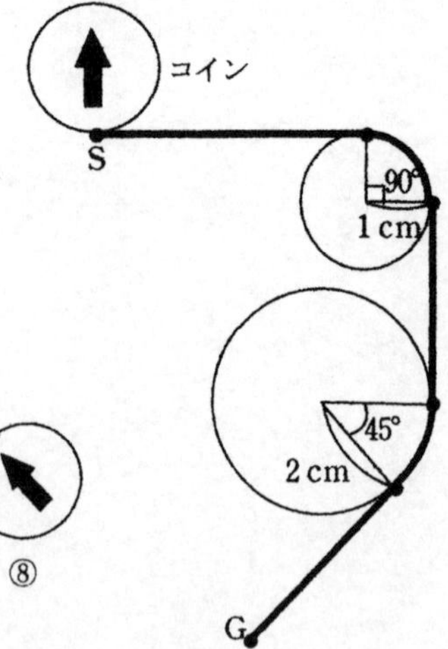

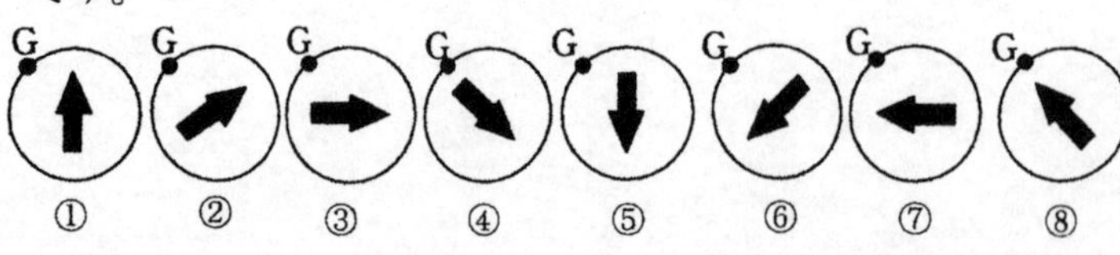

3 硬貨を何枚かずつ組み合わせて合計金額を作る方法が何通りあるか考えます。ただし，使わない硬貨があってもよいものとします。例えば，10円玉と50円玉を組み合わせて合計500円を作る方法は，全部で11通りあります。次の各問いに答えなさい。

(1) 10円玉と50円玉を組み合わせて合計5000円を作る方法は，全部で何通りありますか。

(2) 10円玉と50円玉と100円玉を組み合わせて合計10000円を作る方法は，全部で何通りありますか。

4 次の各問いに答えなさい。

(1) 1辺の長さが7 cmの正方形があります。この4つの各辺を3：4に分ける4点を結んで，元の正方形の内部にさらに正方形を作ります。作った正方形の面積を求めなさい。

(2) 右の図のような六角すいがあります。底面は1辺の長さが3 cmの正六角形で，頂点Pから底面の正六角形の各頂点までの長さはすべて5 cm，六角すいの体積は30.6 cm^3 です。この六角すいの底面積を求めなさい。

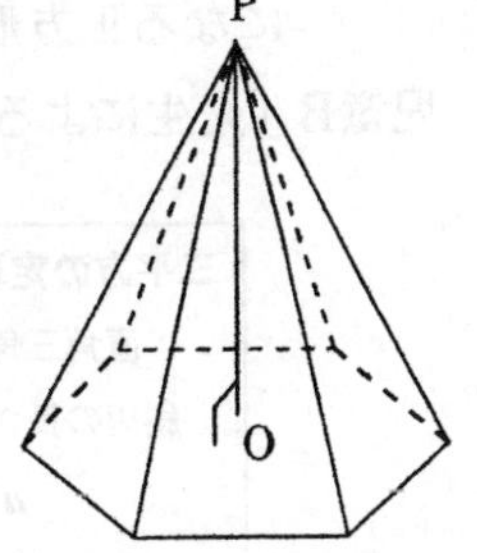

(3) (2)の六角すいを2点P，Oを含む平面で切るとき，切り口の面積が最も小さくなるように切断します。このときの切り口の面積を求めなさい。

5 右の図のようなマス目があります。1マスのたてと横の長さはそれぞれ1cmです。このマス目のたてと横が重なる点を頂点とする正方形を作ります。例えば，面積が1cm²の正方形を作るには図のABCDを結ぶと作れることになります。

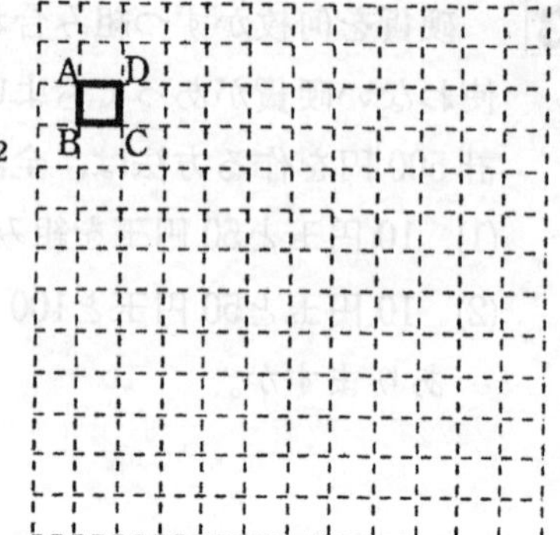

(1) 次の会話文を読み［ア］，［イ］に当てはまる整数を答えなさい。

ただし，［ア］≦［イ］　（［ア］は［イ］以下）

とします。

児童A「面積が2cm²や4cm²の正方形は作れるのに，どうして面積が3cm²や6cm²になる正方形は作れないんだろう。」

児童B「先生によると，中学校で習う“三平方の定理”に理由があるみたいなんだ。」

三平方の定理

直角三角形の直角をはさむ2辺の長さをa，b，斜辺の長さをcとすると，次の等式が成り立つ。

$a^2+b^2=c^2$　（$a\times a$ を a^2 で表す）

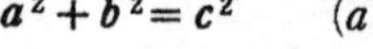

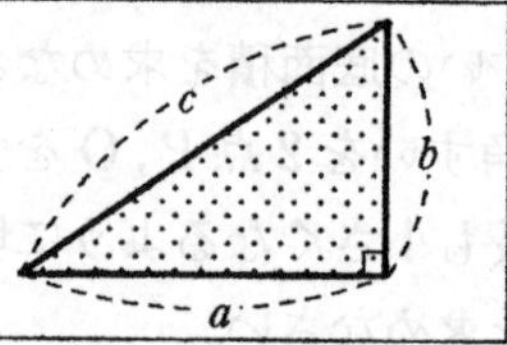

児童B「この定理を使うと，$a=1, b=1$ のときに面積が2cm²の正方形が作れて，$a=0, b=2$ のときに面積が4cm²の正方形は作れるよね。

さらに，$5=c^2=$［ア］$^2+$［イ］^{2} が成り立つから面積が5cm²の正方形も作れるよね。

でも，$3=a^2+b^2$ や $6=a^2+b^2$ になるような整数 a，b がないから面積が3cm²や6cm²の正方形は作れないんだ。」

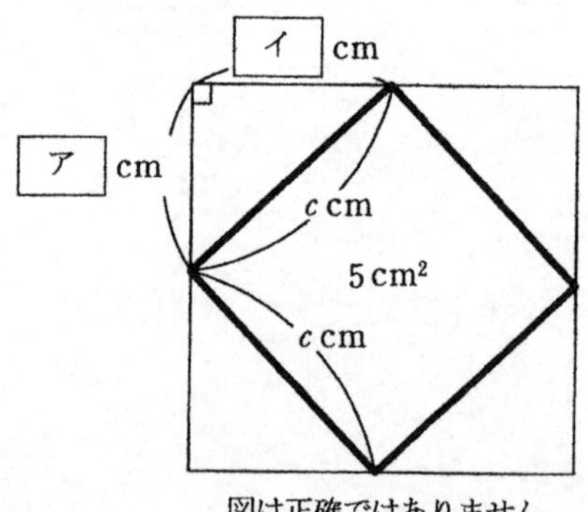

図は正確ではありません

児童A「たしかにそんな整数はないね。だから面積が3cm²や6cm²の正方形は作れないんだね。」

(2) 面積が整数になるような正方形を作っていくとき，小さい方から数えて10番目に作れる正方形の面積を求めなさい。

(3) 面積が50cm²以下の整数の値で，2通りの方法で作れる正方形の面積をすべて求めなさい。すなわち，$c^2=a^2+b^2$ （$a\leqq b$）となる整数の組（a，b）が2組できるような50以下の c^2 の値をすべて求めなさい。

も家庭でも、過剰購入（在庫）と食べ残しによる食品ロスが発生している。しかし、農林水産省の調べによると、家庭で最も多いのは、野菜の皮を必要以上に厚くむくなど、調理時の過剰除去であるという。「中国人は味で食べ、日本人は目で食べ、韓国人は腹で食べる」と表現する研究者もいるが、日本人は見た目を重視し過ぎているのかもしれない。（小林富雄「食品ロス　日本の特殊事情」（二〇一四）による。原文は横書き。）

※図5…問題では図を省略している。

※バイオキャパシティ…自然環境が持つ、天然資源を生み出したり二酸化炭素を吸収したりする能力。

※糾弾…罪を問いただして非難すること。

1　本文中の空らんにあてはまるものを、次のア～オから選び、記号で答えなさい。

ア　２０００年から２０１８年にかけて、40％前後のカロリーベース総合食料自給率を維持していますが、世界の主要国の多くは自給率を向上させています。

イ　１９６５年に73％あったカロリーベース総合食料自給率は、２０１８年には37％と大幅に低下しています。先進国の中でも、日本の食料自給率の低さは際立っています。

ウ　１９６５年から２０１８年の間で、カロリーベースでも生産額ベースでも、食料自給率は30％ほど低下しています。世界の国とくらべても、日本ほど食料自給率の低い国はありません。

エ　２０１８年のカロリーベース総合食料自給率は37％しかありませんが、生産額ベースでは66％を維持しています。先進国の中では日本の自給率は低く見えますが、データには不十分な面もあります。

オ　カロリーベース総合食料自給率は、１９６５年から１９８５年の20年間で73％から53％へと急落しましたがその後は横ばいの状態です。主要国からは、日本が食料自給率を上げないことを非難されています。

2　傍線部「農家人口」について、日本の農業人口はどのように変化したか、その変化の理由にも触れながら、100字以内で説明しなさい。

3　波線部「食品ロス」とあるが、「食品ロス」はとくに日本においてはなぜ問題なのか、本文から読み取って説明しなさい。また、その問題に対してはどのような対策が必要だと考えられるか、あなたの考えを述べなさい。これらをあわせて200字以内で書きなさい。

き人口は世界平均の4人／haに比べ28人／haと大きい。日本が史上有した最大の農地面積は1961（昭和36）年の608万haであるが、これが都市や道路などに220万ha余転用され、また40万ha余が耕作放棄され（両者の合計260万ha余）、この減少を農地造成100万ha余で補ったものの、現在では450万ha余まで縮小している。農地の減少などによる食料の供給不足は輸入に依存し、これを農地面積に換算すると1200万ha余にもなる。

【中略】

世界の人口は90億人にまで増加すると想定されており、その食生活の水準も相当向上するだろう。このことを考えれば、今後、世界の食料事情は緊迫してくることが避けられない。また、現在の日本には海外から食料を輸入するだけの経済力があるが、これがいつまでも続く保証はない。

自国民の食料の確保というもっとも大切な安全保障に努力しない国は、世界からも相手にされないだろう。また、自国の※バイオキャパシティを活用しないで、他国のそれに依存することは、地球環境に負荷を与えることにもなり、世界から※糾弾されることになる。

なお、表4にみるように世界の主要国は、国民に安定的に食料を供給することは国の安全保障の第一であると考えている。

（石坂匡身・大串和紀・中道宏『人新世の地球環境と農業』（二〇二〇）による）

文章C

わが国でも、他国にはない特殊な事情で食品ロスが発生している。まず、欠品防止に対する強い執着である。これは、小売店がメーカーや卸売業者に要求する、品ぞろえのレベルを比較するとわかりやすい。たとえば、米国の大手スーパーは許容される欠品率を定めているのに対し、日本の小売店は「欠品ペナルティー」を科して仕入れ先に欠品ゼロを求める。これは品ぞろえに対する消費者の要求が高すぎることが要因であり、その結果、多くのメーカーや卸売業者が過剰な在庫を持たざるを得ない。そして、それに付随するコストは消費者に見えないかたちで価格に転嫁され、最終的に食品ロスも生じている。

また、鮮度に対する極端な反応も特徴的である。日本には、食品の製造日から賞味期限の3分の1の期間が過ぎると小売店に出荷できなくなる「3分の1ルール」という商習慣がある。他国では、少なくとも2分の1程度は猶予があるといわれ、相対的に日本人の鮮度志向が強いことは否めない。棚の奥からより新しい食品を選ぶ行動が、このような商習慣を生む一因となり、食品ロスを発生させる。

業態によって対応は異なるが、外食での食べ残しを持ち帰る「ドギーバッグ」が禁止されるのも、日本の特徴である。米国では店員からドギーバッグを勧められるほどだが、日本では衛生面での配慮という建前に阻まれ、こうした行動が一般化していない。食べ残しを持ち帰りたいと思っても、人の目を気にして言い出せない消費者も多い。当然、その食べ残しは食品ロスとなる。外食産業の理解を求めることも必要だが、消費者にも「自分の責任において持ち帰る」という積極的な態度が必要だ。

背景には、戦後の日本が家電製品や自動車、金融サービスなどを輸出し、稼いだ外貨で海外から食料を輸入するという経済モデルを優先してきたことがあります。でも、私たちは高価な車やパソコンをかじって空腹を満たすことはできません。私たちの健康や安定した暮らしを守るためには、国内で食料を調達できるように必要な政策を整える必要があります。

（関根佳恵『13歳からの食と農』（二〇二〇）による）

文章B

日本はこの70年、激しい人口動態に襲われた。

第二次大戦後に直面した問題は、復員・満州などからの引揚者に敗戦で荒廃した国土において衣食住を用意すること、次いで、誕生した団塊世代への対応であった。その後は、急速に進んだ長寿化問題である。1947年（昭和22）年の男子の平均寿命は先進国中最低の50歳で、社会生活、社会体制も寿命50歳を前提としていた。これが※図5にみるように、1986（昭和61）年には75歳になり、その後も延伸を続けている。

寿命延伸にともない、サラリーマンは、定年後を、老後やシニアライフとは呼べないくらい長い期間過ごさねばならず、これをいかに送るかが人生の大きな課題となっている。自営業や農業においては、昭和20年代までのように家業を50歳で次世代に譲ることはなくなった。世代交代（人の循環）がそれ以前の時代とは様変わりし、小規模経営の一般農家や自営業では、次三男だけでなく、長子まで農村や家業を離れざるを得なくなった。農村を離れた子孫、家業を離れた子弟を受け入れたのは高度経済成長下の都市である。人口の移動が、農村から都市へ、地方から中央へと進んだ。これは何も農村に限ったことではない。地方都市の市街地でも同様の事態が進行した。

人が何を生業とするか、どこに住むかは個人の意志であるが、当時は農業を営み、農村に住む選択はきわめて限られていたのである。その後も農村から都市への人口の移動は続き、農村は過疎になり、生業や地域を維持することが困難な地域が増えている。農業の担い手を育てる仕組みは長い間用意されていなかったのである。

【中略】

日本は、人口に比べてその農地面積はきわめて小さく、単位農地面積当たりで養うべ

表4　主要各国の食料自給率（%）

国名	カロリーベース 2013年	生産額ベース 2009年	備考
カナダ	264	121	
オーストラリア	223	128	
アメリカ	130	92	
フランス	127	83	
ドイツ	95	70	
イギリス	63	58	
イタリア	60	80	
スイス	50	70	
日本	38	66	日本のデータは2017年

ん。そのことを、身をもって体験する出来事がありました。２０２０年の新型コロナウイルスの世界的流行（パンデミック）です。感染予防のためのマスクや治療のための人工呼吸器が不足しましたが、感染拡大や外出自粛などによって農業生産や流通、販売にも大きな影響が出ました。同時期にサバクトビバッタの大群が発生し、世界各地の農産物が食害にあったことも重なり、世界的に飢えに苦しむ人たちが急増すると国連は警鐘を鳴らしました。こうした事態を受けて、ロシアやウクライナ等の国は、国内消費を優先するために、小麦などの食料輸出制限をしました。実は、こうした貿易制限措置は、２００８年の世界食料危機のときにも発動されました。「お金さえあれば、食料を輸入できる」という思いこみは、そろそろ見直すべきでしょう。どんな事態になっても、生命をつなぐために欠かせない食料を確保できるように、輸入食料への依存は見直す必要があります。

【中略】

今、日本では社会全体で少子高齢化が進んでいます。みなさんは何人きょうだいですか。お父さん、お母さんは、おじいさん、おばあさんは何人きょうだいでしょうか。日本の年間出生数は、第１次ベビーブームには約２７０万人、第２次ベビーブームには約２１０万人でしたが、２０１６年には１００万人を割りこみました。人口も２０１０年ごろから減少し始め、高齢化率（人口に占める65歳以上の割合）は28・4％（２０１９年９月）になりました。

農家人口の高齢化率は、もっと高く45・2％（２０１９年）です。農業就業人口の高齢化率は、なんと70・2％（２０１９年）にのぼります。山地や離島では、さらに高くなる傾向があります。65歳といえば、企業では定年退職を迎える年齢です。いくら農家の方たちががんばっても、あと何十年も農業の現場に立ち続けることは難しいでしょう。新しく農業を始める新規就農者では、49歳以下の割合が37・3％（２０１７年）となっていますが、全体では新規就農者よりも離農者の数が上回っています。その結果、農業就業者数は、２０１０年から２０１９年にかけて35・5％も減少しました。

そして、耕作されなくなった農地（耕作放棄地）が増え、全体の約１割、富山県ほどの面積になっています（２０１５年）。食料自給率の低さに悩む国で農地が棄てられているのは、なんだか不思議ですね。

なぜ、日本では農業生産者が減少し、高齢化しているのでしょうか。確かに、他の先進国でも、経済成長をとげると国内総生産（ＧＤＰ）や就業人口に占める農業の割合は低下する傾向があります。それでも、日本ほど農業生産者が高齢化している国は他にありません。

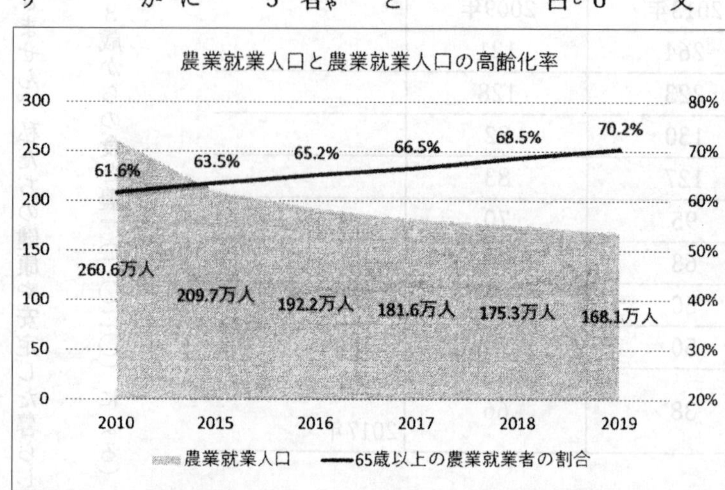

三　次の三つの文章AからCを読み、これら全体をふまえて、あとの問いに答えなさい。

文章A

みなさんは、家庭や学校で「食べものを残してはいけないですよ」と言われてきたと思います。日本では、昔から「もったいない」といって、野菜の皮をおつけものにしたり、炒めてキンピラにしたり、工夫して捨てずに食べてきました。

でも、今は飽食の時代になり、私たちは、毎日たくさんの食べ物を捨てながら生きています。賞味期限や消費期限が切れてしまったり、スーパーマーケットの安売りでつい買いすぎて、使いきれずくさらせてしまったり。スーパーマーケットやコンビニエンスストアのおにぎり、お弁当、おそうざいなどは、まだ食べられる状態でも、売れ残りを定時に捨てるルールがあります。レストランや居酒屋さん、結婚式場などでは、いつもお客さんの食べ残しが出てしまいます。

まだ食べられるのに捨てられてしまう食品、いわゆる「食品ロス」は、日本だけでも年間612万トン（2017年）にのぼります。これは、世界で飢えに苦しむ人たちへの食料援助量の1・6倍に当たります。このうち約半分は家庭で捨てられたものです。私たちが毎日、一人お茶わん1杯分のご飯を捨てている計算になります。また、農産物を作りすぎたため畑で廃棄したり、流通の過程で傷んだため捨てられたりするものもあります。地球上で生産されている農産物の約3分の1が、消費者に届く前に捨てられているという推計もあります。世界の人口のうち、飢えに苦しむ人が11人に1人いるのに、本当にもったいないことですね。

私たちがこんなに多くの食品を捨てるようになったのは、産地と消費地が離れてしまったこと、外食や中食が増えてきたこと、食の簡便化にともなって食に対する感謝の気持ちが薄らいでしまったことと関係しています。つまり、グローバル化と農と食の工業化が生み出した負の側面です。

グローバル化の下で海外から輸入される食料が増えることは、私たちの生活にどのような影響をおよぼしているでしょうか。日本の共有される食料のうち、どのくらいを国産でまかなえているかを示す指標として、「食料自給率」というものがあります。特に、全食料を供給熱量（カロリー）に換算して示したものを「カロリーベース総合食料自給率」とよび、農林水産省が毎年公表しています。□日本は食料純輸入国になっているのですね。

日本に食料を輸出している国が、いつまでも安定的に食料を供給してくれるとは限りませ

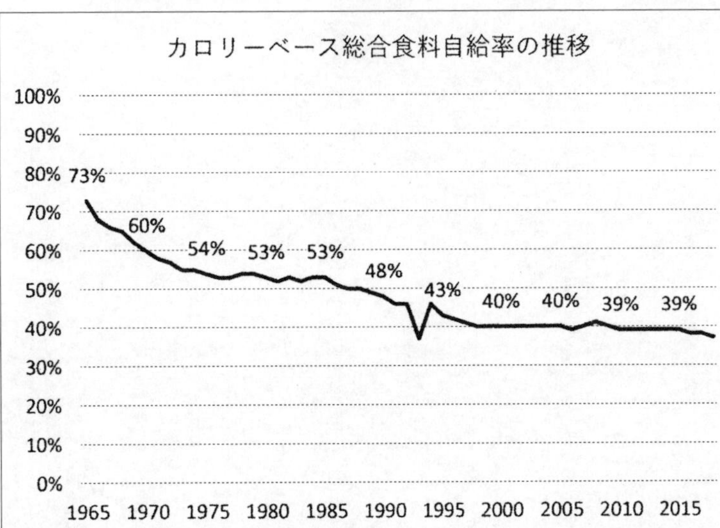

2023年度

昭和学院秀英中学校

【国　語】〈午後特別試験〉(四〇分)〈満点：八〇点〉

一　次の傍線部の漢字の読みをひらがなで答えなさい。

1　かみなりが聞こえたら、戸外での活動はすぐにやめましょう。
2　上に立つ者として、積極的に垂範するよう心がけたい。
3　茶道を習っている人の所作が、がさつな私とくらべて美しい。
4　みかんやりんごといった類いのくだものを、贈り物に選ぶ。
5　少しずつ蚕食されていた領地を、話し合いですべて取りもどした。

二　次の傍線部のカタカナを漢字に直しなさい。

1　どんなことをビトクと考えるか、文化や時代ごとに変わることがある。
2　社会の課題をイッキョに解決するすばらしい考えを思いついた。
3　良い点を認め合い、たがいにウヤマうことが、よいチームへの第一歩だ。
4　この発見は、期をカクするすばらしい研究成果である。
5　国王がクンリンする国は、今は昔ほどには多くなくなった。

2023年度

昭和学院秀英中学校　▶解　答

※　編集上の都合により，午後特別試験の解説は省略させていただきました。

算　数　<午後特別試験>（60分）<満点：120点>

解　答

1 (1) ア $\frac{20}{23}$　イ 334668　ウ 1632　エ $1\frac{1}{3}$　オ $1\frac{1}{2}$　2 カ 72　キ 70　ク 1716　ケ 620　コ ④　3 (1) 101通り　(2) 10201通り　4 (1) $25cm^2$　(2) $22.95cm^2$　(3) $10.2cm^2$　5 (1) ア 1　イ 2　(2) $17cm^2$　(3) 25, 50

国　語　<午後特別試験>（40分）<満点：80点>

解　答

一 1 こがい　2 すいはん　3 しょさ　4 たぐ(い)　5 さんしょく
二 下記を参照のこと。　三 1 イ　2 (例)　寿命延伸にともなう農業従事者の高齢化が後継者不足を招いたほか，戦後の日本が優先した，食料は海外から輸入するという経済モデルが耕作放棄地をふやすことにもつながり，結果，農村は過疎化し農業人口が減少した。　3 (例)　食料自給率が低い日本においては，輸入までした食品を捨てるのはもったいないことであるうえ，万が一食料輸入が止まったときに，少ない食料を有効に利用することができなくなる点で，食品ロスは問題である。対策として，食べ残しを持ち帰る習慣を広めたり，賞味期限が近づいた食品も流通を認めたりして無駄なく食品を利用するほか，若い農家への減税を行って農業人口を増やすなどして，国内での食料生産を増やすことも必要である。

●漢字の書き取り

二 1 美徳　2 一挙　3 敬(う)　4 画(する)　5 君臨

Memo

2023年度 昭和学院秀英中学校

【算　数】〈第１回試験〉（50分）〈満点：100点〉

1, 2, 3の(1), 4の(1), 5の(1), (2)は答えのみ記入しなさい。それ以外の問題に対しては答えのみでも良いが，途中式によっては部分点を与えます。

※円周率は3.14とし，角すいや円すいの体積はそれぞれ角柱や円柱の体積の $\frac{1}{3}$ とします。

1 次の［　　］の中に適当な数または語句を入れなさい。

(1) $\left(23\times2\frac{1}{2}-4.5\right)\div0.025-97=$［　ア　］

(2) $1.2345+12.345+123.45+1234.5-12345\times0.1101=$［　イ　］

(3) １時間に５秒早く進む時計があります。「９月15日」「午前」「９時」に時計を合わせました。この時計が３分早く進んだときの正しい日時は「９月［　ウ　］日」「午［　エ　］」「［　オ　］時」です。

(4) ある中学校の昨年度の生徒数は一昨年度よりも12％増え，今年度は昨年度より５％減ったため，今年度の生徒数は一昨年度の生徒数よりも32人増えました。今年度の生徒数は［　カ　］人です。

2 次の［　　］の中に適当な数を入れなさい。

(1) 下の図１のように３辺の長さが AB＝９cm，BC＝10cm，CA＝７cm の三角形があります。辺 BC 上に点Dがあり，BD＝３cm とします。辺 CA 上に点Pがあり，２点D，Pを通る直線が三角形 ABC を２等分します。このとき，CP の長さは［　ア　］cm になります。

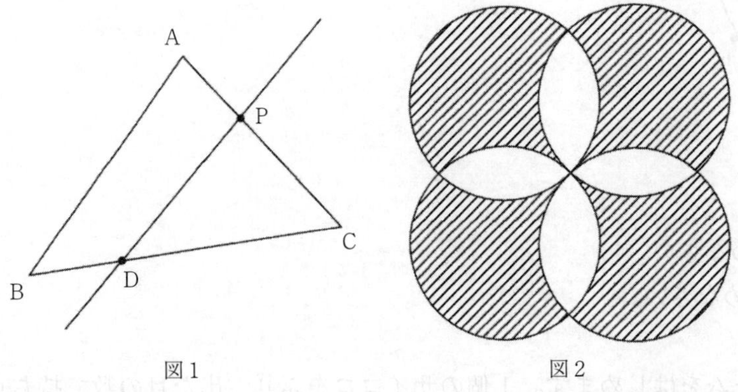

図１　　　　図２

(2) 上の図２のように半径10cm の円が４つあります。隣(とな)り合う２つの円は２カ所で交わっており，その２点を端(たん)点に持つ(短い方の)弧(こ)の長さは円周の長さの $\frac{1}{4}$ 倍です。このとき，斜(しゃ)線部分の面積は［　イ　］cm^2 になります。

(3) １辺が６cm である立方体の上に，１辺が３cm である立方体を下の図３のように角をそろえてくっつけた立体を考えます。この立体を３点Ｂ，Ｃ，Ｄを通るような平面で切断しました。点Ａを含む方の立体の体積は［ウ］cm^3になります。

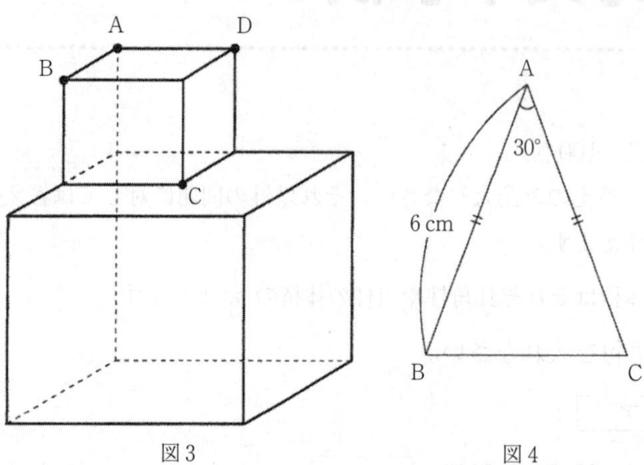

図３　　図４

(4)　上の図４のような三角形ABCを辺ABのまわりに１回転してできる立体の体積は［エ］cm^3になります。

3　図のように点Ｏを中心とする半径６cmの円周上に，等間隔に点Ａ，Ｂ，Ｃ，Ｄ，Ｅ，Ｆをとります。２点Ｃ，Ｄを端点に持つ(短い方の)弧の真ん中に，点Ｇをとります。

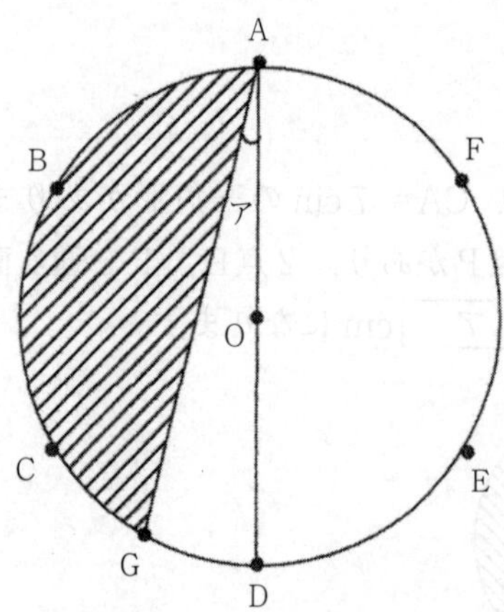

(1)　アの角度を求めなさい。
(2)　三角形OGDの面積を求めなさい。
(3)　図の斜線部分の面積を求めなさい。

4　120点を持ち点としてゲームをはじめます。１個のサイコロをふり，出た目の数で持ち点を割ります。割り切れたら計算結果の数を持ち点とし，割り切れないときは持ち点は120点に戻ります。これを繰り返して持ち点が１点になったところでゲームが終了します。

(1)　サイコロを２回ふって持ち点が割り切れなくなり，持ち点が120点に戻るまでの目の出方は６通りあります。このときの出た目の数をすべて答えなさい。
(2)　サイコロを３回ふってゲームが終了するまでの目の出方は何通りですか。

(3)　サイコロを４回ふってゲームが終了するまでの目の出方は何通りですか。

5　図１は容器を真上から見たもので，面積が４cm^2の正方形がすきまなく15個並んでできる形をしています。また，図２は容器を正面から見たもので，面積が４cm^2の正方形がすきまなく５個並んでできる形をしています。この仕切りのない容器に72cm^3の水を入れ，密閉しました。

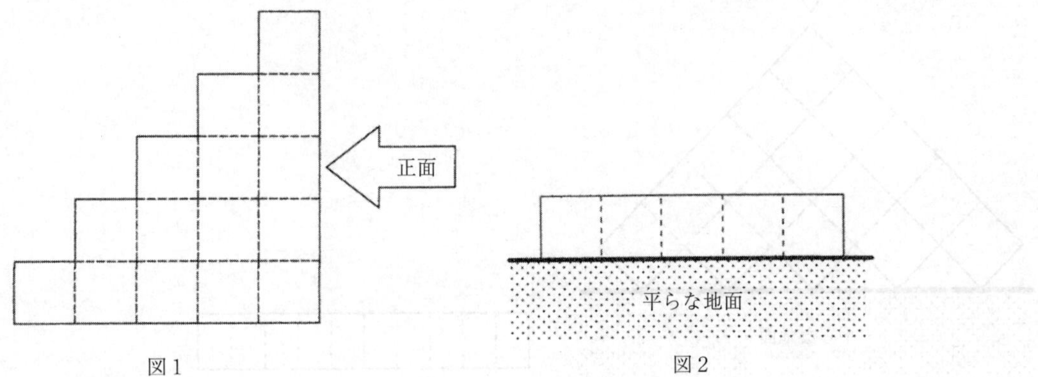

図１　　図２

(1)　水の深さを求めなさい。

(2)　図３が容器を正面から見たもので，図４が真上から見たものになるよう容器を動かしました。水の深さを求めなさい。

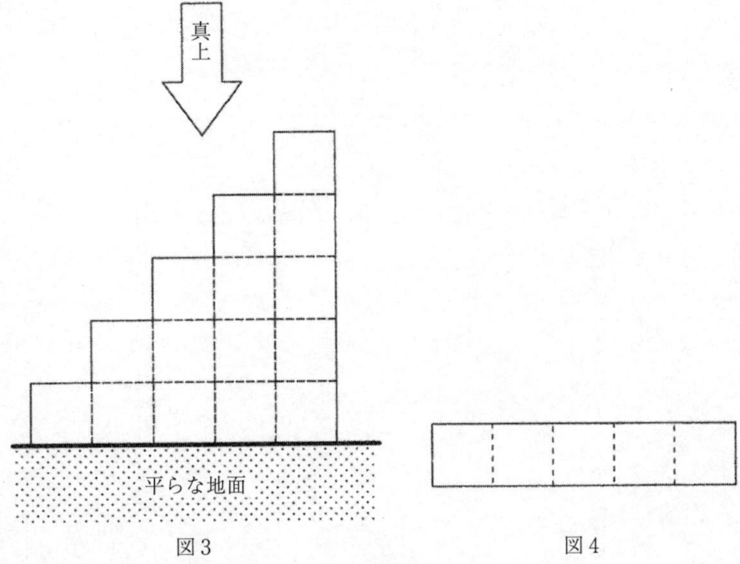

図３　　図４

⑶　図５が容器を正面から見たもので，図６が真上から見たものになるよう容器を動かしました。正面から見た図５において，面積が４cm^2の正方形15個の中で水に触(ふ)れているのは何個ですか。

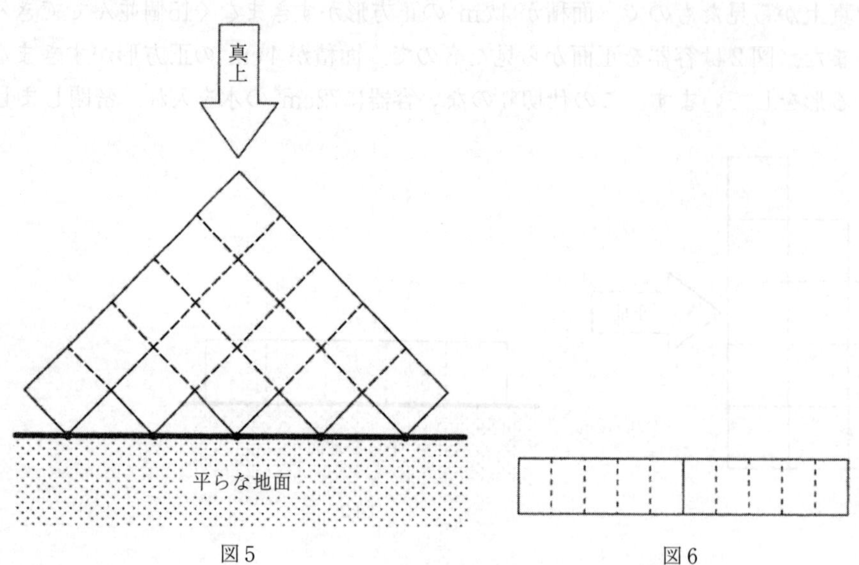

図５　　図６

【社　会】〈第１回試験〉(40分)〈満点：50点〉

※全ての問題について，特に指定のない限り，漢字で答えるべきところは漢字で答えなさい。

1　太郎さんと花子さんは，中国・四国地方について調べ学習を行い，クラスで発表しました。２人の発表を読み，以下の問いに答えなさい。

太郎：中国・四国地方には，様々な①気候がみられ，地域ごとにそれぞれ特徴ある暮らしが営まれています。これからそれらの一部を紹介していきます。

花子：まずは愛媛県です。タオルの生産で有名な(X)市と広島県の尾道市を結ぶ瀬戸内しまなみ海道によって本州と結ばれています。日当たりのよい斜面を利用してみかんなどの柑橘類(かんきつ)の生産が盛んです。

太郎：続いて香川県です。瀬戸大橋によって本州とつながるほか，小豆島ではオリーブが生産されています。また讃岐平野では吉野川から用水が引かれて利用されています。

花子：徳島県の北部には，中央構造線と呼ばれる②断層に沿って吉野川が流れ，河口部には徳島市が位置します。徳島県にはLED(発光ダイオード)の世界的なメーカーがあり，LEDの出荷額が日本一です。LEDは蛍光灯などに比べて消費電力が少ないため，③二酸化炭素の排出削減に効果があると考えられています。

太郎：高知県の四万十川には，写真１のような④欄干(らんかん)のない橋がいくつもかけられ，生活道路として住民に利用されています。

花子：四国地方や中国地方には，⑤漁業の盛んな地域も多いです。

太郎：四国地方は⑥山がちで，高知県をはじめとして総土地面積に対する林野面積の割合が高いです。

花子：山口県にはカルスト地形の秋吉台があり，宇部ではセメント工業が盛んです。

太郎：瀬戸内地域は⑦工業が盛んな地域でもあります。

写真１

問１　下線部①に関連して，次の図１中のア～エの雨温図は，それぞれ岡山(岡山県)，小田原(神奈川県)，鳥取(鳥取県)，松本(長野県)の各都市のいずれかのものです。岡山の雨温図にあたるものを，ア～エより1つ選び記号で答えなさい。

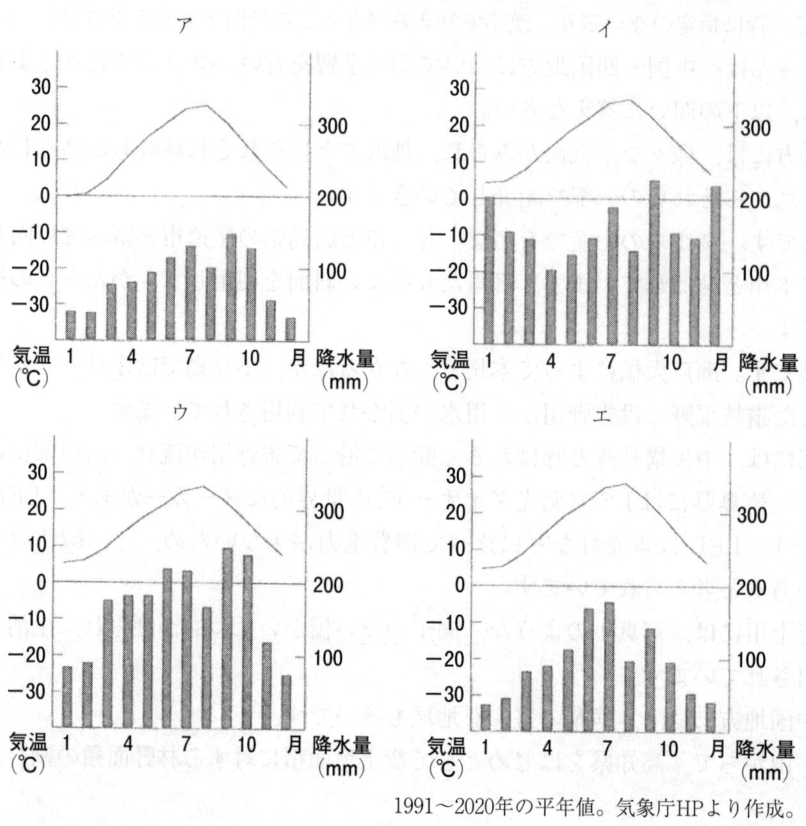

1991～2020年の平年値。気象庁HPより作成。

図1

問2　文中の空欄(X)にあてはまる都市の名称を答えなさい。

問3　下線部②に関連して，本州の中央部にも新潟県糸魚川市と静岡県静岡市を結ぶ巨大な断層(糸魚川・静岡構造線)が縦断しています。この断層を西端とする東北日本と西南日本の境界を何とよぶか，カタカナで答えなさい。

問4　下線部③に関連して，次の表1は，主な国の温室効果ガス排出量(二酸化炭素換算)を示したものであり，カ～ケはアメリカ合衆国，インド，中国，日本のいずれかです。日本にあたるものを，カ～ケより1つ選び，記号で答えなさい。

表1

	温室効果ガス総排出量(百万トン)			1人あたり二酸化炭素排出量(トン 2019年)
	1990年	2010年	2019年	
カ	2,361	8,485	10,619	7.07
キ	5,112	5,701	5,246	14.44
ク	602	1,668	2,422	1.69
ケ	1,064	1,147	1,071	8.37

『日本国勢図会 2022/23』より作成。

問5　下線部④に関連して，次の図2は，図3中の観測地点(●)における四万十川の日流量変化を示したものであり，時期によって流量に変化があることが読み取れます。欄干(らんかん)とは，橋の縁に設けられた柵のことですが，四万十川流域には欄干のない橋がいくつも残っています。

欄干がないことにはどのような利点があると考えられるでしょうか。図２を参考にして，その利点を40字以内で答えなさい。

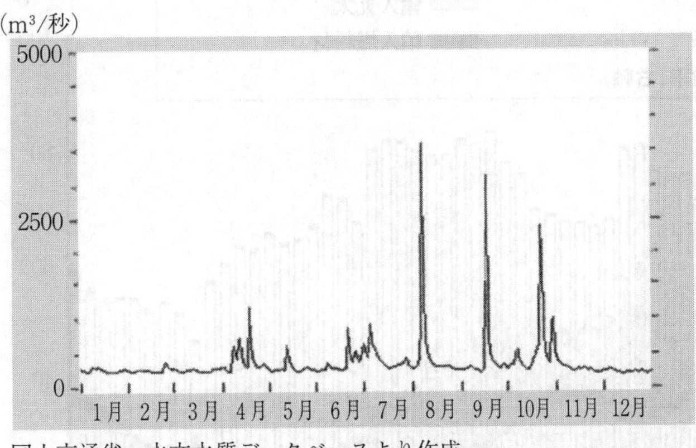

国土交通省　水文水質データベースより作成。
観測地点は具同(無堤)。データは2017年。

図２

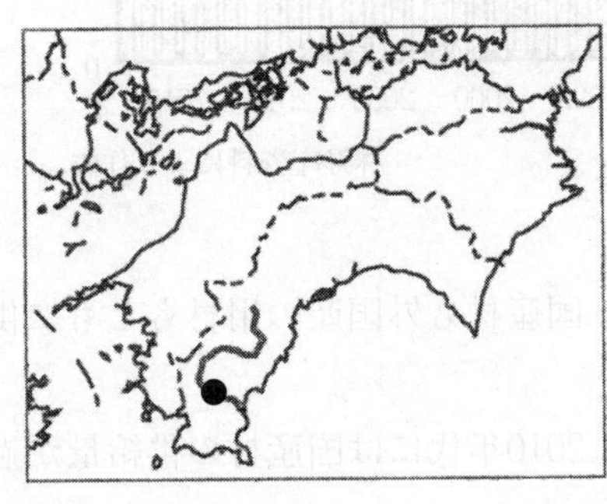

図３

問６　下線部⑤に関連して，次の表２は，いくつかの県の海面漁業漁獲量・養殖業の収穫量の合計と上位の魚種などを示したものであり，表２中のＡ～Ｃは愛媛県，高知県，広島県のいずれかを，Ｄ，Ｅは，海面漁業漁獲量，海面養殖業収穫量のいずれかを示しています。愛媛県と海面養殖業収穫量との正しい組合せを，あとのサ～タより１つ選び，記号で答えなさい。

表２

	A		B		C	
D	合　　計	13,933	合　　計	74,473	合　　計	62,803
	いわし類	10,376	いわし類	33,152	かつお類	18,677
	たい類	615	さば類	16,433	まぐろ類	13,972
E	合　　計	101,952	合　　計	64,207	合　　計	20,008
	かき類	99,144	まだい	35,350	ぶり類	10,991
	のり類	2,352	ぶり類	20,798	まだい	6,334

統計年次は2019年。単位はトン。『データでみる県勢 2022』により作成。

	サ	シ	ス	セ	ソ	タ
愛媛県	A	A	B	B	C	C
海面養殖業収穫量	D	E	D	E	D	E

問７　下線部⑥に関連して，次の図４は，日本の木材の供給量と自給率の推移について示したものです。図から読み取れることがらやその背景について述べた下のＦ・Ｇの文の正誤の正し

い組合せを，あとのナ～ネより１つ選び，記号で答えなさい。

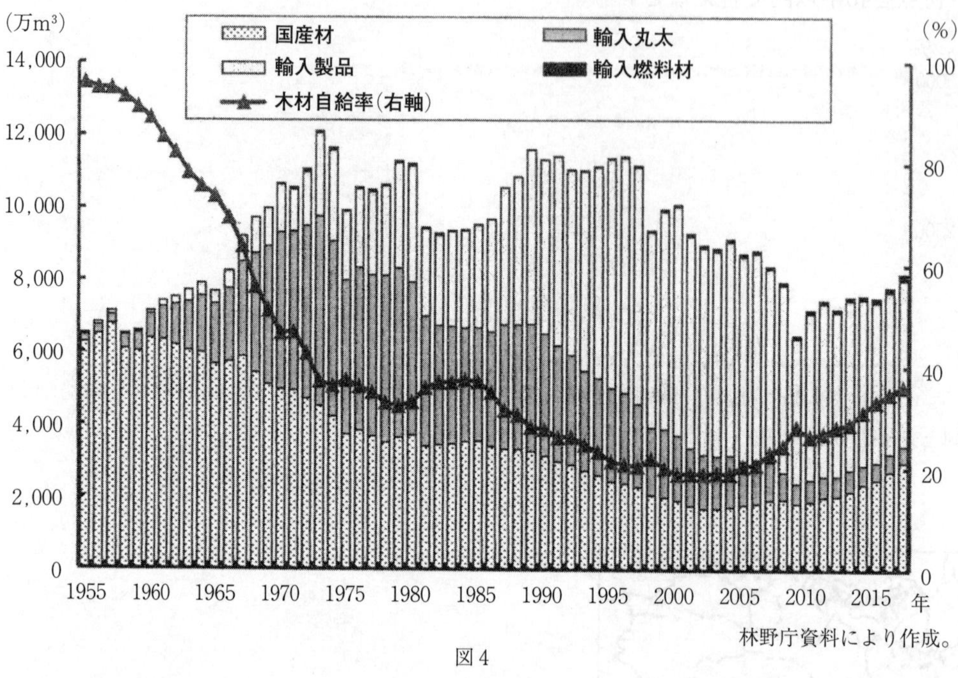

図４

Ｆ：高度経済成長期には，建築需要の高まりにより，国産材も外国産の用材もともに供給量が伸びている。

Ｇ：2000年代以降，木材の自給率は上昇傾向にあり，2010年代には国産材の供給量が過半を占めるようになった。

	ナ	ニ	ヌ	ネ
Ｆ	正	正	誤	誤
Ｇ	正	誤	正	誤

問８　下線部⑦に関連して，次の表３は，いくつかの＊工業地域・地帯の工業出荷額の内訳(％)を示したものであり，表中のＨ～Ｊは，関東内陸工業地域，瀬戸内工業地域，中京工業地帯のいずれかです。表中Ｈ～Ｊと工業地域・地帯名との正しい組合せを，あとのハ～マより１つ選び，記号で答えなさい。

＊関東内陸工業地域は栃木県，群馬県，埼玉県。瀬戸内工業地域は岡山県，広島県，山口県，香川県，愛媛県。中京工業地帯は愛知県，三重県。

表３

Ｈ		Ｉ		Ｊ	
機械工業	44.4	機械工業	68.6	機械工業	35.1
うち輸送用機械	22.2	うち輸送用機械	49.9	うち輸送用機械	19.9
食料品工業	15.8	金属工業	9.5	化学工業	22.3
金属工業	11.9	化学工業	6.6	金属工業	18.1
化学工業	10.3	食料品工業	4.7	食料品工業	7.8
その他	17.6	その他	10.6	その他	16.7

『日本のすがた 2022』により作成。

	ハ	ヒ	フ	ヘ	ホ	マ
関東内陸工業地域	H	H	I	I	J	J
瀬戸内工業地域	I	J	H	J	H	I
中京工業地帯	J	I	J	H	I	H

2　古くから人類は数多くの戦争を経験してきました。日本が国内外で行った戦争について，以下の問いに答えなさい。

問１　日本列島で戦争が始まった時代に関する説明として**誤りのもの**を，次のア～エより１つ選び，記号で答えなさい。

ア　収穫した米をたくわえる高床の倉庫がつくられ，くらしが安定した。

イ　家族の無事や勝利を祈るために，土偶という土でできた人形をつくるようになった。

ウ　朝鮮半島から青銅器や鉄器が伝わり，銅鐸などがつくられるようになった。

エ　吉野ケ里遺跡などでは，集落のまわりに濠を構えるようすが見られるようになった。

問２　次のア～エの戦いを**古い順**に並べ替え，**３番目**になることがらの記号を答えなさい。

ア　大海人皇子が，大友皇子を戦争で倒して権力を握った。

イ　仏教の導入を主張する蘇我氏が，反対する物部氏を戦争で倒した。

ウ　倭国が高句麗と戦ったことが，好太王の碑文に記録された。

エ　倭国が滅ぼされた百済を助けるため，唐や新羅の連合軍と戦い，敗れた。

問３　次のア～エの戦いを**古い順**に並べ替え，**３番目**になることがらの記号を答えなさい。

ア　源義経らが率いる軍隊に敗れ，安徳天皇を奉じた平氏は滅亡した。

イ　後白河天皇と崇徳上皇の天皇家の実権をめぐる対立は，命令を受けた武士の戦いで決着した。

ウ　後鳥羽上皇は北条義時を倒す命令を出したが，上皇方が敗れた。

エ　院の近臣間の権力争いから，平清盛は源氏を倒す戦いに勝って政治的な地位を高めた。

問４　次のア～ウは朝廷から軍事指揮官に任じられた人物です。ア～ウの人物が誰かを考え，それぞれの氏名の**最後の一文字**を解答用紙に書きなさい。（例：人物が卑弥呼なら，「呼」と書く）

ア　桓武天皇から東北地方の武力平定を命じられ，律令国家の拠点を胆沢城に移した。

イ　後醍醐天皇と対立することになり，北朝の光明天皇から任命された。

ウ　関ヶ原の戦いで勝利を収めたことから，全国の大名を支配する権力を手に入れた。

問５　次の図１と図２は共通した下級武士の姿を描いています。図１では雇われた武士たちが敵の根拠地に攻め込んで乱暴しているようすを表しています。彼らは戦場で獲得したものは自分のものにしましたが，雇い主から給料をもらうことはありませんでした。図２では大名から給料をもらい，与えられた鉄砲を構えて敵の襲来に備えています。２つの図に表された下級武士の名前を明らかにしながら，戦争において下級武士がどのように変化したか説明しなさい。

図１

図２

問６　次の文章を読んで，下線部①～③が表している政策や戦いが何か，それぞれ答えなさい。

戦国時代の戦いは大名間だけでなかった。仏教勢力は信徒や経済力を獲得するために争い，百姓も武士の支配や他の惣村との争いを抱えていた。織田信長の比叡山延暦寺の焼き打ちや石山戦争は仏教勢力の政治・経済力を奪う戦いでもあり，豊臣秀吉の天下統一は大名間の国境だけでなく村の境界も定めるものであった。1588年には武士が政治権力を独占して，①庶民の武装を解除する政策が行われた。豊臣秀吉は対外戦争に乗り出したが，江戸幕府は200年以上にわたって対外戦争を行わなかった。②1615年の戦争で大名間の戦争が終結し，③1638年に九州地方で約４万人の一揆軍を鎮圧してから国内でも約200年戦争のない時代をつくった。全ての身分で武器の所持が禁じられ，戦争を禁じるのはさらに後の話である。

3　日本とアメリカ合衆国の関係の歴史について述べた次の文章を読み，以下の問いに答えなさい。

18世紀末ころから，日本の近海にアメリカ船が姿を見せるようになりました。アメリカやヨーロッパ諸国は日本と交易することや，捕鯨船の寄港地にすることを望んでいました。しかし，江戸幕府は清やオランダ以外との交易を認めず，1837年には日本人漂流民を乗せたアメリカ船モリソン号を砲撃によって追い払いました。1854年の日米和親条約によって，ようやく日本とアメリカ合衆国の国交が成立しました。

戊辰戦争後，①1871年から1873年にかけて岩倉具視を全権大使とする使節団が出国し，その最初の訪問先がアメリカでした。このとき行われた②不平等条約の改正交渉は失敗に終わりましたが，a欧米諸国の政治制度や産業，文化を実地に見聞したことが，その後の改革に活かされます。

20世紀初めころの東アジアでは，ロシアが南へ勢力を広げ，満州へ進出しようとしていました。この情勢に対し，日本やイギリス，アメリカが危機感を強め，③日露戦争が起こりました。約17億円が費やされ，そのうちの約７億円はイギリスやアメリカからの借金で調達されました。日露戦争に勝利した日本は，アメリカなど他の列強諸国の黙認のもとで韓国併合を行い，第一次世界大戦ではアジアにおけるドイツの拠点や植民地を奪いました。アメリカは，このような日本の勢力拡大を警戒するようになっていきます。

1929年にアメリカで発生した世界恐慌は，貿易関係で結びついた日本の経済にも影響を及ぼしました。日本国内では戦争によって事態の打開をはかろうとする風潮が高まり，④政党政治家が排除されて，軍部が台頭しました。また，⑤アジアや太平洋をめぐって日本とアメリカが対立を深めていきます。

戦後，日本はアメリカ軍を中心とする連合国軍の占領下におかれ，日本政府を通じてGHQが改革を行いました。アメリカはソ連を中心とする東側陣営への対抗から，b日本を西側陣営の前線基地に位置づけ，経済復興を支援しました。戦後の日米関係は緊密な同盟によって結ばれてきましたが，経済面では貿易摩擦などの問題も生じました。近年は，日米関係を軸に，韓国やインド，オーストラリア，イギリスなどとの連携がはかられており，太平洋を挟む２国間の関係は今後も重要なものとなっていくと考えられています。

問１　波線部ａ・ｂについて，それぞれ以下の問いに答えなさい。

ａ　岩倉使節団に随行してアメリカに留学し，女性の高等教育の発展に貢献して，2024年発行予定の新５千円札の肖像となることが決定されている人物を答えなさい。

ｂ　1960年に日米安全保障条約を改定し，日米相互の義務や協力関係が定められましたが，このときの首相を答えなさい。

問２　下線部①に関連して，**この期間に行われた政策ではないもの**を，次のア～エより１つ選び，記号で答えなさい。

ア　徴兵令の発布　　イ　太陽暦の導入　　ウ　版籍奉還の実施　　エ　地租改正の開始

問３　下線部②について，不平等条約の改正交渉について述べた以下の文章のうち，適当なものを次のア～エより１つ選び，記号で答えなさい。

ア　ノルマントン号事件が起こると，関税自主権がないためにイギリス人船長を裁判にかけることができなかったため，日本国内では不平等条約への反発が高まった。

イ　外務卿の井上馨は，鹿鳴館を建設するなど日本の西洋化をアピールし，欧米列強に対して条約改正への賛同を得ようとはかった。

ウ　日清戦争の直前となる1894年に，外務大臣の伊藤博文はイギリスと交渉し，治外法権を撤廃させた。

エ　列強の一員として国際的地位を高めた日本は，1911年に外務大臣の陸奥宗光がアメリカと交渉し，関税自主権の回復に成功した。

問４　下線部③について，右の図１は日露戦争のポーツマス条約を風刺して描かれたものですが，図１から読み取れることとして適当なものを，次のア～ウより１つ選び，記号で答えなさい。

ア　図１中のＡの人物は日本の全権大使小村寿太郎をあらわしており，講和の内容に悩んでいる。

イ　図１中のＢの人物は戦争で傷ついたロシアをあらわしており，賠償金を獲得して喜んでいる。

ウ　図１中のＣの人物はポーツマス条約を仲介したイギリスをあらわしている。

図１

若林　悠 編『風刺画が描いたJAPAN』国書刊行会より引用。

問５　下線部④について，1930年代の日本で進んだ軍国主義化について述べた以下の文章のうち，適当なものを次のア～エより１つ選び，記号で答えなさい。

ア　陸軍の青年将校によって二・二六事件が起こり，犬養毅首相が暗殺された。

イ　国家総動員法が制定され，議会の承認なく，人や物資を政府が調達できるようになった。

ウ　治安維持法が制定され，社会主義者への取り締まりを強めた。
エ　軍部の台頭に反発する政党政治家は大政翼賛会を結成して抵抗した。

問６　下線部⑤について，次の図２は1930年代に東南アジアをめぐる日本とアメリカの対立を風刺して描かれました。ベンチの背もたれに書かれた「TIMOR」とは，現在のインドネシアの東に位置するティモール島のことです。ティモール島東部はポルトガルの植民地でしたが，本国の政治が不安定になって支配がおろそかとなっており，これをチャンスと考えた日本とアメリカが奪い取ろうとねらっています。ティモール島西部を支配するオランダが巻き込まれることを恐れて不安そうにしています。図２をふまえて，日本の東南アジア進出について述べた以下の文章のうち，適当なものを次のア～エより１つ選び，記号で答えなさい。

図２

若林　悠 編『風刺画が描いたJAPAN』国書刊行会より引用。

ア　ミッドウェー海戦に敗北し，太平洋戦争で苦戦する日本は，資源の確保のために東南アジアへ進出した。
イ　真珠湾攻撃の同日，日本軍はポルトガルの植民地であったマレー半島にも上陸した。
ウ　オランダはアメリカなどと連帯し，日本に対する石油の輸出制限を行った。
エ　日本は大東亜共栄圏の建設を掲げ，フィリピンでは，現地住民は日本国民と同等の人権が認められた。

4　次の資料はＸさんが2022年６月に読んだ新聞記事です。これを読み，以下の問いに答えなさい。

> 通常国会が閉会　～参院選に向けて ａ経済政策の検討を～
>
> 　通常国会が15日に会期末を迎える。今国会においては，重要物資のサプライチェーン(供給網)強化を進める経済安全保障推進法や，子どものｂ人権が保障される社会の実現に向けてのｃこども家庭庁設置法など，ｄ政府が新規に提出した法案61本がすべて成立した。これは1996年以来26年ぶりのことである。参議院選挙を控え，政府が法案を絞り込んだことがその理由としてある。また，政府を批判したり将来の政権交代に備えたりする（Ａ）の一政党がｅ内閣不信任決議案を提出する場面はあったものの，（Ａ）が抵抗戦術を抑制したことからも，国会は円滑に進行した。通常国会は会期を１回だけ延長できるが，（Ｂ）年に１度行われる参議院選挙の年は会期通りに終えることが多く，今回も会期が延長されることはなかった。

問１　資料中の空欄(Ａ)(Ｂ)にあてはまる語句を答えなさい。ただし，(Ｂ)は数字で答えなさい。
問２　下線部ａに関連して，グローバル化が進む現在の国際社会では，国内の政策だけで根本的解決をはかることが難しい経済問題が起きています。経済に関する様々な問題を解決するための国際的取り組みについての記述として**誤りのもの**を，次のア～エより１つ選び，記号で答えなさい。

ア　国際連合の組織のうち，経済，社会，保健などの問題を扱う経済社会理事会は，専門機関と連携して世界の人々の生活改善のための活動を行っている。

イ　経済援助の必要な国に実施される政府開発援助(ODA)には返済の必要がない無償援助と，返済が必要な有償援助がある。

ウ　自由貿易を促進するために，二国あるいは多国間で協定を結び，地域限定の自由貿易市場をつくる地域主義の動きが活発になっている。

エ　発展途上国の間でも経済格差が広がる南南問題を解決するための組織として，経済協力開発機構(OECD)が設立された。

問３　下線部ｂに関連して，Ｘさんは日本国憲法に規定されている人権について調べ，次のメモに日本国憲法の一部を抜粋して書き出しました。Ｘさんの作成したメモを読み，文章中の空欄(Ｃ)にあてはまる語句を答えなさい。

第13条　すべて国民は，個人として尊重される。生命，自由及び幸福追求に対する国民の権利については，(　　Ｃ　　)に反しない限り，立法その他の国政の上で，最大の尊重を必要とする。

問４　下線部ｃに関連して，Ｘさんはこども家庭庁についてさらに詳しく知りたいと思い，先生に質問をしました。以下は，Ｘさんと先生の会話です。会話文中の(Ｄ)～(Ｆ)にあてはまる語句の組合せとして適当なものを，あとのア～クより１つ選び，記号で答えなさい。

Ｘさん　こども家庭庁について詳しく教えてください。どんな仕事をするんですか？

先生　これまで(　Ｄ　)や内閣府にあった子ども関連部局が統合されて新たに作られるんだよ。児童虐待の防止策や，子どもの貧困対策，(　Ｅ　)の支援なども担当するよ。

Ｘさん　なるほど。日本の社会保障の４本柱の一つである(　Ｆ　)では，高齢者や障がい者だけでなく，児童を保護したり援助したりするしくみがあるから，それを実現する政策といえますね。

先生　授業で習ったことをよく覚えているね。

ア　Ｄ　総務省　Ｅ　ホームヘルパー　Ｆ　社会福祉
イ　Ｄ　総務省　Ｅ　ホームヘルパー　Ｆ　公衆衛生
ウ　Ｄ　総務省　Ｅ　ヤングケアラー　Ｆ　社会福祉
エ　Ｄ　総務省　Ｅ　ヤングケアラー　Ｆ　公衆衛生
オ　Ｄ　厚生労働省　Ｅ　ホームヘルパー　Ｆ　社会福祉
カ　Ｄ　厚生労働省　Ｅ　ホームヘルパー　Ｆ　公衆衛生
キ　Ｄ　厚生労働省　Ｅ　ヤングケアラー　Ｆ　社会福祉
ク　Ｄ　厚生労働省　Ｅ　ヤングケアラー　Ｆ　公衆衛生

問５　下線部ｄに関連して，Ｘさんは法案の提出件数と成立率について調べ，次の図１にまとめました。図１から読み取ることのできる内容として適当なものを，あとのア～エより１つ選び，記号で答えなさい。

図１　法案の提出件数と成立率の推移

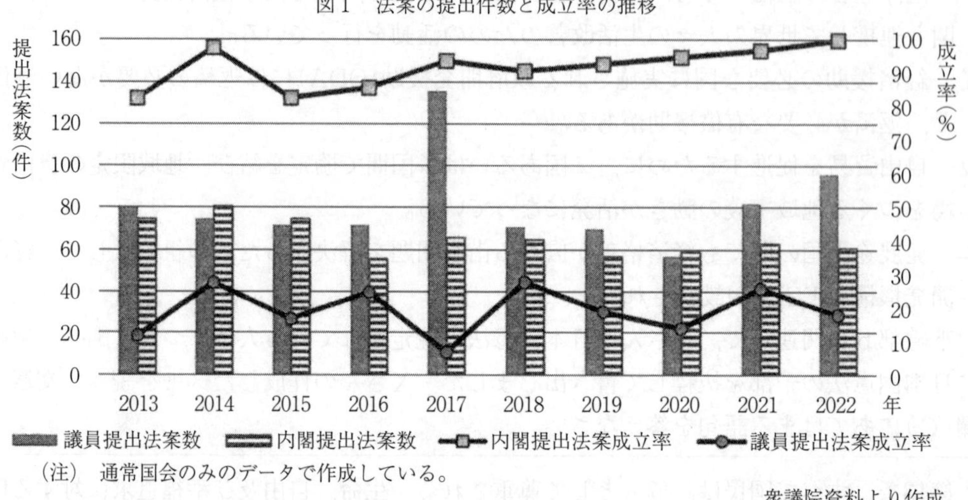

（注）　通常国会のみのデータで作成している。

衆議院資料より作成。

ア　内閣提出法案数が議員提出法案数よりも多い年はなく，議員提出法案数が内閣提出法案数の２倍以上になっている年もある。

イ　議員提出法案数が内閣提出法案数よりも多い年はなく，すべての年において内閣提出法案成立率は議員提出法案成立率より高くなっている。

ウ　議員提出法案成立数が内閣提出法案成立数よりも多い年はなく，議員提出法案成立数が50件を上回る年はない。

エ　内閣提出法案成立数が議員提出法案成立数よりも多い年はなく，すべての年において内閣提出法案成立率は議員提出法案成立率より高くなっている。

問６　下線部ｅに関連して，次のメモは，Ｘさんが内閣不信任決議について授業で習ったときに，その内容をまとめたものです。メモ中の空欄（Ｇ）にあてはまる語句を答えなさい。

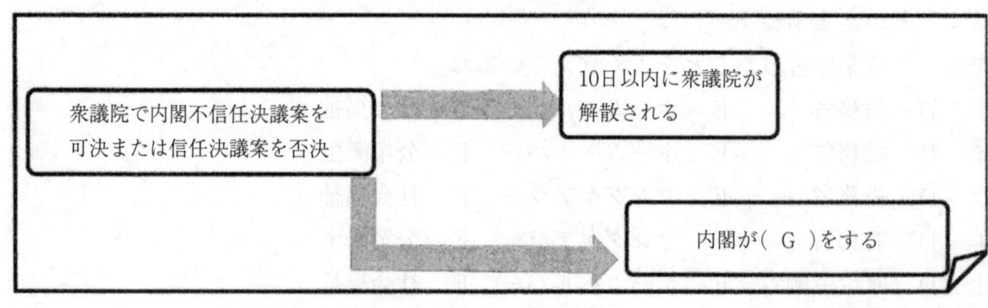

【理　科】〈第１回試験〉（40分）〈満点：50点〉

1　次の文章を読み，以下の各問いに答えなさい。ただし，円周率は3.14とします。

［本文］

図１は自転車の動力部分を表しています。歯車(以下，「スプロケット」とします。)にはチェーンがかかっています。足でペダルを１回転こぐと，クランクと呼ばれる棒を通して力が伝わり，スプロケットＡが１回転します。そして，スプロケットＡが回転すると，チェーンによってつながったスプロケットＢ，Ｃ，Ｄ(同じ回転軸(じく)で固定されています。)が回転し，それらと同じ回転軸で固定された後輪が回転します。このとき，スプロケットＢ，Ｃ，Ｄが１回転すると，後輪も１回転します。

また，自転車には走行中に速さを変えることができる変速機がついており，どのスプロケットにチェーンをかけるかを選べる仕組みになっています。

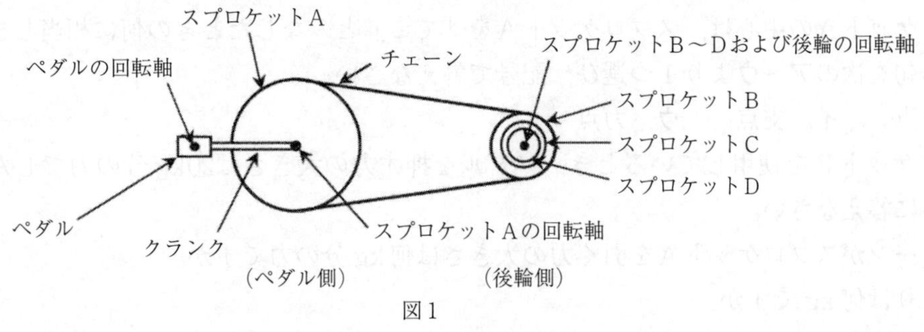

図１

スプロケットの歯の間隔(かんかく)は一定で，歯数は，Ａが48個，Ｂが32個，Ｃが16個，Ｄが12個で，チェーンとスプロケットとの間で空回りはしないものとします。また，前輪および後輪の半径は0.5ｍで，地面との間で空回りはしないものとします。

問１　スプロケットＢを使用しているとき，ペダルを１回転こぐと，自転車の後輪は何回転しますか。

問２　スプロケットＣを使用しているとき，ペダルを１回転こぐと，自転車は何ｍ進みますか。

問３　スプロケットＤを使用しているとき，後輪を１回転させるには，ペダルを何回転こがなければなりませんか。

問４　10秒間にペダルを５回転こぎながら走る場合について，次の各問いに答えなさい。

(1)　スプロケットＢ，Ｃ，Ｄのどれを選んだ方が最も速く走ることができますか。記号で答えなさい。

(2)　(1)のときの速さは毎秒何ｍですか。

［文章Ｉ］

スプロケットＡ～Ｄについて，以下の実験を行いました。

図２のように後輪に軽いひもを取り付け，そのひもにおもりをつり下げました。次に，ペダルとクランクを水平にして，図２の太い矢印の向きにペダルを押しておもりを静止させました。

ただし，図２は実際の長さの比率を無視して描(えが)かれています。

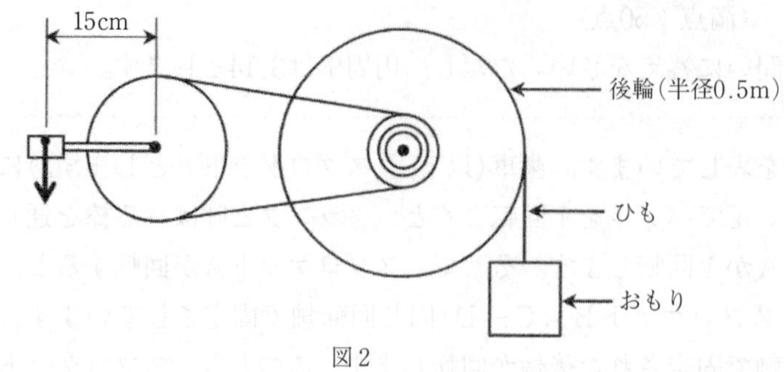

図２

ペダルの回転軸の中心からスプロケットＡの回転軸の中心までの距離(きょり)は15cm，スプロケットの半径はＡが12cm，Ｂが10cm，Ｃが５cm，Ｄが３cmとし，ペダルやクランクの重さや，チェーンなどの摩擦(まさつ)による影響(えいきょう)はないものとします。

問５　スプロケットＡの中心は，スプロケットＡを「てこ」とみなしたときの何に相当しますか。適切な語句を次の**ア**～**ウ**より１つ選び，記号で答えなさい。

ア．作用点　　**イ**．支点　　**ウ**．力点

問６　スプロケットＢを使用しているとき，ペダルを押す力の大きさは20kg分の力でした。次の各問いに答えなさい。

⑴　チェーンがスプロケットＡを引く力の大きさは何kg分の力ですか。

⑵　おもりは何kgですか。

問７　同じ重さのおもりを支えるとき，ペダルを図２の太い矢印の向きに押す力が最も小さいものは，スプロケットＢ，Ｃ，Ｄのうちのどれですか。記号で答えなさい。

［文章Ⅱ］

これらのことから，スプロケットを変えたときの違(ちが)いについて，次のような文章にまとめました。

後輪から地面に伝わる力の大きさが同じになるように，ペダルに力を加えます。このとき，スプロケットＤよりも，スプロケットＢを使用したときの方が，ペダルを押す力の大きさは(①　**ア**．大きく　　**イ**．小さく)なり，同じ距離を進むためにペダルをこぐ回数は，(②　**ア**．多く　　**イ**．少なく)なります。

問８　文章Ⅱ中の空欄(くうらん)①，②に当てはまる適切な語句をそれぞれ選び，記号で答えなさい。

２　次の文章を読み，以下の各問いに答えなさい。

［本文］

日本で見られる野鳥の多くは，季節によって移動します。野鳥の移動は，山地と平地，北海道と本州，日本と海外など様々です。特に日本と海外とを移動する野鳥を「渡(わた)り鳥」と呼んでいます。

渡り鳥のうち，夏に日本を訪れる鳥を「夏鳥(なつどり)」，冬に日本を訪れる鳥を「冬鳥(ふゆどり)」，渡りの途中で日本に立ち寄る鳥を「旅鳥(たびどり)」と呼びます。夏鳥は主に(①　**ア**．子育ての　　**イ**．暑さまたは寒さを逃(のが)れる)ために(②　**ア**．南　　**イ**．北)の国から渡ってきます。そして，それが終わると，元の国に戻(もど)っていきます。冬鳥は主に(③　**ア**．子育ての　　**イ**．暑さ

または寒さを逃れる)ために(④　ア．南　　イ．北)の国から渡ってきます。そして，それが終わると，元の国に戻っていきます。

逆に，渡りをしないで，一年中同じ場所に留まり続ける鳥を「留鳥」といいます。留鳥は渡りをしないので，１年を通して観察することができます。また，日本の中で季節的な移動をする鳥は「漂鳥」と呼ばれ，標高の高い所や緯度の高い地域で(⑤　ア．子育てをし　　イ．暑さまたは寒さを逃れ)，平地や緯度の低い地域に移動して(⑥　ア．子育てをし　　イ．暑さまたは寒さを逃れ)ます。ただし，個体や地域によっては移動したりしなかったりするので，「漂鳥または留鳥」と記述される場合もあります。

渡り鳥など，水鳥の休憩地としても重要な役割を果たしている湿地を守るために，A1971年に制定された条約があります。現在，この条約では，国際協力によって，湿地の保全のみならず，賢明な利用を進めていくことを目的とし，それを促進する交流・学習等が重視されています。また，この条約により，国際的な基準に従って指定され，条約事務局が管理する湿地は日本に53カ所あります(2021年11月18日時点)。その中で，B千葉県習志野市の西部に位置する干潟は，鳥類にとって極めて重要な渡りの中継地，および越冬地として，鳥獣保護区にも指定されています。

問１　本文中の空欄①～⑥に当てはまる適切な語句をそれぞれ選び，記号で答えなさい。

問２　次にあげる(1)～(4)の鳥は，**ア**～**オ**のいずれかに分類されます。適切なものを**ア**～**オ**よりそれぞれ選び，記号で答えなさい。

(1)　ウグイス

(2)　マガモ

(3)　ホオジロ

(4)　コハクチョウ

ア．夏鳥　　**イ**．冬鳥　　**ウ**．旅鳥　　**エ**．留鳥　　**オ**．漂鳥

問３　次の各問いに答えなさい。

(1)　本文中の下線部Ａの条約の名称を答えなさい。

(2)　本文中の下線部Ｂの干潟の名称を答えなさい。

［文章Ｉ］

私たちにとって身近な鳥であるツバメも渡り鳥の仲間です。ツバメは尾の羽が長く，特に(①　ア．オス　　イ．メス)の方が長いのが特徴です。また，ツバメは(②　ア．小魚　イ．木の実　　ウ．花の蜜　　エ．昆虫類)を主食としています。

ツバメが巣作りにかかる期間は約(③　ア．１　　イ．３　　ウ．６)週間で，材料には通常(④　ア．砂や小石　　イ．泥や草　　ウ．棒や木の枝)が使われます。また，ヒナが生まれてから巣立ちまでの期間は約(⑤　ア．１　　イ．３　　ウ．６)週間で，最初に作った巣でヒナが巣立つと，多くの場合，２度目の巣作りをして再び子育てを行います。

問４　文章Ｉ中の空欄①～⑤に当てはまる適切な語句をそれぞれ選び，記号で答えなさい。

問５　ツバメが関わる言い伝えに，「ツバメが低く飛ぶと雨」というものがあります。その理由として適切なものを次の**ア**～**オ**より１つ選び，記号で答えなさい。

ア．空気中の湿度が高くなると，ツバメの羽に水分がつき，高い位置を飛びにくくなるから。

イ．ツバメは飛ぶことが苦手で，天候が悪くなると，地面に落下する恐れがあるため，安全のため，低い位置を飛ぶようにしているから。

ウ．ツバメは視力が弱く，天候が悪くなると，視界が悪くなるため，安全のため低い位置を飛ぶようにしているから。

エ．空気中の湿度が高くなると，ツバメのエサとなる虫の羽が重くなり，低い位置を飛ぶようになるから。

オ．天候が悪くなると，ツバメのエサとなる水中の小魚が，光を多く求めて水面近くを泳ぐようになるから。

問６　ツバメは玄関や軒先など，人の出入りの多い所に巣を作る習性があります。その理由として適切なものを次の**ア**～**オ**より１つ選び，記号で答えなさい。

ア．ツバメは，好奇心が強く，人を怖がらないから。

イ．人の出入りの多い所は，周囲に食べ残しのゴミなどがたくさんあり，何かあった場合でも，ツバメが食べるものに困ることが少ないから。

ウ．ツバメは，暗がりが苦手な鳥なので，街灯などで，夜も明るく照らされている所をより好むから。

エ．人の出入りの多い所は，ヘビやカラスなどといった，ツバメの卵やヒナを狙う天敵が近づきにくいから。

オ．人の出入りの多い所は，ツバメの巣作りに必要な材料が入手しやすいから。

問７　ツバメが最初の巣作りをする時期の他の生物の様子はどうなっていますか。次にあげる(1)～(3)の生物について，適切なものを**ア**～**エ**よりそれぞれ１つずつ選び，記号で答えなさい。

(1)　サクラ

ア．葉が枯れ落ち，枝には芽ができている。

イ．枝が伸びて葉をしげらせる。

ウ．葉を出す。

エ．葉を色づかせる。

(2)　カマキリ

ア．卵が見られる。

イ．体が大きくなる。

ウ．卵から孵る。

エ．卵を産む。

(3)　ヘチマ

ア．茎が盛んに伸びて，花が咲く。

イ．種から芽が出る。

ウ．実が茶色になり，葉・茎・根が枯れる。

エ．実が大きくなる。

3　次の文章を読み，以下の各問いに答えなさい。

［本文］

図１のように集気びんに酸素とスチールウールを入れ，ふたをして燃やしました。燃えた後のスチールウールはすべて黒色物質Ａに変わりました。

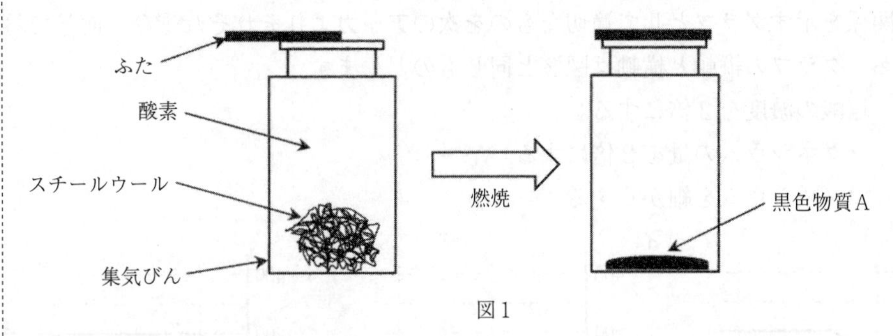

図１

問１　この実験後の物質の性質について，正しく述べているものを次の**ア**～**オ**より２つ選び，記号で答えなさい。

ア．スチールウールを燃やした後の集気びんに石灰水を入れると白く濁(にご)る。

イ．黒色物質Ａに磁石を近づけてもつかない。

ウ．黒色物質Ａはスチールウールよりも電流が流れやすい。

エ．集気びんの中の黒色物質Ａをすべて回収して重さをはかると，元のスチールウールよりも軽くなる。

オ．黒色物質Ａはうすい塩酸に入れても溶(と)けない。

問２　アルミニウム，銅，鉄について，次にあげる(1)，(2)に当てはまるものはいくつありますか。それぞれ０個～３個で答えなさい。

(1)　うすい塩酸に入れると溶けるもの

(2)　うすい水酸化ナトリウム水溶液(すいようえき)に入れると溶けるもの

［文章Ⅰ］

マグネシウムとうすい塩酸(以下，「塩酸」とします。)が反応すると気体Ｂが発生します。そこで，一定量のマグネシウム板に塩酸を加える実験を行いました。その結果，加えた塩酸と発生する気体Ｂの体積の関係は図２のようになりました。

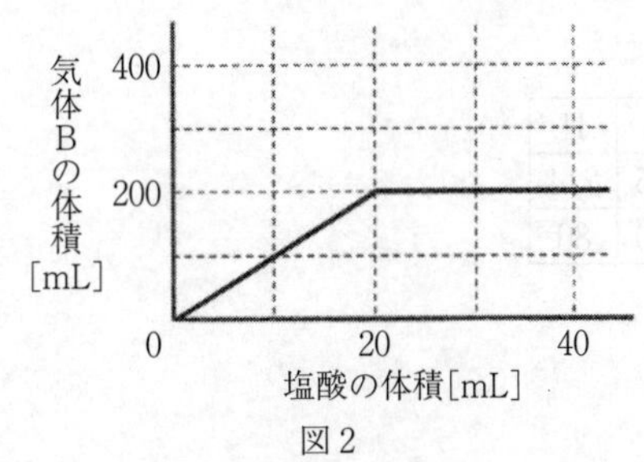

図２

問３　気体Ｂの性質として正しいものを次の**ア**～**オ**より２つ選び，記号で答えなさい。

ア．空気よりも軽い。

イ．においがする。

ウ．火をつけると燃える。

エ．水に溶けやすい。

オ．緑色のBTB溶液を青色に変える。

問４　この実験を次にあげる条件１～条件３に変えて行いました。加えた塩酸と発生した気体Bの体積の関係を示すグラフとして適切なものを次の**ア～カ**よりそれぞれ選び，記号で答えなさい。なお，グラフの縦軸と横軸は図２と同じものとします。

［条件１］　塩酸の濃度(のうど)を２倍にする。

［条件２］　マグネシウムの量を２倍にする。

［条件３］　マグネシウムを細かくする。

ア.
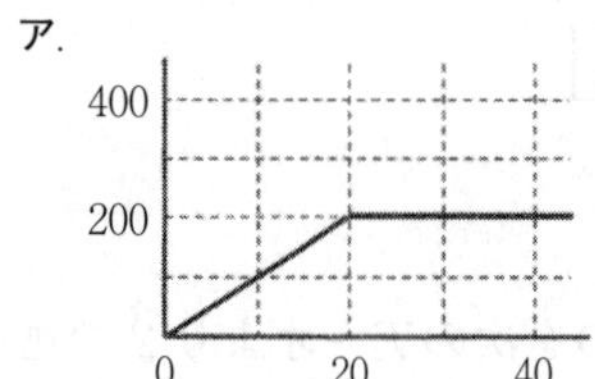

イ.
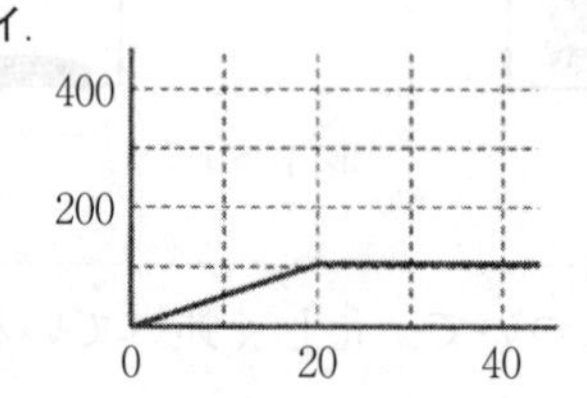

ウ.
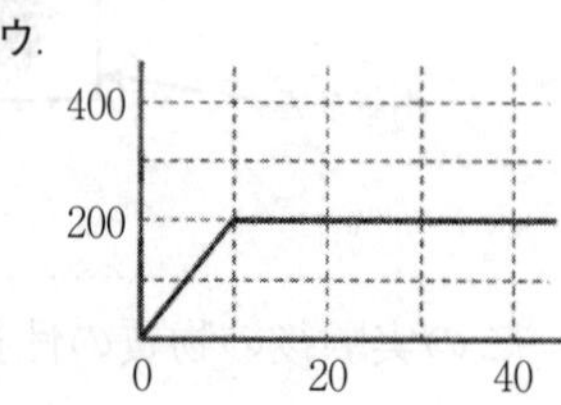

エ.
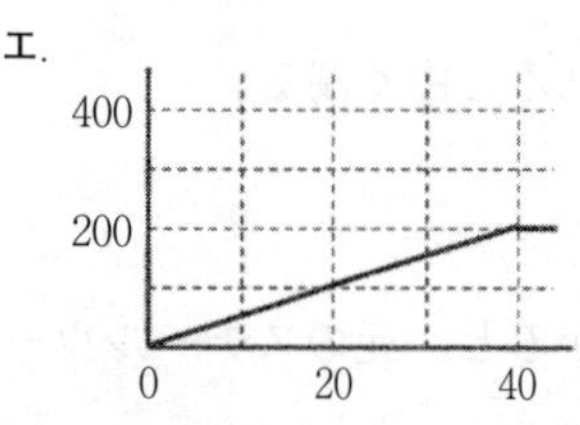

オ.
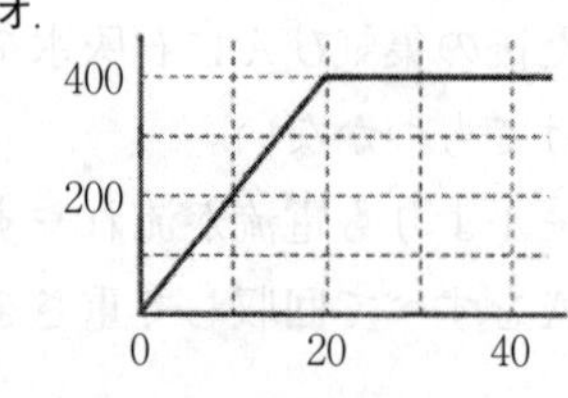

カ.
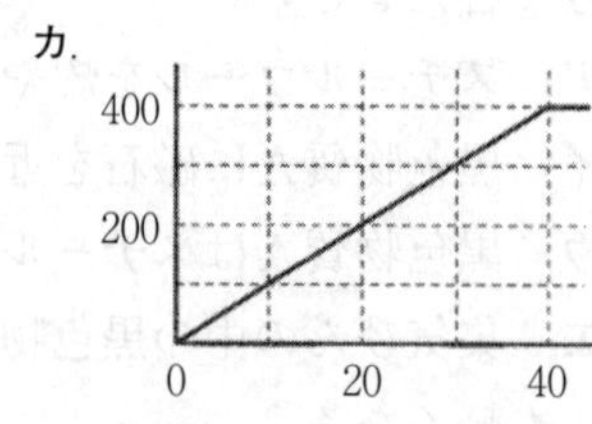

［文章Ⅱ］

金属球C～Hはアルミニウム，金，亜鉛(あえん)のいずれかでできています。金属球C～Hを分類するために次の操作１～操作３を行いました。

［操作１］　金属球C～Hの重さをはかった。

［操作２］　50mLの水が入ったメスシリンダーを６本用意し，金属球C～Hをそれぞれに入れて，体積をはかった。

［操作３］　水の代わりに食塩水を使って，操作２と同じ操作を行った。

操作１～操作２の測定値は表１のようになりました。図３は問題を解答するために自由に用いてかまいません。ただし，水１cm^3あたりの重さは１g，食塩水１cm^3あたりの重さは1.1gとします。

表１

金属球	C	D	E	F	G	H
金属球の重さ[g]	54	107	108	193	135	214
金属球を入れた後の体積[mL]	70	65	90	60	100	80

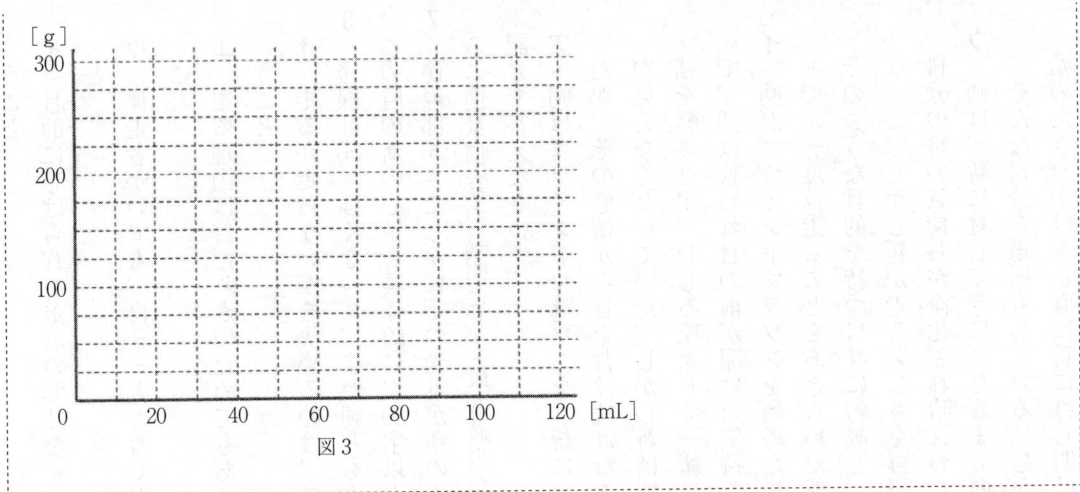

図３

問５　金属球Ｃの１cm^3あたりの重さは何ｇになりますか。割り切れない場合は，小数第二位を四捨五入して第一位まで答えなさい。

問６　金属球Ｃ～Ｈはどの金属でできていますか。⑴～⑶のそれぞれに当てはまるものをＣ～Ｈよりすべて選び，記号で答えなさい。ただし，１cm^3あたりの重さは，金＞亜鉛＞アルミニウムとします。

⑴　アルミニウム

⑵　金

⑶　亜鉛

問７　操作３の測定値から金属１cm^3あたりの重さを求めた場合，操作２の測定値に比べてその値はどのようになりますか。正しいものを次の**ア**～**ウ**より１つ選び，記号で答えなさい。

ア．操作２の測定値より大きくなる。

イ．操作２の測定値と変わらない。

ウ．操作２の測定値より小さくなる。

［文章Ⅲ］

複数の金属や非金属(炭素など，金属ではない物質)を融(と)かし合わせたものを「合金」と呼びます。合金の中には金属中に気体の水素(以下，「水素ガス」とします。)を取り込(こ)むことができるものがあります。これを利用することで，気体のままでは体積が大きく，取り扱(あつか)いにくい水素を，効率よく運搬(うんぱん)・保存することができます。

問８　アルミニウムと銅でできた合金Ｘの１cm^3あたりの重さは3.0ｇでした。Ｘに含(ふく)まれる銅の重さの割合は何％ですか。小数第二位を四捨五入して第一位まで答えなさい。ただし，銅の１cm^3あたりの重さは9.0ｇとします。

問９　水素ガスを取り込める合金Ｙは，１ｇで0.02ｇの水素ガスを取り込むことができます。水素ガスの重さを100cm^3あたり0.0009ｇとするとき，500Ｌの水素ガスを取り込むためにはＹは何ｇ必要になりますか。

ア　つらくなったら、自分一人だけでも走ることを止めてよいということ。

イ　目的にしばられて走るのではなく、欲求のままに走るということ。

ウ　伴走者がいても、自分一人の力で走らなければならないということ。

エ　走る理由は、だれかのためでもあり、自分のためでもあるということ。

オ　走るか走らないかを決めるのは、結局は自分自身だということ。

6　傍線部⑤「強くなって、また朔とも走る。走りたい」とあるが、この時の新の心情を具体的に、80字以内で答えなさい。

7　傍線部⑥「たしかにその光景が朔の中に広がっていく」とあるが、この情景描写(びょうしゃ)の説明として最も適当なものを次の**ア**～**オ**から選び、記号で答えなさい。

ア　朔はブラインドマラソンを、新に対する後ろ暗い感情から始めたが、その感情から目を背け続けたことで、今になって走る意味が見えなくなっていた。しかし新は朔の動機を打ち明けられても朔を軽蔑(けいべつ)せず、むしろ感謝して一緒に走りたいと言ってくれたので、朔は救われ目の前が開けた気持ちになった。

イ　朔がブラインドマラソンを始めた目的は、新を伴走者とすることで、一度は走ることをあきらめた新を苦しめることだったが、そのような目的を持つ自身に幻滅し、もうやめたいと思うようになった。しかし新が走る楽しさを再認識していると言ったことで、自分の暗い気持ちが浄化(じょうか)され晴れわたっていった。

ウ　朔は、新に対して今にいたるまで内心恨みを抱いていると同時にそんな自分を嫌悪もしている。しかし、ブラインドマラソンを始めたきっかけを正直に新に打ち明けたところ、新はその恨みにすら理解を示し、朔を受け入れてくれたため、新を恨む気持ちも自己嫌悪も消え、自分の罪がゆるされた気持ちになった。

エ　朔は、新を、断れないことを承知のうえでブラインドマラソンにさそい、一緒に走ることを強制してきたが、走ったその先に何があるのか分からなくなってしまった。しかし新はあいかわらず走ることが好きで、走ること自体がゴールなのだと気付かせてくれたため、もやもやしていた心が解き放たれた。

オ　朔は、走ることを、新に再び好きにさせたうえで改めて奪(うば)うつもりでいたが、新を恨む気持ちが長続きせずその目的が消え、同時に自分が走る意味も消えてしまった。しかし新の生き生きとした走りにつきあううちに自分もいつしか走ることが好きになり、新と二人なら走っていけると自信をとりもどした。

・梓…朔の友人
・渇望…心の底から願うこと

1 文中の空欄**A**～**C**にあてはまる語の組み合わせとして最も適当なものを次の**ア**～**オ**から選び、記号で答えなさい。

ア【**A** じっと　**B** ぴくりと　**C** ふっと】
イ【**A** ふっと　**B** ぴくりと　**C** じっと】
ウ【**A** ふっと　**B** はっと　**C** ぴくりと】
エ【**A** ぴくりと　**B** ふっと　**C** そっと】
オ【**A** にやりと　**B** ふっと　**C** そっと】

2 傍線部①「朔の内側が鈍く音を立てた」とあるが、この時の朔の心情を説明したものとして最も適当なものを次の**ア**～**オ**から選び、記号で答えなさい。

ア 新と笑いながら話し合ったことでリラックスした状態でいたが、ゴールという言葉を改めて出されたことで、本当に最後まで走りきることができるのかと不安になっている。
イ 走ることのその先に何があるのか分からず、今まで考えたこともなかったため、ただ順位やタイムを気にしていた自分がはずかしくなっている。
ウ ブラインドマラソンを始めた理由が後ろ向きなものである自分は、到達(とうたつ)したい場所や目指している目標などがないため、新の言葉に動揺(どうよう)している。
エ 自分が傷つかないようにあえて忘れていた「走ることの目標」について話題に出されて、ゴールなどあるわけない現実と向き合わされて深く傷つき悲しんでいる。
オ 新が目指している場所と自分が目指している場所が違うことに気がつきつつも知らないふりをしてきたが、それが限界であることをさとり覚悟(かくご)を決めている。

3 傍線部②「オレ、新が陸上やめたこと知ったとき、腹が立った」とあるが、これはなぜか。その説明として最も適当なものを次の**ア**～**オ**から選び、記号で答えなさい。

ア 朔は、視力を失ったのはどうしようもないと思っているのに、自分を気づかうせいで新までもが、自らの選択で大切なものを失うことに納得ができなかったから。
イ 朔は、新に恨みや憎しみをいだく自分がいやで、そうした思いを新本人には向けないよう少しずつ消してきたのに、新が朔の神経を逆なでするような行動をとってきたから。
ウ 朔は、視力を失うきっかけになった新を恨みたくても、新が罪をつぐなうため新の大切なものを手放してしまうと、それ以上恨むことができず、もやもやした思いが残るから。
エ 朔は、新の都合にあわせたせいで視力を失ったが、新が大切にしていた陸上をやめることで安易(あんい)に朔と同じ痛みを負ったつもりになっているように感じたから。
オ 朔は、せっかく家族の荷物にならないように努力してきたのに、新が大切にしているものを手放してしまっては元通りにはならず、自分の努力が水の泡(あわ)となってしまうから。

4 傍線部③「それ」とは何かを説明したものとして最も適当なものを次の**ア**～**オ**から選び、記号で答えなさい。

ア 朔がもしもの話を頭の中で繰り返し続けたこと。
イ 新ともう一緒に走りたくないと思ったこと。
ウ 朔が自分自身に幻滅しそうになったこと。
エ 新を苦しませるために走ろうとしたこと。
オ 新を激しく恨み同じ目にあわせてやろうと考えたこと。

5 傍線部④「自由だ」とあるが、その内容の説明として最も適当なものを次の**ア**～**オ**から選び、記号で答えなさい。

も同じだ。ふたりで走っていても、伴走者が支えるわけじゃない。手を引くわけでも、背中を押すわけでも、代わりに走るわけでもない。

ふたりで走っていても、それは変わらない。

走ることはやっぱり孤独だ。

孤独で、④自由だ。

「行こう」

「オレは」

「最後ならそれでもいいよ。だけど、ここで棄権するとか言うなよな」

新は朔の腕をつかんで、スタートゲートへ足を向けた。

にぎやかな音楽が響いている。曇天の下、ゲート前は数百人のランナーたちがひしめき、からだを動かしたり談笑したりしながらスタートを待っている。

朔の背中に手を当ててインコース側に立つと、何列か前に※内村の姿が見えた。その背中を新は［ C ］見た。

あの人も一度は走ることをやめた人だ。あきらめて、自分で断ち切ったのに、それでもまた走っている。オレも同じだ。

「オレ、やっぱり走ることが好きだ」

黙ったまま朔は小さくうなずいた。

ほおに日差しがあたり、朔は空を見上げた。

「前に朔、言っただろ、『新はいろんなものを見せてくれる』って。あれ嬉しかった。オレ、ずっと朔の役に立ちたかったから」

新のことばを聞きながら、朔はそっと目を閉じた。

白くもやのかかったような薄曇りの空から、一筋光がこぼれる。

「だけど、逆だよ」

朔はぴくりと肩を揺らした。

「オレが見えなくなってたものを、朔が見せてくれた」

驚いたように朔は新のほうに顔を向けた。

「オレ、走りたい。走るよ、逃げないで走る。で、強くなる」

——三十秒前です。

マイクの音が響いた。話し声や笑い声でにぎわっていたグラウンドが静かになった。

「⑤強くなって、また朔とも走る。走りたい」

朔はこみ上げてきたものをこらえるように、もう一度空を見上げた。

重たい雲をこじあけるようにして、空が青く広がる。

見えるわけではない。

でも、⑥たしかにその光景が朔の中に広がっていく。

大きく息をつき、一度うなずいて朔は正面を向いた。

ロープを軽く握り直す。

——イチニツイテ

一瞬の静寂のあと号砲が鳴った。

（いとうみく『朔と新』より）

※・ブラインドマラソン…視覚障碍者が行うマラソン競技。障碍が重い場合、同等以上の走力を持った伴走者と走る。走者と伴走者とは互いにロープを持って走る。
・境野さん／内村…どちらも新の、伴走者の仲間
・秋田さん…ブラインドマラソンの出場者
・かぶり…頭
・コーティングして…ぬりかためて
・欺瞞…ごまかしだますこと

だった。ただ運が悪かっただけだ。頭ではわかっていたつもりだった。それでも、病院のベッドの上でも家を離れてからも、もしもと同じことが頭をよぎった。

　新のせいにするなんてどうかしている。そんなことを思うなんて、頭がおかしくなったんじゃないかと自分を疑った。でも、頭ではわかっているはずなのに、気持ちがついていかなかった。どうしても、もしもと考え、それをあわててかき消して、また同じことを繰り返した。

　時間とともに、身のまわりのことがひとつひとつできるようになり、視力に頼らず暮らしていくすべを覚えていった。もしも、ということばが頭をもたげることもほとんどなくなった。これなら家に戻っても、家族の荷物にならず生活できる。新と会っても感情が揺れることはない。そう思って帰ったのに、※梓から新が陸上をやめたことを聞いたとき、時計の針が逆回転した。

　あのとき、新がやめた理由を梓に問いながら、朔には察しがついていた。

　オレが視力を失った代わりに、新は陸上をやめた――。

　そういうことを考えるやつだとわかっていた。だけどそれは、裏を返せば単に楽になろうとしているだけのことではないのか？　大切なものを手放し、失うことで、同じ痛みを負ったつもりになっている。

　そんな弟を、あのとき激しく嫌悪した。

　新を走らせる。走らせて、走ることへの※渇望をあおってやりたい。失うことの、奪われることの苦しさはそんなものではない。それを味わわせたい――。

　だけど、わかっていなかったのはオレだ。

　オレは、新の苦しみをわかっていなかった。わかろうとしなかった。

「おしまいにする」

「はっ？」

「もう新とは走らない」

「なに言ってんの？」

「……勝手なこと言ってるのはわかってる。けど、ごめん。これ以上、自分に幻滅したくない」

　新は朔が手にしているロープを握った。

「きっかけなんて、どうでもいいじゃん。神様じゃないんだ、人間なんだからいろいろ思うだろ。オレが朔なら、どうなってたかわかんないよ。まわりに当たり散らして、壊して、傷つけて、自分の中にこもって、なにもできなかったんじゃないかって思う。朔が思ったことはあたりまえのことだよ」

　一気に言うと、新は大きく息をついた。

「それに、朔、③それずっと続かなかっただろ」

　朔の顔が［B］動いた。

「わかるよ、毎日一緒に走ってきたんだから。伴走頼まれたとき、オレ、マジでいやだった。でもいまはよかったと思ってる。朔が言ってくれなかったら、オレはいまだってきっと、朔からも走ることからも逃げてたと思う」

「だからそれは」

　ううん、と新は首を振った。

「伴走引き受けてからも、ずっと朔のために走ってるんだって自分に言い訳して、ごまかしてた。それで納得しようとしてた。でも、たぶん違った。伴走者としては間違ってるし、オレは失格かもしれないけど、やっぱりオレは、オレのために走ってた。朔と走ることは朔のためじゃなくてオレのためだった」

　新はロープを握り直した。走ることは、孤独だ。どんなに苦しくても、辛くても、誰かに助けてもらえるものではない。走れなくなったらその場に立ち止まり、倒れ込むだけだ。それはブラインドマラソンひとり違う」

そう言った朔の横顔を見て、新はにっと笑った。

「でもみんな、ゴールを目指してる。そこは一緒だよ」

どくっ。

①朔の内側が鈍く音を立てた。

……ゴール。

「朔？」

朔の腕に新はひじを当てた。

「どうした？　腹でも痛い？　もしかして緊張してきたとか？」

ふたりの横を、スタートゲートに向かうランナーたちが追い越していく。

……ゴール。

朔は薄く唇を開いた。

オレは、どのゴールを目指しているんだろう。目指してきたのだろう。

ゴールが見えない。いや、見えるわけがないのだと朔は唇を噛んだ。

そんなことは、とっくにわかっていた。だって、最初から間違った方向へ向かって駆け出していたんだから。そのことに気づきながら、ずっと気づかないふりをしてきた。自分の内にあるものを、きれいなことばで※コーティングして、正当化した。自分が傷つかないよう、汚れないよう、気づかないふりをしているうちに、それは都合よく自分の意識から消えていった。

朔は喉に手を当てて、息を吸った。喉の奥が小さく震える。

だけど、このまま気づかないふりをして、新をしばって、その先になにがあるんだろう。

あるのは、たぶん、きっと、後悔だ。

「ごめん」

「え、なに？」

朔は浅く息をした。

「いつか新、言っただろ、オレのこと偽善者だって」

「はっ？」

「あれ正しいよ。②オレ、新が陸上やめたこと知ったとき、腹が立った」

どうしてそんなに腹を立てたのか、あのときは朔にもわからなかった。考えようともしなかった。ただ無性に、猛烈に腹が立った。

「オレがブラインドマラソンを始めたのは、おまえを走らせようと思ったからだよ」

「そんなことわかってたよ。朔はオレのために」

「違う」ことばを断ち、もう一度「違う」と朔はくり返した。

「そう思わせただけ。ただの※欺瞞だ」

新の目がぐっと見開いた。

「オレは、新が思ってるようないい兄貴でもないし、人のことを思いやったりできる人間でもない。嫉妬も後悔もするし、うらんだりもする。新のことだって」

「いいよ！　いいよ、そんなこと言わなくて。ていうかなんで言うんだよ、しかもいまってなんだよ」

「いまだから」

いまじゃなかったらオレは話せていない。

また気づかないふりをしてしまう。逃げてしまう――。

「意味わかんねんだけど」

新の声がかすれた。

「おまえに伴走を頼んだのは、オレのそばにいて、オレと一緒に走ることで、新が苦しむことがわかっていたからだ」

新を傷つけてやりたかった。失明したのは新のせいじゃない。事故だ」と言われ、自分はやはり両親似だと知った。

イ　高校で海外にホームステイすることになった。日本にいた頃はおとなしい方だったが、海外では、学校でも家庭でも自分から行動したり意見を言ったりすることが求められ、それに応じるうちに、帰国時は外向的・社交的な性格に変わっていた。

ウ　親の仕事の都合で、急に転校することになった。転校先の学校で、最初は緊張してしまい友達ともなじめなかったが、自分から話しかけたりいっしょに遠足に行ったりするうちにだんだん親しい友達ができ、やっと本音で話せるようになった。

エ　就職試験に落ち、望んでいた職種とはちがう仕事についた。任された仕事は果たしたが、それと同時に初めに志望した仕事に関する勉強も独学で続けた。何度かの転職を重ねた後に、最初行きたかった会社に採用され、望んでいた仕事で働くことができた。

オ　修学旅行で、くじ引きで旅行委員になった。委員になりたいわけではなかったが、友達と見学先について調べたり、現地で進行役を務めたりするうちに周囲に信頼され、委員の役割を、やりがいと楽しみをもって果たしている自分に気づいた。

7　筆者は雑草に比べ、人間のことをどのようにとらえているか。次の**ア**～**カ**から適当なものを二つ選び、記号で答えなさい。

ア　最も大切な原則以外のことにこだわり、原則を守りきれない。

イ　目的が明確になると、目的までの道すじは自由に選ぶことができる。

ウ　自分で自分自身を分類し、それにこだわって生活史を変えることができない。

エ　あいまいでつかみどころが無いものも、分類・整理すれば理解できる。

オ　生きるうえで変えてもよいものに妥協してしまい、エネルギーを無駄に使っている。

カ　自分が今いる環境に適応しようと努力せず、文句や不満をいだきがちである。

三　次の文章を読んで、後の問いに答えなさい。

> 兄の「朔」は、弟の「新」の部活動（陸上部）の都合に合わせて、二人で高速バスに乗ったところ、事故に遭い、そのせいで失明してしまう。その後、「朔」は「新」に※ブラインドマラソンの伴走者を頼んで練習に励み、初めて大会に出場することになった。

「あ、※境野さんたちだ。ずいぶん前のほうにいる」新がかかとをあげた。

「※秋田さんは、早めに準備しておきたいタイプなんだろうな」

「そういえば、待ち合わせも時間よりずいぶん早くに来てたし」

「アップを始めるのも早かった」

朔はそう言って、［ **A** ］笑みをこぼした。

「境野さんって、そういうところをちゃんと押さえてくんだよ」

「……な、朔は境野さんが目指してることって聞いたことある？」

「ん？」

「伴走者としてってやつ」

いや、と※かぶりを振ると、新は口角をあげた。

「伴走したランナーが、また次も走りたいと思えるレースをすること、だって」

「ああ、うん」

「目標タイムで走ることでも、順位でも、完走することでもない」

「境野さんらしいね。でもそうだよな、走る目的も、理由も、ひとり

・攪乱…ここでは日照りや大雨など、植物の生活が乱れる事。
・一年生夏雑草…春に芽生え、夏のうちに開花する雑草。
・臨機応変…その時、状況に応じて適切に変わるさま。

1 「雑草はバラバラ」の節を読み進めながら、Xさんは次のようなメモを作った。本文の内容に基づいて、次の問いに答えなさい。

生物種の例	変異の例
人	身長
雑草	Ⅰ

Ⅱ	変異の種類
遺伝	遺伝的変異
環境	表現的可塑性

＜違いは「同所栽培」実験で分かる。

(1) 空欄Ⅰにあてはまる語を、他の節から漢字2字で見つけて答えなさい。

(2) 空欄Ⅱには、どのような見出しが適切か。本文と表を参考に考え、3字以上5字以内で答えなさい。

2 傍線部①「表現的可塑性」とはどのようなことか。「雑草はバラバラ」の節をふまえて、25字以内で説明しなさい。「変異」という言葉は用いないこと。

3 傍線部②「雑草のすごいところ」とあるが、筆者が「すごい」と考えている点について、本文の内容をふまえていないものを次の**ア**～**オ**から一つ選び、記号で答えなさい。

ア 自分の周囲に生える植物にあわせ、図鑑とは違う高さまで背を伸ばし、必要な日照を確保するところ。
イ 水分等が十分とれなかったり踏まれたりするような道ばたでも、しっかり根づいて成長するところ。
ウ 育ちづらい環境では、遺伝子を変化させて成長のペースを変え、開花のチャンスをのがさないところ。
エ 肥えた土地で育つ場合、茎や葉を大いに伸ばすのはもちろん、花や実も多くつけるところ。
オ 生育条件がどんなに整っていなくても、繁殖分配率が最適になるよう、環境に適応するところ。

4 二重傍線部「植物の中でも、雑草は可塑性が大きいと言われている」とあるが、雑草の可塑性が「野菜や花壇の花」より高いと筆者が言うのはなぜか。その理由を、二重傍線部から後の部分をふまえ、40字以内で説明しなさい。

5 空欄**A**～**E**にあてはまる語の組み合わせとして、最も適当なものを次の**ア**～**オ**から選び、記号で答えなさい。

ア 【**A** 変えてはいけない　**B** 変えてよい　**C** 変えてよい　**D** 変えられる　**E** 変えられる】
イ 【**A** 変えられない　**B** 変えられる　**C** 変えられない　**D** 変えられる　**E** 変えられる】
ウ 【**A** 変えてはいけない　**B** 変えてよい　**C** 変えられない　**D** 変えてよい　**E** 変えてはいけない】
エ 【**A** 変えられない　**B** 変えられる　**C** 変えてよい　**D** 変えられる　**E** 変えてよい】
オ 【**A** 変えられない　**B** 変えられる　**C** 変えられない　**D** 変えてよい　**E** 変えてよい】

6 傍線部③「自分の置かれたどこであっても、自らの真実の姿に巡り合える」とは例えばどのようなことか。前後の内容をふまえた時、最も適当な例を次の**ア**～**オ**から選び、記号で答えなさい。

ア 幼いころ、事故で両親をなくし、親の知人に育てられた。育ての親は自分をかわいがってくれ、その家にすっかりなじんで育ったつもりだったが、ある日育ての親に「実の親に言動がそっくりそれが雑草の可塑性である。

そして、雑草が自在に変化できる理由は、「変化しないことにある」と私は思う。

どういうことだろうか。

植物にとってもっとも重要なことは何だろう。それは、花を咲かせて種子を残すことである。雑草は、ここがぶれない。どんな環境であっても、花を咲かせて、種子を結ぶのである。

種子を生産するという目的は明確だから、目的までの道すじは自由に選ぶことができる。だからこそ雑草は、サイズを変化させたり、ライフサイクルを変化させたり、伸び方も自由に変化させることができるのである。

これは人生にも※示唆的である。生きていく上で「変えてよいもの」と「変えてはいけないもの」がある。変えてよいものに※固執して、無駄なエネルギーを使うよりも、変えてはいけない大切なものを守って行けば良いのだ。

中江丑吉（一八八九―一九四二）という思想家は「人間はそれぞれ守るべき原則をひとつかふたつ持てばそれでいい。他のことはさっさと妥協してしまえ」と言っていたという。「妥協してしまえ」というのは、乱暴にも聞こえるが、裏を返せば守るべき原則だけをしっかり守れということでもある。

あるいは禅の言葉に、「随処に主と作れば、立処皆真なり」という言葉がある。

③自分の置かれたどこであっても、自らの真実の姿に巡り合える、という意味である。

大きくても、小さくても、どちらもそれが雑草の姿である。そして、どんな場所であっても、必ず種子を残すのである。変えられない環境に文句を言っても仕方がないのだ。（略）

雑草の分類

雑草は表現的可塑性が大きく、変化する植物である。そのため、人間の決めた分類を飛び越えて変化してしまうものも少なくない。

たとえば、ヒメムカシヨモギという雑草は、道ばたや空き地、畑などあらゆる場所によく見られるキク科の雑草である。ヒメムカシヨモギは、秋に芽生える※越年生の雑草である。そして、冬の間に葉を広げて栄養分を蓄えると、春から夏にかけて茎を伸ばして花を咲かせるのである。

ところが、※攪乱の大きい場所では、ゆっくりと生長して花を咲かせている余裕はない。そこで、春から夏にかけて発芽し、数週間の間に成長して花を咲かせてしまう。つまり、※一年生夏雑草として、生活をしているのだ。また、ヒメムカシヨモギは北米原産の雑草だが、冬のない熱帯地域に広がったものは、越冬の必要がないから、もっぱら一年草として暮らしている。こうして、※臨機応変に、その生活史さえも、変えてしまうのである。

私たち人間は、整理しないと理解できない生物だから、自分たち自身さえも「理系と文系」「体育会系と文化系」と区別したがる。そして、「男らしく、女らしくしなさい」だとか、「高校生だから……」と分類に呼応して特徴づけたがるのである。

しかし、雑草の自由さを見ていれば、「こうあるべき」というのが、どんなに狭い考え方かわかるだろう。私たちが住む自然界というのは、もっともっと自由なのだ。

（稲垣栄洋『雑草はなぜそこに生えているのか』より）

※・示唆的…一見無関係なことから、ヒントを示すこと。
・固執…こだわること。
・越年生…秋に芽生え、冬を越して春や夏に開花すること。

図鑑には、数十センチと書いてある雑草が、背の高いトウモロコシ畑の中で競り合って背を伸ばして数メートルにもなっていたり、道ばたで踏まれながら数センチで花を咲かせていて、驚かされることが少なくないのだ。

花の時期も、図鑑には「春」と書いてあるのに、平気で秋に咲いていたりする。まったく雑草というのは、とらえどころのない植物である。

この表現的可塑性が大きいことが、さまざまな環境に適応するために重要な性質なのだ。身体の大きさについて言えば、植物は動物よりも可塑性が大きい。

人間では、成人どうしであれば、大きい人と小さい人で二倍の差があるということはない。しかし、植物は見上げるような大木も、小さな盆栽も同じ樹齢ということがある。この植物の中でも、雑草は可塑性が大きいと言われている。

雑草のサイズの変化と言えば、誰もが、道ばたの劣悪な条件で小さな花を咲かせている雑草の姿を思い浮かべることだろう。

アメリカの雑草学者のハーバード・G・ベーカー（一九二〇—二〇〇一）は論文『雑草の進化』の中で「理想的な雑草の条件」として十二の項目を挙げているが、その中には以下のようなものがある。

「不良環境下でも幾らかの種子を生産することができる」

どんなに劣悪な環境でも花を咲かせて、種子を結ぶ。これはまさに、雑草の真骨頂と言っていいだろう。しかし、②雑草のすごいところは、これだけではない。

良いときも悪いときも

「不良環境下でも種子を残す」という一方で、ベーカーの理想的な雑草の中には、次のような項目もある。

「好適環境下においては種子を多産する」

つまり、条件が悪くても種子をつけるが、条件が良い場合には、たくさん種子を生産するというのである。当たり前のように思えるかも知れないが、そうではない。

たとえば、私たちが栽培する野菜や花壇の花では、肥料が少ないと生きていくのがやっとで花が咲かずに枯れてしまうことがある。逆に、肥料をやりすぎるとどうだろう。茎や葉ばかりが茂って、肝心の花が咲かなかったり、実が少なくなってしまったりすることもある。まるで、植物にとってもっとも大切な、種子を残すということを忘れてしまうかのようだ。

しかし、雑草は違う。条件が悪い場合にも、最大限のパフォーマンスで種子を生産するが、条件が良い場合にもまた、最大限のパフォーマンスで種子を生産するというのである。

自分の持っている資源を、どの程度、種子生産に分配するかという指標を「繁殖分配率」というが、雑草は、個体サイズにかかわらず繁殖分配率が最適になるとされている。

条件が悪いときは悪いなりに、条件が良いときには良いなりにベストを尽くして最大限の種子を残す。これこそが、雑草の強さなのである。

変化するために必要なこと

雑草は可塑性が大きい。

これは「［A］ものは変えられない。［B］ものを変える」ということなのだろう。

［C］ものというのは、環境である。環境は変えられない。

そうだとすれば、［D］ものを変えるしかない。

［E］ものというのは、雑草自身である。

2023年度

昭和学院秀英中学校

【国　語】〈第一回試験〉（五〇分）〈満点：一〇〇点〉

＊設問の都合で、本文には一部省略・改変がある。

＊字数制限のある場合は、句読点なども字数に入れること。

一　次の傍線部の１～５のカタカナは漢字に直し、漢字は読みをひらがなで答えなさい。

1　皆さんのお知恵をハイシャクしたおかげで、すばらしい発表ができました。

2　仏壇（ぶつだん）に故人の好きだったお菓子（かし）をソナえる。

3　成立した法律をひろく国民にコウフする。

4　ガソリンはすぐキハツして気体になる。

5　しろうとにとっては、この暗号は複雑多岐で解読が大変だ。

二　次の文章を読んで、後の問いに答えなさい。

雑草はバラバラ

雑草は、変異が大きいことで特徴（とくちょう）づけられる。

「変異」とは、同じ生物種の中で、形質が異なることを言う。たとえば、人間の中にも背の高い人や背の低い人がいる。これは変異である。

さて背が高くなる形質をもつ理由は二つ考えられる。

一つは遺伝である。両親も兄弟も背が高い。もともと背が高くなる遺伝的な形質というものはある。

もう一つは環境（かんきょう）である。たとえば、遺伝的に同じ双子（ふたご）の兄弟が、別々の環境で暮らすうちに、十分に運動したり、栄養や睡眠（すいみん）をたっぷり取っていた方が背が高くなったということがあるかも知れない。これは、遺伝ではなく環境の影響（えいきょう）である。このように、形質を決めるものには、先天的な「遺伝」と後天的な「環境」がある。

雑草の変異にも、遺伝と環境とが影響している。

変異のうち、遺伝の影響によるものは「遺伝的変異」と呼ばれている。これに対して、環境によって変化することを「①表現的可塑（かそ）性」と呼んでいる。

雑草は、この「遺伝的変異」と「表現的可塑性」のどちらも大きいとされている。

もともと、生まれもった形質はバラバラであるし、環境に応じて変化する力も大きいのである。

同じ種類の雑草なのに、大きく伸（の）びる集団と、小さな集団があったとする。この大小の違（ちが）いは、先天的に持つ「遺伝的変異」によるものなのだろうか、それとも環境によって変化した「表現的可塑性」なのだろうか。

これは「同所栽培（さいばい）」という方法で明らかとなる。環境の異なるところで育っている集団から種子を採取してきて、同じ環境で育てる。もし、個体の違いが環境によるものであれば、同じ環境で育てれば差はなくなる。しかし、それが遺伝的に異なるものであれば、同じ環境で育てても差が見られるのである。（略）

変化する力

雑草が多様である要因は、遺伝的な変異が大きいことだけではない。もう一つの要因である「表現的可塑性」についても、少し触（ふ）れてみよう。

植物図鑑（ずかん）を見ると草丈（くさたけ）が記載されている。しかし、厄介（やっかい）なことに雑草というのは、図鑑の姿とまるで違うことが、ときどきある。

2023年度 昭和学院秀英中学校 ▶解説と解答

算　数　＜第１回試験＞（50分）＜満点：100点＞

解　答

1 ア　2023　イ　12.345　ウ　16　エ　後　オ　9　カ　532　2 ア　5　イ　800　ウ　202.5　エ　56.52　3 (1)　15度　(2)　9 cm^2　(3)　38.1cm^2　4 (1)　右の図　(2)　6通り　(3)　54通り　5 (1)　1.2cm　(2)　4 cm　(3)　12個

	出た目の数					
1回目	3	3	4	5	6	6
2回目	3	6	4	5	3	6

解　説

1 四則計算，計算のくふう，正比例と反比例，相当算

(1)　$\left(23\times 2\frac{1}{2}-4.5\right)\div 0.025-97=(23\times 2.5-4.5)\div\frac{1}{40}-97=(57.5-4.5)\times 40-97=53\times 40-97=2120-97=2023$

(2)　$1.2345+12.345+123.45+1234.5-12345\times 0.1101=12345\times 0.0001+12345\times 0.001+12345\times 0.01+12345\times 0.1-12345\times 0.1101=12345\times(0.0001+0.001+0.01+0.1-0.1101)=12345\times 0.001=12.345$

(3)　３分は，60×３＝180(秒)だから，３分は５秒の，180÷５＝36(倍)である。よって，３分早く進むのにかかる時間は，５秒早く進むのにかかる時間の36倍なので，１×36＝36(時間)とわかる。36÷24＝１余り12より，これは１日と12時間になるから，９月15日午前９時＋１日12時間＝９月16日午後９時と求められる。

(4)　一昨年度の生徒数を１とすると，昨年度の生徒数は，１×(１＋0.12)＝1.12となり，今年度の生徒数は，1.12×(１－0.05)＝1.064となる。よって，今年度は一昨年度よりも，1.064－１＝0.064増えたことになる。これが32人にあたるので，(一昨年度の生徒数)×0.064＝32(人)と表すことができ，一昨年度の生徒数は，32÷0.064＝500(人)と求められる。したがって，今年度の生徒数は，500＋32＝532(人)である。

2 辺の比と面積の比，面積，分割，体積，図形の移動

(1)　右の図１で，DCの長さは，10－３＝７(cm)だから，三角形ABCの面積を１とすると，三角形ADCの面積は，$1\times\frac{7}{10}=\frac{7}{10}$となる。また，三角形PDCの面積は，$1\times\frac{1}{2}=\frac{1}{2}$なので，三角形ADPの面積は，$\frac{7}{10}-\frac{1}{2}=\frac{1}{5}$とわかる。よって，三角形PDCと三角形ADPの面積の比は，$\frac{1}{2}:\frac{1}{5}=5:2$だから，CP：PA＝５：２となり，CPの長さは，$7\times\frac{5}{5+2}=5$(cm)と求められる。

図１

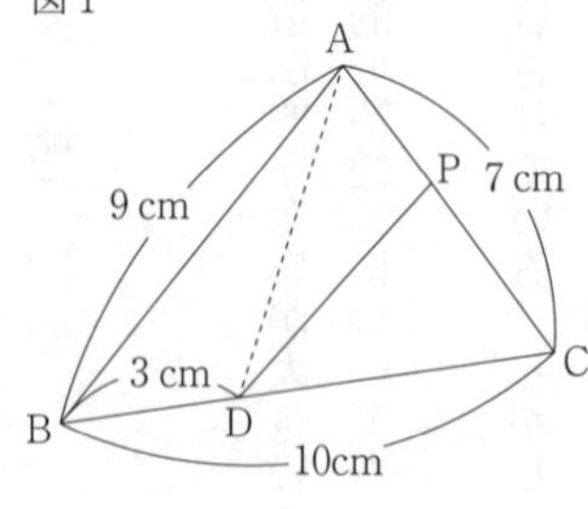

(2)　下の図２のように斜線(しゃせん)部分の一部を移動すると，斜線部分の面積は正方形ABCDの面積と等しくなることがわかる。また，正方形ABCDの対角線の長さは円の半径４つ分にあたるので，10×４＝40(cm)である。さらに，正方形の面積は，(対角線)×(対角線)÷２で求めることができる

から，斜線部分の面積は，40×40÷２＝800(cm²)となる。

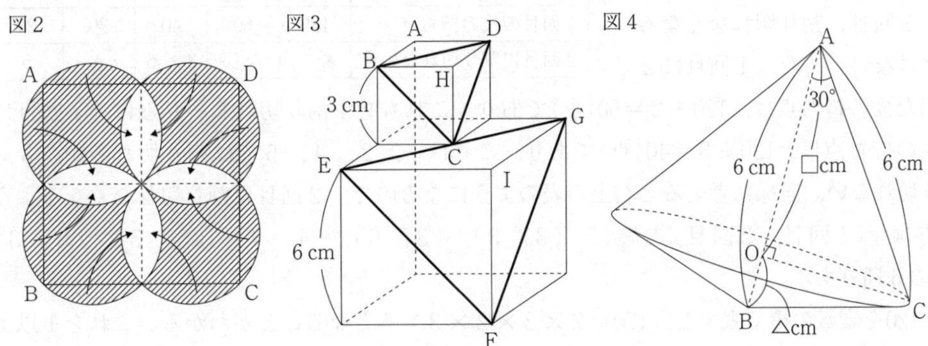

(3)　上の図３で，ＢとＣ，ＣとＤ，ＤとＢは直接結ぶことができる。また，Ｃを通るBDに平行な直線を引くとEGとなり，Ｅを通るBCと平行な直線を引くとEFになる。さらにＦとＧを結ぶと，切り口は２つの正三角形BCDとEFGになるので，上の立方体からは三角すいＣ－BHDが切り取られ，下の立方体からは三角すいＦ－EIGが切り取られることになる。上の立方体の体積は，３×３×３＝27(cm³)であり，三角すいＣ－BHDの体積は，３×３÷２×３÷３＝4.5(cm³)だから，上の立方体の残りの部分の体積は，27－4.5＝22.5(cm³)となる。同様に，下の立方体の体積は，６×６×６＝216(cm³)であり，三角すいＦ－EIGの体積は，６×６÷２×６÷３＝36(cm³)なので，下の立方体の残りの部分の体積は，216－36＝180(cm³)と求められる。したがって，点Ａを含む方の体積は，22.5＋180＝202.5(cm³)である。

(4)　上の図４のように，２つの円すいを組み合わせた形の立体になる。三角形AOCは正三角形を半分にした形の三角形だから，OCの長さは，６÷２＝３(cm)である。つまり，２つの円すいの底面の円の半径は３cmである。また，２つの円すいの高さをそれぞれ□cm，△cmとすると，□と△の和は６になるので，２つの円すいの体積の和は，３×３×3.14×□÷３＋３×３×3.14×△÷３＝３×３×3.14×(□＋△)÷３＝３×３×3.14×６÷３＝18×3.14＝56.52(cm³)と求められる。

3　平面図形―角度，面積

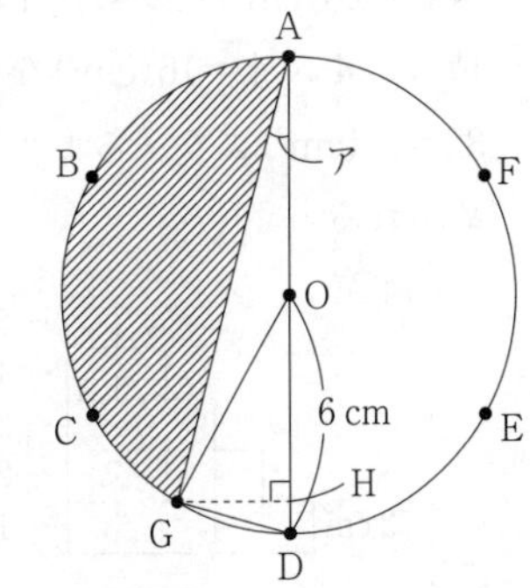

(1)　右の図で，角DOGの大きさは，360÷６÷２＝30(度)だから，角GOAの大きさは，180－30＝150(度)である。また，三角形OAGは二等辺三角形なので，アの角度は，(180－150)÷２＝15(度)と求められる。

(2)　ＧからODに垂直な線GHを引くと，三角形OGHは１辺の長さが6cmの正三角形を半分にした形の三角形になる。よって，GHの長さは，６÷２＝３(cm)だから，三角形OGDの面積は，６×３÷２＝９(cm²)とわかる。

(3)　おうぎ形OAGの面積は，$6 \times 6 \times 3.14 \times \frac{150}{360}$＝15×3.14＝47.1(cm²)である。また，三角形OAGも三角形OGDと同様に，底辺が6cmで高さが3cmの三角形なので，面積は9cm²となる。よって，斜線部分の面積は，47.1－９＝38.1(cm²)とわかる。

4　条件の整理，整数の性質，場合の数

(1)　１回目に１が出た後の持ち点は，120÷１＝120(点)になる。これは１，２，３，４，５，６の

いずれで割っても割り切れるから，２回目に割り切れなくなることはない。また，１回目に２が出た後の持ち点は，120÷２＝60(点)であり，これも必ず割り切れる。さらに，１回目に３が出た後の持ち点は，120÷３＝40(点)であり，これは１，２，４，５では割り切れるが，３，６では割り切れない。同様に考えると右上の表のようになるので，２回目に割り切れなくなるような目の出方は，（１回目，２回目）の順に，（３，３），（３，６），（４，４），（５，５），（６，３），（６，６）の６通りある。

１回目の目	1	2	3	4	5	6
１回目の後の持ち点	120	60	40	30	24	20
２回目に割り切れない目	なし	なし	３，６	4	5	３，６

⑵　120を素数の積で表すと，120＝２×２×２×３×５となることがわかる。これを１以上６以下の３つの整数の積で表すと，（２×２）×（２×３）×５＝４×６×５となるから，{４，５，６}の目が出ると３回で終了することになる。このとき，どの順番で出てもよいので，目の出方は，３×２×１＝６(通り)ある。

⑶　120を１以上６以下の４つの整数の積で表す方法を調べると，考えられる４回の目は，㋐{1，４，５，６}，㋑{2，３，４，５}，㋒{2，２，５，６}の３通りあることがわかる。㋐の場合，４つの目が出る順番は全部で，４×３×２×１＝24(通り)あるが，３回目までに{4，５，６}が出ると３回目に終了してしまう。この場合の目の出方が６通りあるので，これを除くと，㋐の場合の目の出方は，24－６＝18(通り)となる。また，㋑の場合の目の出方は24通りである。さらに，㋒の場合の目の出方は，５が出る順番の選び方が４通り，６が出る順番の選び方が３通りあり，残りの２回が２になるから，４×３＝12(通り)と求められる。よって，４回で終了するような目の出方は，18＋24＋12＝54(通り)とわかる。

5　立体図形―水の深さと体積

⑴　容器の底面積は，４×15＝60(cm²)である。よって，水を72cm³入れたときの水の深さは，72÷60＝1.2(cm)になる。

⑵　４＝２×２より，正方形の１辺の長さは２cmとわかる。下の図①で，１段目の底面積は，４×５＝20(cm²)だから，１段目に入る水の量は，20×２＝40(cm³)となる。同様に，２段目の底面積は，４×４＝16(cm²)なので，２段目に入る水の量は，16×２＝32(cm³)となる。よって，40＋32＝72(cm³)より，ちょうど２段目まで入ることがわかるから，水の深さは，２×２＝４(cm)と求められる。

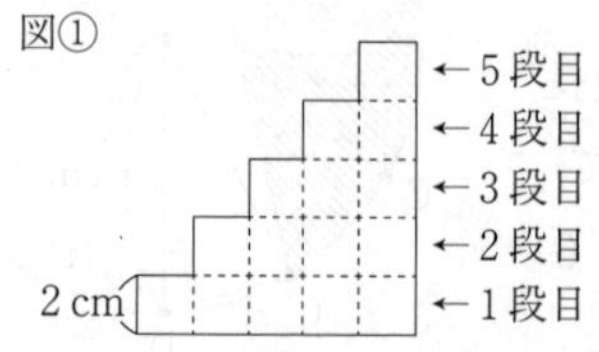

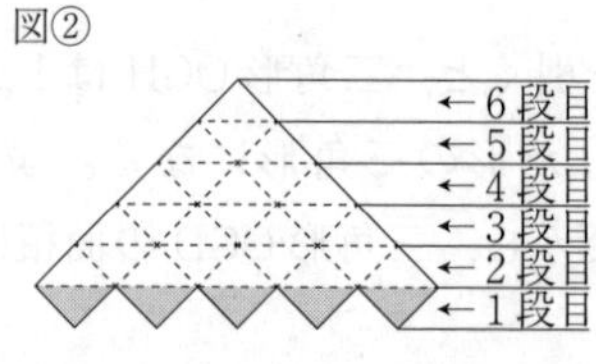

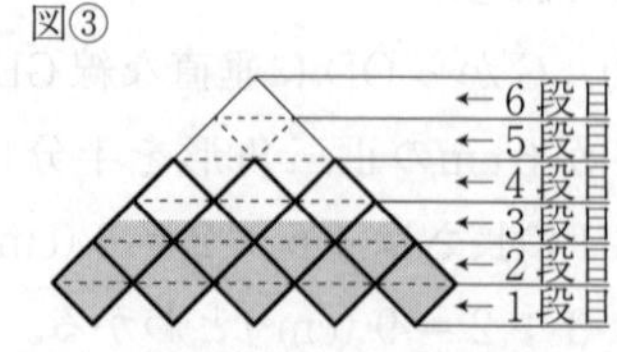

⑶　上の図②のように段に分けて考える。かげをつけた部分１か所に入る水の量は，立方体１個の体積の半分なので，２×２×２÷２＝４(cm³)である。よって，１段目に入る水の量は，４×５＝20(cm³)と求められる。同様に，２段目に入る水の量は，４×９＝36(cm³)，３段目に入る水の量は，４×７＝28(cm³)だから，20＋36＝56(cm³)，56＋28＝84(cm³)より，上の図③のように３段目の途中(とちゅう)まで入ることがわかる。したがって，水に触(ふ)れている正方形は太線で囲んだ12個である。

社 会 <第１回試験>（40分）<満点：50点>

解 答

1 問１ エ　問２ 今治　問３ フォッサマグナ　問４ ケ　問５ （例） 急な増水時に欄干に流木などがぶつかって水の流れが悪くなり，氾濫するのを防げる。　問６ セ　問７ ネ　問８ ヒ　2 問１ イ　問２ エ　問３ ア　問４ ア 呂　イ 氏　ウ 康　問５ （例） 足軽は応仁の乱のころは臨時に雇われた兵士だったが，長篠の戦いでは鉄砲隊に組織された。　問６ ① 刀狩（令）　② 大坂（大阪）の陣（役）　③ 島原・天草一揆（島原の乱）　3 問１ a 津田梅子　b 岸信介　問２ ウ　問３ イ　問４ ア　問５ イ　問６ ウ　4 問１ A 野党　B ３　問２ エ　問３ 公共の福祉　問４ キ　問５ ウ　問６ 総辞職

解 説

1 日本の地形や産業などについての問題

問１　岡山市は，１年を通じて降水量が少なく，冬でも比較的温暖なことが特徴の瀬戸内の気候に属している。なお，アは中央高地の気候に属する松本市（長野県），イは日本海側の気候に属する鳥取市，ウは太平洋側の気候に属する小田原市（神奈川県）の雨温図。

問２　今治市は愛媛県北部に位置する都市で，瀬戸内しまなみ海道によって広島県尾道市と結ばれている。今治市は，地場産業として発展したタオルの生産がさかんで，「今治タオル」の名でブランド化された商品は国内外で高い評価を得ている。

問３　日本列島を地質学的に東北日本と西南日本の２つに大きく分ける大地溝帯をフォッサマグナといい，本州の中央部を南北に貫いている。新潟県糸魚川市と静岡県静岡市の間を結ぶ糸魚川—静岡構造線は，その西の端にあたる。

問４　近年の国別の温室効果ガス総排出量は，1990～2000年代に急速な工業化と経済発展をとげたカの中国が最も多く，キのアメリカ合衆国がこれにつぐ。一方，１人あたり二酸化炭素排出量でみた場合には，人口が世界第１位の中国，第２位のクのインドのほうが，ケの日本よりも低くなる。統計資料は『日本国勢図会』2022／23年版による（以下同じ）。

問５　高知県西部を流れる四万十川では，欄干のない「沈下橋」とよばれる橋がいくつも残されている。図２からわかるように，夏～秋にかけて，四万十川の流量が急激に増えることがある。川が増水した場合，欄干のある橋では，欄干に流木などが引っかかって流れをせき止めてしまい，川の水があふれ出すことも考えられる。欄干がなければこうしたことが起きないため，氾濫の可能性を低くすることができる。また，流れてくるもので橋が壊されることを防げる，景観がよくなるといった利点もある。

問６　愛媛県は，西側にある宇和海を中心に養殖業がさかんで，愛媛県のまだいと真珠の養殖収獲量は全国第１位，ぶり類は全国第２位となっている。なお，Aは広島県で，かきの養殖収獲量が全国で最も多い。Cは高知県で，かつおの一本釣り漁がさかんなことで知られる。統計資料は『データでみる県勢』2022年版による。

問７　F　高度経済成長期は，1950年代後半から1970年代前半にあたる。1960年代には，国産材の

供給量が減る一方で，輸入丸太の供給量が増えている。　G　2000年代以降，木材自給率は上昇傾向にあるといえるが，それでも木材自給率は40%を超えていない。

問８　日本最大の工業地帯である中京工業地帯は，製造品出荷額等の３分の２以上を機械工業が占め，特に，愛知県豊田市の自動車産業に代表される輸送用機械の製造品出荷額等の割合が大きい。関東内陸工業地域と瀬戸内工業地域を比べた場合，製鉄所や石油化学コンビナートが複数立地している瀬戸内工業地域のほうが，全体に占める金属工業と化学工業の割合が大きい。また，関東内陸工業地域は，北海道についで全国で２番目に食料品工業の製造品出荷額等が多い埼玉県がふくまれているため，食料品工業の割合が比較的大きいことも特徴といえる。

2　古代～江戸時代の戦いについての問題

問１　日本列島では，稲作が広まった弥生時代に，集落どうしの争いが起こるようになった。土偶は，縄文時代の人々がまじないに用いたと考えられている土人形である。

問２　ア（壬申の乱）は672年，イ（蘇我馬子が物部守屋を倒す）は587年，ウ（高句麗好太王の碑がつくられる）は414年，エ（白村江の戦い）は663年のできごとなので，古い順にウ→イ→エ→アとなる。

問３　ア（壇ノ浦の戦い）は1185年，イ（保元の乱）は1156年，ウ（承久の乱）は1221年，エ（平治の乱）は1159年のできごとなので，古い順にイ→エ→ア→ウとなる。

問４　アは坂上田村麻呂で797年に，イは足利尊氏で1338年に，ウは徳川家康で1603年に，いずれも征夷大将軍に任じられた。

問５　図１は，応仁の乱（1467～77年）のようすを描いた『真如堂縁起』という作品で，足軽とよばれる兵士が建物を壊して建具などを持ち逃げしている。足軽の多くは農民から雇われ，徒歩・軽装で戦いに参加した。集団戦法で活躍したが，応仁の乱のころはあまり統制がとられておらず，戦乱に乗じて放火や強奪といった乱暴がたびたび行われた。図２は，長篠の戦い（1575年）のようすを描いた「長篠合戦図屏風」で，織田信長・徳川家康の連合軍に属する足軽鉄砲隊が，武田勝頼の騎馬隊を迎え撃っている。戦国時代になると，鉄砲の普及などによって集団戦法の重要性が高まったため，足軽も重要な戦力とみなされ，戦国大名によって組織化されていった。

問６　①　豊臣秀吉は1588年に刀狩令を出し，農民から刀や槍などの武器を取り上げて一揆が起こるのを防ぐとともに，農民を耕作に専念させ，農民と武士の身分をはっきり区別する兵農分離政策を進めた。　②　徳川家康は，幕府の支配を強固なものとするため，影響力の大きい豊臣氏をほろぼそうと考え，1614年に大坂（大阪）冬の陣を起こした。一度は講和したが，翌15年に大坂夏の陣を起こして大坂城を攻め落とし，豊臣秀吉の子である豊臣秀頼を倒して豊臣氏をほろぼした。この２度の戦いは，大坂の役ともよばれる。　③　1637年，領主の圧政とキリスト教徒の弾圧にたえかねた島原・天草地方の農民たちは，天草四郎時貞を首領として反乱を起こした。これを島原・天草一揆（島原の乱）といい，一揆軍は島原半島南部の原城跡に立てこもって抵抗し，幕府軍は翌38年にようやくこれを鎮圧した。

3　近現代の外交や戦争などについての問題

問１　a　1871年，津田梅子は最初の女子留学生として，岩倉使節団とともにアメリカにわたった。帰国後は日本の女性教育向上をめざして活動し，1900年に女子英学塾（のちの津田塾大学）を創立した。2024年発行予定の新５千円札には，津田梅子の肖像がデザインされることになっている。

b　1960年，岸信介首相は国内の強い反発にもかかわらず，改正日米安全保障条約を衆議院で強行採決した。日本国憲法の規定(衆議院の優越)にもとづいて改正日米安全保障条約が自然成立すると，岸内閣は総辞職した。

問２　アとエは1873年，イは1872年，ウは1869年のできごとである。

問３　ア「関税自主権がない」ではなく，「外国に領事裁判権を認めていた」といった内容が正しい。　イ　井上馨の外交政策を正しく説明している。　ウ「伊藤博文」ではなく「陸奥宗光」が正しい。伊藤博文はこのとき，内閣総理大臣をつとめていた。　エ「陸奥宗光」ではなく「小村寿太郎」が正しい。

問４　1904年に日露戦争が始まると，戦局は日本の優位で進んだが，両国とも戦争の続行が難しくなったため，アメリカ合衆国大統領セオドア＝ルーズベルトの仲介で，講和条約としてポーツマス条約を結んだ。戦勝国となった日本は，ロシアに韓国の指導権などを認めさせるとともに，旅順・大連を借り受ける権限や長春以南の鉄道(のちの南満州鉄道)の利権を譲り受けるなどしたが，賠償金は得られなかった。これに不満を募らせた一部の国民が暴徒化し，日比谷焼き打ち事件を起こした。

問５　ア　犬養毅首相は，1932年に海軍の青年将校らが起こした五・一五事件で暗殺された。陸軍の青年将校らが1936年に起こした二・二六事件では，高橋是清大蔵大臣らが暗殺された。　イ　1938年に出された国家総動員法について，正しく説明している。　ウ　治安維持法は，1925年に制定された。　エ　1940年，近衛文麿首相のときに大政翼賛会が発足し，戦時体制が強化された。

問６　ア　日本は資源を確保するために東南アジアへと進出したが，これによってアメリカ合衆国との関係が悪化し，1941年に太平洋戦争が始まった。1942年のミッドウェー海戦での敗北をきっかけとして，戦局は日本の不利に転じた。　イ「ポルトガル」ではなく「イギリス」が正しい。　ウ　オランダは，アメリカ合衆国・イギリス・中国と協力し，日本に対して石油の禁輸などの経済制裁を行ったので，正しい。　エ　太平洋戦争のとき，日本は大東亜共栄圏の建設を掲げて東南アジアへの進出を正当化した。フィリピンは，独立を認めるという条件で大東亜共栄圏に加わったが，「現地住民は日本国民と同等の人権が認められた」というようなことはなかった。

４　政治のしくみと現代の社会についての問題

問１　A　政権を担当する政党を与党，それ以外の政党を野党といい，野党は与党の政治を批判したり代案を提示したりする。　B　参議院議員の任期は６年だが，選挙は３年ごとに行われ，定数の半分が改選される。

問２　経済協力開発機構(OECD)は，経済の安定・成長と発展途上国への援助，自由貿易の拡大を目的として，1961年に発足した。南南問題は，1970～80年代ごろから明らかになり始めた。

問３　公共の福祉は「社会全体の利益」といった意味の言葉で，主張する権利がぶつかって調整する必要が生じたとき，人権を制限するための根拠とされることがある。日本国憲法第12条では，国民には公共の福祉のために人権を利用する責任があることが，第13条では，公共の福祉に反しない限り，国民の権利は最大限尊重されることが定められている。

問４　D　こども家庭庁は，内閣府にあった子ども・子育て本部や，厚生労働省にあった子ども家庭局などの仕事を移し，子どもに関する政策の司令塔とするため，内閣総理大臣直属の機関として内閣府に設置される。　E　本来大人が担うと考えられている家事や家族の世話などを日常的に行っているこどものことを，ヤングケアラーという。ヤングケアラーは十分に学業に取り組めなかったり，友人と過ごす時間が失われたりするため，こども家庭庁はその支援を行うことにしている。ホームヘルパーは，訪問介護を行う人のことである。　F　社会保障制度のうち，高齢者や障がい者など，社会的弱者を援助するための制度を，社会福祉という。公衆衛生は，伝染病の予防や上下水道の整備など，国民の健康な生活を守るための制度やしくみにあたる。

問５　ア，イ　2014年・2015年・2020年は，内閣提出法案数のほうが議員提出法案数よりも多く，それ以外の年は議員提出法案数のほうが内閣提出法案数よりも多い。　ウ　図１を正しく読み取っている。　エ　たとえば，2022年の内閣提出法案数は約60件で，そのほぼ100％が成立しているので，成立件数は60ほどとなる。一方，この年の議員提出法案数は100件近くあるが，成立率は20％程度なので，およそ20件しか成立していないことになる。

問６　日本国憲法第69条の規定により，衆議院で内閣不信任案が可決，または信任案が否決された場合，内閣は10日以内に衆議院を解散しない限り，総辞職しなければならない。

理　科　＜第１回試験＞（40分）＜満点：50点＞

解　答

［1］ **問１**　1.5回転　**問２**　9.42m　**問３**　0.25回転　**問４**　(1)　D　(2)　毎秒6.28m　**問５**　イ　**問６**　(1)　25kg分の力　(2)　５kg　**問７**　B　**問８**　①　イ　②　ア

［2］ **問１**　①　ア　②　ア　③　イ　④　イ　⑤　ア　⑥　イ　**問２**　(1)　オ(またはエ)　(2)　イ　(3)　エ　(4)　イ　**問３**　(1)　ラムサール条約　(2)　谷津干潟　**問４**　①　ア　②　エ　③　ア　④　イ　⑤　イ　**問５**　エ　**問６**　エ　**問７**　(1)　ウ　(2)　ウ　(3)　イ

［3］ **問１**　イ，オ　**問２**　(1)　２個　(2)　１個　**問３**　ア，ウ　**問４**　**条件１**　ウ　**条件２**　カ　**条件３**　ア　**問５**　2.7g　**問６**　(1)　C，E，G　(2)　F　(3)　D，H　**問７**　イ　**問８**　4.8％　**問９**　225g

解　説

［1］ 自転車の動力部分の仕組みについての問題

問１　ペダルを１回転こぐと，チェーンはスプロケットAの歯数と同じ48個分動くので，歯数が32個のスプロケットBは，48÷32＝1.5(回転)する。よって，後輪も1.5回転する。

問２　スプロケットCを使用しているとき，ペダルを１回転こぐと，後輪は，48÷16＝3(回転)する。後輪の円周は，0.5×２×3.14＝3.14(m)なので，自転車は，3.14×３＝9.42(m)進む。

問３　後輪を１回転させるには，チェーンをスプロケットDの歯数と同じ12個分動かす必要があるので，スプロケットAやペダルを，12÷48＝0.25(回転)させることになる。

問４　(1)　ペダルを１回転させるとき，スプロケットBなら1.5回転，スプロケットCなら３回転，スプロケットDなら，48÷12＝4(回転)するので，スプロケットDを選ぶと，ペダル１回転あたりの進む距離(きょり)が最も長くなり，同じ速さでペダルをこぐとき，速さが最も速くなる。　(2)　ペダルを５回転させると，スプロケットDは，４×５＝20(回転)するので，進む距離は，3.14×20＝62.8(m)となる。したがって，速さは毎秒，62.8÷10＝6.28(m)になる。

問５　スプロケットAの中心は，スプロケットAが回転するときの中心になるので，支点に相当する。

問６ (1) ペダル側において，チェーンがスプロケットＡを引く力(チェーンにかかる力)の大きさを□kgとすると，つり合いの式は，20×15＝□×12になる。よって，□＝300÷12＝25(kg)である。 (2) 後輪側において，おもりの重さを△kgとすると，つり合いの式は，25×10＝△×0.5×100となる。したがって，△＝250÷50＝5(kg)になる。

問７ おもりの重さが同じとき，後輪側におけるつり合いの式を考えると，(おもりの重さ)×(後輪の半径)の値が一定となるので，チェーンにかかる力の大きさと後輪のスプロケットの半径は反比例する。また，ペダル側におけるつり合いの式を考えると，ペダルの長さ(15cm)とスプロケットＡの半径が一定だから，ペダルを押す力の大きさとチェーンにかかる力の大きさは比例する。したがって，ペダルを押す力の大きさと後輪のスプロケットの半径は反比例することがわかるので，ペダルを押す力の大きさが最も小さくなるのは，後輪のスプロケットの半径が最も大きい場合，つまりスプロケットＢを使用する場合である。なお，このことは，おもりの重さを任意に決めて実際に計算して求めると理解しやすい。

問８ 後輪から地面に伝わる力は，図２におけるおもりの重さと考えるとよい。問７より，スプロケットＤよりも，スプロケットＢを使用したときの方が，ペダルを押す力の大きさは小さくなる。また，問４の(1)より，ペダル１回転あたりの進む距離は，後輪側のスプロケットの歯数が小さいほど長くなるので，後輪側のスプロケットの歯数が大きいほど，同じ距離を進むためにペダルをこぐ回数(後輪１回転あたりのペダルの回転数)は多くなる。

２ 渡り鳥についての問題

問１ ①，② 夏鳥は，夏を日本，冬を南の国でくらす。春になると，主に繁殖(子を産み，育てること)のために南の国から渡ってくる。 ③，④ 冬鳥は，夏を北の国，冬を日本でくらす。夏は北の国で繁殖し，秋になると寒さを逃れるために南下してくる。 ⑤，⑥ 漂鳥は，夏は標高の高いところや緯度の高いすずしい地域で繁殖し，冬は平地や緯度の低い暖かい地域に移動して寒さを逃れる。

問２ 夏鳥にはツバメやカッコウなど，冬鳥にはマガモやコハクチョウなど，旅鳥にはシギやチドリなど，留鳥にはスズメやホオジロなど，漂鳥にはウグイスやヒヨドリ(ともに地域によっては留鳥とされる)などがいる。

問３ (1) 水鳥の生息地となる湿地を守るために制定された国際条約を，ラムサール条約という。日本の登録地は50か所以上もある。 (2) 本校からも近いところにある谷津干潟(習志野市)は，1993年にラムサール条約登録地となり，人間が勝手に立ち入りできない区域として，自然環境が保護されている。

問４ ① ツバメのオスとメスは尾の羽の長さで見分けることができ，オスの方が長い。 ② ツバメは飛行しながら，飛んでいる虫をとらえてエサとする。 ③ ツバメは巣作りするのにふつう１～２週間を要する。ただし，様子によってはさらに時間がかかる場合もある。 ④ ツバメの巣は主に泥や草などからできている。 ⑤ ツバメが卵を産んでから卵が孵るまでに約２週間かかり，それからヒナが巣立つまでに約３週間かかる。

問５ 雨が降る前には空気のしめり気が増し，そのため虫の羽も重くなって低く飛ぶようになる。すると，その虫をエサとするツバメも低く飛ぶようになるからだと考えられている。

問６　卵やヒナは，カラスやヘビなど多くの天敵にねらわれやすい。そのため，天敵が近寄りにくい場所として，玄関（げんかん）や軒先（のきさき）などといった人の出入りの多いところに巣を作ることが多い。

問７　ツバメが巣作りをするのは４月ごろからである。よって，春の始まりのころの様子を選ぶとよい。サクラの場合は花が散って葉を出すころにあたる。カマキリの場合は冬をこした卵が孵るころ，ヘチマの場合は種から芽が出るころである。

3　**金属の化学反応についての問題**

問１　スチールウール（鉄）を燃やすと，鉄と酸素が結びついて酸化鉄（黒さび）となる。このとき二酸化炭素は発生しないので，燃やした後の集気びんに石灰水を入れても白く濁（にご）らない。また，できた酸化鉄の重さは，元のスチールウールの重さよりも結びついた酸素の重さだけ重くなる。酸化鉄は電流を流さず，磁石にはつかず，うすい塩酸とは反応しない。

問２　アルミニウムは，うすい塩酸にもうすい水酸化ナトリウム水溶液（すいようえき）にも溶（と）ける。鉄は，うすい塩酸には溶けるが，うすい水酸化ナトリウム水溶液には溶けない。銅は，どちらの水溶液にも溶けない。

問３　マグネシウムと塩酸が反応すると，水素が発生する。水素は，空気よりも軽く（最も軽い気体），においはなく，非常に燃えやすい。また，水にはほとんど溶けない。

問４　**条件１**　塩酸の濃度（のうど）を２倍にすると，マグネシウムをすべて反応させるのに必要な塩酸の体積は半分になる。しかし，マグネシウムの量は変えていないので，発生する気体Ｂの体積は変わらない。したがって，グラフの折れ目は（塩酸の体積10mL，気体Ｂの体積200mL）となるので，ウのグラフとなる。　　**条件２**　マグネシウムの量を２倍にすると，マグネシウムをすべて反応させるのに必要な塩酸の体積は２倍になり，このとき発生する気体Ｂの体積も２倍になる。したがって，グラフの折れ目は（塩酸の体積40mL，気体Ｂの体積400mL）になるから，カのグラフになる。

条件３　マグネシウムを細かくすると，塩酸とふれる面積が大きくなるため，すべてが反応するのにかかる時間は短くなる。しかし，マグネシウムの量も塩酸の体積も変わっていないので，発生する気体Ｂの体積は変わらない。つまり，図２と同じアのグラフとなる。

問５　54ｇの金属球Ｃの体積は，$70-50=20$（cm^3）なので，１cm^3あたりの重さは，$54\div20=2.7$（ｇ）である。

問６　それぞれの金属球について１cm^3あたりの重さを求めると，金属球Ｃ，金属球Ｅ，金属球Ｇは2.7ｇ，金属球Ｄ，金属球Ｈは7.13…ｇ，金属球Ｆは19.3ｇと求められる。よって，１cm^3あたりの重さが最も大きい金属球Ｆは金，次に大きい金属球Ｄ，金属球Ｈは亜鉛（あえん），最も小さい金属球Ｃ，金属球Ｅ，金属球Ｇはアルミニウムとわかる。

問７　食塩水を使用しても，金属球を入れると金属球の体積の分だけ見かけの食塩水の体積が増す。これは水の場合と同様なので，操作３の測定値は操作２の測定値と同じになる。

問８　もし合金Ｘ１cm^3がすべてアルミニウムだとすると2.7ｇになるはずだが，実際は3.0ｇあり，$3.0-2.7=0.3$（ｇ）重い。また，アルミニウムを銅に置きかえると１cm^3あたり，$9.0-2.7=6.3$（ｇ）重さが増す。よって，$0.3\div6.3=0.0476\cdots$より，0.048cm^3だけアルミニウムが銅に置きかわったものが合金Ｘである。つまり，合金Ｘに含（ふく）まれる銅の割合は，$0.048\div1\times100=4.8$（％）である。

問９　$1L=1000cm^3$より，水素ガス１Ｌあたりの重さは，$0.0009\times\frac{1000}{100}=0.009$（ｇ）とわかるので，水素ガス500Ｌの重さは，$0.009\times500=4.5$（ｇ）である。したがって，必要な合金Ｙは，$4.5\div0.02=$

225(g)となる。

国　語　＜第１回試験＞（50分）＜満点：100点＞

解　答

一　1～4　下記を参照のこと。　5　たき　二　1　⑴　草丈　⑵　（例）　変異の理由　2　（例）　同じ生物種でも，形質が環境によって変化すること。　3　ウ　4　（例）　植物にとって最も重要な種子を残すという点でどんな環境でも最大限の成果を残すから。　5　イ　6　オ　7　ア，カ　三　1　イ　2　ウ　3　エ　4　エ　5　オ　6　（例）　朔への罪悪感から陸上をやめたが，自分の弱さや走ることが本当に好きなことに気づき，自分のためにまた走ることで心を強くして，朔とも一緒に走りたいと思っている。　7　ア

●漢字の書き取り

一　1　拝借　2　供(える)　3　公布　4　揮発

解　説

一　漢字の読みと書き取り

1　物や力を人から借りること。　2　音読みは「キョウ」で，「供述」などの熟語がある。

3　法令などを国民に広く知らせること。　4　液体が常温のまま気化して気体になること。

5　種類がさまざまであるようす。

二　出典は稲垣栄洋の『雑草はなぜそこに生えているのか―弱さからの戦略』による。筆者は，環境に合わせて自在に変異する雑草の強さを例にあげ，人間の理想的な生き方を論じている。

1　⑴　雑草が伸びた高さのことを，筆者は「変化する力」の節の二段落目で「草丈」と呼んでいる。　⑵「遺伝」と「環境」は，同じ生物種の中で変異が表れる「理由」であり，「雑草が多様である要因」だと述べられている。同じ表に「変異の種類」という見出しもあることをふまえ，形式をそろえて「変異の理由」「変異の要因」などとするとよい。

2　「雑草はバラバラ」の節において，「変異」すなわち「同じ生物種の中で，形質が異な」ったり「個体の違い」が表れたりすることの原因は二つあると説明されている。その一つが「環境」であり，環境の影響により変異が表れることを「表現的可塑性」と呼ぶ，と書かれている。

3　筆者は雑草の強さとして，環境に合わせて「サイズ」や「ライフサイクル」，「伸び方」などを自由に変化させる点をあげているが，遺伝子を変化させるという記述はないため，ウがふさわしくない。環境による雑草の変異として，本文では雑草が「トウモロコシ畑」で競って草丈を伸ばす例や，「道ばたで踏まれながら」花を咲かせる例が書かれているので，アやイは正しい。条件が良い場合にも悪い場合にも雑草は常に「最大限の種子を残す」と書かれているので，エやオもよい。

4　「良いときも悪いときも」の節では，野菜や花壇の花は肥料が多すぎたり少なすぎたりすると花が枯れたり実が少なくなったりするが，雑草は条件に関係なく，常に「ベストを尽くして最大限の種子を残す」と述べられている。「種子を残す」という大切な目的のためなら，どんな環境でも自在に変化できる点を，筆者は「雑草の可塑性」と呼んでいるのである。

5　まず，空欄Ｃの直後に「環境は変えられない」とあることから，Ｃには「変えられない」が入ることがわかる。ＣはＡを説明している部分なので，Ａにも「変えられない」が入る。Ｄは，Ｃの「変えられない」とは反対の意味が入るため，「変えられる」がよい。ＤはＢを説明している部分なので，Ｂにも「変えられる」が合う。また，Ｅは直前のＤの繰り返しなので，「変えられる」がふさわしい。

6　傍線部③の前後では，人も雑草と同じように「変えられない」環境を受け入れ，「変えられる」自分自身を変えることで成果をあげることができる，と述べられている。オは，くじ引きの結果という変えられない事実を受け入れ，自分から行動を起こして信頼ややりがいを得た話なので，ふさわしい。生みの親に言動が似ることは遺伝の問題であり，環境への適応ではないので，アは誤り。イは，現地の文化に合わせて性格が変わった話にとどまっており，自発的な行動による成果について書かれていないので，ふさわしくない。ウは，転校先で自分を変えたというよりも，時間とともに緊張が解け，新しい環境に慣れた話なので，合わない。エは，最終的に環境を変えて希望を叶えた話なので，正しくない。

7　ア　筆者は，人間は「変えてよいもの」に「固執」することをやめ，「変えてはいけない大切な」原則だけ守ればよいと主張しているので，正しい。　イ　「種子を生産する」という目的に向かって自由に「道すじ」を選んでいるのは雑草なので，誤り。　ウ　臨機応変に「生活史」を変えられるものとして書かれているのはヒメムカシヨモギなので，正しくない。　エ　人間が自分たちを「分類」し「特徴づけたがる」性質を筆者は批判しているので，合わない。　オ　「変えてよいもの」については「妥協」したほうがよいとされているので，合わない。　カ　本文に「変えられない環境に文句を言っても仕方がない」と書かれているので，合う。

三　**出典はいとうみくの『朔と新』による。**事故をきっかけに視力を失った朔と，弟の新は，ブラインドマラソンの走者と伴走者として初めて大会に出場する直前，今まで言えなかった本音をぶつけ合う。

1　Ａ　知人の準備が早いようすを聞き，朔が思わず笑みをこぼした場面なので，力が抜けたさまを表す「ふっと」が合う。　Ｂ　新の言葉に朔の顔が思わず反応した場面なので，反射的にわずかに動くさまを表す「ぴくりと」がよい。　Ｃ　新が，前方に立つ仲間の背中を見つめて自分を重ねる場面なので，しばらく視線を注ぐさまを表す「じっと」がふさわしい。

2　朔は新の「ゴール」という言葉を受け，走者として自分には目指すゴールが見えないこと，最初から「間違った方向」へ「駆け出していた」ことをあらためて自覚している。よって，ウがふさわしい。朔が考えているのはこの日のレースのことではなく，自分の競技との向き合い方についてなので，アは誤り。朔が順位やタイムを気にしているという記述はないため，イも合わない。現実と無理に向き合わされたというより，「ゴール」という言葉をきっかけに朔が自分の心の内を振り返る場面なので，エも合わない。朔が気にしているのは目指している場所の違いではなく，新や走ることに対する自分のあり方なので，オも正しくない。

3　傍線部②に続く部分に事故後の朔の心境が書かれている。新が陸上をやめたと知った朔は，その理由は視力という「大切なもの」を失った自分と「同じ痛み」を負おうとしたからだと察していた。そんな新を，「楽になろうとしているだけのことではないのか」と朔は「激しく嫌悪した」とあるので，エがよい。朔は事故後，視力を失ったことをどうしようもないとは思い切れずに苦しんでいたので，アはふさわしくない。朔が腹を立てたのは，新が自分と同じ苦しみを味わったつもりになって楽になろうとしていると感じたからなので，イも合わない。朔は，事故に遭ったのは「新のせい」ではないと「頭では」理解しており，新を恨む気持ちをなんとか消そうとしているので，ウも誤り。朔は，新や自分が元通りになれないことに対して腹を立てたわけではないので，オも正しくない。

4　傍線部③の前で朔は，新に「伴走を頼んだ」本当の理由は，新を苦しめたかったからだと打ち明け，「もう新とは走らない」と宣言している。これに対し新は，伴走を始めたきっかけなど「どうでもいい」と問題にせず，新を苦しめたいと思う朔の気持ちが「ずっと続かなかっただろ」と言い当てているので，エがふさわしい。

5　傍線部④の前の部分で，新は伴走者として「朔のために」走っているつもりでいたが，実際には「オレのために」走っていた，と語っている。苦しくても辛くても，誰かに助けてもらえないという点で，走ることは「孤独」であり，それはふたりで走っていても変わらないが，自分のために自分が走るという点では「自由」だ，と新が考えていることが読み取れる。したがって，オがよい。走ることを止める自由ではなく，走ることを選ぶ自由について書かれているので，アは合わない。走ることの目的と欲求の違いについては本文に書かれていないので，イもふさわしくない。ウも，走ることの自由ではなく孤独についてなので，正しくない。新は伴走するときも朔のためではなく自分のために走っていたと話しているので，エも合わない。

6　新は，ゲート前で見かけた伴走者仲間を，「一度は走ることをやめ」，「自分で断ち切ったのに，それでもまた走っている」自分に重ねている。事故以来，朔への後ろめたさから陸上をやめ，伴走を頼まれてからも「朔のため」だと自分に言い聞かせてきた新は，「やっぱり走ることが好きだ」という自分の気持ちを認め，自分の意思で自分のために走りたいと思えるようになった。新の言葉からは，走ることや自分の弱さから「逃げないで」向き合うことで強くなり，朔と一緒に走れる自分でありたいという決意が読み取れる。

7　新の「やっぱり走ることが好きだ」「嬉しかった」「また朔とも走る」といった言葉を聞いた朔は，「日差し」や「一筋」の「光」，「青く広がる」空などを身体で感じている。お互いの本音をぶつけ合った末に新が出した結論によって，朔の心が晴れていったことが読み取れるので，アがふさわしい。新は単に走る楽しさだけでなく，朔と一緒に走りたい気持ちも語っているので，イは合わない。４でみたように，新に対する朔の恨みは今まで続いてはいないので，ウも誤り。新は走ること自体がゴールだとは述べておらず，走って強くなりたいと話しているので，エも合わない。朔の気持ちの変化は，新の生き生きとした走りではなく，新と本音で話したことがきっかけなので，オも正しくない。

Memo

2023年度

昭和学院秀英中学校

【算　数】〈第２回試験〉（50分）〈満点：100点〉

1, **2**, **5**と**3**の(1), (2), **4**の(1), (2)は答えのみ記入しなさい。それ以外の問題に対しては答えのみでも良いが，途中式によっては部分点を与えます。

※円周率は3.14とし，角すいや円すいの体積はそれぞれの角柱や円柱の体積の $\frac{1}{3}$ とします。

1　次の［　　］の中に適当な数を入れなさい。

(1)　$0.43\times\left(\frac{7}{2}-2.2\right)-4\times\frac{1}{8}=$［　ア　］

(2)　あるチーム競技の選手には，階級ごとに１点，２点，３点，４点，4.5点の持ち点が与えられています。試合のときは，１チーム５人の持ち点の合計が14点以下になるように選手を選びます。持ち点１が５人，２が５人，３が４人，４が３人，4.5が２人いるチームで，持ち点の合計が14点になる組合せは［　イ　］通り，13.5点になる組合せは［　ウ　］通りあります。ただし，同じ持ち点の選手は区別しません。

(3)　容器Ａに，コーヒー３Ｌと牛乳２Ｌを入れて混ぜました。次に，容器Ｂに，コーヒー２Ｌと牛乳２Ｌを入れて混ぜました。さらに，容器Ｃに，Ａから２Ｌ，Ｂから３Ｌのコーヒー牛乳を入れて混ぜました。Ｃからコップに注いだコーヒー牛乳200mLの中に，コーヒーは［　エ　］mL入っています。

(4)　湖の周りを一周するのに，歩きだと45分，自転車だと11分15秒かかります。スタート地点から同時にＡは歩きで，Ｂは自転車で，逆方向に進んだところ，２人はＰ地点で出会いました。Ｐ地点からはＡが自転車で，Ｂが歩きでそのまま進み，スタート地点に戻りました。Ａ，Ｂの両方がスタート地点に戻ってきたのは，出発してから［　オ　］分後です。ただし，自転車を乗り換える時間は考えないものとします。

2　次の各問いに答えなさい。

(1)　長方形の紙をABを折り目にして折ったところ，下の図１のようになりました。角㋐の大きさを求めなさい。

図１

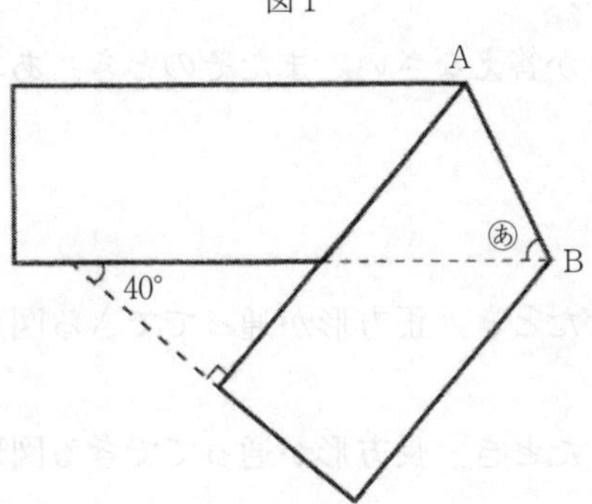

(2)　下の図２のような直角三角形ABCの辺BC上に点Dがあります。また，辺ACの真ん中の点をE，直線ADと直線BEが交わる点をFとします。三角形BDFと三角形ABDの面積の比を，もっとも簡単な整数の比で書きなさい。

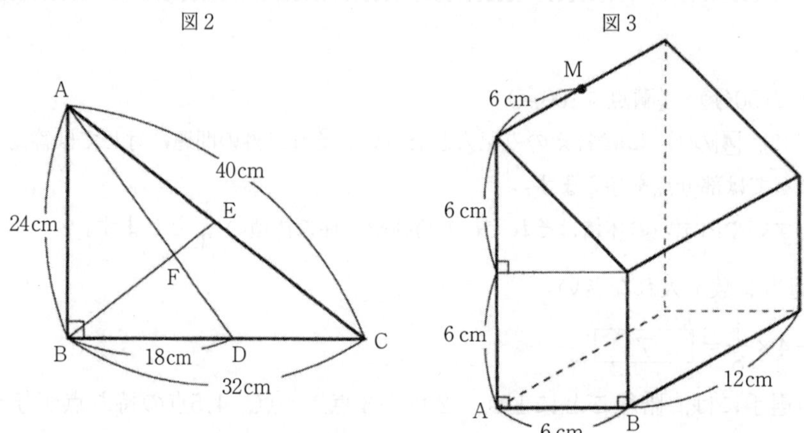

(3)　上の図３のような四角柱があります。この四角柱を３点A，B，Mを通る平面で切ったとき，大きい方の立体の体積を求めなさい。

3　図のような深さが20cmの直方体の容器に水が入っています。ここに円柱型のおもりAを，円の底が容器の底につくように入れていきます。

＊Aを１つ入れたとき，水の深さは６cm

＊Aを２つ入れたとき，水の深さは７cm

となりました。このとき，下の各問いに答えなさい。

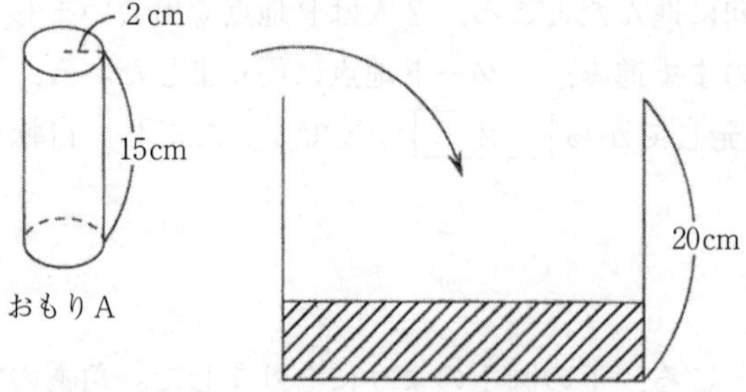

(1)　容器に入っている水の量を求めなさい。

(2)　おもりAを３個入れたときの，水の深さを求めなさい。

(3)　初めて水があふれるのは，おもりAを何個入れたときか答えなさい。またそのとき，あふれた水の量を求めなさい。

4　次の各問いに答えなさい。

(1)　図１の正方形を，点Pを中心に図のように一回転させたとき，正方形が通ってできる図形の面積を求めなさい。

(2)　図１の長方形を，点Qを中心に図のように一回転させたとき，長方形が通ってできる図形の面積を求めなさい。

図１

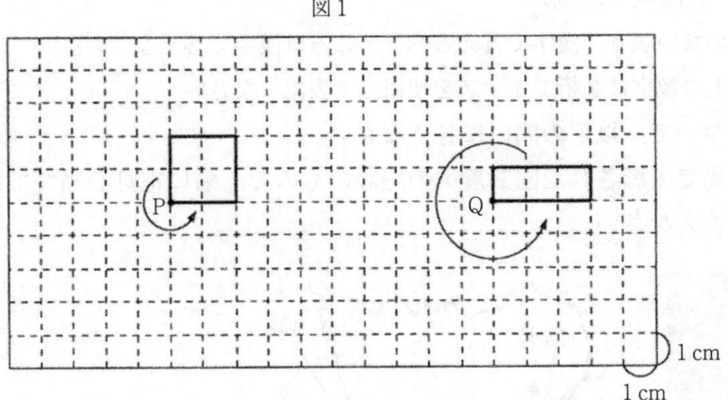

図２は同じ直方体２個が重なってできた立体です。

(3)　この立体を AB を軸に１回転させてできる立体の体積を求めなさい。

(4)　この立体を DC を軸に１回転させてできる立体の体積を求めなさい。

図２

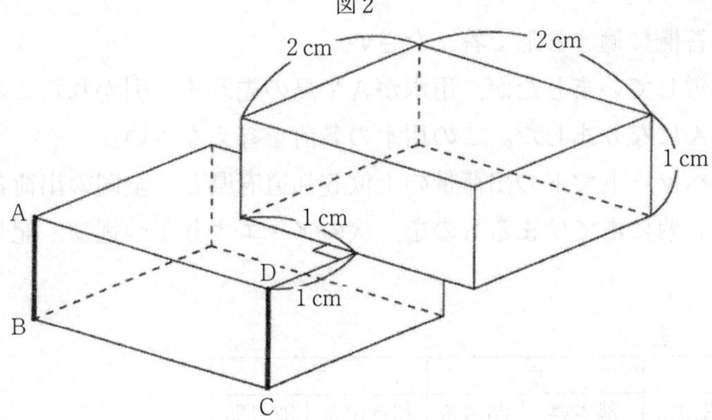

5　いくつかの数を小さい順に並べたとき，中央にある数を「真ん中の数」とします。並べた数が偶数個のときは，中央にある２つの数の平均を「真ん中の数」とします。例えば，並んだ数が１，２，３，４であれば「真ん中の数」は2.5，並んだ数が１，２，２，３であれば「真ん中の数」は２になります。

Ａから I の９人の児童が算数の試験を受けたところ，70点未満はＡ，Ｂ，Ｃ，Ｄ，Ｅの５人でした。そのうちの１人の点数に間違いがあったので修正しました。修正前の５人の平均点は46.2点，「真ん中の数」は46点でした。また修正後の点数は，Ｂが49点，Ｃが21点，Ｄが69点，Ｅが48点で，５人の平均点は46.6点でした。次の各問いに答えなさい。

(1)　修正後のＡの得点を答えなさい。

(2)　点数を修正した児童と，修正前の点数を答えなさい。

(3)　修正後の９人の平均点は59点で，Ｆは77点で最高点でした。また，70点以上の児童全員の点数の「真ん中の数」は74.5点でした。点数が明らかになっていないＧ，Ｈ，I の点数の組合せをすべて答えなさい。答え方は(１，２，３)のように書きなさい。ただし，(１，２，３)や(３，２，１)，(１，３，２)などは同じ組合せとします。

【社　会】〈第２回試験〉（40分）〈満点：50点〉

※全ての問題について，特に指定のない限り，漢字で答えるべきところは漢字で答えなさい。

※字数指定のある問題では２桁以上の数字は２桁で１マスを使用して表記しなさい。

1　愛知県とその周辺の地域について，以下の問いに答えなさい。

問１　次の写真１は図１のＡ半島で撮影された園芸農業の施設のもので，菊に電灯を当てて栽培しています。以下の問いに答えなさい。

写真１

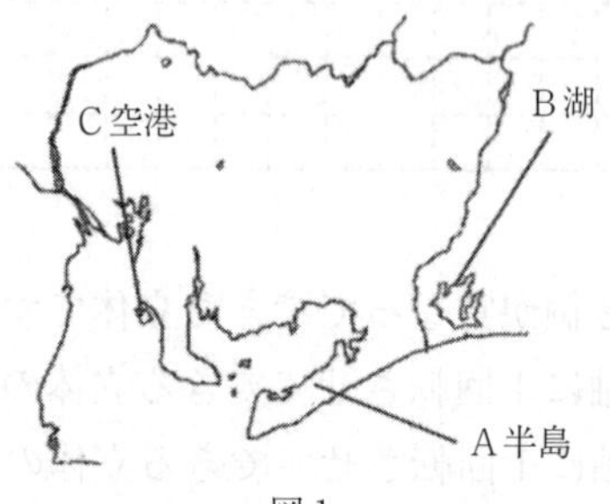

図１

⑴　図１中のＡ～Ｃの名前を解答欄に適する形で答えなさい。

⑵　Ａ半島では，水の確保に苦労していましたが，用水がＡ半島の先端まで引かれたことによって，菊などの栽培がさかんになりました。この用水の名前を答えなさい。

⑶　次の表１は，柿，菊，キャベツ，トマトの出荷量の上位５都道府県と，全国の出荷量に占める割合を表したものです。菊にあてはまるものを，次のア～エより１つ選び，記号で答えなさい。

表１

ア		イ		ウ		エ	
愛知県	19.1%	愛知県	33.9%	熊本県	20.4%	和歌山県	22.1%
群馬県	17.9%	沖縄県	18.1%	北海道	9.5%	奈良県	15.6%
千葉県	8.6%	福岡県	6.2%	愛知県	6.3%	福岡県	8.1%
茨城県	7.7%	鹿児島県	5.1%	茨城県	6.2%	岐阜県	6.4%
鹿児島県	5.0%	長崎県	3.8%	栃木県	4.5%	愛知県	6.2%

農林水産省作物統計（2020年）による。

⑷　写真１の栽培方法について述べた文のうち，最も適当なものを，次のカ～ケより１つ選び，記号で答えなさい。

カ　菊は日照時間が短くなると開花する性質があるため，出荷する時期に合わせて電灯を当てる時間を調整することで一年中出荷することができる。

キ　菊は日の出を感知することで開花することから，電灯を当てることで開花時刻を早めて早朝の競（せ）りに間に合わせ鮮度の高い商品を全国に出荷することができる。

ク　露地栽培の菊は天候等により品質がばらばらであるのに対し，電灯や空調で最適な環境を整えることで高品質な菊を大量に生産することができる。

ケ　菊に電灯を当てることで成長を促し，生育期間を半分に短縮することで露地栽培の菊に比べて出荷量を増やすことができる。

(5)　表２は図１中のＣ空港を離陸する国内線の航空便の行き先上位５位を表しています。サにあてはまる都市名を答えなさい。

表２

行き先	旅客数(人)
新千歳(札幌)	317,998
那覇	257,643
サ	224,487
鹿児島	91,632
仙台	69,034

2021年の１年間。
航空輸送統計調査による。

問２　次の図２のＸ～Ｚは，一定規模以上の火力発電所，水力発電所，風力発電所のいずれかの分布を示しています。Ｘ～Ｚと発電所との適当な組合わせを，下のタ～ナより１つ選び，記号で答えなさい。

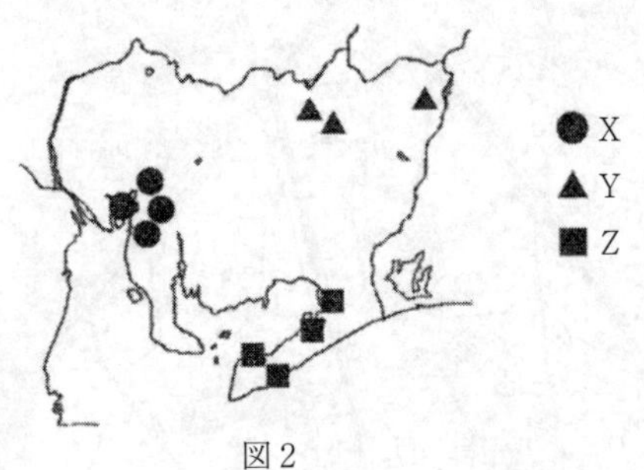

図２

	タ	チ	ツ	テ	ト	ナ
X	火力発電所	火力発電所	水力発電所	水力発電所	風力発電所	風力発電所
Y	水力発電所	風力発電所	火力発電所	風力発電所	火力発電所	水力発電所
Z	風力発電所	水力発電所	風力発電所	火力発電所	水力発電所	火力発電所

水力発電所は出力300MW(メガワット)以上，火力発電所は1500MW 以上(バイオマスを除く)，風力発電所は５MW 以上のものに限る。Electrical Japan ウェブページによる。

2　次の図１と図２はそれぞれ東京都東部の同じ範囲を示した明治42年の２万分の１地形図と，平成27年の２万５千分の１地形図です(２つの地形図の縮尺が同じになるように調整している)。両方の図を見て，以下の問いに答えなさい。

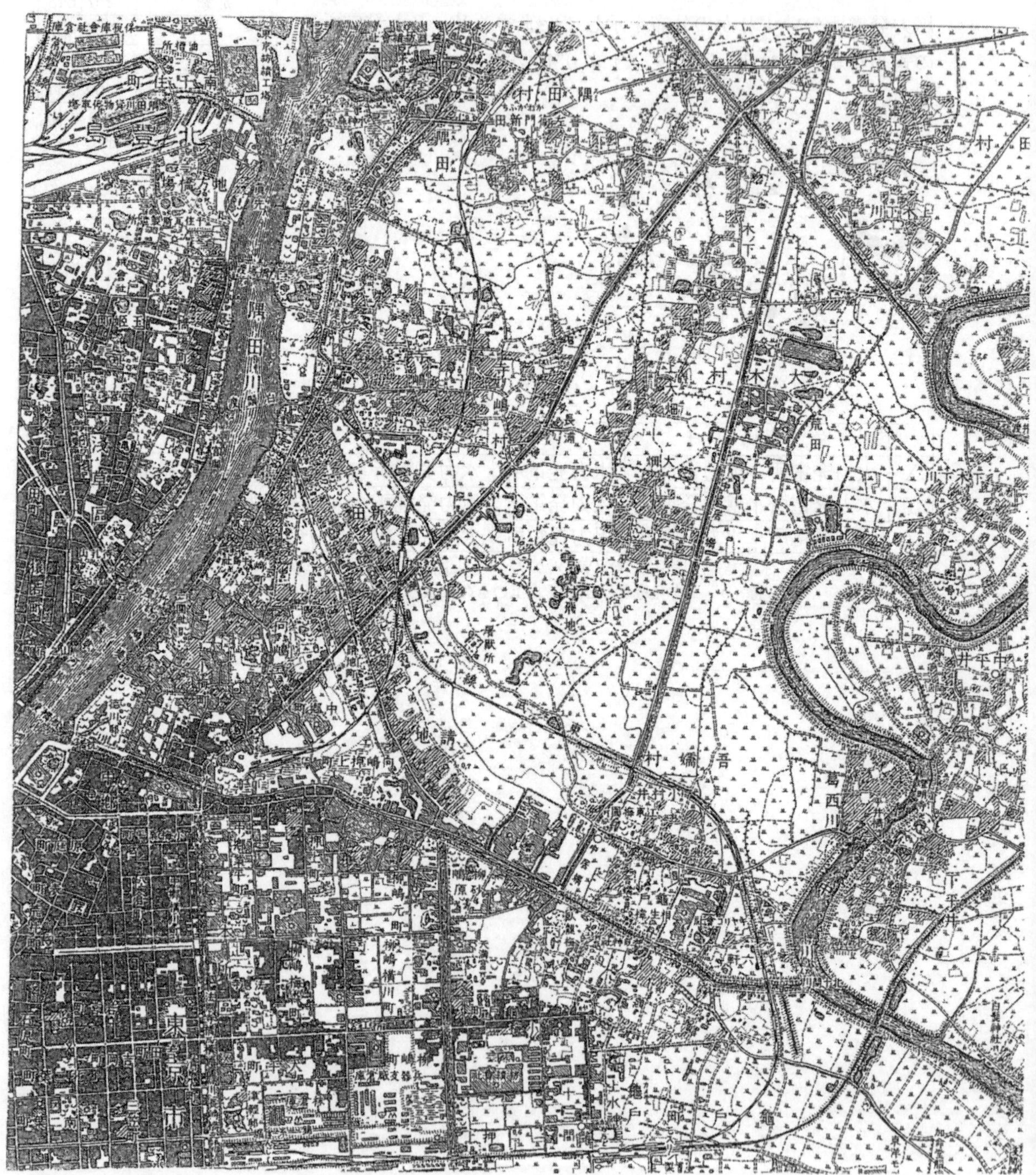

図１

横書きの語句は右から左に向かって読みます。

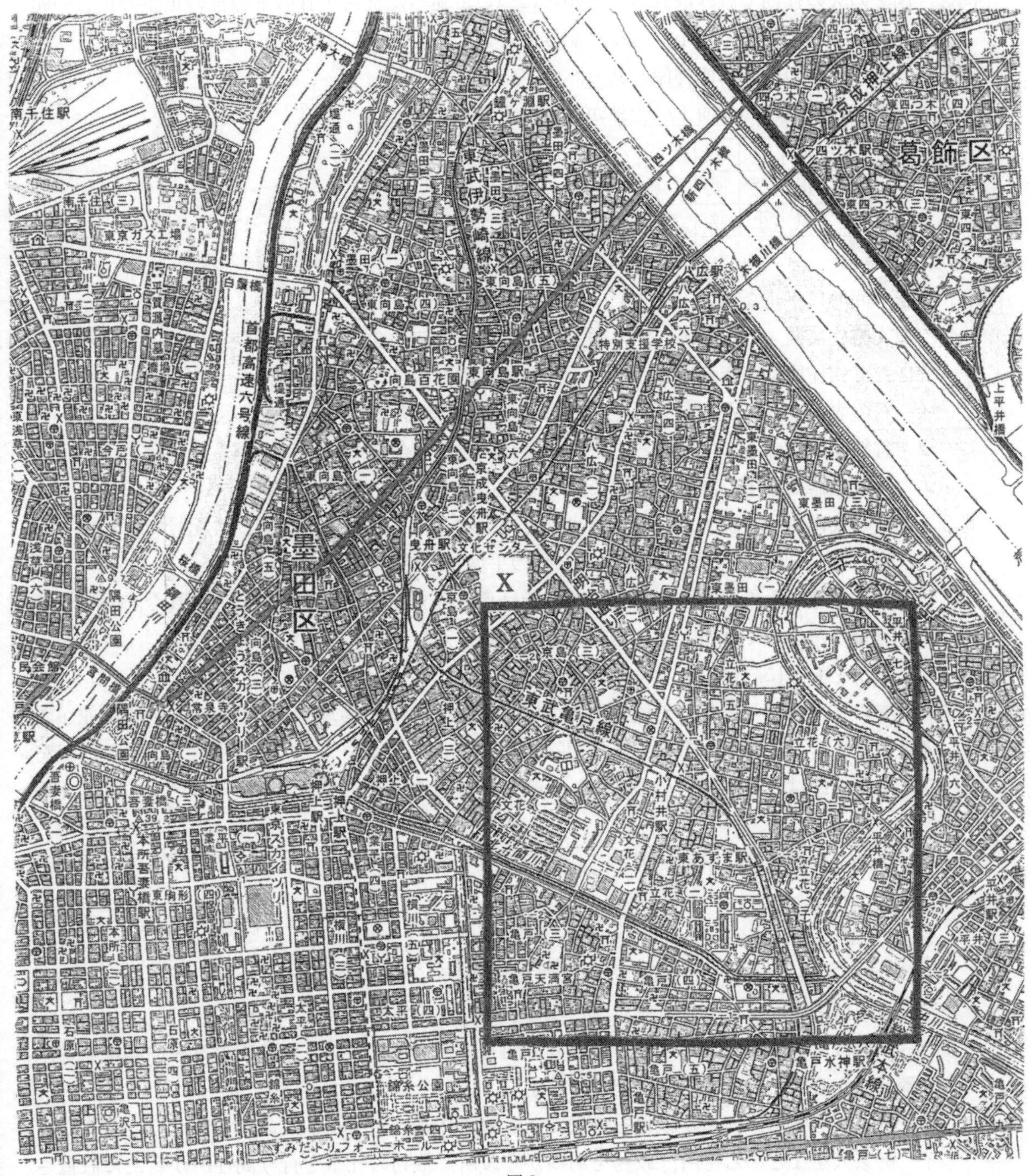

図２

問１　図２では，ある防災対策のために図１と比べて大きく変わっている所があります。どのような災害に備えて何が行われたか，25字以内で答えなさい。

問２　図２のＸの枠内で読み取れることがらについて述べた文Ａ・Ｂの下線部の正誤の正しい組合わせを下のア～エより１つ選び，記号で答えなさい。

Ａ　小村井駅の西側に博物館がある。

Ｂ　都市化が進み，海面下の土地が見られる。

	ア	イ	ウ	エ
Ａ	正	正	誤	誤
Ｂ	正	誤	正	誤

3　以下の問いに答えなさい。

問１　縄文時代に関する説明として，**誤りのものを**次のア～エより１つ選び，記号で答えなさい。

ア　たて穴住居や高床倉庫がつくられ，その周囲をほりや柵で囲んだ。

イ　石の表面を磨いた磨製石器や，動物の骨や牙を利用した骨角器がつくられた。

ウ　狩猟採集が中心の生活だったため，食料の獲得は気候や自然に左右された。

エ　縄文土器は厚手であり，複雑な形をしているものもあった。

問２　奈良時代に関する説明として，適当なものを次のア～エより１つ選び，記号で答えなさい。

ア　710年に，聖武天皇が藤原京から奈良の平城京に都をうつした。

イ　朝廷は墾田永年私財法を出し，開墾者は孫の代まで土地の私有が認められた。

ウ　遣唐使によって唐の文化が伝わり，国際色豊かな天平文化が栄えた。

エ　漢字をもとに，ひらがなやかたかながつくられ，使用されるようになった。

問３　日本の文化の移り変わりや民衆の生活に関して述べた次のア～オの内容を**古い順に**並べ，**４番目に**なることがらを選び，記号で答えなさい。

ア　兼好法師は『徒然草』をあらわし，親しみのある文章で社会や人間についての随筆を残した。

イ　金銭や出世を追い求めて喜んだり悲しんだりする町人の姿が，浮世草子とよばれる小説に書かれた。

ウ　『万葉集』がつくられ，天皇や貴族だけではなく，農民の歌もおさめられた。

エ　『浦島太郎』や『一寸法師』などの物語（御伽草子）が人気となった。

オ　活版印刷術が伝わり，ヨーロッパ風の衣服が登場した。

問４　日本の政治や外交，法律の移り変わりに関して述べた次のア～オの内容を**古い順に**並べ，**３番目に**なることがらを選び，記号で答えなさい。

ア　将軍のもとに，大名が領地を支配できる幕藩体制が整った。

イ　御家人をまとめる侍所，政務をあつかう政所，裁判の仕事を行う問注所が新たに設置された。

ウ　現在の近畿地方で勢力を強めた大王を中心に豪族が連合し，大和朝廷をつくった。

エ　守護は国司に代わって，地方の支配を行うようになった。

オ　大宝律令がつくられ，天皇を中心とした政治制度が完成した。

問５　三代将軍徳川家光の時代になると，キリシタンを見つける絵踏が行われました。その背景のひとつとなった戦乱にふれながら，キリスト教をとりしまる政策が行われた理由を説明しなさい。

問６　これまで，多くの外国人が日本の歴史に影響を与えてきました。日本の歴史にかかわった外国人に関する以下の文章を読み，空欄(あ)～(う)にあてはまる適当な語句を答えなさい。

ア　「私」は，モンゴル帝国第５代皇帝です。日本を２度せめましたが，失敗しました。２度目の戦いは，日本では(あ)の役と呼ばれているそうですね。

イ　「私」はオランダ商館に医師としてやってきたドイツ人です。長崎郊外の鳴滝塾で高野長英ら多くの蘭学者を育てました。私が来日するよりも前から，杉田玄白ら日本の医師たちは西洋の知識を求めてオランダ語の人体解剖書を翻訳し，(い)を出版しました。

ウ　「私」は，1549年に鹿児島に来航し，日本ではじめてキリスト教を伝えました。その数年前には，種子島に漂着した船に乗っていたポルトガル人から，日本の戦国時代の戦い方に大きな影響を与えた(う)が伝えられたそうですね。

4　戦争に関する次の年表を見て，以下の問いに答えなさい。

年代	出来事
	↓　A
1868	鳥羽・伏見の戦いをきっかけに，(あ)が始まった。
	↓　B
1877	鹿児島の不平士族たちが(い)を中心に西南戦争を起こした。
	↓　C
1895	①伊藤博文首相と陸奥宗光外務大臣が下関条約に調印した。
	↓　D
1905	小村寿太郎外務大臣のもとでポーツマス条約が締結された。
	↓　E
1914	②第一次世界大戦に，連合国側の一員として参戦した。
	↓　F
1932	満州地域を武力で占領し，「満州国」を建国した。
	↓　G
③1950	朝鮮戦争が発生し，日本の治安を守るために警察予備隊が作られた。
	↓　H

問１　次のポスターは，納税資格を問わない初めての選挙が行われた際に作成されたものです。このポスターの作成時期として，適当なものを年表中のＡ～Ｈより１つ選び，記号で答えなさい。

山川出版社『中学歴史　日本と世界』より作成。

問２　年表上のA，C，E，Fの時期に起こった出来事として，適当なものを次のア～エより１つ選び，記号で答えなさい。

ア　Aの時期には，政治を行う権限を徳川吉宗が明治天皇に返上する大政奉還が行われた。

イ　Cの時期には，天皇を国家の主権者と規定する大日本帝国憲法が公布された。

ウ　Eの時期には，ロシアが満州地域に進出したことを受けて日英同盟が結ばれた。

エ　Fの時期には，陸軍の青年将校らによるクーデターである二・二六事件が発生した。

問３　下線部①に関連して，伊藤博文に関して述べた以下の文章のうち，適当なものを次のア～エより１つ選び，記号で答えなさい。

ア　伊藤博文は薩摩藩の出身で，岩倉具視を団長とする岩倉使節団のメンバーとして活躍した。

イ　伊藤博文は日本で初めての内閣総理大臣となり，初の選挙で衆議院の多数派となった政党の支持のもと，政治を行った。

ウ　伊藤博文はノルマントン号事件に際して条約改正の必要を痛感し，鹿鳴館にて欧米各国の人々をもてなす外交交渉を行った。

エ　伊藤博文は韓国併合に際して力を発揮したが，韓国併合を見届けることなく活動家安重根によって暗殺された。

問４　下線部②に関連して，第一次世界大戦期の日本に関して述べた以下の文章のうち，適当なものを次のア～エより１つ選び，記号で答えなさい。

ア　世界的な船不足を背景として，日本は世界第三位の海運国へと成長し，急に財をなした人々は成金と呼ばれた。

イ　日本は清に対して二十一カ条の要求を行い，ドイツの持っていた権益を継承することを認めさせることに成功した。

ウ　第一次世界大戦中に発生したロシア革命の影響拡大を防ぐため，日本は南樺太へと出兵を行った。

エ　第一次世界大戦の発生に際して，吉野作造は植民地を拡大して国家の利益を増やすことを訴える民本主義を唱えた。

問５　下線部③に関連して，1950年代の日本と世界に関して述べた以下の文章のうち，**誤りのものを**次のア～エより１つ選び，記号で答えなさい。

ア　朝鮮の独立を認めるサンフランシスコ平和条約が締結され，日本は独立を回復した。

イ　日本は国際連合に加盟することに成功し，国際社会への復帰を果たした。
ウ　日本と中華人民共和国の国交回復を宣言する日中共同声明が出された。
エ　日本の安全と東アジアの平和維持を目的として日米安全保障条約が結ばれた。

問６　年表中の(あ)・(い)にあてはまる適当な語句を答えなさい。

5　次のメモは，ある中学生が「令和４年に起きた政治的事柄を調べる」という夏休み課題に対して情報を収集したときのものです。メモを見て，以下の問いに答えなさい。

5月20日に，第20代最高裁判所長官に戸倉氏を指名することが（　A　）において，全会一致で決定した。この決定を受けて6月24日に戸倉氏は（　B　）から最高裁判所長官に任命された。

6月17日に，①東京電力福島第一原子力発電所の事故で避難をしていた住民らが損害賠償を求めた４件の集団訴訟について，最高裁判所は国の賠償責任を認めないという判決を出した。

5月15日に沖縄県で，復帰50周年記念式典が開かれた。５月には米軍基地問題についての世論調査が多く行われて話題となった。②令和３年に沖縄県企画部が実施した県民意識調査の結果も注目されている。

6月13日にインターネット上で他人を傷つけるような書き込みをすることに対して，侮辱（ぶじょくざい）罪の厳罰化を盛り込んだ③改正刑法が成立した。

6月9日の④国連総会では，安全保障理事会の10カ国の（　C　）のうち12月末に任期が切れる５カ国の改選が行われ，日本は史上最多となる12回目の（　C　）を務めることになった。

問１　メモ内の空欄(A)～(C)に，あてはまる適当な語句をそれぞれ答えなさい。

問２　下線部①に関連して，民事裁判や行政裁判で訴えを起こした側の当事者を何といいますか。

問３　次の３つのグラフは下線部②の調査結果の一部です。３つのグラフから読み取れることとして適当なものを，下のア～エより１つ選び，記号で答えなさい。

【グラフ１】　回答者の年代別内訳

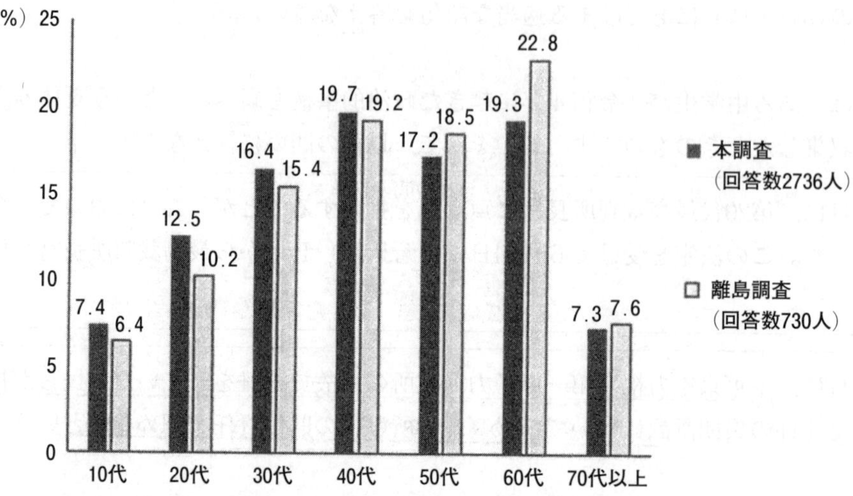

【グラフ２】「沖縄県に全国の米軍専用施設面積の約70%が存在していることについて，差別的な状況だと思いますか」という質問に対する年代別回答割合

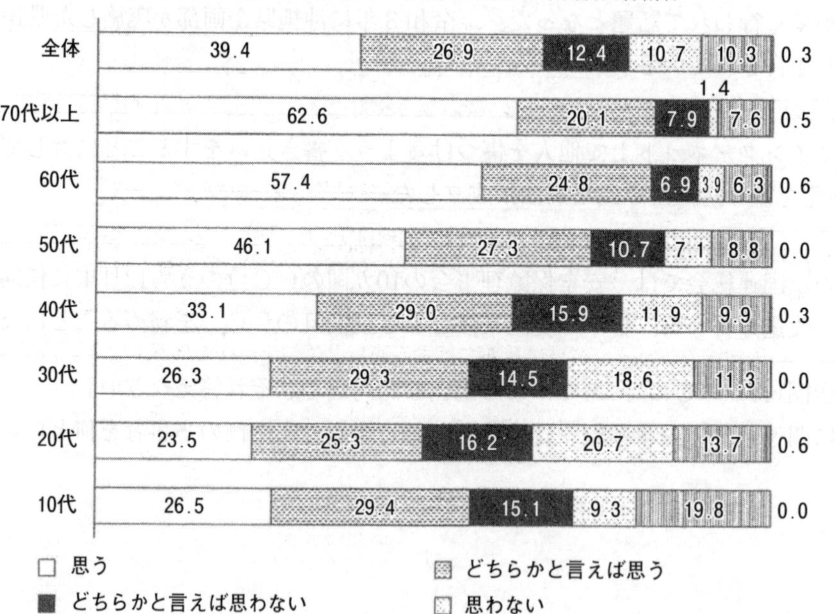

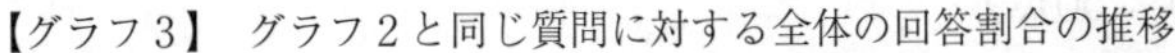

【グラフ３】 グラフ２と同じ質問に対する全体の回答割合の推移

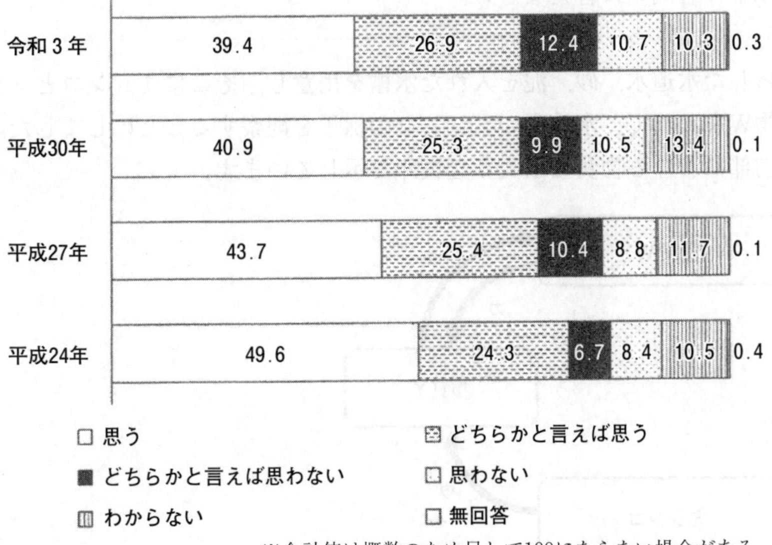

※合計値は概数のため足して100にならない場合がある。

※『第11回県民意識調査』より作成。

ア　離島に住む人口は，10代よりも20代の方が多い。

イ　離島調査での60代の回答数は，本調査の70代以上の回答数よりも多い。

ウ　回を重ねるごとに「思わない」と「どちらかと言えば思わない」の割合の合計が増加している。

エ　「思う」と「どちらかと言えば思う」の割合の合計は，10代から50代にかけて，年代が上がるにつれて増加している。

問４　下線部③に関連して，法律の制定手続きの説明として適当なものを，次のア～エより１つ選び，記号で答えなさい。

ア　法律案の審議は必ず衆議院から行わなければならない。

イ　法律案の議決が衆議院と参議院で異なり，両院協議会でも意見が一致しなかった場合，衆議院の議決が国会の議決となる。

ウ　法律案を作成し，提出することができるのは内閣のみである。

エ　各議院の議長から法律案の審査を任された委員会は，公聴会を開くことができる。

問５　下線部④に関連して，次の国連憲章第51条中の下線部で定められている「集団的自衛の固有の権利(集団的自衛権)」とはどのような権利か，説明しなさい。

> この憲章のいかなる規定も，国際連合加盟国に対して武力攻撃が発生した場合には，安全保障理事会が国際の平和及び安全の維持に必要な措置をとるまでの間，個別的又は集団的自衛の固有の権利を害するものではない。この自衛権の行使に当って加盟国がとった措置は，直ちに安全保障理事会に報告しなければならない。…（略）…

【理　科】〈第２回試験〉（40分）〈満点：50点〉

1　次の文章を読み，以下の各問いに答えなさい。

［本文］

一日中太陽にさらした水道水，砂，泥(どろ)を入れた水槽(すいそう)を用意し，そこにミジンコとミジンコのエサになる生物Wを入れて，水槽内のミジンコの様子を観察することにしました。図１は，昼間の水槽内部における物質の出入りを矢印で示しています。

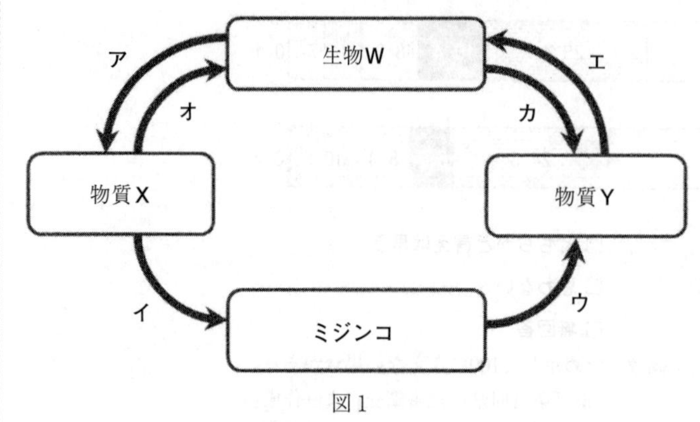

図１

問１　からだのつくりに着目したとき，ミジンコと同じ仲間に分類される生物を次の**ア**～**オ**より１つ選び，記号で答えなさい。

ア．アメーバ　　**イ**．ミミズ　　**ウ**．カニ
エ．クラゲ　　**オ**．イソギンチャク

問２　生物Wとして，最も適切なものを次の**ア**～**オ**より１つ選び，記号で答えなさい。

ア．ボウフラ　　**イ**．オオカナダモ　　**ウ**．イトミミズ
エ．アメーバ　　**オ**．ミカヅキモ

問３　図１のミジンコや生物Wの間で出入りする物質Xと物質Yの名称(めいしょう)を答えなさい。

問４　図１で示される矢印のうち，夜間には見られなくなるものはどれですか。適切なものを図１の**ア**～**カ**よりすべて選び，記号で答えなさい。

［文章Ⅰ］

このまま，水槽の様子を観察し続けたところ，ミジンコの数は多少の増減があるものの，全滅(ぜんめつ)することはなく，比較的安定した数を維持(いじ)し続けました。調べてみると，この水槽の中には，ミジンコや生物W以外に，別のはたらきをする小さな生物Ｚがいることがわかりました。

問５　文章Ⅰ中の生物Ｚのはたらきについて，最も適切なものを次の**ア**～**オ**より２つ選び，記号で答えなさい。

ア．この生物Ｚは，急激に数をふやし，水面に日陰(ひかげ)をつくる。
イ．この生物Ｚは，生物Wが必要とする養分をつくる。
ウ．この生物Ｚは，ミジンコの卵にとって良い生育環境(かんきょう)をつくる。
エ．この生物Ｚは，物質Ｙを吸収する。
オ．この生物Ｚは，ミジンコや生物Wの死骸(しがい)や排泄物(はいせつぶつ)を分解する。

［文章Ⅱ］

自然界では，「食べる」「食べられる」の関係はもっと複雑になります。表１は，ある里山にいる生物Ａ～Ｉの「食べる」「食べられる」の関係を示しています。これらの生物は以下にあげる①～④のいずれかに含まれます。

表１

食べる側	食べられる側
生物Ｄ	生物Ａ
生物Ｅ	生物Ｂ，生物Ｃ
生物Ｆ	生物Ｄ，生物Ｅ
生物Ｇ	生物Ｄ，生物Ｅ
生物Ｈ	生物Ｅ
生物Ｉ	生物Ｆ，生物Ｇ，生物Ｈ

①　植物のグループ
②　植物のグループを食べる動物のグループＳ
③　グループＳを食べる動物のグループＴ
④　グループＴを食べる動物のグループＵ

問６　グループＳに当てはまるものを次の**ア**～**ケ**よりすべて選び，記号で答えなさい。

ア．生物Ａ　　**イ**．生物Ｂ　　**ウ**．生物Ｃ　　**エ**．生物Ｄ　　**オ**．生物Ｅ
カ．生物Ｆ　　**キ**．生物Ｇ　　**ク**．生物Ｈ　　**ケ**．生物Ｉ

問７　表１の生物Ａ～Ｉのすべての関係を，食べられる側から食べる側に向かって矢印で結びました。

(1)　グループＳとグループＴのそれぞれの生物を結ぶ矢印は全部で何本引くことができますか。その本数を答えなさい。

(2)　グループＴとグループＵのそれぞれの生物を結ぶ矢印は全部で何本引くことができますか。その本数を答えなさい。

2　次の文章を読み，以下の各問いに答えなさい。

［本文］

私たちの身の回りのものには，温まりにくいものや温まりやすいものがあります。物体は，加熱などによって熱を得ると温度が上昇(じょうしょう)します。熱の伝わり方には，「放射」，「伝導」，「（ **あ** ）」の３種類があります。物体が得た熱の量とその物体の温度の上昇を調べるために，次の実験を行いました。

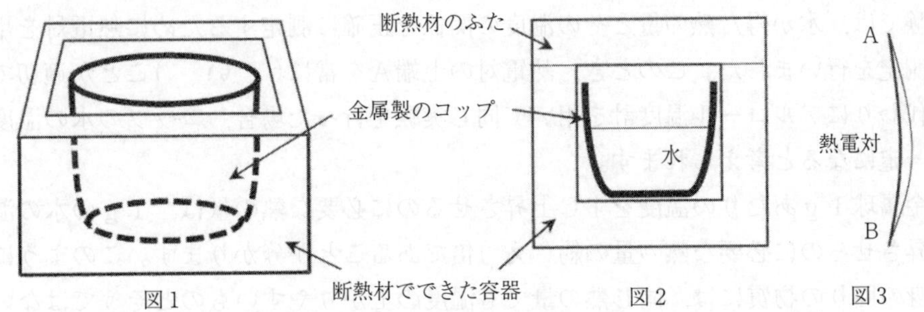

図１　　図２　　図３

図１のように，金属製のコップ(以降，「コップ」とします)を断熱材でできた容器に入れました。このコップに60ｇの水を入れ，図２のように断熱材でふたをしました。断熱材は熱を受け取ることはなく，その容器の外に熱を逃(に)がすこともありません。

断熱材のふたに小さな穴をあけて図３のような熱電対(ねつでんつい)を挿入(そうにゅう)し，これを用いてコップ内の水(以降,「水」とします)の温度を測定します。熱電対は異なる種類の金属線を接触させたもので，接触させた部分(図３の上端Ａと下端Ｂ)に温度差を与えると電流が流れます。これをゼーベック効果といい，熱電対のAB間の温度差が大きいほど大きな電流が流れ，この電流を測定することで温度を測定することができます。電流の大きさは，私たちにとって身近な乾電池を用いた回路の1000分の１倍程度です。また，熱電対の一方の温度を一定にすることが適切です。

図３の太さの異なる２本の曲線は，熱電対の２種類の金属線を表しています。アルコール温度計は，アルコールを膨張させて温度を測定するために，温度計のガラスやその中のアルコールが得る熱の量を無視することができません。しかし，熱電対は細い金属線でできているため，熱電対が得る熱の量は極めて少なくて無視することができます。

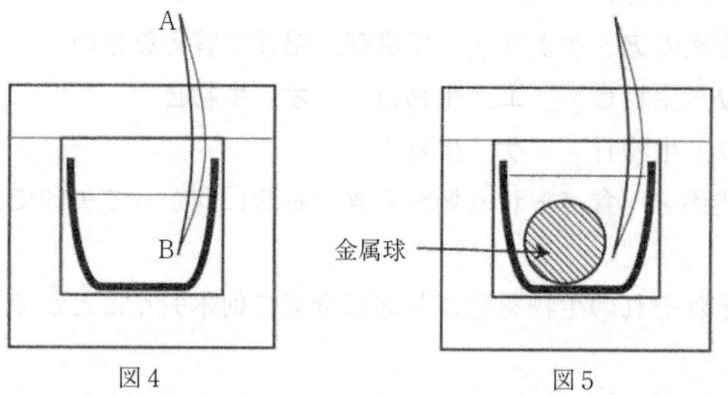

図４　　図５

図４のように実験の準備を終えたとき，水の温度は20℃でした。次に，図５のように100℃にした120ｇの金属球をコップに入れて素早くふたをしました。

金属球が放出した熱は，水中で(　あ　)を起こして水全体に伝わります。さらに，熱は水からコップに伝わってコップの温度を上昇させます。やがて，水の温度は32℃で一定になりました。

金属球の温度を１℃上昇させるのに必要な熱の量は54Ｊ(Ｊは熱の量の単位)です。また，金属球の温度が１℃下がるときには「金属球は54Ｊの熱を放出する」ことが分かっています。断熱材の内側の空気の量はとても少ないので，空気が得る熱の量は考えなくてよいです。また，コップとその内部の水の温度は常に等しいものとします。

この実験では，水が得た熱の量とその温度の関係を正確に測定するために熱電対を用いて温度の測定を行いました。このとき，熱電対の上端Ａを常に(　　い　　)ことが適切です。熱電対の代わりにアルコール温度計を用いて同じ実験を行った場合，コップの水の温度は，(　う　)で一定になると考えられます。

また，金属球１ｇあたりの温度を１℃上昇させるのに必要な熱の量は，１ｇの水の温度を１℃上昇させるのに必要な熱の量の約(　え　)倍であることが分かります。このように，私たちの身の回りの物質には，同じ熱の量でも温度の上がりやすいものとそうではないものがあります。後者は，与えられた熱の量に対して温度が変化しにくく，温度が下がるときに放出する熱の量も大きい物質で，水や水溶液がその例です。

このように同じ熱の量をうけても温度の上がりやすさが異なることが原因となる現象に，海風や陸風があります。良く晴れた日の日中では，陸の方が海よりも温まり(①　ア．やすい　　イ．にくい)ので，陸と海の間に気温の差によって気圧の差が生じ，それを解消するように(②　ア．海風　　イ．陸風)が吹きます。

近年では埼玉県熊谷市で最高気温を記録し，日本一暑いと言われたことがあります。それは，「(　お　)効果ガス」による地球温暖化や都心の「(　か　)アイランド現象」によって(　②　)の温度が上昇したために，この地域の気温が下がりにくくなったことが原因の一つと考えられています。

問１　本文中の空欄(くうらん)(あ)，(お)，(か)に当てはまる適切な語句を答えなさい。

問２　本文中の空欄(い)に当てはまる適切な語句を次のア～ウより１つ選び，記号で答えなさい。

ア．氷水で冷しておく

イ．実験室の空気中に放置しておく

ウ．金属などの温度変化しやすい物質に触れさせておく

問３　本文中の空欄(う)に当てはまる適切な語句を次のア～ウより１つ選び，記号で答えなさい。

ア．32℃よりわずかに高い値

イ．32℃よりわずかに低い値

ウ．32℃

問４　金属球をコップに入れてから水の温度が一定になるまでの間に，金属球が放出した熱の量は何Ｊになりますか。

問５　容器内の温度が一定になるまでに，容器内の水が得た熱の量は何Ｊになりますか。ただし，１ｇの水の温度を１℃上昇させるのに必要な熱の量は4.2Ｊとします。

問６　コップの温度を１℃上昇させるのに必要な熱の量は何Ｊになりますか。

問７　本文中の空欄(え)に当てはまる適切な数値を次のア～オより１つ選び，記号で答えなさい。

ア．10　　イ．5.7　　ウ．2.0　　エ．0.18　　オ．0.11

問８　本文中の空欄①，②に当てはまる適切な語句をそれぞれ選び，記号で答えなさい。

3　次の文章を読み，以下の各問いに答えなさい。

［本文］

水や塩化ナトリウムなどの物質は，それ以上細かくできない小さい粒(つぶ)が互(たが)いに様々な強さの力で引きつけ合い，結びついてできています。

物質の元になる「小さい粒」(以降，「粒子(りゅうし)」とします)には，大きさや重さなど，特徴(とくちょう)の異なる多くの種類があります。物質の性質の違(ちが)いは，構成する粒子の種類や組み合わせ，結びついた後の形の違いなどに大きく影響(えいきょう)されます。

このとき作用する「引きつけ合う力」の１つに静電気力という力があります。この静電気力により，「２つのもののうち一方がプラスの電気を帯び，もう一方がマイナスの電気を帯びていると互いに引き合い，プラス同士やマイナス同士の電気を帯びたものは反発する」という性質が現れます。

物質の元になる粒子は，共通の性質をもつ集団ごとにプラス・マイナスどちらの電気を帯びやすいかが決まっています。例えば，金属の元になる粒子は，プラスの電気を帯びやすい性質があります。また，粒子が帯びる電気の大きさは，構成する粒子の種類ごとに異なり，互いに引き合う強さも異なります。

塩化ナトリウム，塩化マグネシウム，塩化アルミニウムは，電気を帯びた粒子同士が，静電気力によって結びついてできています。これらの物質は，図1のように粒子が帯びている電気のプラスとマイナスの電気がつり合うように結びつき，これを1つの単位(以降，「基本単位」とします)として繰り返します。よって，1粒あたりが帯びる電気の大きさの違いにより，基本単位を構成する「プラスの電気を帯びた粒子」と「マイナスの電気を帯びた粒子」の数の割合が異なります。図2のグラフは，塩化ナトリウム，塩化マグネシウム，塩化アルミニウムの基本単位を構成する「プラスの電気を帯びた粒子」の数と「マイナスの電気を帯びた粒子」の数の割合を示しています。そして，この基本単位が，さらにたくさん結びついて結晶になります。

これら3種の物質は，A水溶液にすると電気を通すという共通の特徴があり，B濃度のうすい水溶液中では，構成する粒子同士の結びつきが外れて電気を帯びた状態で散らばっています。

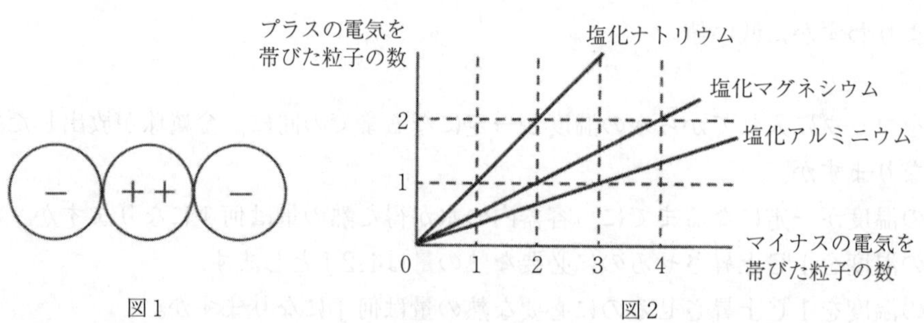

図1　図2

粒子同士が結びついて物質になった後でも，部分的に電気を帯びているものもあります。例えば，水の粒(以降，「水分子」とします)は，図3のように2種類の粒子3つでできており，X(●)がプラスの電気を帯び，Y(○)がマイナスの電気を帯びています。このため，静電気力がはたらき，電気を帯びた他の物質の粒子と水分子が引き合う現象が起こります。

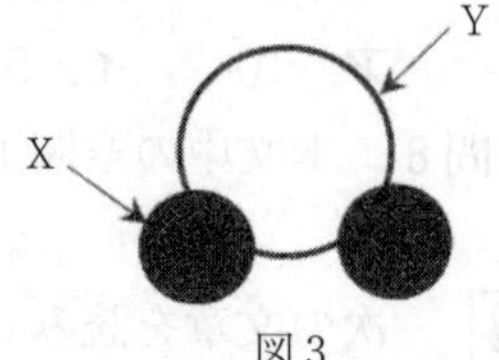

図3

問1　本文中の下線部Aについて，同じ特徴をもつ水溶液を次の**ア**～**オ**よりすべて選び，記号で答えなさい。

ア．酢　　**イ**．砂糖水　　**ウ**．石灰水

エ．炭酸水　　**オ**．アルコール水溶液

問2　本文中の下線部Bについて，うすい塩化ナトリウム水溶液中の粒子と水分子の様子を表した図として正しいものを，次の**ア**～**エ**より1つ選び，記号で答えなさい。

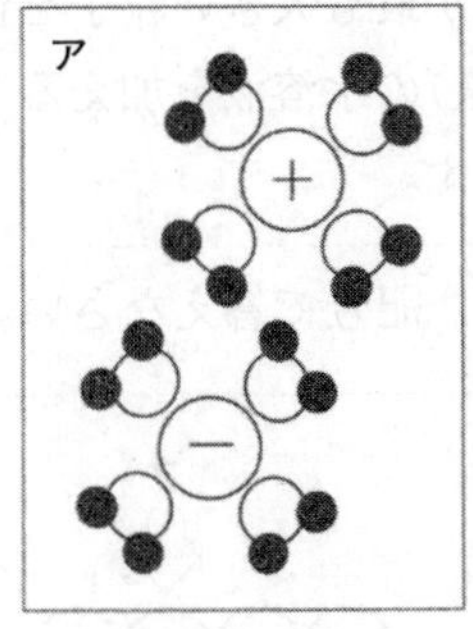

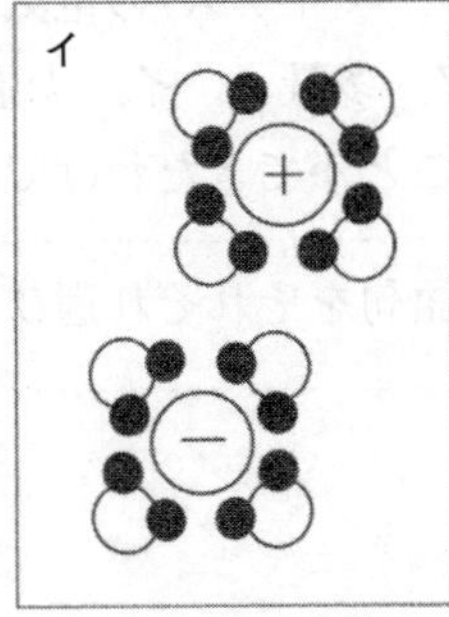

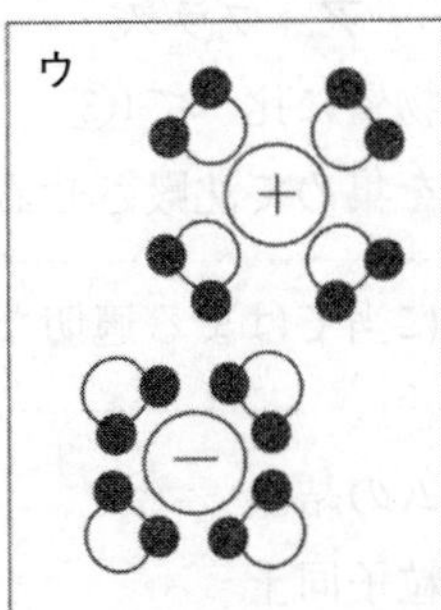

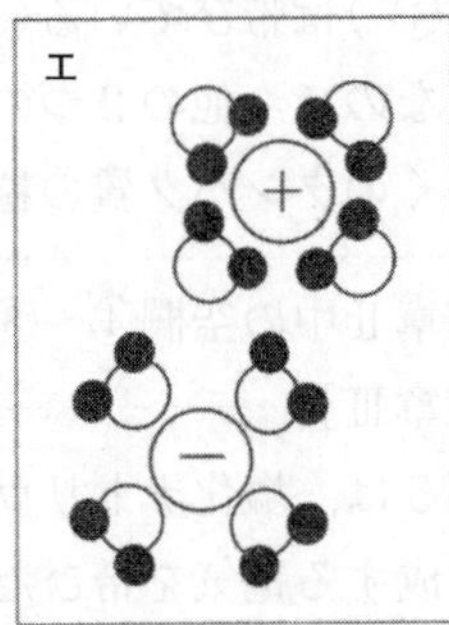

［文章Ⅰ］

本文中の下線部Ｂについて，常温で濃度・温度を一定に保ったうすい塩化ナトリウム水溶液は，そのままでは水溶液中に塩化ナトリウムの結晶が生じることはありません。しかし，水を蒸発させて水溶液を濃縮（のうしゅく）していくと，いずれ水溶液中に結晶が見られるようになります。

このとき，水溶液中に散らばっていた電気を帯びた粒子のもつ電気の大きさは（①　ア．大きくなります　イ．小さくなります　ウ．変わりません）。また，水が蒸発していくと，塩化ナトリウムを構成していた粒子同士の距離は（②　ア．遠くなります　イ．近くなります　ウ．変わりません）。すると，静電気力がはたらき（③　ア．やすく　イ．にくく）なります。

問３　文章Ⅰ中の空欄①～③に当てはまる適切な語句をそれぞれ選び，記号で答えなさい。

［文章Ⅱ］

マイナスの電気を帯びているタンパク質の粒を含（ふく）む水溶液（以降，「溶液Ｐ」とします）に，本文中の下線部Ｂのような特徴をもつ物質を加えると，タンパク質の粒が静電気力で集まって塊（かたまり）になり，やがて沈殿（ちんでん）します。

図４のように，体積，濃度，温度が同じ溶液Ｐに対し，溶液中のタンパク質の粒を沈殿させるために，それぞれ，塩化ナトリウム，塩化マグネシウム，塩化アルミニウムの水溶液を加えると，沈殿のしやすさに差が生じました。ただし，用いた水溶液は，それぞれの物質を構成する基本単位が同数になるように水に溶（と）かして，同じ体積の水溶液として調製したものとします。

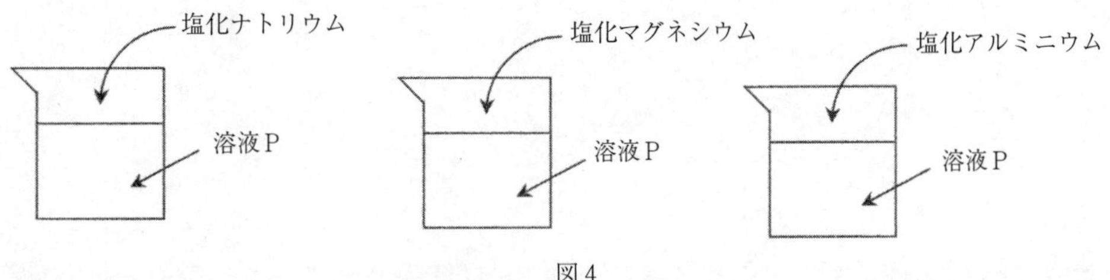

図４

沈殿のしやすさに差が生じた理由は，（④　ア．塩化ナトリウム　イ．塩化マグネシウム　ウ．塩化アルミニウム）は，他の２つの物質に比べて，（⑤　ア．プラス　イ．マイナス）の電気を帯びた粒子１つあたりに結びつく（⑥　ア．プラス　イ．マイナス）の電気を帯びた粒子が最も多いからです。

（ ④ ）は帯びている（⑦　**ア**．プラス　　**イ**．マイナス）の電気が最も大きい粒子を含む物質なので，他の２つの物質に比べて（⑧　**ア**．多量　　**イ**．少量）の水溶液を加えることで多くのタンパク質の粒を集めて沈殿させることができたわけです。

問４　文章Ⅱ中の空欄④～⑧に当てはまる適切な語句をそれぞれ選び，記号で答えなさい。

［文章Ⅲ］

図５は，塩化ナトリウムの結晶を構成する電気を帯びた粒子同士が結びついている状態の断面を横から見たときの様子を簡単に表しています。岩塩（塩化ナトリウムの大きな塊）にカッターの刃をあてて，上からハンマーで<u>C ある方向（図５の**ア**か**イ**のどちらかの方向）から叩(たた)いたところ，細かく砕(くだ)けずにきれいに分割されました</u>。これは，電気を帯びた粒子の特徴によって見られる現象です。

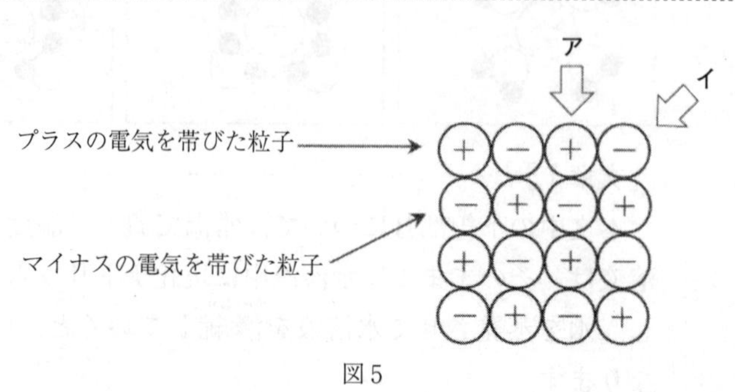

図５

岩塩が細かく砕けずにきれいに分割されたのは，叩くことで（ **あ** ）の方向から力が加わり，粒子がずれて（ **い** ）が起こったからです。

問５　以下の各問いに答えなさい。

⑴　文章Ⅲ中の空欄（**あ**）に当てはまる適切なものを図５の**ア**，**イ**より１つ選び，記号で答えなさい。また，空欄（**い**）に当てはまる適切な語句を答えなさい。

⑵　文章Ⅲ中の下線部Cの操作の後，その断面を図５と同じ方向から見たときの粒子の様子を，図５を参考に，解答欄(かいとうらん)の図の点線を利用して描(か)きなさい。

の友人だと分かったこと。

エ　たけるの発言のせいで矢代が機嫌をそこねるかもしれないと気にかけたがむしろ上機嫌であったこと。

オ　軽口とともにどつかれたことでかえって矢代の本当の友達になれたことを自覚したこと。

8　傍線部⑥「俺は『そうか？』と笑った。決して強がりではなかった」とあるが、どのような気持ちで矢代は「笑った」のか、50字以内で答えなさい。

分の味方になってくれるであろうことを知り、今後のことを考え心強く感じている。

ウ　自分がいじめの実行犯として詰問される立場であるのに、百井のことを心から心配し、親身になるザワ先に対して素直に敬意を抱いている。

エ　今までの優等生としての自分の立ち位置が崩れるかもしれないのに、自分でも気付いていなかった残酷さをザワ先が見抜いたことを評価している。

オ　わざとではないものの百井に怪我を負わせた罪を裁かれる時であるのに、ザワ先のきちんと事態に向き合おうとする熱心な態度に感心している。

5　傍線部③「……バカじゃねえの？」と言った時の矢代の心情の説明として最も適当なものを次の**ア**〜**オ**から選び、記号で答えなさい。

ア　楽観的すぎる百井にあきれつつ、人間はそんなに良い人ばかりではないと悟ったため、今後は自分が彼をいじめから守りお人好しな百井はそのままでいてもらおうと決意した。

イ　自分だったら許せないような出来事も、最初から何もなかったかのように振る舞える百井に負けた悔しさを抱きつつ、悔しまぎれに百井があまりにも世間知らずであることをからかった。

ウ　誰の心にも悪意が潜んでいることには同意するが、その悪意を他人に向けてはならないことは当然であり、あのような「イチかバチか」ではなく自分たちを責めるべきだと非難した。

エ　百井が大人の態度であるため自分が反抗する子どものようで、また自分の中の後悔の気持ちを見抜かれたことも含めて恥ずかしく、そんなことはないという否定する思いで悪口を言った。

オ　百井のおかげで自分の中の悪意と向き合うことができたうえで、百井の落ち着いた態度には敵わないという思いを素直に言い表せないため憎まれ口で照れ隠しした。

6　傍線部④「ちょっと緊張しながら教室のドアを開けた」のはなぜか。その説明として最も適当なものを次の**ア**〜**オ**から選び、記号で答えなさい。

ア　百井に怪我させたことや職員室に呼び出されたことはクラスメイトに知られていたため、白い目で見られるのではないかと心配していたから。

イ　友達として百井に自分から挨拶しようと決心したものの、昨日までいじめていた相手になんと挨拶すればよいか分からなかったから。

ウ　百井の味方でいようと覚悟は決めたものの、昨日までのことを考えると今さら百井にどのように接すればよいか態度を決めかねていたから。

エ　優等生である自分が初めてザワ先に怒られた昨日のことが思い起こされ、また今日も怒られるのではないかと考えると怖くて身がすくんでしまったから。

オ　勝手に百井の味方でいることを決心したものの、百井に嫌われていない保証はなく、百井から無視されるのではと不安にかられたから。

7　傍線部⑤「安心したように」とあるが、百井は何に安心したのか。その説明として最も適当なものを次の**ア**〜**オ**から選び、記号で答えなさい。

ア　自分に負けていると人に知られてしまうことを負けず嫌いな矢代が気にしていない様子であること。

イ　目立つことでロコツないじめが起こるのではないかと思ったが矢代の様子から大丈夫そうなこと。

ウ　たけるがどういう人物か分からず受け答えに迷っていたが矢代

「日本で最初にブーツを履いたのって、坂本龍馬らしいよ」とか、「ミジンコって危険を察知したら頭がとがるんだって」とか。どこでそんなの知るんだよっていうような知識を、ガムでもくれるみたいに、ぽん、と差し出してくる。で、それがけっこう、おもしろいんだ。

その一方で、テレビやお笑いなんかの話題については、百井はとにかくうとかった。はやりのドラマも漫画も、決まって、「何それ？」。だからそのたびに、俺がイチから全部教えてやらなければならなかった。

「百井って俺より頭いいくせに、なんでそんな浮き世離れしてるわけ？　仙人かよ」

「いや、僕からすれば、矢代くんはちょっと※ミーハーすぎるよ」

なんてやり取りを人前で何度かするうちに、いつしか、〈万年トップ〉の正体は百井じゃないかといううわさがクラス全体に、果ては学年中に流れ始めた。

「なあなあ、百井って、実は学年トップなの？」

ある日の昼休み、俺が百井とだべっていたら、たけるがやってきてそう聞いた。百井は一瞬ちらっとこっちを見たけれど、俺が「バーカ、何遠慮してんだよ」とどついてやると、⑤安心したようにちょっと笑って、「うん」と小さくうなずいた。

「なんか意外だなあ。大地がくやしがらないなんてさ」

と、［Ｂ］を丸くするたけるに、⑥俺は「そうか？」と笑った。決して強がりではなかった。むしろこの時、百井の返答に騒然となるクラスメイトたちを見て、痛快な気持ちになったぐらいだったのだから。

（水野瑠見『十四歳日和』「星光る」より）

注　※ミーハー…流行に左右されやすい人のことをさす。

1　「俺」の名字は「矢代」です。名前を答えなさい。

2　空欄**Ａ**・**Ｂ**にあてはまる身体の一部分を示す語を答えなさい。ただし、**Ａ**・**Ｂ**にはそれぞれ別の語が入ります。

3　傍線部①「お前ら、なんでこんなことになったんだ？」とあるが、「ザワ先」はこの時どのようなことを考えていたと思われるか、最も適当なものを次の**ア**～**オ**から選び、記号で答えなさい。

ア　百井の成績のことで快く思っていなかった矢代が山居たちと手を組んで、百井に怪我を負わせることで勉強ができないようにしたと推測している。

イ　以前から続いていた山居たちの嫌がらせが激しくなり、百井を突き飛ばすなどすることでわざと怪我をさせたのではないかと疑っている。

ウ　わざと怪我させたわけではないと分かっているものの、怪我をさせたことに対して山居たちが罪悪感を抱いていないことを見抜いている。

エ　仲が良かったはずの四人が喧嘩してしかも一人が怪我までしたため、完全な亀裂が生まれてしまう前に仲直りする道を探ろうとしている。

オ　だれも何も言わなかったことから教室でいじめが起こっていたことに気付かず、全く状況が分からないため正確に事情をくみとろうとしている。

4　傍線部②「こんな時なのに、俺はザワ先のことをちょっと見直していた」とあるが、この時の矢代の考えとして最も適当なものを次の**ア**～**オ**から選び、記号で答えなさい。

ア　先生のことを「ザワ先」などと少なからずあなどっていたのに、怖い一面を見て、うろたえたり何もできなかったりというわけではないのだと認識を改めている。

イ　いつも頼りない雰囲気の担任の先生なのに、いざという時に自た動作で上履きを靴箱にしまった。かわりに、うす汚れたスニーカーを取り出して、ぽつりと言う。

「みんな、本当の悪人じゃないんだよ。半年同じ教室でいたら、それぐらいは分かる」

百井の言うことには、たしかに一理あるような気がした。残酷な衝動や、意地悪な感情は、きっとだれの中にでもある。俺の中にも、クラスのヤツらの中にも、きっと。

だからって、こんなに、簡単に許せるんだろうか？　いや、「許す」も何も百井ときたら、ハナから俺たちのことを恨んですらいないように見える。

でも――きっと、そうなんだ。百井は恨んでないんだ。本当に。

「③……バカじゃねえの？」

と、俺はようやく、それだけつぶやいた。

「ほんっと、お前って、バッカじゃねーの？」

「うん。そうかもしれない」

ふり向いた百井は、いい笑顔をしてた。心をトン、と突かれるような。

その瞬間、俺の中から、百井に対する敵意や嫉妬がすうっとうすれて消えていった。くやしいけど負けたな、って思えた。ああ、俺とはまるで器がちがう、って。なのに、どうしてだろう。これほどおだやかで、晴れやかな気持ちになれたのは、ずいぶん久しぶりだったんだ。

だから俺は、決めた。

明日から、どうなるのか分からない。

百井への嫌がらせはまだつづくかもしれない。むしろ過熱するかもしれない。

それでも俺はちゃんと、こいつの味方でいよう、って。

だが結果として――百井の読みどおり、翌日からいじめはパッタリとやんだのだった。

いじめが始まった時と同じように、はっきりした理由は分からなかった。

山居と岸上が急におとなしくなったからかもしれないし、単純に、みんなが飽きたのかもしれない。けど、中には、「今まで見て見ぬふりでごめんね」と百井に謝りに行ってる女子も何人かいたから、百井の、良心にうったえる作戦が功を奏したのもあるだろう。

なんにせよ、クラスメイトの性分を正しく見極めた、百井の勝利、というわけだ。

で、ここにもうひとつ、決定的な変化がある。

それは、百井と俺が友達になった、ってことだ。

声をかけてきたのは、百井からだった。

職員室に呼び出しを食らった翌日、④ちょっと緊張しながら教室のドアを開けた俺に、百井はあっさり笑って、「矢代くん、おはよう」と言ったのだ。まるでずっと前からそうしてたみたいに。まったく、敵わないよな。

それからは、俺からも、百井にちょくちょく声をかけるようになった。

「なあ百井、数学の宿題、〝問い四〟分かる？」

と俺が聞けば、百井が俺のノートをのぞき、

「矢代くん、図形のここに補助線引けば、解けると思うよ」とすらすら答える。

百井は簡単に、答えを俺に教えたりはしなかった。ヒントや手がかりを与えて、あくまでも答えそのものは俺に導かせる、ってスタンス。ずるいやり方をさせないのが、百井らしいといえば、らしいよな。

よくしゃべるようになって知ったのは、百井が雑学王ってこと。

方に、俺たちは、完全に不意をつかれた。
「……いや、百井。本当のことを言ってくれ。それでお前の立場が悪くなるようなことには、俺が絶対させないから。な？」
ザワ先のほうがよほどあせった様子で、百井のほうを見る。しかし百井はおだやかな仙人(せんにん)みたいな顔をして、「いえ。本当のことですから」と、言い切った。
「心配かけて、すみませんでした」
これでおしまい、とでも言うようにふかぶかと頭を下げる百井を、俺たちはあっけに取られて見つめた。
とまどいがただよう沈黙(ちんもく)の中、百井ひとりが、平然とたたずんでいる。
……分かんねえ。マジで、わけ分かんねえ。なんで俺たちをかばったのか。裏があるのか。単なるバカか。お人よしなのか。
職員室から解放された後、山居と岸上は気まずさから逃げるように、「塾(じゅく)があるから」と、そそくさと帰っていった。そんなわけで俺はなりゆき上、百井と並んで、廊下を歩くことになったのだった。もちろん、そうとう居心地は悪い。百井はしゃべらないし、何を考えてるかも分からないし、俺だって、なんて話していいのやら。
「……なんだよ、さっきの」
と、ようやく俺が口を開いたのは、靴箱(くつばこ)の前にたどり着いた時だった。
上履きを脱(ぬ)ごうとしていた百井が、顔を上げて俺を見る。そして、ふっと目を細めた。
「……この学校ってさ、いい人、多いじゃん」
「は？」
何言ってんだこいつ、と俺は思った。勉強できるくせに、バカなのか？
「いや、うん。矢代くんの言いたいことは分かるよ。分かるけど」
俺のあきれた表情を読んでか、百井は、あわてたように言葉をつぐ。
「でもやっぱ、基本いい人たちだと思うんだ。だって今までうちのクラス、あからさまないじめってなかったじゃん。派手な層と地味な層が共存をはかれてた、っていうかさ。僕、前に住んでた町では、もっとロコツないじめ受けてたし」
共存。全然ぴんときてない俺に、百井は一瞬(いっしゅん)がっかりしたようだったけど、「だからさ」とすぐに気を取り直したように、言った。
「みんな根はいい人たちだから、あの場で僕がフォローしておいたほうがいいのかな、って思ったんだよね。そのほうが、良心にうったえられそう、っていうか」
「……いやいやいや」
楽観的すぎるだろう、と俺は今度こそあきれた。だって俺たちをかばうことで、「こいつには何言っても平気」って、かえってナメられることも、大いにありうる。
「たしかに、イチかバチか、ではあったけど。逆効果の可能性もあるしね」
百井は鼻の頭をかいて、苦笑(くしょう)した。
「でも、明日から少なくとも、山居くんと岸上くんは嫌がらせしてこないと思うな。だってさっきも、すごく気まずそうだったじゃん」
「……………」
「それに矢代くんだって、ドッジの日の後は、一度も僕につっかかってこなかっただろ？　あれって、後悔(こうかい)したからだよね？」
「…………」
「ね？」
と、百井は、ガキを諭(さと)すオトナみたいな顔で笑うと、ゆっくりとした。

どうやらさっきもみ合っている間に、だれかが担任を呼びに職員室へ走っていたらしい。そういえば俺たちがおたおたしているかたわらを、小走りで駆けていく女子ふたりを視界のすみに見たような気もする。美術部の瀬川と佐古——だったような気もするけれど、今となっては、それがだれでもたいした問題ではなかった。ともかく現場に駆けつけたザワ先は、惨状を見るなり A をつり上げた。で、流血している百井はひとまず保健室へ向かうこととなり、俺たちだけが先に職員室へ連行されたのだけど——。

「え？　山居、説明ぐらいしろよ。何がどうなって百井が怪我したって？」

どすのきいた詰問に、山居は居心地悪そうに、上履きの爪先で床を蹴る。

「……ふざけてどつき合ってたら、百井がよろけて、それで、」

「ほう。岸上も矢代も、同じ言い分か？」

ぎろりと疑わしげな目線を送られ、俺と岸上は、うつむいたままだまり込んだ。

職員室へ向かう廊下ではばくばくしていた心臓は、今ではすっかり冷えていた。百井へのひがみ、ドッジの後で百井につっかかったこと、ハブられる百井を見て見ぬふりをしたこと……そのすべてが、今となってはなんてバカだったんだろうと思った。ちょっと冷静になれば、どっかでストップをかけることくらい簡単だったはずなのに——。

ぴりぴりした硬直状態が、一秒、二秒、三秒……とつづいた、その時だった。

「失礼します」

落ち着いた声が入り口から響き、額にガーゼを貼った百井が職員室へ入ってきた。

「百井、怪我は大丈夫か」

心配そうに眉をひそめたザワ先に、百井はあっさりうなずいた。

「はい。傷はたいしたことなくて、病院へ行くほどでもなかったので」

「そうか」

ザワ先はほっとしたようにうなずき返し、それから、表情を引きしめてつづけた。

「百井、どういう経緯でお前が怪我したのか、教えてくれないか。山居たちからは、ふざけ合ってただけと聞いたが……俺を呼びに来た女子は、お前が一方的に絡まれてた、と言ってたぞ。それに、以前からお前に対する嫌がらせがあった、とも」

なあ百井、とほとんど必死な様子で、ザワ先は言う。その声には、演技ではない悲しみとやるせなさがにじんでいて、②こんな時なのに、俺はザワ先のことをちょっと見直していた。と同時に、ああこれまでだ、と観念する気持ちにもなった。百井は安堵して、これまでに受けた数々の仕打ちを暴露するに決まってる。そうするべきなのだ。

百井がどんな表情をしているのか、うつむいて足元を見つめている俺には、まったく分からなかった。でも、百井がゆっくりと身じろぎしたのは、気配で分かった。

——来る。

「山居くんたちの、証言のとおりです」

ぐっと身を縮めた俺の隣で、百井の声が、すっきりと響いた。瞬間、俺ははっと顔を上げた。いや、俺だけじゃない。山居も、岸上も、ザワ先も。

「ふざけてて、僕が、ひとりで転びました」

淡々とした、けれど、はっきりとした口ぶりだった。俺たちにびびってるから、という感じはまるでない。意思のはっきりしたしゃべり

「百姓」には物事を合理的に考える傾向があることがわかる。

エ　五十才以上の「百姓」では、お玉杓子を死なせた場合に「ごめん、悪かった」とは感じない人が7％であることから、感情移入するくらいお玉杓子を身近な存在と捉えていることがわかる。

オ　五十才以上の「百姓」に対し、若い「百姓」のアンケート回答数が32人分しかないことから、データの信ぴょう性が低いと同時に、日本の農業に従事する人間が激減していることがわかる。

7　傍線部②「つい自分の無意識が目をとめさせた」とあるが、それはなぜか。その理由にあたるものとして最も適当な一文を文中から見つけ、最初の5字を抜き出しなさい。

8　傍線部③「生きものに目が向く場所」とはどのようなところか。最も適当なものを次の**ア**～**オ**から選び、記号で答えなさい。

ア　さまざまな生きものについての知識を得た身近な場所であり、その知識にあてはまりそうな生きものがいるところ。

イ　さまざまな生きものを観察した場所であり、そうした生きものたちとふれあうことができそうだと感じているところ。

ウ　さまざまな生きものを見てきた経験を重ねた場所であり、その経験が無意識によみがえる身の回りの心地よいところ。

エ　さまざまな生きものを目にした場所であり、人間の身の回りにありながらも生物の棲息にふさわしい自然があるところ。

オ　さまざまな生きものにまなざしを注いできた場所であり、人と生きものが無意識のうちに助け合いながら生活していたところ。

9　本文についての説明として、誤っているものを次の**ア**～**オ**から一つ選び、記号で答えなさい。

ア　冒頭の『日本書紀』のエピソードによって、古くから日本人が赤とんぼを好むということを伝え、読み手をスムーズに本文の主題にひきこんでいる。

イ　年配の百姓の「赤とんぼを好きだ」と感じる理由と、（　）内の内容を並べることで、体験的な意味づけと科学的な分析との違いをわかりやすくしている。

ウ　アンケート結果とその説明は、赤とんぼを好きになるのは、日本人としての本能ではなく、百姓経験の長さや質の違いに左右されるという主張の理由になっている。

エ　筆者自身の、お玉杓子を全滅させた経験やその時の感覚は、生き物とつきあった経験の蓄積が生き物への情愛に直結することを、「内からのまなざし」から伝えている。

オ　最後の「小さな花に目がとまる」話は、「お玉杓子の死に責任を感じる」理由が、「赤とんぼを好きになる」、また人間の人生全般に通じることを強調している。

三　**次の文章を読んで、後の問いに答えなさい。**

「俺(矢代)」はテストで毎回学年二位であったが、影の薄い「百井」が誰にも知られず学年一位であったと知る。その悔しさから、体育のドッジボールの際に、逃げてばかりの百井に強くあたってしまう。それがきっかけとなりクラスの中で数人の男子から百井への嫌がらせが始まった。嫌がらせは成績返却の際にもおこり、百井の順位を無理矢理見ようとした山居や岸上と、百井と、百井に負けていると知られたくない「俺」がもみあいとなり、百井は倒れて怪我をしてしまう。そこでザワ先(担任の小沢先生)は関係者を職員室に集めた。

「もう一度聞く。①お前ら、なんでこんなことになったんだ？」

放課後の職員室。

山居、岸上、俺の三人は一列に並べられ、ザワ先に尋問を受けてい

エ　問いかけた　　オ　聞き出した】

2　空欄Aに入る語として最も適当なものを次の**ア**～**オ**のうちから選び、記号で答えなさい。

ア　記念碑　　**イ**　博物館　　**ウ**　造形美
エ　風物詩　　**オ**　生命力

3　筆者が昆虫学者でなく「百姓」であることが最初にわかるのは、どの段落か。その段落の最初の5字を抜き出して答えなさい。

4　Xさんは、赤とんぼについて、本文にもとづき、次のようなメモを作った。

	事実	内からのまなざし	外からのまなざし
①	田に入った百姓の周囲に集まる	百姓を慕っている	集まるのは、百姓の周囲の虫を食べるため
②	夕方、大群になって飛ぶ	荘厳で美しい	集まるのは、夕方集まる蚊を食べるため
③	お盆前になると急に増える	先祖の霊が乗っているという言い伝えがある	【　B　】
④	子守歌に登場する	【　A　】	その歌が広く歌われ始めた時期が、百姓の幼少期と重なった

表の【A】【B】の組み合わせとして、最も適当なものを、次の**ア**～**オ**からそれぞれ選び、記号で答えなさい。

ア　【A】　その子守歌のおかげで、夕焼けと赤とんぼの風景が強く印象に残っていた
　　【B】　急増するのは、お盆前に、産卵された卵がかえるため
イ　【A】　赤ん坊の頃から歌ってもらった子守歌に出てくるので、なつかしかった
　　【B】　急増するのは、お盆前が、ヤゴから成虫になる時期にあたるため
ウ　【A】　昔から歌われている子守歌を通じて赤とんぼの知識を得、理解が深かった
　　【B】　急増するのは、田植え後に産卵したばかりであるため
エ　【A】　小さい頃から有名な歌に登場するものなので、よく親しんでいた
　　【B】　急増するのは、お盆前に、卵が一斉にヤゴになるため
オ　【A】　自分がよく歌った歌詞に登場するので、自然となじみ深くなっていた
　　【B】　急増するのは、羽化するタイミングがお盆前であるため

5　傍線部①「科学的な外からのまなざし」とあるが、年配の百姓が赤とんぼを好きになったことを科学的に分析すると、どのようなことだったと筆者は述べているか。解答欄の形式に合うように70字以内で説明しなさい。

6　**図2**のグラフと本文から読み取れることとして、最も適当なものを次の**ア**～**オ**から選び、記号で答えなさい。

ア　五十代以上の「百姓」のアンケート回答数は、若い世代の4倍近くにものぼっていることから、深刻な社会問題となっている働き手の高齢化が農業においてもすすんでいることがわかる。
イ　若い「百姓」で、このアンケートに対して無回答だった人数は五十代以上の「百姓」の3倍にものぼっていることから、若い「百姓」が自然や生きものの保護に対していかに無関心であるかがわかる。
ウ　若い「百姓」で、お玉杓子の死を「仕方ない」「役立つはずだったのに惜しい」とする人があわせて6割いることから、若い

ばいい」と「惜しい。蛙になるまで育てば、天敵として役立ったのに」という項目を付け加えていたのに、まさかこちらを選ぶ青年たちが多いとは想像もしていませんでした。その場で「真面目に答えているのか」とⅡ詰問したのですが、全員正直に答えていました。これは百姓経験の差でしょう。若い百姓は田んぼに通って、お玉杓子と顔を合わせる経験が私たち年配の百姓に比べると圧倒的に少ないからです。さらに現代では、かつてのように朝昼晩と田んぼに通うような情愛は、効率が悪いと批判される風潮ですから、田んぼに通い、生きものと目を合わせる仕事の時間は激減しています。

私たち人間は生きていくために、自然をしっかり見るように進化してきたのかも知れません。しかし、お玉杓子に何十年も内からのまなざしを注ぎ続けた百姓には、生きものへの情愛が身体の底に蓄積してきたのです。若い百姓と比較すると、この生きものを殺すまいとする情愛は、百姓の経験に左右されてしまうことがよくわかります。

私はその後、お玉杓子を全滅させた田んぼに入ったときの感覚をよく覚えています。ほんとうにさびしいと感じました。それまでは田んぼに入ると、いつも足下で泳ぎ回っていたお玉杓子が、その田んぼでは一匹もいないのですから。「ああ、いつも一緒にこの田んぼで過ごしていたんだなあ」と感じたのでした。

道を歩きながら、ふと小さな花に目がとまります。それは偶然ではありません。②つい自分の無意識が目をとめさせた、と考えてもいいのです。したがって、野の花が好きな人はしょっちゅう目がとまります。そうでない人は、ただ通り過ぎていきます。しかし、そういう人でもたまには目がとまることがあるのです。なぜなら、これまでの人生で、草花と無縁に過ごしてきたはずはないからです。もちろん無意識の世界ですから、たぶん忘れているでしょうが、花を摘んだり、花に見とれたことが過去にはあったはずです。

みなさんも生きものを、意識的ではなく無意識に見ている時間の方が圧倒的に多いのではないでしょうか。それはそれまでの自分の人生で積み重ねてきたまなざしが、背後で働いているからです。生きものの名前をよく知っている人は、それだけ何回も出会いを重ねてきた証拠です。

そしてよく③生きものに目が向く場所と、そうでない場所があるということにも気づきます。いつも生きものを見てきたのは、身の回りの「いい自然」の中でのことです。私たちは無意識に自然（らしいところ）をさがして、そこに目を向けているのです。このように意識的に自然を見ている時には気づかない世界があります。自然が見えている時には、このような無意識の経験、体験の蓄積が働くのです。

（宇根　豊『日本人にとって自然とはなにか』より）

注

※蜻蛉…とんぼの古い呼び名。

※秋津洲…古代における日本本州の呼び名。

※揺蚊…双翅目ユスリカ科の昆虫の総称。夕方に畑や野原で群れて飛ぶ。

※三木露風…日本の詩人、童謡作家、歌人、随筆家（一八八九～一九六四）

※山田耕筰…日本の作曲家、指揮者（一八八六～一九六五）

1　波線部Ⅰ「めざとく」・Ⅱ「詰問した」の本文中の意味として最も適当なものをそれぞれ後のア～オのうちから選び、記号で答えなさい。

Ⅰ「めざとく」

【**ア**　巧みに　**イ**　すばやく　**ウ**　首尾よく
エ　かしこく　**オ**　こっそり】

Ⅱ「詰問した」

【**ア**　問いただした　**イ**　聞き返した　**ウ**　訳を聞いた

日本の夏空、秋空を彩る自然の［Ａ］の代表となるのも当然のことです。

[6] 日本に田んぼ（水田）がなかった縄文時代には、赤とんぼはあまりいませんでした。赤とんぼは、水の流れがなく、浅く、温かく、しかもヤゴの餌となるプランクトンがいっぱいいて、天敵の魚が少ない田んぼで99％が生まれています。昔の日本人のほとんどは百姓でしたから、無意識に田んぼや稲作と切り離せない生きものとして認識していたのではないでしょうか。神戸市の桜ケ丘遺跡から出土して国宝になっている銅鐸には赤とんぼをはじめとして、田んぼの生きものばかりが描かれているのもそれを裏付けています。

どうですか。外からのまなざしの方〔[1]～[4]の（　）内〕と[5][6]が、わかりやすく、くわしい説明になっていると思いませんか。しかし、体験に基づいた内からのまなざしの方が、話が生き生きとしていて、心から納得できそうな気持ちになります。

赤とんぼとのさまざまなつきあいが、体験として私たちの身体の中に蓄積され、知らず知らずに赤とんぼが好きになったのです。何かを好きになるということは、このように知らず知らずに、無意識に、いつのまにか好きになっていることが多いものです。

無意識に好きになると言うと、それこそ本能だという証拠ではないかと思う人もいるでしょうがそうでもありません。数年前に私がびっくりしたことを紹介しましょう。

うっかり一枚の田んぼだけ水が行き届かずに、干上がってしまったことがありました。田植えしてまだ二〇日ぐらいしか経っていなかったので、お玉杓子は全部死んでしまいました。私は、「ごめんよ。悪かった」とお玉杓子の死骸に謝りました。そこで、友人の百姓にこのことを話すと、「私もそういう体験があるし、その時もそう感じた」と言うので、他の百姓にもアンケートをとってみたのです。

「うっかり田んぼの水が干上がって、お玉杓子が死んでしまったらどう思いますか」と尋ね、答えはわざと三択にしてみました。その答えが**図2**です。予想していたとおり、五〇歳以上の百姓のほとんどが「ごめん、悪かった」と答えました。そこで私は「それでは、あなたたちはお玉杓子のためにも田んぼに水を溜めていたのですか」と尋ねると、全員が、「そういうつもりはまったくない。田んぼに水を溜めるのは、稲がよく育つことと、草を抑えることを目的にしているのだ」と否定します。「それならなぜお玉杓子に謝るのですか。可哀そう、ぐらいの気持ちで済ませばいいじゃないですか」と重ねて問うと、「そういうわけにはいかない」と反発します。

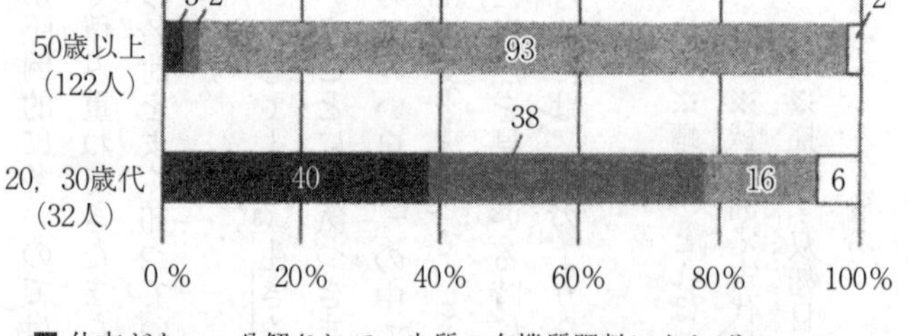

■ 仕方がない。分解されて，良質の有機質肥料になればいい。
■ 惜しい。蛙になるまで育てば，天敵として役立ったのに。
■ ごめん。水を切らして，悪かった。
□ 無回答

図２　お玉杓子が死んだことに対する百姓の感想

お玉杓子のために水を溜めていたのではないのに、死ぬと、責任を感じるのは、生きものの命を大切にしたいという気持ちがあるからでしょう。そしてその気持ちは、田んぼの水を切らさないようにする目的の一つとは自覚していなくても、無意識に「お玉杓子のためにも水を溜める」気持ちになっていたのです。

そこで、同じ質問に対する若い百姓の回答をみてください。私はこの回答にもびっくり仰天したのです。半ば冗談で「仕方がない。分解されて、良質の有機質肥料になれ

2023年度 昭和学院秀英中学校

【国　語】〈第二回試験〉（五〇分）〈満点：一〇〇点〉

＊設問の都合で、本文には一部省略・改変がある。
＊字数制限のある場合は、句読点なども字数に入れること。

一　次の1～5の傍線部のカタカナは漢字に直し、漢字は読みをひらがなで答えなさい。

1　ホウドウによれば、国連総会における演説が各国を動かしたとのことである。
2　子どものアンピの確認を、最近は携帯電話を使ってすぐにできる。
3　よいチンタイ住宅を見つけるのは大変だ。
4　テイコクで始めれば終わりもそれほど遅くならないはずだ。
5　紙幣を刷ることはできるが、無計画に行えば社会が混乱しかねない。

二　次の文章を読んで、後の問いに答えなさい。

日本人には赤とんぼが好きな人が多いようです。『日本書紀』や『古事記』では天皇が赤とんぼを誉める場面が出てきます。

『日本書紀』では、神武天皇が奈良の山に登り、国の様子を見て、「ああ、なんと美しい国を得たものよ。まるで※蜻蛉（赤とんぼ）が交尾している形に似ている」と言われた。これによって初めてこの国を「※秋津洲」と呼ぶようになった、と書かれています。

「赤とんぼの国」という名前をつけた理由は、この時代になると田んぼが増えて、赤とんぼがいっぱい飛ぶようになったからにちがいありません。天皇までもが、赤とんぼが好きだったようです。

現代でも年配の百姓なら、ほとんどが「赤とんぼが好きだ」と答えます。しかし、なぜ好きなのか、その理由を問うと、すぐには答えが出てきませんが、次第に思い出して答えてくれます。（　）内は、それを外から客観的に分析した説明です。

1　私が田んぼに入ると赤とんぼが集まってくるんだ。まるで自分を慕って寄って来るような気がして、可愛いと思うからかな。（ほんとうは、百姓が田んぼに入ると、稲に着いていた虫が跳びはねるので、赤とんぼは餌をⅠめざとく見つけて、百姓のそばに来るのです。）

2　夕日に群れ飛ぶ赤とんぼの羽がきらきら輝いているのを見ていると、この世の風景とは思えないぐらいの荘厳さだと感じるな。（ほんとうは、夕方になると赤とんぼの餌の※揺蚊が蚊柱をつくるので、食べるために寄って来て、群舞するのです。）

3　赤とんぼは八月のお盆の前になると、急に増えてくる。あれは先祖の霊を乗せてやって来て、盆が終わると先祖の霊を乗せて帰っていくとんぼだ、という言い伝えがあるぐらいだから、ずっと前から大事にされてきたんだ。（ほんとうは、田植えした直後の田んぼで産卵され、それがヤゴになって、四五日ぐらい経って一斉に羽化してくる時期がたまたま盆前にあたっているのです。）

4　小さい頃から「夕焼け小焼けの赤とんぼ、負われてみたのはいつの日か」という子守歌（※三木露風作詞、※山田耕筰作曲）をよく歌っていたからかもしれない。（この歌は昭和二年に曲がつけられ、よく歌われるようになったのは、戦後です。）

①科学的な外からのまなざしによる答えをまとめると次のようになります。

5　日本で毎年生まれている赤とんぼの総数は多い年には二〇〇億匹ぐらいになっていました。国民一人あたり約二〇〇匹ほども分配できるほどの数です。これほど大発生して目立つ虫は他にはありません。

2023年度 昭和学院秀英中学校 ▶解説と解答

算 数 ＜第２回試験＞（50分）＜満点：100点＞

解 答

1 ア $\frac{59}{1000}$ イ 8 ウ 4 エ 108 オ 18 2 (1) 65度 (2) 9：25 (3) 522cm^3 3 (1) 527.52cm^3 (2) 8.4cm (3) 8個，25.12cm^3 4 (1) 25.12cm^2 (2) 31.4cm^2 (3) 75.36cm^3 (4) 53.38cm^3 5 (1) 46点 (2) 児童Ｅが46点であった (3) (72，72，77)，(72，73，76)，(72，74，75)

解 説

1 四則計算，場合の数，割合，速さと比

(1) $0.43\times\left(\frac{7}{2}-2.2\right)-4\times\frac{1}{8}=\frac{43}{100}\times\left(\frac{35}{10}-\frac{22}{10}\right)-\frac{1}{2}=\frac{43}{100}\times\frac{13}{10}-\frac{1}{2}=\frac{559}{1000}-\frac{500}{1000}=\frac{59}{1000}$

(2) ５人の持ち点の合計が14点になる組合せは，右の表１より，８通り(…イ)になる。また，13.5点になる組合せは，右の表２より，４通り(…ウ)となる。

表１

持ち点の合計が14点				
1点	2点	3点	4点	4.5点
2		1		2
1	2			2
2			3	
1	1	1	2	
	3		2	
1		3	1	
	2	2	1	
	1	4		

表２

持ち点の合計が13.5点				
1点	2点	3点	4点	4.5点
2		1	1	1
1	2		1	1
1	1	2		1
	3	1		1

(3) ＡからＣに入れたコーヒー牛乳２Ｌにふくまれるコーヒーは，$2\times\frac{3}{3+2}=1.2$(L)である。ＢからＣに入れたコーヒー牛乳３Ｌにふくまれるコーヒーは，$3\times\frac{2}{2+2}=1.5$(L)である。すると，Ｃに入れたコーヒー牛乳，２＋３＝５(L)にふくまれるコーヒーは，1.2+1.5=2.7(L)とわかる。よって，コーヒー牛乳中のコーヒーの割合は，2.7÷５＝0.54だから，Ｃからコップに注いだコーヒー牛乳200mLにふくまれるコーヒーは，200×0.54＝108(mL)と求められる。

(4) 15秒は，$15\div60=\frac{1}{4}$(分)より，11分15秒は$11\frac{1}{4}$分だから，歩きと自転車の速さの比は，$(1\div45):\left(1\div11\frac{1}{4}\right)=1:4$となる。そこで，歩きと自転車の速さをそれぞれ１，４とすると，湖の周りの距離(きょり)は，１×45＝45であり，ＡとＢがＰ地点で出会うのにかかる時間は，45÷(１＋４)＝９(分)とわかる。また，Ｐ地点からスタート地点までは，Ａが歩いた距離をＢが歩き，Ｂが自転車で進んだ距離をＡが自転車で進むので，どちらもスタート地点からＰ地点までにかかった時間と同じ９分かかるとわかる。よって，求める時間は，９×２＝18(分後)である。

2 角度，相似，辺の比と面積の比，分割，体積

(1) 下の図１で，角㋓の大きさは，180－(90＋40)＝50(度)になる。また，平行線の錯角(さっかく)は等しいので，角㋐と角㋑の大きさは等しく，角㋑と角㋒の大きさは同じだから，角㋐と角㋒の大きさは等しい。よって，三角形ABCに注目すると，角㋐の大きさは，(180－50)÷２＝65(度)となる。

(2)　下の図２のように，ＤからACと平行な線を引き，BEと交わった点をＧとすると，三角形BDGと三角形BCEは相似なので，DG：CE＝BD：BC＝18：32＝９：16となる。また，三角形AEFと三角形DGFは相似で，CE＝AEだから，AF：FD＝AE：DG＝CE：DG＝16：９とわかる。よって，FD：AD＝９：(16＋９)＝９：25となり，高さが等しい三角形の面積の比は，底辺の長さの比と等しいので，三角形BDFと三角形ABDの面積の比も９：25になる。

(3)　平行な２つの面を１つの平面で切るとき，切り口の直線は平行になるので，下の図３のように３点Ａ，Ｂ，Ｍを通る平面で切ると，AMとBFは平行になる。図３で，三角形ADGと三角形AEMは相似で，DG：EM＝AD：AE＝６：(６＋６)＝１：２だから，DGの長さは，$6\times\frac{1}{2}=$ ３(cm)になり，DG＝CFより，CFの長さも３cmである。すると，三角柱ADG－BCFの体積は，６×３÷２×６＝54(cm^3)になる。また，立体CDE－FGMの体積は，底面積が，６×６÷２＝18(cm^2)で，高さがDG，CF，EMの長さの平均の，(３＋３＋６)÷３＝４(cm)である三角柱の体積と等しいので，18×４＝72(cm^3)と求められる。さらに，この四角柱の体積は，(６＋６×２)×６÷２×12＝648(cm^3)だから，切ったあとの大きい方の立体の体積は，648－(54＋72)＝522(cm^3)である。

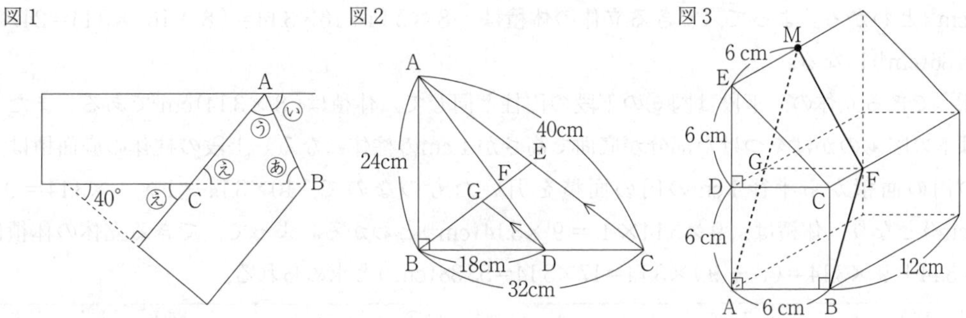

3　水の深さと体積

(1)　右の図で，Ａを１つ入れた状態から，さらにもう１つ入れたとき，斜線(しゃせん)の㋐の部分に入っていた水が㋑の部分に移動したと考えることができる。よって，㋐と㋑の部分の体積は等しく，高さの比は，６：(７－６)＝６：１なので，底面積の比は，$\frac{1}{6}:\frac{1}{1}$＝１：６になる。したがって，㋑の部分の底面積は，(２×２×3.14)×$\frac{6}{1}$＝24×3.14(cm^2)だから，容器に入っている水の量は，24×3.14×７＝168×3.14＝527.52(cm^3)である。

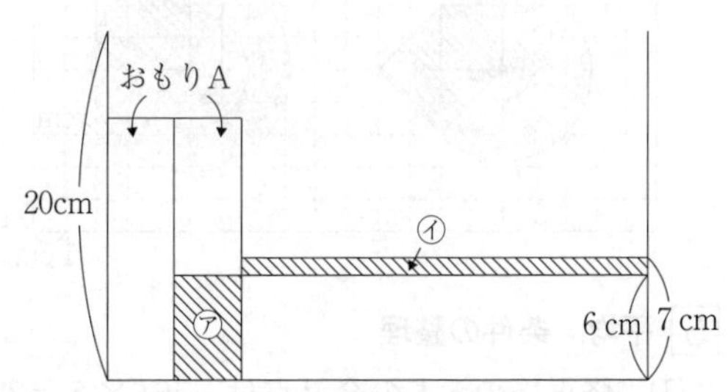

(2)　おもりＡを３個入れたとき，水が入っている部分の底面積は，24×3.14－２×２×3.14＝20×3.14(cm^2)なので，このときの水の深さは，168×3.14÷(20×3.14)＝8.4(cm)と求められる。

(3)　この容器の底面積は，24×3.14＋(２×２×3.14)×２＝32×3.14(cm^2)なので，容積は，32×3.14×20＝640×3.14(cm^3)であり，Ａを入れないときに水が入っていない部分の容積は，640×3.14－168×3.14＝472×3.14(cm^3)になる。よって，水があふれるのは，入れたＡの体積の合計が(472×3.14)cm^{3}をこえたときとなり，おもりＡの体積は，２×２×3.14×15＝60×3.14(cm^3)だから，

(472×3.14)÷(60×3.14)＝7.8…より，Aを8個入れると初めて水があふれる。また，このときあふれた水の量は，60×3.14×8－472×3.14＝(480－472)×3.14＝8×3.14＝25.12(cm^3)と求められる。

4 図形の移動，面積，体積

(1) できる図形は，下の図①のかげをつけた部分のように正方形の対角線を半径とした円になる。半径を$x$cmとすると，円の面積は，x×x×3.14で求められるが，図①の斜線部分の正方形の面積は，4×4÷2＝8(cm^2)なので，x×x＝8とわかる。よって，できる図形の面積は，8×3.14＝25.12(cm^2)である。

(2) できる図形は，下の図②のかげをつけた部分のように長方形の対角線を半径とした円になる。半径を$x$cmとすると，図②の斜線部分の正方形の面積は，4×4－3×1÷2×4＝10(cm^2)だから，x×x＝10とわかる。よって，できる図形の面積は，10×3.14＝31.4(cm^2)となる。

(3) できる立体は，下段は底面が図①の円で高さが1cmの円柱になり，上段は下の図③のかげをつけた部分が底面で高さが1cmの柱体になる。まず，下段の円柱の体積は，8×3.14×1＝8×3.14(cm^3)である。また，(1)や(2)と同じように考えると上段の柱体の底面積は，6×6÷2×3.14－2×2÷2×3.14＝18×3.14－2×3.14＝16×3.14(cm^2)なので，体積は，16×3.14×1＝16×3.14(cm^3)とわかる。よって，できる立体の体積は，8×3.14＋16×3.14＝(8＋16)×3.14＝24×3.14＝75.36(cm^3)になる。

(4) できる立体の，下段は図③の下段の円柱と同じで，体積は(8×3.14)cm^{3}である。また，上段は下の図④のかげをつけた部分が底面で高さが1cmの柱体になる。上段の柱体の底面積は，図②の円の面積から半径1cmの円の面積を引いたものなので，10×3.14－1×1×3.14＝9×3.14(cm^2)となり，体積は，9×3.14×1＝9×3.14(cm^3)とわかる。よって，できる立体の体積は，8×3.14＋9×3.14＝(8＋9)×3.14＝17×3.14＝53.38(cm^3)と求められる。

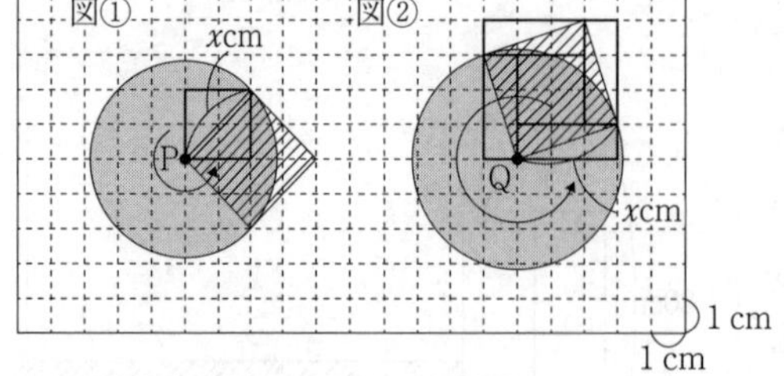

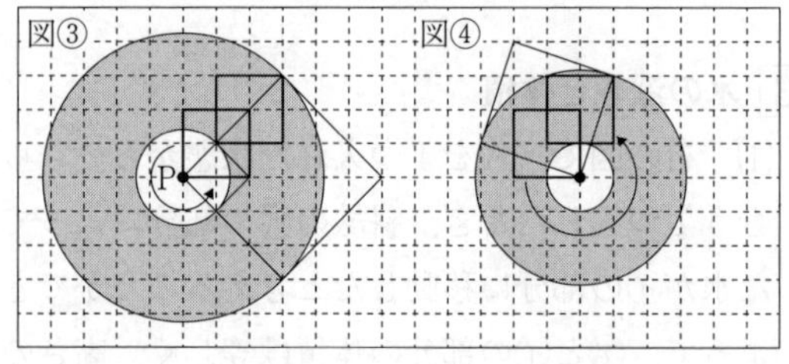

5 平均，条件の整理

(1) 修正後の5人の合計点は，46.6×5＝233(点)だから，修正後のAの得点は，233－(49＋21＋69＋48)＝233－187＝46(点)である。

(2) 修正後の5人の点数は低い順に，21点，46点，48点，49点，69点となる。また，修正前の合計点は，46.2×5＝231(点)なので，修正した児童の点数は修正前よりも，233－231＝2(点)上がったとわかる。さらに，修正前の「真ん中の数」は46点だから，48－2＝46(点)より，児童Eが46点だったとわかる。

(3) 修正後の9人の合計点は，59×9＝531(点)なので，G，H，Iの合計点は，531－233－77＝221(点)になる。よって，F，G，H，Iの点数の「真ん中の数」は74.5点だから，G，H，Iのうち最低点の人を除いた２人の合計点は，74.5×２＝149（点）となる。また，G，H，Ｉのうち最低点は，221－149＝72（点）だから，残り２人の点数は72点以上77点以下になる。したがって，G，H，Ｉの点数の組合せは，（72，72，77），（72，73，76），（72，74，75）とわかる。

社　会　＜第２回試験＞（40分）＜満点：50点＞

解　答

1 **問１**　⑴　**A**　渥美（半島）　**B**　浜名（湖）　**C**　中部国際（空港）　⑵　豊川用水　⑶　イ　⑷　カ　⑸　福岡　**問２**　タ　**2** **問１**　（例）　洪水を防止するために，新しい水路を開いた。　**問２**　ウ　**3** **問１**　ア　**問２**　ウ　**問３**　オ　**問４**　イ　**問５**　（例）　島原・天草一揆が起こり，キリスト教徒が団結して抵抗することをおそれたため。　**問６**　**あ**　弘安　**い**　解体新書　**う**　鉄砲　**4** **問１**　F　**問２**　イ　**問３**　エ　**問４**　ア　**問５**　ウ　**問６**　**あ**　戊辰戦争　**い**　西郷隆盛　**5** **問１**　**A**　閣議　**B**　天皇　**C**　非常任理事国　**問２**　原告　**問３**　ウ　**問４**　エ　**問５**　（例）　自国と密接な関係にある外国に対する武力攻撃に対して，自国が直接攻撃されていないにもかかわらず，実力をもって阻止することが正当化される権利。

解　説

1 **愛知県とその周辺地域の地理についての問題**

問１　⑴　**A**　渥美半島は愛知県南東部にのびる半島で，三河湾をはさんで西側の知多半島と向かい合っている。　**B**　浜名湖は静岡県南西部に広がる湖で，周辺ではうなぎの養殖がさかんに行われている。　**C**　中部国際空港は，知多半島中部・常滑市沖合の伊勢湾上を埋め立ててつくられた空港で，「セントレア」の愛称で知られる。　⑵　渥美半島には大きな川がなく，農業用水の確保に苦労していた。そこで，豊川水系や天竜川水系の川から水を取り，渥美半島や静岡県西部などに導く豊川用水が引かれた。これによって，渥美半島は全国有数の農業地帯に発展した。

⑶　渥美半島は，写真１のように照明を当てることで開花時期を調整する「電照菊」の産地として知られ，愛知県の菊の出荷量は全国で最も多い。これについで出荷量が多いのが沖縄県で，温暖な気候を生かした露地栽培だけでなく，電照菊の栽培もさかんに行われている。なお，アにはキャベツ，ウにはトマト，エには柿があてはまる。統計資料は『日本国勢図会』2022／23年版による（以下同じ）。　⑷　電照菊は，日照時間が短くなると開花するという菊の性質を生かして栽培されている。一般に，照明を当てる時間を長くして開花時期を遅らせ，菊の需要が多い時期に出荷量が増やせるよう調整する。　⑸　中部国際空港のある愛知県から移動する場合，東京都や大阪府の中心部に行くには新幹線を使ったほうが便利であることから，飛行機移動の目的地は，表２にあるように，北海道・東北・九州・沖縄といった遠い地方が中心となる。北海道地方の新千歳（札幌）と，東北地方の仙台（宮城県）がすでに表２に上がっていることから，サには九州地方の中心都市である福岡があてはまると判断できる。

問２　内陸部に分布しているＹは，川の水を利用する水力発電所だとわかる。日本の火力発電所は大都市に近い沿岸部に多く立地しているので，県庁所在地である名古屋市の近くに多く分布しているXがあてはまる。残ったZが風力発電所である。

2 地形図の読み取りについての問題

問１　図１と図２で最も大きく変わっているといえるのは，図２の中央上部から右中央部にかけて大きな川ができていることである。これは荒川(放水路)で，1910(明治43)年にこの地域を襲った大洪水をきっかけとして建設され，現在に至るまで一度も洪水を起こしていない。

問２　A　小村井駅の西側には，博物館(⌂)ではなく図書館(🕮)がある。　B　東あずま駅のすぐ東に標高点(・)とともに－３とあることから，この地域が海面より３m低いことがわかる。

3 古代から江戸時代までの政治や文化などについての問題

問１　高床倉庫は，農耕が広まった弥生時代に，収穫物を収めるためにつくられるようになった。また，弥生時代には，周囲をほりや柵で囲んだ環濠集落とよばれる集落がつくられるようになった。これは，収穫物や土地などをめぐる集落どうしの争いが起こるようになったためである。

問２　ア「聖武天皇」ではなく「元明天皇」が正しい。　イ　朝廷は，口分田の不足に対応するため723年に三世一身の法を出し，新しく切り開いた土地の一部で３代までの土地の所有を認めた。しかし，効果があまり上がらなかったため，743年に墾田永年私財法を出し，新しく開墾した土地の永久私有を認めた。　ウ　奈良時代に栄えた天平文化について，正しく説明している。　エ　漢字をもとにしてひらがなやかたかながつくられ，その使用が広まったのは，平安時代のことである。

問３　アは鎌倉時代，イは江戸時代，ウは奈良時代末ごろ，エは室町時代，オは戦国時代のできごとなので，古い順にウ→ア→エ→オ→イとなる。

問４　アは江戸時代，イは鎌倉時代，ウは古墳時代，エは平安時代末～鎌倉時代，オは飛鳥時代のできごとなので，古い順にウ→オ→エ→イ→アとなる。

問５　江戸幕府は，キリシタン(キリスト教信者)の強い信仰心や団結力が，幕府による支配のさまたげになると考え，キリスト教の禁教政策を強化していった。こうしたなか，1637年に島原(長崎県)と天草地方(熊本県)のキリシタンらが島原・天草一揆(島原の乱)を起こすと，幕府は大軍を投入してこれを翌38年にようやくしずめた。これを受けて幕府は1639年にポルトガル船の来航を禁止し，キリスト教禁教の徹底をはかった。

問６　**あ**　モンゴル帝国の第５代皇帝にして元(中国)の初代皇帝でもあるフビライ＝ハンは，13世紀後半に東アジアで勢力を拡大すると，日本にも服属を求めて使いを送ってきた。しかし，鎌倉幕府の第８代執権北条時宗がこれを拒否したため，1274年の文永の役と1281年の弘安の役の２度にわたり，北九州に大軍を派遣して攻めてきた。この，２度にわたる元軍の襲来は，元寇とよばれる。　**い**　江戸時代後半には，オランダ語を通じて西洋の学問を研究する蘭学が発展し，杉田玄白や前野良沢らは，オランダ語の医学解剖書『ターヘル＝アナトミア』を苦心のすえ翻訳し，1774年に『解体新書』として刊行した。なお，この文章の「私」はシーボルトである。　**う**　1543年，中国船が種子島(鹿児島県)に漂着し，乗っていたポルトガル人によって日本に初めて鉄砲がもたらされた。その６年後の1549年には，スペイン人のイエズス会宣教師フランシスコ＝ザビエルが鹿児島に漂着し，日本に初めてキリスト教を伝えた。

4 江戸時代末から昭和時代までの政治や外交などについての問題

問１　「納税資格を問わない初めての選挙が行われた際に作成された」ポスターで，上部中央に

「普選」(右から左へと読む)とある。1925年，満25歳以上のすべての男子に選挙権を認める普通選挙法(普選法)が成立し，この法律にもとづいた初めての選挙が1928年に行われた。このポスターは，このときに作成されたものである。

問２　ア　江戸幕府の第８代将軍である「徳川吉宗」ではなく，第15代将軍の「徳川慶喜」が正しい。　イ　天皇を主権者とする大日本帝国憲法が発布されたのは1889年のことなので，正しい。　ウ　日英同盟は，1902年に結ばれた。　エ　二・二六事件は，1936年に発生した。

問３　ア　「薩摩藩」(鹿児島県)ではなく「長州藩」(山口県)が正しい。　イ　1890年に行われた最初の衆議院議員総選挙では，自由民権運動の流れをくみ，政府に批判的な政党(これらの政党はあわせて民党とよばれる)が議席の過半数を占めた。　ウ　鹿鳴館に象徴される，「欧化政策」とよばれる外交政策は，外務卿・外務大臣の井上馨が1880年代に進めた。ノルマントン号事件は，井上馨が外務大臣であった1886年に起こった。　エ　伊藤博文の晩年について，正しく説明している。

問４　ア　第一次世界大戦(1914～18年)の影響で起こった大戦景気について，正しく説明している。　イ　「清」ではなく「中華民国」が正しい。　ウ　「南樺太」ではなく「シベリア」が正しい。シベリア出兵は，1918～22年にかけて行われた。　エ　吉野作造が唱えた民本主義は，天皇に主権があるとしながら，国民の意思を反映させるために政党内閣制や普通選挙を実現しようという考え方である。

問５　1972年，田中角栄首相が中国の首都北京を訪れて周恩来首相と会談し，日中共同声明を発表した。これによって，日本と中国の国交が正常化した。なお，アとエは1951年，イは1956年のできごと。

問６　**あ**　大政奉還ののち，王政復古の大号令が出されて新政府の基本方針が示されると，これに反発した旧幕府側と，薩摩藩・長州藩を中心とする新政府側の対立が深まった。そして，1868年１月に京都で起こった鳥羽・伏見の戦いを皮切りに，旧幕府軍と新政府軍との間で戊辰戦争が始まった。戊辰戦争は，江戸城の無血開城(東京都)や会津戦争(福島県)などを経たのち，1869年５月に函館五稜郭の戦いで榎本武揚が率いる旧幕府軍が降伏したことで終結した。　**い**　薩摩藩出身の西郷隆盛は，薩長連合の結成や江戸城の無血開城など倒幕に大きな役割を果たし，明治新政府でも中心となって活躍した。しかし，征韓論(武力を用いてでも朝鮮を開国させようという考え方)が政府に受け入れられず，1873年に政府を去って故郷の鹿児島にもどった。そして1877年，鹿児島県の不平士族におし立てられる形で西南戦争を起こすが，政府軍に敗れて自害した。

5　政治のしくみや国際社会などについての問題

問１　**A，B**　最高裁判所長官は内閣が指名し，天皇が任命する。内閣の意思決定は，内閣総理大臣を議長とし，全国務大臣が出席して行われる閣議において行われ，閣議での決定は原則として全会一致でなされる。　**C**　安全保障理事会は，世界の平和と安全を守る国際連合の中心機関で，アメリカ・ロシア・イギリス・フランス・中国の５常任理事国と，総会で選出される任期２年の非常任理事国10か国で構成されている。

問２　民事裁判や行政裁判では，訴えを起こした側を原告，訴えられた側を被告という。なお，刑事裁判の場合，検察官が犯罪の被疑者(犯罪行為を行ったと疑われる人)を起訴することで裁判が始まり，被疑者は被告人として裁判に臨むことになる。

問3　ア　離島についてふれているのは【グラフ1】だけだが，ここに示された回答者の年代別内訳からだけでは，離島に住む人口を読み取ったり求めたりすることはできない。　イ　【グラフ1】から，離島調査の回答数は730人で，60代はその22.8％なので，730×0.228＝166.44より，約166人となる。一方，本調査の回答数は2736人で，70代はその7.3％なので，2736×0.073＝199.728より，約200人となる。　ウ　【グラフ3】を正しく読み取っている。　エ　【グラフ2】によると，「思う」「どちらかと言えば思う」の割合の合計は，20代が最も少なく，10代は30代よりも多い。

問4　ア　法律案は，衆参どちらの議院から先に審議してもよい。一方，予算の審議については，衆議院から先に行うことが日本国憲法で定められている。　イ　衆議院で可決した法律案を参議院が否決したとき，衆議院で出席議員の3分の2以上の賛成で再可決すると，法律が成立する。また，衆議院の可決後，国会の休会期間中を除く60日以内に参議院が議決を行わなかった場合，衆議院の議決が国会の議決となる。法律案の議決において，両院協議会の開催は義務ではない。　ウ　法律案は，内閣だけでなく国会議員でも提出できる。　エ　法律案は専門の委員会で審議されるが，広く国民の意見を聞くために公聴会を開くこともできる。よって，正しい。

問5　日本と密接な関係にある国が敵対する国から攻撃を受けたとき，自国が攻撃を受けていなくても，協同して反撃する権利のことを，集団的自衛権という。日本は日本国憲法第9条との関係から，自国が攻撃された場合に限って反撃できるという個別的自衛権の行使は認められるという立場をとってきた。しかし，安倍晋三内閣は2014年に憲法の解釈を改め，集団的自衛権を認めるという閣議決定を行った。これにもとづいて，2015年には安全保障関連法が成立した。

理　科　＜第2回試験＞（40分）＜満点：50点＞

解　答

[1] **問1**　ウ　**問2**　オ　**問3**　X　酸素　Y　二酸化炭素　**問4**　ア，エ　**問5**　イ，オ　**問6**　エ，オ　**問7**　(1)　5本　(2)　3本　[2] **問1**　**あ**　対流　**お**　温室　**か**　ヒート　**問2**　ア　**問3**　イ　**問4**　3672 J　**問5**　3024 J　**問6**　54 J　**問7**　オ　**問8**　①　ア　②　ア　[3] **問1**　ア，ウ，エ　**問2**　ウ　**問3**　①　ウ　②　イ　③　ア　**問4**　④　ウ　⑤　ア　⑥　イ　⑦　ア　⑧　イ　**問5**　(1)　**あ**　ア　**い**　反発　(2)　解説の図を参照のこと。

解　説

[1] 生物どうしのつながりについての問題

問1　ミジンコはからだやあしに節のある節足動物の仲間で，節足動物のうちのカニやエビと同じ甲かく類に属する。なお，アメーバは足などがない動物プランクトン，ミミズは環形動物，クラゲとイソギンチャクは刺胞動物の仲間である。

問2　生物Wは動物プランクトンであるミジンコのエサとなる植物プランクトンである。ここでは，ミカヅキモが当てはまる。なお，ボウフラはカの幼虫である。

問3　生きている生物は，エネルギーを得るためにつねに呼吸をしている。物質Xは呼吸でとり入れられる酸素，物質Ｙは呼吸で放出される二酸化炭素である。図１で，イとウ，オとカは呼吸を表す矢印である。

問４　生物Ｗの植物プランクトンは，光のエネルギーを利用して，水と二酸化炭素からでんぷんと酸素をつくり出している。植物のこのはたらきを光合成という。ただし，夜間には植物に光がほとんど当たらないので光合成は行われない。よって，夜間はアとエの矢印は見られなくなる。

問５　ミジンコの数が比較的安定した状態を維持し続けるためには，ミジンコのエサとなる生物Ｗの数が十分にあること，ミジンコが生息するのによい環境が保たれていることなどが必要である。このとき，生物Ｗやミジンコの排泄物，死がいなどがたまり続けると，よい環境を保つことはできない。そこで，生物Ｗやミジンコの排泄物，死がいなどを分解して，生物Ｗが再び利用できる養分をつくり出す必要がある。このようなはたらきをする生物を自然界の分解者といい，カビやキノコなどの菌類や細菌類などが当てはまる。

問６　生物Ａ～Ｉの食べる，食べられるの関係を，食べられる側から食べる側に向かって矢印で結ぶと，右の図のようになる。図より，食べられるだけの植物のグループには生物Ａ，生物Ｂ，生物Ｃが当てはまる。次に，植物のグループを食べる動物のグループＳ（草食動物）には生物Ｄ，生物Ｅが当てはまる。さらに，グループＳを食べる動物のグループＴ（小型の肉食動物）には生物Ｆ，生物Ｇ，生物Ｈが当てはまり，グループＴを食べる動物のグループＵ（大型の肉食動物）には生物Ｉが当てはまる。

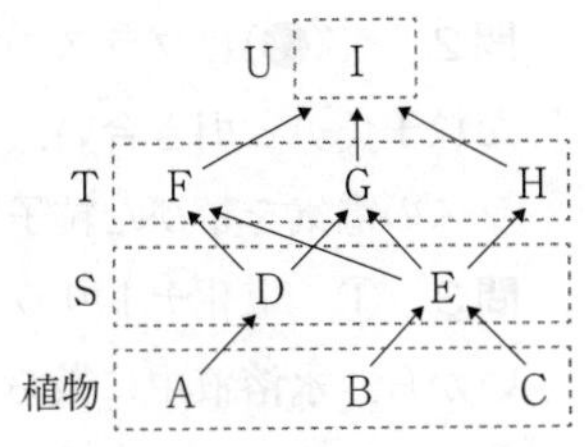

問７　(1)　右上の図から，５本である。　(2)　右上の図から，３本と読み取れる。

２　熱の伝わり方についての問題

問１　あ　温められた水や空気は，まわりの水や空気より軽くなるため上に移動し，上にある冷たい水や空気が下に移動する。このことが繰り返されて水や空気全体が温まる。このような熱の伝わり方を対流という。　**お**　地表面から放出された熱（赤外線）の一部は，大気中の二酸化炭素などによって再び地球にもどされ，その熱によって大気が温められている。このようなはたらきを行う気体を温室効果ガスといい，温室効果ガスによって地球温暖化が起こる。　**か**　都心部は，自動車やエアコンなどによる熱の排出量が多く，熱をためやすいアスファルトやコンクリートなどでおおわれた地面が多い。このため，まわりに比べて気温が高くなりやすい。気温の分布を地図で見ると，気温の高いところが島のように見えることから，このような現象をヒートアイランド現象とよんでいる。

問２　水の温度を測定するので，基準としての温度を０℃に保つとよい。そこで，熱電対の上端Ａをつねにほとんど温度が変わらない氷水で冷やしておく。

問３　金属球が放出した熱の一部がアルコール温度計を温めるために使われるので，コップの水の温度は32℃よりわずかに低い値になる。

問４　下降した金属球の温度は，100－32＝68（℃）で，金属球の温度が１℃下がるときに54Ｊの熱を放出するから，このとき金属球が放出した熱の量は，54×68＝3672（Ｊ）である。

問５　上昇した水の温度は，32－20＝12（℃）で，１ｇの水の温度を１℃上昇させるのに必要な熱の量は4.2Ｊなので，このとき水が得た熱の量は，4.2×60×12＝3024（Ｊ）となる。

問６　コップの温度を12℃上昇させるために使われた熱の量は，3672－3024＝648（Ｊ）だから，コップの温度を１℃上昇させるのに必要な熱の量は，648÷12＝54（Ｊ）になる。

問７　金属球１gを１℃上昇させるのに必要な熱の量は，54÷120＝0.45（Ｊ）なので，１gの水の温度を１℃上昇させるのに必要な熱の量に対する，金属球１gあたりの温度を１℃上昇させるのに必要な熱の量の割合は，0.45÷4.2＝0.107…より，約0.11倍と求められる。

問８　陸の方が海よりも温まりやすいため，良く晴れた日の日中では，陸の温度が高くなり，陸上で上昇気流が生じて気圧が低くなる。このため，海から陸に向かって空気が移動する。これが海風である。

3　水溶液と粒子のつながり方についての問題

問１　酸性とアルカリ性の水溶液はすべて電気を通し，中性の水溶液は一部が電気を通す。酢と炭酸水は酸性，石灰水はアルカリ性の水溶液である。また，砂糖水とアルコール水溶液は中性の水溶液で，電気は通さない。

問２　Ｘ(●)はプラスの電気を帯びているから，塩化ナトリウム水溶液中のマイナスの電気を帯びた粒子(㊀)と引き合い，Ｙ(◯)はマイナスの電気を帯びているので，塩化ナトリウム水溶液中のプラスの電気を帯びた粒子(㊉)と引き合う。よって，ウが選べる。

問３　①　塩化ナトリウム水溶液の水を蒸発させても，塩化ナトリウムを構成する粒子に変化はないから，水溶液中に散らばっていた電気を帯びた粒子の持つ電気の大きさは変わらない。　②，③　水が蒸発していくと全体の体積が小さくなるため，塩化ナトリウムを構成していた粒子同士の距離は近くなり，距離が近くなることによって静電気力もはたらきやすくなる。

問４　グラフより，水溶液中に散らばっている３種類の物質の粒子の基本単位を構成する，「マイナスの電気を帯びた粒子の数」と「プラスの電気を帯びた粒子の数」の比は，塩化ナトリウムが１：１，塩化マグネシウムが２：１，塩化アルミニウムが３：１である。したがって，塩化アルミニウムは，塩化ナトリウムや塩化マグネシウムよりプラスの電気を帯びた粒子１つあたりに結びつくマイナスの電気を帯びた粒子の数が多い。３種類の水溶液中のそれぞれの物質を構成する基本単位は同数であることから，プラスの電気を帯びた粒子の数は同じで，塩化アルミニウム水溶液がプラスの電気の大きさが最も大きい粒子を含むため，同じ量のタンパク質の粒を沈殿させるためには，ほかの水溶液より少量の水溶液を加えればよいことになる。

問５　(1)　アの方向から叩いて粒子が下に１つずれると，㊉の粒子同士，㊀の粒子同士がとなり合い，互いに反発する力がはたらき合うので，きれいに分割される。しかし，イの方向から叩いてなめ左下に粒子が１つずれても，㊉の粒子と㊀の粒子がとなり合うままだから，互いに引き合う力がはたらき合ってうまく分割できない。

(2)　岩塩が細かく砕けずきれいに分割されたことから，左側の２列と右側の２列の間で分割がおこり，右側の２列が下にずれてはなれたと考えられる。したがって，このときのようすを表すと，右の図のようになる。

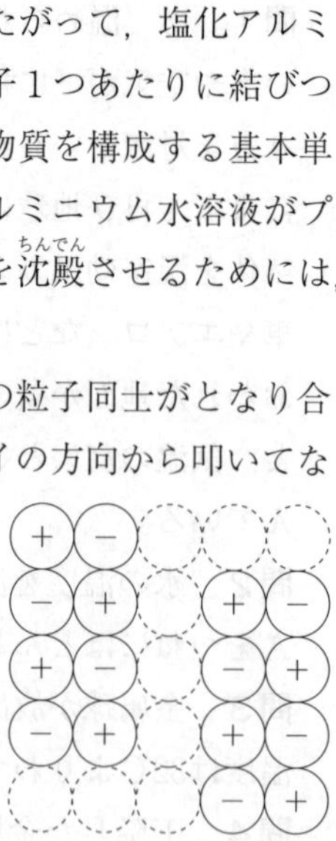

国語 ＜第２回試験＞（50分）＜満点：100点＞

解答

一 1～4 下記を参照のこと。 5 す 二 1 Ⅰ イ Ⅱ ア 2 エ 3 うっかり一 4 オ 5 （例） 日本では水田が多く，赤とんぼが大発生したために稲作と切り離せない生き物と認識し，赤とんぼとさまざまにつきあった体験が蓄積されたことで無意識に(好きになったということ。) 6 エ 7 それはそれ 8 ウ 9 オ

三 1 大地 2 A 眉(まゆ) B 目(め) 3 イ 4 ウ 5 オ 6 ウ 7 ア 8 （例） 百井に人間として負けたということを素直に認めることで，敵意や嫉妬心から解放された晴れやかな気持ち。

●漢字の書き取り

一 1 報道 2 安否 3 賃貸 4 定刻

解説

一 漢字の読みと書き取り

1 時事やニュースについて，取材して伝えること。 2 無事かどうかということ。 3 家賃と引きかえに家や部屋を貸すこと。 4 予定されていた時刻。 5 音読みは「サツ」で，「印刷」などの熟語がある。

二 出典は宇根豊の『日本人にとって自然とはなにか』による。赤とんぼを例にあげながら，人が自然に向ける無意識のまなざしについて，体験に基づく感覚と客観的な分析を交えて論じている。

1 Ⅰ 「めざとい」は，何かを見つけるのがはやいさま。 Ⅱ 「詰問する」とは，質問を重ねて厳しく問いただすこと。

2 赤とんぼが日本の夏や秋の風景に当たり前に存在することを表す言葉なので，「風物詩」が合う。なお，「記念碑」は，あるできごとや人物を記念して建てられた石。「博物館」は，学芸にまつわる資料や作品を展示する建物。「造形美」は，姿や形の美しさ。「生命力」は，命あるものが生きようとする力。

3 6段落の四段落後で，筆者は自分の田んぼを干上がらせてしまった過去の失敗について語っている。「友人の百姓」とあることから，筆者自身も農業を営む「百姓」であることが読み取れる。

4 3段落の後半部分を見ると，赤とんぼがお盆前に急増する「科学的な」理由は，ヤゴから成虫へと一斉に羽化する時期と重なっているからだとわかる。よって，答えはイかオのいずれかにしぼられる。さらに4段落では，赤とんぼの歌は「百姓」自身が歌った歌として書かれているので，オが選べる。

5 傍線部①に続く四段落では，「年配の百姓」が赤とんぼを好きな理由の「客観的」な「分析」がまとめられている。日本で水田が増えるとともに赤とんぼの数も増え，「夏」や「秋」に「大発生して目立つ虫」となった結果，「田んぼや稲作と切り離せない生きものとして認識」されるようになったこと，「百姓」は赤とんぼをさまざまな場面で目にする「体験」を「蓄積」し，「無意識に，いつのまにか」好きになったことが説明されている。

6 ア 回答者は筆者からアンケートへの協力を頼まれた「百姓」であり，日本の農業人口の割合

を反映しているとはいえない。　イ　若い「百姓」の回答者32人のうち無回答は６％，50歳以上の「百姓」の回答者122人のうち無回答は２％だが，人数を算出しても３倍にならない。　ウ　若い「百姓」で「仕方ない」を選んだのは40%，「惜しい」を選んだのは38%であり，合計８割近いので正しくない。　エ　50歳以上の「百姓」で「ごめん」を選んだ回答者は93%，それ以外は７％であり，田んぼの水で生きるお玉杓子の生死に「責任を感じる」人の割合が多いことがわかるので，ふさわしい。　オ　筆者が個人的にとったアンケートの回答者数から，日本の農業人口の増減を判断することはできない。

7　傍線部②の次の段落で筆者は，「生きもの」を「意識的ではなく無意識に」見てしまうのは，「それまでの自分の人生で積み重ねてきたまなざしが，背後で働いているから」だと説明している。

8　傍線部③に続く部分では，「私たち」は無意識に「身の回りの『いい自然』」をさがして「目を向けている」と書かれている。こうした「無意識の経験」を積み重ねることで，その「蓄積」が働いて花や生きものに目がとまると筆者は主張しているので，ウがよい。知識を得ることについては本文に書かれていないので，アは正しくない。筆者が論じているのは生きものとのふれあいではなく，見ることなので，イもふさわしくない。人間が目をとめる自然が，生きものの棲息にふさわしいかどうかは述べられていないので，エも合わない。人と生きものの助け合いは論じられていないので，オも誤り。

9　ア　本文のはじめの『日本書紀』の記述から，現代でも赤とんぼを好きな「年配の百姓」は多いという話につながっているので，正しい。　イ　1段落～4段落では，赤とんぼを好きな理由の「体験に基づいた」回答と，客観的な分析が並べられている。　ウ　筆者は「無意識に好きになる」ことと「本能」の違いを説明するためにアンケート結果を取り上げ，「百姓経験の差」について論じている。　エ　お玉杓子の死に責任を感じるのは，何十年もお玉杓子に「内からのまなざしを注ぎ続けた」結果，「情愛」が「身体の底に蓄積し」たからだと筆者は述べている。　オ　筆者は本文を通じて，人間が自然に目を向ける体験を蓄積し，無意識に好きになることを論じているが，人生全般との関連は述べられていない。

三　**出典は水野瑠見の『十四歳日和』所収の「星光る」による。**クラスメイトの百井に成績で負けていることが気に入らなかった矢代(俺)は，百井がほかの男子たちから嫌がらせを受けても見て見ぬふりをしてきたが，ある日二人で話すうちに，それまで知らなかった百井の人間性にふれていく。

1　本文の終わりで矢代と百井に話しかけてきた「たける」は，百井の成績が学年トップだと知り，「大地がくやしがらないなんて」と話している。これは，百井のとなりに座る矢代に向けた言葉なので，矢代(俺)の下の名前は「大地」であるとわかる。

2　**A**　「眉をつり上げる」は，怒りや反感を表情に出すさま。　**B**　「目を丸くする」は，意外なできごとにおどろくさま。

3　百井が職員室に入ってくると，担任の小沢先生(ザワ先)は「どういう経緯で」怪我をしたのかたずねるとともに，百井が以前から「嫌がらせ」を受けており，今回も百井が「一方的に絡まれて」いたと聞いている，と話している。ザワ先は，三人の百井への嫌がらせから，怪我をさせる事態に発展したのではないかと疑っていることが読み取れるので，イがよい。矢代が百井の成績の良さをねたんでいることまでザワ先が理解しているようすはないので，アは間違っている。ザワ先は山居たちの罪悪感のなさを問い詰めているのではなく，百井が怪我をした原因をたずねているので，ウも合わない。ザワ先が四人を仲良しだと思っているとは本文に書かれていないので，エも誤り。ザワ先は，山居たちによる「嫌がらせ」が以前からあったことはすでに知っているので，オもふさわしくない。

4　傍線部②の前の部分で，ザワ先は百井に一体何があって怪我をしたのかと「必死に」問いかけており，矢代はその声に「演技ではない悲しみとやるせなさ」がにじんでいるのを感じている。矢代は，百井に怪我をさせた自分の立場からは場違いな感想だと自覚しながらも，ザワ先が心から生徒を心配し，向き合おうとする姿に心を動かされているので，ウが合う。矢代はザワ先を怖(こわ)いとは感じていないので，アは正しくない。矢代はザワ先が自分の味方になってくれることを期待しているわけではないので，イも誤り。矢代の残酷(ざんこく)さをザワ先が見抜(ぬ)いたという記述はないので，エも間違っている。矢代がザワ先を見直した理由は熱心さではなく，生徒を思う気持ちが本物だと感じたからなので，オもふさわしくない。

5　嫌がらせをしてくるクラスメイトも「根はいい人」だと信じる百井に対し，矢代は「楽観的すぎる」とあきれながらも「一理ある」と感じ，言葉につまっている。悪意はだれの中にでもあるものだと百井に気づかされたうえ，人を恨(うら)むようすもない百井の心の広さに気おされた結果，矢代は「バカじゃねえの」としか言えなかったのだと考えられるので，オが選べる。

6　百井と二人で話すうちに，矢代は自分の中の「百井に対する敵意や嫉妬(しっと)」が消えたのを感じ，何があっても百井の「味方でいよう」と決意している。翌朝矢代が感じた「緊張(きんちょう)」は，どのように百井に接すればよいか決めかねたためだと考えられるので，ウがふさわしい。なお，矢代が意識しているのは百井のことであり，ほかのクラスメイトやザワ先のことではないので，アやエは誤り。矢代が百井に自分から挨拶(あいさつ)しようと決めていたとは書かれていないので，イも正しくない。矢代は，嫌がらせをしてきた生徒のことも「恨んですらいない」百井の性格を理解し始めており，百井から嫌(きら)われる心配はしていないため，オも合わない。

7　成績について「たける」から聞かれた百井は，まず矢代の顔色を「ちらっと」うかがっており，自分が学年トップだと皆に知られてもよいか，矢代の気持ちを気にしたことが読み取れる。また，百井は「何遠慮(えんりょ)してんだよ」という矢代の言葉と態度から，くやしがって百井に強くあたった昔の矢代とは違うと知って安心したと考えられるので，アがよい。なお，百井が心配しているのはクラスメイトの反応というよりも矢代の気持ちなので，イはふさわしくない。百井がたけるをよく知らない人として接する記述はないので，ウも誤り。百井は矢代の機嫌(きげん)をそこねることをおそれているのではなく，友達として矢代の気持ちを第一に考えていると考えられるので，エも合わない。百井が安心したのは矢代の言葉や態度に対してであり，どつかれたことに対してではないので，オも正しくない。

8　百井と二人で話す前の矢代は，百井よりも成績が下回っていることをひがんでいたが，百井の思いにふれ，だれも責めない百井の笑顔(えがお)を見た後は，心から「負けた」と感じ，悪意が消えるとともに「おだやかで，晴れやかな気持ち」になっている。百井の成績だけでなく人間性を知り，人として「負け」を認めることができた結果，以前はくやしかった成績のこともすがすがしく笑い飛ばせるようになったとわかる。

Memo

2022年度　昭和学院秀英中学校

〔電　話〕　(043)272－２４８１
〔所在地〕　〒261－0014　千葉県千葉市美浜区若葉１－２
〔交　通〕　JR総武線 ―「幕張駅」・京成千葉線 ―「京成幕張駅」より徒歩15分
JR京葉線 ―「海浜幕張駅」より徒歩10分

【算　数】〈午後特別試験〉（60分）〈満点：120点〉

※円周率は3.14とし、角すいや円すいの体積はそれぞれの角柱や円柱の体積の $\frac{1}{3}$ とします。

1 次の □ の中に適当な数を入れなさい。

(1)　$a\times a-b\times b=(a+b)\times(a-b)$ が成り立ちます。従って

$$\left(\frac{1}{2}+\frac{1}{3}\right)\times\left(\frac{1}{2}+\frac{1}{3}\right)+\left(\frac{1}{3}+\frac{1}{4}\right)\times\left(\frac{1}{3}+\frac{1}{4}\right)-\left(\frac{1}{2}-\frac{1}{3}\right)\times\left(\frac{1}{2}-\frac{1}{3}\right)-\left(\frac{1}{3}-\frac{1}{4}\right)\times\left(\frac{1}{3}-\frac{1}{4}\right)=\boxed{ア}$$

となります。

(2)「尺(シャク)」という単位は3.3尺が1 m，「yd(ヤード)」という単位は1 ydが0.91 mとします。このとき，2.5尺の棒の長さは，ydを使って表すと □イ ydです。ただし，小数第3位を四捨五入して小数第2位までで答えなさい。

(3)　1～300の整数のうち，整数 a で割り切れる数は5個で，整数 b で割り切れる数は7個です。このとき，$a-b$ を計算したとき，最も小さい値は □ウ です。

(4)　5で割ると4余る2桁の整数があります。十の位の数と一の位の数を入れ替えると，もとの数の2倍より15大きくなります。もとの数は □エ です。

(5) Aさんと B さんの家は一本道で 900 m 離れています。A さんが一定の速さで B さんの家との間を往復すると 16 分，B さんが一定の速さで A さんの家との間を往復すると 20 分かかります。A さんと B さんが同時にそれぞれの家を出発して，互いの家までを往復するとき，2 回目にすれ違うのは A さんの家から［ オ ］m のところです。

2 次の各問いに答えなさい。

(1) 下の図において，BC＝CD＝3cm，DE＝8cm，AE＝AD＝ABのとき，四角形ABDEの面積を求めなさい。

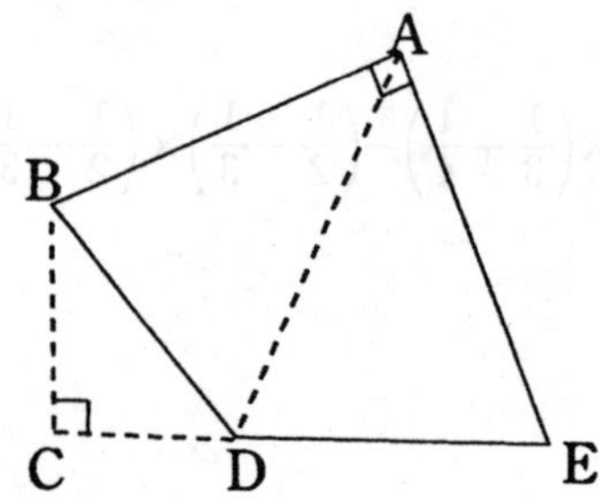

(2) 中心角が 90° のおうぎ形 3 つが，図のように重なっています。一番大きなおうぎ形の半径は 32 cmです。斜線部分の面積の合計を求めなさい。

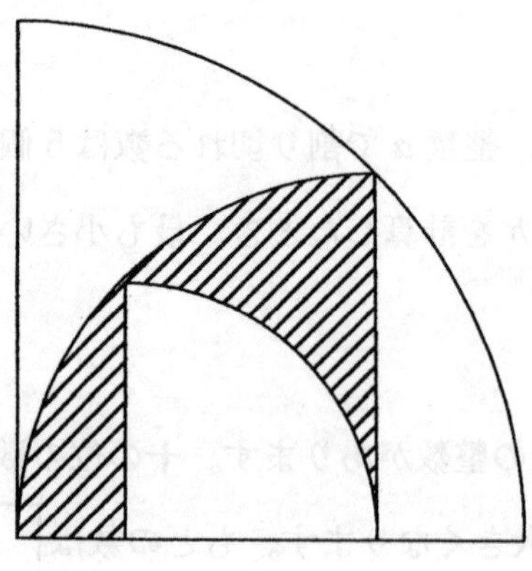

(3)　ABを軸として回転してできる立体の体積を考えるとき図2でできる立体は，図1でできる立体の体積の何倍ですか。

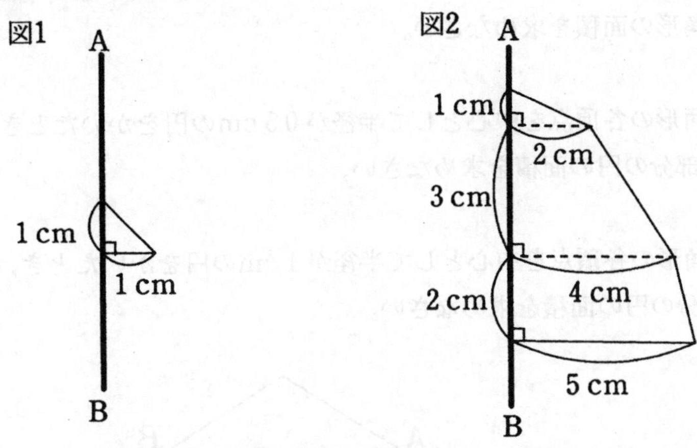

(4)　円周上に針金を立てて円周を等分し，真横から見た図を考えます。4本の針金を立てて真横から見た図は，針金は2本のときと，3本のときと，4本のときがあります。12本の針金を立てて真横から見た図の，見える針金の本数として可能性があるものをすべてあげなさい。

3　$a\times a\times a$ を記号＜a, 3＞で表します。

(1)　＜2, 3＞＝8を［2, 8］＝3で表します。［4, 4096］を求めなさい。

(2)　＜2, 3＞＝8を【3, 8】＝2で表します。【5, 7776】を求めなさい。

(3)　＜2, ［2, 64］＞を求めなさい。

(4)　＜【9, 19683】, 9＞を求めなさい。

4 1辺の長さが1 cmの正六角形がある。ただし，ABの長さは1.7 cmとします。

(1) 正六角形の面積を求めなさい。

(2) 正六角形の各頂点を中心として半径が0.5 cmの円をかいたとき，正六角形の外側にあたる部分の円の面積を求めなさい。

(3) 正六角形の各頂点を中心として半径が1 cmの円をかいたとき，正六角形の外側にあたる部分の円の面積を求めなさい。

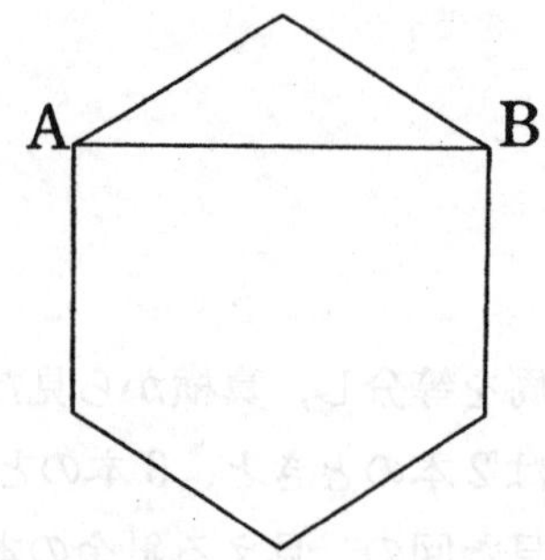

5 (1) 図アは1辺が1 cmの立方体を11個積み上げたものを真上から見た図です。□の中の数字は積み上がっている立方体の個数を表しています。この立体をA(正面)の方向から見える図をかきなさい。

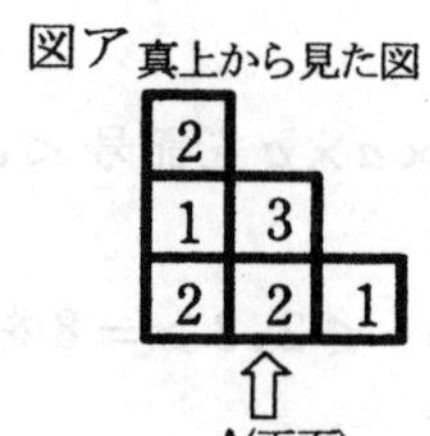

(2) この立体の表面積を求めなさい。

(3) 新しく図イの位置に9個の立体を積み上げて新しく立体を作ります。少なくとも1個は□の位置に置くものとして自由に積み上げていきます。このときA(正面)から見える図は何通りありますか。

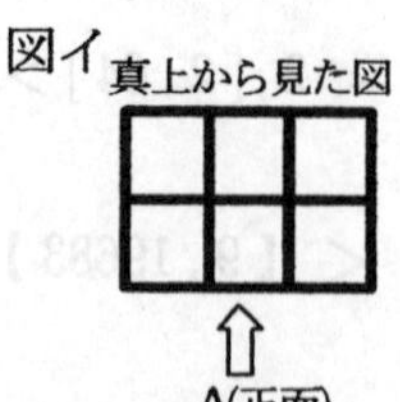

1　本文中の空らんにあてはまるものを、次のア～オから選び、記号で答えなさい。

ア　最初と最後は比較的よく思い出されるが、真ん中あたりはあまり思い出されない

イ　覚えたつもりでもだんだん記憶がうすれていくが、時間がたつとまた思い出す

ウ　やる気がしだいに低下したあとに、テストの直前に努力して復習しようとする

エ　はじめに聞いた単語と最後に聞いた単語を特に繰り返し練習する傾向がある

オ　何度も聞いた単語と、めったに聞かない珍しい単語がとくに思い出しやすい

2　傍線部「これが現実なのだが、多くの人はそうは考えていない。」とある。この理由について、本文の内容をふまえて200字以内で説明しなさい。なお、解答の際、次の2点をあわせて行うこと。

a．図3全体に基づいて、指示語の内容を具体的に述べる。

b．aの指示語の内容は200字のうちの60字程度とする。

3　小学生のAさんは、年下のきょうだいのBさんに比べて、家の手伝いをたくさんしていると自分では思っている。一方、Aさんの保護者（家族）は、AさんよりもBさんのほうが手伝いをがんばっていると言っている。Aさんとその保護者との間の認識（にんしき）のちがいを小さくするためにAさんはどうすればよいか。本文の内容から有効な手段を考え、100字以内で述べなさい。

あなたは日本の少年犯罪についてどう思っているだろうか。少年の犯罪は増加しており、凶悪化（きょうあくか）していると考えているのではないだろうか。そういう人は、図3を見てほしい。

図3　未成年者の殺人検挙者数の推移

【中略】

これが現実なのだが、多くの人はそうは考えていない。２０１５年に発表された内閣府の調査によれば、この5年間で少年による重大な事件が減っていると答えた人は2・5パーセントであり、約8割の人が増加していると考えている（ちなみにこの5年間に関しては「変わらない」が正解）。

どうしてそのような現実とはまったく異なる少年像を私たちは描（えが）いてしまうのだろうか。これはまさに、利用可能性ヒューリスティックとメディアの特性から生み出されたものと考えられる。

（鈴木宏昭『認知バイアス』より）

※1　ハフィントンポスト……アメリカで創設された、ニュースなどを扱うオンラインメディア。

※2　利用可能性ヒューリスティック……思いつきやすさや思い出しやすさで発生頻度を判断する、人間の考え方の傾向。

うち覚える、といったことは日常生活の常識だと思う。舞台などでリハーサルをやるのも、自分のセリフや動作を覚えて、本番で手間取ることなく、即座に演技ができるようにするためだ(ちなみに最後も思い出しやすいのは、まだ頭の中に残っているからだ。直後に思い出させるのではなく、別の課題を挟んだりすると成績は図2の破線のようになり、最後の項目の再生率は下がる)。

以上のことから、なぜ人は利用可能性ヒューリスティック、思い出しやすさを頻度の代わりに用いるかがわかる。何度も出会っていれば記憶によく残る。記憶によく残れば、すぐに思い出しやすくなる。逆は必ずしも真ではないのだが、このことを逆に考えてみると、思い出しやすさは記憶への定着を意味する。記憶への定着はリハーサル効果、つまり繰り返しに基づく。だから主観的には思い出しやすいことは頻繁に出会っていることを意味するのだ。

	つくえ	ほうき	ことり	さくら	きぶん
1語目	20				
2語目	10	10			
3語目	7	7	6		
4語目	5	5	5	5	
5語目	4	4	4	4	4
合計	46	26	15	9	4

表2　各単語ごとのリハーサルの回数

メディアと利用可能性ヒューリスティック

前の節で見てきたように、このヒューリスティックはおおむねうまく働く。しかし、むろん思い出しやすさはリハーサルによるものだけではない。大変に印象的なことは、リハーサルの数が少なくてもすぐに思い出すことができる。図1で左寄りでも上の方にあるようなものは、印象に残るからだ。竜巻や洪水はめったに起きないが、多くの人が一時に被害にあうため、印象に残りやすいのだ。

利用可能性ヒューリスティックがうまく働かない点を考える上で重要なのは、メディアの存在である。印象的になるのはなぜだろうか。竜巻、洪水を実際に体験し、それが衝撃的であるために記憶に残る人も存在するだろう。しかし、多くの人は直接体験せずに、メディアを通してそれを知る。

さてメディアが報道するものには、どんな類のものが多いだろうか。きっと珍しいことが多いだろう。そして珍しさの度合いが上がれば上がるほど、メディアはその報道回数を増加させる。たとえばある日に2つの殺人事件が起きたとする。一つは高校生が同級生を刺し殺したもので、もう一つは前科3犯の暴力団構成員が敵対する組の幹部を射殺した、だったとしよう。あなたが新聞社に勤めていて、このどちらかについての記事を書かねばならないとすれば、どちらを選ぶだろうか。またテレビ番組の編成を考える立場であるとして、どちらの事件を長く放送するだろうか。間違いなく、高校生の殺人の方だろう。なぜならそちらの方が珍しいからだ。有名な言葉に「犬が人を噛んでもニュースにならないが、人が犬を噛めばニュースになる」というものがあるが、これはメディアの本質を突いている。

珍しいもの、つまりめったに起こらないことを報道するメディアの特性と、前節で述べたリハーサル効果に基づく利用可能性ヒューリスティックを考えると、非常におかしな結論が得られる。それは、メディア社会に生きる私たちは、めったに起こらないことほど、よく起きると考える、というものだ。

死ぬなんてあり得ない、というのが大方の反応ではないだろうか。しかし事実は異なっている。ここでも珍しいものの頻度を高く見積もり、よくあることの頻度を低く見積もる傾向が表れている。

こうした私たちの傾向が、起きなくてもよい事故に繋がることもある。イスラム過激派のテロリストたちによってニューヨークの世界貿易センタービルに2機の旅客機が激突させられた事件を鮮明に記憶している読者は多いだろう。これによって約3000人が亡くなり、6000人以上が負傷した。さてその後の1年に起きたことはなんだっただろうか。ダン・ガードナーの『リスクにあなたは騙される』（早川書房）によると、それは交通事故による死亡者の増加である。9章で何度も登場するゲルト・ギーゲレンツァーの試算によると、この事件以来、飛行機をやめて車での移動を選択したゆえの死者数の増加は1年で1595名にも及ぶという（飛行機の搭乗者で亡くなったのは約250名）。

リハーサル効果と※2利用可能性ヒューリスティックの起源

こうしたことはなぜ生じるのだろうか。なぜ思いつきやすさによって頻度を推定しようとするのだろうか。それには記憶のメカニズムが深く関係している。心理学の学生がもっとも最初に習うものの一つに、系列内位置効果というものがある。これは単語などのリストを読み上げられて、それを記憶する際に見られるものだ。図2は、横軸に単語が読み上げられた順番、縦軸にその再生率を示したものである。図からわかるように、□。このような曲線はリストを読み上げた直後に再生テストをやれば、ほとんどどんなリストであっても現れる。

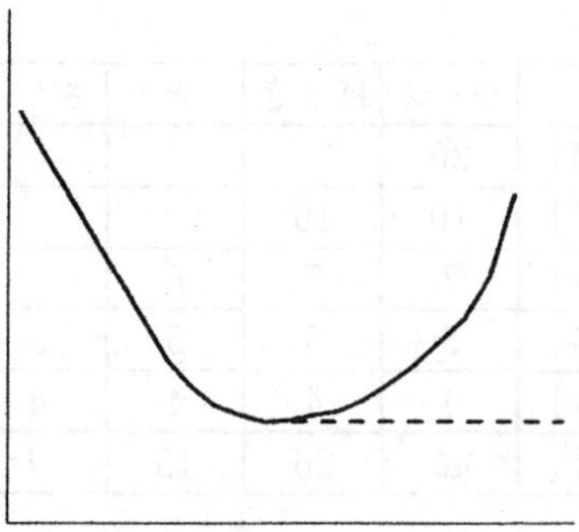

図2　系列内位置曲線：縦軸は再生率、横軸は単語が提示された順番を表す。実線は直後に再生を行ったときの再生率、破線は途中に別の課題をはさんだ時の再生率を示す。

リストの最初の部分の再生率がよくなるのは初頭効果と呼ばれている。これが起こる仕組みはとても簡単だ。仮に「つくえ、ほうき、ことり、さくら、きぶん」という単語がリストに並んでいたとしよう。こういうものが読み上げられて、それを覚えなければならない時に私たちは何をするだろうか。多くの人は頭の中で読み上げられた単語を復唱するだろう。「つくえ」という単語が現れれば、頭の中で「つくえ、つくえ、つくえ……」と唱えるだろう。心理学者はこれをリハーサルと呼ぶ。

さて仮に一つの単語から別の単語に移るまでの間に20回ほどリハーサルする時間があるとしよう。するとはじめの単語「つくえ」は次の「ほうき」がくるまでに、20回フルにリハーサルできる。「ほうき」が読み上げられると、「つくえ、ほうき、つくえ、ほうき……」というようにする。すると各々10回リハーサルされる。これをまとめたものが表2である。

これを見ればわかるように、はじめの単語は他の単語に比べてリハーサルの回数がとても多い。このように頭の中で繰り返せば、覚える確率が格段に増す。これはリハーサル効果と呼ばれている。これは当たり前だろう。何度も練習したことは忘れない。繰り返しやればその

三　次の図表をふくむ文章を読んで、後の問いに答えなさい。

少ないことは多め、多いことは少なめ

さて、では私たちのこうした傾向がリスクの認知にどんな影響を及ぼすかについて考えてみよう。この分野の研究の礎を築いたスロービックやリヒテンシュタインたちによる大変に有名な研究がある。これは1970年代後半に行われたもので、アメリカ人が何によって死亡するか、その頻度を推定させるという課題である（ちなみにこの実験では交通事故の死亡者が年間5万人という基準情報を与えている）。すると、とても面白いことが判明した。事故死と病死はほぼ同じと推定されたが、実際は後者が15倍もある。また殺人と脳卒中は同程度と判断されたが、実際は脳卒中が11倍もあるし、洪水は喘息よりも多いとされたが実際は喘息が9倍もある。

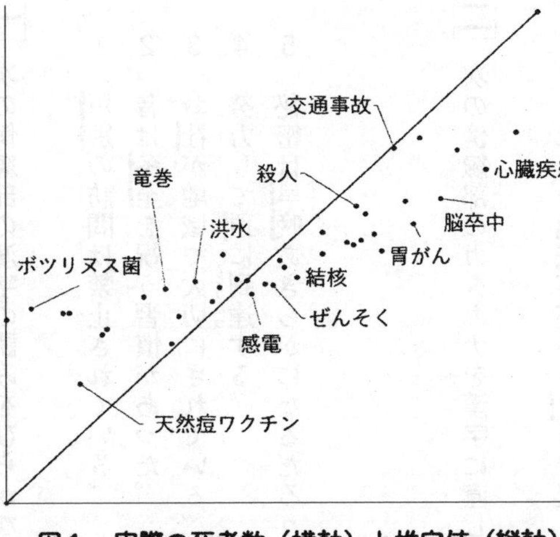

この結果をグラフにしたのが図1である。これは対数グラフになっているが、縦軸が推定値、横軸は実際の死者数である。真ん中の直線に近ければ正しいことを示し、それよりも上ならば過大評価、下ならば過小評価を示している。

図1　実際の死者数（横軸）と推定値（縦軸）

これを見ると、めったに起こらない事柄（ボツリヌス菌、竜巻、洪水など）はその発生頻度がかなり高く評定されている。一方、グラフの右側に記された、よくある病気が死因の評定値は直線よりもかなり下に置かれており、過小評価されていることがわかる。つまり私たちはめったにないことに怯え、よくあることには無関心ということになる。

この研究はずいぶんと前に行われたものだが、比較的最近のデータも面白い事実を伝えている。表1は、2002年以降の10年間のデータを元にして、アメリカ合衆国において、1年間に何人の人が何が原因で亡くなったかを※1ハフィントンポストがまとめたものである。アメリカ人の約半数が脅威と思っているイスラム過激派による殺害は、芝刈り機による死亡の1／5以下、ベッドからの転落の1／70程度でしかない。

それらの死因に対する人数の推定値のデータは存在しない。しかし、これは多くの人にとって相当に直感に反すると思う。イスラム過激派はもっと人を殺しているはずだし、芝刈り機で

イスラム過激派（亡命者）	2
極右テロリスト	5
イスラム過激派（アメリカ市民を含む）	9
銃などの武器を持った幼児	21
雷	31
芝刈り機	69
バスの追突	264
ベッドからの転落	737
アメリカ人による銃撃	11737

表1　原因別年間のアメリカ人の死亡者数

二〇二二年度 昭和学院秀英中学校

【国語】〈午後特別試験〉(四〇分)〈満点:八〇点〉

一 次の傍線部の漢字の読みをひらがなで答えなさい。

1 戸別の訪問は禁止されている。
2 昔は冬至を祝う習慣があった。
3 お社が地域で大切にされている。
4 努力して頂に到達する。
5 秘密は早晩あきらかになるだろう。

二 次の傍線部のカタカナを漢字に直しなさい。

1 うれしい出来事があいツいで起きた。
2 農薬のサンプを最小限におさえる。
3 お年寄りのために席をアけておく。
4 この海はケイショウ地として有名だ。
5 みんなの意見に対してイゾンはない。

2022年度

昭和学院秀英中学校 ▶解　答

※　編集上の都合により，午後特別試験の解説は省略させていただきました。

算　数 ＜午後特別試験＞（60分）＜満点：120点＞

解　答

1　ア　1　イ　0.83　ウ　9　エ　39　オ　300　2　(1)　44.5cm²　(2)　200.96cm²　(3)　210倍　(4)　6，7，12本　3　(1)　6　(2)　6　(3)　64　(4)　19683　4　(1)　2.55cm²　(2)　3.14cm²　(3)　8.83cm²　5　(1)　右の図　(2)　40cm²　(3)　16通り

国　語 ＜午後特別試験＞（40分）＜満点：80点＞

解　答

一　1　こべつ　2　とうじ　3　やしろ　4　いただき　5　そうばん　二　下記を参照のこと。　三　1　ア　2　（例）　日本の少年犯罪数は約七十年前と比べ激減し，ここ五年間でも大きく増えていないのが現実だが，人々の多くは増加したと考えている。それは，めったに起こらないことのほうがニュースになるととらえているメディアが，少年犯罪というめずらしいことを繰り返し報道するため，リハーサル効果によって受け手である人々の記憶に残り，思い出しやすくなって，少年犯罪が増えたと考えてしまうからである。　3　（例）　年下のきょうだいが手伝いをすることはめずらしいので保護者の記憶に強く残ったのだろうと考えられる。Aさんは，これまでしていなかっためずらしい内容の手伝いをすることで保護者の印象に残るようにすればよい。

●漢字の書き取り

二　1　次(いで)　2　散布　3　空(けて)　4　景勝　5　異存

2022年度　昭和学院秀英中学校

〔電　話〕 (043) 272－２４８１
〔所在地〕 〒261-0014　千葉県千葉市美浜区若葉１－２
〔交　通〕 JR総武線－「幕張駅」・京成千葉線－「京成幕張駅」より徒歩15分
JR京葉線－「海浜幕張駅」より徒歩10分

【算　数】〈第１回試験〉 (50分) 〈満点：100点〉

1, **2**, **3**の(1), (2), **4**の(1), (2), **5**の(1), (2)は答えのみ記入しなさい。それ以外の問題に対しては答えのみでも良いが，途中式によっては部分点を与えます。

※円周率は3.14とし，角すいや円すいの体積はそれぞれ角柱や円柱の体積の$\frac{1}{3}$とします。

1　次の［　　］の中に適当な数を入れなさい。

(1)　１から2022までの整数をすべてかけあわせたとき，一の位から連続して並ぶ０の個数は［　ア　］個です。

(2)　連続する３つの整数をかけると4896になります。このような３つの整数のうち，最も大きい数は［　イ　］です。

(3)　長さの合計が３ｍの２本の棒をプールにまっすぐに立てたところ，１本は長さの$\frac{1}{6}$，もう１本は長さの$\frac{3}{13}$が水面より上に出ました。このプールの水深は［　ウ　］ｍです。ただし，棒を立たせたときにプールの水深は変わらないものとします。

(4)　Ａ，Ｂ，Ｃの３人が合わせて25200円持っています。ＡがＢ，Ｃにそれぞれ自分の所持金の$\frac{1}{5}$，$\frac{1}{3}$にあたる金額をあげました。次にＢがＣに600円あげたところ，３人の所持金の比が１：２：３になりました。はじめにＢが持っていた金額は［　エ　］円です。

2　(1)　下の図１のような面積が$10cm^2$の三角形ABCがあります。辺ABをＢの方向に２倍に伸ばしたところの点をＤ(つまりAB：BD＝１：１)，同様に辺BCをＣの方向に３倍に伸ばしたところの点をＥ，CAをＡの方向に1.5倍に伸ばしたところの点をＦとしたとき，三角形DEFの面積を求めなさい。

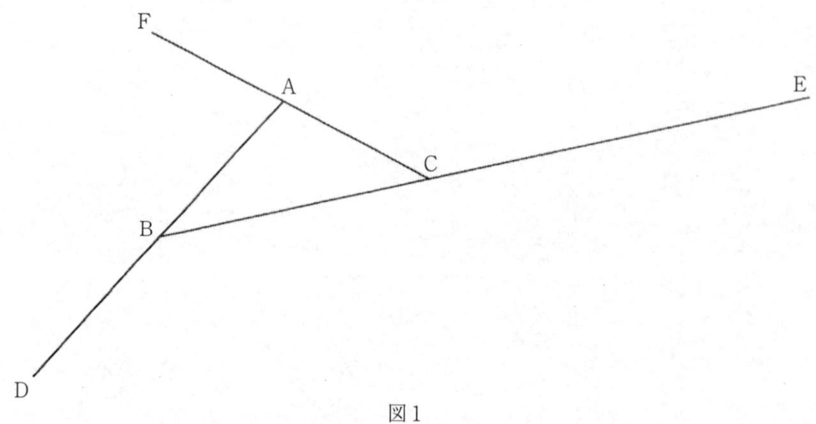

図１

(2)　右の図２のように，１辺の長さが7cmの正方形ABCDの辺ADの真ん中の点をM，辺ABの真ん中の点をNとおきます。MN，CM，CNを折り目にして折り，三角すいを作ります。三角形CMNを底面としたとき，三角すいの高さを求めなさい。

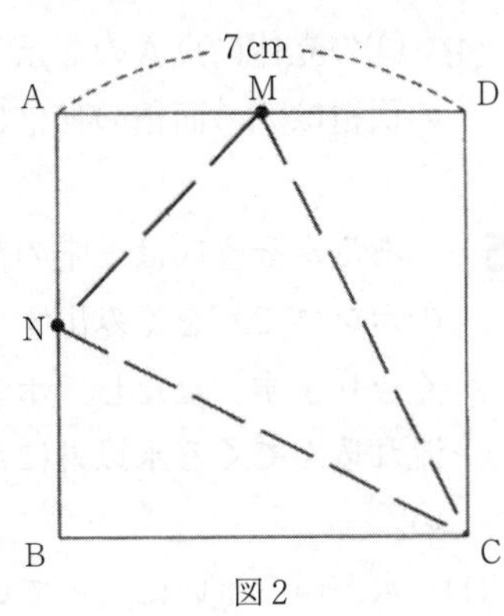

図２

(3)　下の図３のようなACの長さが6cmである台形ABCDをAとCを通る直線を軸として１回転したときにできる立体の体積を求めなさい。

(4)　下の図４は円すいの一部を切り取ってできた立体の展開図です。この立体の体積を求めなさい。

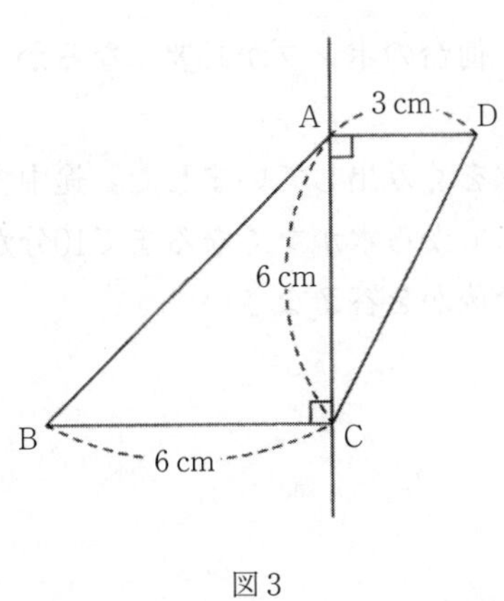

図３

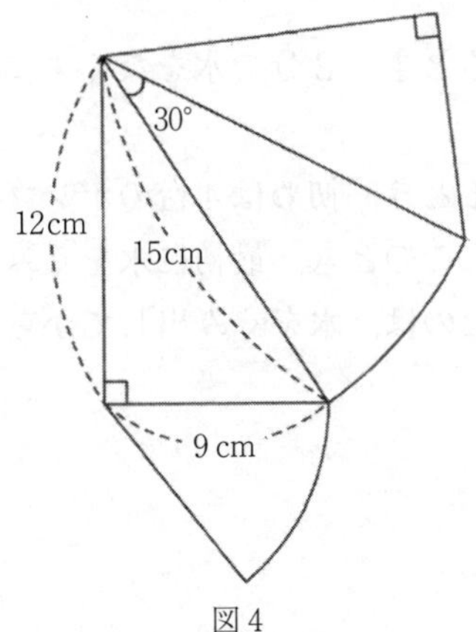

図４

3　(1)　２桁の整数10，11，12，…，98，99について，７で割ったときの余りが１になる素数をすべて求めなさい。

(2)　７で割ると２余る２桁の整数と７で割ると３余る２桁の整数がある。この２つの数の合計が５の倍数になるとき，２つの数の合計の中で２番目に小さい値を答えなさい。

(3)　Aを７で割った余りがCで，Bを７で割った余りがDのとき，$A \times B$を７で割った余りは$C \times D$を７で割った余りに等しいことがわかっています。

10×10，11×11，12×12，…，98×98，99×99の整数について，７で割ったときの余りが１になる数の個数を求めなさい。

4　右の図は，AB＝10m，BC＝6m，CA＝8m，角Cが90°の直角三角形です。また，円と辺AB，BC，CAにすきまはないものとします。次の問いに答えなさい。

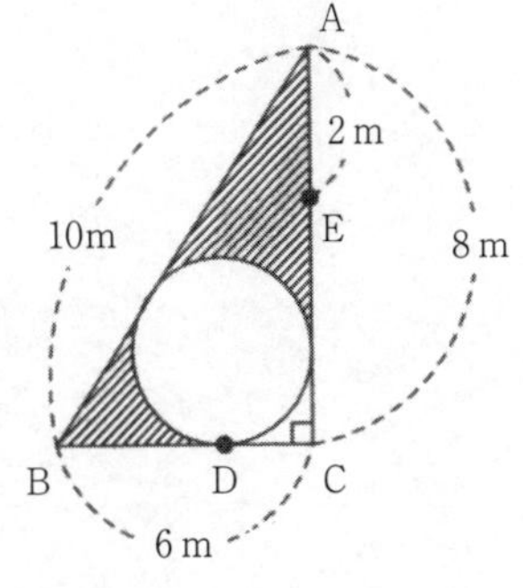

(1)　三角形ABCの面積を利用して円の半径を求めなさい。

(2)　斜線部分の面積の合計を求めなさい。

(3)　三角形ABCの斜線部分以外をAとCを通る直線を軸にして回転させた。えられる立体は点Dが回転する平面に置かれているとします。以下，この平面を地面とします。立体に点Aから光を当てたとき，地面(立体のある部分以外)にできる影の面積を求めなさい。

⑷　⑶の立体に点Ａの２ｍ下の点Ｅから光を当てたとき，地面（立体のある部分以外）にできる影の面積は⑶の面積の何倍になるのかを求めなさい。

5　ある水そうには一定の割合で水が流れ込んでいます。水がいっぱいに入っているとき，３台のポンプで水をくみ出すと20分で水がなくなり，５台のポンプで水をくみ出すと８分で水がなくなります。ただし，ポンプはすべて同じ割合で水をくみ出します。また，水がなくなるとは，流れ込んでくる水以外にたまっている水が残っていない状態のことです。次の問いに答えなさい。

⑴　水がいっぱいに入っているとき，10台のポンプで水をくみ出すと，水がなくなるまで何分かかるかを答えなさい。

⑵　水がいっぱいに入っているとき，２分で水をなくすには，何台のポンプが必要になるかを答えなさい。

⑶　水がいっぱいに入っているとき，初めは４台のポンプで水をくみ出していました。途中で２台のポンプを追加しました。このとき，最初に水をくみ出してから水がなくなるまで10分かかりました。ポンプを追加したのは，水をくみ出してから何分後かを答えなさい。

【社　会】〈第１回試験〉（40分）〈満点：50点〉

※全ての問題について，特に指定のない限り，漢字で答えるべきところは漢字で答えなさい。

1　日本の産業と人口に関する以下の設問に答えなさい。

問１　農業の成立には，気候や地形などの自然条件が関係します。次の図１は東北地方の一部を切り取り，地表面の起伏を立体的に示したものです。図中の曲線で囲まれた地域は盆地の一部です。これらの地域で生産の盛んな農作物名を，そこに広がる地形の名称とともに答えなさい。

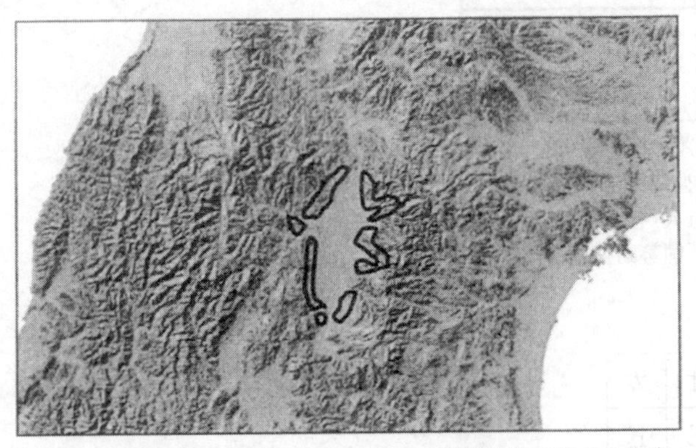

地理院地図により作成。

図１

問２　日本ではかつてさまざまな鉱産資源が採掘されていました。右の図２中のＡ・Ｂは鉱業都市として栄えていました。Ａ・Ｂについて述べた次の文章中の(１)・(２)に当てはまる最も適当な語句をそれぞれ１つずつ答えなさい。

図２

Ａの鉱山で産出した(　１　)は，日本の近代化を支えてきた。しかし，エネルギーの中心が変化したことに加え，オーストラリアをはじめとする海外から安価な(　１　)が輸入され，その地位は低下した。2007年，Ａは財政再建団体に指定され，以降も人口は減少している。2015年の国勢調査によると，Ａは全国で２番目に人口の少ない市であった。Ｂでは近世に開かれた銅山を背景に採掘技術が発達し，その技術は金属工業や(　２　)工業の発展を促した。だが，高度経済成長が終わると，(　２　)工業の中心は京葉工業地域などに移った。

問３　人口は，出生や死亡だけでなく転入や転出によっても増減します。次の図３は，東京都に隣接する３県(神奈川県・埼玉県・千葉県)と東京都の人口増加率について示したものであり，Ｃ～Ｅは1960～65年，1985～90年，2010年～15年のいずれかです。Ｃ～Ｅと年代との正しい組み合わせをあとのア～カより１つ選び，記号で答えなさい。

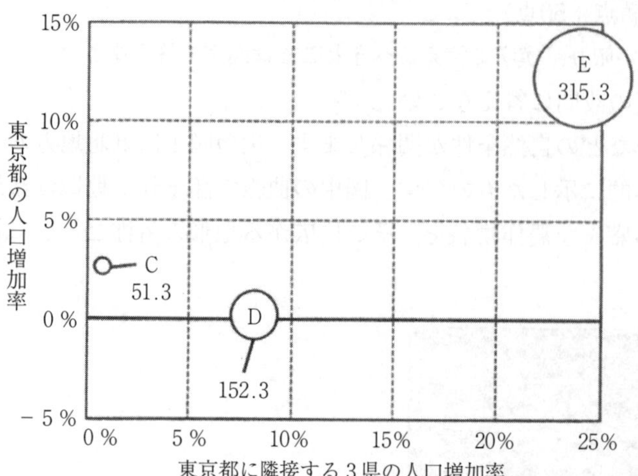

円の大きさは４都県の人口増加の実数(万人)を示す。
「国勢調査」により作成。

図３

	ア	イ	ウ	エ	オ	カ
1960～65年	C	C	D	D	E	E
1985～90年	D	E	C	E	C	D
2010～15年	E	D	E	C	D	C

2 離島について述べた次の文章を読んで，以下の設問に答えなさい。

国連海洋法条約によると「自然に形成された陸地であって，水に囲まれ，高潮時においても水面上にあるもの」を島という。日本は複数の島から成り立ち，本州，北海道，九州，四国，沖縄島を除くものは「離島」と呼ばれる。離島の数は多いが，①面積が小さく，国土面積に占める総面積の割合は５％程度である。離島は平地に乏しく人口も限られ，離島の市町村の財政基盤は弱く，その多くは②人口問題に直面している。③産業は農業や水産業，観光業に依存するが，発展はおくれている。しかし近年，離島の重要性が見直されている。離島は④周辺海域の保全や海洋資源の開発，多様な文化の継承・保存の場として重視され，政府は定住や自立的発展を支援し離島振興をうながしている。

問１　下線部①に関連して，右の表１は日本の島(本州，北海道，九州，四国，沖縄島を除く)を面積の大きい順に並べたものです。これを見て，次の設問に答えなさい。

表１

順位	島名	面積(km^2)	都道府県名
1	択捉島	3,166.6	北海道
2	国後島	1,489.3	北海道
3	佐渡島	854.8	新潟県
4	奄美大島	712.4	鹿児島県
5	対馬	695.7	長崎県
6	(　　)	592.4	兵庫県

順位・面積は令和３年４月１日時点のもの。
「国土地理院技術資料　令和３年全国都道府県市区町村別面積調」により作成。

(1)　表中の(　)に当てはまる島の名称を答えなさい。

(2)　表中の佐渡島は氷河期に本州と陸続きだったと考えられています。次の図１は佐渡島周辺の海底のようすについて示したものです。この図では海面が何m低下すると陸続きになるか，最も小さい値をあとのア～エより１つ選び，記号で答えなさい。

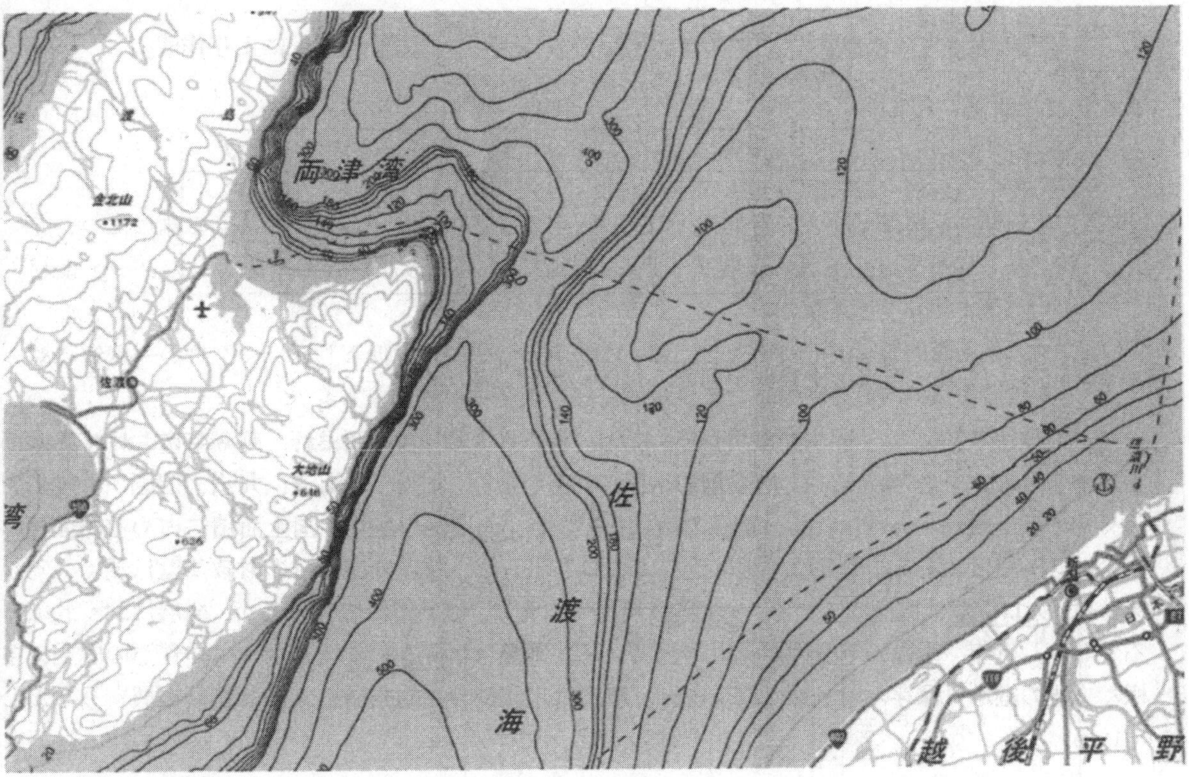

図中の曲線は等しい深さを結んだものであり，数値は水深を示す(単位はm)。

Webサイト「みんなの海図」により作成。

図１

ア．300m　　イ．400m　　ウ．500m　　エ．600m

問２　下線部②に関連して，次の図２は，下の図３中のＸの五島市における年齢別人口割合の推移について示したものであり，Ａ～Ｃは15歳未満，15～64歳，65歳以上のいずれかです。Ａ～Ｃと年齢との正しい組み合わせをあとのカ～サより１つ選び，記号で答えなさい。

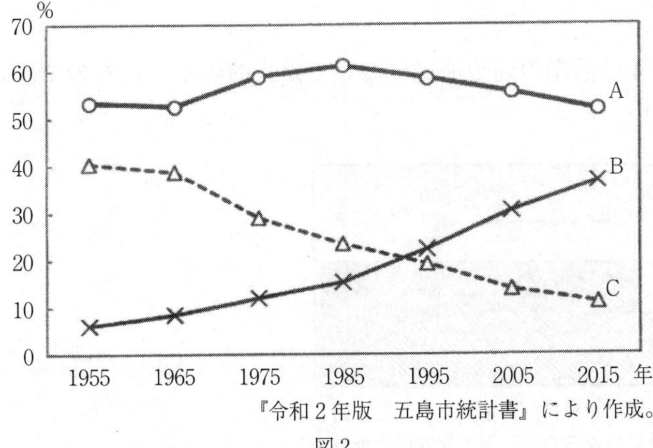

『令和２年版　五島市統計書』により作成。

図２

	カ	キ	ク	ケ	コ	サ
15歳未満	A	A	B	B	C	C
15～64歳	B	C	A	C	A	B
65歳以上	C	B	C	A	B	A

問３　下線部③に関連して，次のⅰ・ⅱの文は，下の図３中のD～Gのいずれかの離島について述べたものです。ⅰ・ⅱの説明文とD～Gとの最も適当な組み合わせをあとのタ～テより１つ選び，記号で答えなさい。

ⅰ：古来国際的な交通の要衝として栄えたが，その重要性は低下した。マグロの一本釣りや，複雑な海岸の内湾を利用したアワビ漁など，水産業が盛んである。

ⅱ：産業の中心は，製塩業からレモンなどのかんきつ類の生産に移行した。生産された果実は，主として陸路を通じて全国に出荷されている。

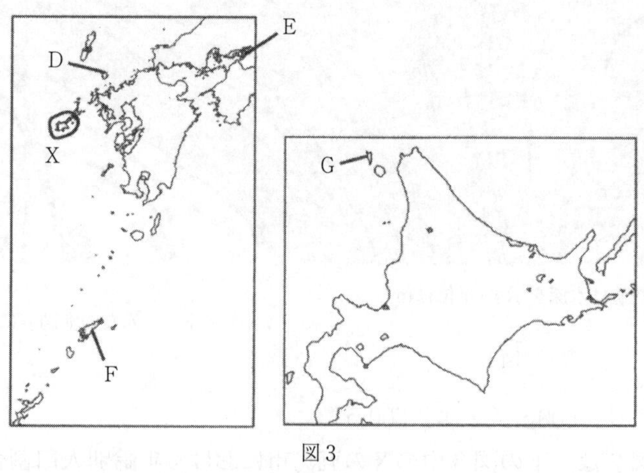

図３

	タ	チ	ツ	テ
ⅰ	D	D	G	G
ⅱ	E	F	E	F

問４　下線部④に関連して，次の図４は沿岸の周辺海域について模式的に示したものです。これに関するあとの設問に答えなさい。

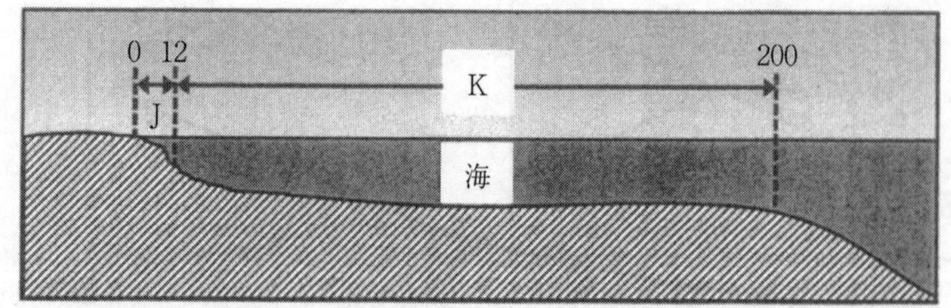

数値は干潮時の海岸線からの距離を示す。単位は「海里」。ただし，同じ海域に複数の国が面する場合はこの限りにはならない。海上保安庁の資料により作成。

図４

⑴　海域J・Kで沿岸国以外のあらゆる国に認められている権利について述べた次のⅰ・ⅱ

の文の正誤の正しい組み合わせをあとのナ～ネより１つ選び，記号で答えなさい。

ｉ．海域Ｊでの船舶の自由な航行

ⅱ．海域Ｋの海底での鉱産資源の採掘

	ナ	ニ	ヌ	ネ
i	正	正	誤	誤
ii	正	誤	正	誤

(2) 次の表２は，いくつかの国における海域Ｋの面積・体積と国土面積について示したものです。海域Ｋの名称を明らかにしながら，この表から読み取れる日本の海域Ｋの特徴について30字以内で述べなさい。

表２

	海域Ｋ		国土面積(万 km^2)
	面積(百万 km^2)	体積(百万 km^3)	
オーストラリア	7.9	18.2	769
インドネシア	6.1	12.7	191
日本	4.5	15.8	38
ブラジル	3.6	10.5	852

Global Maritime Boundaries Database Aug. 2004に基づく海洋政策研究所の資料により作成。
国土面積の統計年次は2019年。「世界の統計2021」により作成。

3 以下の図１・図２は，日本の歴史上重要な２つの使節の航路を示したものです。この図を見て，あとの設問に答えなさい。

図１　　図２

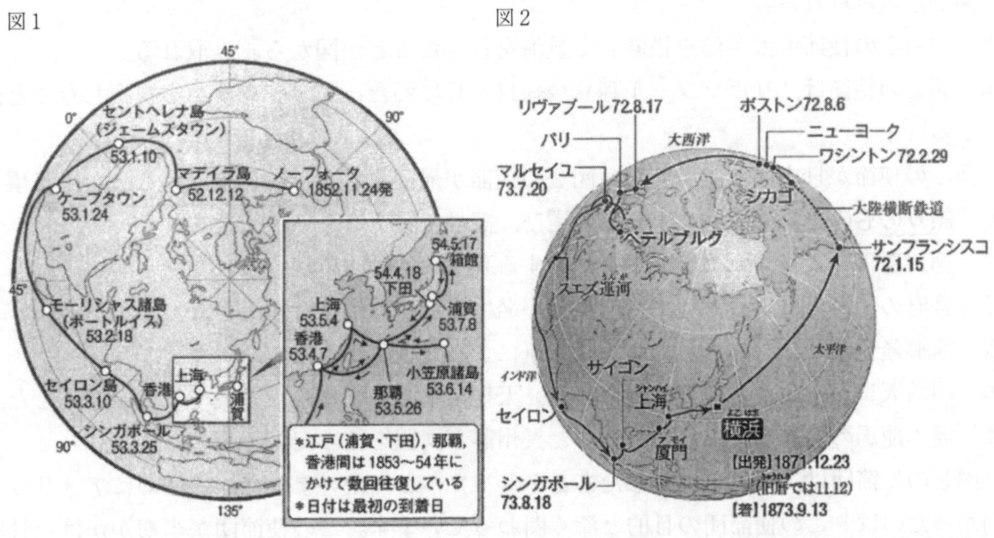

『中学歴史　日本と世界』図版・『高校日本史』図版より引用。

問１　図１の使節の長として日本に来航した人物が，当時の日本政府と結んだ条約の名称を何というか，答えなさい。

問２　図２の使節でアメリカにわたり，女子英学塾を創設するなど日本の女子教育に多大な貢献があり，2024年度に発行される新紙幣では5000円札の肖像とされている人物の名前を答えなさい。

問３　図１に関連して，第二次世界大戦の敗戦後，アメリカ合衆国の管理下に置かれた小笠原諸島は，1968年に日本に返還されました。小笠原諸島の日本返還よりも後に起こった出来事として，適当なものを次のア～オより**２つ**選び，記号で答えなさい。

ア　神戸を中心に大きな被害を出した阪神・淡路大震災が発生した。

イ　日米安全保障条約がはげしい安保反対闘争の中で改定された。

ウ　日ソ共同宣言が結ばれ，日本とソビエト連邦とが国交を回復した。

エ　大阪にて日本で初めて万国博覧会が開催された。

オ　湯川秀樹が日本人で初めてノーベル賞を受賞した。

問４　図１の使節が停泊した港に関連して述べた次の文Ｘ・Ｙについて，その正誤の組み合わせとして適当なものを，あとのア～エより１つ選び，記号で答えなさい。

Ｘ　箱館は，開港後ロシアのレザノフら多くのロシア人が来航し，交易が行われた。

Ｙ　香港は，アヘン戦争に勝利したフランスの植民地となっており，多くの使節が寄港した。

	ア	イ	ウ	エ
Ｘ	正	正	誤	誤
Ｙ	正	誤	正	誤

問５　図１・図２に関連して，２つの使節の航路に関して，**誤りのもの**を次のア～エより１つ選び，記号で答えなさい。

ア　図１の使節は，アフリカ南部のケープタウンを経由して日本へと向かったことがわかる。

イ　どちらの使節も現在のスリランカにあたるセイロン島(セイロン)を経由していることが図から読み取れる。

ウ　どちらの使節も太平洋を横断して航海を行ったことが図から読み取れる。

エ　図２の使節は，リヴァプール到着後約11ヶ月にわたってヨーロッパを視察したことがわかる。

問６　図１の使節が日本に来航してから図２の使節が帰国するまでに日本で起こった出来事として，**誤りのもの**を次のア～オより**２つ**選び，記号で答えなさい。

ア　徳川慶喜により，新たな陸軍を整備する幕府政治の改革が行われた。

イ　幕府の元役人による大塩平八郎の乱が発生したが，半日で鎮圧された。

ウ　西郷隆盛が反乱を起こしたが，政府軍によって鎮圧された。

エ　明治天皇が王政復古の大号令を出し，天皇を中心とする政治に戻すことを宣言した。

オ　坂本龍馬の仲立ちにより，薩摩藩と長州藩が同盟を結んだ。

問７　図２の使節団は，横浜を出航したあとアメリカへと向かいました。はじめにアメリカへと向かったのは，この使節団の目的と深く関わっています。この使節団が当初かかげた目的を簡潔に記述しなさい。

４　次の文章は，秀英生の秀美さんと英太さんとの会話です。この会話を読み，あとの設問に答えなさい。

英太：今年の修学旅行は滋賀県に行くことになったね。滋賀県ってどんな見所があるのかを調べる宿題，もうやった？

秀美：少しずつ調べ始めているけど，２つのテーマについて調べなきゃいけないのが大変ね。

英太：今の滋賀県の地域は江戸時代までは近江国と呼ばれていたみたいだから，「近江」で検索したらいろいろ出てきたよ。僕は１つ目に①古代に近江国に作られた大津宮と紫香楽宮の２つの都について調べることにしたよ。

秀美：大津宮は海外との戦争に敗れた天智天皇が遷都した後，即位した都として知られているし，紫香楽宮は聖武天皇が大仏造立の詔を出した都として知られているね。どちらの都も国内が危機的状況だった時に近江国に都が置かれているのは面白いよね。私は１つ目には琵琶湖の北西側の地域について調べることにしたわ。京都に近く，自然も豊かだった琵琶湖の北西側の地域は，②12代将軍の足利義晴や13代将軍の足利義輝が戦乱を避けてたびたび逃げ込んでいることがわかったの。

英太：へえ，そうなんだ。確かに戦国時代には「近江を制するものは天下を制す」といわれていたようだし，多くの城が作られたことも知られているね。なので僕は２つ目に琵琶湖の東側に作られた城について調べることにしたよ。③安土城や彦根城など多くの城が作られた城好きにはたまらない地域だよ。それに琵琶湖の東側は④江戸時代になると街道も整備されて，江戸と京都を結ぶ重要な道となったんだ。

秀美：なるほど。私は２つ目には⑤大津事件について調べてみることにしたわ。外国の皇太子が日本人の警官に襲われて国際問題に発展した事件なの。

英太：調べてみると⑥滋賀県って歴史的に重要な出来事がたくさん起こっている都道府県ということがわかって面白かったね。この宿題が終わったら，次は⑦滋賀県に関する人物調べをやらないといけないな。

秀美：完全に忘れていた。早速取りかからないと。

問１　下線部①に関連して，都が大津宮に置かれていた際の出来事として，適当なものを次のア～エより１つ選び，記号で答えなさい。

ア　豪族の蘇我氏を倒し，改新の詔を出して天皇を中心とする国づくりが行われた。

イ　出身地に関係なく，能力や功績のある人物を取り立てる冠位十二階の制度ができた。

ウ　日本で初めての戸籍である庚午年籍が作られた。

エ　唐にならって大宝律令を制定し，律令に基づいた国の支配が始まった。

問２　下線部①に関連して，都を紫香楽宮に遷した聖武天皇の時代の出来事として，適当なものを次のア～エより１つ選び，記号で答えなさい。

ア　唐の貨幣にならって，富本銭や和同開珎が鋳造され，全国に流通した。

イ　藤原道長が，摂政として幼い天皇を支えて政治を天皇に代わり行った。

ウ　豪族の平将門が，一族の領地争いから関東で反乱を起こした。

エ　新しく開墾した土地を私有することを認める墾田永年私財法が出された。

問３　下線部②に関連して，足利義晴や足利義輝が戦乱を避けて京都から近江に逃げ込んだ時期に起こった出来事として，適当なものを次のア～オより１つ選び，記号で答えなさい。

ア　観阿弥と世阿弥の親子が能楽を大成した。

イ　朝廷を監視するために，六波羅探題が京都に設置された。

ウ　南北朝の皇統が足利義満の手によって合一された。

エ　文禄の役・慶長の役の二度の朝鮮出兵が行われた。

オ　フランシスコ＝ザビエルが来航し，キリスト教が伝来した。

問4　下線部③に関連して，安土城が建設された当時は，安土は琵琶湖周辺の小さな湖沼に囲まれていましたが，1942年からある理由により干拓事業が始められました。この干拓が始められた理由として，適当なものを次のア～エより1つ選び，記号で答えなさい。

ア　高度経済成長期にベッドタウン化が進み，住宅に利用する土地が必要になったため。

イ　第二次世界大戦の長期化により，食料を増やすための水田とする土地が必要になったため。

ウ　戦後アメリカ軍の占領下において，琵琶湖周辺に米軍基地を作るための土地が必要になったため。

エ　大正時代に水力発電が急速に普及し，琵琶湖の水を利用して水力発電用のダムを造るための土地が必要になったため。

問5　下線部③に関連して，安土城を築いた人物の行った政治について述べた以下の文章のうち，適当なものを次のア～エより1つ選び，記号で答えなさい。

ア　武士たちに質素・倹約をすすめることでききんからの脱出をはかった。

イ　民衆に広がった一向一揆の勢力と戦い，降伏させることに成功した。

ウ　安土の町に楽市令を出し，特定の商人が利益を独占できるようにした。

エ　鉄砲を大量に利用した戦術により，駿河の今川義元を破ることに成功した。

問6　下線部④に関連して，京都から琵琶湖の東岸を北上しつつ通過して江戸にいたる街道として，適当なものを次のア～オより1つ選び，記号で答えなさい。

ア　奥州道中　　イ　山陽道　　ウ　中山道　　エ　日光道中　　オ　東海道

問7　下線部⑤に関連して，次の文章は，滋賀県で発生した大津事件について秀美さんがまとめた文章です。この文中の空欄X・Yについて，その組み合わせとして適当なものを，あとのア～カより1つ選び，記号で答えなさい。

1891(明治24)年，来日中の(X)皇太子を，警備担当の警官が襲う大津事件が発生した。(X)との関係悪化を恐れた政府は，警官を死刑にしようとしたが，当時の大審院(現在の最高裁判所にあたる)長は法律に従って無期懲役を主張し，(Y)の独立を守った。

ア　X　ロシア　　Y　行政　　イ　X　ロシア　　Y　立法

ウ　X　ロシア　　Y　司法　　エ　X　イギリス　Y　行政

オ　X　イギリス　Y　立法　　カ　X　イギリス　Y　司法

問8　下線部⑥に関連して，滋賀県で起こった出来事について述べた以下のア～カの文章を読み，時代の古い順に並べ替えたとき，2番目と5番目になる記号を答えなさい。なお，市町村名は現在のものです。

ア　大津市の瀬田の唐橋で，壬申の乱の最終決戦が行われた。

イ　野洲市の大岩山遺跡で，現在出土している中で最大の銅鐸が作られた。

ウ　近江八幡市を通る朝鮮人街道を利用して，通信使が将軍のもとへと向かった。

エ　栗東市の鈎(まがり)の陣中で，応仁の乱の原因となった9代将軍足利義尚が出陣中に亡くなった。

オ　長浜市の国友村で，伝来してすぐに鉄砲の国産化が進められた。

カ　大津市の石山寺で，紫式部は『源氏物語』の執筆を始めた。

問９　下線部⑥に関連して，滋賀県は，海に面していない内陸県としても知られています。以下のア～オの文章のうち，日本の内陸県にある史跡として適当なものを２つ選び，記号で答えなさい。

ア　栃木県の足尾銅山は，明治時代に公害問題が発生し，参議院議員の田中正造が操業の中止を訴えたことで知られている。

イ　佐賀県の吉野ケ里遺跡は，弥生時代の水田の跡や敵の侵入を防ぐための堀の跡が残る大規模な環濠集落として知られている。

ウ　群馬県の富岡製糸場は，多くの工女を集めて綿織物の原料となる生糸を生産し，日本の殖産興業を支えた工場として知られている。

エ　長野県の川中島古戦場史跡は，甲斐の戦国大名武田晴信(信玄)と越後の戦国大名長尾景虎(上杉謙信)との間で数度にわたる戦いが行われた場所として知られている。

オ　奈良県の法隆寺は，厩戸王(聖徳太子)が７世紀にはじめて建造したとされ，再建後の建物は現存する世界最古の木造建築として知られている。

問10　下線部⑥に関連して，滋賀県に隣接する都道府県で起こった出来事について述べた以下の文章のうち，誤りのものを次のア～オより１つ選び，記号で答えなさい。

ア　徳川家康の率いる東軍と石田三成らの率いる西軍が関ヶ原で激突した。

イ　曹洞宗を始めた道元が，中心寺院として永平寺を開いた。

ウ　高度経済成長期には，四日市市を中心とする地域にぜんそくによる被害が発生した。

エ　米の安売りを求める民衆によって，米騒動が最初に発生した。

オ　浄土信仰の広がりの中で，藤原頼通が宇治に平等院を建てた。

問11　下線部⑦に関連して，以下の文章は，滋賀県にゆかりのある３人の人物について秀美さんと英太さんが調べたものです。それぞれ誰のことか，答えなさい。

(1)　この人物は，織田信長の家臣として活躍し，琵琶湖畔の長浜城を与えられました。主君である織田信長が襲われ亡くなると，信長を襲った明智光秀を討ちました。

(2)　この人物は，彦根に生まれ，幕府の大老として開国を主導しました。江戸城へ登城中に安政の大獄に反対する尊王攘夷派の武士に襲われ亡くなりました。

(3)　この人物は，比叡山のふもとに生まれ，平安時代のはじめに唐に渡りました。帰国後は比叡山で天台宗を開いた人物として知られています。

5　次の文章は，2021年度に小学校６年生の蒼さんと緑さんが小学校に入学してから起きた出来事についての会話文です。会話文を読んで，あとの設問に答えなさい。

蒼：入学直後に①熊本地震が発生したことを覚えているよ。

緑：2016年の夏に小池百合子さんが東京都知事に選出され，女性初の都知事になったことも話題だったね。同じ年にトランプさんがアメリカ大統領選挙で勝利したことも覚えているよ。

蒼：２年生の秋には衆議院が解散されて，第48回衆議院議員総選挙があったね。②憲法改正っていう言葉をたくさん聞いた気がするよ。

緑：３年生の夏休みはとにかく暑くて，外で遊ぶこともできなかったよね。夏の猛暑だけでなく，西日本豪雨，北海道地震，台風21号の被害など，自然の脅威を痛感した年だったよ。

蒼：４年生になった2019年は元号が平成から令和に変わったね。秋に消費税が10％になったのも印象的かな。

緑：2019年の夏には，③グレタ・トゥンベリさんの国際連合のサミットでのスピーチと，そのサミットに出席するために飛行機ではなくヨットで大西洋を横断したというニュースに衝撃を受けたな。自分たちがしっかりと世界の問題も考えなくてはいけないと思ったよ。

蒼：2020年の冬に新型コロナウイルスの流行が始まって，行動に制限が多くなったよね。

緑：春から夏にかけては，２度の④補正予算が成立して，国民に一律10万円が給付されたよね。他にも様々な給付金が支払われたよ。この補正予算の財源のために国債を発行したんだよね。

蒼：給付金や助成金の支給が滞ったことで，日本のデジタル化の遅れという課題も顕著になったよ。秋に菅義偉さんが内閣総理大臣に選出されたときには，国の行政のデジタル化を進めることが公約として掲げられていたよね。

緑：2021年に実施された東京オリンピック・パラリンピックのコンセプトでもあった⑤多様性と調和の時代。自分の意見をしっかりと持って，行動に移していく必要があるよね。そのために，中学校でも多くのことを勉強したいな。

問１　二重線部に関連して，東京都の知事，アメリカの大統領，日本の内閣総理大臣の選出方法に関する説明Ｘ～Ｚのうち，内容が適当なものの組み合わせを，あとのア～キより１つ選び，記号で答えなさい。

Ｘ　東京都の知事は，東京都民からの直接選挙によって選出される。

Ｙ　アメリカの大統領は，選挙人による選挙によって最終的に選出される。

Ｚ　日本の内閣総理大臣は，内閣で指名されて，国会で任命される。

ア　Ｘ　　イ　Ｙ　　ウ　Ｚ　　エ　ＸとＹ

オ　ＸとＺ　　カ　ＹとＺ　　キ　ＸとＹとＺ

問２　下線部①に関連して，大規模地震が起きたときに活躍する消防庁が所属している省を，次のア～エより１つ選び，記号で答えなさい。

ア　防衛省　　イ　総務省　　ウ　環境省　　エ　国土交通省

問３　下線部②の憲法に関連して，憲法第14条１項の空欄にあてはまる語句を答えなさい。

憲法第14条　１　すべて国民は，［　　　　］であつて，人種，信条，性別，社会的身分又は門地により，政治的，経済的又は社会的関係において，差別されない。

問４　下線部②に関連して，憲法改正に関する説明Ｗ～Ｚのうち，内容が適当なものの組み合わせを，あとのア～クより１つ選び，記号で答えなさい。

Ｗ　衆議院もしくは参議院で，総議員の３分の２以上の賛成が得られた場合，憲法改正を発議することができる。

Ｘ　憲法改正の国民投票では，投票されなかった票は反対票として数えられる。

Ｙ　憲法改正の国民投票は，満18歳以上の日本国民に投票権が与えられているが，高校生のうちは投票することができない。

Ｚ　日本国憲法の改正は，最終的に，天皇によって国民の名で公布される。

ア　Ｗ　　イ　Ｘ　　ウ　Ｙ　　エ　Ｚ

オ　ＷとＸ　　カ　ＸとＹ　　キ　ＹとＺ　　ク　ＷとＺ

問５　下線部③に関して，次のア～エは，国連の総会やサミットなどの国際的な場で女性が行った有名なスピーチの日本語訳の一部です。グレタ・トゥンベリ氏のスピーチとして適当なものを，次のア～エより１つ選び，記号で答えなさい。なお，文中の…は略を表しています。

ア「…オゾン層の穴のせいで日光を浴びるのが怖くなりました。化学物質が心配で息をするのも怖いです。…オゾン層の穴をなくす方法も知らないし，汚れた川にサケを呼び戻す方法も絶滅した動物を生き返らせるすべも知りません。砂漠になってしまった森はもう元には戻らないのです。直し方を知らないなら，壊すのはもうやめてください。…」

イ「…本とペンを手に取り，全世界の無学，貧困，テロに立ち向かいましょう。それこそ私たちの最も強力な武器だからです。１人の子ども，１人の教師，１冊の本，そして１本のペンが，世界を変えられるのです。教育以外に解決策はありません。教育こそ最優先です。」

ウ「…女性が男性と同じ賃金をもらうことは正しいと考えます。自分自身の身体について自分で決定をすることができると考えます。…自分への疑いに対し，こう自分に言い聞かせます。『私でなければ－誰が？』『今でなければ－いつ？』もしみなさんが自分を疑うような場面に出会ったらこの言葉を思い出してくれればと思います。…」

エ「…二酸化炭素の排出量を10年で半分に減らしたとしても，地球の平均気温上昇を1.5℃以下に抑えるという目標を達成する可能性は50％しかありません。…若い世代はあなたたちの裏切りに気づき始めています。…もしあなたたちが裏切ることを選ぶのであれば，私たちは決して許しません。…」

問６　下線部④に関連して，次のグラフは平成30(2018)年度と令和２(2020)年度の一般会計歳入の内訳を表しています。ただし，令和２(2020)年度は第２次補正後の予算となっています。グラフ中のＡ～Ｄにあてはまる語句の組み合わせとして適当なものを，あとのア～エより１つ選び，記号で答えなさい。

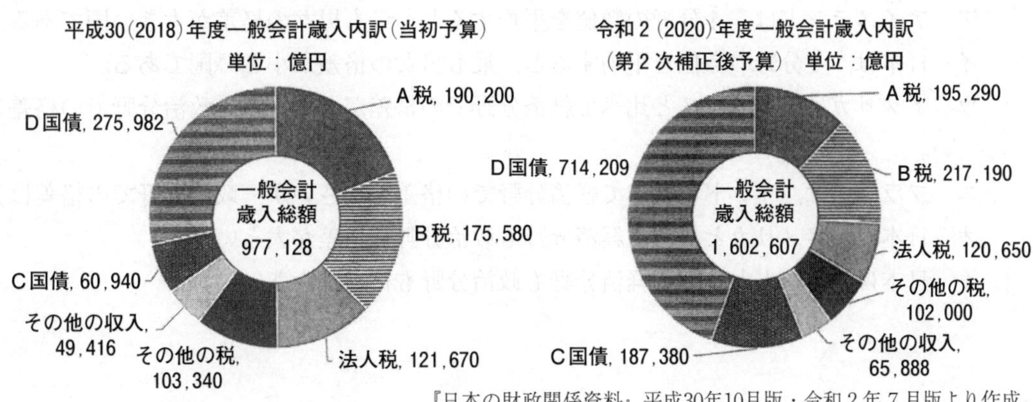

『日本の財政関係資料』平成30年10月版・令和２年７月版より作成。

	A	B	C	D
ア	所得	消費	建設	特例
イ	所得	消費	特例	建設
ウ	消費	所得	建設	特例
エ	消費	所得	特例	建設

問７　下線部⑤に関連して，次のグラフは世界経済フォーラムが発表している「グローバル・ジェンダー・ギャップ報告書2021」から作成した，教育，経済，健康，政治の各分野における男女の格差を表した指数を示しています。０が完全不平等，１が完全平等を示します。グラフから読み取れることとして適当なものを，あとのア～カより**２つ**選び，記号で答えなさい。

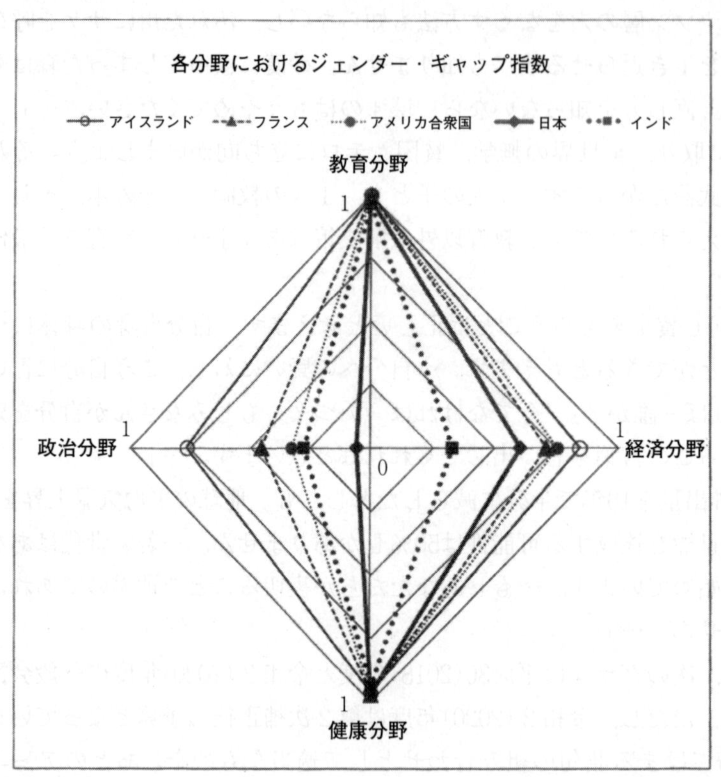

「グローバル・ジェンダー・ギャップ報告書2021」より作成。

ア　アイスランドは，４分野の数値を平均すると，最も男女の格差が大きい国である。

イ　日本は，４分野の数値を平均すると，最も男女の格差が小さい国である。

ウ　アメリカは，フランスと比べて経済分野での格差が小さいが，政治分野での格差は大きい。

エ　フランスは，インドと比べて経済分野での格差が小さいが，政治分野での格差は大きい。

オ　日本は，アメリカと比べて経済分野も政治分野も格差が大きい。

カ　日本は，インドと比べて経済分野も政治分野も格差が小さい。

【理　科】〈第１回試験〉（40分）〈満点：50点〉

1　次の文章に続く問いに，それぞれ答えなさい。ただし，空気中を伝わる音は，音を発している物体の速さに関係なく秒速340メートル(以降「340m/秒」と表す)の速さで伝わることとします。

20m/秒の速さで一直線の線路を走行していた貨物列車(以降Ｓとする)が5.0秒間だけ警笛を鳴らした。この音をＳの前方で観測(以降観測者をＰとする)した。Ｓからの警笛をＰが聞く時間について考える。

音を発した物体からその音を観測する者に向けた「音の列」を仮定する。その音の列の先頭(はじめに発せられた音)から後尾(最後の瞬間に発せられた音)までの長さは，音を発した物体が静止している場合では，音の伝わる速さと音を発している時間をかけて求める。

Ｓが発した警笛の音の列の長さを求める。Ｓが警笛を鳴らす5.0秒の間に，音の列の先頭が進み，同時にＳも(①)m進む。そのため，警笛の音の列の先頭から音の列の後尾までの長さは(②)mになる。

警笛の音の列はやがてＰを通過し，その間，Ｐはこの警笛の音を聞く。Ｐが警笛の音を聞く時間は，(③)秒間である。

問１　(1)　Ｓの速さは，何km/時ですか。

(2)　文章中の空欄(くうらん)①～③にあてはまる数値をそれぞれ答えなさい。ただし，③は小数第二位を四捨五入して小数第一位まで答えなさい。

一直線の道路上を一定の速さで走行している自動車の速さを測定する方法を考える。走行する自動車に向けて，自動車の前方の点Ｑから一定時間，超音波を送った。そして自動車で反射した超音波を点Ｑで受けた。このとき点Ｑで超音波を受けていた時間を４台の自動車Ａ～Ｄについて測定し，その結果を表１にまとめた。

表１

自動車	点Ｑで超音波を受けていた時間［秒］
A	0.95
B	0.92
C	0.93
D	0.98

自動車で反射した超音波は，自動車の速さに関係なく340m/秒の速さで伝わることとする。

問２　(1)　最も速かった自動車は，Ａ～Ｄのどれですか。

(2)　(1)の「最も速かった自動車」が超音波を反射していた時間はちょうど１秒間でした。この自動車の速さは何m/秒ですか。小数第一位を四捨五入して整数で答えなさい。

2　次の文章を読んで続く問いに，それぞれ答えなさい。

図１のように空気の入った注射器の先端(せんたん)を消しゴムで塞(ふさ)ぎ，ピストンを押す。注射器内の空気は圧縮されて，その体積は小さくなる。やがて指や手の力ではこれ以上ピストンを押すことができなくなる。このときピストンには，「指や手がピストンを押す力」と，「(①)がピストンを押す力」がはたらいている。

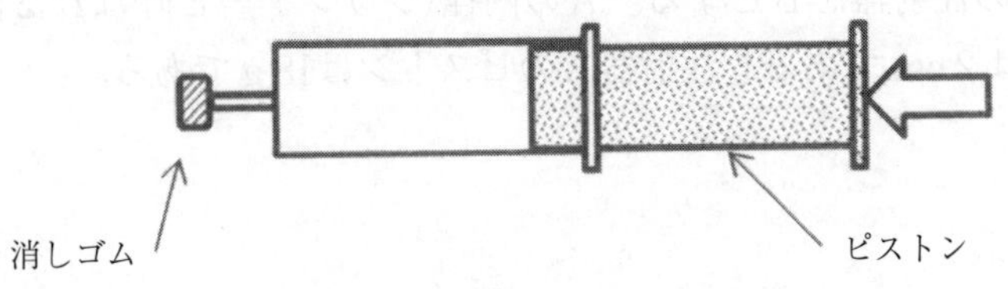

図１

次に，この注射器に図２のように空気で膨(ふく)らませた風船を入れる。先端を消しゴムで塞いでピストンを押すと，風船は(　②　)が小さくなった。これは，③風船の外側にはたらく(注)圧力が大きくなったためである。風船の素材は均一であり，伸びたり縮んだりする性質に偏(かたよ)りはないこととする。なお，見やすくするために風船は注射器の中央に円で描いた。

（注）圧力：押さえつける力。物体の表面あるいは内部の面を垂直に押す，$1\,m^2$あたりの面積にはたらく力でその大きさを表す。

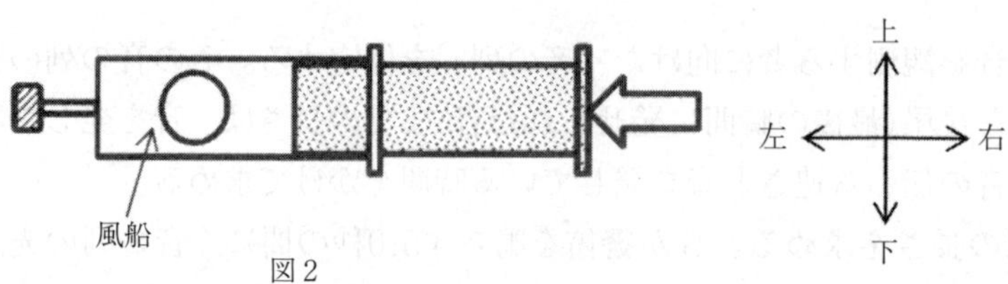

図２

問１　文章中の空欄①にあてはまる語句を文章中から選び，答えなさい。

問２　文章中の空欄②にあてはまるものを次の**ア**～**オ**から１つ選び，記号で答えなさい。

ア．形を変えず，大きさ

イ．上下の長さは変えず，左右の長さ

ウ．左右の長さは変えず，上下の長さ

エ．上下の長さが小さくなるよりも左右の長さの方

オ．左右の長さが小さくなるよりも上下の長さの方

問３　前にある文章中の下線部③について，圧力のかかり方を５種類の長さの矢印で表しました。正しい図を次の**ア**～**カ**から１つ選び，記号で答えなさい。ただし，矢印の向きは圧力の向き，矢印の長さは圧力の大きさを表しています。また，**イ**～**カ**は，注射器などを省略して表しています。

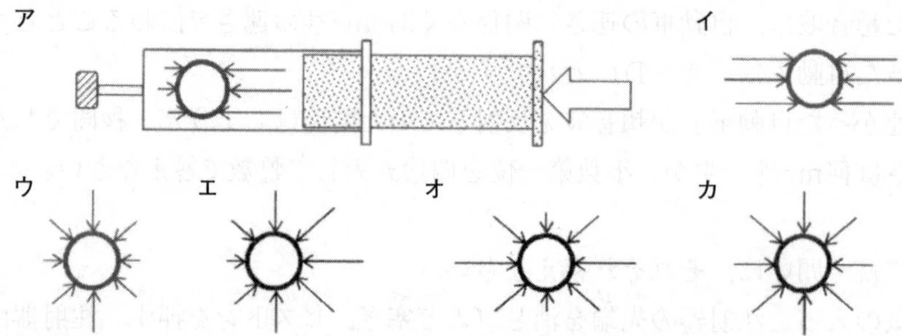

もう一つ，太い注射器を用意した。２つの注射器のピストンはそれぞれなめらかに動き，図３のように消しゴムで塞がずにシリンダーを上下の向きに固定すると，ピストンはその重さでゆっくりと下降した。

太い方の注射器をA，もう一方の注射器をBとする。Aの内径（シリンダーと呼ばれる円筒の内側の直径）は6 cm，Bの内径は2 cmである。注射器Aのピストンは18 gである。

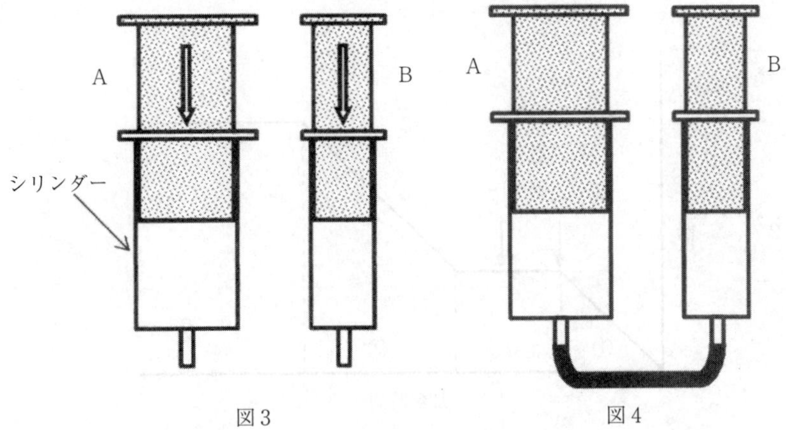

図３　　　　図４

この２つの注射器のシリンダーを上下の向きに固定し，さらに注射器どうしを図４のようにゴム管でつないだ。２つのピストンを手放すと，注射器Ａのピストンはゆっくりと下降し，注射器Ｂのピストンはゆっくりと上昇した。

問４　注射器Ａのピストンが１cm 下降すると，注射器Ｂのピストンは何cm 上昇しますか。

問５　図４のときに，２つのピストンを手放しても注射器Ａのピストンが下降せずに，ＡとＢのピストンそれぞれが静止するのは，Ｂのピストンが何ｇの場合ですか。

問６　問５のときに，注射器Ｂの内側にはたらく圧力を３種類の長さの矢印で表しました。正しいものを次の**ア～カ**から１つ選び，記号で答えなさい。ただし，**イ～カ**は，注射器Ａを省略して表しています。

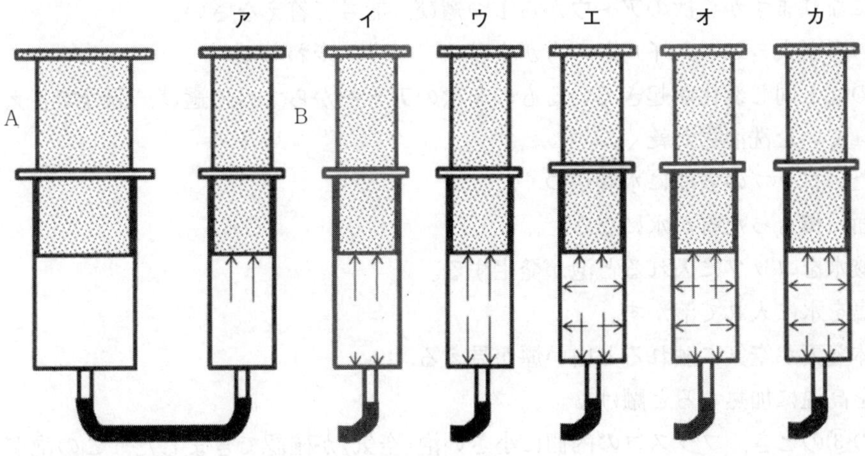

3　次の各問いに，それぞれ答えなさい。

問１　水の固体，液体，気体の様子を調べるために次のような実験を行いました。図１のように氷の入った丸底フラスコをガスバーナーで加熱し，フラスコ内の温度を測定しました。その結果について，横軸(よこじく)を加熱時間，縦軸をフラスコ内の温度としてグラフ(図２)にしました。図２の①～④は加熱時間の区分を表しています。ただし，沸騰(ふっとう)し始めるまで蒸発は考えないこととします。

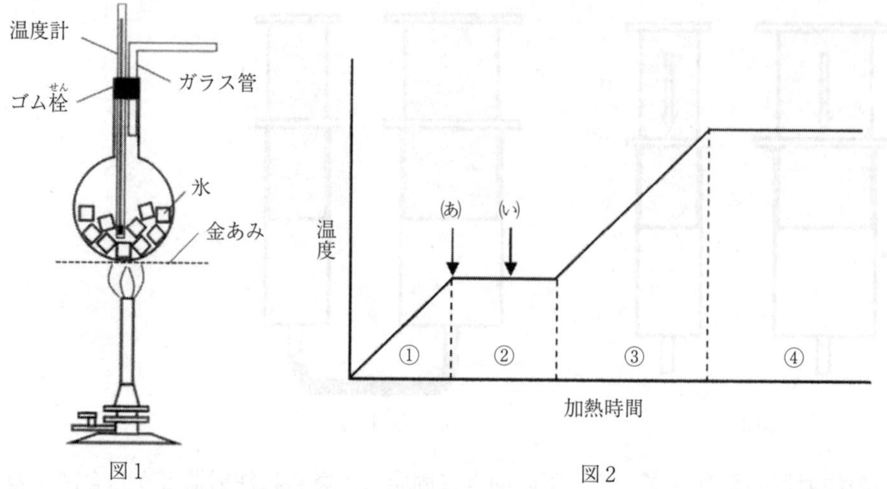

図１　　図２

⑴　図２の③のとき，水はどのような状態で存在しますか。次の**ア**～**オ**から１つ選び，記号で答えなさい。

ア．固体　**イ**．液体　**ウ**．気体　**エ**．固体と液体　**オ**．液体と気体

⑵　図２の②のとき，フラスコの中に入っている氷，水(液体)の重さの合計は①に比べてどのようになりますか。次の**ア**～**ウ**から１つ選び，記号で答えなさい。ただし，空気の重さは考えないこととします。

ア．重くなる　**イ**．軽くなる　**ウ**．変わらない

⑶　図２の(あ)のとき，フラスコの中に入っている氷，水(液体)の体積の合計は(い)に比べてどのようになりますか。次の**ア**～**ウ**から１つ選び，記号で答えなさい。

ア．(あ)の方が大きい　**イ**．(あ)の方が小さい　**ウ**．変わらない

⑷　図２の②と同じ変化が起きているものを次の**ア**～**キ**からすべて選び，記号で答えなさい。

ア．濡(ぬ)れていた洗濯(せんたく)物が乾く。
イ．冷たいコップの表面に水滴(すいてき)がつく。
ウ．地面に積もった雪が水になる。
エ．炭酸水をコップに入れると泡(あわ)が発生する。
オ．食塩を水に入れて溶かす。
カ．液体窒素(ちっそ)が空気に触(ふ)れると白い煙が見える。
キ．鉄を高温に加熱すると融(と)ける。

⑸　図２の③のとき，フラスコの内側に小さい泡(空気)が確認できました。この泡が生じる理由として，次の文の空欄にあてはまる語句を入れて答えなさい。

水に溶けていた気体は，水の温度が高くなると(　　　　　)なるため。

⑹　図２の④のとき，フラスコの底から大きな泡が発生することが確認できました。この泡は何を最も多く含みますか。名称を答えなさい。

問２　物質の状態と体積に関する以下の問いに答えなさい。

⑴　100℃の液体の水を温度を変えずに全て気体に変化させると体積は1700倍になります。100℃の水50ｇが全て気体になったとき，体積は何Ｌになりますか。小数第二位を四捨五入して小数第一位まで答えなさい。ただし，100℃の液体の水は１cm^3あたり0.96ｇとし

ます。

(2)　ビーカーの半分まで液体の水を入れ，しばらく冷却すると全て固まりました。ビーカー内の氷を横から見た様子(ビーカーの断面)を解答用紙の図に描きなさい。

(3)　ビーカーの半分まで液体のロウを入れ，しばらく冷却すると全て固まりました。ビーカー内の固体のロウを横から見た様子(ビーカーの断面)を解答用紙の図に描きなさい。

4　次の各問いに，それぞれ答えなさい。

問１　ナナホシテントウは，野菜や花などの「害虫」を食べるため，「益虫」と呼ばれています。ナナホシテントウが主に捕食する害虫の名称を答えなさい。

問２　テントウムシは，卵→幼虫→蛹→成虫と成長過程で姿を変えていく昆虫です。次の**ア**～**ク**の図は，昆虫の卵と幼虫を描いたものです。ナナホシテントウの「卵」を次の**ア**～**エ**から，「幼虫」を**オ**～**ク**から，それぞれ１つずつ選び，記号で答えなさい。

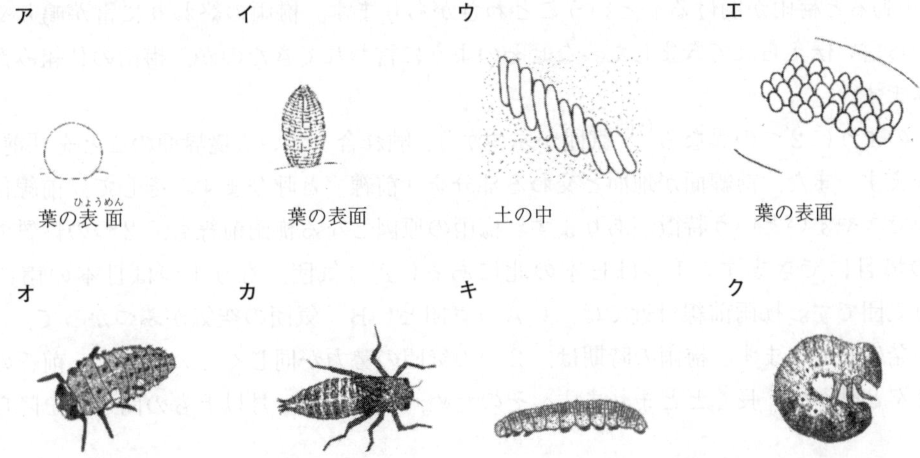

問３　ナナホシテントウの成長過程について述べた次の文章の空欄①～③に，あてはまる語句をあとの選択肢**ア**～**コ**からそれぞれ選び，記号で答えなさい。

ナナホシテントウの場合，メスは一度に(①)個くらいの卵を生みます。卵は(②)色をしていて，２日ほどで幼虫になります。幼虫の期間は約２週間で，その間に３回脱皮して成長した後，蛹となり１週間ほどで羽化し成虫となります。

ナナホシテントウの寿命はおよそ(③)ヶ月くらいですが，秋に産まれたものは越冬します。

【選択肢】

ア．2　**イ**．5　**ウ**．8　**エ**．12　**オ**．30　**カ**．100

キ．橙　**ク**．黒　**ケ**．緑　**コ**．白

問４　ナナホシテントウのように，成虫で越冬する生き物を次の**ア**～**オ**から１つ選び，記号で答えなさい。

ア．トノサマバッタ　**イ**．オニヤンマ　**ウ**．アゲハ

エ．オオスズメバチ　**オ**．カブトムシ

問５　ナナホシテントウのからだに触れていると，黄色い汁を出すことがあります。この汁が出されるからだの部位を**ア**～**エ**から，特徴・はたらきについてを**オ**～**コ**からそれぞれ１つず

つ選び，記号で答えなさい。

【部位】

ア．口　**イ**．脚(あし)の関節　**ウ**．背中と羽の間　**エ**．おしり

【特徴・はたらき】

オ．拡散しやすい液で，敵に襲(おそ)われた場合などに，危険を仲間に知らせる。

カ．甘い液で，この汁をアリに与える代わりに，アリに守ってもらう。

キ．天敵の眼や触角などに吹きかける液で，目くらましの役割をする。

ク．道しるべのための液で，迷わずに巣に帰れるようにする。

ケ．においが強い液で，仲間にエサが豊富にある場所を知らせている。

コ．臭(くさ)くて苦い液で，天敵に食べられないようにする。

5　次の各問いに，それぞれ答えなさい。

問１　「雷が鳴ると梅雨(つゆ)が明ける」ということわざがあります。梅雨の終わりに雷が鳴りやすいことから言い伝えられてきました。なぜそのように言われてきたのか，梅雨の仕組みから考えてみます。

図１のように２つの異なる(注)気団がぶつかり，触れ合っている境界面のことを「前線面」と呼びます。また，前線面が地面と交わる部分を「前線」と呼びます。そして，前線付近では雲ができやすいという特徴があります。梅雨の原因となる梅雨前線も，２つの性質の違う気団の境目にできます。１つは日本の北にある（ A ）気団，もう１つは日本の南にある（ B ）気団です。梅雨前線付近では，（ A ）気団と（ B ）気団の空気がぶつかって，上昇(じょうしょう)気流が発生しています。梅雨の時期は，２つの気団の勢力が同じくらいなので，前線の位置はほとんど動かず，長くとどまります。そのため，日本に１か月以上もの間，雨を降らせます。

梅雨の終わりになると，（ B ）気団の勢力が増し，梅雨前線を北上させていくため，強い上昇気流が発生しやすくなります。すると上空では，次々に積乱雲が発生し，大雨や雷が各地で観測されるようになります。そのため，大雨や雷が観測される日が増えるということは，梅雨前線が北上したということ，つまり「雷が鳴ると梅雨が明ける」と言われるようになったと考えられます。

(注)　気団：同じような性質(温度や湿度など)を持った空気のかたまりのこと。

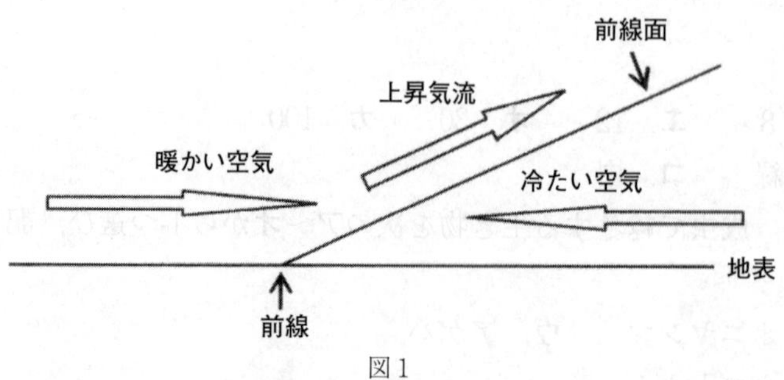

図１

(1)　文章中の空欄Ａ，Ｂにあてはまる気団の名称を次の**ア**～**エ**からそれぞれ１つずつ選び，記号で答えなさい。

ア．オホーツク海　　イ．シベリア　　ウ．小笠原　　エ．赤道

(2)　次の文章は，梅雨前線付近で雲ができやすい理由を説明したものです。図１を参考に，文章中の空欄①～④にあてはまる語句をそれぞれの選択肢から選び，記号で答えなさい。

梅雨は，(A)気団と(B)気団の勢力はほぼ同じで，押し合いの状態となっています。梅雨前線には，北の(A)気団から(　①　)風，南の(B)気団から(　②　)風が吹き込みます。暖かい空気は軽いため，冷たく重い空気の上に乗り上げます。空気は上昇していくと(　③　)で温度が下がります。そうすると，空気の中に含むことができる水蒸気の量が(　④　)なり，含みきれなくなった水蒸気が水滴となって雲ができやすくなります。

【①，②の選択肢】　ア．低温で乾燥した　　イ．低温で多湿の
　　　　　　　　　　ウ．高温で乾燥した　　エ．高温で多湿の

【③の選択肢】　ア．膨(ふく)らん　　イ．縮ん

【④の選択肢】　ア．少なく　　イ．多く

(3)　雲は，できる高さや形の違いから10種類の基本形(十種雲形)に分けられており，その名称は，５つの漢字の組み合わせでできています。「積乱雲」もその１つで，５つの漢字のうち，上の方に積み重なった雲という意味の「積」と，雨を降らせる雲という意味の「乱」という２つの漢字が使われています。その他に，雲(十種雲形)の名称に使用されている漢字３つを，次の**ア～コ**から選び，記号で答えなさい。

ア．層　　イ．平　　ウ．明　　エ．暗　　オ．黒
カ．白　　キ．巻　　ク．直　　ケ．低　　コ．高

(4)　天気に関することわざには，他にもたくさんのものがあります。次の**ア～オ**から間違っているものを２つ選び，記号で答えなさい。

ア．ツバメが高く飛ぶと晴れ，低く飛ぶと雨　　イ．太陽に暈(かさ)がかかると晴れ
ウ．夕焼けは雨，朝焼けは晴れ　　エ．櫛(くし)が通りにくいときは雨
オ．アリの行列を見たら雨

問２　天気は雲の量(雲量)で決められています。次の文章中の空欄①～⑤には０～10の数字のいずれかが入ります。その数字をすべて足すといくつになるか答えなさい。

気象観測では，空全体の広さを(　①　)としたときの雲量で，「晴れ」か「くもり」かを決めています。雲量が(　②　)～(　③　)の場合を「くもり」，雲量が(　④　)～(　⑤　)の場合を「晴れ(快晴を含む)」としています。

問３　防災気象情報と警戒(けいかい)レベルとの対応に関して，住民への避難(ひなん)情報を分かりやすくし，逃げ遅れによる被災(ひさい)を防ぐために，「改正災害対策基本法」が，令和３年５月20日に施行(しこう)されました。住民は「自らの命は自らが守る」意識を持ち，「自らの判断で避難行動をとる」との方針が示され，この方針に沿って自治体や気象庁等から，５段階の警戒レベルを明記して防災情報が提供されることとなりました。

(1)　次の**ア～エ**は，改正災害対策基本法が施行される前と，施行された後の避難情報の一部を示したものです。改正により廃止されたものを**ア～エ**から１つ選び，記号で答えなさい。

ア．緊急安全確保　　イ．避難指示　　ウ．高齢者等避難　　エ．避難勧告

(2)　５段階の警戒レベルのうち，「危険な場所から全員避難しましょう」とされているのは，レベル１～５のどれになりますか。数字で答えなさい。

当な説明を次の**ア**〜**オ**から選び、記号で答えなさい。

ア　何もできないくやしさを酒にまぎらわせながらも、いつか武士に戻る日のためにできる努力はしておきたいと思っている。

イ　新しい生活が思いどおりにならないのでつい酒を飲んでしまうが、自分は武士であるという誇りが心の支えになっている。

ウ　町人を相手にして生活のために働くよりも酒を飲む方がまだ武士らしいと考え、貧しくても誇り高く生きようとしている。

エ　働かずに酒ばかり飲んでいることを宗一郎に非難されないように、刀を通じて父親としての力を見せつけようとしている。

オ　この世のわずらわしさがすっかり嫌になり、これからはひとり静かに、自分の心のまま風流な生活をしたいと思っている。

5　傍線部②「なぜか身がかるくなっている。迷いの糸が断ち切られて、今ならなんでもできそうな気がする」について。このときの宗一郎の心情として最も適当な説明を次の**ア**〜**オ**から選び、記号で答えなさい。

ア　武士の子らしく男らしくあらねばならないというこれまでのこだわりを生活のために捨て、この町に定住する覚悟を決めたことで、思いがけず解放されたと感じ、気が楽になった。

イ　世話になっている大家さんの言葉にすなおに従うことによって、自分でも周囲の期待に応えることができると実感し、ここで大人として生きていけるという自信と喜びがわいてきた。

ウ　もう二度と野宿をするようなことにならない生活を選んだことで、ずっと心のどこかにひそんでいた恐怖や不安から解放されて、将来の夢についても考えることができるようになった。

エ　気がすすまなかった仕事が、思い切って自分からやると言ったことをきっかけに本当にやりたい仕事に変わったことから、がんばれば何でも自分の思い通りにできるのだとわかった。

オ　父親をあてにできないと思い切り、どんな仕事でもやろうと決心したことで、子どもとして父親を手助けするのではなく、これからは自分こそがこの家の主であるのだと実感できた。

6　A に共通して入る言葉を本文から抜き出しなさい。

7　傍線部③「そんな父親が意外でもあり、少しさびしくもあった」とあるが、宗一郎がこのように感じた理由を考えて、45字以内で答えなさい。

8　傍線部④「酒の臭いがしない」とあるが、父親はどのように思って酒を飲まなくなったのか。本文から考えて60字以内で説明しなさい。

と、いい残して外へでていった。

「**Ａ**。すぐに」

Ａと口にして、宗一郎は、もういっぺん腹の底に力をこめた。

宗一郎は、ぼさぼさの髪に水をつけてなでつけると、障子の前に手をついた。

「父上、仕事にいってまいります」

「そうか。いくのか」

絞り出すような声だった。

大家さんとのやりとりは、父親の耳にも届いていたはずだったが、とうとう最後まで「いくな」とはいわなかった。③そんな父親が意外でもあり、少しさびしくもあった。

おかみさんは宗一郎を見るなり、細い目をいっそう細くした。

「ようきたようきた。仕事をはじめる前に、ここにおすわり。おまえの髪をきれいにしたろ」

鏡の前にすわった宗一郎の髪を、おかみさんがていねいにとかしていく。ときおり首に触れるおかみさんの手はあたたかく、やわらかかった。忘れていた母の手を思いだす。気がつけば、目頭が【Ⅱ】なっていた。

髪結いの手伝いは部屋の中なので、からだが凍えることもない。おかみさんに言われるまま、切った髪をまとめて捨てたり、手ぬぐいを洗ったり、客のはきものを揃えたりする程度で、楽だった。

客はみな男の子の宗一郎をめずらしがっては、かわいがってくれる。

「いやになるまで、毎日おいで」

と、おかみさんにいわれるまま、宗一郎は通い続けた。駄賃のほかに、焼き魚やにぎりめしや、野菜の煮込みなどの食い物も持たせてくれた。

おかみさんのもとにいきだしてから、数日たったころだった。

夕刻、「ただいま戻りました」と帰宅する宗一郎を、「ごくろうであった」と父親が迎えてくれるのはいつものことだが、④酒の臭いがしない。気のせいかと、何気なく近寄って鼻をきかせてみても、やっぱり酒臭くはなかった。

（中川なをみ「よろず承り候」）

１　【Ⅰ】に入る最も適当な言葉を次の**ア**～**エ**から選び、記号で答えなさい。

ア　三つ子の魂百まで　**イ**　石の上にも三年
ウ　千里の道も一歩から　**エ**　七転び八起き

２　【Ⅱ】に入る最も適当な言葉を次の**ア**～**エ**から選び、記号で答えなさい。

ア　よわく　**イ**　ちかく　**ウ**　ゆるく　**エ**　あつく

３　波線部**ａ**・**ｂ**のセリフの意味として、最も適当なものをそれぞれ後から選び、記号で答えなさい。

ａ　「言うたな？」

ア　とても信じられないぞ　**イ**　不満があるのだな
ウ　本当だと信じるぞ　**エ**　失礼なやつだな

ｂ　「なんと言うても父親や」

ア　父親なのだからお前をいつまでも苦労させてはおかないはずだ
イ　父親が子どものお前より劣っていることなどあるはずがない
ウ　父親なのだから母親ほど子どもを大事に思うことはないだろう
エ　父親を見捨てたらむしろお前の方が世間から責められるだろう

４　傍線部①「酔いがさめると、正座して刀の手入れをしている」とあるが、この行動から父親のどんな気持ちが読み取れるか。最も適大家さんが宗一郎の耳もとでささやいた。

「あいかわらず、酒をのんではるんか？」

宗一郎はうなだれて、小さくこたえた。

「毎日というわけでもないんですが……」

父親は、十をいくつか越えたばかりの宗一郎の稼ぎの大半を、酒に代えて飲んだくれている。

「およし」と、死んだ母親の名を呼んだり、武家屋敷にいたころの暮らしをなつかしがったりする。すべては三年前に終わったこと。どんなに叫んでも、過ぎ去った時間はとりもどせない。

宗一郎にわかっていることが、どうして父親にわからないのだろう。閉めた障子に向かって、宗一郎は大きくためいきをついた。

大家さんは、

「大人のことは、ガキにはわからん。おまえも苦労するけど、bなんと言うても父親や。目がさめるまで待たなしゃあないわ」

そういうなり、宗一郎の頭をぐりぐりなでた。

「仕事やけどな。うちの奥、手伝ってくれるか」

「奥って、おかみさんの髪結い仕事ですか」

「そや」

（略）

宗一郎は今までにいろいろな仕事をしてきたけれど、髪結いを手伝うのははじめてだ。

「どんなことをしたらええんですか？」

「そら、待ってる客に茶をだしたり、髪をとかしたりするんやろ」

「髪をとかすって、わたしがですか？　そりゃあちょっと……」

「よろず承りやなかったんか？」

大家さんの声が、とがっている。

宗一郎は男だ。男が女の髪の毛にさわる仕事をするのは、決してほめられたことではない。胸の奥には、まだ武士の子のほこりも残っている。

大家さんが袖の中から両手を出すと、ゆっくりと腕を組んだ。

「宗一郎、よう考えや。おまえがここで生きていけるかどうかの分かれ道やで」

分かれ道という言葉が、宗一郎の迷いをゆさぶった。

ここにくる前、一度だけ野宿をしたことがあった。夕方から降り出した雨を軒下でしのぐしかできず、おまけに空腹だった。あの夜のみじめさは一生忘れないだろう。

「稼ぎ手は宗一郎、おまえだけなんやろ？」

大家さんにいわれるまでもなかった。頭ではわかるのだが、それでも、髪結いの手伝いには抵抗がある。

「どないするんや？」

大家さんににらまれても、まだ宗一郎の心は定まらなかった。

米びつはすでに空だった。父親をあてにできないなら、自分の力で食べていかなければならない。長屋に住みだしてから、知り合いもできたし、たまには仕事もころがりこんでくる。ここに根を張って生きていかなければならなかった。仕事を選ぶ余裕など、はなからなかった。

宗一郎は腹の底に力を入れて、

「おおきに。やらしてもらいます」

と、深く腰を折った。

頭を上げたとたん、宗一郎のからだがふわりと宙に浮いた。そう感じるほど、②なぜか身がかるくなっている。迷いの糸が断ち切られて、今ならなんでもできそうな気がする。

大家さんは大きくうなずいたあと、

「はよ、おいでや」

宗一郎は首をすくめて、うつむいた。

あいそ笑いもできるようになったし、何をいわれても「すいません」とぺこぺこおじぎをしていられる。でも、「へえ」だけはどうしてもいえない。いったつもりでも、ことばがのどにひっかかってでてこない。

大家さんがにっと笑った。

「ま。ええ。【 Ⅰ 】いいよる。お武家さんの家に生まれたんやもんなあ。そのうち、なれるやろ」

宗一郎父子が、この長屋に越してきて、三年になる。

父親は武士の端くれだったが、仕える殿様の不祥事でお家がとりつぶしとなり、三年前に浪人になった。やさしいだけが取り柄の父親にかわって、家を取り仕切っていたしっかりものの母親は、武家屋敷を追い出された数日後、流行病のコレラにかかって、あっけなく死んでしまった。

行く当てのない父子が流れ着いたのがこの長屋だった。

大家さんがぶるっと大げさにふるえた。

「さっぶいなぁ。桜が咲きそうやゆうのに、いつんなったら暖こうなるんやろ。そやそや、仕事やった。ほんまになんでも引き受けるんやな？」

「はい。ほんまです。看板にいつわりはありませんよって」

「ａ言うたな？」

入口の横には『よろず承り候』と書かれた大きな看板があがっている。なんでもやりますという意味だが、この長屋に住めると決まった翌日、父親がたすきを掛けて一気に書き上げたものだった。

数日後、飛び込んできたのが日雇いの人足仕事だった。いきなりの力仕事に、父親はすぐに音を上げ、五日の約束を三日で勝手に切り上げてしまった。

父親はよみかきに関した仕事を予想していた。ところが、頼まれるのは、風呂屋の薪割りや積荷の運搬などの力仕事ばかりだった。

両手をついて、ていねいに断る父親の言葉は堅苦しくて、言葉の端々に武士のおごりがにじんでいる。頼みにきた町人たちは不愉快になって、二度と父親に頼まなかった。

すっかり仕事のなくなった父親が酒をのみだしたのは、そのころだった。①酔いがさめると、正座して刀の手入れをしている。そんな父親をみていて、宗一郎はせめて、用心棒の仕事でも舞い込んでこないかと、密かに願っていた。

いつだったか父親が宗一郎に向かって、

「仕事なら、なんでもせねばならん。よろず承りの看板が偽りになってしまう……」

と、しみじみと言ったことがあった。

大家さんの仕事も、今なら父親は引き受けるだろう。

「大家さん、ちょっと待っててください」

ぞうりをぬいで、奥の部屋に行こうとする宗一郎の袖を、大家がぐいっと引っ張った。

「宗一郎、これはな、おまえの仕事なんや」

「ええーっ、またですか？」

大家さんはときおり仕事をもってきてくれる。子守、そうじ、使い走りもあった。ありがたいけれど、子どもの仕事はもうけが少ない。できれば父親にがっぽり稼いでもらいたいのだ。

「なんや、いやなんか？」

「めっそうもありません。父上の仕事やったら、うれしいおもうて」

いいながら、宗一郎は奥の部屋をちらりと見た。破れ障子の向こうで、父親はまだ寝ている。目覚めていても、昼過ぎまでふとんの中にいるのが常だった。

「読む」「眺める」「注目する」といった私たちの能力は、特定の器官の機能なのではなくて、「パターンを認識してその連続に意味を見いだす」「すぐに必要のない情報をキャッチしておく」「特定の対象を選択して※知覚する」といった認識のモードないし注意のタイプに対する名前と考えるべきではないでしょうか。

（伊藤亜紗『目の見えない人は世界をどう見ているのか』）

※モード…ここでは、あることをするために適した態勢。
知覚…感覚器官を通じて認識すること。

問　次のア～オは、二種類の本文に関して話し合っている場面である。ア～オの発言のうち、本文から考えて適切でない発言を一つ選び、記号で答えなさい。

ア〈生徒X〉最初の文章で、目の見える人と見えない人が分かりあうには「異なることと共通することを丁寧に知りあうこと」が大切だと言っていたでしょう？　目の見える人が目かくしして、暗闇を歩いたり点字を練習したりする体験は、見えない人と同じ感覚を味わうのに良い方法だと思った。私もやってみたくなったな。

イ〈生徒Y〉「同じ感覚」を考えるのは、後の文章でも同じだね。ただ、「注意の向けかた」を重視しているところが面白かった。「注意のタイプ」で分類すれば、両者は確かに同じことをしているわけだ、意外だけど、納得させられたよ。

ウ〈生徒Z〉後の文章では他に、目が見えないからといって「特別な聴覚」を持っているわけではないと言っているね。視力がなくても別に聴覚の感度は変わらないというわけか。そこは、最初の文章とは考え方が違うんだな。

エ〈生徒Y〉最初の文章は、目の見える人と見えない人とで、どうしても異なってしまうことを言った点でも、後の文章と違うよ。同じ小説を読んでも「視点」の設定が無意識に違っていることは、これを読んで初めて知った。参考になるね。

オ〈生徒X〉調べて分かったのは、世界が、とらえ方しだいで、今の自分が見ているよりもっと多様になることなんだ。最初の文章の始めにある「豊かな世界」も、この多様性を言っているんだと思う。

二　**次の文章を読んで、後の問いに答えなさい。設問の都合により、表記を変えたところがあります。**

「おはようさん」
声と一緒に板戸が、がらっと開いた。
長屋の大家さんだ。えりまきを首に巻きつけて、両手は袖の中に引っ込めている。
土間にいた宗一郎はていねいに頭を下げて、
「お世話になっています」
と、声を張り上げながら、ほおにはりついた髪の毛をじゃまっけに後に払った。
「元気でよろし。商売人は、元気やないとあかん」
「はい」
「はいやのうて、返事はへぇの方がええんやけどなぁ」

	実験した研究者	実験対象	実験内容	実験の結果、証明されたこと
Ⅰ	未記名	視覚障害者	点字を読む時の脳活動を計測する	Ⅰ〜Ⅳで共通することは B（30字以内） である。
Ⅱ	レオナルド・コーエン		視覚野に電気ショックを与える	
Ⅲ	コーエンと定藤規弘	視覚を失ったばかりの成人	点字を読む時の脳活動を計測する	Ⅲ・Ⅳで新しく分かったことは C（30字以内） である。
Ⅳ	トマス・カウフマン	A		

(1) 空欄Aに入れるのに適切な語を、本文から5字以内で抜き出して答えなさい。

(2) Xさんは空欄Bに、実験Ⅰ〜Ⅳで証明されたことのうち共通すること、空欄Cには、実験Ⅲ・Ⅳで新しく分かったことを書き込んでいった。空欄B・Cに入る内容を、それぞれ指定の字数以内にまとめて答えなさい。「である。」があとに続くように書くこと。

(3) Xさんは、視覚とそれ以外の感覚について述べた別の文章を見つけ、友達に紹介した。これについて後の問いに答えなさい。

> 洋服店に入って特に買う気がないまま棚の上に置かれた商品を見て回るとき、これは「眺める」です。「特に買う気がないまま」というところが重要で、寒くて仕方がないときにセーターを買おうとしているなら、これは「探す」になります。つまり「眺める」とは、強いて定義するなら、特定の対象に焦点を定めずに、周囲に存在する自分の行動にすぐには関係のないさまざまなもの（でもいつか関係するかもしれないもの）についての情報を集めること、ということになるでしょう。
>
> これは、言うまでもなく、視覚以外の器官を用いてもできることです。たとえばカフェにいてぼうっとしているとき、私たちは後ろの席の話し声や外の車の音を何となく耳に入れています。先の定義に従うなら、これはまさに「眺める」と言うべきでしょう。見えない人は、耳のみで「眺める」を行い、カフェの状況を把握しているのです。ベテランの視覚障害者だとこの能力が非常に鋭く、たとえば会話をしながら周囲の様子を音によって「眺めて」いるので、教えなくてもトイレの場所が分かってしまうと言います。「眺める」は、すぐに必要のない情報をキャッチする働きだとしても、状況把握には必須の認識の※モードなのです。視覚障害者は、「特別な聴覚」を持っているわけではなくて、見える人が目でやっていることを、耳でやっているだけなのです。（略）
>
> 私からの提案は、「何かをするのにどの器官を使ったっていいじゃないか」ということです。大事なのは「使っている器官が何か」ではない。むしろ「それをどのように使っているか」です。

うぶん点字を習得できていなくてもみられたのです。

さらに学習の速さを追求するため、神経科学者のトマス・カウフマンは、目の見える人たちに目かくしをしたまま5日間生活してもらい、点字の訓練を受けさせました。するとたった5日間でも、指先への触覚的な刺激(しげき)で視覚に関する脳の活動がみられるようになりました。

（山口真美『こころと身体の心理学』より）

※視覚野…大脳において、眼から得た情報を処理するときに働く部分

1 波線部**a**・**b**・**c**・**d**のカタカナを漢字に直しなさい。

2 傍線部①「共通の世界について語らえたら」とあるが、この場合の「共通の世界について語らう」とはどういうことか。最も適当なものを次の**ア**～**オ**から選び、記号で答えなさい。

ア 視覚を持つか持たないかの違いはあるにせよ、互いに知り合い、共に同じ空間に存在することの喜びを交わしあうこと。

イ 目で把握したか音と空気の流れで把握したかの違いはあるにせよ、同じ環境に住んでいることを確認しあうということ。

ウ 視覚か聴覚かの違いはあるにせよ、同じ空間にいて、その空間をどう認識しているかを互いに知り、確かめあうこと。

エ 視覚の有無か聴覚の有無かの違いはあるにせよ、同じ環境にいて、その環境をどう受け止めたか、話しあうこと。

オ 視覚の強い影響があるか無いかの違いはあるにせよ、同じ部屋にいて何が置いてあるか、答えを言いあって確かめること。

3 傍線部②「『視点』」について、目の見えない人たちの「視点」とはどのようなものだと筆者は述べているか。最も適当なものを次の**ア**～**オ**から選び、記号で答えなさい。

ア 現実であっても映画や小説であっても、その場面や世界を体験・認識する当人の視点

イ 映画や漫画では登場人物と同じ視点だが、小説では天から見下ろす俯瞰的な視点

ウ 現実や夢であっても、映画や小説であっても、その場面や世界の中心である主人公の視点

エ 現実では自分自身の視点だが、映画や小説では自分を離れて作者になりきった視点

オ 現実であっても映画や小説であっても、空からではなく地上から物事を認識する視点

4 傍線部③「『俯瞰する』という視点が、ピンと来ない」のはなぜか。45字以内で説明しなさい。

5 傍線部④「視覚のない世界の不思議を体験するイベント」とあるが、このイベントの意義を考えたとき、本文の内容と異なるものを次の**ア**～**オ**から一つ選び、記号で答えなさい。

ア いつもなら目の見えない人を案内する側の晴眼者が、目の見えない人に案内してもらうという逆の立場を経験すること。

イ 目の見えない人がふだんすごしている暗闇の世界が、いかに恐ろしいものかを、晴眼者も実体験して共感すること。

ウ 晴眼者がアイマスクで視覚をさえぎることで、いかにふだん視覚に頼っているかを、晴眼者が自覚すること。

エ 世界を把握するには、視覚だけではなく、触覚や聴覚も重要で大切な手段であることに、晴眼者が気づくこと。

オ 晴眼者も、暗闇の世界に入ると、目の見えない人と同じく音や空気の流れに非常に敏感になるのを実感すること。

6 **X**さんは、傍線部⑤「目の見えない人たちの世界を、その脳活動から探る研究」についてレポートを書くため、次のようなメモを作った。これについて後の問いに答えなさい。

います。

それでは、俯瞰的な視点とは、どのように得られるのでしょうか？　どんな実体験と結びついているのでしょう？　晴眼者にとっては、高いビルや小高い丘から眼下に広がる街ｃナみを見下ろしたときなどに見た、さえぎられていたものがなく視野が広がるという、視覚的な経験にもとづいているのではないでしょうか。

一方の視覚障害の学生によれば、俯瞰的な視点は、小説で触れたくらいで、実際に体験したことはないそうなのです。

つまり、同じ環境に住む人たちでも、受け取る感覚の違いから、異なった世界を見ていることもあるということです。互いの語りをほんとうに理解するためには、異なることと共通することを、丁寧に知りあっていくことが重要なのではないでしょうか。（略）

④視覚のない世界の不思議を体験するイベントがあります。人気が高いために私もまだ経験したことがないのですが、アイマスクをして目をふさぎ、視覚障害者のボランティアにｄセンドウしてもらいながら暗闇の空間を歩きまわり、目の見えない世界を体験するのです。アイマスクをつけると、ほとんどの人は目の前に広がる暗闇に恐怖を感じ、足を踏み出すことすらとまどうそうです。

「頼りのない世界」というのが、実感でしょうか。このように感じられるのは晴眼者が、視覚に頼って生きている証拠ともいえましょう。そもそも人は「視覚の動物」とよばれ、視覚を頼りとし、身体感覚も視覚からの情報が主となります。視覚がないと、支えがなくなったように感じてしまう。いかに視覚にたより切っているかを実感させられます。

このイベントでは、視覚以外の感覚の重要性に気づくことができます。視覚をシャットアウトした暗闇で過ごしてみると、しだいに触覚や聴覚をより強く感じるようになっていくのです。勇気を出して足を踏み出すと、ふだん気づくことのない空気の流れや音の変化に気づくようになるそうです。（略）

⑤目の見えない人たちの世界を、その脳活動から探る研究も行われています。彼ら彼女らは指で点字に触れて文字を読むように、触覚を視覚の代用としています。点字を読んでいるときの脳活動を計測してみると、触覚に関する脳だけでなく、視覚に関する脳も活動していることがわかったのです。触覚で得た文字のイメージを、視覚で処理していたのでしょう。まさしく触覚を視覚の代理として活用していたといえるようです。

心理学者であるレオナルド・コーエンたちは、視覚障害者が点字を読んでいるときに、※視覚野に電気ショックを与えてみることを考えました。脳の特定の領域の活動に影響を与える程度の、軽いものです。電気ショックを与えられると、与えられた脳の箇所だけが一時的に働かなくなります。晴眼者の視覚野にショックを与えれば、目が見えなくなります。ただし、もともと目が見えない視覚障害者は、視覚野にショックを与えたとしても、なにも変化はおこらないはずとも考えられます。

ところが、視覚野に電気ショックを与えられると、視覚障害者たちは点字を読むことができなくなってしまったのです。点字がくずれて意味がわからなくなったというのです。手で触れて読む点字にもかかわらず、点字を読む際には視覚に関する脳の部分が使われるということなのです。（略）

視覚から触覚へのすり替わりをよりくわしく調べるため、脳科学者のコーエンや定藤規弘たちは、目が見えなくなったばかりの成人を対象に脳活動を計測しました。その結果、長年の経験を経なくても点字の練習で、これらの人たちが点字を読むときに視覚に関する脳の部位が働くことがわかったのです。しかもこのような脳活動は、まだじゅ

二〇二二年度 昭和学院秀英中学校

【国語】〈第一回試験〉（五〇分）〈満点：一〇〇点〉

＊設問の都合で、本文には一部省略・改変がある。
＊字数制限のある場合は、句読点なども字数に入れること。

一 **次の文章を読んで、後の問いに答えなさい。**

十年ほど前、全盲の研究生と一緒に視覚について考えてみたことがありました。彼が感じる世界について話してもらうのです。聞くと驚くことばかり、そこには想像とはまったく異なる、豊かな世界がありました。（略）

そもそも彼は私の研究室までは白杖をついて来るのですが、研究室に入った後は、白杖をまったく使わないで歩き回ります。そして、そのまま椅子のあるところに来て座るのです。それはまるで、見えているかのような行動にも思えました。

目が見えないのに、どうしてテーブルと椅子のある場所まで迷わずに歩けるのかと聞いたところ、音のａハンシャから、空間内の広がりやおおよその障害物があることがわかるというのです。彼は旅行好きで、旅先でボランティアの同行をつのっては旅に出るとのことですが、はじめて入るホテルの部屋でも、音の響きから部屋の大きさがわかるそうです。広めの部屋では音が広がるというのです。音がｂキュウシュウされる方向から、ベッドの位置もわかるといいます。

つまり彼は視覚がなくても、目の前の空間は、音と空気の流れから把握できるのです。視覚という、影響力の強い感覚がなかったとしても、まったく別のルートから作りあげた空間世界を共有できる。こうした違いを意識しながら、①共通の世界について語らえたら、それこそがすばらしいことではないでしょうか。

しかし一方で、視覚障害の彼には理解できない空間経験もありました。彼がボランティアに新聞記事を読みあげてもらっていたときに、片隅にある小さな記事にボランティアが気づくことに驚いたというのです。

晴眼者にはごくふつうのこと、興味をもった記事であれば、小さな記事であっても気づくことができます。しかし、触覚でひとつひとつ点字を順番に確かめていく目の見えない学生にとって、この一目で気づくという見方が大きな驚きだったのです。

また、当然のことかもしれませんが、どこからどのように見ているかという②「視点」への理解は、彼には難しく感じられたようです。たとえば天から見下ろすような③「俯瞰する」という視点が、ピンと来ないようなのです。

それで気がついたのですが、私を含めた晴眼者は、視点の切り替えをよくします。漫画や映画を「視点」から見なおしてみると、気づくことができるでしょう。自分自身の視点で見ている風景と、俯瞰する視点から見る風景を、効果的に見えるように、切り替えています。

たとえば広い空間を、敵と味方が複雑に入り交じり格闘する戦闘シーンや、スパイ映画で、敵に追われてビルの上を飛び回るシーン、こうしたシーンは、天から見下ろすような「俯瞰する」視点で描かれることが少なくありません。ちなみに、こうした視点の切り替えは、夢の中でもおきています。たとえば自分が空を飛んでいる様子を、天から見下ろしているような夢を見たことはありませんか？

晴眼者が日常で頻繁に目にするシーンの切り替えは、視覚障害者の学生にとっては理解し難く、特に俯瞰的な光景をイメージすることが難しいというのです。漫画や映画を説明されて情景をイメージするときも、自分で小説を読むときも、常に登場人物と同じ視点でいるとい

2022年度

昭和学院秀英中学校 ▶解説と解答

算　数　＜第１回試験＞（50分）＜満点：100点＞

解　答

1 ア　503　　イ　18　　ウ　1.2　　エ　7200　　2 (1)　$80cm^2$　　(2)　$2\frac{1}{3}$cm　　(3)　$257.48cm^3$　　(4)　$141.3cm^3$　　3 (1)　29，43，71　　(2)　75　　(3)　26個　　4 (1)　2 m　　(2)　$10.58m^2$　　(3)　$100.48m^2$　　(4)　$1\frac{7}{8}$倍　　5 (1)　3.2分　　(2)　15台　　(3)　$8\frac{1}{3}$分後

解　説

1 素数の性質，割合と比

(1)　１から2022までの整数の積を素数の積で表したとき，２と５の組み合わせが１組できるごとに，一の位から並ぶ０が１個増える。また，明らかに２よりも５の方が少ないから，一の位から並ぶ０の個数は，素数の積で表したときの５の個数と同じになる。下の図１の計算㋐～㋓より，素数の積で表したときの５の個数は，404＋80＋16＋３＝503(個)となり，一の位から並ぶ０の個数も503個とわかる。

(2)　下の図２の計算から，4896＝２×２×２×２×２×３×３×17＝(２×２×２×２)×17×(２×３×３)＝16×17×18となることがわかる。よって，連続する３つの整数は{16，17，18}だから，最も大きい数は18である。

図１

㋐　2022÷５＝404あまり２
　５は404個ある
㋑　2022÷(５×５)＝80あまり22
　㋐のほかに５は80個ある
㋒　2022÷(５×５×５)＝16あまり22
　㋐，㋑のほかに５は16個ある
㋓　2022÷(５×５×５×５)＝３あまり147
　㋐，㋑，㋒のほかに５は３個ある

図２

2) 4 8 9 6
2) 2 4 4 8
2) 1 2 2 4
2)　6 1 2
2)　3 0 6
3)　1 5 3
3)　　5 1
　　　1 7

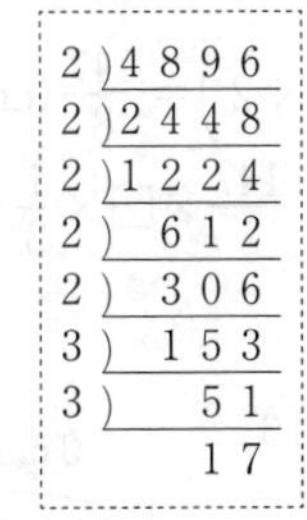

図３

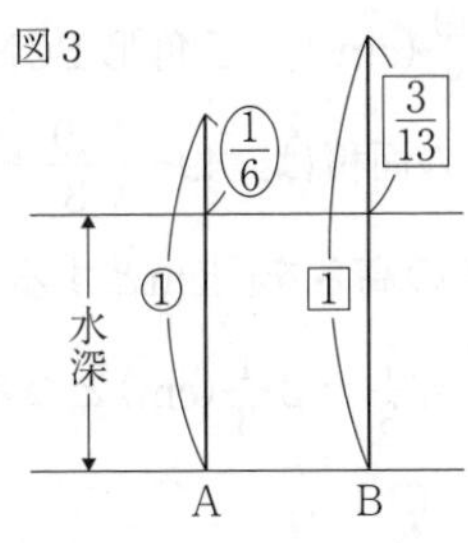

(3)　２本の棒をA，Bとして図に表すと，上の図３のようになる。棒Aについて，棒の長さと水深の比は，$1:\left(1-\frac{1}{6}\right)=6:5$なので，水深を１とすると，棒の長さは，$1\times\frac{6}{5}=\frac{6}{5}$となる。同様に，棒Bについて，棒の長さと水深の比は，$1:\left(1-\frac{3}{13}\right)=13:10$だから，水深を１とすると，棒の長さは，$1\times\frac{13}{10}=\frac{13}{10}$となる。よって，２本の棒の長さの合計は，$\frac{6}{5}+\frac{13}{10}=\frac{5}{2}$であり，これが３mにあたるので，比の１にあたる長さ(水深)は，$3\div\frac{5}{2}=1.2$(m)と求められる。

(4)　比の，１＋２＋３＝６にあたる金額が25200円だから，１にあたる金額は，25200÷６＝4200

(円)となり，最後のA，Bの所持金はそれぞれ，4200×１＝4200(円)，4200×２＝8400(円)とわかる。また，Aの最後の所持金は最初の所持金の，$1-\left(\frac{1}{5}+\frac{1}{3}\right)=\frac{7}{15}$にあたるので，Aの最初の所持金は，$4200\div\frac{7}{15}$＝9000(円)と求められる。よって，AがBにあげた金額は，$9000\times\frac{1}{5}$＝1800(円)だから，Bの最後の所持金は最初の所持金よりも，1800－600＝1200(円)増えたことになる。したがって，Bの最初の所持金は，8400－1200＝7200(円)である。

2 辺の比と面積の比，展開図，体積，相似

(1) BC：BE＝１：３だから，BC：CE＝１：(３－１)＝１：２となり，CA：CF＝１：1.5＝２：３なので，CA：AF＝２：(３－２)＝２：１とわかる。よって，右の図１のように表すことができる。三角形ABCと三角形FDAを比べると，底辺の比は，AC：FA＝２：１，高さの比は，BA：DA＝１：(１＋１)＝１：２だから，面積の比は，(２×１)：(１×２)＝１：１となり，三角形FDAの面積は，$10\times\frac{1}{1}$＝10(cm²)と求められる。また，三角形ABCと三角形EBDを比べると，底辺の比は，AB：BD＝１：１，高さの比は，CB：EB＝１：(２＋１)＝１：３なので，面積の比は，(１×１)：(１×３)＝１：３となり，三角形EBDの面積は，$10\times\frac{3}{1}$＝30(cm²)とわかる。同様に，三角形ABCと三角形FCEを比べると，底辺の比は，BC：CE＝１：２，高さの比は，AC：FC＝２：(１＋２)＝２：３だから，面積の比は，(１×２)：(２×３)＝１：３となり，三角形FCEの面積は，$10\times\frac{3}{1}$＝30(cm²)とわかる。したがって，三角形DEFの面積は，10＋10＋30＋30＝80(cm²)である。

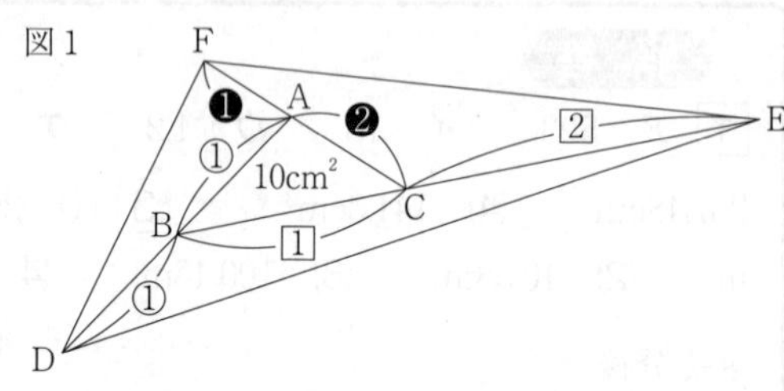

(2) 下の図２のような三角すいができ，体積は，$\frac{7}{2}\times\frac{7}{2}\times\frac{1}{2}\times7\times\frac{1}{3}=\frac{343}{24}$(cm³)とわかる。また，問題文中の正方形ABCDの面積は，７×７＝49(cm²)であり，三角形ANMの面積は，$\frac{7}{2}\times\frac{7}{2}\times\frac{1}{2}=\frac{49}{8}$(cm²)，三角形BCNと三角形CDMの面積は，$7\times\frac{7}{2}\times\frac{1}{2}=\frac{49}{4}$(cm²)だから，三角形CMNの面積は，$49-\left(\frac{49}{8}+\frac{49}{4}\times2\right)=\frac{147}{8}$(cm²)と求められる。よって，三角形CMNを底面としたときの高さを□cmとすると，$\frac{147}{8}\times□\times\frac{1}{3}=\frac{343}{24}$(cm³)と表すことができるので，$□=\frac{343}{24}\div\frac{1}{3}\div\frac{147}{8}=\frac{7}{3}=2\frac{1}{3}$(cm)となる。

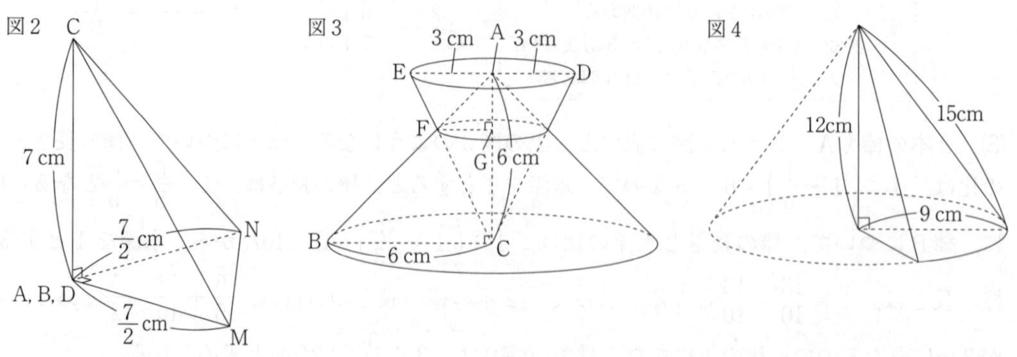

(3) 上の図３のような立体ができる。図３で，三角形AEFと三角形BCFは相似であり，相似比

は，AE：BC＝３：６＝１：２なので，AG：GC＝１：２となる。よって，AG＝$6\times\frac{1}{1+2}$＝２(cm)，GC＝６－２＝４(cm)と求められる。また，三角形ABCは直角二等辺三角形だから，三角形AFGも直角二等辺三角形であり，FG＝２cmとなる。次に，三角形ABCを１回転してできる円すいの体積は，$6\times6\times3.14\times6\times\frac{1}{3}=72\times3.14$(cm³)，三角形CADを１回転してできる円すいの体積は，$3\times3\times3.14\times6\times\frac{1}{3}=18\times3.14$(cm³)，三角形AFGを１回転してできる円すいの体積は，$2\times2\times3.14\times2\times\frac{1}{3}=\frac{8}{3}\times3.14$(cm³)，三角形CGFを１回転してできる円すいの体積は，$2\times2\times3.14\times4\times\frac{1}{3}=\frac{16}{3}\times3.14$(cm³)なので，図３の立体の体積は，$72\times3.14+18\times3.14-\frac{8}{3}\times3.14-\frac{16}{3}\times3.14=\left(72+18-\frac{8}{3}-\frac{16}{3}\right)\times3.14=82\times3.14=257.48$(cm³)と求められる。

(4) 展開図を組み立てると，上の図４のように，円すいの一部を切り取った形の立体ができる。ここで，円すいの展開図には，(母線)×(側面のおうぎ形の中心角)＝(底面の円の半径)×360という関係があるから，もとの円すいの側面のおうぎ形の中心角を□度とすると，15×□＝９×360より，□＝９×360÷15＝216(度)と求められる。一方，切り取った部分の側面のおうぎ形の中心角は30度なので，切り取った部分はもとの円すいの，$\frac{30}{216}=\frac{5}{36}$にあたることになる。また，もとの円すいの体積は，$9\times9\times3.14\times12\times\frac{1}{3}=324\times3.14$(cm³)だから，切り取った部分の体積は，$324\times3.14\times\frac{5}{36}=45\times3.14=141.3$(cm³)とわかる。

３ 整数の性質

(1) ７で割ったときの余りが１になる２桁(けた)の整数は{15，22，29，36，43，50，57，64，71，78，85，92，99}であり，このうち素数は{29，43，71}の３個である。

(2) ７で割ると２余る２桁の整数は，$7\times a+2$と表すことができ，７で割ると３余る２桁の整数は，$7\times b+3$と表すことができるから，２つの数の合計は，$7\times a+2+7\times b+3=7\times(a+b)+5$となる(２桁という条件から，$a$は２以上，$b$は１以上の整数である)。よって，２つの数の合計が５の倍数になるのは，$(a+b)$の値が５の倍数になるときなので，２番目に小さいのは，$(a+b)$の値が10の場合であり，７×10＋５＝75とわかる。

(3) 10を７で割った余りは３だから，(10×10)を７で割った余りは，３×３＝９を７で割った余りと等しくなり，２とわかる。同様に考えると，$N\times N$を７で割ったときの余りは下の図のようになる。ここで，Nを７で割ったときの余りは７ごとに同じ数がくり返されるので，$N\times N$を７で割ったときも余りの太線部分がくり返されることになる。また，10から99までの整数の個数は，99－10＋１＝90(個)だから，90÷７＝12余り６より，太線部分が12回くり返され，最後の６個は{２，２，４，１，０，１}とわかる。さらに，７で割ったときの余りが１になるものは太線部分に２個あるので，全部で，２×12＋２＝26(個)と求められる。

$N\times N$	10×10	11×11	12×12	13×13	14×14	15×15	16×16	17×17	18×18	…	98×98	99×99
	３×３＝９	４×４＝16	５×５＝25	６×６＝36	０×０＝０	１×１＝１	２×２＝４	３×３＝９	４×４＝16		０×０＝０	１×１＝１
余り	２	２	４	１	０	１	４	２	２		０	１

４ 平面図形―面積，立体図形

(1) 下の図１で，三角形ABCの面積は，６×８÷２＝24(m²)である。また，円の中心をOとすると，３つの三角形OAB，OBC，OCAの高さはすべて円の半径になる。さらに，３つの三角形の底辺の和は，10＋６＋８＝24(m)だから，円の半径を□mとすると，$24\times□\times\frac{1}{2}=24(m^2)$と表すことができる。よって，□＝24×２÷24＝２(m)とわかる。

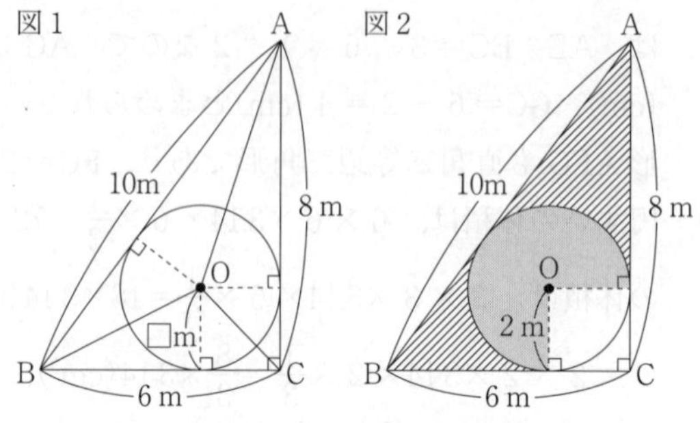

(2)　右の図２の斜線(しゃせん)部分の面積は，三角形ABCの面積から，色のついた部分の面積と１辺の長さが２mの正方形の面積をひいて求めることができる。色のついた部分の面積は，$2\times2\times3.14\times\frac{3}{4}=9.42(m^2)$であり，正方形の面積は，$2\times2=4(m^2)$なので，斜線部分の面積は，$24-(9.42+4)=10.58(m^2)$と求められる。

(3)　正面から見ると下の図３のようになり，太線の部分に影(かげ)ができる。よって，半径が６mの円と半径が２mの円にはさまれた部分に影ができるから，影の面積は，$6\times6\times3.14-2\times2\times3.14=(36-4)\times3.14=32\times3.14=100.48(m^2)$とわかる。

(4)　正面から見ると下の図４のようになり，太線の部分に影ができる。図３のBDの長さは，６－２＝４(m)であり，図４のEFの長さは，８－(２＋２)＝４(m)なので，図３と図４の★の部分は合同になる。すると，図３の三角形ABCと図４の三角形HECも合同になるから，HCの長さは８mとわかる。よって，図４では，半径が８mの円と半径が２mの円にはさまれた部分に影ができるので，影の面積は，$8\times8\times3.14-2\times2\times3.14=(64-4)\times3.14=60\times3.14(m^2)$と求められる。これは(3)の面積の，$(60\times3.14)\div(32\times3.14)=60\div32=\frac{15}{8}=1\frac{7}{8}$(倍)である。

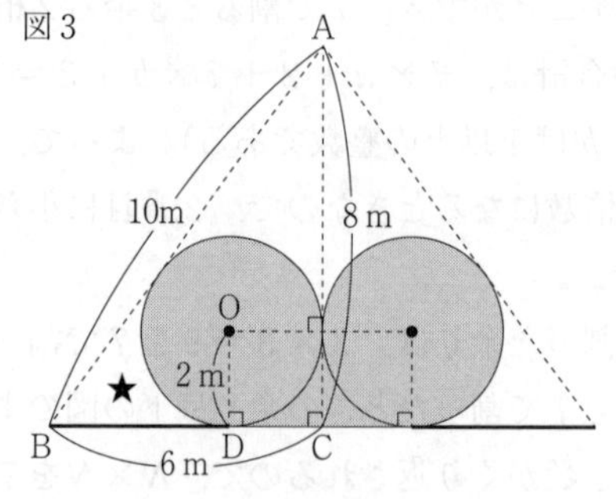

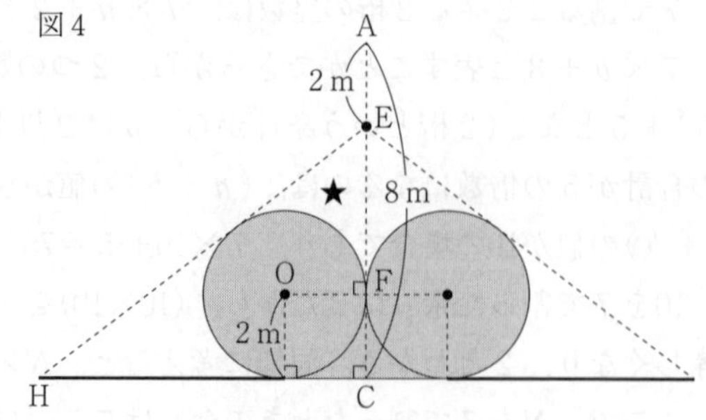

5 ニュートン算，つるかめ算

(1)　１分間に流れ込(こ)む水の量を①，１台のポンプが１分間にくみ出す水の量を[1]とする。ポンプが３台のとき，20分で，①×20＝⑳の水が流れ込み，その間に，[1]×３×20＝[60]の水をくみ出して水がなくなる。同様に，ポンプが５台のとき，８分で，①×８＝⑧の水が流れ込み，その間に，[1]×５×８＝[40]の水をくみ出して水がなくなるから，右上の図のように表すことができる。図で，⑳－⑧＝[60]－[40]，⑫＝[20]，③＝[5]となるので，①：[1]＝$\frac{1}{3}$：$\frac{1}{5}$＝５：３とわかる。そこで，①＝５，[1]＝３とすると，満水の量は，３×60－５×20＝80となる。また，10台のポンプでくみ出すとき，１分間に，３×10－５＝25の割合で水が減るから，水がなくなるまでの時間は，80÷25＝3.2(分)と求められる。

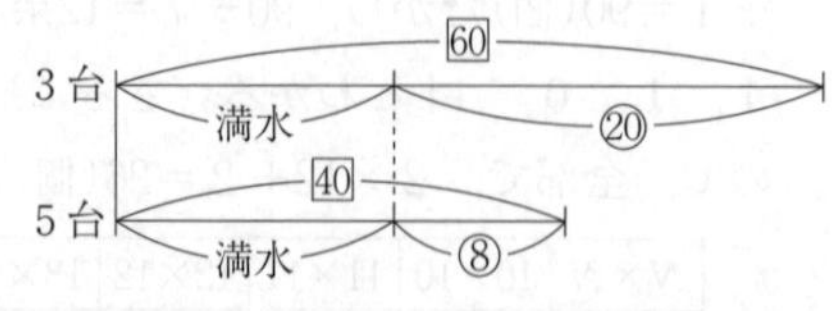

(2)　２分で，５×２＝10の水が流れ込むので，２分で，80＋10＝90の水をくみ出す必要がある。そのためには，１分間に，90÷２＝45の水をくみ出す必要があるから，45÷３＝15(台)のポンプが必要になる。

(3)　10分で，５×10＝50の水が流れ込むので，10分で，80＋50＝130の水をくみ出したことになる。６台のポンプで10分くみ出したとすると，３×６×10＝180くみ出すことになり，実際よりも，180－130＝50多くなる。６台のかわりに４台でくみ出すと，くみ出す量は１分あたり，３×(6－４)＝６ずつ少なくなるから，４台のポンプでくみ出した時間は，$50 \div 6 = \frac{25}{3} = 8\frac{1}{3}$(分)とわかる。つまり，ポンプを追加したのは$8\frac{1}{3}$分後である。

社　会　<第１回試験>（40分）<満点：50点>

解　答

[1] **問１**　**農作物名**…(例)　ブドウ(サクランボ，モモ，西洋ナシ)　**地形の名称**…扇状地　**問２**　**1**　石炭　**2**　石油化学(化学)　**問３**　カ　[2] **問１**　(1)　淡路島　(2)　ア　**問２**　コ　**問３**　タ　**問４**　(1)　ネ　(2)　(例)　近海は深く，島国なので国土面積に対し排他的経済水域が大きい。　[3] **問１**　日米和親条約　**問２**　津田梅子　**問３**　ア，エ　**問４**　エ　**問５**　ウ　**問６**　イ，ウ　**問７**　(例)　江戸幕府が結んだ不平等条約の改正を目的とした。　[4] **問１**　ウ　**問２**　エ　**問３**　オ　**問４**　イ　**問５**　イ　**問６**　ウ　**問７**　ウ　**問８**　**２番目**…ア　**５番目**…オ　**問９**　エ，オ　**問10**　エ　**問11**　(1)　豊臣秀吉(羽柴秀吉)　(2)　井伊直弼　(3)　最澄　[5] **問１**　エ　**問２**　イ　**問３**　法の下に平等　**問４**　エ　**問５**　エ　**問６**　ア　**問７**　ウ，オ

解　説

[1] 日本の産業と人口についての問題

問１　図１の右側に弓なりのなだらかな海岸線がのびていることなどから，図１には東から宮城県中～南部，山形県中～南部，新潟県北部が描かれているとわかる。また，図１の左上にあたる日本海側の沿岸部に見える平らな場所は山形県北西部の庄内平野で，これとの位置関係から，曲線で囲まれた場所が山形盆地だと判断できる。山形盆地は中央を最上川が流れ，そこに多くの支流が合流してくるため，扇状地(せんじょうち)が発達している。扇状地は水はけがよく果樹栽培に適しているため，日当たりのよい斜面(しゃめん)が果樹園に利用されることが多く，山形盆地ではブドウ・サクランボ・モモ・西洋ナシなどがさかんに生産されている。

問２　**1**　石炭は発電のエネルギー源や鉄鋼の原料などとして用いられ，明治時代以降はAの北海道夕張(ゆうばり)市周辺に広がっていた夕張炭鉱や，九州の筑豊(ちくほう)炭田から産出した石炭などが，日本の重工業を支えてきた。しかし，第二次世界大戦後，エネルギーの中心が石炭から石油へと移るエネルギー革命が起こるとともに，オーストラリアなどから安価な石炭が輸入されるようになると，日本の石炭産業はおとろえていった。　**2**　Bは愛媛県新居浜(にいはま)市で，江戸時代に銅山が開発された。別子銅山から産出する銅を背景として，新居浜市では金属工業や機械工業，化学工業などが発達し，瀬戸内海沿岸でも有数の工業都市へと発展した。しかし，高度経済成長期に各地に大規模な石油化学

コンビナートが造成されると，化学工業の中心はそうした地域に移り，特に京葉工業地域では，化学工業が製造品出荷額等の中で最も大きな割合を占めるほどになっている。統計資料は『日本国勢図会』2021／22年版による(以下同じ)。

問３　1960～65年は高度経済成長期にあたり，この時期には多くの人口が首都圏に流入した。よって，東京都・東京都に隣接する３県ともに人口増加率が高いＥがあてはまる。1985～90年はバブル経済による好景気の時期にあたり，この時期には特に都市部で土地の価格が急激に上がった。そのため，東京都に流入する人口も少なくなったので，東京都の人口増加率が０％のＤがあてはまる。その後，バブル崩壊や臨海部の再開発などで都心に住居を求める人が再び増加し，東京都の人口増加率はやや回復した。よって，2010～15年はＣにあてはまる。

2 離島についての問題

問１　(1)　淡路島は兵庫県に属する瀬戸内海最大の島で，北部の明石海峡大橋で本州と，南西部の大鳴門橋で四国とを結んでいる。　(2)　図１から，佐渡島の両津湾周辺は深くても水深300mほどであることが読み取れる。したがって，海面が300m低下すると水深300m以下の場所がすべて陸となり，本州と陸続きになる。

問２　「15～64歳」という幅広い年齢層を示しているのは，割合が最も高いＡだと判断できる。また，現代の日本では少子高齢化が進行しており，特に山村や離島では問題になっているところが多いので，割合が増えているＢが「65歳以上」，割合が減っているＣが「15歳未満」とわかる。

問３　ⅰ　玄界灘に位置するＤの壱岐(長崎県)は，古来，対馬とともに朝鮮半島や大陸と日本を結ぶ交通の要衝として栄えた。水産業がさかんで，イカやブリ，マグロ，ウニ，アワビなどが水揚げされる。　ⅱ　１年を通じて降水量が少なく，晴れの日が多い瀬戸内海沿岸地域は塩田に適していたため，古くから製塩業が発達した。しかし，工場での製塩が行われるようになると，塩田での製塩はおとろえ，ほかの産業へと移行していった。Ｅの生口島(広島県)はかんきつ類であるレモンの栽培がさかんなことで知られ，島を本州四国連絡橋の１つである瀬戸内しまなみ海道が通っていることから，陸路での出荷が可能となっている。　なお，Ｆは奄美大島(鹿児島県)，Ｇは礼文島(北海道)。

問４　(1)，(2)　12海里以内の海域Ｊは領海を表し，沿岸国以外の国の船舶は自由に航行することができない。200海里までの海域Ｋは排他的経済水域を表し，海底での鉱産資源を採掘する権限は沿岸国に与えられている。また，表２からは，ほかの国に比べ，日本は国土面積に対する排他的経済水域の割合が大きいことが読み取れる。これは，日本が島国で，離島も多いためである。さらに，日本の近海には伊豆・小笠原海溝や日本海溝のような深い海があるため，同様に島国で，日本よりも排他的経済水域の面積が大きいインドネシアよりも，排他的経済水域の体積は日本のほうが大きくなる。

3 日本と外国の交流の歴史についての問題

問１　1853年，アメリカ使節のペリーは浦賀(神奈川県)に来航して江戸幕府にアメリカ大統領の国書(手紙)をわたし，開国するよう求めた。翌54年，再び来航したペリーと江戸幕府との間で日米和親条約が結ばれ，日本は開国した。

問２　図２は，1871年から1873年にかけて欧米諸国を視察した岩倉使節団のたどったルートである。津田梅子は，最初の女子留学生の一人として岩倉使節団に同行し，幼くしてアメリカにわたった。

二度にわたる留学ののち，帰国すると，1900年には女子英学塾(のちの津田塾大学)を設立し，女性の高等教育に力をつくした。

問３　アは1995年，イは1960年，ウは1956年，エは1970年，オは1949年のできごとである。

問４　X　1804年，ロシア使節のレザノフは長崎に来航して通商を求めたが，江戸幕府はこれを拒否した。蝦夷(えぞ)地(北海道)の箱館(函館)は，1854年に結ばれた日米和親条約で開港地となり，翌55年に日露和親条約が結ばれると，多くのロシア人がおとずれるようになった。　Y　香港(ホンコン)はアヘン戦争(1840～42年)で清(中国)に勝利したイギリスにゆずりわたされ，1997年に中国に返還されるまでイギリス領であった。

問５　図１からわかるように，ペリーは太平洋を横断せず，大西洋を横断したのち，アフリカ大陸南部のケープタウンを経由してインド洋に入り，その後，中国南部や那覇のある沖縄島，小笠原諸島などを通って浦賀に来航した。

問６　図１の使節は1853年に来航し，図２の使節は1873年に帰国したことが，図から読み取れる。アは1866年，イは1837年，ウ(西南戦争)は1877年，エは1867年，オ(薩長同盟の成立)は1866年のできごとである。

問７　1858年に江戸幕府がアメリカと結んだ日米修好通商条約は，アメリカに領事裁判権を認めた点と，日本に関税自主権がなかった点で，日本に不利な不平等条約であった。不平等条約の改正は明治新政府の大きな外交課題となり，岩倉使節団はその予備交渉(こうしょう)と海外視察のため，最初にアメリカへ向かった。岩倉使節団は，条約改正という目的ははたせなかったが，彼らが欧米で見聞した政治制度や技術は，日本の政治に大きな影響(えいきょう)を与えた。

4　各時代の歴史的なことがらについての問題

問１　中大兄(なかのおおえの)皇子は667年に都を大津宮(滋賀県)にうつし，翌668年に天智天皇として即位(そくい)した。天智天皇は政治制度の整備をすすめ，670年には日本で初めての戸籍である庚午年籍(こうごねんじゃく)がつくられた。なお，アは中大兄皇子の行ったこと，イは推古天皇と聖徳太子の時代のできごとで，いずれの時期も飛鳥(奈良)に都が置かれていた。エは701年のできごとで，このときの都は藤原京であった。

問２　聖武天皇は奈良時代の724年に即位し，749年まで在位した。この間の743年には，口分田の不足を補うため，新たに開墾(かいこん)した土地の永久私有を認める墾田永年私財法が出された。なお，アは飛鳥時代，イとウは平安時代のできごと。

問３　室町幕府の第８代将軍足利義政の後継(あとつ)ぎ争いに，有力守護大名の勢力争いなどが結びついて，1467年に応仁の乱が起こった。この戦乱で将軍の権威(けんい)は失われ，戦国時代へと入ったが，第15代将軍足利義昭が1573年に京都から追放されて滅(ほろ)びるまで，室町幕府は存続した。この間の1549年にはイエズス会のスペイン人宣教師フランシスコ・ザビエルが鹿児島に来航し，日本に初めてキリスト教を伝えた。なお，アとウは14世紀後半のできごとで，観阿弥(かんあみ)と世阿弥(ぜあみ)の親子は室町幕府の第３代将軍足利義満の保護を受けて能楽を大成した。イは1221年，エは1592～93年(文禄の役)と1597～98年(慶長の役)のできごと。また，室町幕府の第12代将軍足利義晴は1521～46年，第13代将軍足利義輝は1546～65年に将軍をつとめた。

問４　1942年は第二次世界大戦(1939～45年)中にあたるので，イが選べる。日本は1937年から始まった日中戦争に加え，1941年から太平洋戦争に突入し，戦争の長期化によって国民生活は苦しさを増していった。琵琶湖周辺には浅い湖が点在しており，干拓に適していたことから，戦時の食料増産をめざして干拓がすすめられ，水田にされた。

問５　1576年，織田信長は全国統一事業の拠点として，琵琶湖南東岸の安土に，五層七重からなる天守閣を持つ安土城の建設を始めた。信長は，全国統一事業のさまたげとなる一向一揆の勢力と激しく対立し，10年におよぶ戦いのすえ，1580年に一向一揆の本拠地であった石山本願寺を降伏させた。なお，アは江戸時代後半に行われた政策。ウについて，信長は1577年，安土城下に楽市令を出し，商人の自由な商業活動を認めた。エについて，信長は1575年の長篠の戦いで大量の鉄砲を活用し，甲斐(山梨県)の武田勝頼を破った。駿河(静岡県中央部)の戦国大名であった今川義元は，1560年の桶狭間の戦いで信長にやぶれている。

問６　中山道は江戸時代に整備された五街道の一つで，江戸日本橋を起点に高崎(群馬県)，下諏訪(長野県)，木曽谷(長野県)など67の宿場を経て草津(滋賀県)で東海道に合流した。京都から江戸へと向かった場合，中山道は琵琶湖南岸に位置する草津で東海道とわかれたのち，琵琶湖東岸に沿って北上し，現在の岐阜県に入った。なお，ア，エ，オはいずれも五街道の一つ。また，イは都から瀬戸内海沿岸を通って大宰府(福岡県)にいたるまでの国々や街道のこと。

問７　Ｘ　1891年，滋賀県大津市でロシア皇太子が警備の巡査津田三蔵に襲われ，負傷した。これを大津事件といい，ロシアとの関係悪化を恐れた日本政府は津田に死刑を要求したが，大審院長の児島惟謙は法律に従って無期懲役の判決を主張した。　Ｙ　裁判を行う権限を司法権といい，近代国家では一般に，司法権はほかの国家機関から独立してその権限を行使できる。大津事件において大審院が政府の要求を受け入れず，司法権の独立を守ったことで，結果的に日本の法制度が近代化したことを国内外に示すことになった。

問８　アは飛鳥時代の672年，イは弥生時代，ウは江戸時代，エは室町時代の1489年，オは戦国時代，カは平安時代のできごとなので，時代の古い順にイ→ア→カ→エ→オ→ウとなる。

問９　日本には，栃木県・群馬県・埼玉県・山梨県・長野県・岐阜県・滋賀県・奈良県の８つの内陸県がある。内陸県にある史跡について述べたア，ウ，エ，オのうち，アは「参議院議員」ではなく「衆議院議員」，ウは「綿織物」ではなく「絹織物」が正しい。

問10　滋賀県は京都府・岐阜県・三重県・福井県に接しており，アは岐阜県，イは福井県，ウは三重県，オは京都府にあてはまる。米騒動は，1918年に富山県魚津で最初に発生した。

問11　(1)　豊臣(羽柴)秀吉は1573年，主君の織田信長とともに浅井長政を破ったさいの功績が評価され，浅井長政の領地だった琵琶湖北岸に長浜城を築いた。1582年に信長が本能寺の変で明智光秀に襲われ亡くなると，山崎の戦いで光秀を討ち，信長の後継者として全国統一事業に名乗りを上げた。　(2)　彦根藩主だった井伊直弼は1858年に江戸幕府の大老に就任し，朝廷の許しを得ないまま日米修好通商条約を結んだ。この対応を非難する尊王攘夷派の多くを安政の大獄で処罰したが，1860年，江戸城へ登城するさいに報復として桜田門外で殺された(桜田門外の変)。　(3)　最澄は平安時代初めに唐(中国)へ渡って密教を学ぶと，帰国して比叡山(滋賀県・京都府)に延暦寺を開き，日本における天台宗の開祖となった。

５　近年のおもなできごとについての問題

問１　ＸとＹは，それぞれの選出方法を正しく説明している。Ｚについて，内閣総理大臣は国会で指名され，天皇によって任命される。

問２　総務省は，行政管理，地方自治，消防防災，選挙，情報通信などを担当する行政機関で，外局として消防庁と公害等調整委員会が置かれている。

問３　日本国憲法第14条１項は「法の下(もと)の平等」を規定した条文で,「すべて国民は，法の下に平等であって，人種，信条，性別，社会的身分又(また)は門地により，政治的，経済的又は社会的関係において，差別されない」としている。

問４　W　憲法改正の発議には，衆参各議院の総議員の３分の２以上の賛成が必要となる。　X　憲法改正の国民投票では，有効投票の過半数の賛成があれば，国民が憲法改正を承認したとみなされる。投票されなかった票は有効投票にはふくまれないので，反対票にもふくまれない。　Y　高校生でも，満18歳以上であれば国民投票に参加できる。　Z　日本国憲法第96条の規定にもとづき，憲法改正が国民に承認されると，天皇が直ちに国民の名でこれを公布する。よって，正しい。

問５　グレタ・トゥンベリはスウェーデンの環境保護活動家で，地球温暖化防止に向けた活動を行っていることで知られる。2019年９月，当時わずか満16歳で国連気候行動サミットに参加し，各国の代表を前にエのような演説を行った。なお，アは1992年のセヴァン・カリス・スズキのスピーチ，イは2013年のマララ・ユスフザイのスピーチ，ウは2014年のエマ・ワトソンのスピーチ。

問６　近年の一般会計歳入のうち，税収では所得税と消費税が第１位，第２位を占める。消費税は，2019年10月に税率が８％から10％に引き上げられた結果，税収が増えた。また，国の借金である国債(こくさい)のうち，基本的には禁止されているが，１年ごとに法律を定めることで発行できるものを特例国債(赤字国債)という。2020年度には，新型コロナウイルス感染症(しょう)の対策費をまかなうため，多額の特例国債が発行された。

問７　ア，イ　教育分野と健康分野では各国に差がなく，政治分野と経済分野ではアイスランドが最も１，つまり完全平等に近いので，平均すると最も男女の格差が小さいと判断できる。　ウ　グラフを正しく読み取っている。　エ　政治分野での格差は小さい順に，アイスランド，フランス，アメリカ，インド，日本の順となっている。　オ　グラフを正しく読み取っている。　カ　日本は，インドよりも政治分野での格差は大きいが，経済分野での格差は小さい。

理科　＜第１回試験＞（40分）＜満点：50点＞

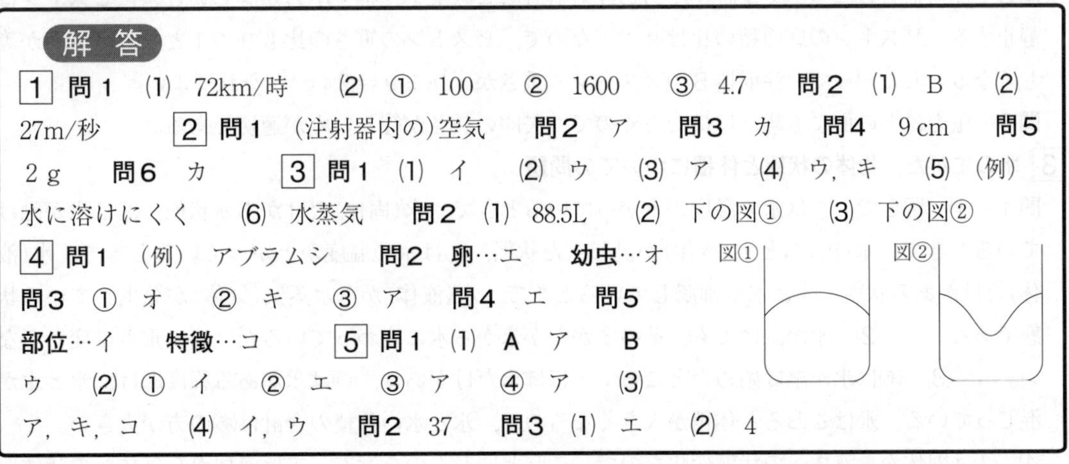

解答

[1] **問１**　(1)　72km/時　(2)　①　100　②　1600　③　4.7　**問２**　(1)　B　(2)　27m/秒　[2] **問１**　(注射器内の)空気　**問２**　ア　**問３**　カ　**問４**　９cm　**問５**　２g　**問６**　カ　[3] **問１**　(1)　イ　(2)　ウ　(3)　ア　(4)　ウ，キ　(5)　(例)　水に溶けにくく　(6)　水蒸気　**問２**　(1)　88.5L　(2)　下の図①　(3)　下の図②　[4] **問１**　(例)　アブラムシ　**問２**　卵…エ　幼虫…オ　**問３**　①　オ　②　キ　③　ア　**問４**　エ　**問５**　部位…イ　特徴…コ　[5] **問１**　(1)　A　ア　B　ウ　(2)　①　イ　②　エ　③　ア　④　ア　(3)　ア，キ，コ　(4)　イ，ウ　**問２**　37　**問３**　(1)　エ　(2)　４

解　説

1 音の進み方についての問題

問1　⑴　20m/秒の速さを時速で表すと，20×60×60÷1000＝72(km/時)になる。　⑵　①　20m/秒の速さで走行しているＳは5.0秒間に，20×５＝100(m)進む。　②　5.0秒間に警笛の音の列の先頭は，340×５＝1700(m)進んでいるので，警笛の音の列の先頭から後尾までの長さは，1700－100＝1600(m)になる。　③　Ｐが警笛の音を聞く時間は，Ｐを音の列が通過するのにかかる時間にあたる。音の列は1600mなので，1600÷340＝4.70…より，4.7秒間となる。

問2　⑴　近づいてくる自動車に一定時間超音波を送り，反射した超音波を受けるとき，近づいてくる自動車の速さが速いほど，反射した超音波の列が短くなるので，点Ｑで超音波を受けていた時間が短くなる。よって，最も速かったのは自動車Ｂである。　⑵　超音波の列の先頭が自動車Ｂに反射してから点Ｑに向かって１秒間に進む距離は340mである。また，超音波の列が１秒間で全て反射し終えると，点Ｑに向かう超音波の列の長さは，340×0.92＝312.8(m)になる。したがって，自動車Ｂが１秒間に進んだ距離は，340－312.8＝27.2(m)とわかるから，自動車Ｂの速さは約27m/秒である。

2 ピストンを押す力と圧力についての問題

問1　ピストンにはたらく力は，「指や手がピストンを押す力」と「注射器内の空気がピストンを押す力」の２つで，２つの力はつり合っている。

問2　圧力は物体の表面や内部の面を垂直に押す力である。ピストンを押すと，風船の表面に均一に圧力が伝わるので，風船は形を変えず，大きさが小さくなる。

問3　圧力は風船の表面に垂直に同じ大きさで加わるから，どの方向からも同じ長さの矢印で表される。

問4　内径６cmの注射器Ａが１cm下降したときに追い出された空気の体積と，内径２cmの注射器Ｂに移動した空気の体積は等しい。ここで，注射器Ａと注射器Ｂの内径の比は，６：２＝３：１なので，ピストンの底面積の比は，(３×３)：(１×１)＝９：１である。よって，注射器Ｂが上昇した高さを□cmとすると，９×１＝１×□となるので，□＝９(cm)である。

問5　注射器Ａのピストンが押す圧力と注射器Ｂのピストンが押す圧力が等しいときにピストンは静止する。ピストンの底面積の比は９：１なので，ピストンの重さの比も９：１となれば圧力が等しくなる。したがって，注射器Ｂのピストンの重さが，18÷９＝２(g)となればよい。

問6　圧力はどの面にも均一にはたらくので，矢印の長さが等しいカが適切である。

3 水のすがた，物体の状態と体積についての問題

問1　⑴　図２で，①は氷の温度が上がっているときで，氷(固体)だけがある状態，②は氷が融けているときで，氷(固体)と水(液体)が混じった状態，③は水の温度が上がっているときで，水(液体)だけがある状態，④は水が沸騰しているときで，水(液体)から水蒸気(気体)が発生している状態である。　⑵　氷が融けても，そのすがたが氷から水に変わっているだけで，重さは変わらない。　⑶　㋐は氷が融け始めたところで，ほぼ氷だけがあり，㋑は氷がある程度融け，氷と水が混じっている。水はこおると体積が大きくなるので，氷と水の体積の合計は㋐の方が大きい。

⑷　②は固体から液体への状態変化なので，これと同じものを選ぶ。アは液体から気体への状態変化，イは気体から液体への状態変化，ウは固体から液体への状態変化，エは水溶液に溶けていた気

体が出てきた現象，オは物質が水に溶けこむ現象，カは気体から液体または固体への状態変化(空気中の水蒸気が液体窒素で冷やされて水滴や氷の粒になる)，キは固体から液体への状態変化である。　⑸　空気は少量であれば水に溶けるが，水の温度が高くなるほど水に溶ける最大量が減り，水に溶けていた空気の一部が溶けきれなくなって出てくる。つまり，水の温度が高くなるほど，水に溶けていた気体は水に溶けにくくなる。　⑹　水が沸騰すると，水の内部でも水から水蒸気への状態変化がさかんになり，容器の底の方から大きな水蒸気の泡が次々と出てくる。

問２　⑴　100℃の水50ｇの体積は(50÷0.96)cm^{3}で，それが気体になると体積が1700倍になるから，50÷0.96×1700÷1000＝88.54…より，88.5Lとなる。　⑵　水はビーカーの壁に近いところからこおっていくが，こおるときに体積が約1.1倍になるため，最後にこおる真ん中のあたりが盛り上がる。　⑶　ロウは液体から固体になると体積が減る。よって，ビーカーの壁に近いところから冷え固まっていくと，最後に固まる真ん中のあたりはへこむ。

4　ナナホシテントウについての問題

問１　ナナホシテントウは幼虫も成虫もアブラムシ(アリマキともいう)を食べる。ハダニやカイガラムシなどを食べることもある。

問２　ナナホシテントウは葉の裏側の表面などに，ラグビーボールのような形をした卵をまとめて産みつける。アはアゲハ，イはモンシロチョウ，ウはバッタ，エはナナホシテントウの卵のようすである。また，幼虫は白みがかった紫色をしており，黒い点やオレンジ色の点が並んでいる。オはナナホシテントウ，カはトンボ，キはモンシロチョウ，クはカブトムシなどの幼虫のすがたである。

問３　①　ナナホシテントウの産卵数は10～40個とやや幅広いが，ここではオが選べる。　②　ナナホシテントウの卵は濃い黄色や橙色をしている。　③　ナナホシテントウの寿命は約２か月である。ただし，秋に生まれた成虫は越冬するため，それよりも長生きする。

問４　オオスズメバチは，次の年に女王バチになるものだけが枯れた木などの中で越冬する。また，トノサマバッタは卵，オニヤンマとカブトムシは幼虫，アゲハはさなぎで越冬する。

問５　ナナホシテントウは，身の危険を感じると脚の関節から臭くて苦い黄色い汁を出す。これによりほかの生物(天敵)に食べられないようにしている。

5　気象についての問題

問１　⑴　梅雨の原因となる梅雨前線は，北にあるオホーツク海気団と南にある小笠原気団がぶつかることで発生する。　⑵　低温・多湿のオホーツク海気団と高温・多湿の小笠原気団がぶつかると，暖かい空気が冷たい空気の上に乗り上げる。すると，上昇した空気は膨らんで温度が下がり，空気中に含むことのできる水蒸気の量が少なくなって，含みきれなくなった水蒸気が水滴となり，雲が発生する。　⑶　十種雲形には，巻雲，巻積雲，巻層雲，高積雲，高層雲，乱層雲，層積雲，層雲，積雲，積乱雲がある。よって，「積」「乱」のほかに「層」「巻」「高」が使われている。

⑷　イについて，太陽に暈がかかるのは上空に巻雲や巻層雲があるときで，これらの雲は雨を降らす前線がやってくる前触れとして現れやすいため，太陽に暈がかかったときは１～２日くらいで雨になることが多いとされている。また，ウについて，日本付近では雲が西から東へ移動するが，夕焼けが起こるのは西に雲がないときなので，夕焼けが見られた翌日は晴れやすい。一方，朝焼けは東に雲がないときに見られるが，天気が周期的に変わる時期などでは，東に晴れの区域が移り，か

わりに西から雲がやってくるため，これから天気がくずれやすいといえる。

問２「晴れ(快晴を含む)」と「くもり」は空全体を10としたときの雲量で決め，雲量が９～10のときを「くもり」，雲量が０～８のときを「晴れ」としている。よって，10＋９＋10＋０＋８＝37と求められる。

問３ ⑴　近年，大規模な災害があったときに，避難情報がわかりにくくて避難が遅れ，被災者が多数発生したことをふまえて，「避難勧告」と「避難指示」が「避難指示」に一本化された。

⑵　それぞれの警戒レベルは，レベル１が災害への心構えを高める必要があるレベル，レベル２が避難先や避難経路を確認する必要があるレベル，レベル３が高齢者等避難が発令されるレベル，警戒レベル４が危険な場所から全員が避難するレベル，レベル５が命の危険がせまっているのでただちに身の安全を確保するレベルとされている。

国　語　<第１回試験>（50分）<満点：100点>

解　答

□一　**１**　下記を参照のこと。　**２**　ウ　**３**　ア　**４**　(例)　目が見えない人は，高い所から見下ろしさえぎるものなく視野が広がる経験をしたことがないから。　**５**　イ　**６**　⑴　晴眼者　⑵　Ｂ　(例)　点字を読む際は触覚で得た文字のイメージを視覚で処理すること(である。)　Ｃ　(例)　短期の練習で触覚のイメージを視覚で処理するようになること(である。)　⑶　ウ　□二　**１**　ア　**２**　エ　**３**　ａ　ウ　ｂ　ア　**４**　イ　**５**　ア　**６**　へえ　**７**　(例)　武士の子にふさわしくない仕事につく息子に父親は関心をなくして反対しないのだと思ったから。　**８**　(例)　宗一郎が武士のほこりにこだわらず毎日がんばっている姿を見て，父親として恥ずかしくなり自分も変わらねばならないと思った。

●漢字の書き取り

□一　１　ａ　反射　ｂ　吸収　ｃ　並(み)　ｄ　先導

解　説

□一　**出典は山口真美の『こころと身体の心理学』，伊藤亜紗の『目の見えない人は世界をどう見ているのか』による。**視覚障害者の感じる世界を晴眼者の世界と比べることで，使われる体の部位や感覚のちがいについて説明している。

１　ａ　光や音や熱などが，物にあたってはね返ること。　ｂ　吸い取ること。　ｃ　音読みは「ヘイ」で，「並行」などの熟語がある。　ｄ　先に立って案内をしながら進むこと。

２　視覚障害のない人は視覚で空間を認識する。一方，全盲の人が聴覚をたよりにどのように空間を認識するのかは，直前の二段落で具体的に述べられている。傍線部①は，別の感覚で同じ空間を認識する人同士が，共有する空間をどう認識しているかを互いに知り，確かめ合うことを指している。

３　続く部分で，視覚障害者は晴眼者とはちがって俯瞰的な視点を実際には体験できず，映画や小説でも常に登場人物と同じ視点でいることが説明されている。最初の三段落からわかるとおり，空間を認識するときに，そうした人たちの場合は，その場にいる本人の視点からになる。主人公の視点とは限らないので，アがよい。

4　「ピンと来る」とは，“直感的に理解したりイメージしたりする”という意味。傍線部③の四段落後に，俯瞰的な視点は，高い所から見下ろしたときの，さえぎるものがなく視野が広がる経験にもとづいて得られると説明されている。視覚障害者はそのような経験をしたことがないために，俯瞰的な視点が理解できないと考えられる。

5　目の見えない世界を体験すると，ほとんどの晴眼者は暗闇に恐怖を感じると述べられている。しかし，それは晴眼者がふだん頼りにしている視覚を使えないためであり，視覚に頼って生きているわけではない目の見えない人も同じように感じているとは，考えられない。よって，イが選べる。

6　⑴　最後の段落から，トマス・カウフマンの実験対象は「目の見える人」であることがわかる。「目の見える人」とは「晴眼者」のことになる。　⑵　**B**　どの実験でも，点字を読むときには視覚に関する脳の部位が使われていることが明らかになっている。Ⅰの実験結果にあるように，点字を読む時は「触覚で得た文字のイメージを，視覚で処理」することが証明されたといえる。

C　Ⅲは視力を失ったばかりの成人，Ⅳは目かくしをした晴眼者が実験対象だが，いずれも短期の練習で，点字を読むときの触覚のイメージを視覚で処理できるようになっている。　⑶　後の文章で「視覚障害者は，『特別な聴覚』を持っているわけでは」ないと述べているのは，聴覚の感度は晴眼者と変わらないという意味ではなく，「見える人が目でやっていることを，耳でやっている」という意味なので，ウの発言が不適切である。

二　**出典は中川なをみの「よろず承り候」による。**武士としてのほこりが捨てられず，仕事がなくなって酒びたりになった父親に代わり，宗一郎はこだわりを捨てて生活のために働く。

1　「へえ」ではなく，武士の子らしく「はい」とつい言ってしまう宗一郎に，武士の家に生まれたために町人らしい言葉づかいになかなか慣れないのだな，と大家さんは理解を示している。よって，“幼いころの性質は年を取っても変わらない”という意味の「三つ子の魂百まで」が入る。

2　おかみさんのあたたかくてやわらかい手が触れて，宗一郎は死んだ母の手を思い出し，目頭が「あつく」なったのである。「目頭があつくなる」は，“深く心が動かされ，目になみだがうかぶ”という意味。

3　**a**　どんな仕事でも引き受けるという言葉に，確かにそうなんだな，と確認する意味合いなので，ウがよい。　**b**　仕事をせず，酒びたりの宗一郎の父親について，大家さんは，目がさめるまで待たないとしかたないと言っている。そのうち父としての責任を果たそうという気になるはずだと考えているようすなので，アが合う。

4　武士としてのプライドが傷つくような仕事を断るうち，父親に仕事は来なくなった。思うようにならないうさを酒でまぎらす，みだれた生活ぶりだったが，武士の命ともいえる刀の手入れはきちんと正座して行うのだから，武士としてのほこりが心のよりどころになっていたと思われる。

5　髪結いの手伝いをたのまれた宗一郎は，武士の子としてのほこりも残っていたのでためらったものの，働かなければ生活できず，ここに定住するなら仕事を選ぶ余裕などないと思い，仕事を受ける決心をした。生活のために覚悟を決めたことで，こだわりから解放されたのだから，アがよい。

6　生活のために武士の子としてのほこりを捨て，髪結いの手伝いをしようと宗一郎が決心した場面が直前にある。以前は町人らしい「へえ」という返事がどうしてもできなかった宗一郎だったが，ここで生きていく覚悟を決めた今は，すんなり「へえ」と言えたものと考えられる。

7　武士の子にはふさわしくない髪結いの仕事を息子が受けたことを知りながら，武士であることにほこりを持っている父は反対しなかった。宗一郎は意外に感じたが，同時に，どんな仕事でも受ける息子に失望し，関心をなくしたために反対しないのだろうと思い，さびしく感じたと読み取ることができる。

8　武士としてのほこりが捨てられず，仕事のよりごのみをしたために仕事が来なくなった父親は，酒でうさをまぎらしていた。だが，武士の子としてのほこりにこだわらず，毎日がんばって仕事をしている宗一郎の姿に，父親として恥ずかしさを感じ，自分も変わらなければならないと思って酒を断ったのだろうと考えられる。

2022年度　昭和学院秀英中学校

〔電　話〕 (043) 272－２４８１
〔所在地〕 〒261-0014　千葉県千葉市美浜区若葉１－２
〔交　通〕 JR総武線—「幕張駅」・京成千葉線—「京成幕張駅」より徒歩15分
JR京葉線—「海浜幕張駅」より徒歩10分

【算　数】〈第２回試験〉 (50分) 〈満点：100点〉

1，**2**，**5**と**3**(1)，(2)は答えのみ記入しなさい。それ以外の問題に対しては答えのみでも良いが，途中式によっては部分点を与えます。

※円周率は3.14とし，角すいや円すいの体積はそれぞれの角柱や円柱の体積の $\frac{1}{3}$ とします。

1　次の□の中に適当な数を入れなさい。

(1)　18－3×(4×[ア]－3)＝3

(2)　次の計算結果は[イ]です。必要があれば下の図を利用してもかまいません。

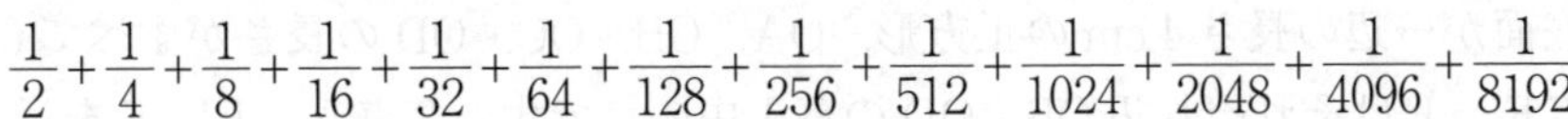

$$\frac{1}{2}+\frac{1}{4}+\frac{1}{8}+\frac{1}{16}+\frac{1}{32}+\frac{1}{64}+\frac{1}{128}+\frac{1}{256}+\frac{1}{512}+\frac{1}{1024}+\frac{1}{2048}+\frac{1}{4096}+\frac{1}{8192}$$

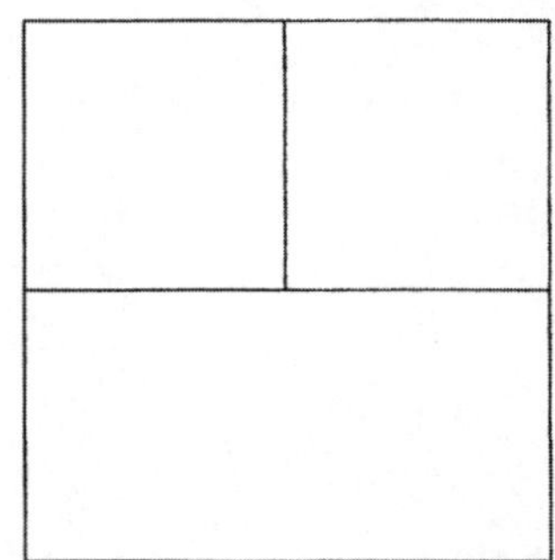

(3)　[ウ]円で仕入れた品物に，２割の利益を見込んで定価をつけました。ところが売れなかったので，定価の２割引きで売ったところ，39円の赤字でした。

(4)　A，B，C，Dの４人が，それぞれたくさんある赤，青，黄のボールから１人１個ずつ選びます。２色以上のボールを選ぶ選び方は[エ]通りあります。

(5)　約分しない状態で，分母と分子が97，98，99，100のどれかである分数を考えます。これらの分数を $\frac{97}{100}$ から始めて小さい順に並べると，４番目は[オ]です。

2　次の各問いに答えなさい。

(1)　下の図の円すいの表面積を求めなさい。

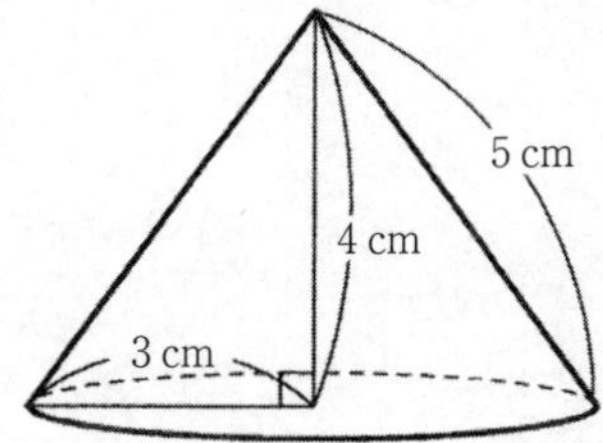

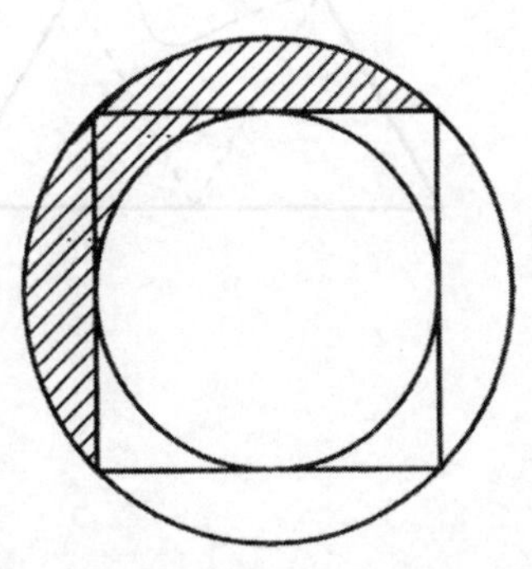

(2)　右の図のような２つの円と正方形があります。正方形の面積が100cm²であるとき，斜線部の面積を求めなさい。

(3)　下の図は，おうぎ形と直角三角形を組み合わせてできた図形です。斜線部を直線 AB のまわりに一回転してできる立体の体積を求めなさい。

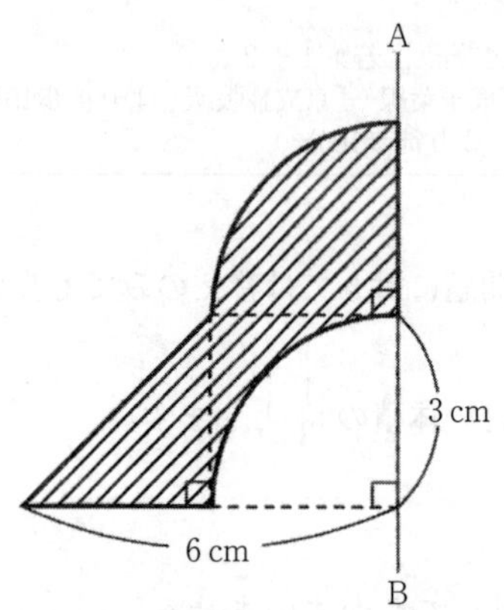

(4)　下の図は，底面が一辺の長さ４cm の正方形，OA，OB，OC，OD の長さがすべて６cm の四角すいで，点Ｅ，Ｆはそれぞれ辺 OB，OD の真ん中の点です。３点Ａ，Ｅ，Ｆを通る平面と辺 OC が交わる点をＧとするとき，OG の長さを求めなさい。

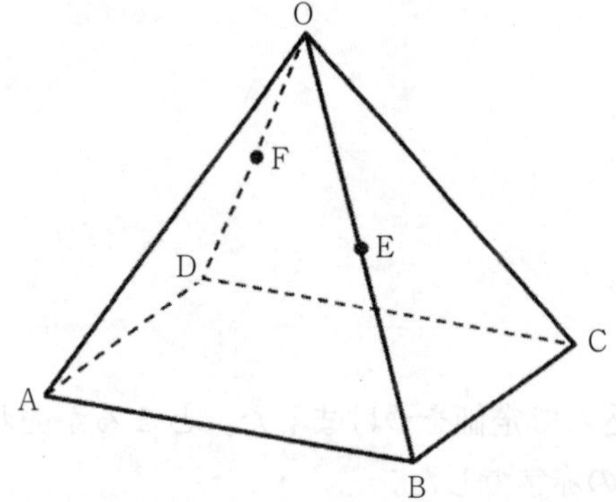

(5)　図１は，正三角形の紙に折り目を付けて，同じ大きさの４つの正三角形を作ったものです。この紙を，図２のように紙Ａと紙Ｂに切り分けました。ＡとＢを貼り合わせた４種類の紙のうち，点線を折り目として正四面体を組み立てられるものをア～エから選びなさい。

図１

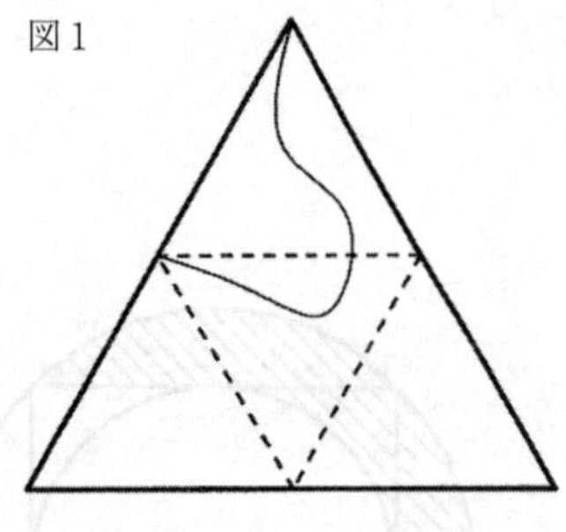

図２

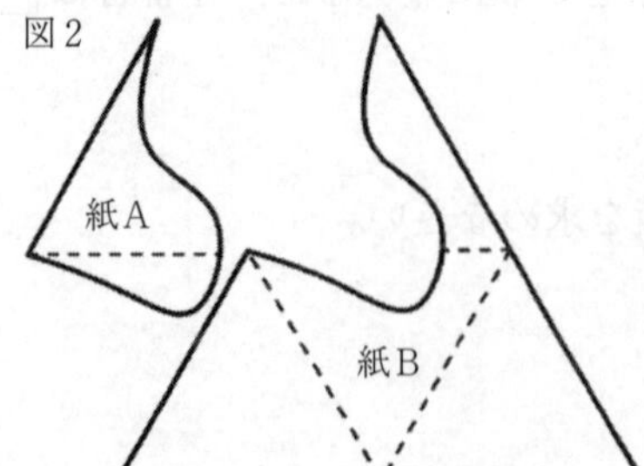

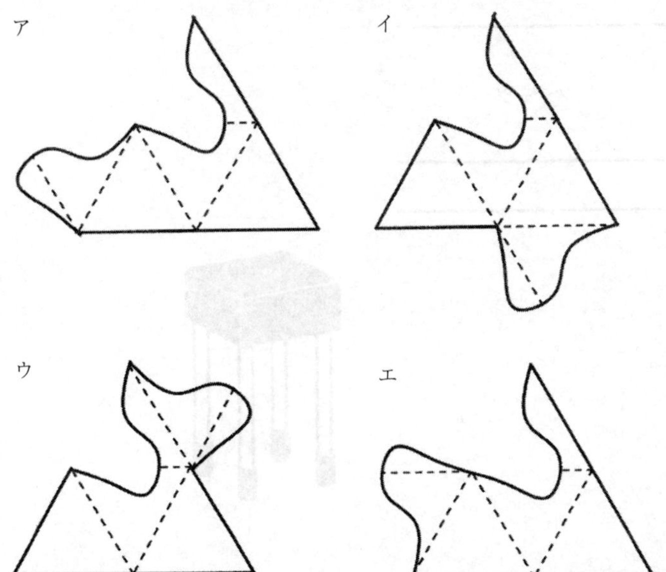

3　ある整数Nについて，N以外の約数の合計を記号《N》で表します。例えば６の約数は１，２，３，６だから，

《６》＝１＋２＋３＝６

となります。整数aを３以上の素数とするとき，次の各問いに答えなさい。

(1)　２×２×aの約数の個数を答えなさい。

(2)　《２×２×a》＝２×２×aとなるとき，aの値を求めなさい。

(3)　《２×２×２×２×a》＝２×２×２×２×aとなるとき，aの値を求めなさい。

4　ABの長さが2 cm，ADの長さが4 cmの長方形ABCDがあります。点Gは辺ADの真ん中の点で，辺BC上の２点E，FについてBE，FCの長さは1 cmとなっています。次の各問いに答えなさい。ただし，長さや面積の比は，もっとも簡単な整数の比で書きなさい。

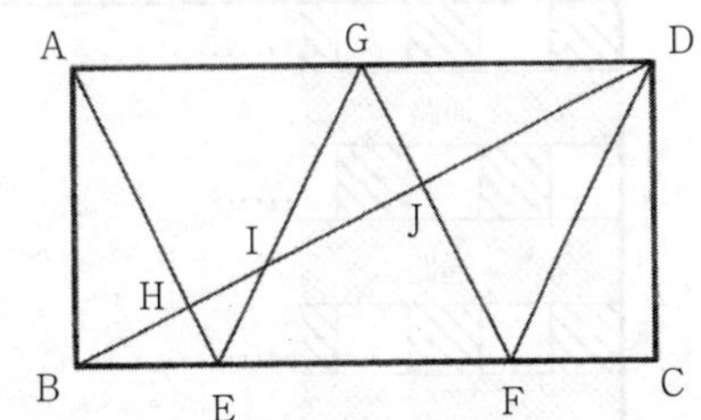

(1)　BH：HJを求めなさい。

(2)　BH：HI：IJ：JDを求めなさい。

(3)　四角形EFJIと三角形DGJの面積の比を求めなさい。

5　次のア〜オに適当な数またはアルファベットを入れなさい。

(1)　縦，横それぞれ11.5mの正方形の観客席スペースに，座面が一辺の長さ50cmの正方形のイスを，次のように並べます。図ではイスを斜線部分で，通路を灰色で表しています。イスとイスとの間隔は50cm，通路の幅も50cmとします。イスは前後の列で重ならないように50cmずらして配置します。このとき，座席数は［　ア　］席です。

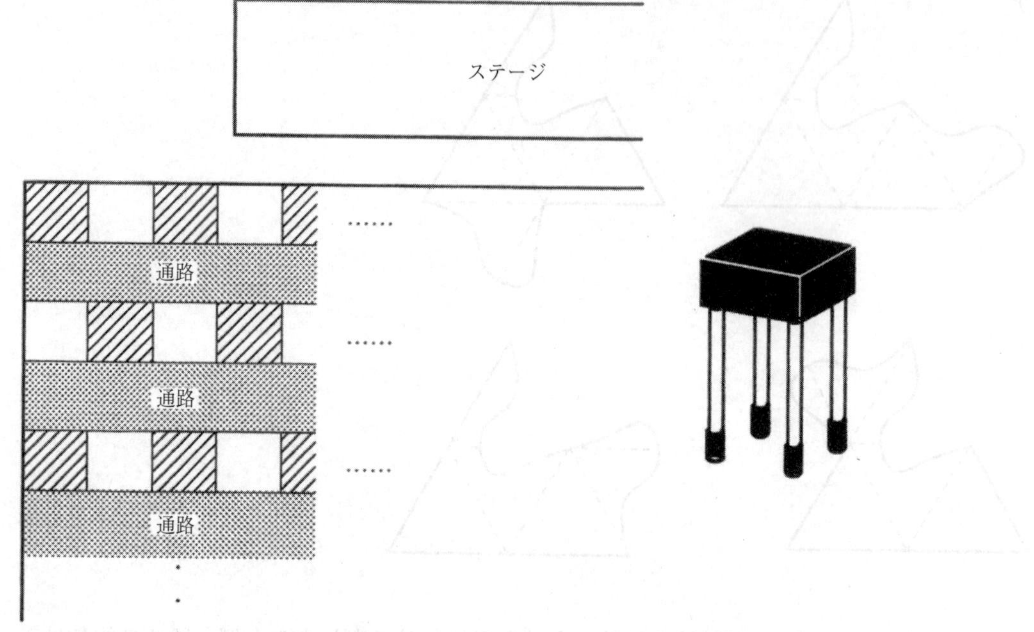

(2)　縦が34.5m，横が11.5mの長方形の観客席スペースに，(1)と同じように椅子を並べます。このとき次のA，Bの並べ方を考えます。

A：横に通路をつくる　　　　B：縦に通路をつくる

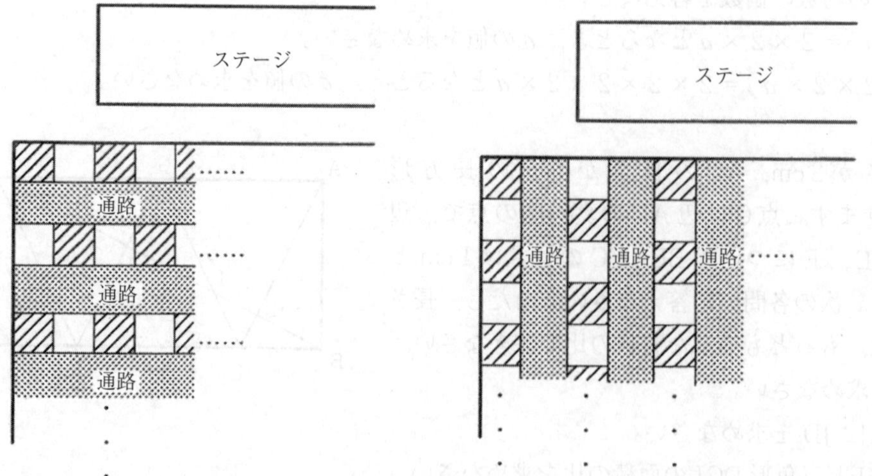

通路の面積の合計は，Aのときは［　イ　］m^2でBのときは189.75m^2です。A，Bのうち座席数が多いのは［　ウ　］で［　エ　］席です。またAでイスどうしの左右の間隔を１ｍとすると，もっとも多くて［　オ　］席つくれます。ただし通路は50cmで，前後の座席は重ならないようにします。

【社　会】〈**第２回試験**〉(40分)〈満点：50点〉

全ての問題について，特に指定のない限り，漢字で答えるべきところは漢字で答えなさい。

1　以下の設問に答えなさい。

問１　日本の稲作に関して**誤りのもの**を，次のア～エより１つ選び，記号で答えなさい。

ア．雑草の除去や害虫駆除を目的に農薬を用いるが，農薬の代わりにたい肥を用いる農家もいる。

イ．品質の向上を目的に品種改良が行われ，コシヒカリなどのブランド米が作られてきた。

ウ．春にはトラクターを使って田を耕し，秋にはコンバインを使って刈り入れが行われる。

エ．複雑な形をした田の耕地整理が行われると，農作業の効率が向上することが多い。

問２　台風など強い低気圧が襲来すると，沿岸部では波が高くなると同時に海面の水位が上昇します。このような現象を何といいますか。

問３　道県に関する設問(1)・(2)に適当なものを，選択肢ア～クよりそれぞれ１つずつ選び，記号で答えなさい。

選択肢　ア．北海道　イ．宮城県　ウ．千葉県　エ．静岡県
　　　　オ．愛知県　カ．広島県　キ．岡山県　ク．長崎県

(1)　下の文章は道県Ａの産業に関して述べたものです。Ａとして適当なものを選びなさい。

> Ａでは入り組んだ海岸地形を生かし，波の穏やかな湾内でかきの養殖が盛んです。その収穫量は全国１位であり，特産品として全国でも高い知名度をほこります。また工業では日本有数の自動車会社が本社を置いていることもあり，製造品出荷額等割合で最も大きな割合をしめる品目が輸送用機械になっています。

(2)　図１は道県Ｂの製造品出荷額等割合を示しています。Ｂとして適当なものを選びなさい。

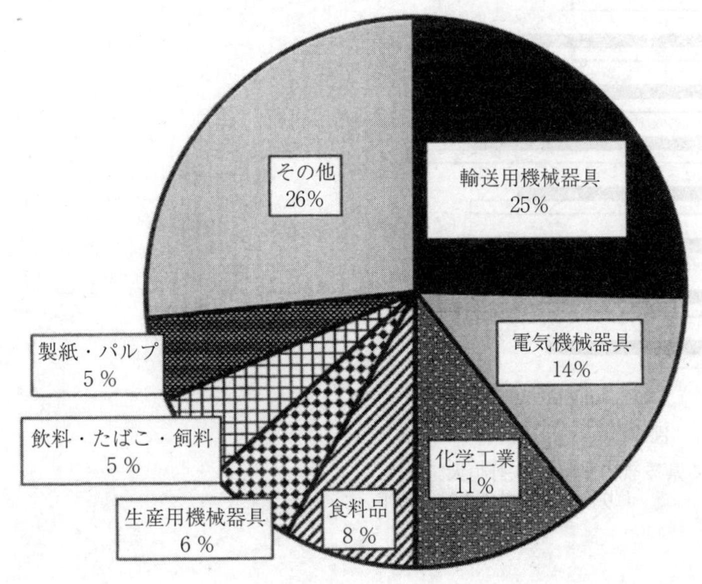

図１

『データでみる県勢 2021年版』(矢野恒太記念会)
より作成　統計年次は2018年

問４　下の図２は全国の，図３は沖縄県と東京都の総人口に対する年齢別人口の割合を示したものです。この２つの図からは沖縄県・東京都と全国の人口を比較したときに，両都県に共通した特徴を読み取ることが出来ますが，その背景にある主な要因は沖縄県と東京都で異なっていることが指摘できます。以上をふまえ，全国と比較した際に沖縄県・東京都に共通してみられる特徴と，それぞれの主な要因を合わせて60字以内で説明しなさい。

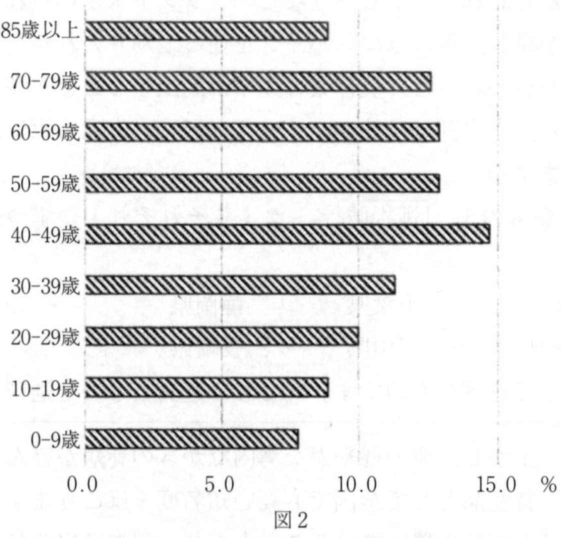

図２

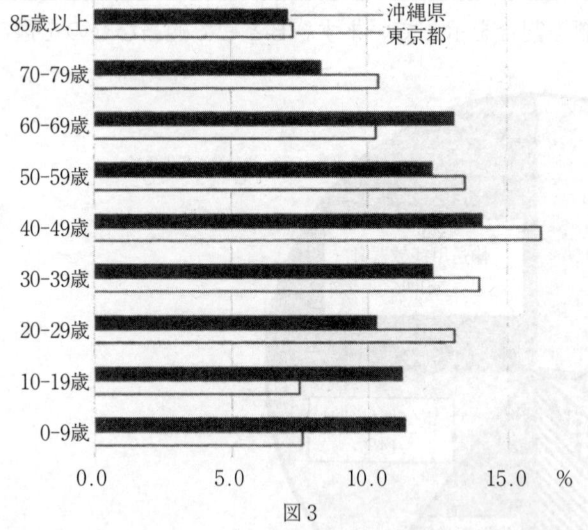

図３

図２・図３共に『データでみる県勢 2021年版』(矢野恒太記念会)より作成　統計年次は2019年

2 以下の設問に答えなさい。

問１ 「時間」に関して述べた文章Ａ・Ｂを読み，その正誤の組み合わせとして適当なものを，あとのア～エより１つ選び，記号で答えなさい。

Ａ：日付変更線は180度の経線と重なるように緯線に垂直な直線として設定されている。

Ｂ：日本では東経135度を基準に標準時が定められているように，どの国も標準時が１つに統一されている。

	ア	イ	ウ	エ
Ａ	正	正	誤	誤
Ｂ	正	誤	正	誤

問２ 世界の各地域の説明として**誤りのもの**を，次のア～エより１つ選び，記号で答えなさい。

ア．アジアの最高峰であるエベレストの標高は世界最高である。

イ．アフリカで最も面積の大きな湖であるカスピ海は世界最大の湖である。

ウ．南アメリカで最も流域面積の大きな河川であるアマゾン川は世界最大の流域面積をほこる。

エ．世界最大の島はグリーンランドであり，世界最小の大陸はオーストラリア大陸である。

問３ GDPに関する設問(1)・(2)に答えなさい。

(1) 下の表１は世界のGDP上位５カ国とその値，それぞれの国の１人あたりGDPを示したものです。表１中の国ア～エを人口の多い順に並べたとき，３番目になる国を記号で答えなさい。

(2) 表１中のＣにあてはまる国名を答えなさい。

国名	GDP（億ドル）	１人あたりGDP（ドル）
ア	213744	65118
イ	143429	10262
ウ	50818	40247
エ	38456	46259
Ｃ	28751	2104

表１

『地理データファイル 2021年度版』（帝国書院）より作成　統計年次は2019年

問４ 下の図４は人工衛星の累計打ち上げ数を示したものです。Ｄにあてはまる国名を答えなさい。

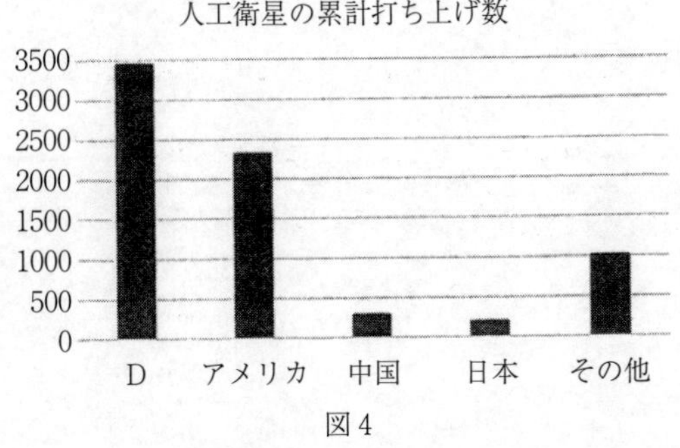

図４

『地理データファイル 2021年度版』（帝国書院）より作成
統計年次は2016年12月末現在

3 次のＡ～Ｊの文を参考に，適当な内容のものをあとのア～クより３つ選び，記号で答えなさい。

Ａ　公地公民制のもとでは，男女で支給される口分田の面積に違いがあった。

Ｂ　６歳以上の男子は約2,300m^2の口分田が支給され，女子は男子の$\frac{2}{3}$であった。

Ｃ　公民は戸ごとに与えられた口分田を生活の基盤にしてさまざまな負担をになった。

Ｄ　東国の農民が多く防人に任じられ，『万葉集』には母親もいないのに防人を任じられ，泣く子を残して出征する父親の心情を表したものが収められている。

Ｅ　成人男子には，都まで布などを運んで納める負担，年間に60日を限度に国司の命令で土木工事などに従事する負担などがあったが，その他に公民は租や出挙を国司の役所に納めた。

Ｆ　902年の阿波国の戸籍では，男59人・女376人という状況が見られた。

Ｇ　10世紀には広い田畑を経営する有力農民に，田畑の面積に応じて国司が税を負わせるしくみに変わった。

Ｈ　10世紀には国司に徴税の権限がゆだねられたので，私腹を肥やした国司は有力農民らに訴えられることがあった。

Ｉ　10世紀以降の地方では，田畑の支配をめぐる争いから武士団をつくり，土地を守ろうとした。

Ｊ　武士は都の貴族や寺社に田畑を寄進することで荘官となり，国司の干渉から土地を守ろうとした。

ア．公地公民制のもとでは，男女関係なく生産物や労働を納めるしくみになっていた。

イ．公地公民制のもとでは，男子が兵役だけでなく，納税や労役の負担も重いしくみであった。

ウ．公地公民制のもとでは，負担は地方に納めるものはなく，中央政府に集中されるしくみであった。

エ．奈良時代には文字の読み書きが出来る人が限られ，和歌は貴族だけがたしなんだ。

オ．10世紀には口分田の支給を多くするため，戸籍をいつわるようすがみられた。

カ．10世紀には土地の広さによる税に代わり，国司が戸籍にもとづいて納税させるしくみが整った。

キ．天皇家を祖とする源氏や平氏は，武士の棟梁にかつがれ，地方で武士団を組織した。

ク．地方の武士の中には，荘官となって都の貴族と結びつきをもつものが現れた。

4 次のＡ～Ｅの文が示す「私」はそれぞれ誰かを解答し，あとの設問に答えなさい。

Ａ　私の夫は①鎌倉幕府を開きましたが，夫の死後，私は尼将軍と呼ばれ，後鳥羽上皇が率いる軍隊と戦うときには，御家人の結束を呼びかける演説をしました。

Ｂ　私は，３代目の執権として最初の武家法である②御成敗式目を定め，武家社会の基礎を固めました。

Ｃ　法然の弟子である私は，仏のために善行を積むことの出来ない③悪人でも救われると説きました。

Ｄ　私は京都東山に山荘を建て，そこには銀閣や④畳をしきつめた部屋のある建物が造られましたが，私の後継者などをめぐって京都では⑤10年を超える戦乱になりました。

Ｅ　私は天下布武の印章を使い，支配地では⑥通行税を徴収した施設を撤廃させて商人の活動を活発にさせましたが，家臣の攻撃を受けて本能寺で自害しました。

問１　下線部①の鎌倉幕府の成立については様々な画期があります。次のア～オの事柄を**時代の古い順**に並べ替えたときに，**２番目と４番目になるもの**を選び，それぞれ解答欄に合うように記号で答えなさい。

ア．幕府軍が朝廷軍を破り，京都に六波羅探題が設置された。

イ．鎌倉に根拠地を定めて侍所を設置し，御家人を束ねるようになった。

ウ．文Ａ中の「私の夫」が征夷大将軍に任命された。

エ．守護と地頭を設置する権限を朝廷から獲得した。

オ．奥州藤原氏を滅ぼし，鎌倉幕府に並び立つ武士団がなくなった。

問２　次の史料は下線部②の御成敗式目の一部を示したものです。史料を参考にして，御成敗式目の説明として適当なものを，あとのア～カより１つ選び，記号で答えなさい。

史料

一．守護の権限は京都大番役に配下の御家人を向かわせる軍事権や謀反人や殺害人，強盗などを取り締まる警察権である。

一．地頭が年貢を荘園領主に納めず，荘園領主から訴えられたとき，地頭は幕府の監査を受けよ。これにそむいて従わない場合は地頭職を解任する。

ア．朝廷が国司を任命した諸国では朝廷の支配下に，幕府が守護を任命した諸国では幕府の支配下になっていた。

イ．朝廷が任命した国司の支配と並んで，幕府が任命した守護は，軍事権や警察権を担当した。

ウ．幕府が任命した守護は朝廷が任命した国司の権限を吸収して一国全体の支配権を握るようになった。

エ．地頭は荘園に対する支配権を確立し，土地全体の領主権を握るようになった。

オ．地頭は荘園領主と対立したとき，荘園領主によって一方的に解任される立場であった。

カ．地頭は荘園の現場監督として年貢を徴収し，幕府に年貢を納めることで幕府の保護を受けた。

問３　下線部③の教えとして適当なものを，次のア～エより１つ選び，記号で答えなさい。

ア．阿弥陀仏にすがり，南無阿弥陀仏と念仏を唱える。

イ．仏の精神に従い，厳しい戒律を守った生活をする。

ウ．仏の修行に近づくため，ひたすら座禅を組む。

エ．仏の教えを示した妙法蓮華経の題目を唱える。

問４　下線部④の建築様式は何か，次のア～オより１つ選び，記号で答えなさい。

ア．大仏様　　イ．和様　　ウ．校倉造　　エ．書院造　　オ．寝殿造

問５　下線部⑤の戦乱に関する説明文として**誤りのもの**を，次のア～オより**２つ**選び，記号で答えなさい。

ア．この戦乱では管領家でも後継者をめぐって，東西両軍に分かれて戦った。

イ．この戦乱では幕府の実権をめぐって，東軍の細川氏と西軍の山名氏が争った。

ウ．この戦乱では，放火や略奪の乱暴をはたらく悪党が敵を混乱させた。

エ．この戦乱は守護の上京に伴い，地方文化が衰えて京都に文化が集中するきっかけとなった。

オ．この戦乱をきっかけに，地方の実力者が守護をたおして領国を支配する下剋上の風潮が見られるようになった。

問６　下線部⑥の施設を何というか，答えなさい。

5　次の江戸時代の外交に関するア～ケの文より，適当なものを３つ選び，記号で答えなさい。

ア．徳川家康は九州の大名や京都や長崎などの豪商に朱印状を与えて海外との貿易を行わせた。

イ．徳川家光は1613年に全国に禁教令を出し，キリスト教を禁止して宣教師を国外に追放した。

ウ．島原・天草一揆後にはポルトガル船の来航が禁止され，平戸の出島にオランダ人が移された。

エ．中国の商人は長崎の唐人屋敷で貿易を行い，日本からは主に生糸などが輸出された。

オ．朝鮮との国交が回復し，福岡藩が外交と貿易の窓口になった。

カ．琉球王国は薩摩藩の侵攻後，中国に朝貢するだけでなく，江戸に使節を送るようになった。

キ．蝦夷地でアイヌが生産した海産物は松前藩の支配下に置かれ，長崎から中国に輸出された。

ク．19世紀にロシア船が長崎に侵入するフェートン号事件後に異国船(外国船)打払令が出された。

ケ．来航したペリーと日米修好通商条約を結んだ幕府は下田と箱館(函館)を開港することにした。

6　次のＡ～Ｃの史料とその解説文を読み，あとの設問に答えなさい。

史料
Ａ　広ク会議ヲ興シ万機公論ニ決スヘシ
Ｂ　天は人の上に人を造らず人の下に人を造らずと云へり。
Ｃ　元始，女性は実に太陽であつた。真正の人であつた。今，女性は月である。他に依つて生き，他の光によつて輝く病人のやうな蒼白い顔の月である。

解説文

Ａは1868年３月，①戊辰戦争で明治維新政府に対する諸大名の支持を得るため，大名を構成員とする会議を設けることを示す目的で起草された文書がもとになっている。この部分は最終的に「広く会議を」とされ，大名の政治参加は明確には約束されなかった。しかし，Ａは天皇が公議世論の尊重を公に発表した政治文書になったので，のちに②国民が国会の開設や自由に意見表明をする権利を求める根拠となっていった。

Ｂは③福沢諭吉が1872～1876年に書いた本の冒頭である。江戸時代は身分による人の上下があるのがあたりまえで，幕末に何度も欧米を巡った福沢諭吉は，学問を修めることで誰もが活躍できることを説いた。福沢諭吉は大坂(大阪)で④緒方洪庵の蘭学塾で学ぶことから西洋の知識に触れたが，自ら⑤1868年に創立した学校は今日，日本有数の大学に発展している。

Ｃは1911年に創刊された雑誌『青鞜』の一文である。⑥『青鞜』を主宰した人物が発刊の辞の中で，この一文から始まる文章を執筆した。青鞜社はもともと文学団体であったが，⑦この文章は大きな影響を与え，平等な政治参加を要求する運動など，社会運動に高めることになった。

問１　下線部①では，1868年の８～９月に東北地方のある藩が城に立てこもって，薩摩藩や長州藩を中心とした新政府軍と戦いました。白虎隊の悲劇でも知られるこの藩の名前を答えなさい。

問２　下線部②を要求する運動は1874年に民撰議院設立建白書を政府に提出することをきっかけに，政府に国会開設を迫り，自分たちで政党を結成し，独自の憲法案を作成しました。この運動に参加した人物として適当なものを次のア～オより１つ選び，記号で答えなさい。

ア．伊藤博文　　イ．大久保利通　　ウ．大隈重信　　エ．木戸孝允　　オ．西郷隆盛

問３　下線部③の本は新しい時代に人々の目を開かせるベストセラーとなりました。この本の書名を答えなさい。

問４　下線部④では福沢諭吉の前には大村益次郎が塾頭となるなど，多くの人材が育ちました。この蘭学塾の名前を次のア～オより１つ選び，記号で答えなさい。

ア．懐徳堂　　イ．松下村塾　　ウ．芝蘭堂　　エ．適塾　　オ．鳴滝塾

問５　福沢諭吉は下線部⑤の学校を創設したことで知られています。1868年の９月に改元される前の元号にちなんで学校の名前がつけられました。この時の元号(年号)は何か，答えなさい。

問６　下線部⑥の人物は誰か，その名前を答えなさい。

問７　下線部⑦について，Ｃの史料がどのような影響を与えたか，答えなさい。また，日本において，政治に参加する権利を平等とする法改正の直接のきっかけを説明しなさい。

7 以下の課題に対してのレポートの一部を見て，設問に答えなさい。

課題

君たちが生まれた「平成」(1989～2019年)の期間は国内外において激動の30年間であった。平成が始まったまさにこの年に，①東西冷戦は終結し，国際社会は新たな局面を迎えた。日本経済は②バブル景気のピークから崩壊に向かい，のちに「失われた10(20)年」と呼ばれる長い経済停滞の期間に入った。日銀の黒田総裁は，平成の時代を「物価が持続的に(　1　)状態，すなわちデフレとの戦い」とまとめた。君たちは「平成」の時代をどのようにとらえ，新しい「令和」の時代をどのように生きるのか？　テーマを決めて，簡潔にレポートにまとめよう。

レポート１：生活上の疑問からとらえる平成の時代

私は，普段の生活上の疑問を題材に平成の時代をとらえた。千葉県内を車で家族旅行した時，我が家のカーナビゲーションが古くて，目的地をうまく検索できなかった。これまで見たことのない町名が出てきたからだ。あとで，気になって調べたところ，1990年代後半から2010年ころにかけて，千葉県内だけでなく，全国的に市町村(　2　)が行われており，(　2　)前の地名が反映されていたのだ。したがって，平成の時代は，地方公共団体の再編が進んだ期間と言えよう。

レポート２：地方自治からとらえる平成の時代

私は二度にわたる③大阪都構想の是非を問う住民投票に注目した。二度の住民投票はどちらも反対が賛成をわずかに上回り，大阪都構想は否決・廃案となった。「地方自治のあり方」が問われた住民投票で，平成・令和の両時代において，大阪市民は「反対」の意思を明確に示した。

レポート３：日本の統治機構や選挙制度の改革でとらえる平成の時代

私は，2000年代前後の国会・行政・司法制度，選挙制度改革について調べた。これらの改革は平成期以前に整えられた仕組みを再構築するために実施された。行政改革を例にあげると，2001年の中央省庁再編に伴い，(　3　)が新たに発足した。(　3　)は，1971年に発足した機関がこれまで行ってきた任務を引き継ぐとともに，厚生省の所管であった廃棄物部門をとりこんだ。今後も日本の統治機構や選挙制度の改革に目を向けていきたい。

レポート４：新語や流行語でとらえる平成の時代

私は，新語や流行語は，当時の政治・経済の情勢や世相を表すと思い，平成期の新語や流行語を調べた。1989年の新語には，新元号となった「平成」も登場している。令和の時代も，新語や流行語から現代社会の特質をつかんでいきたい。

問１　課題とレポートの中の空欄(１)～(３)にあてはまる語句を答えなさい。

問２　下線部①について，次の短文の空欄 A ～ C にあてはまる語句の組み合わせを，あとのア～クより１つ選び，記号で答えなさい。

冷戦後，東ヨーロッパの国々は敵対していた［　A　］への加盟を目指すようになった。また旧ユーゴスラビア内戦に見られるように，冷戦体制下でおさえられていた民族問題が紛争に発展した。

2001年９月に発生した［　B　］をきっかけに国際社会は新たな局面を迎えることとなった。国内で制定された特別措置法にもとづき，日本の自衛隊も海外に派遣された。

Ｇ８のロシアは2014年の［　C　］を受けて参加が停止され，現在はＧ７でサミットを行っている。

	A	B	C
ア	北大西洋条約機構(NATO)	湾岸戦争	ウクライナ問題
イ	北大西洋条約機構(NATO)	湾岸戦争	パレスチナ問題
ウ	北大西洋条約機構(NATO)	アメリカ同時多発テロ	ウクライナ問題
エ	北大西洋条約機構(NATO)	アメリカ同時多発テロ	パレスチナ問題
オ	ワルシャワ条約機構	湾岸戦争	ウクライナ問題
カ	ワルシャワ条約機構	湾岸戦争	パレスチナ問題
キ	ワルシャワ条約機構	アメリカ同時多発テロ	ウクライナ問題
ク	ワルシャワ条約機構	アメリカ同時多発テロ	パレスチナ問題

問３　下線部②について，資料の「円相場の推移」を参考にし，バブル景気にいたるまでの日本経済の動きを示した次の空欄［D］～［F］に入る文章や語句の組み合わせを，あとのア～クより１つ選び，記号で答えなさい。

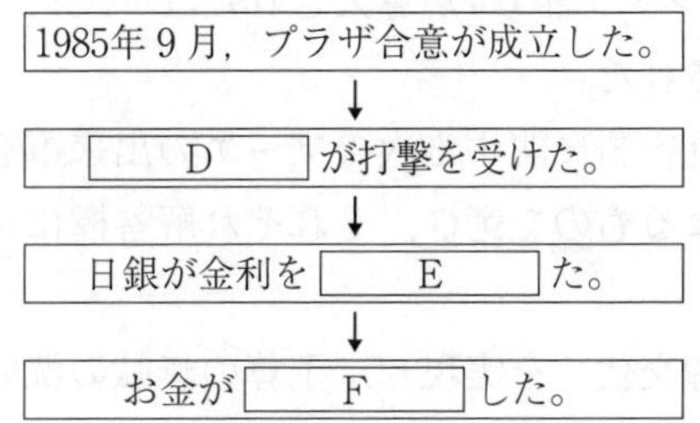

年月	円相場
1985年９月	１ドル＝236円91銭
1986年３月	１ドル＝178円83銭
1986年９月	１ドル＝154円78銭
1987年３月	１ドル＝151円56銭

円相場は「東京外国為替市場17時時点，月中平均」のものであり，「日本銀行 主要時系列統計データ表」に基づいたレートである。

	D	E	F
ア	円安が進み，輸入産業	引き上げ	借りやすくなったことで，株価や地価が上昇
イ	円安が進み，輸入産業	引き上げ	借りづらくなったことで，株価や地価が下落
ウ	円安が進み，輸入産業	引き下げ	借りやすくなったことで，株価や地価が上昇
エ	円安が進み，輸入産業	引き下げ	借りづらくなったことで，株価や地価が下落
オ	円高が進み，輸出産業	引き上げ	借りやすくなったことで，株価や地価が上昇
カ	円高が進み，輸出産業	引き上げ	借りづらくなったことで，株価や地価が下落
キ	円高が進み，輸出産業	引き下げ	借りやすくなったことで，株価や地価が上昇
ク	円高が進み，輸出産業	引き下げ	借りづらくなったことで，株価や地価が下落

問４　下線部③について，資料１中のＷ～Ｚは住民投票の種類をそれぞれ示しています。大阪都構想の是非を問う住民投票はＹに該当し，Ｚの住民投票は，資料２が示すように原子力発電所や産業廃棄物処理場建設などの特定の問題について賛成か反対かを問うために実施されま

す。資料１と資料２を見て，資料１中の[ ]に入るＺの住民投票の根拠とする法令を示した上で，Ｚの住民投票は，Ｗ～Ｙの住民投票と比べ，どのような違いがあるかを説明しなさい。

資料１　(住民投票の主な種類)

	住民投票で問われる内容	根拠とする法令
Ｗ	国会が，その地方公共団体のみに適用される特別法を制定してもよいか。	日本国憲法
Ｘ	議会を解散するか，議員・首長を解職するか。	地方自治法
Ｙ	政令指定都市を特別区に再編するかどうか。	大都市地域特別区設置法
Ｚ	特定の問題について賛成か反対か。	

資料２　(Ｚの住民投票の実施例)

巻町における原子力発電所建設についての住民投票(新潟県巻町) 1995年６月26日，住民投票条例制定 1996年８月４日，住民投票実施(建設反対60.9%)→計画撤回
小林市東方における産業廃棄物中間処理場建設についての住民投票(宮崎県小林市) 1997年４月30日，住民投票条例制定 1997年11月16日，住民投票実施(建設反対58.7%)→建設容認・稼働

問５　レポート３について，平成期に行われた改革の例とはいえないものを，次のア～エより１つ選び，記号で答えなさい。

ア．司法制度改革の一環として，裁判員制度が導入された。

イ．選挙制度改革の一環として，小選挙区比例代表並立制が導入された。

ウ．国会改革の一環として，党首討論(クエスチョン・タイム)が導入された。

エ．行政改革の一環として，１府22省庁制が導入された。

問６　レポート４について，平成期に登場した新語や流行語に関する次のア～エの出来事を時代の古い順に並べ替えたときに，２番目と３番目になるものを選び，それぞれ解答欄に合うように記号で答えなさい。

ア．衆議院議員総選挙で民主党が勝利を収め「政権交代」を実現し，予算の無駄の洗い出しを目的とした「事業仕分け」が行われた。

イ．小泉首相による「劇場型政治」が展開され，政権末期には「格差社会」という言葉が登場した。

ウ．消費税が初めて導入され，税率が３％に定められたことから「１円玉」の需要が一時高まった。

エ．外交や安全保障をめぐって，「特定秘密保護法」が制定されたり，「集団的自衛権」の行使を限定的に容認する閣議決定が行われた。

【理　科】〈第２回試験〉（40分）〈満点：50点〉

1　棒，糸，おもりを使っててんびんをつくりました。糸は軽く，重さが無視できるものとして次の各問いに答えなさい。

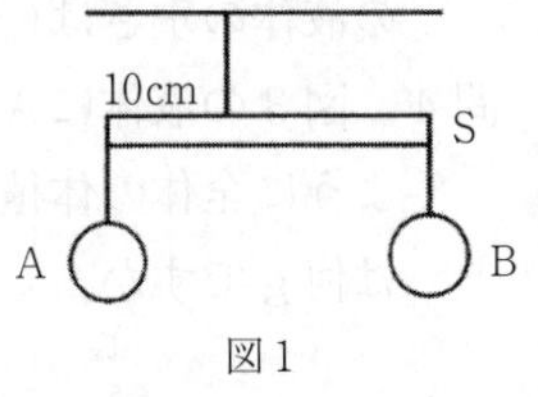

図１

問１　長さが25cmの重さの無視できる軽い棒Ｓの左端から10cmの位置に糸を取り付け，Ｓをつり下げました。Ｓの左端に60ｇのおもりＡをつり下げ，Ｓの右端におもりＢをつり下げたら図１のようにＳが水平になりました。Ｂの重さは何ｇですか。

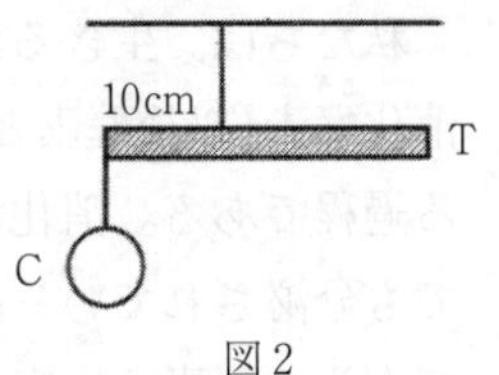

図２

問２　図１のＳを，長さが同じで重さの無視できない棒Ｔに取りかえました。Ｔの重さはＴの中心にあるものとして計算できます。Ｔをつり下げるために糸を取り付ける位置は図１と同じです。Ｔの左端に20ｇのおもりＣをつり下げたら図２のようにＴが水平になりました。Ｔの重さは何ｇですか。

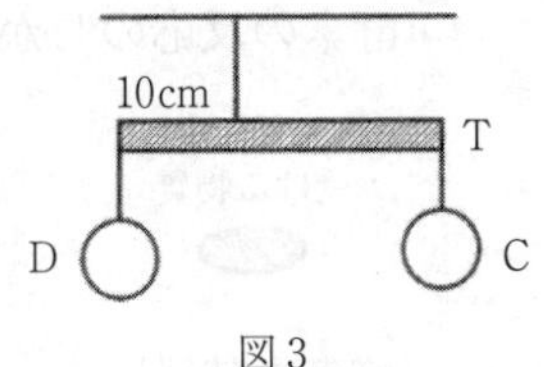

図３

問３　図２のＣをＴの右端に付けかえ，Ｔの左端におもりＤをつり下げたら，図３のようにＴが水平になりました。Ｄの重さは何ｇですか。

2　次の文章を読み，続く各問いに答えなさい。

ばねにおもりをつり下げたときのばねの伸びは，おもりの重さに比例する。おもりを水などの液体に沈めると，沈めた部分に液体から浮力という上向きの力が加わる。おもりにはたらく浮力の大きさは，おもりが液体中に沈んだ部分の体積に比例する。また，その浮力の大きさは，おもりが沈んだ液体の比重に比例する。液体の比重とは，同じ体積の水の重さに対する液体の重さの比である。例えば，液体の重さが同体積の水の1.5倍であるとき，その液体の比重は1.5である。

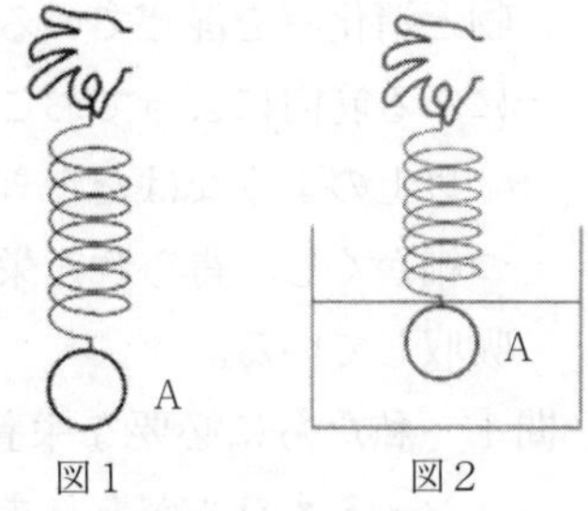

図１　図２

問１　40ｇのおもりをつり下げると，２cm伸びるばねがあります。このばねに重さのわからないおもりＡを図１のようにつり下げたところ，ばねの長さが４cm伸びて静止しました。Ａの重さは何ｇですか。

問２　図１のＡを，200ｇの水の入った容器の中にゆっくりと沈めていきました。そして，図２のように容器の底に着かずに水の中に完全に沈んだところで静止させました。このときのばねの伸びは1.5cmでした。Ａが水から受ける浮力の大きさは何ｇ分の重さに等しいですか。

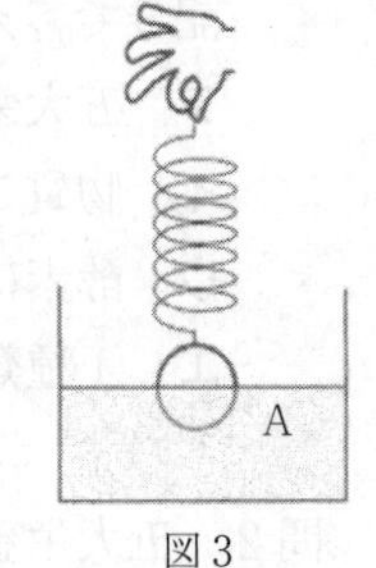

図３

問３　図２の水を，同じ体積で水とは異なる液体にかえて，Ａを液体の中に少しずつ沈めていきました。そして，図３のように容器の底に着かずに液体の中にちょうど半分だけ沈んだところで静止させました。このときのばねの伸びは2.5cmでした。この状況について述べた次の文章の空欄(あ)～(え)に当てはまる数値を答えなさい。

Ａが液体から受ける浮力の大きさは（　あ　）ｇ分の重さに等しい。図３の液体が水であればＡが水から受ける浮力の大きさは（　い　）ｇ分の重さに等しい。Ａが液体から受ける浮力の大きさが（　あ　）ｇ分の重さに等しくなるためには，液体の比重が（ う ）である必要がある。したがって，容器の中の液体の重さは（ え ）gである。

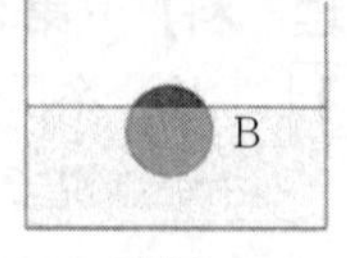

図４

問４　図３の液体にＡと同じ体積で材質の異なるおもりＢを入れたら，図４のように全体の体積の20％が液面の上に出た状態で静止しました。Ｂの重さは何ｇですか。

3　次の文章を読み，続く各問いに答えなさい。

私たちは，生きるために食べ物を消化し，そこから必要な栄養素を吸収している。消化とは，消化酵素（以後酵素という）を含む消化液と食べた物をよく混ぜ，吸収できるまで小さく分解する過程である。消化液は，胃や小腸などから多くの種類が分泌されている。また，消化液は口でも分泌されている。ご飯をかんでいると甘く感じるようになるのは，だ液による消化の結果である。酵素の反応のしかたと，特徴を以下のようにまとめた。

〈酵素の反応のしかた〉

〈酵素の特徴〉

・酵素の作用を受ける物質と結合しないと，はたらかない。
・酵素の作用を受ける物質ごとに，酵素の種類が決まっている。
・作用した後も変化しないで，繰り返しはたらくことができる。

食べた物を細かくし，消化液と混ぜることは，口だけではなく，胃や小腸でも行われている。小腸では，分節運動（右図参照）によって食べた物と消化液を混ぜている。分節運動は，消化管にある筋肉によっておこる。

以上のようなはたらきで，食べた物を少しずつ細かくし，得られた栄養素をさらに分解して吸収している。

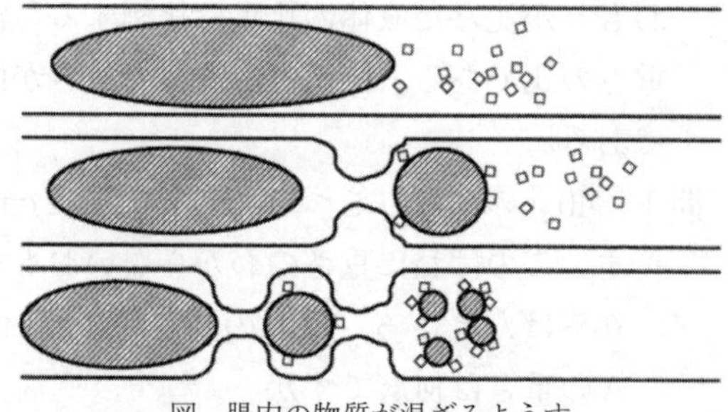
図　腸内の物質が混ざるようす

問１　私たちに必要な栄養素は，五大栄養素と言われ，炭水化物・タンパク質・脂肪・ビタミン・ミネラルがあります。しかし，五大栄養素を消化する酵素は，５種類以上あります。なぜ，多くの種類の酵素が必要なのか，その理由として間違っているものを**ア**～**エ**より選び，記号で答えなさい。

ア．五大栄養素とされる物質には，いくつもの種類が含まれるから。

イ．物質ごとにはたらく酵素は，決まっているから。

ウ．酵素は一度はたらいた後も，何度もはたらくことができるから。

エ．１種類の酵素のはたらきだけでは，吸収できる大きさまで分解できない栄養素もあるから。

問２　五大栄養素のうち，①炭水化物，②タンパク質，③脂肪を三大栄養素といい，分解された後，小腸の血管とリンパ管で吸収されます。このうちリンパ管で吸収される栄養素は下線部

①〜③のどれですか，記号で答えなさい。

問３　消化された栄養素を吸収する主な場所は小腸ですが，五大栄養素以外で，大腸でも吸収される物質があります。その物質の名称（めいしょう）を１つ答えなさい。

問４　デンプンを分解する消化液Ｘを利用して，実験を行いました。

まず，皮をむいて５cm角にした同じ重さの生のジャガイモを５つ用意しました。次に表１に示す形状にして，それぞれ透明（とうめい）なビニール袋（ぶくろ）に入れました。その後，濃度（のうど）が等しい消化液Ｘを同量ずつ加えて，同じ温度のもとで実験１〜５の操作を行いました。デンプンが分解される速さが実験１より速くなるものを，実験２〜５からすべて選び，番号で答えなさい。

表１

実験番号	ジャガイモの形状	操作
実験１	１cm角の大きさに切ったもの	静かにおく
実験２	５cm角の大きさのままのもの	静かにおく
実験３	１cm角の大きさに切ったもの	もむ
実験４	すりおろしたもの	静かにおく
実験５	すりおろしたもの	もむ

問５　五大栄養素とそれらの体内での主なはたらきを，表２にまとめました。

表２

栄養素	炭水化物	タンパク質	脂肪	ビタミン	ミネラル
はたらき	A	B	C	D	E

表２の空欄Ａ〜Ｅに当てはまるものを**ア**〜**エ**より１つずつ選び，記号で答えなさい。なお，同じものを選んでもかまいません。

ア．エネルギー源として蓄（たくわ）え，寒さから身を守る。

イ．筋肉をつくる材料となる。

ウ．すぐに使われるエネルギー源になりやすい。

エ．体調を整えたり，骨をつくるのを助けたりする。

問６　私たちは，牛乳を飲んだ直後に逆立ちをしても，飲み込（こ）んだ牛乳が逆流をして口から出てしまうことは通常はありません。また，胃に入った食べた物が食道に，腸に入った食べた物が胃に逆流することも通常はありません。なぜ，食べた物が逆流しないのか，その説明として正しいものを**ア**〜**カ**より２つ選び，記号で答えなさい。

ア．消化管が，食べた物を肛門（こうもん）側に送る運動をしているから。

イ．食べた物が，かみくだかれたり，分節運動を受けたりすることで，細かくなるから。

ウ．食べた物が，消化されることで，すぐに吸収される状態になるから。

エ．消化管が，管を閉じるように動く筋肉を持っているから。

オ．消化管の途中（とちゅう）にある胃が，ふくろのような形をしているから。

カ．柔毛（じゅうもう）が，食べた物を肛門側に移動させるように動いているから。

4 次の文章を読み，続く各問いに答えなさい。

溶液(ようえき)A，B，C，D，Eは，塩酸，酢酸(さくさん)，石灰水(せっかいすい)，水酸化ナトリウム水溶液のいずれかである。それらの濃度は4つが等しく，そのうち1種類のみ濃度が異なるものがある。それぞれの溶液について行った実験操作と結果を次にまとめた。

実験1　同じ体積の各溶液に同じ大きさのマグネシウム片(へん)を加えると，A，C，Eのいずれからも①気体が生じた。最も激しく反応したのはEであった。

実験2　貝殻(かいがら)にCを加えて発生する気体をBに通じると，Bの見た目に変化が見られた。

実験3　CとDを体積比2：1で混合した溶液を蒸発させると，形に特徴のある小さい粒(つぶ)が得られた。

実験4　A，C，D，Eにアルミニウム粉末を加えて生じる②気体と同じ気体を試験管に入れて点火すると音を立てて燃えた。

実験5　DとEを体積比1：1で混合した。この溶液を蒸発させると，実験3で得られた小さい粒と同じ特徴のある小さい粒だけが生じた。

問1　実験2について，変化後のBの見た目を答えなさい。

問2　実験2について，貝殻のかわりに用いても同じ気体が発生するものを**ア**～**カ**よりすべて選び，記号で答えなさい。

ア．サンゴ　**イ**．石灰石　**ウ**．銅線　**エ**．重曹(じゅうそう)　**オ**．鉄釘(てつくぎ)　**カ**．砂糖

問3　実験3について，得られる小さい粒の様子を顕微鏡(けんびきょう)で観察しました。その粒子(りゅうし)の見た目について，特徴がわかるように描(えが)きなさい。なお，描くのは一粒でよい。

問4　A～Eのうち赤色リトマス紙を青色に変化させるものをすべて選び，記号で答えなさい。

問5　下線部①，②の気体が同じ物質である場合は，その気体の名称を，異なる物質の場合は「異なる」と答えなさい。

問6　A，D，Eの水溶液の名称をそれぞれ答えなさい。なお，濃度が異なるものは名称の前に「こい」，「うすい」も書き加えなさい。

の優しさであると気づきつつ、やり方が風変わりなことにあきれながらも笑みがもれてしまっている。

6 傍線部③「僕たちのクラスは、まるで作業に覇気がない」とあるが、この理由を説明したものとして最も適切なものを次の**ア**～**オ**から選び、記号で答えなさい。

ア 頑張ってクラスの出し物を準備したのに、それが台無しにされてしまったことで文化祭自体も思うように楽しめず、名残惜しさもないため片付けも面倒なだけだったから。

イ 一生懸命つくったのに他クラスから「幼稚だ」とバカにされた出し物に完全にやる気を失ってしまい、それを片付けなければならないことに怒りがわいてきているから。

ウ 本当は皆たこ焼き屋など別の出し物がやりたかったのに大城が強引にすすめたことでしぶしぶ戦車のジオラマをつくらされ、しかもそれを自分たちで片付けないといけないから。

エ せっかく授業ではあり得ないような素晴らしい出し物をつくりあげたのだから、顔を描かれて台無しになったとはいえ壊して燃やしてしまうのは惜しい気持ちがあったから。

オ 作り上げた時には傑作ができたと興奮したものの、よく考えてみれば段ボールと木片の張りぼてであり、文化祭が終われば壊してしまうことを考えるとむなしくなったから。

7 空欄**B**に入る語句を以降の本文から6字で探して書きなさい。

8 傍線部④「大城は嬉しそうに目を細め」とあるが、この時の大城の心情として最も適切なものを次の**ア**～**オ**から選び、記号で答えなさい。

ア 燃やされて「よみがえる戦地」が再び焼失していくことを含めてこの作品は完成すると考えていたため、少しズレた答えをしてきたものの素直な「僕」の意見を嬉しく思っている。

イ 他の生徒は別の出し物をしたがっていたのに自分の提案で戦車のジオラマをつくったことを不安に思っていたが、「僕」だけは楽しかったと言ってくれたため、気が楽になり嬉しく思っている。

ウ カチューシャのせいでめちゃくちゃになってしまった出し物にクラスメイトは怒っていたが、カチューシャの気持ちを考えると彼女を非難できず、「僕」もその気持ちを分かってくれていると感じて嬉しく思っている。

エ 数週間かけて一生懸命つくったものを無残なものにされたけれど、他のクラスメイトのように投げやりになることもできずもやもやしていた時に、「僕」が前向きな感想を述べてくれたことで嬉しく思っている。

オ まわりが協力的ではない中で、自分だけは一生懸命つくりあげた作品が燃やされることに寂しい気持ちでいたが、なぐさめではなく本心から楽しかったと言っている「僕」の気持ちを嬉しく思っている。

9 傍線部⑤「よみがえる戦地は、ほんのちょっぴり真実の出来事だったんだ」とあるが、これはどういうことか。90字以内で答えなさい。

1　二重傍線部**a**～**c**の語句の意味として最も適切なものを後の**ア**～**オ**からそれぞれ選び、記号で書きなさい。

a　したり顔

ア　得意げな顔　**イ**　納得した顔

ウ　意地悪な顔　**エ**　哀しそうな顔

オ　苦々しい顔

b　明快な

ア　気持ち良い　**イ**　鮮やかな

ウ　分かりやすい　**エ**　明るい

オ　驚くような

c　厳粛な

ア　もの悲しい　**イ**　心がなごむ

ウ　きつい　**エ**　やる気のある

オ　おごそかな

2　空欄☆には「得意げで威勢のよいさま。」という意味の四字熟語が入る。その四字熟語として最も適切なものを次の**ア**～**オ**から選び、記号で答えなさい。

ア　公明正大　**イ**　一意専心

ウ　猪突猛進　**エ**　意気揚々

オ　獅子奮迅

3　空欄**A**に入る語句として最も適切なものを次の**ア**～**オ**から選び、記号で答えなさい。

ア　苦しんでる　**イ**　照れてる

ウ　笑ってる　**エ**　怖がってる

オ　驚いてる

4　傍線部①「戦車や軍事トラックにはどれも、顔がついてる」とあるが、「カチューシャ」はなぜこのようなことをしたのか。その説明として最も適切なものを次の**ア**～**オ**から選び、記号で答えなさい。

ア　あまりにも重厚で厳しい雰囲気のある戦車では、文化祭でこのクラスを見に来た子どもたちが楽しめないと考えたから。

イ　クラスの出し物が本物の重厚な戦車・戦場を再現しすぎたため、わざと対照的な絵を描くことで雰囲気を壊したかったから。

ウ　仲間はずれにされたことに対する仕返しとして、一生懸命クラスメイトがつくったものを台無しにしてやろうと思ったから。

エ　泣いている顔や怒っている顔を描くことで、仲間はずれにされた自分の気持ちをクラスメイトに知ってもらうため。

オ　顔を描き形は恰好良いけれど色合いは可愛いものにすることで、退屈じゃない完璧な出し物にしようと思ったため。

5　傍線部②「あっけらかんとしたおかしさがこみあげてくる」とあるが、この部分の説明をしたものとして最も適切なものを次の**ア**～**オ**から選び、記号で答えなさい。

ア　祖父のためを思ってとはいえ、派手なことを好む性格から周りの反応を考えず思い切った行動に出たカチューシャの大胆さに笑いをかみころしている。

イ　戦車をめちゃくちゃにしたのはカチューシャに違いないと疑ってしまった自分に対し恥ずかしさがこみあげてきて、思わず笑ってしまっている。

ウ　一人ぼっちになりたくないはずであるのにクラスの雰囲気に流されるのを嫌い、あえてクラスの出し物を台無しにすることで一人ぼっちを選ぶカチューシャを想い、ほほえんでいる。

エ　祖父に哀しい思いをさせたくないという一心から、たとえ仲間はずれにされようとも自分の信念に従って行動するカチューシャのひたむきさに笑みがこぼれている。

オ　カチューシャが戦車をめちゃくちゃにしたのは、祖父を思って切れでしかない。破片に残された顔は、ますますしょげて情けなかった。

ちぎられ、うち捨てられた顔、顔。

「なんか子どもだましだったよなあ、結局俺らの出し物。来年は絶対、たこ焼き屋だな」

「大体なんで文化祭なんて面倒なもんがあるわけ。学校なんて勉強してりゃいいじゃん」

つい数日前まで［☆］と戦車作りに没頭していたみなは、ぶつくさ言いながら、炎に残骸を放っている。暮れかけた秋空に、黒っぽい煙がお葬式の日のようにもくもくとたちのぼる。大城だけが、揺れる炎の中心をじっと見つめていた。

彼は目があうと、言った。

「モーもさあ、こいつらってただの［B］だったと、思う？」

「わかんない」僕は、正直に首を振る。「でもさ、子どもみたいには楽しめたかな、作ってるとき。こんなふうに無我夢中で何かを作ろうとしたことなんてなかった気、するし」

「そっか」と④大城は嬉しそうに目を細め、話しだした。

「俺はさ、はじめてセンサーのこと考えた、作ってて。今まではただ、なるたけ珍しい模型を完成させて自慢したいとか、うまく塗装ができるかとか、そんなことばっか考えながら作ってたわけ。でも今回は違う。作りながら、これが本当に動いて人を殺したらヤだなとか、実際につらい目にあったひとがいるんだよなとか。今もどっかでそういうことが実際起こってることや。作りながら、考えがすげえ遠くにつながってくのがわかってさ」

「ああ」と、僕もうなずく。大城の言うことは、わかる気がした。子どもの気分で物作りを楽しみながらも、僕の思いもぐるぐると、戦車のまわりでとぐろを巻いていたのだ。

そしてそれは、ショウセイの人生や、見知らぬ人々の死や、何か激しく巨大なものへとつながっていく気がしていた。

⑤よみがえる戦地は、ほんのちょっぴり真実の出来事だったんだ。

「俺さあ」大城は、煙に目をしばたかせながら、言った。「これ落書きしたやつが誰かなんて、知んねえけどさ。もしもそいつがふざけてやったんじゃなく、なんかやっぱりおっきいこと考えてついやっちまったんだとしたら、ユルせるかな、とか思う。許すとか許さないとかっていうと、偉そうだけどさ。そう思うんだ」

「たぶん、どうしても、しなきゃいけないことだったんだと思うよ」

僕は言った。どこか c厳粛な気分で、勢いよく揺れるオレンジの炎を見つめながら。

（野中ともそ『カチューシャ』より）

※ジオラマ…展示物とその周辺環境・背景を立体的に表現する方法で、博物館展示方法の一つ。

カチューシャ砲…ここではロケット砲のこと。

デフォルメ…ここでは、対象の特徴を大げさに強調してシンプルなものにした表現方法のこと。

リタッチ…ここでは、絵画や文章などに手を加えること。

スローモー…なんでもすることが人より遅い「僕」をからかうものとして、動きが遅いことを意味する「スローモー（スローモーションの略）」とのんびりした生き物である牛の鳴き声「モー」を合わせ形容したもの。「僕」のあだ名である「モー」もここからきている。

ショウセイ…カチューシャの祖父の愛称。

レイ…ハワイで用いられる、頭や首、肩にかける装飾用の輪。

臨時焼却炉…昔は学校にもゴミを燃やす焼却炉があったが、大量の燃やすごみが出た時は焼却炉では間に合わないためこのようなものができた。

ここまできたら、カチューシャの仕業でなかったとしても、彼女のせいになっただろう。いいことに理由はいらないけど、教室で起こった悪事には、b明快な理由が必要だから。（中略）

「僕」とカチューシャの共通の友人である「香坂」が遅れて教室にやってくる。香坂は笑って教室の様子を見回し、カチューシャが昨夜遅くまで家に帰らず祖父に心配させながら、香坂に電話して買い物を手伝うよう頼み、ペンや厚紙やカッターなどをたくさん購入して夜の学校に入っていったことを、「僕」に告げた。

「カチューシャは、それで、そのとき何て言ってた？」

「別に。ああ、『ちょっとマジすぎて退屈だから、私の芸術センスで※リタッチしてやる』とかシラ切ってたけどな。結果がこれだもんなあ。確かに、退屈じゃなくなったけどよ」

「確かに退屈じゃない」思わず、僕もうなずいてしまう。

同時に、頭の奥で妙に納得してる自分とシンクロしていた。いくら※スローモーな頭の働きの僕でも、さすがにわかりかけていたからだ。

彼女は、教室の連中への腹いせで、こんな仕業をしでかしたんじゃないってこと。

そう、「マジすぎた」からだ。

カチューシャは、※ショウセイのためにこんなことをしたんだ。リアルな兵器を再現するのは、戦争で哀しい思いをした祖父に対しての裏切り行為の気がしたんだろう。ショウセイが万一学校に来たときに、本物そっくりのカチューシャ砲トラックなんて、見せたくなかったんだ。でもさ、だからって普通こんな真似するか。

次第に、②あっけらかんとしたおかしさがこみあげてくる。思わず口をついていた。

「なんかさ。バッカだなあ、カチューシャって」

「うん、バカだ。あいつ成績はいいけど、ことによると俺より阿呆だ」香坂も吹きだしながら、僕を見て言った。「だけどサイコーだよな。根性すわってるぜ、こんなバカげたことひとりでやり遂げちまうなんて」

「本当だ」と僕は、困り顔を貼りつけた中型戦車に目を向ける。

よく見ると、宙に突きでた砲身のまわりには、ハワイの※レイのように愛らしい花柄の模様がいくつも描かれていた。

思い描いてみる。誰もいない夜の教室で、戦車たちと向かい合うカチューシャ。その張りつめた後ろすがたを。僕には、わからない。それが、学校にとけこむチャンスも投げだし、祖父を心配させてまでやり遂げなきゃいけない重大事だったのかなんて。

ただ、いとおしかった。群れから離れたくなんてないはずなのに、必死に、ひとりきりで流れに逆らい、ペンキの刷毛を動かす彼女の面影が、いとおしくてたまらなかった。

彼女のショウセイへの誠意の示し方は、たぶん間違ってる。でも彼女は、彼女だけのやり方で、家族への思いの強さを証明するしかなかったんだろう。

――僕にとっては、やっぱり、最高の女の子だ。（中略）

校庭のなかほどには、丸太で組んだやぐらがきずかれ、かがり火がたかれている。※臨時焼却炉をかねたファイヤー・ストームだ。生徒たちが、解体した展示物を次々に運び込んでは、炎のなかにくべていく。他の教室の連中は、祭りの終わりのように和気あいあいと出し物を片付けていたけれど、③僕たちのクラスは、まるで作業に覇気がない。

すでにばらばらにされた戦車の張りぼては、ただのダンボールや板

二　次の文章を読んで、後の問いに答えなさい。

> カチューシャ（伊藤ちづる）は自分の学校と仲の悪い「東高」のリーダーとつき合っているらしいことを目撃され、仲間はずれにされる。文化祭の準備をきっかけに「僕（モー）」はカチューシャが学校にとけこめるように取り計らった。その作戦はうまくいき、文化祭当日を迎えた、ように思えた。

教室内にきずかれた『よみがえる戦地』は、一見何もかわりなく見えた。戦車の位置も、※ジオラマのバランスも、昨日の夜、最終的に教室内に配置したままだ。と、思う。

でも、何かが決定的に違う。そして、その理由は、一瞬のうちに判明した。

①戦車や軍事トラックにはどれも、顔がついてるんだ！　ロケットランチャー搭載のアメリカ製戦車にも、自衛隊の最新型戦車にも。水陸両用の装甲車も同様だった。

そしてもちろん、※カチューシャ砲トラックにもだ。

どの車にもみな、顔が描かれていた。

表情まである。泣きそうな顔。いかめしく怒ってる顔。哀しげに眉尻をさげ、なげいてるような顔。ごていねいに、泣き顔に丸く切った水色の紙を貼りつけ、涙にしてあるのまで。［Ａ］のは、一個もない。ただ、どの表情も思いきり※デフォルメして描かれているから、ふざけたようなひょうきんな印象になっていた。

口も目も鼻も、赤や黄色、黄緑といったどぎつくあかるい色の絵の具ばかり使われている。そのせいで、カーキ色や三色迷彩で重厚に仕上げたはずの戦場は、一気に子どもっぽい絵本じみた世界に様変わりしていた。機関車トーマスみたいに、そのまま教室内をおしゃべりしながら、陽気に走りだしちまいそうな雰囲気だ。

そしてジオラマの戦地の地面には、でっかい黄色のピースマーク。見る者をからかうように、にっこりとこっちを見てる。誰がやったにしても、たちの悪いいたずらだ。

女子たちは「ひどいよねえ」と憤慨しつつも、「これはこれで可愛いかもね」なんてのんきな声をかわしている。でも、男子たちの表情は険悪だった。当たり前だ。美術の時間にいくらせっつかれても作りえないような傑作を、ひと晩で台無しにされちまったのだから。

大城などは、ここ数週間の努力の結晶を無残にいじられたくやしさで、わなわな震えている。どこからか「東高のやつらが忍びこんでやったんじゃないか」とささやく声が聞こえた。他の教室のやつらが面白がって、「幼稚園の出し物みてえ」などと茶化しにくる。

みんなの顔のなかに、カチューシャを探した。いない。隣の教室に行ってみる。陸戦ではなく、海戦や航空戦がテーマの隣の教室は、なぜだか被害は少ないようだった。

それでも、とぼけたトーマス顔の対空兵器を囲んで、みなが険しい顔つきをしている。やっぱり、カチューシャのすがたは、どこにもなかった。

そのときまでには、僕の思考は、哀しい確信につきあたっていた。

昨夜のカチューシャの様子。頬やスカートについた絵の具の色。信じたくはなかったけど、そうに違いないって気持ちがぬぐえない。もちろん、誰にも言う気なんてなかった。

それでも隣の教室のやつらは敏感だった。僕が居合わせたときにたまたま、誰かの「もしかしてカチューシャがやったんじゃねえの」と言う声が耳に飛びこんできた。

あとは、連鎖反応だった。「きっとそうよ」と顔を寄せてうなずき合う女子グループ。「東校の男に入れ知恵されたんだ」と、ａしたり顔で理由づけするやつ。

るが、それはなぜか。誤っているものを次の**ア**～**オ**から二つ選び、記号で答えなさい。

ア　大量生産の現場では、自分に与えられた仕事だけを繰り返せばよいため、すぐに仕事ができるようになって、他の働き手との技術的な差や仕事をこなす速さに悩まなくて済むから。

イ　限られた職人のみが手がけていた仕事が誰にでもできるものになれば、人々の技術習得の手間や負担が減り、職人を一人前に育てるまで長い時間をかける必要がなくなるから。

ウ　特定の職人にしかできない仕事があると、その職人を他の人と取り替えることができず、仕事が進まなかったり製品が完成しないといった不具合が生まれる恐れがあるから。

エ　大量に物を生産するには、熟練の職人のみに仕事をさせるのではなく、一つ一つの工程を誰にでもできる作業の連続にすることで仕事を効率化する方が都合がよいから。

オ　大量の商品を買ってもらうには、人と違うものに価値を求める人々ではなく、みんなと同じものを買って同じ水準の生活をしたいという平等意識を持つ人々が必要だから。

7　空欄⑤に当てはまる適切な表現を、本文の内容をもとに自分で考え、６字以上、10字以内で答えなさい。

8　本文中の【「近代的自我」を……そういう性質のものなのである。】の部分で筆者が述べている言葉の性質の具体例として最も適切なものを次の**ア**～**オ**から選び、記号で答えなさい。

ア　Ａさんは自分の趣味の素晴らしさを友達に話したが、正確に伝わらなかったため、もっと小説を読んで表現を研究しようと考えた。

イ　Ｂさんは好きな料理の記事を書いた時、おいしさの表現がどうしても他の料理と似てしまい、言葉だけで説明する難しさを感じた。

ウ　Ｃさんは、相手と同じ考えや感覚がないと、相手の言い分が正確に理解できないと考え、常に相手の話をよく聞くよう心がけた。

エ　Ｄさんは、クラスの自己紹介でみんなと違う印象を与えようと外国の言葉を使ってみたけれど、ほとんどの人が理解できなかった。

オ　Ｅさんは会議で自分の考えを伝えようと説明を重ねたけれど、言葉を足しても同じ内容の繰り返しになってしまうことに気づいた。

9　傍線部⑥「近代的自我が深めた混迷は収まることなく続くことであろう。」とあるが、それはなぜだと考えられるか。最も適切なものを次の**ア**～**オ**から選び、記号で答えなさい。

ア　人は言葉を使って他者とコミュニケーションをとっているため、言葉が「他の誰でもない自分」を表現できないと分かっていても、その不便さを受け入れて使い続ける以外に方法がないから。

イ　近代的自我とは人が他の誰とでも交換できるようになったことで芽生えた意識であるため、人々が唯一無二の自分を取り戻したいなら、社会を近代以前の状態に戻さないといけなくなるから。

ウ　近代以後の人々が、人間の本当の価値は一人一人の能力や性格ではなく身体的な特徴にあると気づき始めたように、他者との違いを決める基準にはっきりした決まりがあるわけではないから。

エ　社会が工業主体から情報主体へと現在移り変わっているように、社会は時代によって変化し続けるため、その時代を生きる人々の個性や唯一無二性もずっと変化し続けるだろうから。

オ　人々が豊かさを求めて技術を向上させ、産業を発展させた結果として人の価値を低めてしまったように、今後の情報社会でも技術の追求が人間のあり方に負の影響を与える可能性が高いから。

むときにも。

（村上慎一『読解力を身につける』より）

※自我…自分自身に対する、各個人の意識。
徒弟制度…ここでは、見習いが親方の家に住み込んで修業し、一人前に育っていく制度のこと。
テーラーシステム…工場の労働者を効率的に管理する方法。
逆説…「急がば回れ」や「負けるが勝ち」のように、表現の上では一見矛盾しているようだが、よく考えてみると真意を的確に指摘している説。
ポストモダン…ここでは、近代のあとに続くと考えられている時代やその傾向のこと。

1 点線部a・b・c・d・eのカタカナを漢字に直しなさい。

2 空欄A～Cに入る語の組み合わせとして最も適当なものを次の**ア**～**オ**から選び、記号で答えなさい。

ア【A　つまり　B　たとえば　C　あるいは】
イ【A　すると　B　つまり　C　だから】
ウ【A　ところで　B　たとえば　C　しかし】
エ【A　すると　B　そして　C　しかし】
オ【A　ところで　B　つまり　C　だから】

3 空欄①に入る最も適切な語を、本文中から抜き出して答えなさい。二カ所ある空欄①には同じ語が入る。

4 傍線部②「近代以前の人には、それがなかったと考えられている」とあるが、その理由を75字以内で答えなさい。その際、「身分」「持ち物」「生活」の語を使用すること。

5 傍線部③「近代という時代の理解が問題なのである」とあるが、筆者が述べる「近代」について話し合っている次の発言**ア**～**オ**から、筆者の主張と異なる内容を含むものを一つ選び、記号で答えなさい。

ア〈生徒A〉筆者が言うとおり、近代の工業化によってそれまでの産業に大きな変化が生まれたのだね。分業が進めば仕事が効率化されて多くの商品を生産できるけれど、人の手による熟練の技術が失われてしまったということもあったわけだ。

イ〈生徒B〉熟練の職人が失われたとしても、人間の仕事を機械にやらせることで大量生産が可能になったのでしょう。私たちの社会の発展は工業化のおかげだし、それがなければ現在の自動車産業のシステムだって生まれなかったはずだよ。

ウ〈生徒C〉確かに、工業化は僕らが考えている以上に社会や人々の生活を変えたのだろうね。ただ、筆者は社会の発展そのものよりも、発展によって近代以降の人々の意識に大きな変化が生まれたことの方を重要視しているのじゃないかな。

エ〈生徒A〉工業化によって労働の現場から個人性が失われただけでなく、消費の現場でも人々の行動に個人差がなくなったと述べられているものね。自分の固有性についての悩みの原因が工業の発展にあるのかもしれないなんて驚いたよ。

オ〈生徒C〉工業化だけでなく、民主主義からくる「みな同じ」という平等の考えにも、固有性についての悩みの原因があると書かれているね。僕たちが江戸時代に生まれていたら、「自分らしさ」なんて考えなかったのかもしれないわけだね。

6 傍線部④「そこに個性は必要ない。ときに邪魔でさえある」とあ可能な部品のようになる。この分業のあり方を※テーラーシステムと言うが、さまざまな産業に浸透していく。現在の自動車産業のシステムは、この分業の極限を示している。「他ならぬ自分であるからこそ」は、労働の現場から次第に消失していった。

大量に生産されたモノは、消費の現場に運ばれ、大量に消費される。そこでも、個人性は薄れてゆく。同じようなモノを皆が身に着け、同じようなモノを使い、同じような生活をする。近代の始まりは、そういう時代の始まりでもあった。皆平等になり、身分によって持ち物が違い、生活が違うということは、次第になくなっていった。消費のためのdシキン力の違いだけが問題になっていく。消費の場でも、人の取り換え可能性は高まっていく。「みんな」同じになっていった。近代に広まった民主主義の平等思想がこれを後押しした。「他ならぬ自分」という意識は、後退していく。

人々が「　⑤　、他の誰でもない自分」という※逆説を生きることになったのが近代という時代である。「みんな」とか「普通」とかという意識が人々の間にすっかり行きわたった頃から、人々はそういう自分を生きることに戸惑いや息苦しさを感じ始め、自分とは何か、個性とは何かという問い返しを始めた。唯一無二の自分を他者が規定してくれることはない。自分で規定するよりない。自分は何者だろう、自分は他の人とどこが違うのだろう、自分はどこが優れているのだろう、自分はどんな性格なのだろう、自分の個性はどこにあるのだろう、自分としてどういう人生を歩んだらよいのだろう……。容易に答えの出ない問いである。さまざまに考えた末にようやくたどり着く「自分」、それが「近代的自我」である。

【「近代的自我」を規定するためには言語を使う。誰かにそれを示すにも、言葉を用いるよりない。いろいろな言葉を使う。「優しい」「粘り強い」「したたかな」「少し気弱な」「正直な」「正義感の強い」「芯の強い」「努力できる」「おしゃれな」「シャイな」「傷つきやすい」……そういう自分が本当の自分だというように。しかし、いつまで経っても唯一無二の自分には行き当たらない。少し考えてみれば分かる。言葉は、誰にでも理解できるよう共有できるようにできている。「優しい」という言葉で自分を形容する人、他者に形容される人がどれだけいるか知れない。「優しい」の意味するところは、本当は一人ひとり違うだろう。でも、言葉は同じ、「優しい」。これに「粘り強い」を加えると、少し該当者の数は減るかもしれない。さらに「……」を加えると、……。どれだけ言葉を加えても、事情は変わらない。

言葉で語っている限り唯一無二には突き当たらない。唯一無二に突き当たらないだけでなく、本当は異なっているかもしれないものを同じ言葉で語る矛盾ばかりが大きくなる。言葉が悪いのではない。言葉とは、もともとそういう性質のものなのである。】

本当の自分は、言葉で表現しきることはできない。しようとすればするほど矛盾が大きくなるという理解が広がったときに、登場してきたのが「身体論」である。身体性……、その人の表情、しぐさ、熱、雰囲気、語り口……、その人の身体から立ち上がるもののすべてにこそ唯一無二性があるのではないかということである。人は、言葉で関係性を作っているという意識ばかりが強いけれど、本当は身体性を伴う形で関係性をeコウチクしている。そこには交換不可能な、その人だけのものがある。

生産から消費へ重点を移した社会は、工業から情報へ軸足を移そうとしている。※ポストモダンの到来が言われて久しい。社会が変化すると、社会的な動物である人間のあり方は変化する。社会に生きる「自分」の意味も変わる。今後も続く変化の中にあっても、⑥近代的自我が深めた混迷は収まることなく続くことであろう。そのことは意

二〇二二年度　昭和学院秀英中学校

【国　語】〈第二回試験〉（五〇分）〈満点：一〇〇点〉

＊設問の都合で、本文には一部省略・改変がある。
＊字数制限のある場合は、句読点なども字数に入れること。

一　次の文章を読んで、後の問いに答えなさい。

授業で「『ヒト』と『人間』では、何が違うか」と問うたことがある。「またまた……」と口をあんぐりしている生徒もあり、わけが分からないといった風情の生徒もいる。畳みかけるように訊く。「君たちは、ヒトであり人間であると思うが、たとえば絶海の孤島に一人で生きている人は、ヒトではあっても人間とは言えないのではないか、たとえば、狼に育てられた子の場合はどうか。」頭の働く生徒は、「なんだ。そういうことか」と質問の意図を理解する。人間には「間」がある。「間」は、自分以外に少なくとももう一人いないとできない。「間」とは、関係性のことである。絶海の孤島にいる人は、生物学的に「ヒト」であったとしても、人間ではない。誰かと関係を結ぶことができないからである。言葉の必要もない。人間は、徹頭徹尾、関係性の中を生きている、[①]的な動物である。

こんな問をしたこともある。「自分」という言葉、よく使うよね。[A]、自分の「分」って何？　何からの「分」なの？」こちらの方は、多くの生徒が即座に分かる。周囲の誰か、他者から分かたれるところの「自ら」、それが「自分」である。自分という言葉も、人間が[①]的な動物であることに根差している。

さて、次の質問に生徒はすぐには答えられない。多くの生徒が「何を言っているのやら」という顔をする。「自分という言葉と同じように、「※自我」という言葉、よく使われているよね。君たちの日常会話には、あまり出てこないかもしれないけど……。「自我」って、何？　この言葉を使うとき、ほとんどは「近代的自我」という意味で使うのだけれど、②近代以前の人には、それがなかったと考えられているのはなぜ？」。話し合いによって答えてもらおうとすると、質問が出る。「先生、前近代、たとえば江戸時代の人だって、自分という意識はあったのではありませんか？」。「うん、あったかもしれないね。でも、それは近代以降の人が「自我」と呼んでいるものとは全然違うものだと思うよ。どう違うのだろう？」「……。」話し合っても答えにいたることは少ない。③近代という時代の理解が問題なのである。

ごく大ざっぱに説明したい。近代社会とは、工業社会である。蒸気機関の発明に端を発している。工業化が進み、大量生産、大量aユソウが可能になり、大量消費の時代が幕を開ける。この大きな変化は、日本では明治の文明開化に始まる。否応なく人間観の変化をもたらしたが、その進み具合には差があったと思う。地方により、bリョウイキにより、産業により、人により……。大量生産の現場では、「熟練の解体」が起きる。[B]、背広の製作。近代以前には、職人が初めから最後まで一人で仕立てていた。人によって、仕事の出来に差があったことであろう。○○さんという職人が作った背広というところに価値を見いだしていたにちがいない。[C]、大量生産の現場には、熟練の仕立て職人はいらない。裁断するばかりの人、裏生地を付けるだけの人、ボタンを付ける人、襟を付ける人……、分業が始まる。熟練の職人がしてきた仕事は分解され、誰もができるcタンジュンな作業になる。その中で自分の分担だけをこなせばよい。※徒弟制度により継承されてきた熟練の技は、もはや必要ない。少し習熟すれば、誰にでもできる仕事ばかりがある。④そこに個性は必要ない。ときに邪魔でさえある。無機質な言い方になるが、そこで働く人は取り替え

2022年度

昭和学院秀英中学校　▶解説と解答

算　数　＜第２回試験＞（50分）＜満点：100点＞

解　答

1　ア　2　イ　$\frac{8191}{8192}$　ウ　975　エ　78　オ　$\frac{97}{98}$　2　(1)　75.36cm^2　(2)　33.875cm^2　(3)　197.82cm^3　(4)　2 cm　(5)　エ　3　(1)　6個　(2)　7　(3)　31　4　(1)　1：2　(2)　3：2：4：6　(3)　11：6　5　ア　138　イ　195.5　ウ　B　エ　414　オ　280

解　説

1　逆算，計算のくふう，売買損益，場合の数，分数の性質

(1)　18－3×(4×□－3)＝3より，3×(4×□－3)＝18－3＝15，4×□－3＝15÷3＝5，4×□＝5＋3＝8　よって，□＝8÷4＝2

(2)　右の図のように，正方形の面積を半分の$\frac{1}{2}$，その半分の$\frac{1}{4}$，そのまた半分の$\frac{1}{8}$，…と分けていき，それらの面積を加えると，はじめの正方形の面積から最後の$\frac{1}{8192}$の面積を引いたものになる。よって，$\frac{1}{2}+\frac{1}{4}+\frac{1}{8}+\frac{1}{16}+\frac{1}{32}+\frac{1}{64}+\frac{1}{128}+\frac{1}{256}+\frac{1}{512}+\frac{1}{1024}+\frac{1}{2048}+\frac{1}{4096}+\frac{1}{8192}=1-\frac{1}{8192}=\frac{8191}{8192}$となる。

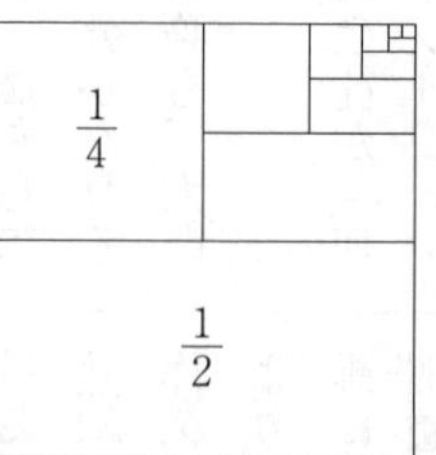

(3)　仕入れ値を1とすると，定価は，1×(1＋0.2)＝1.2，定価の2割引きは，1.2×(1－0.2)＝0.96になる。よって，赤字の39円が，1－0.96＝0.04にあたるから，仕入れ値は，39÷0.04＝975(円)とわかる。

(4)　4人がボールを選ぶ選び方は全部で，3×3×3×3＝81(通り)ある。また，4人が同じ1色のボールを選ぶ選び方は3通りある。よって，2色以上のボールを選ぶ選び方は，81－3＝78(通り)ある。

(5)　1より小さい分数を小数に直すと，$\frac{97}{100}$＝0.97，$\frac{98}{100}$＝0.98，$\frac{99}{100}$＝0.99，$\frac{97}{99}$＝0.9797…，$\frac{98}{99}$＝0.9898…，$\frac{97}{98}$＝0.9897…となる。よって，小さい順に並べると，$\frac{97}{100}$，$\frac{97}{99}$，$\frac{98}{100}$，$\frac{97}{98}$，$\frac{98}{99}$，$\frac{99}{100}$になるので，小さい方から4番目の分数は$\frac{97}{98}$とわかる。

2　表面積，面積，体積，長さ，展開図

(1)　円すいの底面積は，3×3×3.14＝9×3.14(cm^2)である。また，円すいの側面積は，(母線)×(底面の円の半径)×(円周率)で求められるので，5×3×3.14＝15×3.14(cm^2)となる。よって，この円すいの表面積は，9×3.14＋15×3.14＝(9＋15)×3.14＝24×3.14＝75.36(cm^2)と求められる。

(2)　下の図①で，太線で囲んだ正方形の面積は，100×$\frac{1}{4}$×2＝50(cm^2)だから，a×a＝50とな

り，大きい方の円の半分(半円)の面積は，$a \times a \times 3.14 \div 2 = 50 \times 3.14 \div 2 = 78.5$(cm²)である。また，$100 = 10 \times 10$より，正方形の１辺の長さは10cmだから，$b$の長さは，$10 \div 2 = 5$(cm)となる。したがって，直角二等辺三角形アとイの面積の和は，$5 \times 5 \div 2 \times 2 = 25$(cm²)で，四分円ウの面積は，$5 \times 5 \times 3.14 \times \frac{1}{4} = 19.625$(cm²)とわかる。よって，斜線(しゃせん)部の面積は，$78.5 - 25 - 19.625 = 33.875$(cm²)となる。

(3) 下の図②で，斜線部のうち，おうぎ形の部分を矢印のように移動して，直線ABのまわりに一回転してできる立体は，下の図③のような，底面の円の半径が６cmで高さが６cmの円すいから，底面の円の半径が３cmで高さが３cmの円すいをのぞいたものになる。よって，求める体積は，$6 \times 6 \times 3.14 \times 6 \times \frac{1}{3} - 3 \times 3 \times 3.14 \times 3 \times \frac{1}{3} = (72 - 9) \times 3.14 = 63 \times 3.14 = 197.82$(cm³)である。

(4) 下の図④のように，ACとBDの交わる点をHとし，OHとEFの交わる点をＩとすると，直線AIは，３点Ａ，Ｅ，Ｆを通る平面上にも，三角形OAC上にもある。そこで，３点Ａ，Ｅ，Ｆを通る平面と辺OCが交わる点Ｇは，AIをのばした直線と辺OCが交わる点となる。また，点Ｅ，ＦはOB，ODの真ん中の点だから，点ＩはOHの真ん中の点となる。よって，AGをのばした直線と，点Ｏを通りACに平行な直線が交わる点をＪとすると，三角形AHIと三角形JOIは合同になるので，JOとAHの長さは等しくなる。すると，JO：AC＝１：２となり，三角形OJGと三角形CAGは相似だから，OG：CG＝JO：AC＝１：２とわかる。したがって，OGの長さは，$6 \times \frac{1}{1+2} = 2$(cm)と求められる。

(5) 下の図⑤で，アはＭとＮの部分がぴったり合わない。イとウはそれぞれＯとＰの部分が正三角形と重なる。エはＱとＲの部分がぴったり合う。よって，エとわかる。

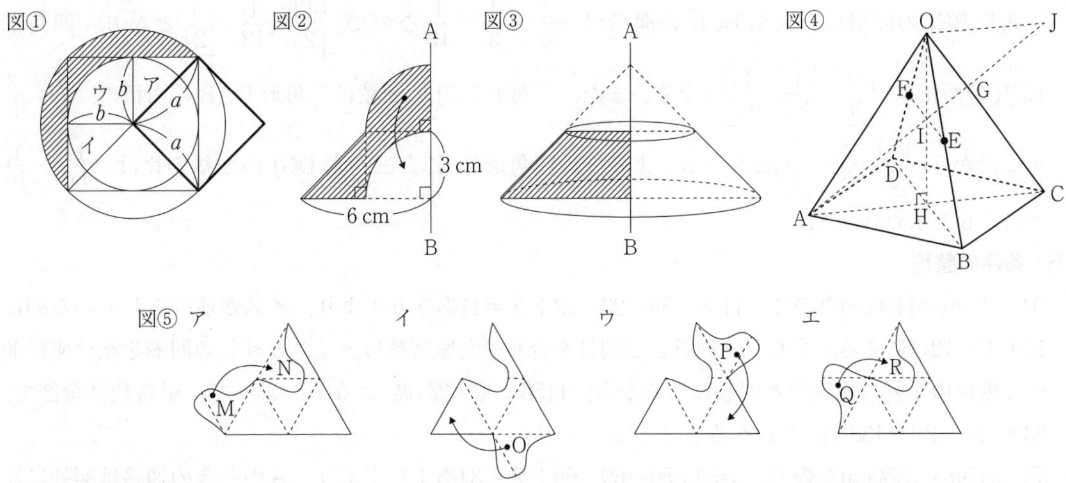

3 約束記号，整数の性質

(1) aは２と異なる素数なので，$2 \times 2 \times a$の約数は，１，２，a，2×2，$2 \times a$，$2 \times 2 \times a$となり，その個数は６個である。

(2) 《$2 \times 2 \times a$》$= 1 + 2 + a + 2 \times 2 + 2 \times a = 3 \times a + 7$となるので，$3 \times a + 7 = 2 \times 2 \times a$，$3 \times a + 7 = 4 \times a$，$4 \times a - 3 \times a = 7$，$(4 - 3) \times a = 7$より，$a = 7$とわかる。

(3) $2 \times 2 \times 2 \times 2 \times a$の約数は，１，２，$a$，$2 \times 2$，$2 \times a$，$2 \times 2 \times 2$，$2 \times 2 \times a$，$2 \times 2 \times 2 \times 2$，$2 \times 2 \times 2 \times a$，$2 \times 2 \times 2 \times 2 \times a$だから，《$2 \times 2 \times 2 \times 2 \times a$》$= 1 + 2 + a +$

$2\times2+2\times a+2\times2\times2+2\times2\times a+2\times2\times2\times2+2\times2\times2\times a=15\times a+31$になる。よって，$15\times a+31=2\times2\times2\times2\times a$，$15\times a+31=16\times a$，$16\times a-15\times a=31$，$(16-15)\times a=31$より，$a=31$と求められる。

4 平面図形─相似，辺の比と面積の比

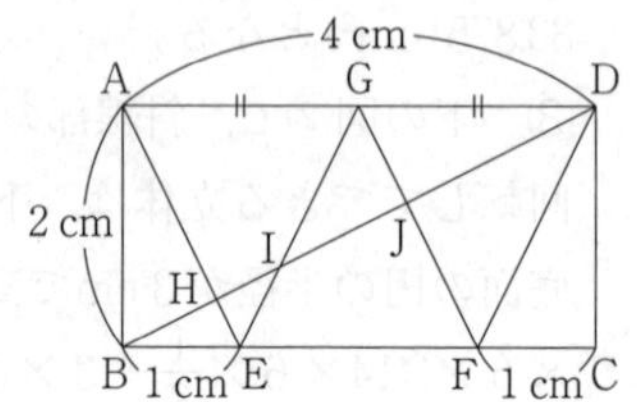

⑴　右の図で，AG＝GD＝４÷２＝２(cm)，BF＝４－１＝３(cm)である。三角形BEHと三角形DAHは相似なので，BH：HD＝BE：DA＝１：４となり，BDの長さを１とすると，BHの長さは，$1\times\frac{1}{1+4}=\frac{1}{5}$になる。また，三角形BFJと三角形DGJは相似だから，BJ：JD＝BF：DG＝３：２となり，BJの長さは，$1\times\frac{3}{3+2}=\frac{3}{5}$になる。よって，HJの長さは，$\frac{3}{5}-\frac{1}{5}=\frac{2}{5}$なので，BH：HJ＝$\frac{1}{5}:\frac{2}{5}$＝１：２である。

⑵　三角形BEIと三角形DGIは相似なので，BI：ID＝BE：DG＝１：２となり，BIの長さは，$1\times\frac{1}{1+2}=\frac{1}{3}$になるから，HIの長さは，$\frac{1}{3}-\frac{1}{5}=\frac{2}{15}$，IJの長さは，$\frac{3}{5}-\frac{1}{3}=\frac{4}{15}$である。よって，JDの長さは，$1\times\frac{2}{3+2}=\frac{2}{5}$なので，BH：HI：IJ：JD＝$\frac{1}{5}:\frac{2}{15}:\frac{4}{15}:\frac{2}{5}$＝３：２：４：６と求められる。

⑶　長方形ABCDの面積を$\boxed{1}$とすると，三角形BCDの面積は，$\boxed{1}\times\frac{1}{2}=\boxed{\frac{1}{2}}$となり，三角形BFJの面積は三角形BCDの面積の，$\frac{BF}{BC}\times\frac{BJ}{BD}=\frac{3}{4}\times\frac{3}{5}=\frac{9}{20}$だから，$\boxed{\frac{1}{2}}\times\frac{9}{20}=\boxed{\frac{9}{40}}$である。同様に，三角形BEIの面積は三角形BCDの面積の，$\frac{1}{4}\times\frac{1}{3}=\frac{1}{12}$なので，$\boxed{\frac{1}{2}}\times\frac{1}{12}=\boxed{\frac{1}{24}}$となり，四角形EFJIの面積は，$\boxed{\frac{9}{40}}-\boxed{\frac{1}{24}}=\boxed{\frac{11}{60}}$になる。また，三角形DGJの面積は三角形DABの面積の，$\frac{1}{2}\times\frac{2}{5}=\frac{1}{5}$だから，$\boxed{\frac{1}{2}}\times\frac{1}{5}=\boxed{\frac{1}{10}}$とわかる。よって，四角形EFJIと三角形DGJの面積の比は，$\frac{11}{60}:\frac{1}{10}$＝11：６と求められる。

5 条件の整理

⑴　11.5m＝1150cmなので，1150÷50＝23，23÷２＝11あまり１より，イスが並べられている列は，11＋１＝12(列)ある。また，１列目と２列目を合わせた座席数は，イスどうしの間隔(かんかく)を空けずに並べた場合の１列の座席数と同じになるから，1150÷50＝23(席)となる。よって，座席数は全部で，23×(12÷２)＝138(席)とわかる。

⑵　34.5m＝3450cmなので，3450÷50＝69，69÷２＝34あまり１より，Ａのときの通路は34列になる。すると，Ａのときの通路の面積の合計は，0.5×11.5×34＝195.5(m^2)(…イ)となる。次に，Ａのときのイスが並べられている列は，34＋１＝35(列)あり，34列目までは２列につき23席，35列目には，23÷２＝11あまり１より，12席並ぶから，全部の座席数は，23×(34÷２)＋12＝403(席)となる。一方，Ｂのときのイスが並べられている列は，⑴のときと同じ12列で，⑴と同様に考えると，２列につき座席は，3450÷50＝69(席)あるので，全部の座席数は，69×(12÷２)＝414(席)となる。よって，座席数が多いのはＢ(…ウ)で414席(…エ)とわかる。また，11.5÷(0.5＋１)＝７あまり１より，Ａでイスどうしの左右の間隔を１mにしたとき，１列の座席数は，７＋１＝８(席)となる。

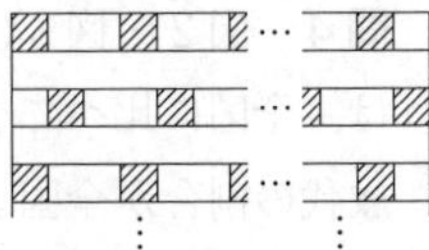

そして，前後の座席を重ならないようにするとき，右の図のようにすれば，どの列にも８席並べることができる。よって，もっとも多いときの座席数は，８×35＝280(席)(…オ)と求められる。

社 会　＜第２回試験＞（40分）＜満点：50点＞

解 答

1　問１　ア　問２　高潮　問３　(1)　カ　(2)　エ　問４　(例)　ともに高齢者の割合が小さく，沖縄県は出生に伴う人口の自然増加が，東京都は若年層の移住に伴う人口の社会増加が背景にある。　2　問１　エ　問２　イ　問３　(1)　ウ　(2)　インド　問４　ロシア　3　イ，キ，ク　4　A　北条政子　B　北条泰時　C　親鸞　D　足利義政　E　織田信長　問１　２番目…エ　４番目…ウ　問２　イ　問３　ア　問４　エ　問５　ウ，エ　問６　関所　5　ア，カ，キ　6　問１　会津藩　問２　ウ　問３　学問のすゝめ　問４　エ　問５　慶應(慶応)　問６　平塚らいてう　問７　(例)　この文は女性の自立や社会進出を励ます文となり，女性参政権獲得運動などにつながった。民主化を求めるGHQが主導した戦後改革により，1945年に女性参政権が実現した。　7　問１　1　(例)　下落する　2　合併　3　環境省　問２　ウ　問３　キ　問４　(例)　Zの住民投票は，条例を根拠として行われるが，結果に法的な拘束力は伴わない。　問５　エ　問６　２番目…イ　３番目…ア

解 説

1　日本の産業や人口などについての問題

問１　たい肥とは，稲わら・落ち葉・牛や豚の家畜ふん尿などを，微生物の力を使って分解させたものである。たい肥には肥料としての効果のほか，土に混ぜることで土をやわらかくして水はけや通気性をよくするという土壌改善の効果もあるが，雑草の除去や害虫駆除はできないので，農薬の代わりにはならない。

問２　台風や発達した低気圧が近づくことで海水の水位が上昇し，沿岸に高波が押し寄せる現象を高潮という。高潮が満潮に重なると，海岸付近の地域では浸水などの被害が大きくなる。

問３　(1)　島や岬に囲まれ，波が穏やかな広島湾では，栄養分が豊富なことを生かしてかきの養殖がさかんに行われている。広島県のかきの養殖収獲量は全国の約60％を占め，全国第１位をほこる。また，広島県安芸郡府中町には日本有数の自動車会社の本社があり，自動車産業が発達している。統計資料は『データでみる県勢』2021年版などによる(以下同じ)。　(2)　静岡県西部の浜松市には，世界的な輸送用機械や楽器メーカーの本社があり，自動車・オートバイの生産がさかんなことから，輸送用機械器具が同県の製造品出荷額等の約４分の１を占める。また，「紙のまち」として発展した県東部の富士市は，製紙・パルプ工業がさかんなことで知られ，静岡県の製紙・パルプ工業の製造品出荷額等は全国で最も多い。なお，静岡県の沿岸部に位置するこれらの都市は，東海工業地域を形成している。

問４　図２・図３によると，沖縄県の70歳代や85歳以上の割合と，東京都の60歳代・70歳代の割合は，全国に比べて小さい。また，沖縄県は10歳未満の割合が全国よりも大きく，東京都は20歳～40歳代の割合が全国よりも大きいことが読み取れる。ここから，沖縄県はほかの都道府県に比べて出生率が高く人口の自然増加があり，東京都は若年層の流入(ほかの道府県からの移住)による人口の社会増加があると推測できる。

2　世界の地理についての問題

問１　A　日付変更線は180度の経線に沿って設定されているが，陸地や島があるところはさけられている。　B　ロシアやアメリカのように，東西に広い国の中には，標準時が複数設定されている国もある。

問２　カスピ海は，ヨーロッパと西アジアの間に位置する世界最大の湖で，日本の国土面積と同じくらいの大きさがある。なお，アフリカで最も面積の大きな湖は，ウガンダ・タンザニア・ケニアに囲まれたヴィクトリア湖である。

問３　(1)，(2)　2019年における世界のGDP第１位はアメリカ，第２位は中国，第３位は日本，第４位はドイツ，第５位はインドである。この上位４カ国を人口の多い順に並べると，中国→アメリカ→日本→ドイツとなる。なお，それぞれの人口は，(GDP)÷(１人あたりGDP)で求めることができる。

問４　1957年，ソ連が史上初となる人工衛星スプートニク１号の打ち上げに成功すると，ソ連とアメリカの宇宙開発競争が始まった。近年は中国の打ち上げ数が多くなっているが，累計で最も多いのはロシア(ソ連時代をふくむ)である。

3　公地公民制のもとでの負担や武士についての問題

Eより，成人男子にのみ課せられる税や労役があり，男子の負担が重かったことがわかるので，アは誤りで，イは正しい。また，租や出挙は国司の役所に納めたとあるので，ウは誤っている。Dより，防人が和歌をよんでいたことがわかるので，エも誤っている。A・B・Fより，口分田の支給は少ないものの，負担の軽い女性に戸籍をいつわっていたことがわかるので，オも誤りである。Gに，田畑の面積に応じて国司が農民に税を負わせるしくみに変わったとあるので，カも誤っている。10世紀以降，清和天皇を祖とする源氏や桓武天皇を祖とする平氏が地方で武士団を組織し，土地を守ろうとしたので，キは正しい。Jより，都の貴族に田畑を寄進して荘官となる武士がいたことがわかるので，クも正しい。

4　歴史上の人物についての問題

A　北条政子は，鎌倉幕府を開いた初代将軍源頼朝の妻で，頼朝の死後，幕府の政治に深くかかわったことから尼将軍とよばれた。1221年に後鳥羽上皇が承久の乱を起こしたときには，動揺する御家人たちを前に将軍の恩にむくいてほしいと結束を訴え，幕府方を勝利に導いた。　**B**　北条泰時は鎌倉幕府の第３代執権で，承久の乱を鎮めた第２代執権北条義時の長男である。1232年には最初の武家法である御成敗式目(貞永式目)を定め，政治や裁判のよりどころを示した。　**C**　法然の弟子であった親鸞は，浄土真宗を開いた鎌倉時代の僧である。人はみな，南無阿弥陀仏と念仏を唱えることで救われるとし，罪深い悪人を救うことこそが阿弥陀仏の本願であるという悪人正機説を説いた。　**D**　室町幕府の第８代将軍足利義政は，その後継者をめぐって起こった応仁の乱(1467～77年)をさけ，京都東山の山荘にこもって芸術をたしなむなどした。山荘内には，銀閣

(慈照寺)が建てられた。　**E**　天下布武の印章を使ったのは，尾張(愛知県)の戦国大名織田信長である。天下統一を目指したが，1582年に本能寺で家臣の明智光秀にそむかれて自害した(本能寺の変)。

問１　時代の古い順に，イ(1180年)→エ(1185年)→オ(1189年)→ウ(1192年)→ア(1221年)となる。

問２　源頼朝が1185年に弟の義経を捕える名目で全国に守護と地頭を置いたことから，鎌倉時代の諸国では，朝廷が任命した国司と幕府が配置した守護による二重支配が行われた。また史料より，守護の権限は軍事権と警察権であったことがわかる。

問３　Ｃの解説を参照のこと。なお，ウは臨済宗や曹洞宗などの禅宗，エは法華(日蓮)宗にあてはまる。

問４　書院造は，足利義政が京都東山につくった山荘内の東求堂同仁斎に用いられた建築様式で，今日の和風住宅のもととなった。禅宗の影響を受け，ふすまやあかり障子などで仕切られた部屋には畳がしきつめられており，床の間や違い棚を備えていることが特徴である。

問５　応仁の乱は，将軍の後継者をめぐる争いに，細川勝元と山名持豊(宗全)の勢力争いや管領家の相続争いが結びついて起こった戦乱で，1467年から1477年まで続いた。その結果，京都の町は焼け野原になって荒廃したため，京都の公家や貴族は大名をたよって地方に下り，京都の文化が地方へと伝わった。また，下の身分の者が上の身分の者をたおして実力で成り上がっていく下剋上の風潮が広まった。よって，エが誤っている。なお，ウは「悪党」ではなく「足軽」が正しい。悪党とは，鎌倉時代後期に現れるようになった，幕府や荘園領主に反抗する武士のことをいう。

問６　室町時代には，幕府・寺社・公家などが交通の要地に関所を設け，通行税を徴収して財源としていたが，織田信長は商人の活動を活発にして商業をさかんにするため，支配地で関所を撤廃する政策をとった。

５　江戸時代の外交についての問題

徳川家康が行った朱印船貿易の説明としてア，琉球王国が中国への朝貢と江戸幕府への使節派遣を行っていた説明としてカ，蝦夷地(北海道)でとれた海産物が長崎から中国に輸出された説明としてキが正しい。イについて，1613年に全国に禁教令を出したのは，江戸幕府の第２代将軍徳川秀忠である。ウは「平戸の出島に」ではなく「平戸から長崎の出島に」が正しい。エについて，生糸は中国からの輸入品であった。オは「福岡藩」ではなく「対馬藩」，クは「ロシア船」ではなく「イギリス船」，ケは「日米修好通商条約」ではなく「日米和親条約」が正しい。

６　明治時代の人物や政治，文化についての問題

問１　1868年から1869年にかけての１年半にわたり，薩摩藩(鹿児島県)と長州藩(山口県)を中心とする新政府軍と旧幕府軍との間で行われた戦いを，戊辰戦争という。白虎隊は，この戦争のときに15歳前後の会津藩士の子弟によって組織された部隊で，会津若松城付近の飯盛山は，白虎隊が自害した地として知られる。

問２　一部の藩出身者のみで行われる藩閥政治への不満が高まると，国民の政治参加を求める自由民権運動が広がった。これを受けて明治政府が1890年に国会を開くことを約束すると，板垣退助は1881年にフランス民権思想の影響を受けた自由党を，大隈重信は1882年にイギリス流の議会政治を目指す立憲改進党を結成した。なお，伊藤博文・木戸孝允は長州藩出身，大久保利通は薩摩藩出身の政治家で，明治政府の中心として活躍した。西郷隆盛は薩摩藩出身だが，土佐藩(高知県)出身の

板垣退助とともに政府を去ったのち，1877年に故郷の鹿児島で西南戦争を起こして新政府軍に敗れた。

問３　福沢諭吉は，明治時代初めに「天は人の上に人をつくらず」の始まりで有名な『学問のすゝめ』を著した。人間の平等や学問の重要性を説いたこの本は当時の人々に大きな影響を与え，ベストセラーとなった。

問４　適塾は，1838年から1862年までの間，蘭学者・医者であった緒方洪庵が大阪で開いた蘭学塾で，福沢諭吉のほか，大村益次郎や橋本左内など，新しい時代の幕開けや日本の近代化を支えた多くの人材が育った。なお，アは大阪の商人らが創設した学問所，イは吉田松陰が山口県萩市で営んだ私塾，ウは大槻玄沢が江戸に開いた蘭学塾，オはオランダ人医師のシーボルトが長崎につくった私塾。

問５　福沢諭吉は江戸に蘭学塾を開いのち，これを英学塾にすると，1868年には現在の港区芝に移して慶應義塾と命名した。なお，慶應という元号は1865年から1868年まで使用され，次の元号は明治とされた。

問６　平塚らいてうは婦人運動家で，明治時代の終わりから昭和時代初めにかけ，女性の地位向上を目指して活動した。1911年に青鞜社を設立し，女性による女性のための雑誌「青鞜」を創刊したほか，1920年には市川房枝らとともに新婦人協会を結成し，婦人参政権の獲得などを訴えた。

問７　Ｃは雑誌「青鞜」の創刊号の書き出しで，女性の自立を訴える内容となっている。これは，女性の社会進出や権利獲得のための運動を励ますようなものだといえる。そして，1945年に衆議院議員選挙法が改正され，日本でも女性参政権が実現した。これは，戦後に日本の統治にあたったGHQ(連合国軍最高司令官総司令部)の民主化政策の一環として行われた。

7　現代の社会についての問題

問１　**１**　デフレーション(デフレ)とは，市場における貨幣量が減少することで貨幣価値が上がり，物価が持続的に下落する状態をいう。　**２**　1990年代後半から2010年ころにかけて，首長や議員などの数を減らして支出を減らすという効果や，小規模な市町村では困難であった行政サービスを可能にするという効果などを目的として，全国的に市町村合併が行われた。　**３**　高度経済成長期に公害問題が深刻化したため，環境対策を行う専門の役所として1971年に環境庁が発足した。2001年の中央省庁再編のさい，環境庁は省へ格上げされて環境省となり，自然の保全・整備，野生動植物保護，公害規制，リサイクル対策などを担うようになった。

問２　Ａ　北大西洋条約機構(NATO)は，冷戦を背景にアメリカ・イギリス・フランスなどが中心となって結成した集団防衛機構で，地域紛争の解決などを目的に活動している。1949年に原加盟国12カ国で発足したが，冷戦後には東ヨーロッパの国々なども加盟し，2022年２月現在，30カ国が加盟している。なお，ワルシャワ条約機構は，北大西洋条約機構に対抗し，ソ連を中心とする東ヨーロッパ諸国で結成された軍事同盟である。　Ｂ　2001年９月11日，アメリカのニューヨークとワシントンで同時多発テロが発生した。アメリカのブッシュ大統領はテロの実行犯らをアフガニスタンがかくまっているとして攻撃し，タリバン政権を崩壊させた。なお，湾岸戦争は1990年のイラクによるクウェート侵攻に対し，アメリカ軍を中心とする多国籍軍がイラクを空爆したことから始まった。　Ｃ　2014年にウクライナで反政府デモが起こって親ロシア派の大統領が解任されると，ロシアのプーチン大統領はクリミアに軍事介入し，クリミアのロシアへの編入を宣言した。このウクライナ問題を受けて，ロシアはサミットへの参加を停止された。なお，パレスチナ問題は，パレスチナ地域をめぐるユダヤ人とアラブ人との宗教的・政治的対立をいう。

問３　1985年９月，日本の貿易黒字を減らすため，為替相場を円高・ドル安に向けていくというプラザ合意が，先進国の間で成立した。これにより，日本の輸出産業は打撃を受けたが，日本銀行が金利を引き下げたため，お金を借りる人が増え，資産として土地や株を買う動きが広がった。そのため，地価や株価が実態以上に大きく上昇したが，1990年代初めには大きく値下がりした。このときの経済は，泡(バブル)がふくらんではじけたように終わったことから，バブル景気とよばれる。

問４　住民投票は，その地域の住民にとって重要な特定の問題について賛成か反対かを住民に直接問う制度で，地方議会が住民投票条例を制定して実施する。しかし，法的な拘束力はないため，首長や議会は必ずしもその結果にしたがう必要はないとされている。

問５　行政改革の一環として，2001(平成13)年１月に中央省庁が１府(総理府)22省庁から１府(内閣府)12省庁に再編された。なお，アは2009(平成21)年，イは1994(平成６)年，ウは2000(平成12)年に行われた。

問６　時代の古い順に，ウ(消費税が初めて導入されたのは1989年)→イ(小泉純一郎が首相であったのは2001～2006年)→ア(政権交代が行われたのは2009年)→エ(特定秘密保護法の制定は2013年，集団的自衛権の限定的行使を容認する閣議決定は2014年)となる。

理　科　＜第２回試験＞(40分)＜満点：50点＞

解　答

[1] **問１**　40g　**問２**　80g　**問３**　50g　[2] **問１**　80g　**問２**　50g　**問３**　**あ**　30　**い**　25　**う**　1.2　**え**　240　**問４**　48g　[3] **問１**　ウ　**問２**　③　**問３**　(例)　水　**問４**　３，４，５　**問５**　**A**　ウ　**B**　イ　**C**　ア　**D**　エ　**E**　エ　**問６**　ア，エ　[4] **問１**　白くにごっている。　**問２**　ア，イ，エ　**問３**　解説の図を参照のこと。　**問４**　B，D　**問５**　水素　**問６**　**A**　酢酸　**D**　水酸化ナトリウム水溶液　**E**　こい塩酸

解　説

[1] 棒のつり合いについての問題

問１　おもりBの重さを□gとすると，棒のつり合いから，60×10＝□×(25－10)の関係が成り立ち，□＝600÷15＝40(g)となる。

問２　棒Tの重さは棒Tの中心にあるものとして計算するので，棒Tの重さを□gとすると，20×10＝□×(25÷２－10)の関係が成り立ち，□＝200÷2.5＝80(g)である。

問３　おもりDの重さを□gとすると，□×10＝80×(25÷２－10)＋20×(25－10)の関係が成り立ち，□＝(80×2.5＋20×15)÷10＝50(g)と求められる。

[2] ばねの伸びと力，浮力についての問題

問１　このばねは40gのおもりをつり下げると２cm伸びるので，おもりAの重さは，$40\times\frac{4}{2}=80$(g)である。

問２　図２で，ばねには下向きに引く力が，$40\times\frac{1.5}{2}=30$(g)かかっている。したがって，おもりAが水から受ける浮力の大きさは，80－30＝50(g)になる。

問３　**あ**　おもりAを液体に半分だけ沈めたときに液体から受ける浮力の大きさは，$80-40\times\frac{2.5}{2}=30$(g)である。　**い**　液体が水であれば，おもりAが水から受ける浮力の大きさは，問２のときの半分になるので，50÷２＝25(g)となる。　**う**　同じ体積の水の重さに対するこの液体の重さは，30÷25＝1.2(倍)より，比重は1.2である。　**え**　容器中には水200gと同じ体積だけ比重1.2の液体が入っているため，容器中の液体の重さは，200×1.2＝240(g)となる。

問４　おもりBは体積の割合で，100－20＝80(％)が液体の中にあるので，おもりBにはたらく浮力の大きさは，50×1.2×0.8＝48(g)になる。物体が液体に浮いているとき，物体の重さと物体が液体から受ける浮力の大きさは等しいから，おもりBの重さも48gである。

３　栄養素の消化と吸収についての問題

問１　五大栄養素にはいくつもの種類の物質が含まれ，物質ごとにはたらく酵素が決まっているため，ヒトの体の中では多くの種類の酵素がつくられている。また，１つの栄養素の消化にいくつもの酵素がかかわっている場合もある。なお，酵素は一度はたらいた後も何度もはたらくが，これは多くの種類の酵素が必要な理由として適さない。

問２　炭水化物とタンパク質は分解された後，小腸の毛細血管から吸収され，脂肪は分解された後，小腸のリンパ管から吸収される。

問３　水やミネラル(ナトリウムなど)は五大栄養素とともに小腸から吸収されるが，大腸でも吸収される。

問４　ジャガイモを切って１cm角よりも小さくしたり，実験４のようにすりおろしたりすると，消化液とふれる面積が大きくなるため，デンプンが分解される速さが実験１よりも速くなる。また，実験３や実験５の形状にしたジャガイモをもむと，新しい消化液とふれやすくなるので，デンプンが分解される速さが実験１よりも速くなる。

問５　炭水化物はすぐに使われるエネルギー源となり，脂肪はエネルギー源として皮下や内臓に蓄えられている。また，タンパク質は筋肉や内臓，血液などをつくる材料となり，ビタミンやミネラルは体調を整えたり，骨をつくるのを助けたりする。

問６　消化管はいくつかの筋肉からできていて，その筋肉が収縮をくり返すことで食べた物を肛門側に送っている。また，胃の入口や出口が必要に応じて閉じることで，食べたものが逆流しないしくみになっている。

４　水溶液の性質についての問題

問１　貝殻に塩酸や酢酸などの酸性の水溶液を加えると，二酸化炭素が発生する。これを石灰水に通すと白くにごる。つまり，Bは石灰水である。

問２　サンゴや石灰石には，貝殻と同じように炭酸カルシウムが含まれていて，炭酸カルシウムに塩酸や酢酸を加えると二酸化炭素が発生する。また，重曹に塩酸や酢酸を加えても二酸化炭素が発生する。

問３　塩酸と水酸化ナトリウム水溶液をほどよく混合すると食塩水ができ，食塩水を蒸発させると食塩の粒が出てくる。食塩の粒は右の図のように，立方体に近い形をしている。

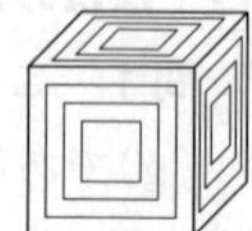

問４　実験３でＣとＤ，実験５でＤとＥを混合したものを蒸発させると食塩が得られたことと，実験２で貝殻にＣを加えると二酸化炭素が発生したことから，ＣとＥは塩酸，Ｄは水酸化ナトリウム水溶液とわかる。また，Ｂは石灰水なので，残るＡは酢酸である。赤色リトマス紙にアルカリ性の水溶液をつけると，色が青色に変化する。アルカリ性の水溶液は，ここではＢの石灰水とＤの水酸化ナトリウム水溶液があてはまる。

問５　実験１では，塩酸や酢酸などの酸性の水溶液にマグネシウム片を加えることで，水素が発生している。また，実験４で，酸性の水溶液にアルミニウムの粉末を加えたり，水酸化ナトリウム水溶液にアルミニウムの粉末を加えたりしても，水素が発生する。

問６　問４で述べたように，Ａは酢酸，Ｄは水酸化ナトリウム水溶液である。また，実験１でマグネシウム片と最も激しく反応したのはＥなので，Ｅはこい塩酸，Ｃはうすい塩酸となる。

国　語　＜第２回試験＞（50分）＜満点：100点＞

解　答

一　**1**　下記を参照のこと。　**2**　ウ　**3**　社会　**4**　（例）　前近代の人々には身分差があったため，持ち物や生活の質など他者と異なるのが当然で，近代社会の人々のように自分とは何かを考えなくて良かったから。　**5**　イ　**6**　ア，オ　**7**　（例）　他の誰にでもなれる　**8**　イ　**9**　エ　二　**1**　a　ア　b　ウ　c　オ　**2**　エ　**3**　ウ　**4**　イ　**5**　オ　**6**　ア　**7**　子どもだまし　**8**　エ　**9**　（例）　張りぼてではあっても本物そっくりの戦車を作ることで，作っていた「僕」や大城が戦争について人の死をふくめ現実に起こったできごととして考えるきっかけとなったということ。

●漢字の書き取り

一　1　a　輸送　b　領域　c　単純　d　資金　e　構築

解　説

一　**出典は村上慎一（むらかみしんいち）の『読解力を身につける』による。**誰（だれ）かとの関係性の中を生きる人間の性質について，近代における工業化にともなう人間観の変化を例にあげながら説明している。

1　a　荷物や商品，人などを別の場所へ運ぶこと。　b　人が活動したり，関心や知識を持ったりする範囲（はんい）。　c　簡単でわかりやすいこと。　d　会社や事業といった目的に使うための，まとまった量のお金。　e　組み立てて築き上げること。

2　A　「自分」という言葉をあげたうえで，「自分の『分』って何？」と言葉を構成する文字自体を話題にしているので，それまで述べてきたことをいったん打ち切り，話題を変えるときに用いる「ところで」が入る。　B　工業化が進むと，大量生産の現場では「熟練の仕立て職人」がいらなくなる「熟練の解体」が起きた。「背広の製作」は大量生産の現場の具体的な例なので，「たとえば」がふさわしい。　C　近代以前には腕（うで）のいい職人がつくったこと自体に価値があったが，近代以降は分業が進み，熟練の技は不要になったという文脈である。よって，前のことがらを受けて，それに反対する内容を述べるときに用いる「しかし」が合う。

3　ひとつ目の空欄（くうらん）①の前の部分で，人間は常に自分以外の「誰かと関係を結」び，他者との「関係性の中を生き」る動物だと筆者は述べている。最後の段落にあるとおり，人間は「社会的な動物」であり，人が集まってつくる集団「社会」の中で生きているのである。「社会的」とは他者と関わり合いながら生きる性質を指す。

4　空欄⑤のある段落をみると，「自我」は，近代社会の変化のなかで，「みんな」と同じような自分を生きることへの「戸惑い」や「息苦しさ」とともに生まれたものであると説明している。裏を返せば，「皆平等」になる近代以前は人々の間に身分に差があり，各人の「身分によって持ち物が違い，生活が違う」ことが当たり前だったので，自分と人との違いに悩むこともなかったとわかる。

5　「自動車産業のシステム」について筆者は，あくまで分業を進めた生産現場の一例として取り上げており，工業化による社会の発展を重視しているわけではないので，イが誤り。

6　筆者が述べる「個性」とは，職人が継承してきた「熟練の技」に代表されるような，その人ならではの仕事を指す。アで述べられた，「他の働き手との技術的な差や仕事をこなす速さに悩まなくて済む」ことは，個性が必要なくなったことの結果であり，理由ではないため，誤り。また，オも労働の現場ではなく消費の現場についての話であるため，正しくない。

7　続く部分で筆者は，近代の人々が皆「同じ」ような生活を送り，「普通」「平等」といった意識が広まったことで，かえって自分と他者との「違い」や「個性」とは何かを悩み始めたことを説明し，一見矛盾のようにも思えるこれこそが「近代的自我」のめばえだとしている。人は近代以降，一見すると他の皆と同じようで，それでいて「他の誰でもない自分」を探し求めるようになったのである。

8　筆者は，「唯一無二の自分」を表現しようとして言葉を用いてもうまくいかないことについて，「優しい」という言葉を例にあげて説明している。言葉は誰にでも理解できるよう認識の共有を目的にしているため，同じ「優しい」という言葉で形容すると一人ひとりの違いがわからなくなってしまう。これは，一つひとつの料理によって異なるおいしさも，同じ「おいしい」という言葉で表現すると違いがわからなくなってしまうことと同じなので，イがふさわしい。

9　最後の段落で筆者は，社会が変わるとともに「社会的な動物」として社会の中で生きる人間のあり方も変わるとしている。近代以降，社会の工業化で「自分」の意味が大きく変わり，自分は「何者」だろうという「容易に答えの出ない問い」に人々は直面した。同様に現代も，「工業から情報へ」と社会の軸足が移りつつあり，これにともない再び自分自身や個性についての新しい考え方や問いが生まれるはずだとしている。よって，エがふさわしい。

□二 **出典は野中ともその『カチューシャ』による。**文化祭の直前，クラスのみんなで準備してきた戦場のジオラマ「よみがえる戦地」に大量の顔が落書きされるという事件が起きた。同級生が怒りに震えるなか，「僕」(モー)は，祖父への思いからこの行動に走ったカチューシャの気持ちを考え始める。

1　**a**　「したり顔」とは，得意げな顔つきのこと。　**b**　はっきりとしていてわかりやすいさま。　**c**　おごそかで，重々しいようす。

2　威勢がよく誇らしげにふるまうようすを表す「意気揚々」があてはまる。なお，「公明正大」は，一点のくもりもなく，公平で正しいこと。「一意専心」は，一つのことにしんから集中して取り組むこと。「猪突猛進」は，イノシシのように，一つのものに向かってまっしぐらに突き進むこと。「獅子奮迅」は，荒れ狂ったライオンのように，激しい勢いを持っていること。

3　直前の部分に，戦車や軍事トラックに描かれた顔はどれも「泣きそうな顔」「怒ってる顔」「なげいているような顔」などをしていたとあり，いずれも悲観的な気持ちや負の感情を描いていることがわかる。よって，これらとは対照的な「笑ってる」が入る。

4　傍線部②の直前で「僕」が，カチューシャが落書きをした理由を，クラスメイトへの腹いせではなく，祖父に誠意を示すためだと考えていることをおさえる。カチューシャにとって「リアルな兵器」や戦場を再現して見せることは，「戦争で哀しい思いをした祖父」に対する「裏切り行為」になるからこそ，顔を書きこんで「ふざけたようなひょうきんな印象」に仕上げ，重い雰囲気を台無しにしたかったことが読み取れる。よって，イが合う。

5　「リアルな兵器を再現する」ことが，「戦争で哀しい思いをした祖父」への裏切り行為のように思えたカチューシャは，ジオラマに「リタッチ」を施している。祖父を思っての行動であったことは理解できるものの，みんなで作った「よみがえる戦地」に思い切った変更を加えるカチューシャに対し，「僕」はあきれ，思わず笑ってしまったのだから，オがふさわしい。

6　生徒たちが文化祭へのやる気を失った原因は，他クラスに「幼稚園の出し物」だと言われたことではなく，そもそも制作物に落書きされたことにあるため，イは合わない。また，大城が制作の中心であったことは読み取れるが，みんなは別の出し物がやりたかったのに大城が強引にすすめたとされてはいないのでウも正しくない。さらに，「戦車の張りぼて」は無残に「ちぎられ，うち捨てられ」ており，壊してしまうのが惜しいというエもふさわしくない。そして，みんなで作った「傑作」は文化祭直前，すでにカチューシャの手によって台無しにされており，文化祭が終わってから初めてむなしくなったわけではないので，オも誤り。

7　直前に「モーも」とあることから，「僕」以外のクラスメイトが出し物についてどう評価しているかをおさえる。クラスメイトたちは解体した模型を炎にくべながら，結局「子どもだまし」だったと言い合っている。

8　「子どもだましだった」とぶつくさ言い合うクラスメイトのかたわらで，「炎の中心をじっと見つめて」いるようすから，大城は同じような気持ちではないということが読み取れる。さらに，「僕」の「無我夢中で何かを作ろうとしたこと」はなかったので楽しめた，という前向きな言葉を聞いて嬉しかったものと考えられる。この内容がエと合う。

9　大城が「戦車作りに没頭」する中で，ただものづくりや塗装を楽しんでいたわけではなく，実際に戦争に関わった人のことや今も世界で争いが起きていることなど，「はじめてセンソーのこと考えた」と話していることに注目する。「僕」も「子どもの気分で物作りを楽しみながらも」，戦争体験者である「ショウセイの人生」や「見知らぬ人々の死」に思いをはせたことをふり返っている。解体すれば燃やされてしまう「張りぼて」とはいえ，戦地を再現しようとすることで，「僕」たちは「戦争」という大きなテーマを現実のものとして考えるようになり，楽しいだけの文化祭の出し物では終わらなかったのである。

Dr.福井の

入試に勝つ! 脳とからだのウルトラ科学

記憶に残る“ウロ覚え勉強法”とは？

人間の脳には，ミスしたところが記憶に残りやすい性質がある。順調にいっているときの記憶はあまり残らないが，まちがえて「しまった！」と思うと，その部分がよく記憶されるんだ(これは，脳のヘントウタイという部分の働きによる)。その証拠に，おそらくキミたちも「あの問題を解けたから点数がよかった」ことよりも，「あの問題をまちがえたから点数が悪かった」ことのほうをよく覚えているんじゃないかな？

この脳のしくみを利用したのが“ウロ覚え勉強法”だ。もっと細かく紹介すると，テキストの内容を一生懸命覚え，知識を万全にしてから問題に取り組むのではなく，テキストにざっと目を通した程度(つまりウロ覚えの状態)で問題に取りかかる。もちろんかなりまちがえると思うが，それを気にすることはない。まちがえた部分はよく記憶に残るのだから……。言いかえると，まちがえながら知識量を増やしていくのが“ウロ覚え勉強法”なのである。

ここで，ポイントが2つある。1つは，ヘントウタイを働かせて記憶力を上げるために，まちがえたときは「あ～っ！」とわざとらしく驚くこと。オーバーすぎるかな……と思うぐらいでちょうどよい。

もう1つのポイントは，まちがえたところをそのままにせず，ここできちんと見直すこと(残念ながら，驚くだけでは覚えられない)。問題の解説を読んで理解するのはもちろんだが，必ずテキストから見直すようにする。そうすれば，記憶力が上がったところで足りない知識をしっかり身につけられるし，さらにその部分がどのように出題されるかもわかってくる。頭の中の知識を実戦で役立てられるようにするわけだ。

Dr.福井(福井一成(ふくいかずしげ))…医学博士。開成中・高から東大・文Ⅱに入学後，再受験して翌年東大・理Ⅲに合格。同大医学部卒。さまざまな勉強法や脳科学に関する著書多数。

Memo

Memo

2021年度　昭和学院秀英中学校

〔電　話〕　(043)272－２４８１
〔所在地〕　〒261－0014　千葉県千葉市美浜区若葉１－２
〔交　通〕　JR総武線 —「幕張駅」・京成千葉線 —「京成幕張駅」より徒歩15分
JR京葉線 —「海浜幕張駅」より徒歩10分

【算　数】〈午後特別試験〉(60分)〈満点：120点〉

※ 円周率は3.14とし、角すいや円すいの体積はそれぞれの角柱や円柱の体積の $\frac{1}{3}$ とします。

1 次の□の中に適当な数を入れなさい。

(1) $\left(1-\frac{1}{2}\right)\div\left(\frac{1}{3}-\frac{1}{4}\right)\times\left(\frac{1}{5}-\frac{1}{6}\right)\div\left(\frac{1}{7}-\frac{1}{8}\right)=$ ア

(2) 下の図のように、ある4けたの数を書き、となり合う2つの位の数をかけてできた数の一の位の数を下の段に書いていくと、次のようになります。

●4けたの数が1234のとき

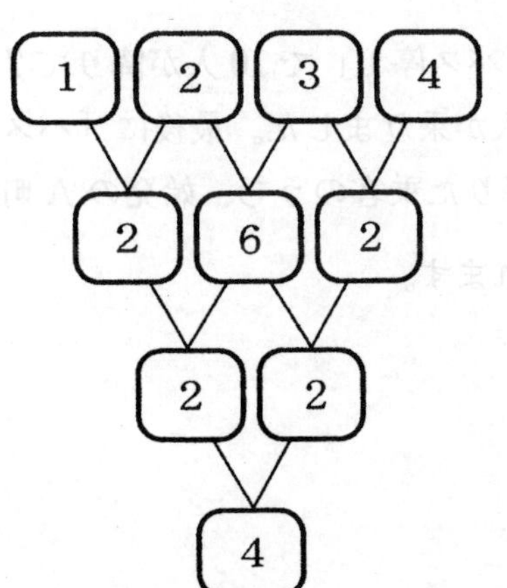

●4けたの数が ？ のとき

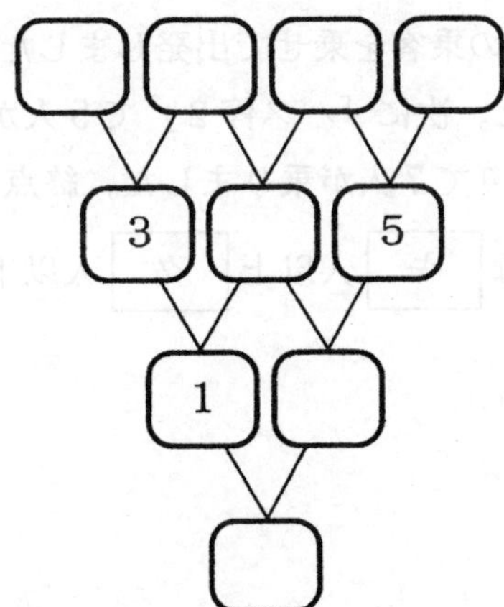

？ の中に入る4けたの数のうち、最も大きい数は イ で、最も小さい数は ウ です。

(3)　１から100までの整数の中で、２の倍数でも５の倍数でもない数は［ エ ］個あります。

(4)　下のように、分母が４で分子が５の倍数であるような分数を小さい順に40個並べました。

$$\frac{5}{4}, \frac{10}{4}, \frac{15}{4}, \cdots\cdots, \frac{200}{4}$$

この40個の分数すべての和を計算すると［ オ ］になります。また、40個の分数を小数で表したとき、それらの小数点以下の部分すべての和を計算すると［ カ ］になります。ただし、小数点以下の部分とは、たとえば $\frac{5}{4}=1.25$ ならば0.25です。

(5)　Ａ町から３つの停留所を通ってＢ町まで行くバスがあります。

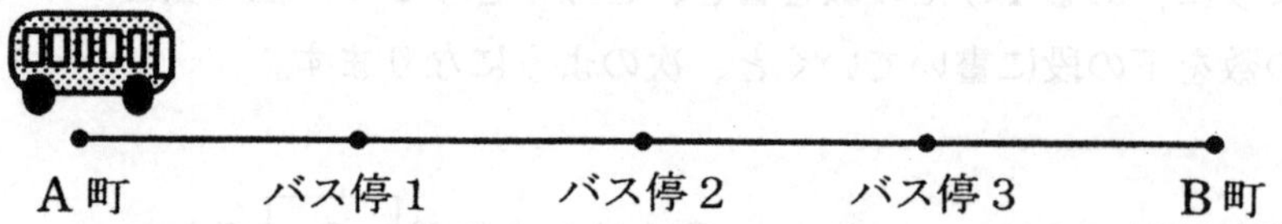

Ａ町で45人の乗客を乗せて出発しました。初めに「バス停１」で10人が降りて７人が乗りました。次に「バス停２」で５人が降りて９人が乗りました。最後に「バス停３」で17人が降りて７人が乗りました。終点のＢ町で降りた乗客のうち、始発のＡ町で乗車したのは［ キ ］人以上［ ク ］人以下と考えられます。

2 次の各問いに答えなさい。

(1) 下の図は、ある立体の展開図です。この展開図を組み立ててできる立体の見取り図を完成させ、体積を求めなさい。ただし展開図のA，B，C，D，Eが見取り図のA，B，C，D，Eになるようにしなさい。また、見えない辺は点線でかきなさい。

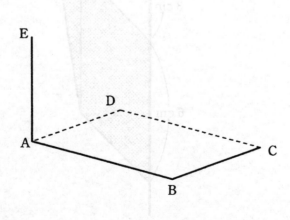

【展開図】

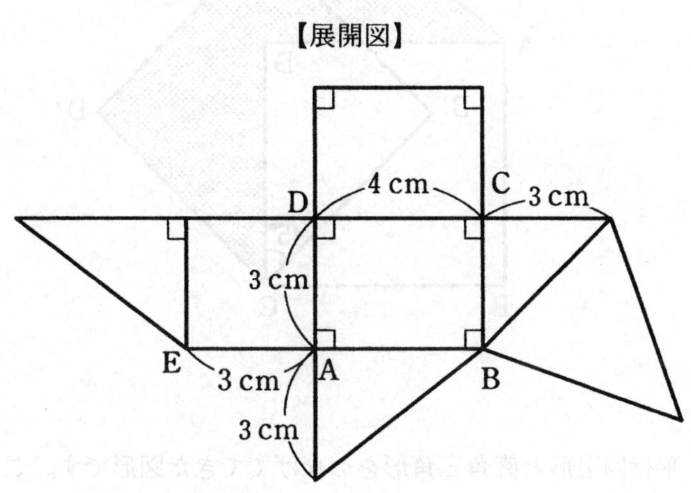

【見取り図】

E
D
A
C
B

(2) 一辺の長さが10 cmの正方形ABCDを、点Cを固定して図のように45°回転させると、正方形A'B'CD'になりました。図の点Aと点A'を結んでいる曲線は、点Aが動いてできた線です。このとき、色を塗った部分の面積を求めなさい。

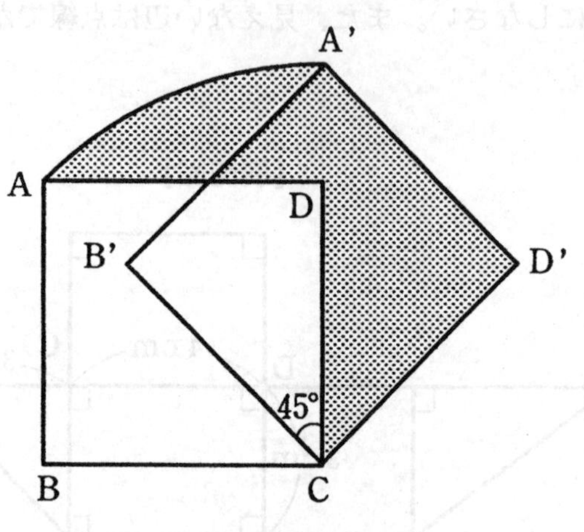

(3) 下の図は、平行四辺形と直角三角形をつなげてできた図形です。この図形を、直線ℓの周りに一回転させてできる立体の体積を求めなさい。

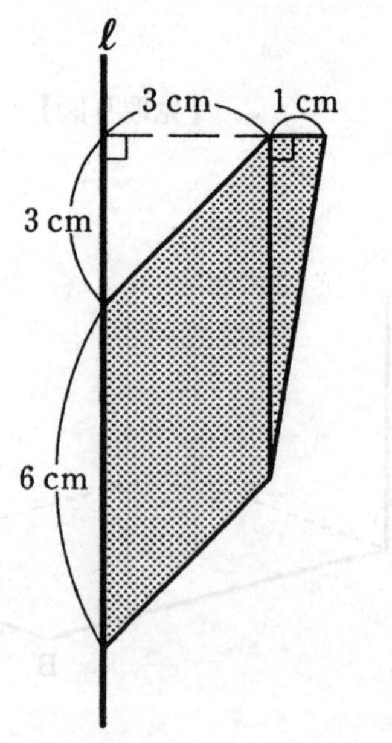

3 面積が $48\,\text{cm}^2$ である正三角形ABCについて、次の問いに答えなさい。

(1) 図1の点D，点Eは、それぞれ辺AB，辺AC上の点で、AD，CEの長さはいずれも辺ABの長さの $\frac{1}{4}$ です。このとき、三角形ADEの面積を求めなさい。

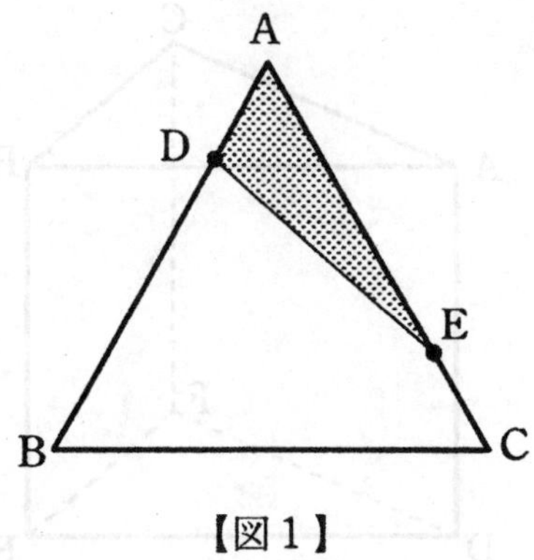

【図1】

(2) 図2の点D，点Eは、図1と同じ位置にあるものとします。図2の点F，点G，点Hは、それぞれ辺AB，辺BC，辺CA上の点で、BF，BG，AHの長さはいずれも辺ABの長さの $\frac{1}{4}$ です。また直線FHと直線DGが交わる点をIとします。このとき、DIの長さとDGの長さの比をもっとも簡単な整数の比で表しなさい。

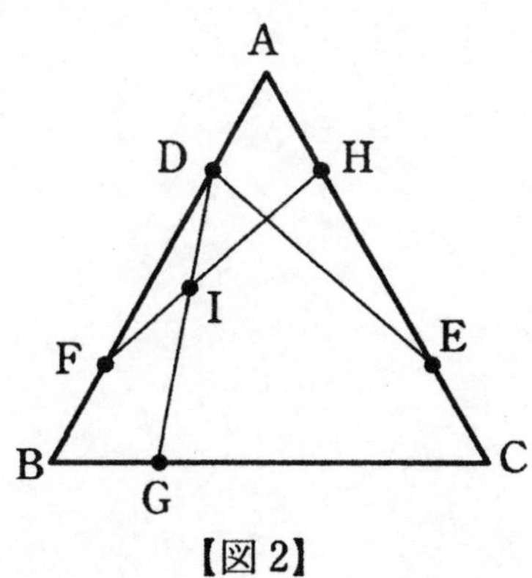

【図2】

(3) 図2において、直線FHとDEが交わる点をJとします。三角形DIJの面積を求めなさい。

4 図のような三角柱ABC−DEFがあり、点Pは初め点Aにあります。点Pは点Aを出発して、1秒ごとに辺を通ってとなりの頂点に移動します。出発してから2秒後に点Pが点Aにもどるような移動の仕方はA→B→A，A→C→A，A→D→Aの3通りあります。次の問いに答えなさい。

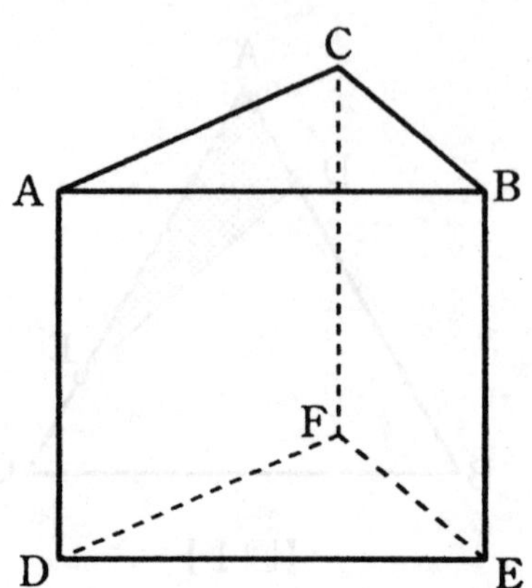

(1) 出発してから3秒後に、点Pがはじめて点Aにもどるようなすべての移動の仕方を、上の問題文のように矢印で表しなさい。

(2) 出発してから4秒後に点Pがはじめて点Aにもどるような移動の仕方は何通りありますか。

5 図1のような面積が3 cm^2 の正三角形があります。これを1番目とします。この正三角形の各辺を3等分して、真ん中にその長さを1辺とする正三角形をつけ加えると図2のような凹凸のある12角形になります。これを2番目とします。同様にこの作業をくりかえすと、3番目は図3のような図形になります。このとき次の問いに答えなさい。

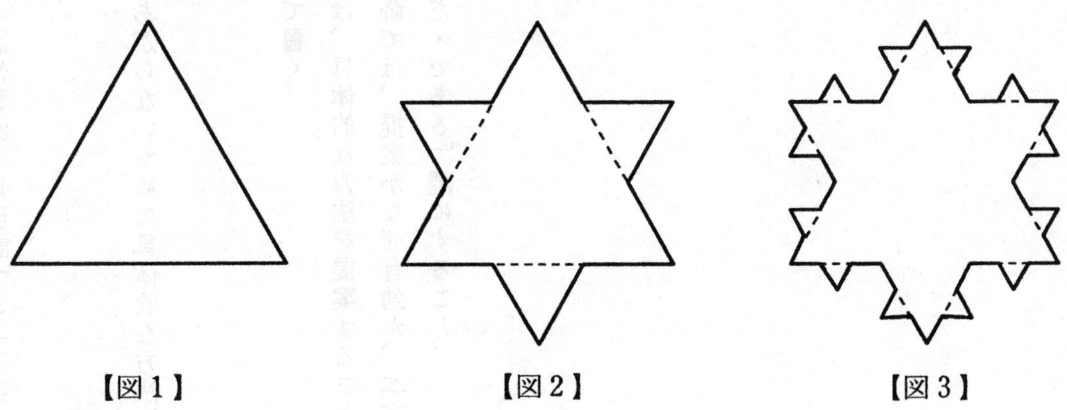

【図1】　【図2】　【図3】

(1) 図2でつけ加えられた3つの正三角形のうち、1個の面積を求めなさい。

(2) 4番目の図形の辺の本数を求めなさい。

(3) 4番目の図形の面積を求めなさい。

2 傍線部②にある「認知資源不足理論」と「過剰な意識的制御理論」とはそれぞれどのようなものか、本文の内容を160字以内でまとめなさい。

3 入試本番直前にあがらないための具体的な方法を一つあげ、それが有効な理由を、本文の内容にもとづいて81～100字で説明しなさい。

☆書き方

・二文以上で書く。

・第一文では、具体的な方法を提案すること。

・第二文以降では、提案がなぜ有効か、本文の内容を理由として説明すること。

・文末は「だ・である」調にすること。

ーマンスが落ちてしまうメカニズムには、意識的制御が機能しなくなる場合と、無意識的制御が機能しなくなる場合の二つがありました。どちらの場合も、結果としてパフォーマンスが低下する点では一緒ですが、そのメカニズムは全く異なるため、あがりによるパフォーマンス低下の対策を考える際には、まずは、そのあがりがどちらによるものなのかを把握し、それぞれに合った対処の仕方を考えていく必要があります。

（外山美樹『実力発揮メソッド　パフォーマンスの心理学』）

※協応運動：集中力が必要な、複雑な運動・パフォーマンス

※一挙手一投足：細かい一つ一つの動作

1　傍線部①「カタストロフィ・モデル」について、図A・Bに適した図を、本文の説明をもとに次から選び、記号で答えなさい。Aは【ア〜ウ】から、Bは【エ〜カ】から選ぶこと。

ア

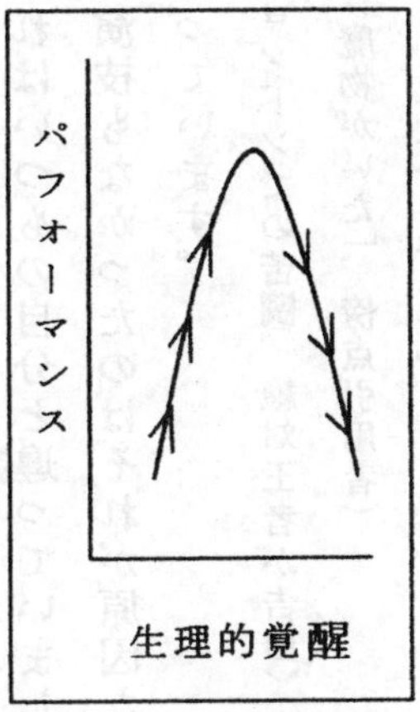

イ

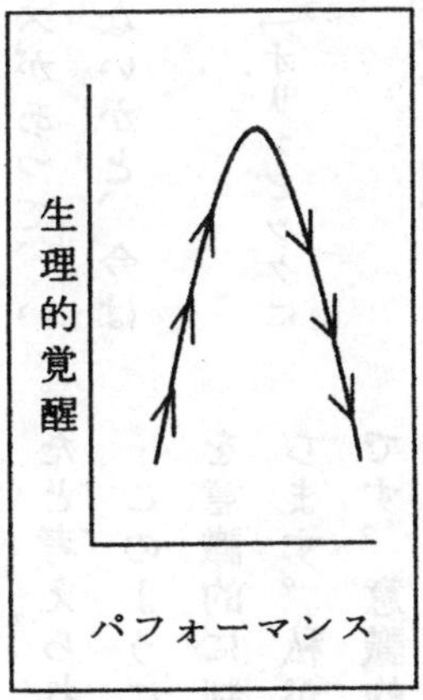

ウ

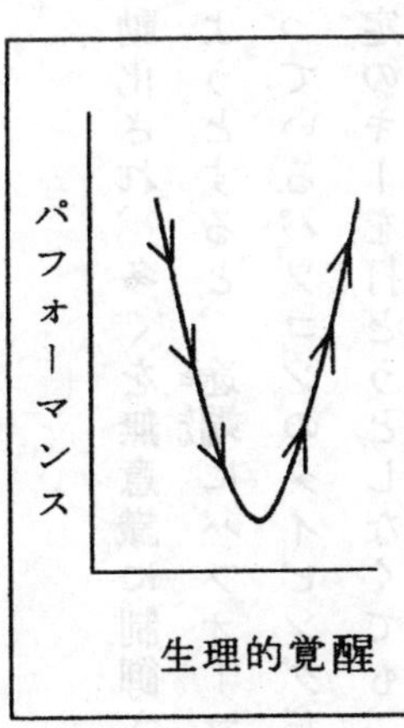

エ

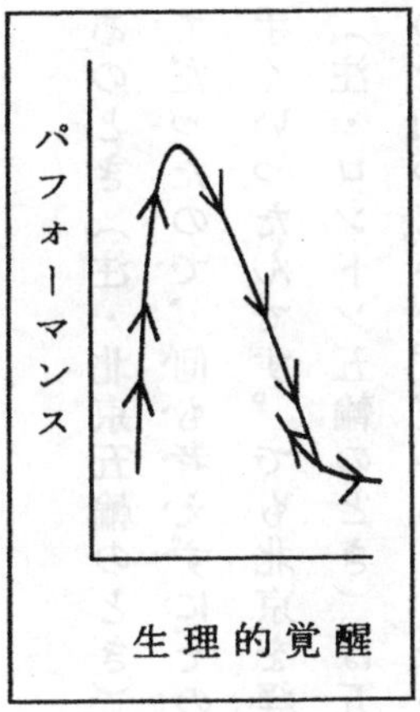

オ

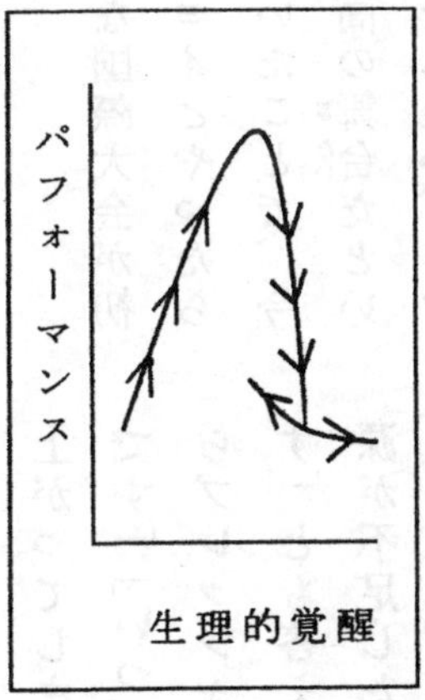

カ

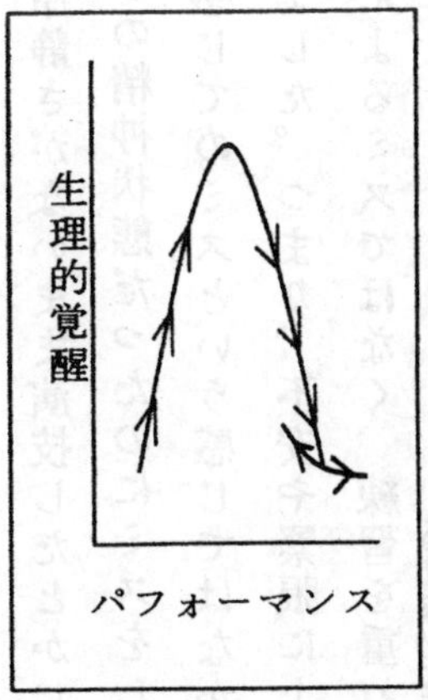

ます。

あのとき（注・北京五輪のとき）は大きな国際大会が初めてだったので、何も考えずにそのままヒョイとやったら上手くいったんです。でも北京を経験していたことで、今回（注・ロンドン五輪のとき）は五輪が最高の舞台だというのを知っていた。だからそこでいい演技をしたい、ロンドンでは今までで一番のことをやりたいと思った。でも、それはいつもの自分と違っていました。ミスがあって、いい演技もなかったのはそれが原因なのではないかと、今は思っています。

（〈ロンドンでの苦闘、絶対王者が告白〉内村航平「オリンピックには魔物がいた」、傍点引用者）

絶対に失敗の許されない場面では、正確に演技を遂行したいという思いから、できるだけ慎重に動作を行おうとしてしまいます。普段なら無意識にできてしまうことも意識的にコントロールして、確実にその動作を実現しようと努力します。ここ一番の局面では、有限な資源を出し惜しみせずに、課題遂行に意識を集中させるわけです。

しかし、よかれと思って行ったこの行為が、しばしば命取りになるのです。一つ一つのプロセスへの過剰な注意は、練習によって意識的な自覚をともなわずに進行する行動の自動化を崩壊させ、パフォーマンスを低下させるのです。

内村選手は、同じインタビューの中で「別に気持ちが舞い上がってしまって冷静さがないまま演技したとかじゃないんです」「いつも通りの精神状態だったのにミスをした。だからプレッシャーを感じてのミスという感じではなかったのです」とも答えていました。つまり、不安や緊張によって、資源が不足したことによるミスではなく、練習を重ねることによって自動化されていた演技が、本番で※一挙手一投足その動きを意識したために、動作がぎこちなくなり失敗してしまったと考えられます。

このように、自動化され、多くを無意識に制御されたものを意識的に制御しようとすると、途端にパフォーマンスが落ちます。私が今やっているパソコンのタイピングだってそうです。意識的に特定のキーを打とうとしなくても、まるで指が勝手に動いてくれると感じるほどスムーズに入力されます。しかし、入力ミスのないようにひとつずつ慎重に入力しようと意識すると、あれほどスムーズだった指の動きが急にぎこちなくなります。それぞれのキーがどこにあるのか思い出すのさえ苦労するほどです。

過剰な意識的制御理論では、あがりによってパフォーマンスが低下するのは、行動の制御様式が練習初期に特有な意識的制御中心のスタイルへと逆戻りするからだと説明しています。この逆戻りの現象は、自動化を壊してしまうところから、脱自動化とよばれています。

ここまで見てきましたように、あがることによってパフォ二つの制御モードがあります。ひとつは、状況を判断しながら意識的にコントロールする意識的制御です。もうひとつは、何も意識しなくても自動的に行動をコントロールする無意識的制御です。（略）あがることによってパフォーマンスが落ちてしまうメカニズムには、意識的制御が機能しなくなる場合もあれば、無意識的制御が機能しなくなる場合もあります。どちらの場合も、結果としてパフォーマンスが低下する点では一緒ですが、そのメカニズムは全く異なります。（略）次からはそれぞれの理論について詳しくみていきます。

私たちは重要な場面では、「大勢の観衆の前で失敗したらどうしよう」、「ここで負けたら今までの苦労が水の泡になってしまう」……といった様々な思いに心を奪われてしまいます。一度に多くのことを意識するには限界があるため、目下の課題以外のこれらの情報に気を取られると、課題遂行に必要な資源が不足してしまい、課題に集中することができなくなってしまうのです。その結果、パフォーマンスが低下します。（略）

たとえば、ゴルフのパッティングにおいては、パターを引く大きさが異なっていても、ボールを打つ角度や強さを調節することによって、同じ位置にボールを止めることが可能です。このように、スポーツの多くは複数のパラメータ（要因）の組み合わせによって最適なパフォーマンスが決定されます。こうした※協応運動は、複数のパラメータ（要因）に目を向ける必要があるため、単純な課題よりも多くの資源が必要とされ、その結果、資源の不足によるパフォーマンスの低下が生じやすくなるのです。（略）

このメカニズムによるパフォーマンス低下の最大の要因は、なんといっても緊張や不安でしょう。極度の緊張や不安状態で本番にのぞむと、「頭の中が真っ白になる」という体験をすることがあります。まったく訳のわからないまま時間が進み、自分の思い通りに行動をコントロールしているという感覚が完全に欠如します。この体験は、「認知資源不足理論」の象徴的な現象と言えます。

緊張や不安が生じることによって、本来集中すべき課題以外のことに資源が使われてしまうため、本番では、この緊張や不安にいかに対処するのかが重要になってきます。

先に紹介しました認知資源不足理論は、あがりによって意識的制御が機能しなくなるというものでした。しかし、ここで説明しますメカニズムはまったく逆の現象、すなわち、あがりによって意識的制御が必要以上に働いてしまう過剰な意識的制御によってパフォーマンスが低下するというものです。

ロンドン五輪の体操団体予選で、思いもしないミスをした内村航平選手は、試合後の取材エリアで「魔物がいた」と口にしていましたが、後のインタビューでこのように語ってい

三　次の文章は「あがり（緊張）」について述べています。後の問いに答えなさい。

さて、こうした誰もが経験するあがりの正体は何なのでしょうか。

あがりは、心身の様々な特徴的変化から構成される複合的な現象です。具体的には、「心拍数の増加」、「身体の震え」、「発汗量の増加」、「息のあがり」などの「生理的覚醒水準の増加」や、「落ち着いていられない」、「不安を感じる」といった「不安の高まり」、「関係のない対象へ注意が向いてしまい、目の前のパフォーマンスに集中できない」といった「注意の変化」が代表的な特徴的変化になります。（略）

それでは、これらの変化とパフォーマンスにはどのような関係があるのでしょうか。ここでは、あがりにおいて生じるパフォーマンスの低下が、心理面や生理面の変化とどのように関係しているのかを説明している「①カタストロフィ・モデル」について紹介します。カタストロフィとは、「突然の大変動」とか「大きな破壊」という意味です。（略）

カタストロフィ・モデルでは、認知的不安が低い場合と高い場合に分けて、生理的覚醒水準とパフォーマンスの関係を説明しています。まずは、認知的不安が低い場合について説明します。パフォーマンス遂行場面で失敗懸念や心配があまりない（認知的不安が低い）場合には、図Aで示したように、生理的覚醒水準とパフォーマンスの間には、逆U字形の関係があるとしています。生理的覚醒水準が高まるにつれてパフォーマンスは促進されますが、生理的覚醒がある水準（「最適水準」といいます）を超えると、徐々にパフォーマンスが妨げられます。

一方で、パフォーマンス遂行場面で「失敗したらどうしよう」といった失敗への懸念・心配が強い（認知的不安が高い）場合には、図Bで示したように、生理的覚醒が一定の水準を超えるとパフォーマンスが急激に低下するとしています。また、いったんあがってパフォーマンスが低下すると、そこからの回復が困難であり、仮に落ち着きを取り戻し、生理的覚醒の水準が低くなっても、パフォーマンスはもとに戻らないとしています。（略）

なぜ、緊張や不安を感じると、普段の力が発揮できなくなるのでしょうか。ここでは、②あがりによってパフォーマンスが落ちるメカニズムを説明している「認知資源不足理論」と「過剰な意識的制御理論」について説明します。（略）

人間の行動をコントロールするシステムには、大別すると

二〇二一年度 昭和学院秀英中学校

【国語】〈午後特別試験〉(四〇分)〈満点：八〇点〉

一 次の1～5の文の傍線部を漢字に直しなさい。

1 夏休み中に、校庭のカクチョウ工事を行う。
2 虫のタイグンが畑に押し寄せ、実を食べつくした。
3 手術後、祖父はショウコウ状態を保っていた。
4 決勝戦は、セッセンの末にA校が勝った。
5 最後の敵が倒されて、ツウカイな思いになる。

二 次の1～5の文の傍線部をひらがなに直しなさい。

1 君の家族は全員、二重まぶたなんだね。
2 庭には雑草がたくさん生えていた。
3 枝葉末節には、こだわらなくてよい。
4 大空に、百個以上の風船の束を放つ。
5 お巡りさんが、警笛をピーッと鳴らす。

2021年度

昭和学院秀英中学校　▶解　答

※　編集上の都合により，午後特別試験の解説は省略させていただきました。

算　数　＜午後特別試験＞（60分）＜満点：120点＞

解　答

1　ア　$11\frac{1}{5}$　イ　9715　ウ　1395　エ　40　オ　1025　カ　15　キ　13　ク　29　2　(1)　**見取り図**…右の図，**体積**…$30cm^3$　(2)　$78.5cm^2$　(3)　$232.36cm^3$　3　(1)　$9\ cm^2$　(2)　2 ： 5　(3)　$2.1cm^2$　4　(1)　A→B→C→A，A→C→B→A　(2)　10通り　5　(1)　$\frac{1}{3}cm^2$　(2)　192本　(3)　$4\frac{52}{81}cm^2$

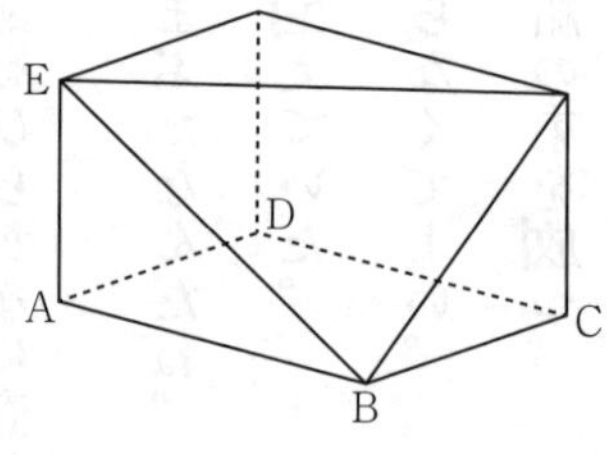

国　語　＜午後特別試験＞（40分）＜満点：80点＞

解　答

一　下記を参照のこと。　二　1　ふたえ　2　は(え)　3　まっせつ　4　はな(つ)　5　けいてき　三　1　A　ア　B　オ　2　(例)　認知資源不足理論とは，人間が一度に意識できる量には限界があるのに，緊張や不安で本来集中すべき課題以外に気を取られて必要な資源が失われ，意識的制御ができなくなるというものである。過剰な意識的制御理論とは，各プロセスへの過剰な注意から普段は自覚せずにできる行動の自動化が崩壊し，無意識的制御が機能しなくなるというものである。　3　(例)　いろいろなことを考えず，各教科で最も重要となる点を思い出すことに集中するのが良い方法だと思う。人の集中力には限度があり，一度にたくさんのことを考えたり，結果を気にすると力が発揮できないからである。

●漢字の書き取り

一　1　拡張　2　大群　3　小康　4　接戦　5　痛快

2021年度　昭和学院秀英中学校

〔電　話〕 (043) 272－２４８１
〔所在地〕 〒261-0014　千葉県千葉市美浜区若葉１－２
〔交　通〕 JR総武線－「幕張駅」・京成千葉線－「京成幕張駅」より徒歩15分
JR京葉線－「海浜幕張駅」より徒歩10分

【算　数】〈第１回試験〉 (50分) 〈満点：100点〉

1, **2**, **3**(1), **4**(1), **5**(1), (2)は答えのみ記入しなさい。それ以外の問題に対しては答えのみでも良いが，途中式によっては部分点を与えます。

※円周率は3.14とし，角すいや円すいの体積はそれぞれ角柱や円柱の体積の $\frac{1}{3}$ とします。

1　次の□の中に適当な数を入れなさい。

(1)　兄と弟の所持金の比は２：１です。兄は200円使い，弟は親から600円をもらったところ，兄と弟の所持金の比は２：３となりました。はじめに兄が持っていたお金は［ア］円です。

(2)　約数が３個である整数を小さい順に並べると，１番目は４で，３番目は［イ］，５番目は［ウ］です。

(3)　$\frac{1}{7}$ を小数に直します。小数点以下に並ぶ数字について順番に調べていきます。例えば初めの数字は１，２番目の数字は４です。

①　小数点以下に並ぶ数字で2021番目の数字は［エ］です。

②　小数点以下に並ぶ数字を順番に足していくとき，2021を初めて超えるのは［オ］番目の数字までを足したときです。

2　次の□の中に適当な数を入れなさい。

(1)　１辺が10cmの正方形ABCDの４つの辺に対して，それぞれ真ん中に４点E，F，G，Hをとります。斜線部分の面積は［ア］cm^2 です。

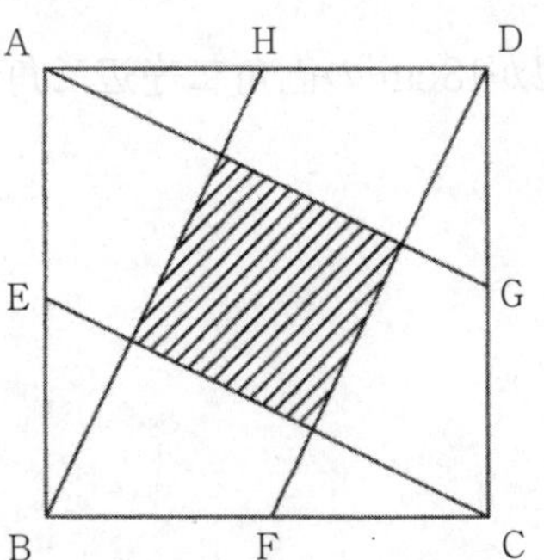

(2)　直径ABが12cmの半円の紙を，直線ACを折り目として折り曲げたところ，半円の円周が半円の中心Oと重なりました。斜線部分の面積は［イ］cm^2 です。

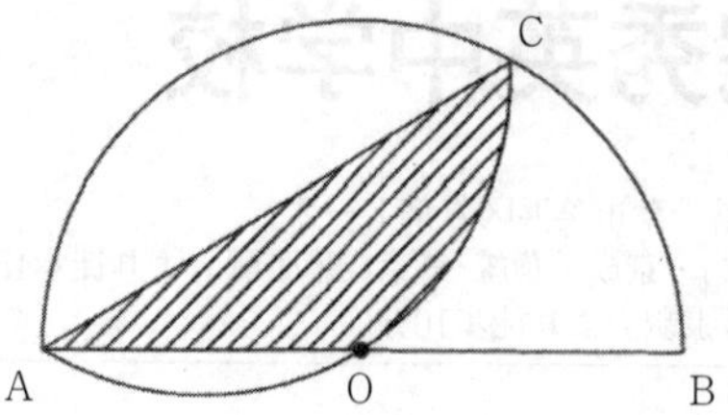

(3)　平面上に下の図１の１辺が５cmの正方形の折り紙があります。

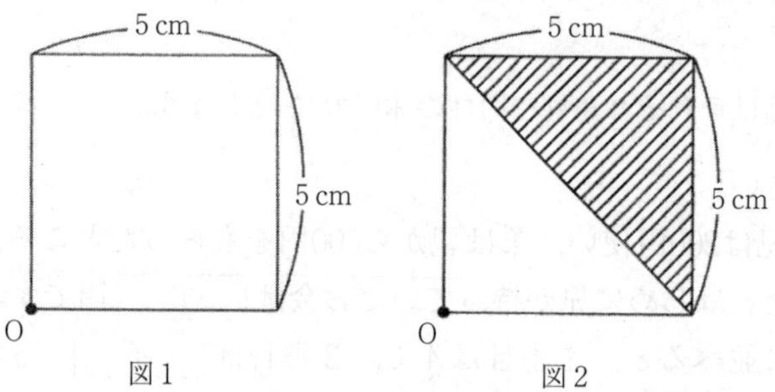

図１　　図２

①　点Oを中心に紙を１回転させます。紙の通過した所の面積は［　ウ　］cm^2です。

上の図２のように図１の折り紙に折り目を付けて２等分しました。

②　点Oを中心に紙を１回転させます。斜線部分の通過した所の面積は［　エ　］cm^2です。

3　図のような直線上に，長方形と三角形が１つの頂点を重ねて置かれています。長方形が毎秒１cmの速さで直線上を右方向に移動し，そのときに２つの図形が重なった部分の面積をS cm^2とします。

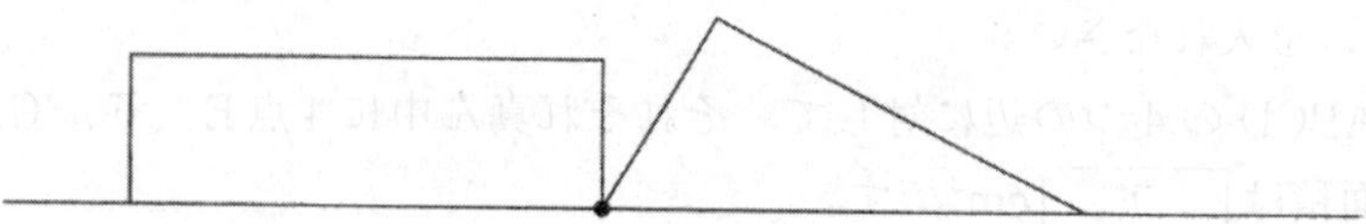

(1)　２つの図形が次の図のように１辺が６cmの正方形と，底辺が18cmの直角二等辺三角形であるとき，下の問いに答えなさい。

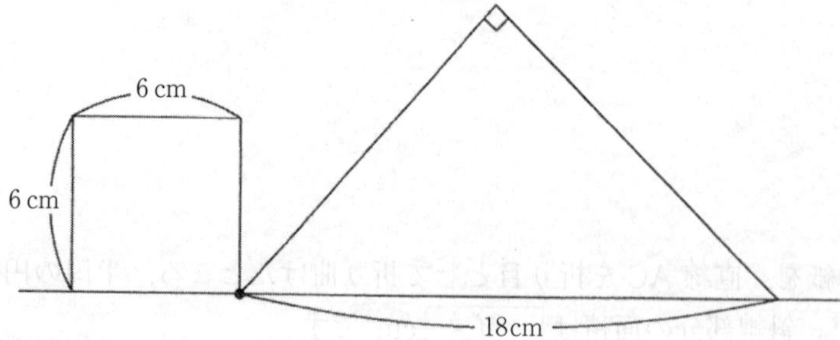

①　移動してから８秒後のSを求めなさい。

②　Sが$34cm^2$となるのは移動してから何秒後かをすべて求めなさい。

(2)　２つの図形が次の図のように長方形の横の長さと三角形の底辺の長さが等しいとします。長方形が移動しはじめて５秒後から９秒後まではSが１秒間に$4\,\text{cm}^2$ずつ増加します。Sは最大で62cm^2でした。このとき，長方形のたてと横の長さを求めなさい。

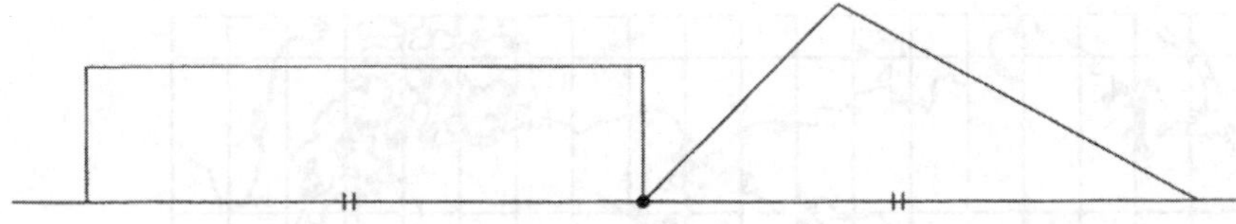

4　３種類の食塩水があり，濃度はそれぞれ４％，８％，12％です。これらの食塩水を混ぜて６％の食塩水500ｇをつくります。

(1)　この食塩水をつくるのに12％の食塩水100ｇを使うとき，残り２種類の食塩水はそれぞれ何ｇ必要ですか。

(2)　この食塩水をつくるのに８％と12％の食塩水を３：１の割合で混ぜるとき，３種類の食塩水をそれぞれ何ｇずつ混ぜればよいですか。

5　図の立体は１辺が６cmの正方形を底面とする高さ５cmの四角すいです。辺OA，OB，OC，OD，AD，BCそれぞれの真ん中の点をＥ，Ｆ，Ｇ，Ｈ，Ｉ，Ｊとします。

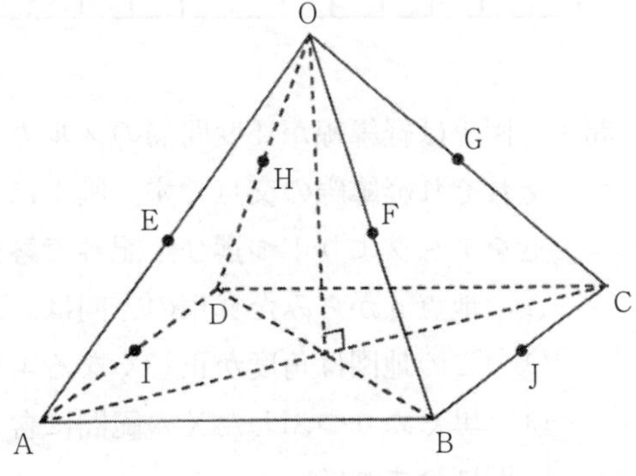

(1)　立体を４点Ｅ，Ｆ，Ｇ，Ｈを通る平面で切るとき，点Ｏを含む方の立体の体積を求めなさい。

(2)　立体を２点Ｆ，Ｇを通り，底面ABCDに垂直な平面で切るとき，切り口の面積を求めなさい。

(3)　立体を４点Ｅ，Ｆ，Ｊ，Ｉを通る平面で切るとき，点Ａを含む方の立体の体積を求めなさい。

【社　会】〈第１回試験〉（40分）〈満点：50点〉

※全ての問題について，特に指定のない限り，漢字で答えるべきところは漢字で答えなさい。

1　地図に関する以下の設問に答えなさい。

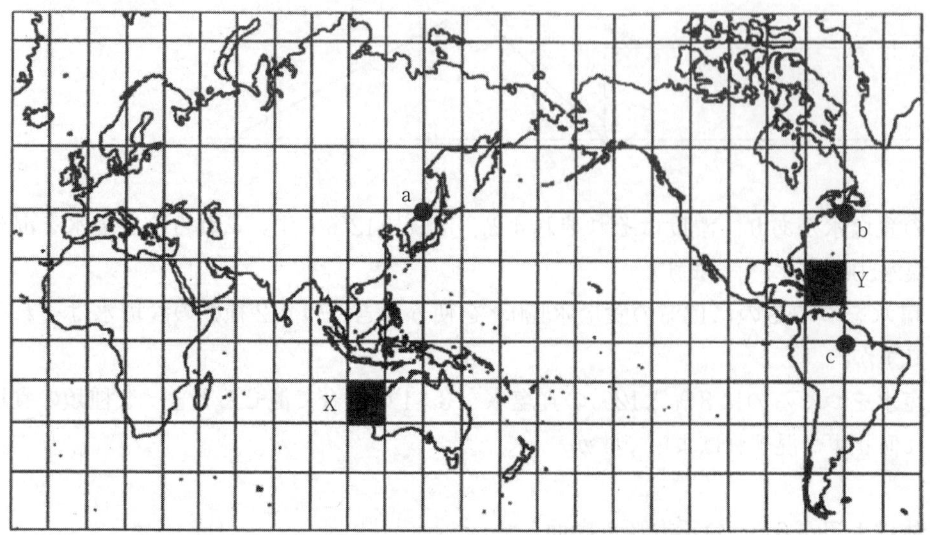

図１

問１　図１は経緯線が15度間隔のメルカトル図法によって描かれた世界地図で，ａ～ｃの地点はそれぞれ経緯線の交点です。図１について述べた①～③の文を読み，正誤の正しい組み合わせをア～クより１つ選び，記号で答えなさい。

①　地点ａからみた真東の方向は，地点ｂである。

②　この地図は角度が正しくなるように表現されているため，航空図として使用する。

③　黒くぬりつぶしたXの範囲に含まれる地域の対せき点(地球上の真裏の地点)は，Yの範囲に含まれている。

	ア	イ	ウ	エ	オ	カ	キ	ク
①	正	正	正	正	誤	誤	誤	誤
②	正	正	誤	誤	正	正	誤	誤
③	正	誤	正	誤	正	誤	正	誤

問２　図１中の地点ａと地点ｃについて述べた①と②の文を読み，下線部の正誤の正しい組み合わせをア～エより１つ選び，記号で答えなさい。

①　地点ａ付近では，季節風の影響を受け，<u>夏よりも冬の降水量が多い</u>。

②　地点ｃ付近は大河の流域にあたり，<u>熱帯雨林がひろがっている</u>。

	ア	イ	ウ	エ
①	正	正	誤	誤
②	正	誤	正	誤

問３　地図の歴史について述べた文章を読み，空欄［Ｘ］にあてはまる人物名を答えなさい。

> 図１はメルカトルが考案した世界地図である。世界地図については図１のほかに，正距方位図法やモルワイデ図法といった図法の地図が考案されていった。一方，日本地図に目を向けてみると，江戸時代には，幕府に命じられてさまざまな地図が作成された。例えば，［Ｘ］は日本全国を測量して歩き，正確な日本地図である「大日本沿海輿地全図(だいにほんえんかいよちぜんず)」を作成した。［Ｘ］は千葉県にゆかりがあり，地図が完成する３年前に亡くなった。

問４　日本で使用される地形図に関して，2019年から採用された地図記号(図２)があります。その地図記号について述べた説明文の空欄［Ｙ］にあてはまる語句を**漢字４字**で答えなさい。なお，［Ｙ］は，この地図記号の名称の一部になっています。

図２

> 過去に発生した［Ｙ］に係る事柄が記載された石碑やモニュメントで，当時の被災状況を伝えると同時に，当時の被災場所に建てられていることが多く，地図を通じて伝えることは，地域住民による防災意識の向上に役立つものと期待される。

国土地理院ホームページにより作成

問５　次の２枚の地理院地図は，埼玉県北部を走る秩父鉄道の駅周辺を示したものです。図３は行田市駅周辺，図４は寄居駅周辺です。図３と図４について述べた下の①～③の文を読み，下線部の正誤の正しい組み合わせを後のア～クより１つ選び，記号で答えなさい。

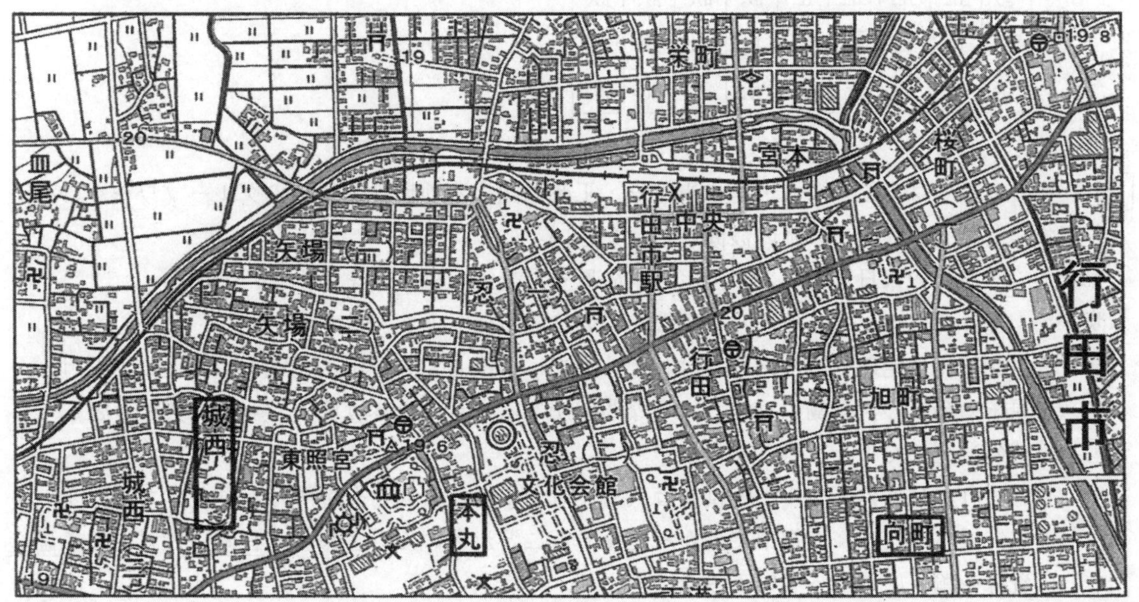

図３

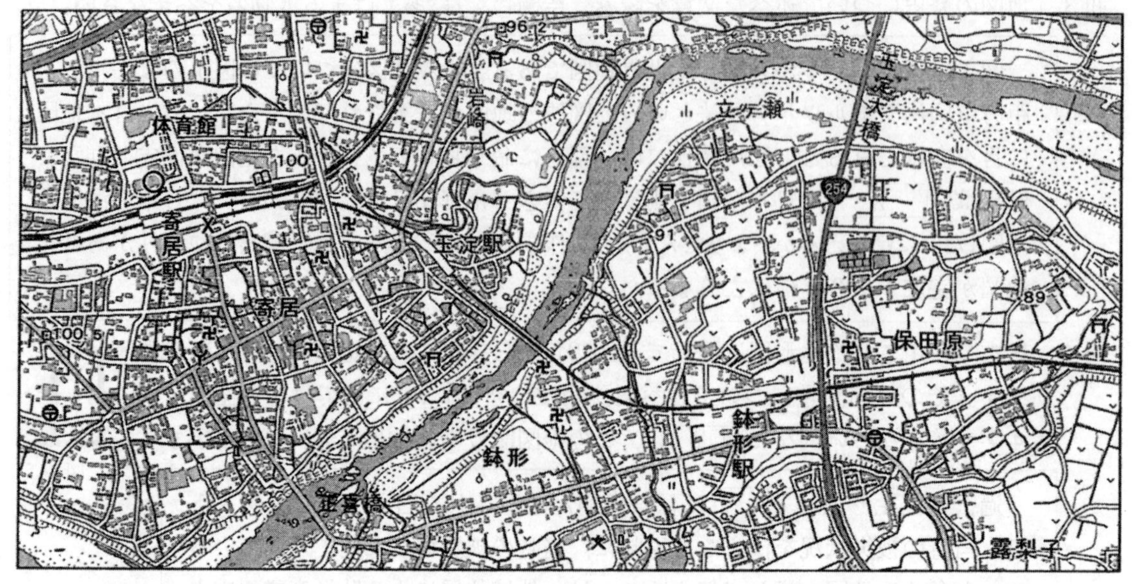

図４

①　図３の「本丸」の城跡の南西には，川の水を利用した水力発電所がみられる。

②　図３の「城西(一)」付近は，「向町」と比較すると曲線道路が少ない。

③　図４中を流れる河川は，図の右側が河川の下流を示している。

	ア	イ	ウ	エ	オ	カ	キ	ク
①	正	正	正	正	誤	誤	誤	誤
②	正	正	誤	誤	正	正	誤	誤
③	正	誤	正	誤	正	誤	正	誤

2　次の会話文は，鉱産資源・エネルギー・工業に関する地理の授業でのグループワークの様子です。会話文を読み，以下の設問に答えなさい。

ヤマト：2011年の東日本大震災以降，日本の原子力発電所は操業を停止したね。

サクラ：そうだけど，2015年から再稼働している発電所もあったはずだよ。

ユウカ：2016年に定期検査はあったけれど，いまは稼働している川内発電所のことね。だけど，原子力発電の再稼働にはいろいろな問題があるから，日本は原子力発電の代わりとして，他の発電にたよっているんだ。

ヤマト：そう。日本のエネルギー供給は火力発電が中心だ。火力発電所は石油化学コンビナートに併設されたり，大都市に近かったりすることが多いんだよね。①日本は燃料である鉱産資源を輸入にたよっているみたいだよ。

サクラ：世界も日本と同じように火力発電にたよっている国が多いよね。だけど，火力発電は環境への負荷が大きいから，火力発電に代わって最近注目されているものがあるはず。

ユウカ：②再生可能エネルギーのことね。その一つの太陽光発電は，太陽光があればどのような場所でも発電できるんだ。

ヤマト：うん。でも，太陽光発電にも短所があるよね。だから太陽光発電のみならず，ほかの再

　生可能エネルギーも使用することが必要だよ。
サクラ：ほかの再生可能エネルギーって，地熱発電や風力発電のことだね。
ユウカ：そうだね。さまざまな形でつくられた電気は各地に送られ，③工業にも利用されるんだね。
ヤマト：そう。日本でつくられた工業製品は，各地の工場から貨物として運ばれ，④貿易港から海外に輸出されるんだね。

問１　下線部①に関連して，次の図１は原油と天然ガスの日本の輸入量の推移について，図２は原油と天然ガスの輸入先について示したものです。図１をみると，1975年以降原油が停滞しているのに対し，天然ガスの輸入量が増加傾向にあることが読み取れます。天然ガスが増加傾向にある理由について，図２から読み取れることと，原油と比較した天然ガスの性質を明らかにしながら，60字以内で説明しなさい。ただし，図中の天然ガスとは液化天然ガスを指しています。

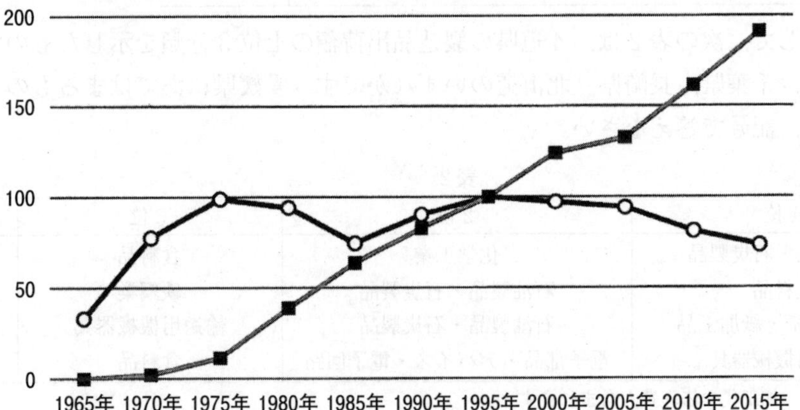

1995年の値を100としたときの各年次の値を示している。
『エネルギー白書』により作成。

図１

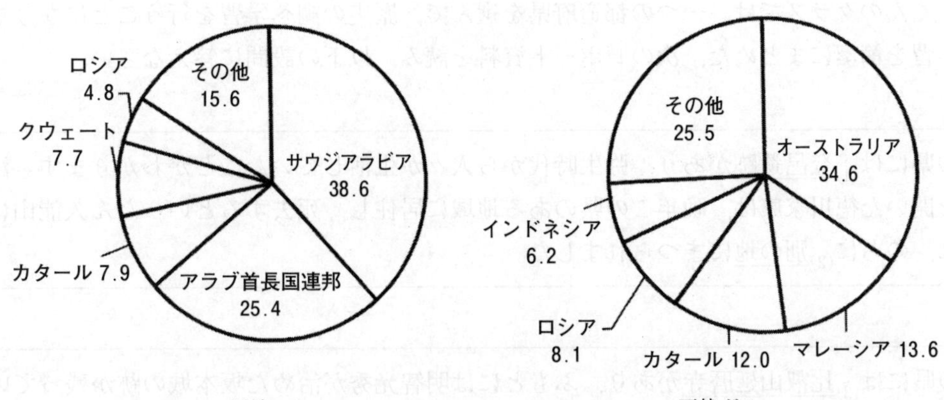

単位は％。統計年次は2018年。『日本国勢図会』により作成。

図２

問２　下線部②に関連して，日本では再生可能エネルギーの導入が進められています。右の表１は，いくつかの県の発電方式別の発電量と，県全体の総発電量を示し，ａ～ｃは，秋田県，神奈川県，富山県のいずれかです。ａ～ｃと県名との正しい組み合わせをア～カより１つ選び，記号で答えなさい。

表１

	太陽光	地熱	風力	水力	県全体の総発電量
a	61	467	566	1,245	12,609
b	56	−	2	541	90,451
c	21	−	3	10,110	15,186

「−」は発電がないことを示す。
単位は百万 kWh。統計年次は2017年。
『データでみる県勢』により作成。

	ア	イ	ウ	エ	オ	カ
a	秋田県	秋田県	神奈川県	神奈川県	富山県	富山県
b	神奈川県	富山県	秋田県	富山県	秋田県	神奈川県
c	富山県	神奈川県	富山県	秋田県	神奈川県	秋田県

問３　下線部③に関して，次の表２は，４道県の製造品出荷額の上位３分類を示したものであり，ア～エは愛媛県，千葉県，長崎県，北海道のいずれかです。愛媛県にあてはまるものをア～エより１つ選び，記号で答えなさい。

表２

	１位	２位	３位	総額
ア	石油製品・石炭製品	化学工業	食料品	1,140
イ	食料品	石油製品・石炭製品	鉄鋼業	606
ウ	パルプ・紙・紙加工品	石油製品・石炭製品	輸送用機械器具	381
エ	輸送用機械器具	電子部品・デバイス・電子回路	食料品	174

製造品出荷額には，加工代や修理費も含まれます。
単位は百億円。統計年次は2016年。『データブック　オブ・ザ・ワールド』により作成。

問４　下線部④に関して，貿易港には空港も含まれます。空港から輸入される品目の一般的な特徴について，30字以内で説明しなさい。

3　秀太くんのクラスでは，一つの都道府県を選んで，歴史の調べ学習を行うことになりました。調べ学習を簡潔にまとめた，次のレポート資料を読み，以下の設問に答えなさい。

資料１

この県には①登呂遺跡があり，弥生時代から人々が生活していたことがわかります。江戸幕府を開いた徳川家康は，晩年この県のある地域に居住し，死去するといったん久能山にまつられ，のちに②別の地にまつられました。

資料２

この県には③比叡山延暦寺があり，ふもとには明智光秀が治めた坂本城の跡が残っています。坂本は交通の要衝として栄えた町で，この地の④馬借たちが土一揆のきっかけをつくりました。

資料３

この県の沖合では江戸時代に多くの⑤北前船が行き交い，港町が発展しました。この県の漁村で発生した米の安売りを求める運動がきっかけとなり，全国に⑥米騒動が広がりました。

資料４

江戸時代，現在この県のある地域を治めていた人物が，⑦江戸幕府の８代将軍に就任しました。明治時代になると，⑧この県の沖合で外国船が沈没したことをきっかけに，条約改正を求める国民の声が高まりました。

資料５

この県には平泉があり，⑨12世紀には奥州藤原氏の本拠地として繁栄しました。明治時代には，⑩石川啄木や宮沢賢治など，多くの作家を輩出しました。

資料６

この県のある地域は，⑪勘合貿易を行った大内氏が支配していました。明治時代以降，この県出身の⑫伊藤博文，桂太郎，佐藤栄作，安倍晋三の４名が首相在職日数の上位４名となっており，⑬多くの首相を輩出した県として知られています。

問１　下線部①に関連して，弥生時代の人々の生活について述べた以下の文章のうち，適切なものを次のア～エより１つ選び，記号で答えなさい。

ア．大王を中心とした畿内の豪族たちがヤマト政権を支え，支配を拡大した。

イ．中国大陸から伝わった銅剣や銅矛が武器として盛んに生産された。

ウ．米作りの指揮や豊作をいのる祭りを行う首長があらわれ，身分の差が生まれた。

エ．磨製石器や土器を使用し，簡単に作れる竪穴住居を作り移動しながら生活していた。

問２　下線部②に関連して，以下の資料のうち，日光東照宮として適切なものを次のア～エより１つ選び，記号で答えなさい。

ア．　イ．　ウ．　エ．

問３　下線部③に関連して，比叡山延暦寺では，時代を問わず多くの僧が修行を行いました。浄土宗をひらいた法然もその一人です。法然と彼の考えについて述べた以下の文章のうち，適切なものを次のア～エより１つ選び，記号で答えなさい。

ア．南無阿弥陀仏(なむあみだぶつ)と唱えれば，誰でも死後は極楽往生できるという考え方を布教した。

イ．ただひたすら坐禅に徹することで，仏の心に触れて悟りを開くことができるという考えを説いた。

ウ．信心の有無に関係ない全ての人が救われるという教えを説き，踊念仏によって各地に布教して歩いた。

エ．南無妙法蓮華経(なむみょうほうれんげきょう)の題目を唱えることを主張し，鎌倉幕府から迫害された。

問４　下線部④に関連して，以下の資料のうち，馬借のようすを描いた絵画として適切なものを次のア～エより１つ選び，記号で答えなさい。

ア．

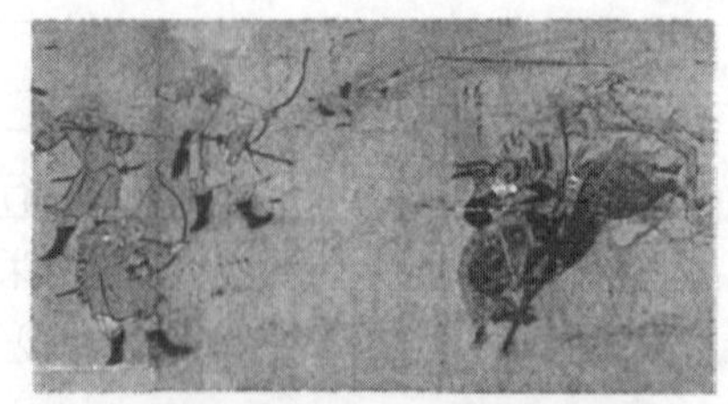

イ．

ウ．

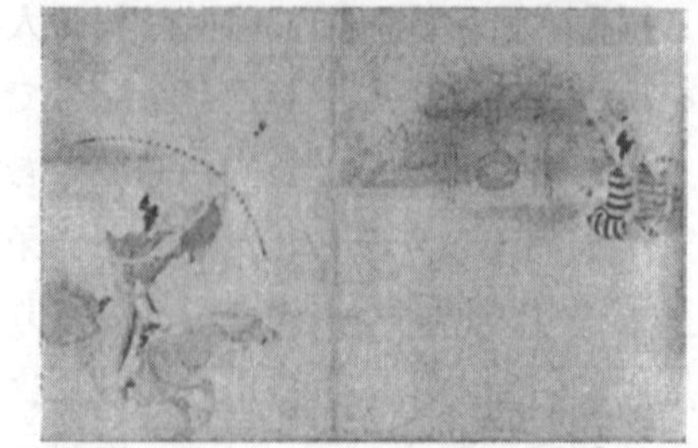

エ．

問５　下線部⑤に関連して，北前船について述べた以下の文章のうち，適切なものを次のア～エより１つ選び，記号で答えなさい。

ア．荷下ろしをする目的地まで寄港せずに商品を運ぶことができるようにするため，大きな船が利用された。

イ．蝦夷地から東回り航路を用いて下関や大阪(大坂)を経由して江戸まで物資を運んだ。

ウ．朱印船貿易が禁止されたため，海外との交易を行うために作られた船が利用された。

エ．蝦夷地におけるアイヌの人々との交易で手に入れた鮭や昆布などが運ばれた。

問６　下線部⑥に関連して，米騒動に関して述べた以下の文章の空欄(Ｘ)(Ｙ)にあてはまる語句として正しい組み合わせを後のア～エより１つ選び，記号で答えなさい。

第一次世界大戦中に世界経済で力をのばしたのが，戦場とならなかった日本と(Ｘ)でした。日本と(Ｘ)では好景気となった一方，好景気は物価の(Ｙ)を招き，庶民の生活は苦しくなりました。そこへシベリア出兵が決定し，商人たちが米を買い占めたため米騒動が起こりました。

ア．X　イギリス　Y　上昇　　イ．X　アメリカ　Y　上昇
ウ．X　イギリス　Y　下落　　エ．X　アメリカ　Y　下落

問７　下線部⑦に関連して，８代将軍の政治について述べた以下の文章のうち，適切なものを次のア～エより１つ選び，記号で答えなさい。
ア．目安箱を設置して民衆の意見を聞き，その意見から人足寄場を設けた。
イ．儒教の学習を奨励し，生類憐れみの令を発して不要な殺生をやめるように命令した。
ウ．江戸の町で発生した打ちこわしをしずめるため，株仲間を解散させた。
エ．青木昆陽にオランダ語を学ばせ，蘭学が発達する基礎をつくった。

問８　下線部⑧に関連して，右の年表に下線部⑧の事件を書き加える場合，適切な位置を年表中のア～オより１つ選び，記号で答えなさい。

ア
戊辰戦争が発生する
イ
西南戦争が発生する
ウ
大日本帝国憲法が発布される
エ
下関条約が結ばれる
オ

問９　下線部⑨に関連して，以下の文章のうち，12世紀の出来事として適切なものを，次のア～エより１つ選び，記号で答えなさい。
ア．稲の収穫後に麦を作る二毛作が全国に広がった。
イ．宋銭が流通し，土倉や酒屋などの金融業者が増加した。
ウ．かな文字が発明され，かなまじりの文学が発達した。
エ．平氏が瀬戸内海の海賊を制圧し，西国に力をもった。

問10　下線部⑩に関連して，石川啄木の作品として適切なものを，次のア～エより１つ選び，記号で答えなさい。
ア.『銀河鉄道の夜』　　イ.『舞姫』
ウ.『一握の砂』　　　エ.『みだれ髪』

問11　下線部⑪に関連して，勘合貿易が行われていた時代について述べた以下の文章のうち，適切なものを次のア～エより１つ選び，記号で答えなさい。
ア．雪舟が明へと渡り，帰国後水墨画を大成した。
イ．堺の商人千利休が茶の湯を大成した。
ウ．東大寺南大門に金剛力士像が作られた。
エ．藤原定家らが『新古今和歌集』を編さんした。

問12　下線部⑫に関連して，以下の文章のうち，誤りのものを次のア～エより１つ選び，記号で答えなさい。
ア．伊藤博文首相の時に，日露戦争が行われ日本の勝利に終わった。
イ．桂太郎首相の時に，韓国を植民地にする韓国併合が行われた。
ウ．佐藤栄作首相の時に，小笠原諸島や沖縄が日本へ返還された。
エ．安倍晋三首相の時に，消費税が５％から二度にわたって引き上げられた。

問13　資料１～６で調べられた県として，誤りのものを次のア～エより１つ選び，記号で答えなさい。
ア．滋賀県　　イ．富山県
ウ．愛知県　　エ．和歌山県

問14　下線部⑬に関連して，以下の表を参考にして設問に答えなさい。

	氏名	在職期間	首相出身県	閣僚出身県(内閣発足当初)
1	伊藤博文	明治18.12.22－明治21.4.30	山口	鹿児島４名・山口４名・その他２名
2	黒田清隆	明治21.4.30－明治22.10.25	鹿児島	鹿児島５名・山口３名・その他２名
3	山県有朋	明治22.12.24－明治24.5.6	山口	鹿児島３名・山口３名・その他４名
4	松方正義	明治24.5.6－明治25.8.8	鹿児島	鹿児島４名・山口２名・その他４名
5	伊藤博文	明治25.8.8－明治29.8.31	山口	鹿児島３名・山口３名・その他４名
6	松方正義	明治29.9.18－明治31.1.12	鹿児島	鹿児島５名・山口１名・その他４名
7	伊藤博文	明治31.1.12－明治31.6.30	山口	鹿児島３名・山口４名・その他３名

首相官邸 HP より作成

この表は初期の内閣総理大臣を一覧にしたものです。この表を参考にして，内閣制度が作られた当初の政治の特徴を，**明治維新政府の成り立ちに触れながら**述べなさい。

4　以下の設問に答えなさい。

問１　平安時代の女性作家で，随筆『枕草子』を著した人物の名前を答えなさい。

問２　日本の近代郵便制度の創設に貢献した人物として知られ，その功績から「郵便制度の父」と呼ばれる人物の名前を答えなさい。

問３　首相として，在任中に中華人民共和国との国交を回復した人物の名前を答えなさい。

問４　自由民権運動の指導者の一人で，フランス流の思想を取り入れた自由党の党首となった人物の名前を答えなさい。

問５　縄文時代に作られた土の人形で，女性を形取ったものが多く，豊かな食料や安産を願って作られたとされるものを何というか，答えなさい。

5　次の文章を読み，以下の設問に答えなさい。

［　X　］な開発目標(SDGs)は，2015年に①国連の本部で行われた国連サミットで採択された。SDGs は，2001年に策定されたミレニアム開発目標(MDGs)の後継として，2030年までに取り組む17の国際目標を定めたものになっている。目標の１つには「［　X　］な開発に向けて平和で包摂的な社会を推進し，すべての人々に②司法へのアクセスを提供するとともに，あらゆるレベルにおいて効果的で責任ある包摂的な制度を構築する」ことが挙げられている。

日本では，SDGs の達成に向けて，2016年に③内閣総理大臣を本部長，全閣僚を構成員とする SDGs 推進本部を設置し，「SDGs 実施指針」を掲げた。翌年には具体的な取り組みを盛り込んだ『SDGs アクションプラン2018』を決定し，半年に１回見直しを行ってきた。2019年12月の第８回推進本部会合では「SDGs 実施指針」の改訂にあわせ，『SDGs アクションプラン2020』が決定された。また，SDGs 達成に向けて優れた取り組みを提案する④地方自治体や企業・団体等を支援するための政策も行っている。

2019年に行われた⑤G20大阪サミットでは，SDGs の主要分野の成果が確認された。日本は議長国として，質の高いインフラ，防災，海洋プラスチックごみ，⑥気候変動，女性，⑦保健，教育の７分野においてリーダーシップを発揮した。

問１　文章中の空欄［X］にあてはまる語句を答えなさい。

問２　下線部①に関連して，右の表は国際連盟と国際連合の発足当時の理事会のあり方を比較したものです。表中の(１)～(３)にあてはまる説明Ａ～Ｆの正しい組み合わせを，あとのア～クより１つ選び，記号で答えなさい。

国際連盟		国際連合
(１)	組織	
	制裁措置	(２)
(３)	表決手段	

Ａ　アメリカ・ソ連・イギリス・フランス・中国の常任理事国と10か国の非常任理事国
Ｂ　日本・イギリス・フランス・イタリアの常任理事国と４か国の非常任理事国
Ｃ　平和の破壊または威嚇に対して，経済制裁のみが認められている。
Ｄ　平和の破壊または威嚇に対して，経済制裁とともに武力制裁も認められている。
Ｅ　全会一致制
Ｆ　手続事項は９理事国以上，実質事項は常任理事国を含む９理事国以上の賛成

ア．(１)－Ａ　(２)－Ｃ　(３)－Ｅ　　イ．(１)－Ａ　(２)－Ｃ　(３)－Ｆ
ウ．(１)－Ａ　(２)－Ｄ　(３)－Ｅ　　エ．(１)－Ａ　(２)－Ｄ　(３)－Ｆ
オ．(１)－Ｂ　(２)－Ｃ　(３)－Ｅ　　カ．(１)－Ｂ　(２)－Ｃ　(３)－Ｆ
キ．(１)－Ｂ　(２)－Ｄ　(３)－Ｅ　　ク．(１)－Ｂ　(２)－Ｄ　(３)－Ｆ

問３　下線部②に関連して，現在の日本や世界の司法制度についての説明として正しいものを，次のア～エより１つ選び，記号で答えなさい。

ア．日本国憲法では，裁判官が公正な裁判が行えるように裁判官の職権の独立を保障しているが，内閣による弾劾裁判により罷免の判決を受けた場合には，裁判官としての身分を失う。

イ．国際人権規約では，規約上の権利を侵害された場合に個人が直接救済の申し立てをするための個人通報制度を選択議定書として定めているが，日本は死刑廃止を目的とする選択議定書とともに批准している。

ウ．日本では，違憲立法審査権は「憲法の番人」と呼ばれる最高裁判所に認められた権限であり，下級裁判所は行使することができない。

エ．国際連合には，国家間の紛争など国と国との争いを裁くための機関として，国際連盟の常設国際司法裁判所を引き継いで国際司法裁判所が設置されている。

問４　下線部③に関連して，内閣総理大臣についての説明として正しいものを，次のア～エより１つ選び，記号で答えなさい。

ア．内閣総理大臣は，国務大臣を国会議員のなかから任命しなければならない。
イ．内閣総理大臣が欠けたときは，内閣は必ず総辞職をすることになっている。
ウ．内閣総理大臣は，官房長官が主宰する閣議に参加し，多数決で表決を行っている。
エ．内閣総理大臣は国会により指名されるが，国会議員とは限らない。

問５　下線部④に関連して，地方自治体が行うことをＡ～Ｄのうちから２つ選び，その正しい組み合わせを，あとのア～カより１つ選び，記号で答えなさい。

Ａ　上下水道を整備する。
Ｂ　国庫支出金の使いみちを決定する。
Ｃ　条例を制定する。
Ｄ　地方裁判所の裁判官を指名する。

ア．ＡとＢ　　イ．ＡとＣ　　ウ．ＡとＤ　　エ．ＢとＣ　　オ．ＢとＤ　　カ．ＣとＤ

問６　下線部⑤に関連して，次の図中の［Ａ］～［Ｃ］にあてはまる国の説明として正しいものを，あとのア～オよりそれぞれ選び，記号で答えなさい。

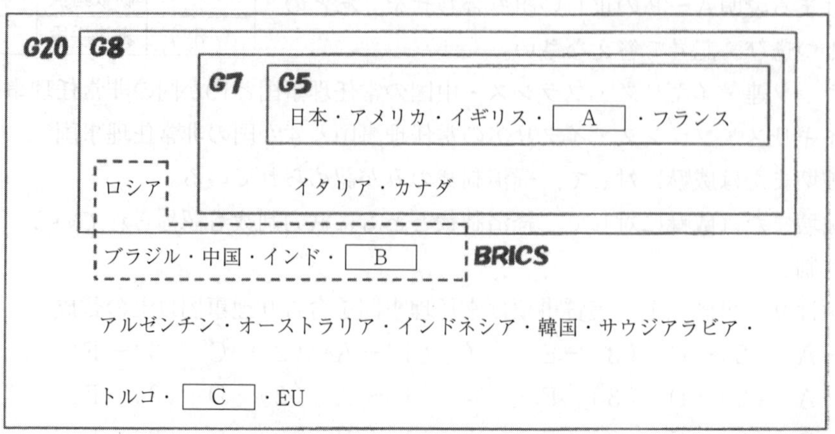

ア．非白人に対するアパルトヘイトが長年にわたり続けられたが，1994年には黒人解放運動の指導者マンデラが大統領に就任した。金やダイヤモンドなど鉱産資源が豊富にある。

イ．豊富な鉱産資源を背景に工業の発展がみられ，近年はさらにIT産業の成長が著しい。カースト制度の意識が強く残っている。

ウ．1970年代に外国から資金を大量に借り入れて工業化を図ったが，1980年代には債務危機に陥り，累積債務問題に苦しむことになった。アメリカやカナダと貿易協定を結んでいる。

エ．戦前の独裁体制の反省から，現在大統領は元首として象徴的な立場にある。行政権を握る立場の首相は，現在，歴代初の女性にして戦後最長の在任期間となっている。

オ．第二次世界大戦後，アメリカとソ連の争いから分割された２つの国のうちの１つである。日本は，1965年にこの国と国交を正常化させた。

問７　下線部⑥に関連して，気候変動に関するア～エの出来事を古い順に並べ，解答欄に合うように答えなさい。

ア．温室効果ガスの排出量の削減目標を定めた「京都議定書」が採択された。

イ．地球温暖化に対する国際的な取り組みとして「気候変動枠組条約」が採択された。

ウ．各国で自主的に温室効果ガスの削減目標を設定する「パリ協定」が採択された。

エ．公害対策基本法にかわって，「環境基本法」が制定された。

問８　下線部⑦に関連して，世界の人々の健康の増進をはかるため，感染症予防や被災地への緊急医療支援などを行う国際連合の専門機関を何というか，答えなさい。

【理　科】〈第１回試験〉（40分）〈満点：50点〉

1　《文章１》を読み，以下の各問いに答えなさい。

《文章１》

ウイルスという言葉を良く耳にします。世界的に流行した新型コロナウイルス感染症や，毎年冬に流行するインフルエンザの原因もウイルスです。また，細菌も感染症などの原因となります。ウイルスと細菌との違いは一体何なのでしょうか。

細菌は，細胞というつくりを持ち，栄養源さえあれば自分と同じ細菌を増やすことができます。その中には，私たちの体に入って，毒性物質を出して病気を引き起こす有害な細菌もいます。

一方，ウイルスは細胞というつくりを持たず，大きさは細菌の50分の１程度です。また，細菌と違い，他の生物の細胞の中でしか増えることができません。そのため，他の生物の細胞に侵入し，細胞内の物質を利用して，自分のコピーを大量につくります。そして，コピーされたウイルスが出て行く際に，侵入した細胞を破壊していきます。

私たちの体には，ウイルスや細菌などの病原体から体を守る免疫という仕組みが備わっていて，体内に病原体が侵入するのを防いだり，侵入してしまった病原体を攻撃したりして体を守っています。また，一度侵入したことがある病原体に対しては，次に侵入してきたときにすぐに攻撃できる準備をしています。自然界にはウイルスを無症状で体内に保有し，共存している生物も存在します。そのような生物を自然宿主と呼びます。自然宿主が持つウイルスは，その自然宿主に対しては無害ですが，他の種類の生物に対しては病気の原因となり得ます。自然宿主の体には，ウイルスに感染しても病気にならない仕組みが備わっています。科学者たちは新型のウイルスが出現すると，予防や治療に利用できるのではないかと，そのウイルスの自然宿主を見つける努力をし，うまく共存していくための方法を探しています。

ウイルスは私たち人類よりも遥か以前から地球上に存在していたと言われています。それにも関わらず，私たち人類がウイルスの存在を知ったのは19世紀末になってからです。その存在を知ることで，私たちはワクチンを開発することができました。ワクチンとは「死んだウイルス」や「毒性を弱めたウイルス」などのことで，あらかじめワクチンをヒトに注射(接種)しておくと，実際には病気にかからなくてもその病気に対する免疫ができ，病原体が体内に侵入しても発症を予防したり，症状を軽度ですませたりすることができます。

これまで，多くのウイルスに対抗するためにワクチン接種(予防接種)が行われ，感染者や発症者を減らしてきました。しかし，ウイルスは世界からいなくなることはありません。なぜなら，ウイルスは変異(形や性質などが変化すること)するからです。近年，それとは別に，新種のウイルスの流行が増加してきました。その理由は，私たちの活動範囲が拡大したことで，限られた地域だけにしか存在しなかった未知のウイルスに触れる機会が多くなったからです。さらに，人々の移動手段の発達に伴い，短期間で全世界に広まるようになりました。

1910年代，細菌に感染するバクテリオファージというウイルス(以後ファージと略す)が発見されました。科学者たちは，ファージに細菌だけを殺すはたらきを組み込ませることで，細菌性の病気の治療にファージを利用できないか研究を始めました。しかし，1940年代に「抗生物質」（細菌に作用して増殖を防ぐ物質）が開発されると，ファージを用いた治療の研究は中断されることとなりました。20世紀の最も優れた医学の成果ともいえる抗生物質は，多くの命を救いましたが，使い過ぎにより，1990年代にはどんな抗生物質も効かない細菌（多剤耐性菌）が登場してしまいました。そのため，最近になって再び，ファージを利用した「ファージ療法」に対する関心が高まってきています。なぜならファージ療法には「人体には無害なのに，特定の病原体だけを攻撃するはたらきを持たせること」が期待できるからです。

問１　《文章１》の下線部の感染症の感染拡大を防ぐために取られている対策として，厚生労働省から３つの密を避けるように呼びかけがされています。その３つの密をすべて漢字で答えなさい。

問２　私たちの血液成分のうち，免疫のはたらきをする細胞として，適切なものを**ア〜オ**より１つ選び，記号で答えなさい。

ア．赤血球　**イ**．白血球　**ウ**．血小板　**エ**．血しょう　**オ**．タンパク質

問３　感染性の病気に対して，**直接**，**自分が感染しないようにするための方法**として「手洗い・手指消毒」がよく言われています。次の文はその理由を示しています。空欄（あ）に当てはまる文として，適切なものを**ア〜エ**より２つ選び，記号で答えなさい。

「いろいろな所に触れる手や指には，病原体が多く付着している恐れがあるため，手洗いや手指消毒をすることで，（　あ　）」

ア．病原体の数を減らすことができるから。

イ．その手で他の所に触れて，病原体をまき散らしてしまうことを防ぐことができるから。

ウ．その手で顔に触れて，病原体が口や鼻などから体内へ入ってしまうことを防ぐことができるから。

エ．感染症に対しての意識や免疫を高めることができるから。

問４　抗生物質は，細菌による感染症に対しては有効な治療薬ですが，ウイルスによる感染症に対しては有効に作用しません。その理由として適切なものを**ア〜エ**より１つ選び，記号で答えなさい。

ア．ウイルスは細胞という構造を持っているが，細菌は細胞という構造を持っておらず，宿主の細胞内に侵入しているため，宿主の細胞が影響を受けてしまうから。

イ．抗生物質はウイルスの増殖を防ぐ物質であって，細菌の増殖を防ぐ効果がないから。

ウ．抗生物質は細菌の増殖を防ぐ物質であって，ウイルスの増殖を防ぐ効果がないから。

エ．抗生物質を使い過ぎたため，抗生物質が効かないウイルスに変異したから。

問５　《文章１》の用語を用いて，次の《文章２》の空欄（い）〜（か）に当てはまる適切な語句をそれぞれ６字以内で答えなさい。

《文章２》

私たちは，あるウイルスに対して，そのウイルスの(　い　)を人工的につくり，接種することで，多くのウイルスによる感染症を克服してきました。しかし，ウイルスは(　う　)するため，根絶することは不可能と考えられています。そのようなウイルスに対して，私たちは，今後，(　い　)の開発や(　え　)の発見などをして，ウイルスと(　お　)することが大切と考えられます。

また，ウイルスの悪い面だけに目を向けるのではなく，抗生物質での治療が困難な細菌性の病気に対しては(　か　)の開発により，ウイルスを有効活用していく道を模索することも大切と考えられます。

2　以下の各問いに答えなさい。

図１は人の手や腕のつくりを簡単に表したものです。図１のように，肩と肘の間には上腕二頭筋と上腕三頭筋があります。このつくりについて，図２のような「てこ」のモデルを用いて，実験しました。なお，簡単にするために手首の動きは考えないものとします。

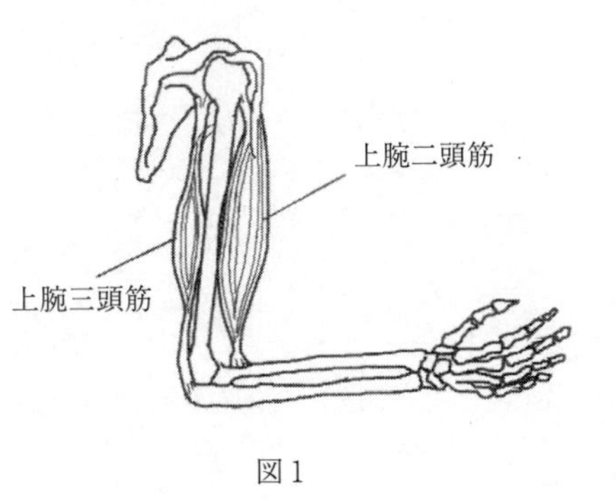

図１

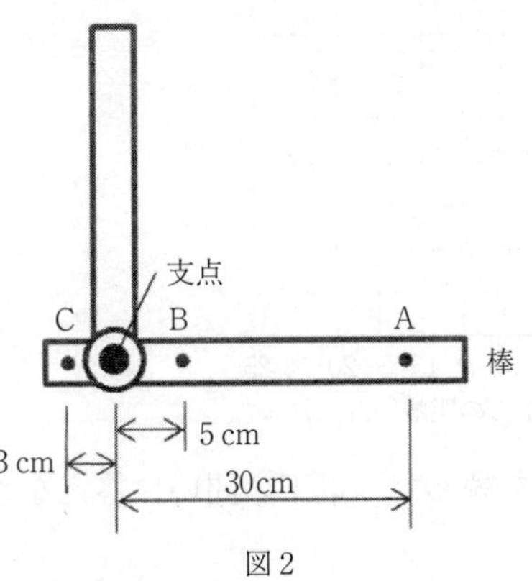

図２

重さや太さを無視できる棒を２本用意し，支点を中心として自由に回転できるようにしました。棒のうち，縦向きの１本を図３のようにスタンドに固定用金具で留めて支えました。横向きの棒の点A，B，Cは，それぞれ支点から右に30cm，右に５cm，左に３cm離れた点です。各点に短いひもをそれぞれ通して，力を加えられるようにし，点Aにおもりを吊るせるようにしました。点B，Cのひもには筋肉に代わる丈夫なゴムをそれぞれ取り付け，上下方向にゴムを引くことができるようにしました。

ただし，１kgの物体を持ち上げるのに必要な力を「１kg分の力」とします。

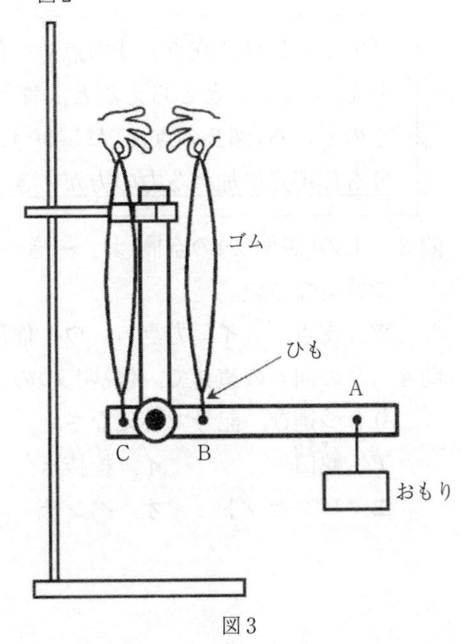

図３

問１　１kgのおもりを点Aに吊るした状態で，棒を水平にすることを考えます。次の文の空欄(あ)～

(え)に当てはまる適切な語句を答えなさい。ただし，(あ)，(う)は上下どちらかを答え，(い)，(え)は数字で答えなさい。

> 棒を水平にし，おもりを支えるためには，点Ｂに(　あ　)向きに(　い　)kg 分の力を加えるか，点Ｃに(　う　)向きに(　え　)kg 分の力を加える必要がある。このことから，実際には，おもりを支えるときに上腕二頭筋，上腕三頭筋のどちらの筋肉が作用しているかがわかる。

問２　点Ｂから点Ａまでの間に５cm 間隔で穴を開けました。そのうちの１つに１kg のおもりを吊るし，点Ｂにゴムをつけて引き，棒が水平になるときのゴムの力を測定しました。それぞれの位置で棒を水平にするためには，ゴムは何 kg 分の力で棒を引く必要がありますか。横軸におもりを吊るす位置の点Ｂからの距離，縦軸にゴムの力をとり，解答欄(かいとうらん)のグラフに表しなさい。ただし，線は定規を使用せず，丁寧(ていねい)に描(か)きなさい。

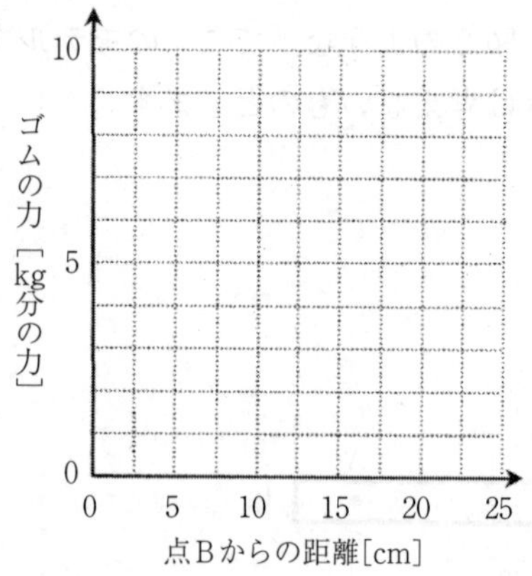

次の《説明文》を読んで，以下の問いに答えなさい。

《説明文》

> 「てこ」には「支点」，「力点」，「作用点」がある。問１や問２の実験から，手や腕のつくりを，「てこ」ととらえると，骨と筋肉がつながるところ(図２の点Ｂや点Ｃ)が(　お　)，手のところ(図２の点Ａ)が(　か　)になっている。このことから，腕は，力点に加える力よりも作用点に加わる力の方が(　き　)なる「てこ」であると考えられる。

問３　上の《説明文》の空欄(お)～(き)に当てはまる適切な語句を**ア**～**オ**より１つずつ選び，記号で答えなさい。

ア．支点　　**イ**．力点　　**ウ**．作用点　　**エ**．大きく　　**オ**．小さく

問４　身の回りの道具で，《説明文》の下線部のような「てこ」の例として適切なものを**ア**～**カ**より２つ選び，記号で答えなさい。

ア．蛇口(じゃぐち)　　**イ**．栓抜き(せんぬき)　　**ウ**．釘抜き(くぎぬき)(バール)

エ．ピンセット　　**オ**．ペンチ　　**カ**．箸(はし)

3　下図のような電磁石Ａ～Ｆを作りました。電磁石は，エナメル線(導線)を紙筒(かみづつ)に巻いて，50回巻きと100回巻きのコイルを作り，その中に芯(しん)として鉄釘(てつくぎ)や銅釘を入れて作りました。なお，電磁石に用いたエナメル線の太さ，紙筒の大きさ，電池はすべて同じものとします。

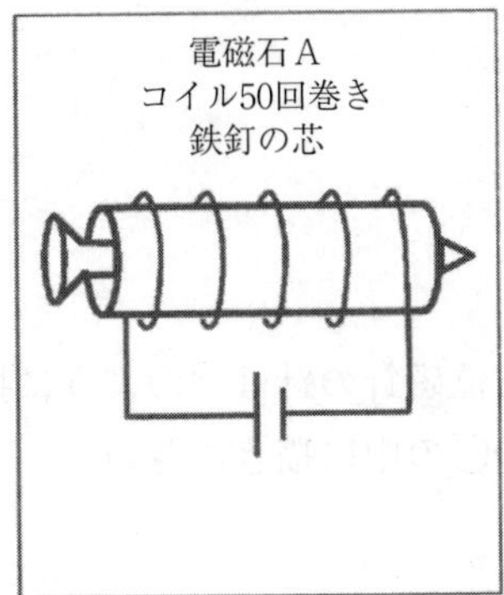

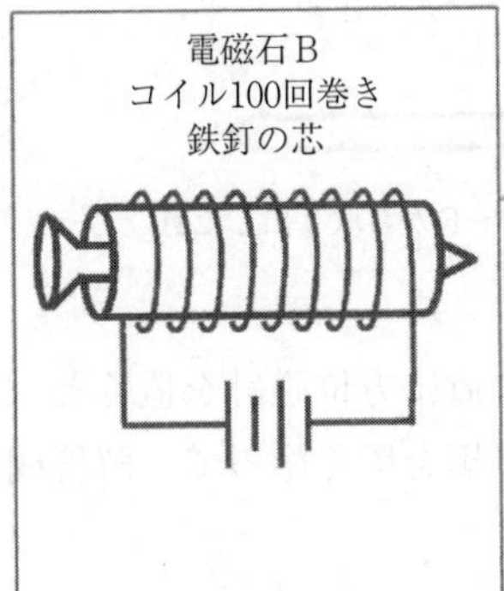

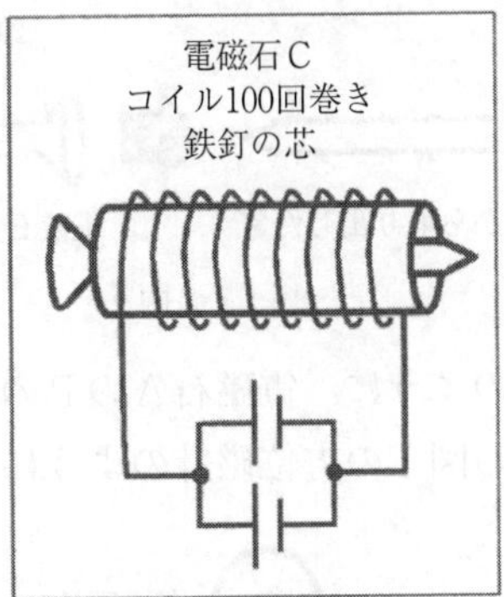

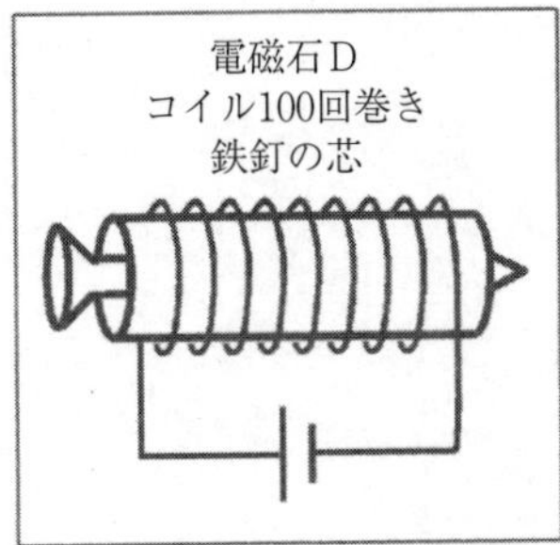

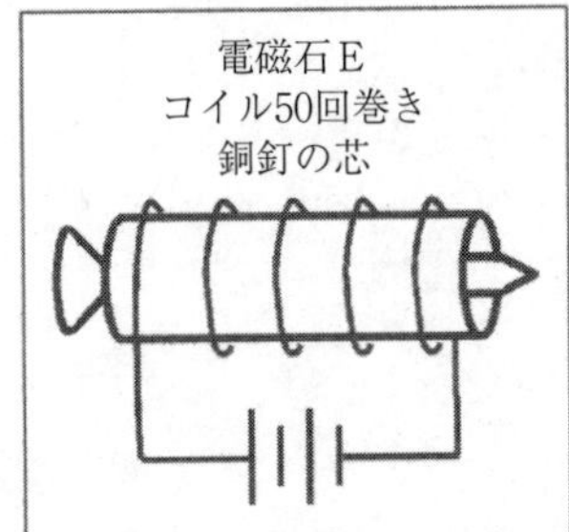

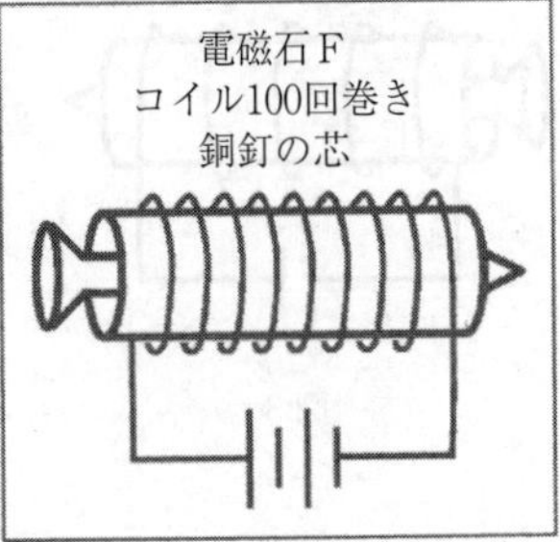

問１　磁力が最も強いものは電磁石Ａ～Ｆのうち，どれですか。記号で答えなさい。

問２　以下の(1)，(2)の関係を比べる場合，どれとどれを比べればよいですか。適切な電磁石の組み合わせを，それぞれ**ア**～**ク**より１つずつ選び，記号で答えなさい。

(1)　芯の種類と，磁力の強さの関係を調べる場合。

ア．ＡとＥ　　**イ**．ＡとＦ
ウ．ＢとＥ　　**エ**．ＢとＦ
オ．ＣとＥ　　**カ**．ＣとＦ
キ．ＤとＥ　　**ク**．ＤとＦ

(2)　コイルに流れる電流の大きさと，磁力の強さの関係を調べる場合。

ア．ＡとＢ　　**イ**．ＡとＣ
ウ．ＡとＥ　　**エ**．ＡとＦ
オ．ＢとＤ　　**カ**．ＣとＤ
キ．ＤとＥ　　**ク**．ＤとＦ

電磁石Ａの鉄釘の先端(せんたん)に方位磁針を置くと，方位磁針の針は図１のように振(ふ)れました。

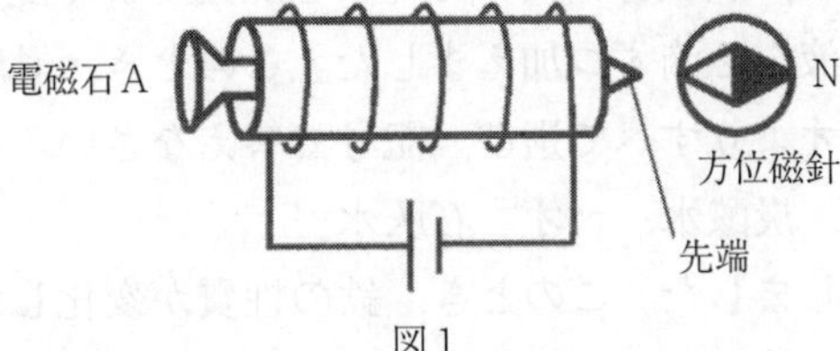

図１

問３　図２のように，電磁石Ｂ～Ｆから取り出した鉄釘・銅釘の頭を，それぞれ，電磁石Ａから取り出した鉄釘の先端に近づけました。このとき，お互(たが)いに引き合うものを電磁石Ｂ～Ｆよりすべて選び，記号で答えなさい。

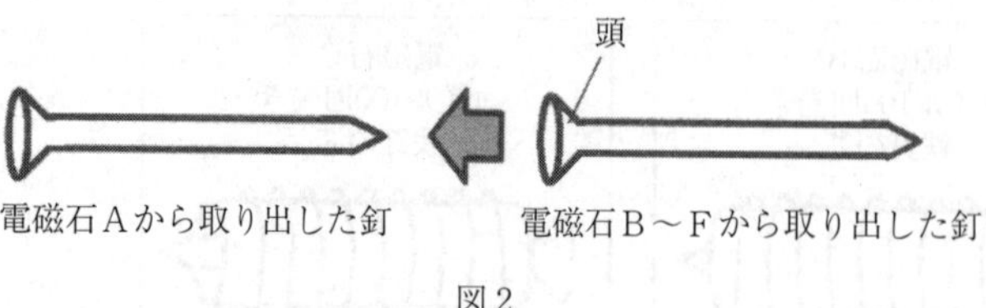

図２

問４　図３のように，電磁石ＡのＰの位置に方位磁針を置くと，方位磁針の針はどのように振れますか。図１の方位磁針のようにＮ極を黒く塗(ぬ)って，解答欄の◯の中に描きなさい。

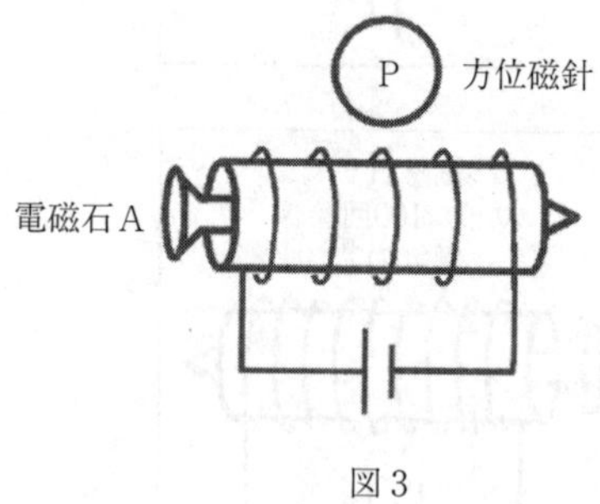

図３

4　以下の各問いに答えなさい。

問１　次のような実験を行いました。

《実験１》　木材の重さをはかり，燃やした後，再び重さをはかりました。

《実験２》　スチールウールの重さをはかり，燃やした後，再び重さをはかりました。

燃やす前と燃やした後の重さが変化したり，しなかったりする理由には気体が関係します。下表は，《実験１》，《実験２》を行う前と後の重さの変化とその理由についてまとめたものです。空欄(あ)，(え)に当てはまる適切な語句を**ア**～**ウ**より選び，記号で答えなさい。また，空欄(い)，(お)には気体の名称(めいしょう)を，(う)，(か)には，その気体がどうなるかを答えなさい。

	前後の重さの変化	理由
実験１	（　あ　）	（ い)が(　う　)から。
実験２	（　え　）	（ お)が(　か　)から。

ア．重くなる　　**イ**．軽くなる　　**ウ**．変わらない

問２　次の**ア**～**オ**について，固体のものは空気中でそれぞれ十分に燃やし，液体のものは加熱をして蒸発させました。固体が残ったものについて，試験管に入れて純水を加えてよく混ぜた後にしばらく放置し，フェノールフタレイン溶液(ようえき)を２滴(てき)ずつ加えました。このとき，試験管中の溶液が赤色を示すものはどれですか。**ア**～**オ**よりすべて選び，記号で答えなさい。

ア．木　　**イ**．うすい塩酸　　**ウ**．食塩　　**エ**．炭酸水　　**オ**．石灰水

問３　スチールウールを湿(しめ)った空気中に長期間放置しました。このとき，鉄の性質が変化したことを確認する簡単な方法が，問１，問２の確認方法に関わることや色の変化以外で，いくつ

かあります。そのうちの２つについて，次の文①，②の空欄(き)～(こ)に当てはまる適切な語句をそれぞれ答えなさい。ただし，(き)，(け)には「何をどうする」といった操作(そうさ)を10字以内で，(く)，(こ)には，その結果を10字以内で答えなさい。

① 鉄の性質が変化した場合は，（　き　）と（　く　）。
② 鉄の性質が変化した場合は，（　け　）と（　こ　）。

問４　水は加熱や冷却(れいきゃく)により，見た目は変化しますが，異なる物質には変化しません。このような変化を何と言いますか。漢字４字で答えなさい。

問５　問４の変化は，私たちの体の体温調節でも役に立っています。それは何ですか。次の文の空欄(さ)，(し)に当てはまる適切な語句をそれぞれ答えなさい。

体から出る（ さ ）が（ し ）するときに，体の表面の熱を奪(うば)い，体温を下げる。

問６　問４の変化により，水は空気中に含(ふく)まれています。下表は，1 m^3当たりの空気に含むことのできる水蒸気の最大量と温度の関係を示しています。

温度[℃]	12	14	16	18	20	22	24	26	28	30
水蒸気の最大量[g]	10.7	12.1	13.6	15.4	17.3	19.4	21.8	24.4	27.2	30.4

(1) 下線部を何といいますか。

(2) 30℃で湿度(しつど)70％の部屋の温度を20℃まで冷やすと，1 m^3あたりの空気中の水蒸気の量は何g変化しますか。増減も含めて答えなさい。増減については，次の**ア**，**イ**より選び，記号で答えなさい。また，水蒸気の量については，小数第二位を四捨五入して第一位まで答えなさい。

ア．増加する　　**イ**．減少する

オ　メンバーの不安な気持ちはわかっているが、部長の桝井が傷つくことを恐れて、勝つ見込みがなくても桝井を最終走者にするということ。

5　傍線部③「上原は首をかしげて見せた」には、この場合、上原のどのような気持ちが表れているか。最も適切なものを次の**ア**～**オ**から選び、記号で答えなさい。

ア　桝井の予想外の答えに困惑(こんわく)している。
イ　自信をなくした桝井に同情している。
ウ　桝井のあいまいな返事に疑問をもっている。
エ　桝井に悪いことを言ったと後悔(こうかい)している。
オ　桝井の主張を否定しようとしている。

6　傍線部④「自分の深さ三センチのところで勝負してるんだよ」とあるが、上原はこの言葉によって、桝井にどのようなことに気づいてほしいと思っているか。60字以内で説明しなさい。

7　傍線部⑤「私たちが望んでるのはそんなことじゃないから」とあるが、「私たちが望んでる」ことは桝井がどうすることなのか。それが桝井の気持ちとして書かれた表現を本文中から10字で探し、そのまま抜き出して答えなさい。

8　この文章の表現と内容の説明として最も適切なものを次の**ア**～**オ**から選び、記号で答えなさい。

ア　心の中の言葉と実際の会話を織り交ぜることによって、複雑な場面の展開をわかりやすく理解させ、メンバーのすれ違っていた気持ちが一つになっていく過程が強調して描かれている。
イ　物語の語り手を「おれ」と同一にすることによって、読者が「おれ」に感情移入しやすくなっていて、物語を読み進むにつれて「おれ」の緊張感と苦しみが強くなっていく様子が伝わってくる。
ウ　時間の経過とともに物語がスムーズに進んでいく展開は読者が理解しやすくなっており、さらに、わかりやすい会話の連続によって、「おれ」の興奮した気持ちを読者も感じることができる。
エ　時間的に前後する場面をはさみながら、心の中の言葉が多用されることで、「おれ」の心情変化が効果的に表現され、テンポの良いストーリーの展開に読者を引き込む工夫がなされている。
オ　会話を多用した物語の展開によって、登場人物の心情が生き生きと表されていると同時に、細かい情景描写(びょうしゃ)をはさむことによって物語全体の奥行きを感じさせる表現となっている。

（瀬尾まいこ『あと少し、もう少し』より）

※満田先生…桝井が尊敬していた陸上部の顧問。春に他校に異動してしまった。

※上原…若い美術の教師。陸上のことは全く知らなかったが、異動した満田先生の後、陸上部の顧問となった。

※渡部…吹奏楽部でサックスを吹いていた。「カヴァレリア」は渡部がよく吹いていた曲。

1 空欄**A**～**C**にあてはまる言葉として最も適切なものを次の**ア**～**カ**から選び、記号で答えなさい。（同じ記号は一度しか使えない。）

ア すんなりと　**イ** いつのまにか　**ウ** なんとか
エ あっけなく　**オ** ひたむきに　**カ** どうしても

2 二重傍線部**a**、**b**の本文中の意味として最も適切なものを後の**ア**～**オ**からそれぞれ選び、記号で答えなさい。

a「脈絡もないこと」
ア 話の目的が違っていること
イ 全く賛成できないこと
ウ 話のつながりがわからないこと
エ だれにも話していないこと
オ 話に興味が持てないこと

b「一目置いてる」
ア 相手の能力が上だと認めている
イ 深いつながりを意識している
ウ わずかな不安を抱いている
エ 緊張して接している
オ 自分たちと無関係だと感じている

3 傍線部①「無理すんなよ」という設楽が桝井にかけた言葉を、桝井はどのような意味に理解しているか。最も適切なものを次の**ア**～**オ**から選び、記号で答えなさい。

ア 桝井の今の状態を見ると、無理をしても結果を出せないことはわかっているが、今までの桝井の努力は理解しているという慰め。
イ 皆のために無理をしてしまう桝井の気持ちをわかっていて、これだけ努力してきたのだから普段どおりに走ればよいという励まし。
ウ ともに無理な練習を重ねてきた仲間だから、無理と思われる場合でも絶対に最後まであきらめずに走り通してほしいという期待。
エ 途中であきらめることは恥ずかしいことではないので、無理をせずに、安心して桝井のペースで走ってほしいという思いやり。
オ 桝井のこれまでの努力を一番よく知っているから、現在の実力の衰えは気にせず、楽しく走ることを最優先してほしいという配慮。

4 傍線部②「そういうドラマ」とあるが、その内容として最も適切なものを次の**ア**～**オ**から選び、記号で答えなさい。

ア 体調不良で、早く走ることはできないとわかっているが、桝井が根性で最終走者を走りきることで、皆に感動を与えられるということ。
イ 昨日までとは打って変わった早い走りを期待し、桝井もそれに応えることで、メンバーの声援が選手の力になることを示すということ。
ウ 桝井の今の状態は最良とは言えないが、これまでの桝井の頑張りを考えると、最終走者で走らせ部長としての引退を飾らせるということ。
エ 桝井が不調であることに同情して、他のメンバーの活躍によって五位以内で最終の桝井に引き継ぎ、部長の責任を果たさせるということ。

「で？」

③上原は首をかしげて見せた。

「でって、おれには6区を務める力がないってこと」

「だから何なの？」

「だから何って、ちゃんとチームのこと考えてよ。ここまでやってきたんだ。おれは6区じゃなくてもいい。みんなで県大会に行くことが大事なんだ。おれが格好つけるためにすべてを台無しにするわけにはいかない」

「なるほどね。桝井君、さわやかでかっこいいと思うよ」

上原は黙って聞いていたかと思うと、何のａ脈絡もないことを言い出した。

「なんだよそれ」

「桝井君さ、④自分の深さ三センチのところで勝負してるんだよ。だから、さわやかに見える。それだけしか開放しないで、生きていけるわけないのにね」

「それが駅伝と何の関係があるんだよ」

もうすぐ本番だというのに、どうして上原はこんなことを話しているんだ。あまりに無関係な話に、おれはいらいらした。

「駅伝も一緒だよ。桝井君はチームのみんなに慕われてるし、桝井君もみんなのことちゃんと把握してる。みんなの走りも性格も状態もきちんとつかんでる。だけどさ」

上原はおれの顔をじっと見た。

「だけど？」

「だけど、桝井君は誰のこともわかってない。誰も桝井君に伝えられないんだよ。みんなｂ一目置いてるからね。桝井君、本当にみんなに一目置かれちゃってるんだよ」

「だから何なんだよ」

走る直前に、上原はどうしてこんなことを言っているのだ。おれは完全にうろたえていた。

「中学校のスポーツは技術以上に学ぶものがあるっていうの、今までぴんと来なかった。だけど、今はわかるんだ。桝井君がいろいろ見せてくれたからだよ」

上原はおれに微笑んだ。

「走れなくてもいい。私が、ううん、⑤私たちが望んでるのはそんなことじゃないから。でも、6区を走るのは桝井君だよ」

トラックは残り半分。幾多西中はおれと肩を並べたままついてくる。こいつに譲るわけにはいかない。負けちゃいけない。最後までジローみたいに楽しむんだ。頭の中では※渡部が吹くカヴァレリア何とかが響いている。

残り100メートル。酸素はどこにも回っていない。足も腕も身体中が痛い。心臓も尋常じゃなく高鳴っている。おれの肩にある襷は重い。設楽から大田へ、大田からジローへ、ジローから渡部へ、渡部から俊介へ。そしておれへと繋がれた襷。走っている時は一人だ。でも、おれを進ませているのは、おれだけじゃない。おれは設楽みたいに死にもの狂いで走った。大田のようにすべてをむき出しにしてくらいついた。

ゴールは目の前。信用して。俊介に伝えた言葉を唱えてみる。俊介がずっと見ていてくれた勢いのあるおれの走り。その走りをするんだ。ちぎれそうな身体だって、おれの走りをするんだ。おれは身体をとにかく前へ前へと押し出した。一歩分、たった一歩分、幾多西中よりおれは前に飛び出た。

いける。このまま走りきるんだ。今日で終わりにはしない。アンカーは最終走者なんかじゃない。絶対に繋いでみせる。おれをみんなを次の場所へと。

らなければ、すべてが終わりなんだ。

おれはがむしゃらに手も足も動かした。頭もフル回転させて、※満田先生の教えを、※上原がかけてくれた言葉を思い出して走った。どうやって呼吸しているのかすらわからないまま、坂を上った。とにかく前に行くんだ。それ以外のことは、どうでもよかった。死んでもいい。おれはたぶん本気でそう思っていた。

上り坂が半分を過ぎようとした時、幾多西中が目の前に見えた。今度は逃しちゃいけない。おれは焦る気持ちを飲みこんで、確実に足を進めた。幾多西中の選手の息をすぐそばに感じた。いける。とらえられる。おれはさらに歩幅を広げた。幾多西中の気配は横ではなく後ろに動いた。そう、抜いたのだ。

これでなんとかなる。県大会に進出できる。そう思うと、鼻の奥がつんと痛んだ。せっかく手に入れたんだ。絶対に手放しちゃいけない。六位。少し緩めれば、［A］こぼれ落ちてしまう場所におれはいる。なんとしても守らなくてはいけない。

〈中略〉

今のおれに俊介みたいな走りはできない。だけど、俊介みたいに［B］走ることはできるはずだ。

「身体を跳ねさせるな」「しっかり息を吐いて」「腕を大きく振れ」おれは俊介にかけていた言葉を、自分に向けた。そして、忠実に自分に応えようと、身体を動かした。

幾多西中の気配は後ろから消えない。でも、同時に前を行く加瀬中の背中も近づいている。競技場まで続く坂はあと50メートル。加瀬中、おれ、幾多西中。三人の中の二人しか、ほしい物を手に入れられない。

「絶対できる」「あと少し、力出し切れ」そんなただの励ましでも、俊介はいつも真剣に聞いてくれた。俊介のまっすぐな思いが、時々痛くて苦しかった。俊介が思い描くおれでいられないことが、やるせなかった。だけど、俊介がいたからこそ、おれは投げ出さずに済んだんだ。俊介がおれを見ていてくれたから、腐りきらずに済んだんだ。今日は本当に信用してもらえる先輩でいたい。おれは歯を食いしばって最後の坂を上りきり、六位のまま競技場へと入った。

〈中略〉

おれがアンカーを走ることに決定したのは、今日の朝だ。

「そうそう、エントリー変更したんだ」

競技場につくと、上原が突然言い出した。

「やっぱり桝井君を6区にした」

「どうして」と目を丸くするおれに、上原は「勝ちたいから」とあっさり言った。大会当日の朝、直前の変更だ。それなのに、衝撃を受けているのはおれだけのようで、みんなは［C］納得して、次の作業にかかっていた。

「おれ、貧血なんだ」

おれはテントを立て始めるみんなから離れて、上原に告げた。貧血という言葉を自分では使いたくなかったけど、上原に早く事情を理解して対応してもらわないといけない。

「そう言えばそんな感じだね」

「そんな感じだねって、わかってる？　ほら、インターバルしたって三本目あたりから足が上がってないし、いつも1キロあたりから速度が落ちてるだろう」

きっと上原は事態の重要さがわかっていない。でも、勝つためには②そういうドラマはいらない。おれはわかりやすく説明した。

「とにかく最後に力が出ない。一番大事な最後がどうしようもないんだ。最後はどうしたって競り合いになる。そこで勝てる力がない」

な。

イ〈生徒B〉しかも筆者は、あこがれの精神や学ぶ意欲がなくなってきてしまっているのは、インターネットの普及などによって、欲しい情報を簡単に手に入れられるようになったからだとも考えているようだよ。

ウ〈生徒C〉確かに何か問題に直面したときに、検索することでそれなりの答えを手に入れることができたら、苦労して学ぶよりも、答えを検索した方が手軽で便利だと思ってしまうかもしれないなあ。

エ〈生徒A〉だから筆者は「情報を消費する人ばかりの社会になると先行きが暗い」と言っているのだね。情報を消費するというのは、現在の世界にある答えを探し求めることだから、新しい価値を生み出す可能性は低くなってしまうもの。

オ〈生徒C〉そうすると、今は便利になったことで、かえって失ってしまったことがあるということになるね。これからは、インターネットをできるだけ使わないようにして、失ってしまったものを取りもどさなければいけないね。

二 次の文章を読んで、後の問いに答えなさい。

中学3年生の桝井は陸上部の部長で、他の部活動が引退した後も、十月の地区の駅伝大会にむけて練習を続けていた。陸上部には2年生の俊介以外に走れる部員がいなかったので、桝井は3年生の大田、ジロー、渡部、設楽を誘う。桝井は実力もあり、他のメンバーをいつも気づかい、頼られる存在であったが、大会前に不調となる。大会まで一か月を切ったある日、部長の桝井が区間走者を発表する。それには、5区が桝井、最終の6区が俊介となっていた。

本文は駅伝大会当日である。

「①無理すんなよ」

それが今までの努力を認めてくれる言葉だって、おれは設楽に言われて初めて知った。設楽とは誰よりも長い時間一緒に走ってきた。それなのに、おれたちには微妙な隔たりがある。おれがいくらふざけてみたって設楽はどこか遠慮しているし、気なんか遣うなよと言ったところでほどけない。でも、設楽にしか触れられない部分が、おれの中にはある。

設楽の言葉は、何よりもおれを安心させてくれた。けれど、今日は無理でもなんでもする。手を抜く方法を一つも知らない設楽みたいに、死ぬ気で走ってやる。

「桝井が誘ってくれてよかった」それは嘘ではないはずだ。だけど、設楽は「走るのが楽しい」と言ったことは一度もなかった。だから、なおさら今日で卒業したら、設楽は走らないかもしれない。中学校を終わりにしてはいけない。もう少し設楽と走りたい。それをかなえるためには、勝つしかない。誰かを追い抜くしかない。ここで六位に入しなさい。

5 傍線部③「自分というものを、外の情報を検索し、活用し、快適な暮らしをするだけの存在としか捉えられなくなります」とはどのような状態なのか。最も適切なものを次の**ア**～**オ**から選び、記号で答えなさい。

ア 自分を成長させることをあきらめてしまい、問題にぶつかった時に自力で問題を解決してゆくことができなくなった結果、問題を解決する最も優れた方法は、他人を頼って助けてもらうことだと考えている状態。

イ 他の人から教えてもらうことに対してありがたさを感じにくくなり、先生から教えてもらったことを自分の成長につなげてゆこうとする意識が弱まった結果、情報を検索しようとする意欲がなくなっている状態。

ウ ある人物や教養に対して尊敬する気持ちを持てなくなり、その場その場で好きな情報を選んで利用していった結果、うわべだけの面白さを求め、自分自身をきたえることに価値を見いだせなくなってしまう状態。

エ 立派な人になりたいという気持ちを持ちにくくなり、苦労して勉強しようという思いを失ってしまった結果、たくさんの情報を他人から教えてもらっているにも関わらず、そのほとんどが身についていない状態。

オ 自分を教え導いてくれる人のことを尊敬できなくなり、素直な気持ちをなくしてしまった結果、自分の言動を反省しようという考えを持てなくなり、他人からの情報に耳をかたむけることができなくなった状態。

6 傍線部④「尊敬やあこがれの精神が失われたことによる莫大な損失」の例として、適切なものを次の**ア**～**オ**から一つ選び、記号で答えなさい。

ア 難しい本を理解したいという思いを持っている人が少なくなってきたことで、難しい本を読み解く際に必要な力も求められなくなり、学習意欲も起こりにくくなってしまった。

イ 自分とは違う考え方を持つ他者を尊重する態度が重要視されなくなってきたことで、他者を思いやる気持ちを持てず、自分のやりたいことを優先してしまう、子供のような大人が現れた。

ウ 難しい問題をわかりやすく伝えるテレビ番組が増えたことで、テレビに比べると難しい新聞から情報を手に入れようとする人が減り、人々の読解力がますます低下してしまった。

エ 医師という存在を、医学に精通した優秀な人材である「先生」として考える人が増えたことで、医師という職業の人気が高くなり、かえって医師になることが難しくなってしまった。

オ 自分が失敗したときに素直な気持ちで反省できる人が減ってきたことで、社会の中で問題が起こった場合でも、責任を他人のせいにするばかりでなかなか問題が解決しないことが増えた。

7 傍線部⑤「自分の人生の事柄に関して責任を転嫁する態度は、『ノーリスペクト社会』の病理です」とあるが、「『ノーリスペクト社会』の病理」とはどういうことをさしているか。50字以内で説明しなさい。

8 次の**ア**～**オ**は本文の内容に関して話し合っている場面である。**ア**～**オ**の発言のうち、筆者の主張と異なる内容を含む発言を一つ選び、記号で答えなさい。

ア 〈生徒A〉 日本の国民一人あたりのGDPは一九九〇年代から二〇〇〇年代にかけて落ち込んでいる傾向にあるという話を聞いたことがあるよ。その原因の一つを日本人の考え方の変化に求める筆者の考えにはびっくりしたようなものを権威的・一義的に規定されたり、未来を予言されたりすると、なんとなく肯定して絶対的に帰属したくなってしまう。つまり自分の人格を、すべて相手任せにしてしまうわけです。そういう若者が、今の日本にはあふれているのではないでしょうか。

⑤自分の人生の事柄に関して責任を転嫁する態度は、「ノーリスペクト社会」の病理です。垂直性を失い、フラット化が加速していく社会の中で、どこまで踏み止まることができるか。それが、今の日本が直面する大きな課題なのです。

（齋藤　孝『なぜ日本人は学ばなくなったのか』より）

※碩学…学問が広く深い人のこと。
※フラット化…「フラット」とは、ここでは価値などに差異がなくなっていることを言う。
※リスペクト…尊敬すること。敬意を表すこと。
※西田幾多郎…明治から昭和期にかけて活動した哲学者。
※雑駁…知識や思想が整理されず、雑然として不統一なさま。
※GDP…国内総生産。国内で一定期間に生産されたモノやサービスの付加価値の合計金額のこと。
※OECD…経済協力開発機構。世界の経済、社会福祉の向上を促進するための活動を行う国際機関のこと。
※帰依…神仏を深く信じ、その教えに従うこと。

1　点線部a・b・c・d・eのカタカナを漢字に直しなさい。

2　空欄A～Dにあてはまる語の組み合わせとして、最も適切なものを次のア～オから選び、記号で答えなさい。

ア【A　ところで　B　たとえば　C　なぜなら　D　しかし】
イ【A　確かに　B　あるいは　C　要するに　D　あるいは】
ウ【A　たとえば　B　つまり　C　もちろん　D　確かに】
エ【A　もちろん　B　たとえば　C　つまり　D　ところが】
オ【A　実は　B　もちろん　C　また　D　ところで】

3　傍線部①「情報を発信する立場になって、気づいたことがあります」とあるが、筆者はどのようなことに気づいたのか。最も適切なものを次のア～オから選び、記号で答えなさい。

ア　かつては情報を発信している人は誰でも尊敬されてきたが、現在は発信した情報の内容が情報の利用者にとって役立つ場合にだけ敬意が払われるようになったこと。
イ　かつては情報の発信者は情報の利用者から自然に敬意を払われてきたが、現在は情報の発信者は情報の利用者に単なる情報提供者としてしか見られなくなったこと。
ウ　かつては情報を発信できる人はいつも周囲からの尊敬を集めたが、現在は情報を発信する人の立場は情報を利用する人の立場と同等なものだと考えられていること。
エ　かつては情報を発信する人は情報を利用する人から先生と呼ばれて尊敬されたが、現在は情報を利用する人から尊敬される情報発信者はいなくなってしまったこと。
オ　かつて人々は迷うことなく先生を尊敬することができていたが、現在は様々な方面に先生がいることで誰を尊敬したらよいかわかりにくくなってきてしまったこと。

4　傍線部②「受け手側は、バイキングまたはアラカルトのように、自分に必要なものだけを自分の皿にのせる」とあるが、この現状がどのような問題をもたらすと筆者は考えているか。60字以内で説明なら、そこにあこがれや尊敬の精神があったからです。

重要なのは情報そのものではありません。ある対象をリスペクトする、その深浅が、自分にとっての情報や言葉の意味・価値を決めていくのです。同じ一つの言葉でも、ネット上でたまたま見かけた言葉と、自分がリスペクトという精神のコストをかけて獲得して出会った言葉では、自分にとっての重みがまったく違うのです。

〔中略〕

情報をひたすら消費する社会とリスペクトとは、残念ながら両立しにくいと思います。その前提で考えると、日本が八〇年代以降、バイキング料理のように情報を消費する社会への道を突き進んだことは、そのままリスペクトの精神を失ってきたことを意味します。師を仰ぐのではなく、自分の好みで選べる情報をセレクトしていく傾向が進んだのです。

その代償は、計り知れないほど大きいのではないでしょうか。おかげで、誰の心にもあったはずの学ぶ意欲、向上心、あこがれる気持ちといったものが、根本的にそぎ落とされてしまったのです。

リスペクトとは心の習慣です。何かに対して「これはすごい」「頭を垂れて学びたい」という思いを持てないとすれば、世の中のあらゆるものがｃヘイバンな情報でしかないことになります。［Ｃ］、あらゆる情報・言葉がフラット化してしまっているわけです。そのことが、精神を※雑駁なものにしてしまっている感は否めません。

言い方を換えるなら、人間の心の潤いというものは、尊敬やあこがれの対象を持てるかどうかで変わってくる。その対象は具体的な人である場合もあるし、教養のようなものである場合もある。いずれにせよ、そこから学ぶこと自体に対する尊敬があって初めて、自己形成の意欲の尽きない泉が湧いてくるのです。

逆にそれがなければ、③自分というものを、外の情報を検索し、活用し、快適な暮らしをするだけ、ただどこのレストランがおいしいといった情報を知っているだけの存在としか捉えられなくなります。要するに、自分自身もフラットな存在になってしまうわけです。そこには、人間にとってもっとも重要なはずの「奥行き」「内面」がありません。

情報を消費するだけの人ばかりになった社会は、価値を生み出す意欲に欠けるため、先行きが暗い。それは、日本がいまだかつて経験したことのない状況です。

二〇〇七年末、日本の一人あたりの※ＧＤＰが、※ＯＥＣＤ諸国中一八位にまで転落したと報じられました。一九九三年には一位だったことを考えれば、まさに隔世の感があります。それだけ日本は貧しくなったということであり、その理由はやはり、努力しなくなった、勉強しなくなったということです。

ただ、経済についてはこうして数字がはっきり出るため、人々の話題にものぼります。一方で④尊敬やあこがれの精神が失われたことによる莫大な損失については、統計データがない分、気づきにくいかもしれません。しかし、努力しなくなったのも、勉強しなくなったのも、あるいは社会の各所がさまざまな形で崩れつつあるのも、根本原因は知性教養や人格に対する敬意のなさにあります。

もともと人間の心には、リスペクトしたいという願望がかならずあります。成長とともに尊敬の対象を変え、自己形成していくのが本来の姿です。

［Ｄ］、こういうプロセスを踏まないと、ふとしたきっかけであこがれや尊敬の精神が歪んだ形で噴出してしまうことがある。それが、明らかに怪しいｄシンコウ宗教への※帰依や、占いやスピリチュアルなものへの必要以上の依存です。

尊敬の経験が乏しいだけに、人間存在のｅキュウキョク的な意味の

二〇二一年度 昭和学院秀英中学校

【国 語】〈第一回試験〉（五〇分）〈満点：一〇〇点〉

＊設問の都合で、本文には一部省略・改変がある。
＊字数制限のある場合は、句読点なども字数に入れること。

一 **次の文章を読んで、後の問いに答えなさい。**

私自身、著作などで①情報を発信する立場になって、気づいたことがあります。

かつてなら、情報を生み出したり、苦労して調べたことを発表したりすることは、それ自体が尊敬される対象になりました。たとえば読書にしても、そこで展開されるのは著者と読者の一対一の〝にわか師弟関係〟だと思います。読書の時間とは、著者が自分一人に語ってくれる静かな時間であり、それによって自分を掘り下げる時間である。少なくとも私は、そのつもりで本を読んできたし、書いてきました。

でも今や状況は一変し、「情報はタダ」という認識が一般化しています。どれだけタダで出して知名度を高めるか、あるいは好感度を持たれるかといったことが、情報発信側の勝負どころになっている。それを助長しているのが、検索機能によってタダの情報を自由にセレクトできるインターネットです。言い方を換えるなら、情報の発信者ではなく、ネット利用者のほうが立場的に強者になっているわけです。

本でいえば、何人も並んでいる著者の中から、読者が誰かを指名するという感じです。そしてさっと読み流し、「だいたいわかった」「次はあなた」となる。つまり著者は情報提供者、著書は商品として並列的に存在しているだけで、それをセレクトする読者（消費者）のほうが圧倒的に強いわけです。

ネット上では、この傾向がもっと顕著です。※碩学と呼ばれる学問の大家が心血を注いで書いた言葉も、アイドルの言葉も、一般の人による〝街の声〟も、あるいはショップや商品の宣伝文句も、すべて並列的に同じ情報として扱われています。特定のキーワードによって一律的に検索の網にかかるという意味で、同等のポジションにいるわけです。世の中全体が水平化、※フラット化した社会になりつつあるといえるでしょう。

しかも②受け手側は、バイキングまたはアラカルトのように、自分に必要なものだけを自分の皿にのせる。もちろん苦手なものには手を出さないし、いくら食べ残しても平気です。それによって自分だけの皿をつくるおもしろさはあるでしょうが、少なくとも自己形成に至るのは難しい。なぜなら、そこでは「※リスペクト」が決定的に欠けているからです。

［A］、ネットを使うことによって、aココロザシを共有する人を見つけられる可能性は広がるでしょう。その意味では肯定的な使い方もあり得ます。しかし、今日のような「検索万能社会」の中で、リスペクトという「精神のコスト」をかけずに得られるものは、所詮〝それなり〟でしかない。

知識や情報には、敬意を払うという構えがあって初めて得られる種類のものがあります。［B］「〇〇門下」に入って生活をともにするといった行為は、その師に対する尊敬の念なしには、とても続けられません。逆にいえば、そこまで師と寄り添うことによって、知識や情報を超えた濃い人間関係や心の習慣を体得していく。それが、その後の人生のbスイシン力になっていくわけです。

あるいはかつて、一週間分の食費を切り詰めてでも、書店に並んでいる※西田幾多郎などの本を買った時代がありました。学生をはじめとする若者は、そういうコストとエネルギーをかけていたわけです。なぜ

2021年度

昭和学院秀英中学校　▶解説と解答

算数　<第１回試験>（50分）<満点：100点>

解答

1 ア　900　イ　25　ウ　121　エ　5　オ　450　2 ア　20　イ　18.84　ウ　157　エ　117.75　3 (1)　①　28cm^2　②　10秒後，14秒後　(2)　(例)　たて…4 cm，横…27cm　4 (1)　４％…350ｇ，８％…50ｇ　(2)　４％…300ｇ，８％…150ｇ，12％…50ｇ　5 (1)　7.5cm^3　(2)　11.25cm^2　(3)　18.75cm^3

解説

1 倍数算，約数，周期算

(1)　はじめの兄の所持金を②，弟の所持金を①とすると，兄が200円使った後の所持金は，②－200(円)，弟が600円もらった後の所持金は，①＋600(円)と表せるので，(②－200)：(①＋600)＝２：３となる。ここで，A：B＝C：Dのとき，A×D＝B×Cであることを利用すると，(②－200)×３＝(①＋600)×２，②×３－200×３＝①×２＋600×２，⑥－600＝②＋1200となる。よって，⑥－②＝④が，1200＋600＝1800(円)にあたるから，①＝1800÷４＝450(円)とわかる。したがって，兄のはじめの所持金は，450×２＝900(円)と求められる。

(2)　約数が３個である整数は，２×２＝４，３×３＝９のように，同じ素数(１とその数以外に約数をもたない整数)を２回かけた数となる。素数は小さい順に，２，３，５，７，11，…だから，約数が３個である整数を小さい順に並べたとき，３番目は，５×５＝25，５番目は，11×11＝121となる。

(3)　①　$\frac{1}{7}$＝１÷７＝0.1428571…より，小数点以下に並ぶ数字は，{1，4，2，8，5，7}の６つの数字のくり返しとなる。よって，2021÷６＝336あまり５より，小数点以下2021番目の数字は５番目の数字と同じ５である。　②　くり返す６つの数字を１組とすると，１組の数字の和は，１＋４＋２＋８＋５＋７＝27だから，2021÷27＝74あまり23より，数字の和が2021を初めて超えるのは，74＋１＝75(組目)の数字の和が23を超えたときとなる。よって，１＋４＋２＋８＋５＝20，20＋７＝27より，75組目の最後の７まで足したときだから，６×75＝450(番目)の数字まで足したときとなる。

2 面積，図形の移動

(1)　右の図Ⅰで，同じ印をつけた角の大きさはそれぞれ等しく，○＋●＝90度となる。また，AHとHDの長さは等しいから，三角形APHを矢印のように移動すると，かげをつけた部分に斜線部分と合同な正方形ができる。同様に，三角形DSG，CRF，BQEも矢印のように移動すると，正方形ABCDの面積は，斜線部分の面積の，４＋１＝５(倍)であるとわかる。よって，斜線部分の面積は，10×

図Ⅰ

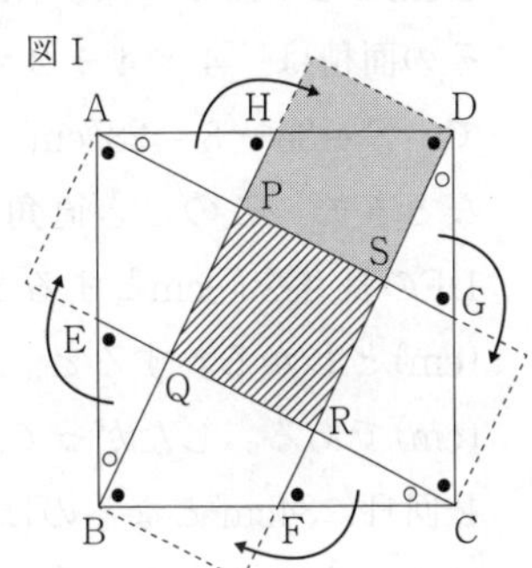

10÷５＝20(cm²)と求められる。

⑵　右の図Ⅱのように，折り曲げたときに中心Ｏと重なった点をＰとすると，OA，OC，OP は半円の半径になる。また，PA は OA と，PC は OC とそれぞれ重なるから，三角形 OAP と三角形 OCP は１辺が，12÷２＝６(cm)の正三角形となる。さらに，四角形PAOC はひし形なので，三角形 AOC と三角形 POC の面積は等しい。よって，斜線部分の面積は，おうぎ形 POC の面積と等しくなるから，$6\times 6\times 3.14\times\frac{60}{360}$＝18.84(cm²)と求められる。

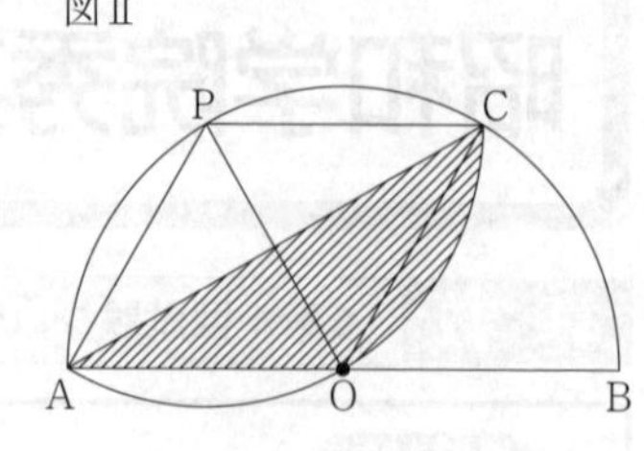

⑶　①　点Ｏを中心に正方形の紙を１回転させるとき，紙が通過するのは右の図Ⅲのかげをつけた部分となる。また，正方形 OABC の面積は，５×５＝25(cm²)なので，OB の長さを□cmとすると，□×□÷２＝25(cm²)と表せる。したがって，□×□＝25×２＝50となるから，通過した部分の面積は，□×□×3.14＝50×3.14＝157(cm²)と求められる。　②　右上の図Ⅳの斜線部分の中で，点Ｏから最も近い所にあるのは点Ｄで，最も遠い所にあるのは点Ｂだから，斜線部分が通過するのはかげをつけた部分となる。半径が OB の円の面積は①より，157cm²である。また，OD の長さは OB の$\frac{1}{2}$だから，半径が OD の円の面積は，半径が OB の円の面積の，$\frac{1}{2}\times\frac{1}{2}=\frac{1}{4}$となり，$157\times\frac{1}{4}$＝39.25(cm²)とわかる。よって，斜線部分が通過した面積は，157－39.25＝117.75(cm²)と求められる。

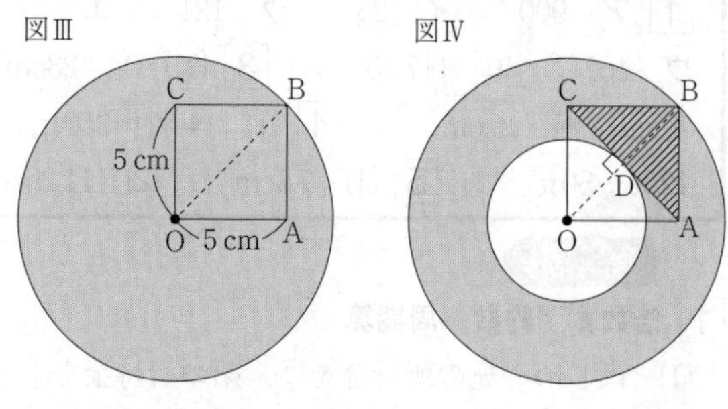

3　平面図形―図形の移動，面積

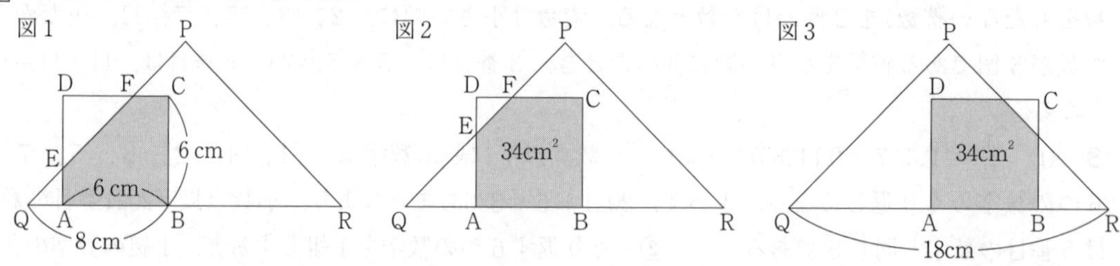

⑴　①　正方形は８秒後までに，１×８＝８(cm)移動するので，８秒後の様子は上の図１のようになる。図１で，三角形AEQは直角二等辺三角形であり，AQ＝８－６＝２(cm)なので，AE も２cmとなる。よって，DE＝６－２＝４(cm)となり，三角形 DEF も直角二等辺三角形だから，その面積は，４×４÷２＝８(cm²)である。したがって，正方形の面積は，６×６＝36(cm²)なので，S＝36－８＝28(cm²)と求められる。　②　Sが初めて34cm²となるのは，上の図２のようなときで，このとき直角二等辺三角形 DEF の面積は，36－34＝２(cm²)となる。よって，DE，DFの長さを□cmとすると，□×□÷２＝２(cm²)と表せるので，□×□＝２×２より，□＝２(cm)とわかる。すると，AE＝６－２＝４(cm)より，AQ も４cmとなるから，BQ＝４＋６＝10(cm)である。したがって，図２のようになるのは，10÷１＝10(秒後)と求められる。次に，Sが２回目に34cm²となるのは，上の図３のようなときで，図２のときと同様に考えると，BR の長さは４cmとなる。よって，BQ＝18－４＝14(cm)だから，図３のようになるのは，14÷１＝14(秒

後)である。

(2)　Sが１秒間に一定の割合で増加するのは，たとえば右の図４から図５のように，点Ｃが辺PQ上にきてから辺PR上にくるまでが考えられる。この間，長方形は１秒間に１cmずつ動き，Sは１秒間に４cm^2ずつ増加するので，長方形のたての長さは，４÷１＝４(cm)とわかる。また，Sが最大となるのは，右の図６のように，長方形の横の辺と三角形の底辺がぴったり重なるときである。このとき，重なった部分の台形の上底の長さは図５より，１×４＝４(cm)とわかる。よって，台形の下底の長さ，つまり，長方形の横の長さを□cmとすると，(４＋□)×４÷２＝62(cm^2)と表せるから，４＋□＝62×２÷４＝31より，長方形の横の長さは，31－４＝27(cm)と求められる。

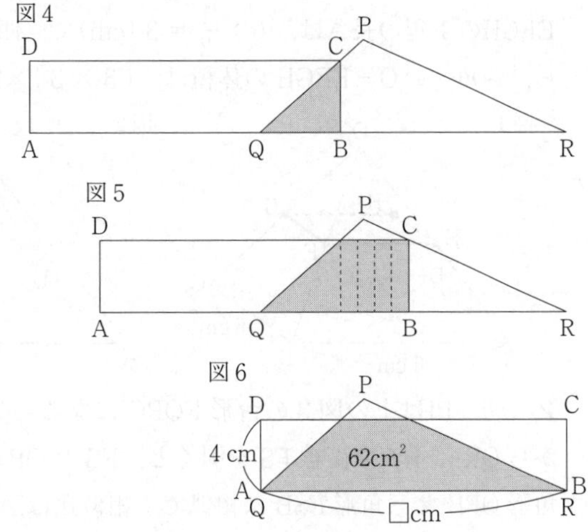

4 濃度

(1)　６％の食塩水500ｇには食塩が，500×0.06＝30(ｇ)，12％の食塩水100ｇには食塩が，100×0.12＝12(ｇ)含まれるので，４％と８％の食塩水を合わせて，500－100＝400(ｇ)つくり，その中に含まれる食塩の重さを，30－12＝18(ｇ)にすればよい。４％と８％の食塩水を混ぜ合わせたときの濃度は，18÷400×100＝4.5(％)なので，右の図１のように表せる。図１で，アとイの部分の面積は等しく，アとイのたての長さの比は，(4.5－４)：(８－4.5)＝0.5：3.5＝１：７だから，横の長さの比は，$\frac{1}{1}:\frac{1}{7}$＝７：１となる。よって，４％の食塩水は，$400\times\frac{7}{7+1}$＝350(ｇ)，８％の食塩水は，400－350＝50(ｇ)使えばよい。

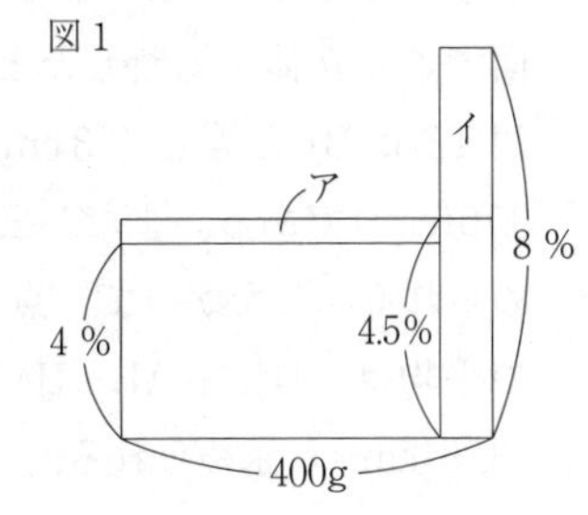

(2)　仮に，８％の食塩水300ｇと12％の食塩水100ｇを混ぜると，食塩水は，300＋100＝400(ｇ)，含まれる食塩は，300×0.08＋100×0.12＝36(ｇ)だから，濃度は，36÷400×100＝９(％)になる。そこで，４％の食塩水と９％の食塩水を混ぜ合わせて，６％の食塩水を500ｇつくる場合を考えると，右の図２のようになる。図２で，ウとエの部分の面積は等しく，ウとエのたての長さの比は，(６－４)：(９－６)＝２：３だから，横の長さの比は，$\frac{1}{2}:\frac{1}{3}$＝３：２となる。よって，４％の食塩水は，$500\times\frac{3}{3+2}$＝300(ｇ)使えばよい。また，このとき８％と12％の食塩水は合わせて，500－300＝200(ｇ)になるので，８％の食塩水は，$200\times\frac{3}{3+1}$＝150(ｇ)，12％の食塩水は，200－150＝50(ｇ)使うことになる。

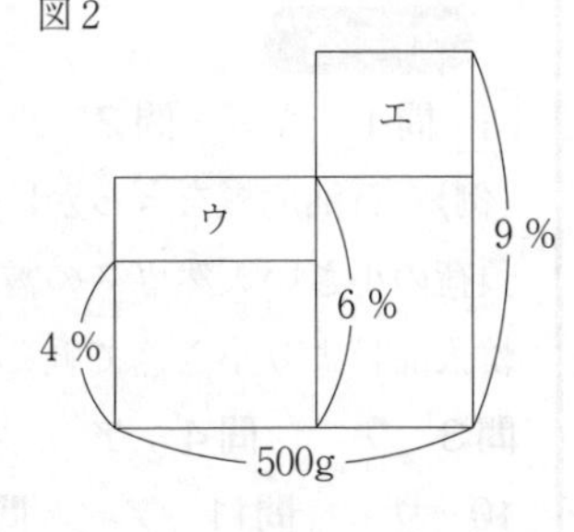

5 立体図形―分割，面積，体積

(1)　下の図１で，求める立体は四角すいＯ－EFGHになる。点Ｅ，Ｆ，Ｇ，Ｈは辺の真ん中の点だから，四角すいＯ－EFGH は四角すいＯ－ABCD を$\frac{1}{2}$に縮小した立体である。よって，正方形EFGHの１辺の長さは，$6\times\frac{1}{2}=3$(cm)で，四角すいＯ－EFGH の高さは，$5\times\frac{1}{2}=2.5$(cm)だから，四角すいＯ－EFGH の体積は，$(3\times3)\times2.5\times\frac{1}{3}=7.5$(cm^3)と求められる。

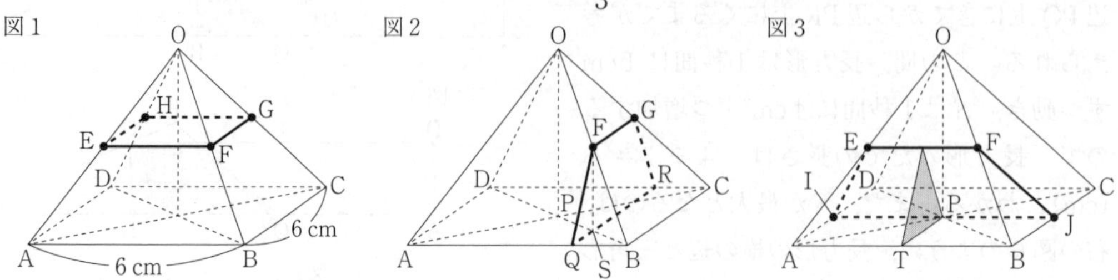

⑵　切り口は上の図２の台形FQRGになる。この台形FQRG は底面ABCD に垂直なので，点Fから QR に垂直な直線 FS を引くと，FS と OP は平行になり，点SはPB上にある。このとき，三角形OPB と三角形FSB は相似で，相似比は，OB：FB＝２：１だから，$\text{FS}=5\times\frac{1}{2}=2.5$(cm)とわかる。また，FG は３cmで，QR は６cmだから，台形FQRG の面積は，$(3+6)\times2.5\div2=11.25$(cm^2)と求められる。

⑶　４点Ｅ，Ｆ，Ｊ，Ｉを通る平面で切ると，上の図３のようになり，点Aを含む立体は三角柱をななめに切断した形となる。また，ABの真ん中の点をＴとして，PT を通り面ABCD に垂直な平面でこの立体を切断したとき，切り口は図３のかげをつけた三角形になる。かげの三角形の底辺 TP はBJ と等しく３cmで，高さは図２のFS と等しく2.5cmだから，面積は，$3\times2.5\div2=3.75$(cm^2)である。また，三角柱をななめに切断した立体の体積は，(底面積)×(高さの平均)で求められる。したがって，点Aを含む立体の底面積をかげの三角形と等しく3.75cm^{2}とすると，高さの平均は，$(\text{EF}+\text{AB}+\text{IJ})\div3=(3+6+6)\div3=5$(cm)になるから，体積は，$3.75\times5=18.75$(cm^3)と求められる。

社　会　<第１回試験>（40分）<満点：50点>

解　答

[1] 問１　キ　問２　ウ　問３　伊能忠敬　問４　自然災害　問５　キ　[2] 問１（例）石油危機をきっかけに，エネルギー資源の中東依存度の低下が図られたことに加え，環境負荷の小さい天然ガスの需要が増えたため。　問２　ア　問３　ウ　問４（例）海港の輸入品目より小さくて軽く，付加価値の高いものである。　[3] 問１　ウ　問２　エ　問３　ア　問４　ア　問５　エ　問６　イ　問７　エ　問８　ウ　問９　エ　問10　ウ　問11　ア　問12　ア　問13　ウ　問14（例）倒幕の中心となった旧薩摩藩や旧長州藩出身者による藩閥政治が行われた。　[4] 問１　清少納言　問２　前島密　問３　田中角栄　問４　板垣退助　問５　土偶　[5] 問１　持続可能　問２　キ　問３　エ　問４　イ　問５　イ　問６　Ａ　エ　Ｂ　ア　Ｃ　ウ　問７　イ→エ→ア→ウ　問８　世界保健機関（WHO）

解　説

1　地図の特徴や地形図の読み取りなどについての問題

問１　①　メルカトル図法は，赤道から離れるにしたがってゆがみが大きくなり，方位も正しく表されなくなる。地点ａ(北緯45度，東経135度)からみた地点ｂの実際の方向は北東で，真東の方向に進むと，地点ａの対せき点(地球上の真裏の地点)にあたる南緯45度，西経45度(南アメリカ大陸の南東沖)の地点に着く。　②　メルカトル図法は角度が正しく表されるので，航海図として利用される。航空図には，中心からの距離と方位が正しく表される正距方位図法の地図が適している。　③　Ｘは南緯15～30度，東経105～120度の範囲を示しており，ここにふくまれる地点の対せき点は北緯15～30度，西経60～75度の範囲にふくまれる。これはＹで示された範囲と一致するので，正しい。

問２　①　季節風が降水をもたらすのは，季節風が海上を吹き渡り，そこで水分を多くふくむ場合である。地点ａ付近では，夏に吹く南東季節風が日本海上を吹き渡ってくるため，この影響を受けて夏の降水量が多くなる。なお，日本列島周辺に吹く冬の北西季節風は地点ａ付近では乾いており，これが日本海上を吹き渡るときに湿った風となる。　②　地点ｃ付近は世界最大の流域面積を持つアマゾン川の流域にあたり，熱帯雨林がひろがっているので，正しい。

問３　伊能忠敬は下総国(千葉県)の佐原で酒造業を営んできたが，50歳のときに江戸に出て測量術や天文学を学んだ。その後，江戸幕府の命令で1800年から1816年まで全国の沿岸を測量してまわり，正確な地図を作成した。忠敬が作成していた地図は，忠敬の死後，弟子たちが「大日本沿海輿地全図」として完成させた。

問４　(　)は，過去に発生した津波，洪水，火山災害，土砂災害などの情報を伝える自然災害伝承碑を表し，記念碑の地図記号に碑文を示すたて線を加えてつくられた。当時の被災状況を伝え，同じことが起きないようにとの思いから，2019年に国土地理院によって新たに制定された。

問５　①　特に方位記号が示されていない場合，地形図の上が北，右が東，下が南，左が西を表す。「本丸」という表示の近くにある城跡(凸)の左ななめ下，つまり南西には発電所等(☼)の地図記号がみられるが，その近くを通る色のついた線は川ではなく道路を表しているので，発電所等の地図記号が表すものは水力発電所とは考えられない。　②「城西(一)」付近に比べると，「向町」のほうが曲線道路は少ない。　③　図４の左端には標高100.5ｍ，中央付近には標高91ｍ，右側には標高89ｍを示す標高点があり，これらの間に大きな起伏を示す等高線はみられないので，図４は全体として左が高く，右に向かって低くなっているとわかる。よって，図の右側が河川の下流を示すので，正しい。

2　鉱産資源とエネルギー，工業についての問題

問１　図２より，原油はサウジアラビア，アラブ首長国連邦，カタール，クウェートという中東(西アジア)の国が全体のおよそ８割を占めているとわかる。1973年の石油危機のさいには，日本だけでなく原油を中東の国々にたよってきた多くの国で経済が混乱した。そのため，日本でも省エネルギーや，石油にたよるエネルギー政策からの転換が図られた。また，石油よりも天然ガスのほうが，燃やしたさいに発生し，地球温暖化の原因とされる二酸化炭素の排出量がずっと少なく，環境への負荷が小さい。こうしたことを背景に天然ガスの需要が増えてきたことが，図１から読み取れる。

問２　一般的に，地熱発電は火山や温泉のある地域で行われ，日本では東北地方や九州地方に地熱発電所が多い。よって，ａには秋田県があてはまる。一方，水が落ちる勢いをエネルギーとする水力発電は，山間部の川の上流～中流域で行われ，「黒四ダム」があることで知られる富山県には多くの水力発電所がある。よって，ｃには富山県があてはまる。残ったｂが神奈川県である。

問３　愛媛県は，東部の臨海部での工業がさかんで，四国中央市を中心とするパルプ・紙・加工品の製造品出荷額等が静岡県についで全国で２番目に多い。よって，ウがあてはまる。なお，アは千葉県，イは北海道，エは長崎県。

問４　空港での貿易には航空機が使われるが，航空機は鉄道や自動車に比べて輸送費が高い。そのため，あつかう品目には小型，軽量かつ高価なものが適している。また，新鮮さを保つ必要がある魚介類なども輸送されるが，そうしたものは高値で取引される。

３ 各時代の歴史的なことがらについての問題

問１　ア　ヤマト政権が支配地域を拡大したのは，古墳時代のことである。　イ　弥生時代には大陸から金属器が伝わり，鉄器はおもに武器や農具などの実用品として，銅剣や銅矛などの青銅器は祭りごとの道具として用いられた。　ウ　弥生時代の人々の生活について正しく説明している。　エ　弥生時代には，竪穴住居での定住生活が行われていた。

問２　アは銀閣(慈照寺)，イは平等院鳳凰堂，ウは金閣(鹿苑寺)，エは日光東照宮の陽明門を写したもの。江戸幕府の初代将軍徳川家康は1616年に亡くなると，静岡県の久能山にまつられたが，翌17年，第２代将軍秀忠によって日光東照宮に移された。その後，第３代将軍家光によって大改修工事が行われ，1636年に現在のような豪華な社殿が完成した。

問３　法然は12世紀後半に浄土宗を開き，ひたすら「南無阿弥陀仏」と念仏を唱えることで仏に救われ，みなが極楽浄土に往生できると説いた。なお，イは曹洞宗の開祖である道元，ウは時宗の開祖である一遍，エは日蓮(法華)宗の開祖である日蓮について述べた文章。

問４　馬借は，馬の背中に荷物を積み，町・村・港などの間を行き来した運送業者で，京都と地方の交流がさかんになった室町時代に活躍した。アは「石山寺縁起絵巻」の一部で，馬借が米俵を乗せて運ぶようすが描かれている。なお，イは元寇(元軍の襲来)のようすを描いた「蒙古襲来絵詞」，ウは歌川広重の「東海道五十三次」のうちの「池鯉鮒」(現在の愛知県知立市)，エは笠懸を行う武士のようすを描いた「男衾三郎絵巻」。

問５　北前船は，江戸時代中期から明治時代にかけて活躍した船で，蝦夷地(北海道)の先住民であるアイヌとの交易で入手したニシン，鮭，昆布や東北地方の物資を積み，日本海沿岸の寄港地で売買をしながら，西廻り航路を通って大坂(大阪)に運んだ。北前船にはおもに，日本でつくられた大型の帆船である弁財船が用いられた。よって，エが正しい。

問６　Ｘ　第一次世界大戦ではイギリスやフランス，ドイツといったヨーロッパ諸国が主戦場となり，日本やアメリカは戦場とならなかった。　Ｙ　一般に，好景気のときは消費が増えて物不足になったり，貨幣の流通量が増えて貨幣価値が下がったりするため，物価は上昇する。第一次世界大戦のとき，日本はヨーロッパがぬけたアジア市場に進出して輸出額を増やし，大戦景気とよばれる好景気をむかえた。

問７　ア　人足寄場(住むところがない人を集めて職業訓練をさせた場所)は，老中松平定信が行った寛政の改革のとき，江戸の石川島(東京都中央区)につくられた。　イ　第５代将軍徳川綱吉の政策を説明している。　ウ　株仲間を解散させたのは天保の改革を行った老中水野忠邦で，おもな目的は物価の上昇をおさえることであった。　エ　第８代将軍徳川吉宗が行った享保の改革の中の政策について，正しく説明している。

問８　下線部⑧は，1886年に起こったノルマントン号事件のことを指す。戊辰戦争が発生したのは1868年，西南戦争が発生したのは1877年，大日本帝国憲法が発布されたのは1889年，下関条約が結ばれたのは1895年のことである。

問９　ア　稲の収穫後に麦などをつくる二毛作は，鎌倉時代の12世紀ごろに西日本に広まり，14世紀から始まる室町時代になって全国に広まった。　イ　平安時代末の12世紀に始まった日宋貿易では宋銭が輸入されたが，土倉や酒屋などの金融業者が増加するのは室町時代のことである。

ウ　かな文字は平安時代の11世紀初めごろまでに整えられ，このころにはかな文字を用いた文学が発達した。　エ　平清盛の父である忠盛は，白河上皇，鳥羽上皇に重く用いられ，12世紀前半に瀬戸内海の海賊を制圧して西国で力をもった。よって，正しい。

問10　石川啄木は明治時代の歌人・詩人で，貧困の中，口語体の形式で生活を短歌によんだ。代表歌集に，『一握の砂』『悲しき玩具』がある。なお，アは宮沢賢治，イは森鷗外，エは与謝野晶子の作品。

問11　室町時代の15世紀初めから16世紀半ばにかけて，明(中国)との間で，勘合とよばれる合い札を用いた貿易が行われた。この間の1467年，画僧の雪舟は明に渡って水墨画の技術をみがき，帰国後は山口などで活動して日本風の水墨画を大成した。なお，イは安土桃山時代，ウとエは鎌倉時代のようす。

問12　伊藤博文は1885年に日本の初代内閣総理大臣(首相)になると，その後，1901年に辞職するまで，４回にわたって内閣を組織した。1904年，伊藤のあとをついだ第１次桂太郎内閣のときに日露戦争が始まり，翌1905年，日本の勝利で終わった。よって，アが誤っている。

問13　資料１は静岡県，資料２はアの滋賀県，資料３はイの富山県，資料４はエの和歌山県，資料５は岩手県，資料６は山口県について述べられているが，ウの愛知県について述べた資料はない。

問14　表から，初期の首相や閣僚の出身地が山口県と鹿児島県にかたよっていることがわかる。明治政府は，倒幕と明治維新で活躍した薩摩藩(鹿児島県)，長州藩(山口県)，土佐藩(高知県)，肥前藩(佐賀県)の出身者を中心に構成され，土佐藩出身の板垣退助や肥前藩出身の大隈重信らが政府を去ったあとは，薩摩藩と長州藩が大きな力をにぎった。このような特定の藩出身者による政治を藩閥政治といい，これに反発する形で自由民権運動が展開された。

4　歴史上の人物や道具についての問題

問１　清少納言は一条天皇のきさきの定子に仕え，随筆『枕草子』を著した。「春はあけぼの」で始まる『枕草子』は，人生や自然についてするどい感覚でつづられており，『源氏物語』とならぶ平安女流文学の作品として知られる。

問２　前島密は越後高田藩(新潟県)出身の役人・政治家で，1871年，それまでの飛脚制度にかわって郵便制度を創設すると，1873年に全国均一料金制を導入した。こうした貢献から前島は「郵便制度の父」とよばれ，１円切手にはその肖像が描かれている。

問３　田中角栄は新潟県出身の政治家で，池田勇人内閣や佐藤栄作内閣で大臣を歴任したのち，1972年７月に佐藤内閣のあとを受けて内閣総理大臣になった。同年９月には北京を訪問して日中共同声明に調印し，中華人民共和国(中国)との国交を回復したが，1973年の石油危機による経済の混乱に加え，自身の汚職が問題となり，1974年に総辞職した。

問４　板垣退助は土佐藩出身の政治家で，征韓論(朝鮮を武力で開国させようという考え方)が受け入れられずに政府を去ると，1874年に民撰議院設立の建白書を政府に提出して自由民権運動を指導した。1881年にはフランス流の民主主義を主張して自由党を結成し，その後は政界で活躍した。

問５　土偶は，縄文時代に多産・安産やえものが豊かであることなどを祈るさいに用いられたと考えられている土製の人形で，女性をかたどったものが多い。

5 国際社会や政治のしくみについての問題

問１　SDGsは，2015年に国際連合総会で採択された「持続可能な開発目標」のことで，2030年までに世界が達成すべき17分野の目標(ゴール)と169のターゲット(達成基準)が盛りこまれている。

問２　1920年に発足した国際連盟の理事会は，当初，第一次世界大戦の戦勝国であった日本・イギリス・フランス・イタリアの４常任理事国と，４か国の非常任理事国で構成されていた。決議に全会一致制が採用されたことや，経済制裁などの非軍事的措置しか行えなかったこと，アメリカやソ連などの大国が不参加(ソ連はのちに参加)だったことなどから，第二次世界大戦が起きるのを防げなかった。この反省から，第二次世界大戦後の1945年10月に発足した国際連合には，平和と安全を守る機関として，戦勝国のアメリカ・ソ連・イギリス・フランス・中国という５常任理事国と，10か国の非常任理事国からなる安全保障理事会が設置された。ここでの決議には，手続事項の場合で９理事国以上，実質事項の場合で常任理事国すべてをふくむ９理事国以上の賛成が必要とされる。また，経済制裁だけでなく，武力制裁を行うことも認められている。

問３　ア　弾劾裁判は，内閣ではなく国会が行う。　イ　2021年１月時点で，日本は死刑廃止を目的とする選択議定書を批准しておらず，死刑制度が存続している。　ウ　違憲立法審査権はすべての裁判所に認められた権限で，最高裁判所はその最終的な判断を下すことから，「憲法の番人」ともよばれる。　エ　国際司法裁判所について正しく説明している。

問４　ア　国務大臣の過半数は国会議員でなければならないが，残りは民間から登用してもよい。　イ　日本国憲法第70条で規定されており，正しい。　ウ　閣議は内閣総理大臣が主宰し，議決は全員一致で行われる。　エ　内閣総理大臣は，国会議員の中から国会により指名される。

問５　地方自治体(地方公共団体)は地域住民の安全や快適なくらしを守るため，ごみの収集，道路や上下水道の整備，小・中学校や公民館の運営，消防，警察などの仕事を行っている。また，法律の範囲内で，その自治体だけに適用されるきまりである条例を制定することができる。なお，国庫支出金は，国が使いみちを決定したうえで地方自治体に配分される補助金である。また，地方裁判所の裁判官は，最高裁判所が指名した人の名簿にもとづき，内閣が任命する。

問６　アパルトヘイト(人種隔離政策)やマンデラ大統領について述べられ，金やダイヤモンドの産地であるアは南アフリカ，身分制度(カースト制度)の意識が残るというイはインド，アメリカやカナダと貿易協定を結んでいるというウは，同じく北アメリカ州に属するメキシコ，戦前に独裁体制がしかれ，現在は女性が首相(メルケル首相)を務めるというエはドイツ，第二次世界大戦後に南北に分断され，1965年に日本との国交が正常化した(日韓基本条約)とあるオは韓国。このうち，すべてにふくまれるＡはドイツ，BRICSに数えられるＢは南アフリカで，残るＣはメキシコである。

問７　アは1997年，イは1992年，ウは2015年，エは1993年のできごとなので，古い順にイ→エ→ア

→ウとなる。

問８　WHO(世界保健機関)は，世界の人々の健康の維持や向上を目的として，1948年に設立された国際連合の専門機関で，感染症対策や被災地への緊急医療支援などを行っている。

理　科　＜第１回試験＞（40分）＜満点：50点＞

解　答

[1] **問１**　密閉，密集，密接　**問２**　イ　**問３**　ア，ウ　**問４**　ウ　**問５**　**い**　ワクチン　**う**　変異　**え**　自然宿主　**お**　共存　**か**　ファージ療法　[2] **問１**　**あ**　上　**い**　6　**う**　下　**え**　10　**問２**　解説の図を参照のこと。　**問３**　**お**　イ　**か**　ウ　**き**　オ　**問４**　エ，カ　[3] **問１**　B　**問２**　⑴　エ　⑵　オ　**問３**　B，D　**問４**　右の図　[4] **問１**　**あ**　イ　**い**　二酸化炭素　**う**　出ていく　**え**　ア　**お**　酸素　**か**　結びつく　**問２**　ア，オ　**問３**　(例)　**き**…磁石をあてる　**く**…つかなくなる　**け**…電流を流す　**こ**…流れなくなる　**問４**　状態変化　**問５**　**さ**　汗　**し**　蒸発　**問６**　⑴　ほう和水蒸気量　⑵　**変化量**…4.0g　**増減**…イ

解　説

[1] ウイルスや細菌と感染症についての問題

問１　日本国内において新型コロナウイルス感染症(COVID-19)の感染者数が増加しつつあった2020年３月に，厚生労働省などから３つの密を避けるようによびかけがあった。この３つの密とは，換気の悪い「密閉」空間，多数が集まる「密集」場所，間近で会話や発声をする「密接」場面のことを表している。

問２　細菌やウイルスなどの体内に入りこんだ異物を取りのぞこうとするはたらきを免疫といい，血液にふくまれる成分の中では，白血球がこのはたらきを行っている。

問３　手洗いや手指の消毒を行うことで，手や指についた病原体の数を減らすことができる。手洗いや手指の消毒をこまめに行うことにより，病原体が口や鼻から体内に入ることを防いで自分が直接感染しないようにしたり，手で他のものに触れて他の人に病原体をうつしてしまうのを防いだりすることができる。

問４　文章１の中で，1940年代に開発された抗生物質は細菌に作用して増殖を防ぐ物質であると述べられていることから，抗生物質がウイルスによる感染症に対して有効に作用しない理由としてウが選べる。

問５　ウイルスの存在が明らかになった19世紀末以降，そのウイルスが体内に侵入しても発症を予防したり，症状を軽度ですませたりすることが可能になったのは，ワクチンを開発することができたからである。しかし，ウイルスは変異してしまうため，世界中から根絶することはほぼ不可能で，感染しても病気にならない仕組みを持った自然宿主を発見することによって研究を深め，ウイルスと共存していくことが重要だと考えられている。また，近年抗生物質の効かない多剤耐性菌の登場により，ある種のウイルスを利用するファージ療法も期待されている。

2 腕の曲げのばしとてこのしくみについての問題

問１　てこがつり合うとき，回転の中心となる支点から力の加わる場所までの長さと，そこに加わる力の大きさの積で表されるかたむけるはたらきが，時計回りと反時計回りとで等しくなる。点Ａに１kgのおもりを吊るすとてこを時計回りにかたむけるはたらきが，30×１＝30となるため，30÷５＝６(kg)分の力で点Ｂを上向きに引くか，30÷３＝10(kg)分の力で点Ｃを下向きに引くと棒が水平になる。

問２　点Ｂに１kgのおもりを吊るすと，ゴムに直接１kgのおもりを吊るしたときと同じように，ゴムは１kg分の力でおもりを支えることになる。次に，点Ｂから５cmだけ右にずれた場所に１kgのおもりを吊るした場合，時計回りのかたむけるはたらきが，（５＋５）×１＝10となるため，10÷５＝２(kg)分の力でゴムは棒を引く必要がある。さらに，点Ｂから10cmだけ右にずれた場所に１kgのおもりを吊るした場合は，（５＋10)×１÷５＝３(kg)分の力でゴムが棒を引かなければならない。このように，点Ｂから５cmずつはなれるたびにゴムが引く力の大きさが１kgずつ増えている。これを点Ｂから点Ａまでについてのグラフにすると右の図のようになる。

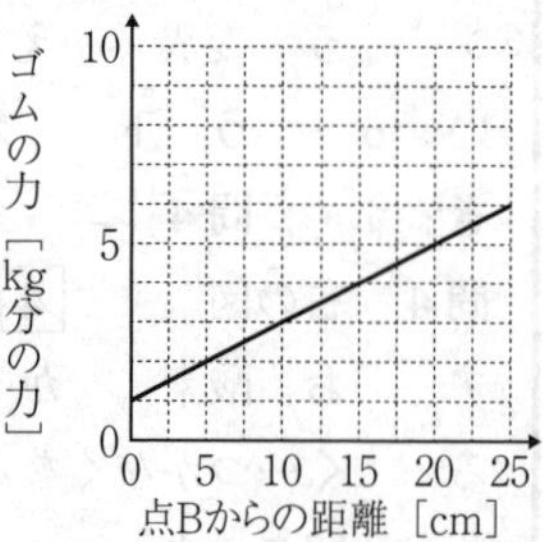

問３　図３の実験から，手や腕のつくりをてこととらえたときは，骨と筋肉がつながる点Ｂや点Ｃが力点，おもりを持っている手のところが作用点となっている。また，支点から力点までの長さより支点から作用点までの長さの方が長く，力点に加える力よりも作用点に加わる力の方が小さくなるてこであるといえる。

問４　身の回りの道具で，力点に加える力よりも作用点に加わる力の方が小さくなっているてこには，ピンセットや箸，糸切りばさみ(和ばさみ)などがあり，細かい作業をするのに適している。

3 電磁石についての問題

問１　電池を直列つなぎに増やして導線に流れる電流を大きくしたり，導線の巻く回数を増やしたり，導線を巻いたコイルの中に鉄しん(ここでは鉄釘)を入れたりすると，電磁石の磁力が強くなる。

問２　⑴　ＢとＦのように，芯の種類だけが異なり，巻き数や電池のつなぎ方が同じものどうしを比べると，芯の種類と磁力の強さの関係がわかる。　⑵　ＢとＤは，直列につなぐ電池の数だけがちがっていて，巻き数やコイルの中に入れる芯の種類が同じなので，コイルに流れる電流の大きさと磁力の強さの関係を調べるにはこの２つを比べればよい。

問３　ここでは，Ａ～Ｄから取り出した鉄釘は磁石になっていると考えられるが，Ｅ・Ｆから取り出した銅釘は磁石にはなっていない。また，図１のように，Ａは鉄釘の先端側が方位磁針のＳ極を引きつけていてＮ極となっているので，鉄釘の先端がＮ極，頭がＳ極になっている。したがって，図２のように，Ｎ極であるＡの鉄釘の先端とひき合うものは，頭がＳ極になっている鉄釘である。Ａ～Ｄはいずれも電池の向きが同じなので，Ａとコイルの巻き方が同じＢとＤの鉄釘は，Ａの鉄釘と同様に頭がＳ極になり，Ａとコイルの巻き方が異なるＣの鉄釘は頭がＮ極になっている。

問４　図１より，図３でＡは左端がＳ極，右端がＮ極なので，Ｐの位置に置いた方位磁針はＮ極がＡの左端に，Ｓ極がＡの右端に引かれるようにして振れる。

4 ものの燃焼と水の状態変化についての問題

問１　木材を燃やした場合は，発生した二酸化炭素が空気中へ出ていってしまうため，燃やす前と比べて軽くなる。一方，鉄でできたスチールウールを燃やした場合は，空気中の酸素と結びついて酸化鉄に変化するので，燃やす前と比べて重くなる。

問２　フェノールフタレイン溶液(ようえき)はアルカリ性の溶液に加えると赤色を示す。石灰水は固体の水酸化カルシウムがとけた水溶液で，アルカリ性である。また，木を燃やしたあとに残る灰を水にとかした液もアルカリ性の溶液となる。

問３　鉄でできたスチールウールを湿(しめ)った空気中に長時間置いておくと，酸素と結びついて赤さびができる。一般に，赤さびに変化すると，磁石を近づけても，もとの鉄のようにつくことはなく，電流も流れなくなる。

問４　液体の水を冷やすと固体の氷になり，あたためると気体の水蒸気になる。固体，液体，気体といった物質のすがたは，温度や圧力の条件によって変化し，このような変化を状態変化とよぶ。

問５　ヒトが汗(あせ)をかくことは，体温調節に役立っている。これは，体から出る汗が蒸発するときに，体の表面の熱をうばっていくからである。

問６　(1)　これ以上含(ふく)むことができない状態をほう和という。$1m^3$当たりの空気に含むことができる水蒸気の最大量はほう和水蒸気量とよばれている。　(2)　ほう和水蒸気量に対する実際に含まれている水蒸気量の割合を湿度(しつど)といい，30℃で湿度70％の部屋の空気$1m^3$には，30.4×0.7＝21.28(g)の水蒸気が含まれている。しかし，20℃の空気$1m^3$には17.3gの水蒸気しか含むことができないため，部屋の温度を20℃まで冷やすと，21.28－17.3＝3.98より，空気$1m^3$当たり水蒸気の量が4.0g減少する。

国　語　＜第１回試験＞（50分）＜満点：100点＞

解　答

□一　１　下記を参照のこと。　２　エ　３　イ　４　(例)　敬意を払うことで得られていた価値ある情報や言葉や経験を獲得できなくなり，自己形成に至るのが難しくなるという問題。　５　ウ　６　ア　７　(例)　もともと人間が持っている尊敬したい願望が歪んだ形で現れ，自分の生き方を相手任せにしてしまうこと。　８　オ　□二　１　A　エ　B　オ　C　ア　２　a　ウ　b　ア　３　イ　４　ウ　５　オ　６　(例)　桝井がチームのことを考えて行動するから，みんなは桝井に気をつかい，桝井も自分の気持ちに素直に行動できずにいること。　７　おれの走りをするんだ　８　エ

●漢字の書き取り

□一　１　a　志　b　推進　c　平板　d　新興　e　究極

解　説

□一　**出典は齋藤孝(さいとうたかし)の『なぜ日本人は学ばなくなったのか』による。**現代社会では人や教養などへの敬意が失われ，自己形成が難しくなり，生き方が相手任せになっていると述べられる。

１　a　音読みは「シ」で，「志願」などの熟語がある。訓読みにはほかに「こころざ(す)」がある。　b　推(お)し進めること。　c　単調でおもしろみのないようす。　d　新しくできること。　e　最後に行きつくところ。

2　A　ネットを使えば，志を共有する相手を見つける可能性は広がるだろうと後にある。明らかだといえることが後に続くので，“まちがいなく”“言うまでもなく”という意味の「もちろん」がよい。　B　敬意を払うことで初めて得られる知識や情報もあると前に書かれている。その例として，門下生となって生活をともにすることがあげられているので，具体的な例をあげるときに用いる「たとえば」が合う。　C　リスペクトする気持ちがなければ，あらゆることが平板な情報になると前にある。後ではこれを「あらゆる情報・言葉がフラット化」すると言いかえているので，「つまり」が入る。　D　前には，成長とともに尊敬の対象を変え，自己形成していくのが人間の本来の姿だとある。後には，そういったプロセスを踏まないと，あこがれや尊敬の精神が歪んで噴出することがあると続く。よって，前のことがらを受けて，後に対立することがらを述べるときに用いる「ところが」がふさわしい。

3　続く二段落で説明されている。「情報はタダ」という認識が一般化した現代では，情報発信者よりネット利用者のほうが立場が上になり，かつてのように情報発信者が尊敬されることはなくなったのだから，イが選べる。以前もすべての情報発信者が先生と呼ばれたわけではないので，エは合わない。

4　傍線部②のような方法には「リスペクト」が決定的に欠けているため，自己形成に至るのが難しくなるという問題が生じることが，同じ段落の最後の部分に書かれている。続く四段落にあるとおり，自分にとって重みのある価値ある知識や情報や経験は，敬意を払わないと得られないからである。

5　傍線部③直前にある「それがなければ」の「それ」は，人物や教養に対する尊敬やあこがれの気持ちを指す。尊敬の念があれば「自己形成の意欲」も湧くが，なければその人はただ情報を消費するだけの，「奥行き」や「内面」のない「フラットな存在」になってしまうのだから，ウがあてはまる。

6　次の文に，「知性教養や人格に対する敬意」を欠くと，努力しなくなったり，勉強しなくなったり，社会の各所がさまざまな形で崩れたりする結果をまねくと述べられている。よって，難しい本を理解しようと努める人が減り，学力も必要なくなり，学習意欲が起こりにくくなったというアが選べる。

7　「『ノーリスペクト社会』の病理」とは，「自分の人生の事柄に関して責任を転嫁する態度」になる。直前の三段落で，もともと人間には尊敬したい願望があるが，「尊敬の経験が乏しい」と「尊敬の精神が歪んだ形」で現れ，新興宗教や占い，スピリチュアルなものに必要以上に依存するなど，「自分の人格を，すべて相手任せにしてしまう」と述べられている。

8　情報を消費する社会では尊敬の気持ちを持ちにくいため自己形成に至るのが難しく，自分の人格を相手任せにしてしまいがちだと筆者は警告している。だが，「インターネットをできるだけ使わないように」すべきだとは述べていないので，オが選べる。

二　出典は瀬尾まいこの『あと少し，もう少し』による。陸上部部長の桝井は駅伝大会前に不調となり，最終６区の走者を俊介にしようとしたが，顧問の上原に６区を託されて必死に走る。

1　**A**　最終順位が六位以内でなければ県大会に進出できないレースで，桝井は六位につけている。県大会進出の座は，少し気を緩めたら簡単に手からこぼれ落ちてしまうといえるので，“簡単で物足りなく”という意味の「あっけなく」が合う。　**B**　俊介のように走ろうとして，桝井は「忠実に自分に応えよう」と身体を動かしている。また，俊介は「まっすぐな思い」を走りに向けていたと三段落後に書いてあるので，いちずなようすをいう「ひたむきに」が入る。　C　大会当日の朝にアンカーを桝井にするという大きな変更がなされたが，桝井以外の者は驚くこともなく納得したのだから，抵抗なく物事が進むようすをいう「すんなりと」を「納得して」にかける形がよい。

2　a　「脈絡」は，話のすじみちをいうので，ウが選べる。　b　「一目置く」は，自分よりすぐれた人に敬意を払うことを意味するので，アがよい。

3　これまでの自分の努力を認めたうえで，無理せずいつもどおりに走ればいいと設楽は言ってくれたと桝井が理解し，安心していることが，続く二段落からわかる。不調を気の毒がってかけた言葉だとも，実は無理をしてほしいと設楽は考えているとも桝井は思っていないので，イ以外は誤り。

4　「そういうドラマ」とは，直前にあるように，今までの頑張りに対して情けをかけ，桝井を最終走者にすることを指す。この時点で上原は桝井の不調や体調不良をよくわかっていないので，アとエは正しくない。「走れなくてもいい」と上原は言っているので，早い走りに期待するとあるイ，メンバーは桝井がアンカーになることに納得しているので，メンバーが不安だとするオも合わない。

5　「首をかしげる」は，納得できないようすを表す。チームの勝利のためには，自分がアンカーでないほうがいいという桝井の主張に納得できず，あくまでもアンカーは桝井だと上原は考えているのだから，オがよい。

6　「自分の深さ三センチのところで勝負してる」とは，直後で上原が言っているとおり，自分の気持ちをそのまま出さずにいることを表している。続く上原の言葉に注目する。桝井がチームのことを考えて行動するため，みんなは桝井に気をつかい，桝井自身も自分の気持ちに素直に行動できないのである。

7　「私たち」とは，上原とチームメイトを指す。力量も責任感もあり，これまで陸上部を引っぱってきた桝井だからこそアンカーにふさわしいとみんなは感じている。たとえ不調でも，みんなの思いを背負い，これまで積み重ねてきたものを切迫した状況で爆発させられるはずだとみんなは信じており，桝井自身も「おれの走りをするんだ」と，レース中に身体を前へ前へと進めている。

8　アは，桝井の気持ちの変化に焦点があてられており，ほかのメンバーの気持ちはほとんど描かれていないので，合わない。イは，レースの終盤に，桝井は「ジローみたいに楽しむんだ」と自分に言い聞かせてもいるので，「緊張感と苦しみが強くなっていく」とはいえない。ウは，途中でレース前の場面がはさまれるなど，物語は「時間の経過とともに」進んでいくとはいえない。　オは，情景の描写はほぼレースのようすにしぼられており，「奥行きを感じさせる表現」とするのはあたらない。

Memo

2025年度用

中学スーパー過去問

■編集人 声の教育社・編集部
■発行所 株式会社 声の教育社
〒162-0814 東京都新宿区新小川町8-15
☎03-5261-5061(代) FAX03-5261-5062
https://www.koenokyoikusha.co.jp

よくある解答用紙のご質問

01

実物のサイズにできない

拡大率にしたがってコピーすると，「解答欄」が実物大になります。配点などを含むため，用紙は実物よりも大きくなることがあります。

02

A3用紙に収まらない

拡大率164％以上の解答用紙は実物のサイズ（「出題傾向＆対策」をご覧ください）が大きいために，A３に収まらない場合があります。

03

拡大率が書かれていない

複数ページにわたる解答用紙は，いずれかのページに拡大率を記載しています。どこにも表記がない場合は，正確な拡大率が不明です。

04

１ページに２つある

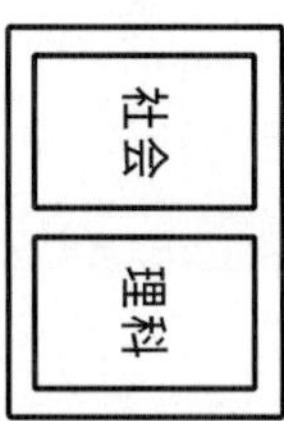

１ページに２つ解答用紙が掲載されている場合は，正確な拡大率が不明です。ほかの試験回の同じ教科をご参考になさってください。

昭和学院秀英中学校

【別冊】入試問題解答用紙編

解答用紙は本体からていねいに抜きとり、別冊としてご使用ください。

※　実際の解答欄の大きさで練習するには、指定の倍率で拡大コピーしてください。なお、ページの上下に小社作成の見出しや配点を記載しているため、コピー後の用紙サイズが実物の解答用紙と異なる場合があります。

●入試結果表

— は非公表

年度	回	項目	国語	算数	社会	理科	合計	合格者
2024	午後特別	配点(満点)	80	120			200	最高点 179
		合格者平均点	50.1	97.2			147.3	
		受験者平均点	—	—			—	最低点 133
		キミの得点						
	第１回	配点(満点)	100	100	50	50	300	最高点 265
		合格者平均点	70.2	76.5	32.4	34.7	213.8	
		受験者平均点	—	—	—	—	—	最低点 199
		キミの得点						
	第２回	配点(満点)	100	100	50	50	300	最高点 199
		合格者平均点	62.9	56.5	28.0	21.3	168.7	
		受験者平均点	—	—	—	—	—	最低点 159
		キミの得点						
2023	午後特別	配点(満点)	80	120			200	最高点 172
		合格者平均点	50.8	79.4			130.2	
		受験者平均点	—	—			—	最低点 116
		キミの得点						
	第１回	配点(満点)	100	100	50	50	300	最高点 250
		合格者平均点	56.0	77.4	36.4	29.3	199.1	
		受験者平均点	—	—	—	—	—	最低点 183
		キミの得点						
	第２回	配点(満点)	100	100	50	50	300	最高点 207
		合格者平均点	61.6	59.4	32.8	32.5	186.3	
		受験者平均点	—	—	—	—	—	最低点 178
		キミの得点						
2022	午後特別	配点(満点)	80	120			200	最高点 179
		合格者平均点	49.6	91.4			141.0	
		受験者平均点	—	—			—	最低点 125
		キミの得点						
	第１回	配点(満点)	100	100	50	50	300	最高点 247
		合格者平均点	61.1	57.8	30.0	30.5	179.4	
		受験者平均点	—	—	—	—	—	最低点 158
		キミの得点						
	第２回	配点(満点)	100	100	50	50	300	最高点 217
		合格者平均点	60.0	60.1	23.2	34.2	177.5	
		受験者平均点	—	—	—	—	—	最低点 166
		キミの得点						
2021	午後特別	配点(満点)	80	120			200	最高点 179
		合格者平均点	55.6	101.3			156.9	
		受験者平均点	—	—			—	最低点 145
		キミの得点						

〔参考〕満点（合格者最低点）　2021 年：第１回試験 300（184）

※　表中のデータは学校公表のものです。ただし、合計は各教科の平均点を合計したものなので、目安としてご覧ください。

2024年度 昭和学院秀英中学校

算数解答用紙 午後特別

番号		氏名		評点	/120

[1], [2], [3] と [5] は答えのみ記入しなさい。
[4] は答えのみでも良いが、途中式によっては部分点を与えます。

[1]

ア	イ	ウ
エ	オ	カ

[2]

キ	ク
ケ	コ

[3]

(1) 個	(2) 段
(3) cm^2	(4) 段

[4]

(1)

答 サ 点 シ 通り

(2)

答 ス 種類 セ 通り

[5]

(1) cm^3	(2) cm^3
(3) cm^3	

（注）この解答用紙は実物を縮小してあります。179%拡大コピーをすると、ほぼ実物大の解答欄になります。

〔算　数〕120点(学校配点)

[1] ア～エ　各6点×4　オ・カ　6点　[2] キ～ケ　各6点×3　コ　7点　[3] 各6点×4　[4] (1) 各5点×2　(2) ス　5点　セ　8点　[5] 各6点×3

2024年度　昭和学院秀英中学校

国語解答用紙　午後特別

番号		氏名		評点	/80

一

1 　ぜ　2　3

4　5

二

1　2　3

4　5　しい

三

1

2

3

（注）この解答用紙は実物を縮小してあります。B５→A３（163%）に拡大コピーすると、ほぼ実物大の解答欄になります。

〔国　語〕80点(学校配点)

一, 二　各２点×10　三　1　6点　2　30点　3　24点

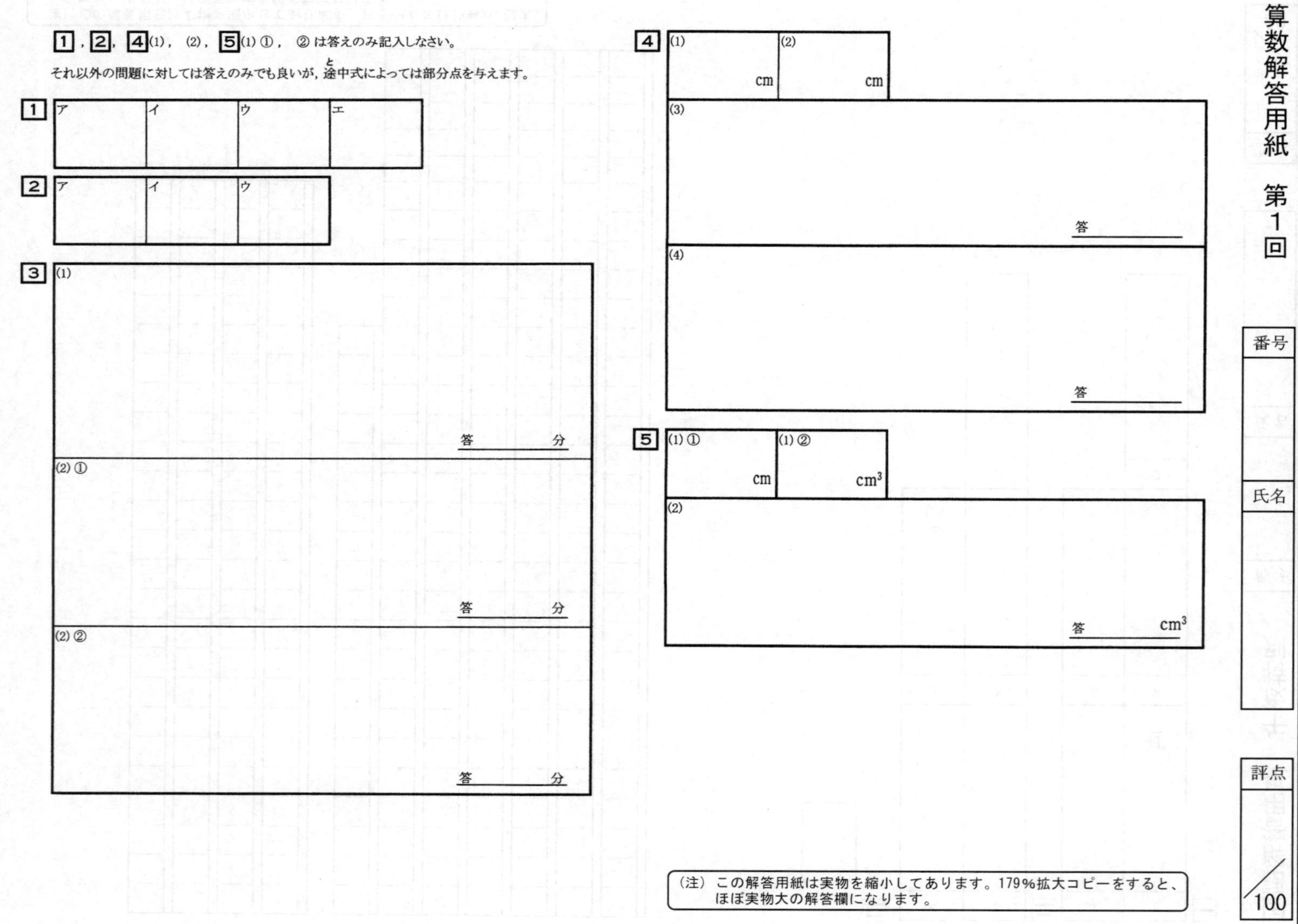

2024年度 昭和学院秀英中学校

算数解答用紙 第1回

番号		氏名		評点	/100

1，2，4(1)，(2)，5(1)①，②は答えのみ記入しなさい。
それ以外の問題に対しては答えのみでも良いが，途中式によっては部分点を与えます。

1 ア イ ウ エ

2 ア イ ウ

3 (1) 答 分
(2)① 答 分
(2)② 答 分

4 (1) cm (2) cm
(3) 答
(4) 答

5 (1)① cm (1)② cm^3
(2) 答 cm^3

（注）この解答用紙は実物を縮小してあります。179％拡大コピーをすると、ほぼ実物大の解答欄になります。

〔算　数〕100点(学校配点)

1～3 各6点×10 4 (1) 6点 (2) 5点 (3)，(4) 各6点×2 5 (1) ① 5点 ② 6点 (2) 6点

２０２４年度　昭和学院秀英中学校

社会解答用紙　第１回

番号　　氏名　　評点　／50

1

問１　問２　問３　（1）

（2）

問４　問5　問6　（1）　（2）

2

問１　問２　問３　問４　問５

問６

問７　問８　問９　問10

問11　問12　問13　問14

問15　（1）　（2）

（3）　（4）

3

問１　問２

問３

4

問１　問２　問３

（注）この解答用紙は実物を縮小してあります。Ｂ５→Ａ３（163%）に拡大コピーすると、ほぼ実物大の解答欄になります。

〔社　会〕50点(学校配点)

1　問１～問５　各２点×６　問６　(1)　１点　(2)　２点　2　問１，問２　各１点×２　問３，問４　各２点×２　問５　１点　問６　２点　問７，問８　各１点×２　問９，問10　各２点×２　問11，問12　各１点×２　問13，問14　各２点×２　問15　各１点×４　3　問１，問２　各１点×２　問３　２点　4　各２点×３

２０２４年度　昭和学院秀英中学校

理科解答用紙　第１回

番号		氏名		評点	/50

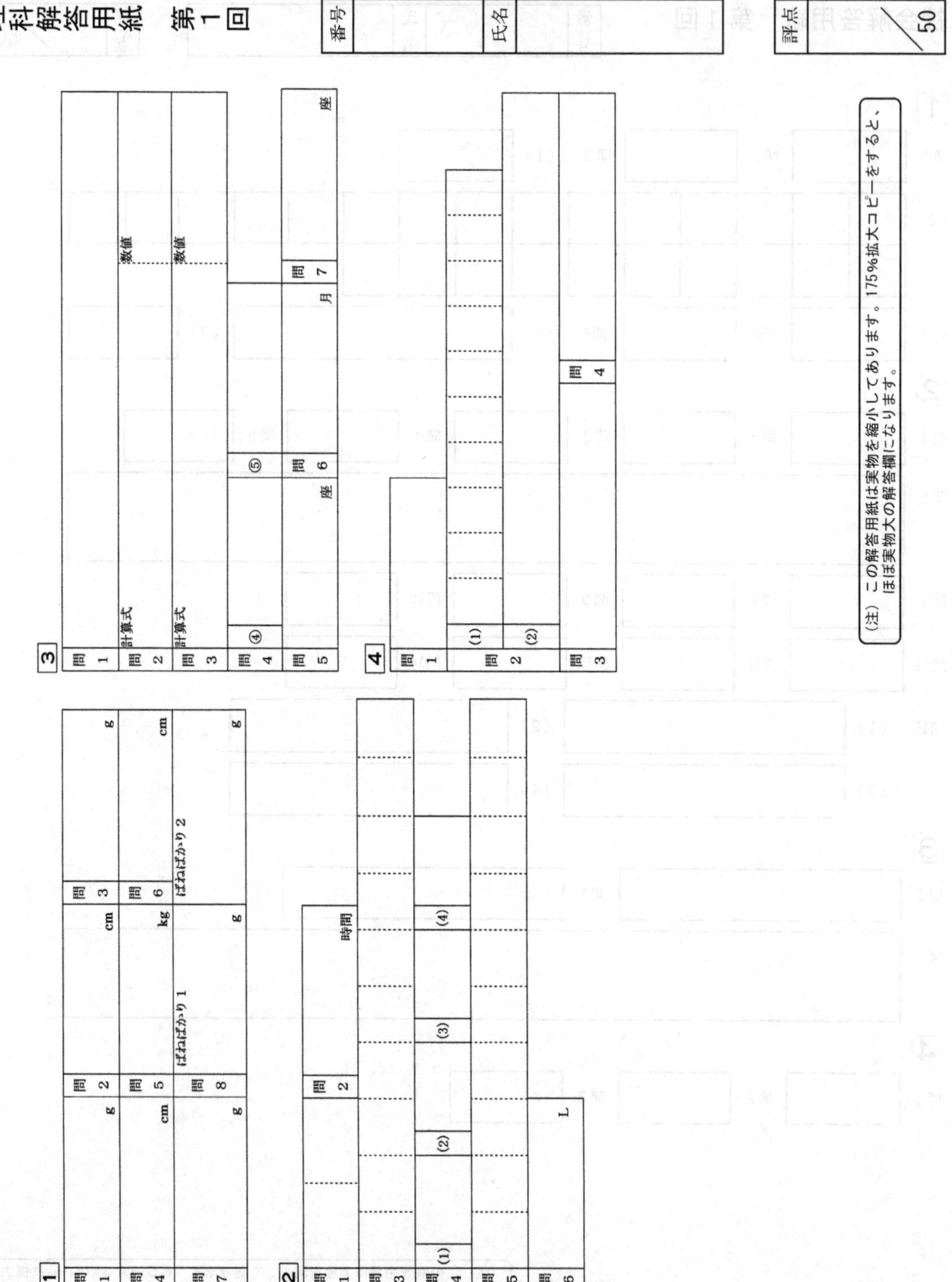

〔理　科〕50点(学校配点)

1　問1～問7　各2点×7　問8　各1点×2　2　問1～問3　各2点×3＜問1は完答＞　問4　各1点×4　問5, 問6　各2点×2　3　問1　2点　問2, 問3　各1点×2　問4～問7　各2点×4＜問4は完答＞　4　問1　1点　問2　各2点×2　問3　1点＜完答＞　問4　2点

２０２４年度　昭和学院秀英中学校

国語解答用紙　第一回

番号		氏名	

評点
/100

一

1		2		3	
4		5			

二

1 Ⅰ　Ⅱ　Ⅲ　2　3　4

5

6 (1)　(2)

7 最初　最後

8

三

1 A　B　C

2

3 a　b

4 飼い主が

5　6　7

（注）この解答用紙は実物を縮小してあります。Ｂ５→Ａ３（163％）に拡大コピーすると，ほぼ実物大の解答欄になります。

〔国　語〕100点（学校配点）

一　各２点×５　二　1　各２点×３　2，3　各４点×２　4　5点　5　4点　6　(1)　5点　(2)　4点　7　5点　8　10点　三　1　各２点×３　2　6点　3　各２点×２　4　11点　5　各３点×２　6，7　各５点×２

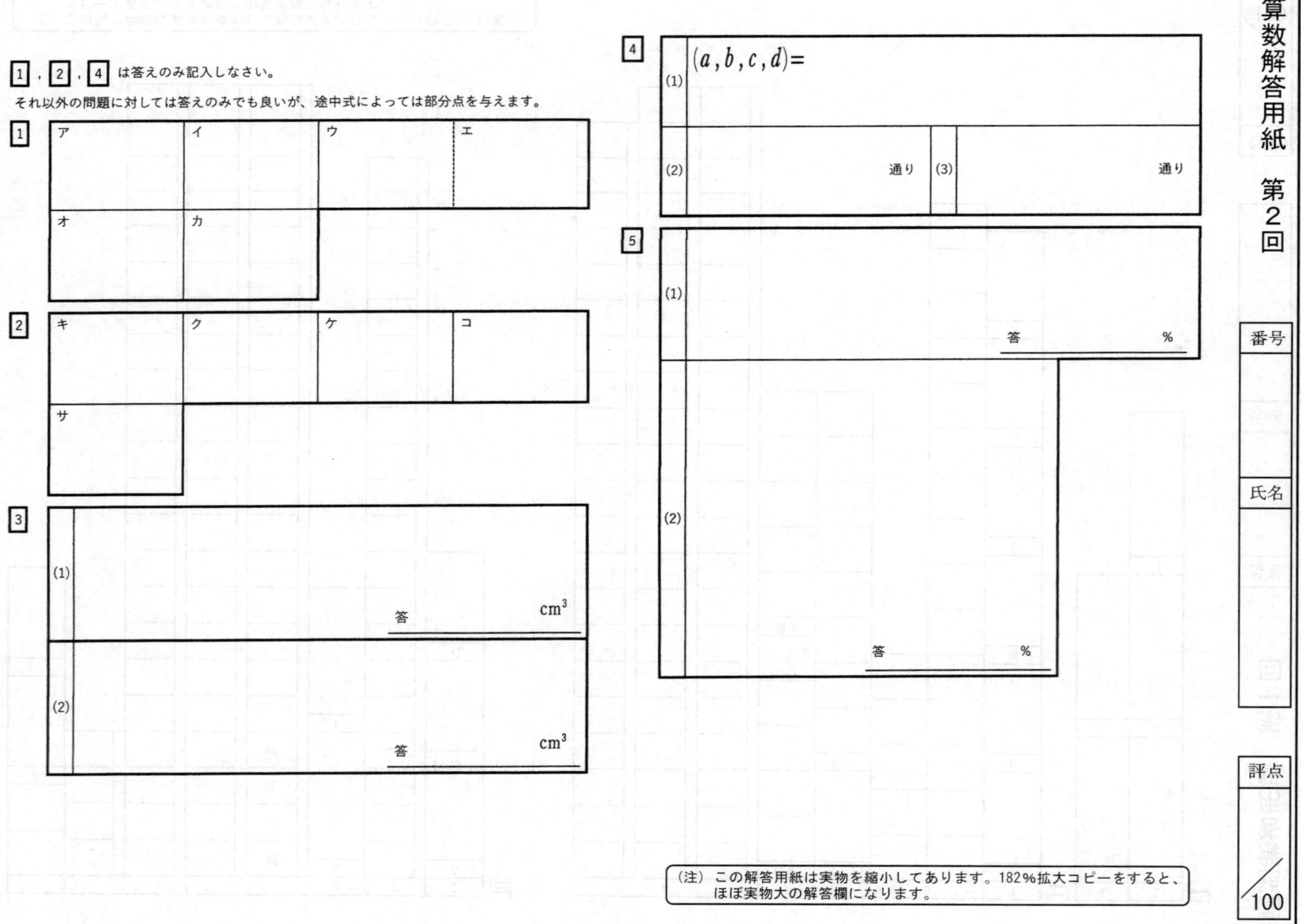
2024年度 昭和学院秀英中学校

算数解答用紙 第2回

番号 氏名 評点 /100

1，2，4 は答えのみ記入しなさい。
それ以外の問題に対しては答えのみでも良いが、途中式によっては部分点を与えます。

1 ア イ ウ エ オ カ

2 キ ク ケ コ サ

3 (1) 答 cm^3 (2) 答 cm^3

4 (1) $(a,b,c,d)=$ (2) 通り (3) 通り

5 (1) 答 % (2) 答 %

(注) この解答用紙は実物を縮小してあります。182%拡大コピーをすると、ほぼ実物大の解答欄になります。

〔算　数〕100点(学校配点)

1 ア，イ　各6点×2　ウ・エ　6点　オ，カ　各6点×2　2 各6点×5　3 (1)　6点　(2)　7点　4 各5点×3<(1)は完答>　5 各6点×2

２０２４年度　　昭和学院秀英中学校

社会解答用紙　第２回

番号		氏名		評点	／50

1 問１ (ア) (イ) 問２ 問３

問４ (1)

(2)

2 問１ 問２ 問３

3 問１ 問２

問３ 問４

問５ 問６

問７ 問８

4 問１ 問２ 問３ 問４

5 問１ 問２ 問３ 問４

問５

6 問１

問２ (1)

(2) 問３

問４ 問５ 問６

(注) この解答用紙は実物を縮小してあります。Ｂ５→Ａ３(163%)に拡大コピーすると、ほぼ実物大の解答欄になります。

〔社　会〕50点(学校配点)

1 問１　各１点×２　問２，問３　各２点×２　問４　(1)　１点　(2)　３点　2 問１，問２　各２点×２　問３　１点　3 各１点×８　4 各２点×４　5 問１～問３　各２点×３　問４　１点　問５　２点　6 問１～問３　各１点×４　問４～問６　各２点×３

２０２４年度　昭和学院秀英中学校

理科解答用紙　第２回

番号　　氏名　　評点　／50

1

問1　問2　問3　問4　問5　問6　問7　問8　問9

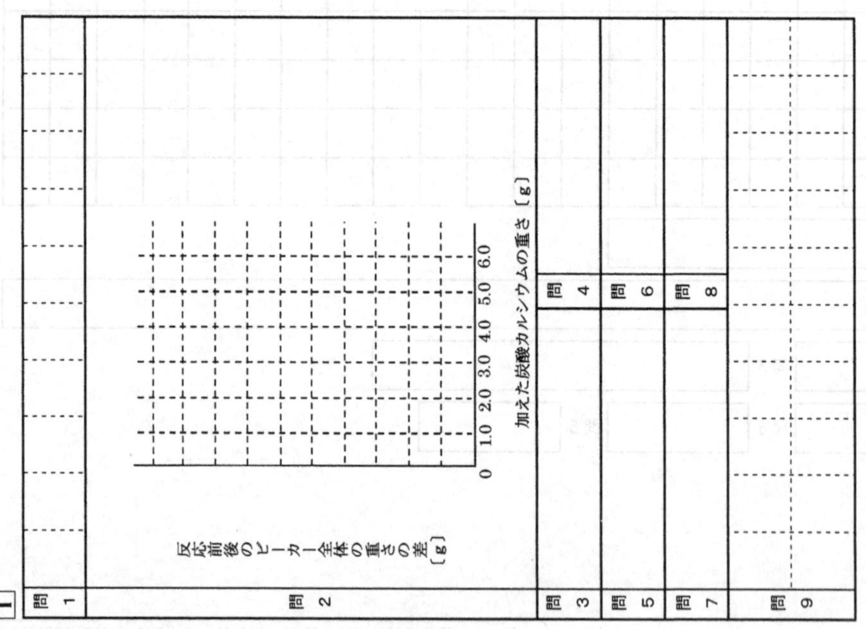

2

問1　問2　問3　問4

問5　スズラン　カラスウリ　問6

問7

問8

問9

3

問1　問2　問3

問4　問5　問6

問7

（注）この解答用紙は実物を縮小してあります。Ｂ５→Ａ３（163％）に拡大コピーすると、ほぼ実物大の解答欄になります。

〔理　科〕50点(学校配点)

1 問１　２点　問２　３点　問３～問９　各２点×７　2 問１～問６　各１点×７　問７　３点　問８　２点　問９　３点　3 問１　３点<完答>　問２～問６　各２点×５<問２～問４はそれぞれ完答>　問７　３点<完答>

2024年度　昭和学院秀英中学校

国語解答用紙　第二回

番号　　氏名　　評点　/100

一　1　2　3　4　5　み

二　1　2　3　4 A B　5　6　7　8

三　1 X Y　2　3　4　5　6　7

(注) この解答用紙は実物を縮小してあります。B5→A3（163%）に拡大コピーすると、ほぼ実物大の解答欄になります。

〔国　語〕100点(学校配点)

一　各2点×5　二　1～4　各4点×5　5～7　各5点×3　8　10点　三　1　各3点×2　2　4点　3　8点　4　5点　5　各3点×2　6　11点　7　5点

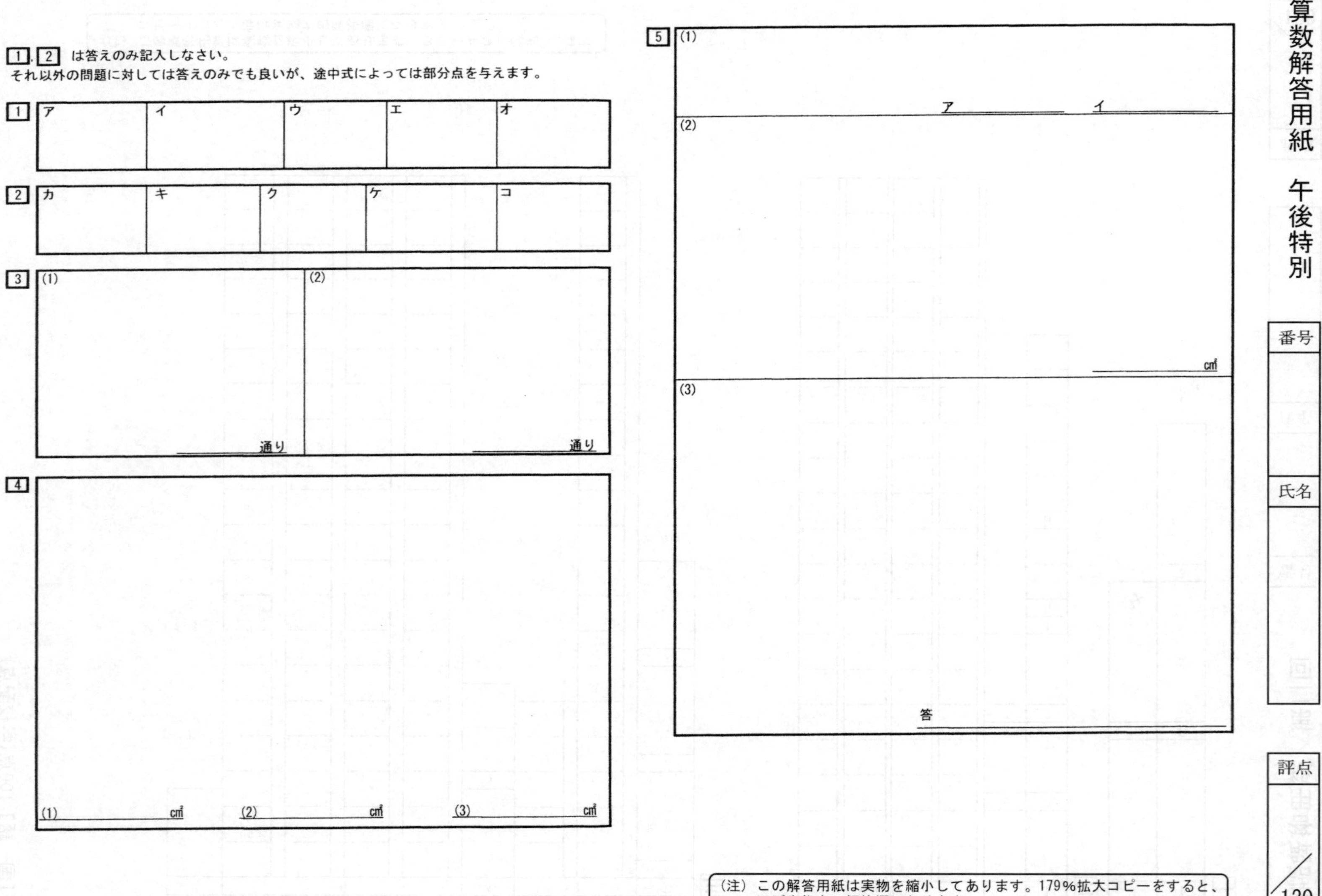

2023年度 昭和学院秀英中学校

算数解答用紙　午後特別

番号　　氏名　　評点　／120

1, 2 は答えのみ記入しなさい。
それ以外の問題に対しては答えのみでも良いが、途中式によっては部分点を与えます。

1	ア	イ	ウ	エ	オ

2	カ	キ	ク	ケ	コ

3 (1) 通り　(2) 通り

4 (1) ㎠　(2) ㎠　(3) ㎠

5 (1) ア　イ
(2) ㎠
(3) 答

（注）この解答用紙は実物を縮小してあります。179%拡大コピーをすると、ほぼ実物大の解答欄になります。

〔算　数〕120点(学校配点)

1 各6点×5　2～4 各7点×10　5 (1) 6点　(2), (3) 各7点×2＜(3)は完答＞

二〇二三年度　昭和学院秀英中学校

国語解答用紙　午後特別

番号		氏名	

評点
/80

一

1　2　3

4　い　5

二

1　2　3　う

4　する　5

三

1

2

3

（注）この解答用紙は実物を縮小してあります。Ｂ５→Ａ３（163％）に拡大コピーすると、ほぼ実物大の解答欄になります。

〔国　語〕80点（学校配点）

一，二　各２点×10　三　1　5点　2　25点　3　30点

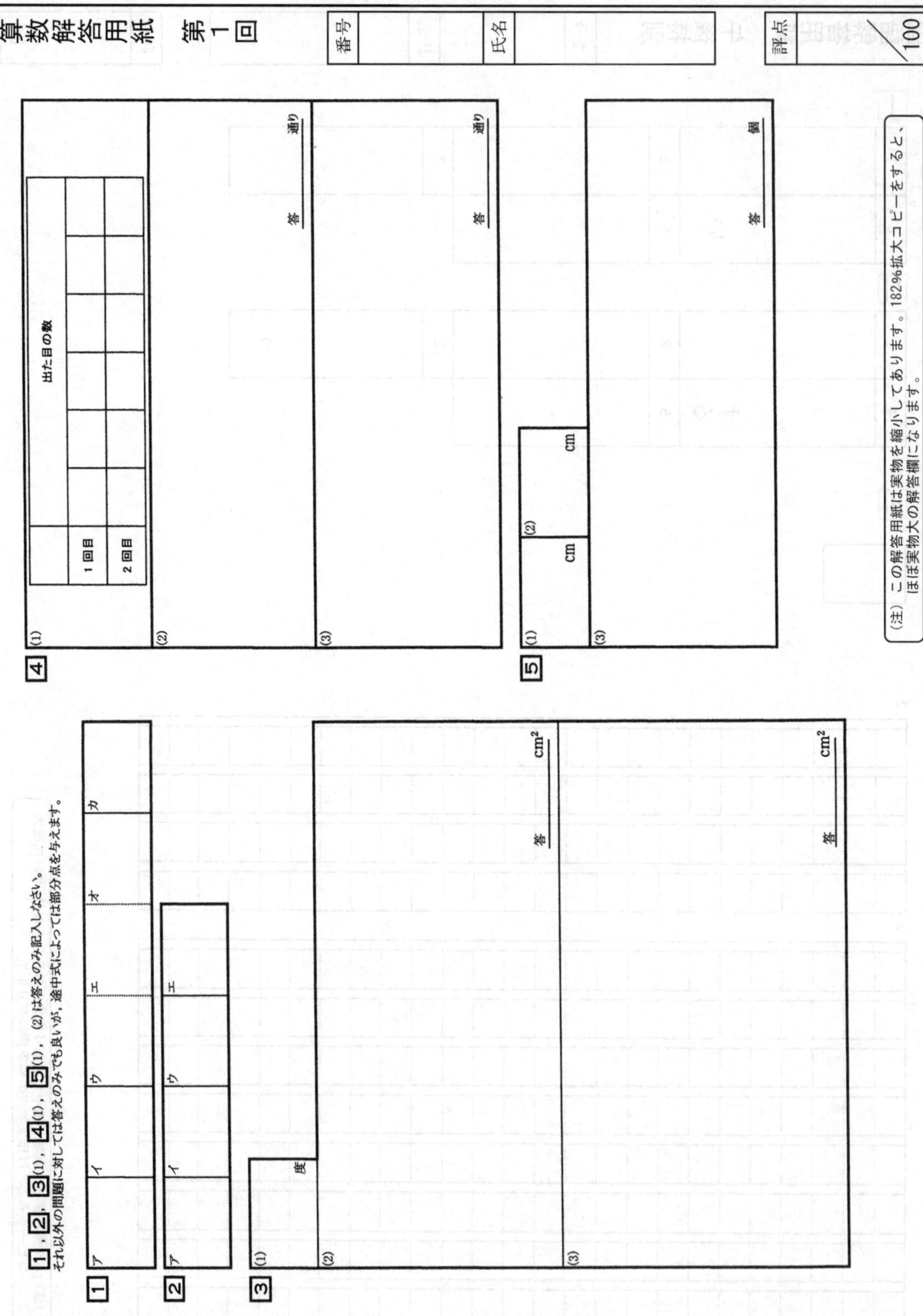

2023年度　昭和学院秀英中学校

算数解答用紙　第1回

番号　　氏名　　評点　/100

1，2，3(1)，4(1)，5(1)，(2)は答えのみ記入しなさい。
それ以外の問題に対しては答えのみでも良いが，途中式によっては部分点を与えます。

1　ア　イ　ウ　エ　オ　カ

2　ア　イ　ウ　エ

3　(1)　度　(2)　答　cm²　(3)　答　cm²

4　(1)　出た目の数　1回目　2回目　(2)　答　通り　(3)　答　通り

5　(1)　cm　(2)　cm　(3)　答　個

（注）この解答用紙は実物を縮小してあります。182%拡大コピーをすると、ほぼ実物大の解答欄になります。

〔算　数〕100点(学校配点)

1　ア，イ　各6点×2　ウ～オ　6点　カ　6点　2～4　各6点×10<4の(1)は完答>　5　(1)，(2)　各5点×2　(3)　6点

2023年度　　昭和学院秀英中学校

社会解答用紙　第1回

番号		氏名		評点	／50

1 問1 ＿＿　問2 ＿＿　問3 ＿＿

問4 ＿＿

問5 (20字) (40字)

問6 ＿＿　問7 ＿＿　問8 ＿＿

2 問1 ＿＿　問2 ＿＿　問3 ＿＿

問4 ア　イ　ウ

問5 ＿＿

問6 ①　②　③

3 問1 a　b

問2 ＿＿　問3 ＿＿　問4 ＿＿　問5 ＿＿　問6 ＿＿

4 問1 (A)　(B)　問2 ＿＿

問3 ＿＿　問4 ＿＿　問5 ＿＿　問6 ＿＿

（注）この解答用紙は実物を縮小してあります。Ｂ５→Ｂ４(141%)に拡大コピーすると、ほぼ実物大の解答欄になります。

〔社　会〕50点(学校配点)

1 問1　2点　問2，問3　各1点×2　問4　2点　問5　3点　問6～問8　各2点×3　**2** 問1～問5　各2点×5＜問4は完答＞　問6　各1点×3　**3** 問1　各1点×2　問2～問6　各2点×5　**4** 問1　各1点×2　問2　2点　問3　1点　問4，問5　各2点×2　問6　1点

2023年度　　昭和学院秀英中学校

理科解答用紙　第1回

番号		氏名		評点	/50

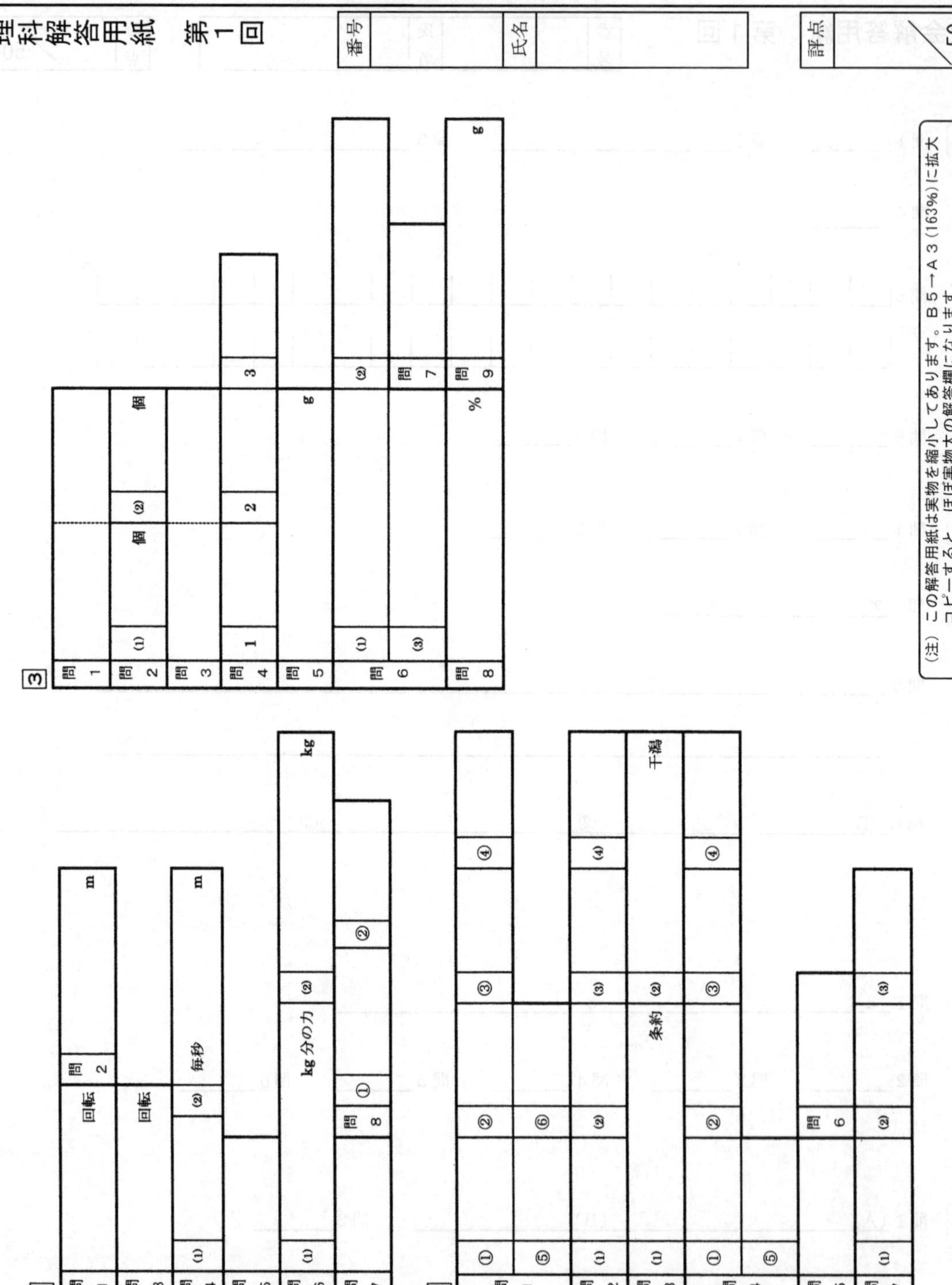

〔理　科〕50点（学校配点）

1　問1～問3　各2点×3　問4　(1)　1点　(2)　2点　問5　1点　問6　各2点×2　問7，問8　各1点×2＜問8は完答＞　2　問1　2点＜完答＞　問2　各1点×4　問3，問4　各2点×3＜問4は完答＞　問5，問6　各1点×2　問7　2点＜完答＞　3　問1　2点＜完答＞　問2～問4　各1点×6＜問3は完答＞　問5　2点　問6，問7　各1点×4＜問6は各々完答＞　問8，問9　各2点×2

二〇二三年度　昭和学院秀英中学校

国語解答用紙　第一回

番号　　氏名　　評点 /100

一

1　2　3　4　5

二

1 (1) (2)

2

3

4

5　6　7

三

1　2

3　4　5

6

7

（注）この解答用紙は実物を縮小してあります。B5→B4（141%）に拡大コピーすると、ほぼ実物大の解答欄になります。

〔国　語〕100点（学校配点）

一　各2点×5　二　1　(1)　2点　(2)　4点　2　8点　3　5点　4　10点　5　5点　6　6点　7　各3点×2　三　1〜5　各5点×5　6　12点　7　7点

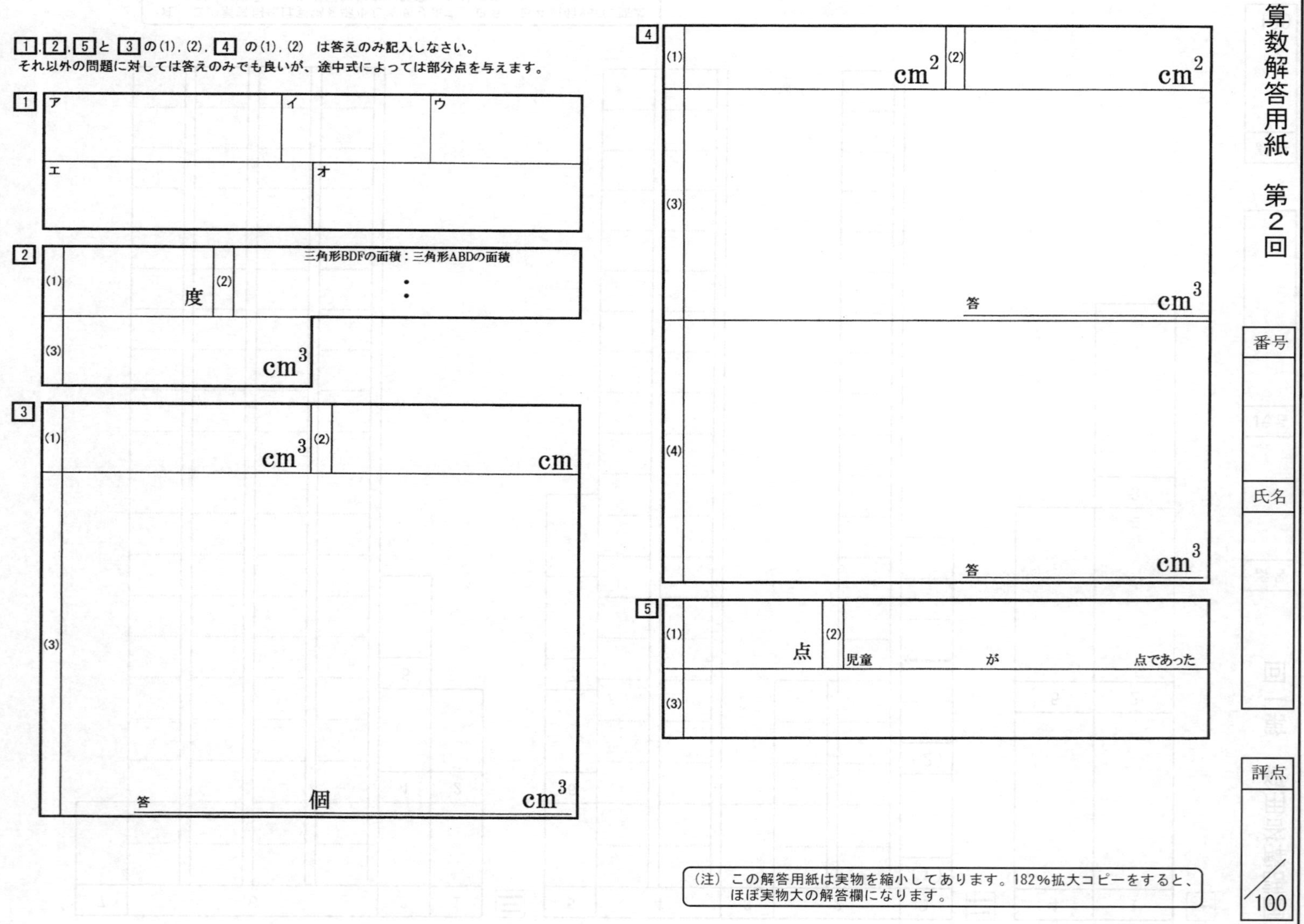
2023年度　昭和学院秀英中学校

算数解答用紙　第2回

番号　氏名　評点　/100

1, 2, 5 と 3 の(1), (2), 4 の(1), (2) は答えのみ記入しなさい。
それ以外の問題に対しては答えのみでも良いが、途中式によっては部分点を与えます。

1　ア　イ　ウ　エ　オ

2　(1)　度　(2)　三角形BDFの面積：三角形ABDの面積　：　(3)　cm³

3　(1)　cm³　(2)　cm　(3)　答　個　cm³

4　(1)　cm²　(2)　cm²　(3)　答　cm³　(4)　答　cm³

5　(1)　点　(2)　児童　が　点であった　(3)

（注）この解答用紙は実物を縮小してあります。182%拡大コピーをすると、ほぼ実物大の解答欄になります。

〔算　数〕100点(学校配点)

1　ア　6点　イ・ウ　6点<完答>　エ，オ　各6点×2　2　各6点×3　3　各5点×4　4　(1)，(2)　各5点×2　(3)，(4)　各6点×2　5　(1)，(2)　各5点×2　(3)　6点<完答>

2023年度　昭和学院秀英中学校

社会解答用紙　第2回

番号		氏名		評点	／50

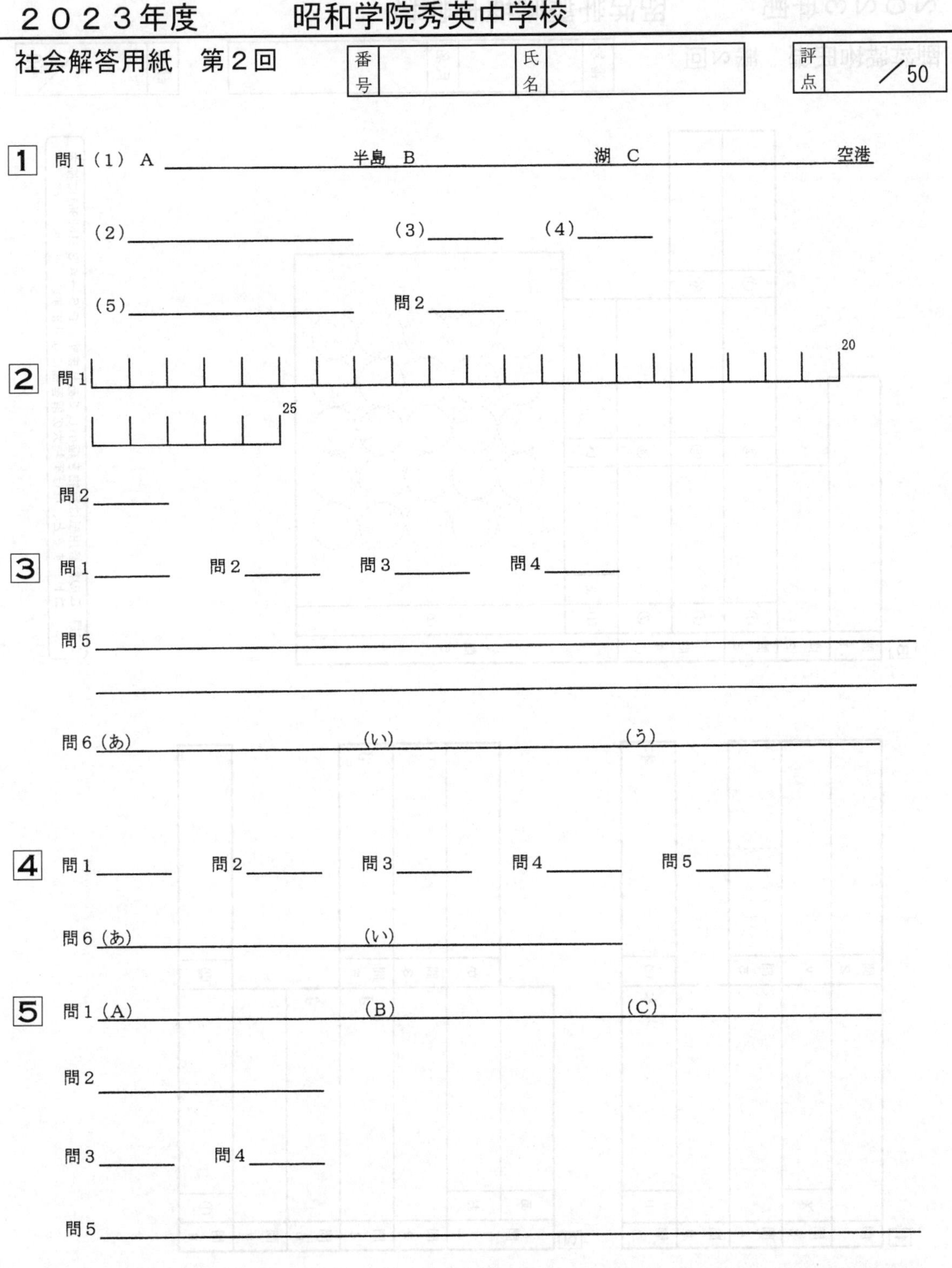

1　問1 (1) A ＿＿＿＿半島　B ＿＿＿＿湖　C ＿＿＿＿空港

(2) ＿＿＿＿　(3) ＿＿＿＿　(4) ＿＿＿＿

(5) ＿＿＿＿　問2 ＿＿＿＿

2　問1 （20マス・25マス）

問2 ＿＿＿＿

3　問1 ＿＿＿＿　問2 ＿＿＿＿　問3 ＿＿＿＿　問4 ＿＿＿＿

問5 ＿＿＿＿

問6 (あ) ＿＿＿＿　(い) ＿＿＿＿　(う) ＿＿＿＿

4　問1 ＿＿＿＿　問2 ＿＿＿＿　問3 ＿＿＿＿　問4 ＿＿＿＿　問5 ＿＿＿＿

問6 (あ) ＿＿＿＿　(い) ＿＿＿＿

5　問1 (A) ＿＿＿＿　(B) ＿＿＿＿　(C) ＿＿＿＿

問2 ＿＿＿＿

問3 ＿＿＿＿　問4 ＿＿＿＿

問5 ＿＿＿＿

（注）この解答用紙は実物を縮小してあります。Ｂ５→Ｂ４(141%)に拡大コピーすると、ほぼ実物大の解答欄になります。

〔社　会〕50点(学校配点)

1 問1 (1), (2) 各1点×4　(3), (4) 各2点×2　(5) 1点　問2 2点　2 各2点×2　3 問1～問5 各2点×5　問6 各1点×3　4 問1～問5 各2点×5　問6 各1点×2　5 問1, 問2 各1点×4　問3～問5 各2点×3

２０２３年度　昭和学院秀英中学校

理科解答用紙　第２回

番号		氏名		評点	/50

1

問1 / 問2 / 問3 X / Y / 問4 / 問5 / 問6 / 問7 (1) 本 / (2) 本

2

問1 あ / お / か / 問2 / 問3 / 問4 J / 問5 J / 問6 J / 問7 / 問8 ① / ②

3

問1 / 問2 / 問3 ① / ② / ③ / 問4 ④ / ⑤ / ⑥ / ⑦ / ⑧ / 問5 (1) あ / い / (2)

（注）この解答用紙は実物を縮小してあります。Ｂ５→Ａ３（163%）に拡大コピーすると、ほぼ実物大の解答欄になります。

〔理　科〕50点(学校配点)

1　問1, 問2　各1点×2　問3, 問4　各2点×3<問4は完答>　問5　各1点×2　問6, 問7　各2点×3<問6は完答>　2　問1　各2点×3　問2, 問3　各1点×2　問4, 問5　各3点×2　問6　2点　問7, 問8　各1点×3　3　問1　2点<完答>　問2　1点　問3　2点<完答>　問4　④〜⑥　2点<完答>　⑦・⑧　2点<完答>　問5　(1)　あ　1点　い　2点　(2)　3点

二〇二三年度　昭和学院秀英中学校

国語解答用紙　第二回

番号　氏名　評点 /100

一

1　2　3　4　5

二

1 Ⅰ　Ⅱ　2　3　4

5

好きになったということ。

6　7　8　9

三

1

2 A　B

3　4　5　6　7　8

(注) この解答用紙は実物を縮小してあります。B5→A3(163%)に拡大コピーすると、ほぼ実物大の解答欄になります。

〔国　語〕100点(学校配点)

一　各2点×5　二　1　各2点×2　2, 3　各4点×2　4　5点　5　10点　6, 7　各5点×2　8, 9　各6点×2　三　1, 2　各2点×3　3, 4　各5点×2　5　6点　6, 7　各5点×2　8　9点

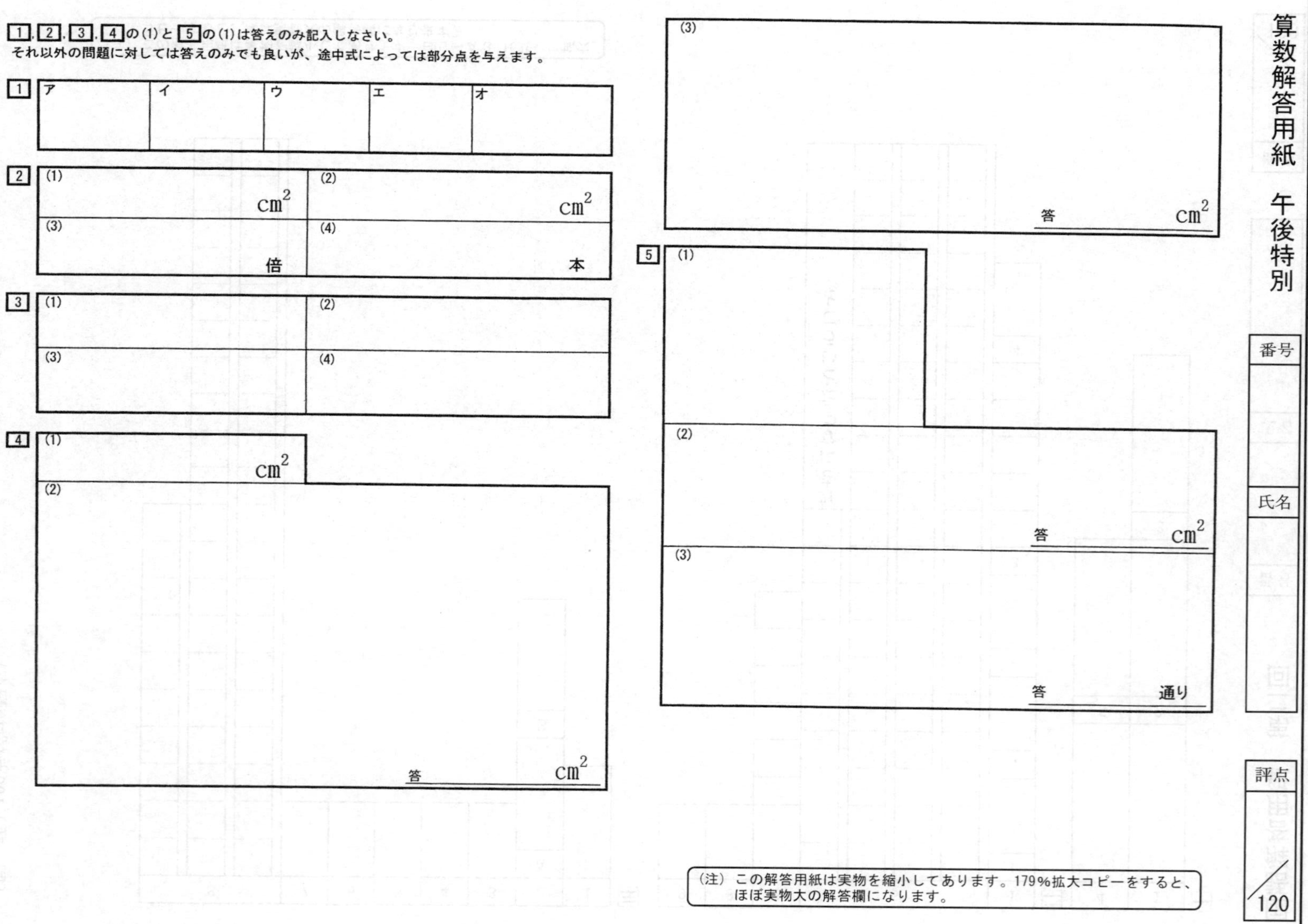

2022年度
昭和学院秀英中学校
算数解答用紙
午後特別
番号
氏名
評点
/120
1.2.3.4の(1)と5の(1)は答えのみ記入しなさい。
それ以外の問題に対しては答えのみでも良いが、途中式によっては部分点を与えます。
1
ア
イ
ウ
エ
オ
2
(1) cm²
(2) cm²
(3) 倍
(4) 本
3
(1)
(2)
(3)
(4)
4
(1) cm²
(2) 答 cm²
(3) 答 cm²
5
(1)
(2) 答 cm²
(3) 答 通り
(注) この解答用紙は実物を縮小してあります。179%拡大コピーをすると、ほぼ実物大の解答欄になります。

〔算　数〕120点(学校配点)

1～3　各6点×13＜2の(4)は完答＞　4, 5　各7点×6

二〇二三年度　昭和学院秀英中学校

国語解答用紙　午後特別

番号		氏名		評点	/80

一

1		2		3	
4		5			

二

1	いで	2		3	けて
4		5			

三

1

2

3

（注）この解答用紙は実物を縮小してあります。B５→A３（163％）に拡大コピーすると、ほぼ実物大の解答欄になります。

〔国　語〕80点（学校配点）

一，二　各２点×10　三　1　5点　2　35点　3　20点

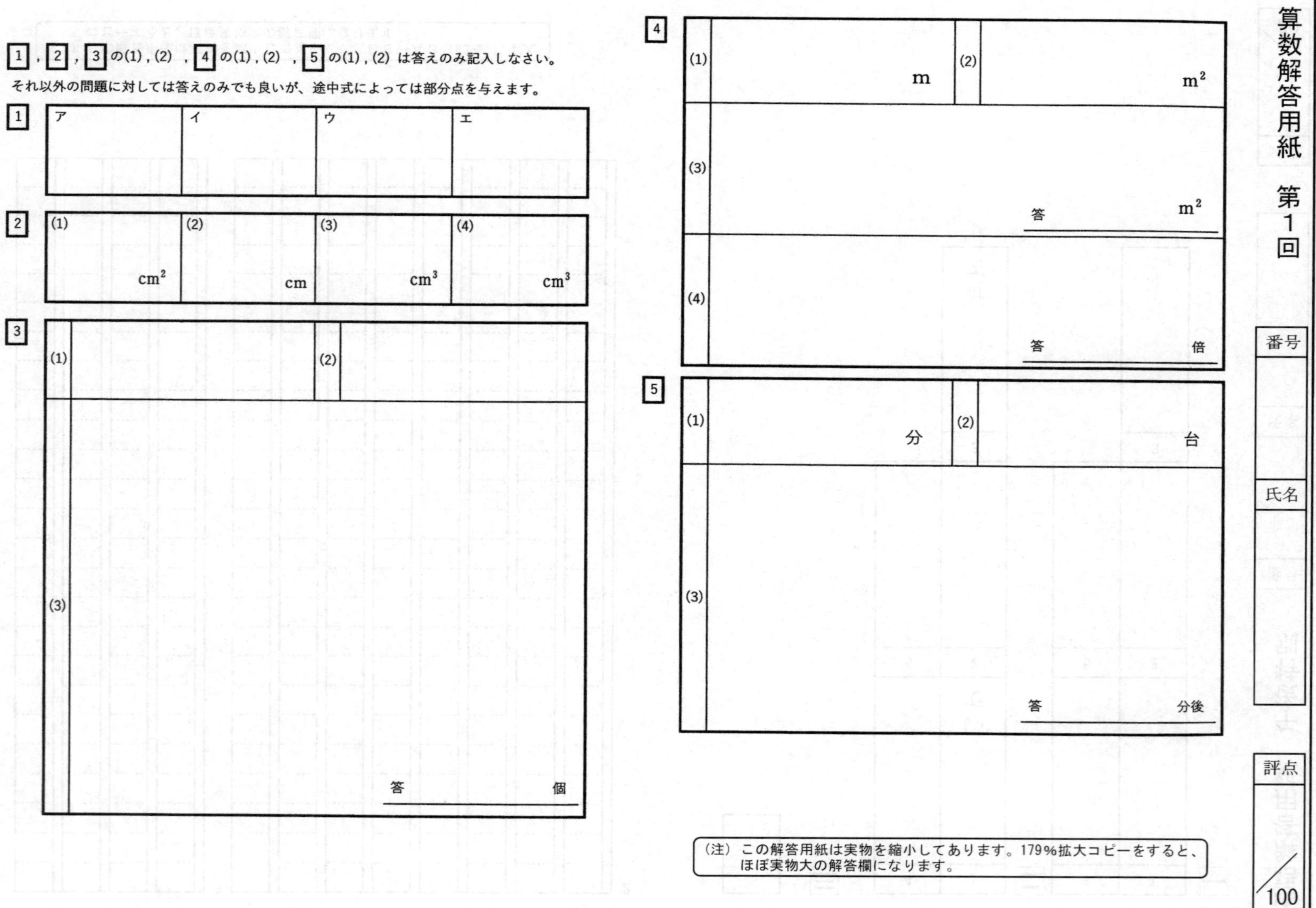

2022年度　昭和学院秀英中学校

算数解答用紙　第1回

番号		氏名		評点	/100

1, 2, 3 の(1), (2), 4 の(1), (2), 5 の(1), (2) は答えのみ記入しなさい。
それ以外の問題に対しては答えのみでも良いが、途中式によっては部分点を与えます。

1

ア	イ	ウ	エ

2

(1)	(2)	(3)	(4)
cm^2	cm	cm^3	cm^3

3

(1)　(2)

(3)

答　　　個

4

(1)　　m　(2)　　m^2

(3)

答　　m^2

(4)

答　　倍

5

(1)　　分　(2)　　台

(3)

答　　分後

（注）この解答用紙は実物を縮小してあります。179%拡大コピーをすると、ほぼ実物大の解答欄になります。

〔算　数〕100点(学校配点)

1～3　各6点×11<3の(1)は完答>　4　各4点×4　5　各6点×3

２０２２年度　昭和学院秀英中学校

社会解答用紙　第１回

番号		氏名		評点	／50

1 問１ 農作物名：　　地形の名称：

問２ １　　２　　問３

2 問１（1）　（2）　問２　問３

問４（1）

（2）（20字）

（30字）

3 問１　問２

問３　・　問４　問５　問６　・

問７

4 問１　問２　問３　問４

問５　問６　問７

問８ ２番目：　５番目：　問９　・　問10

問11（1）　（2）　（3）

5 問１　問２　問３

問４　問５　問６　問７　・

（注）この解答用紙は実物を縮小してあります。Ｂ５→Ｂ４（141%）に拡大コピーすると、ほぼ実物大の解答欄になります。

〔社　会〕50点（学校配点）

1 問１，問２　各１点×3<問１は完答>　問３　２点　2 問１　各１点×2　問２〜問４　各２点×4

3 問１，問２　各１点×2　問３　２点<完答>　問４，問５　各１点×2　問６，問７　各２点×2<問６は完答>　4 問１〜問７　各１点×7　問８，問９　各２点×2<各々完答>　問10，問11　各１点×4

5 問１〜問３　各１点×3　問４　２点　問５　１点　問６，問７　各２点×2<問７は完答>

2022年度　　昭和学院秀英中学校

理科解答用紙　第1回

番号		氏名		評点	／50

1

問1	(1) km/時	(2) ①	②	③	問2	(1) 記号	(2) 速さ m/秒

2

問1		問2		問3	
問4	cm	問5	g	問6	

3

問1	(1)	(2)	(3)	(4)
問1	(5)	(6)	問2	(1) L
問2	(2)	(3)		

4

問1		問2	卵	幼虫	問3	①	②	③
問4		問5	部位	特徴				

5

問1	(1) A	B	(2) ①	②	③	④
問1	(3)			(4)		
問2		問3	(1)	(2)		

（注）この解答用紙は実物を縮小してあります。B５→A４(115%)に拡大コピーすると、ほぼ実物大の解答欄になります。

〔理　科〕50点(学校配点)

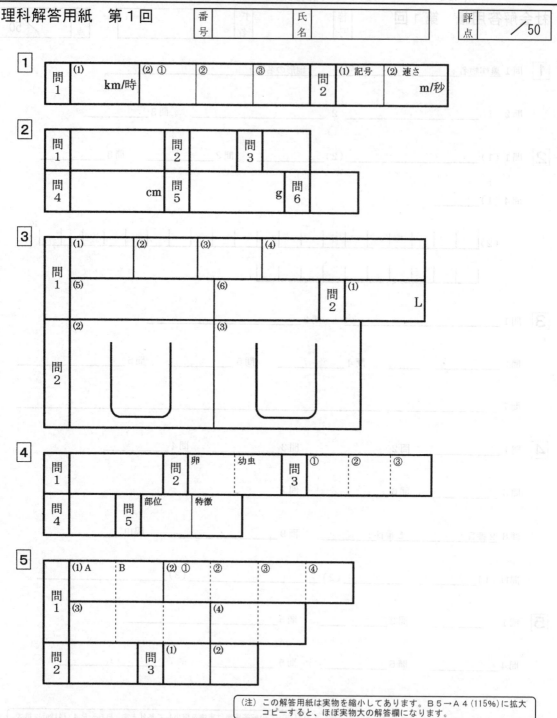

1 問1 (1) 2点 (2) ①，② 各1点×2 ③ 2点 問2 各1点×2 2 問1～問3 各1点×3 問4，問5 各2点×2 問6 1点 3 問1 各2点×6<(4)は完答> 問2 (1) 2点 (2)，(3) 各1点×2 4 問1 1点 問2～問4 各2点×3<問2，問3は完答> 問5 各1点×2 5 問1 (1) 1点<完答> (2) 2点<完答> (3)，(4) 各1点×2<各々完答> 問2 2点 問3 各1点×2

二〇二二年度　昭和学院秀英中学校

国語解答用紙　第一回

番号		氏名		評点	/100

一

1 a　b　c み　d

2　3

4

5　6 (1)

6 (2) B　である。

C　である。

6 (3)

二

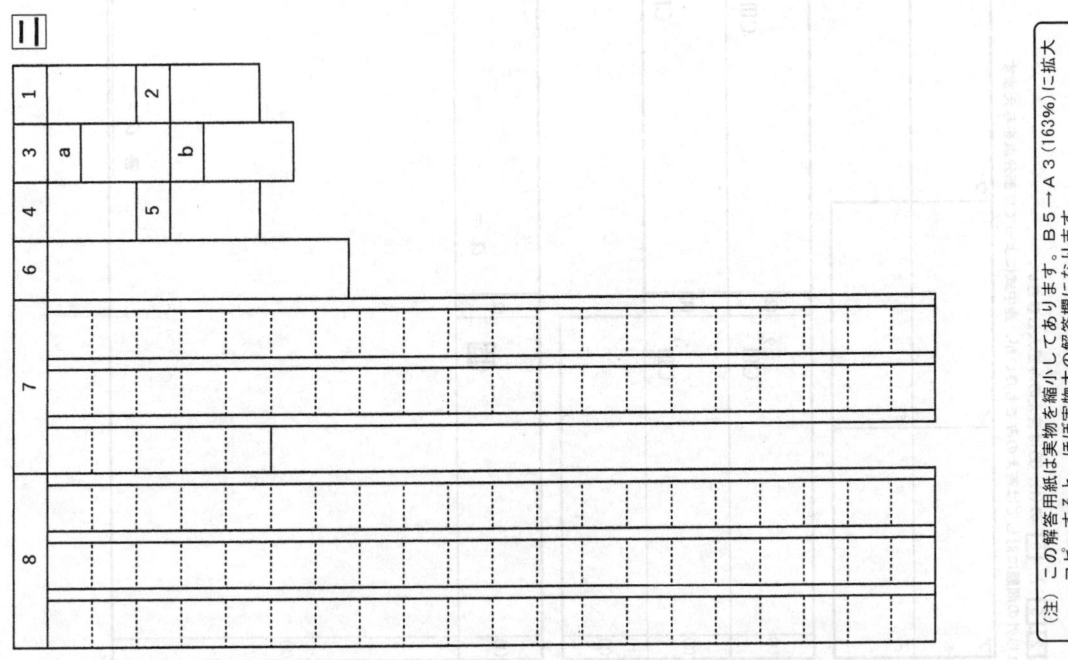

1　2

3 a　b

4　5

6

7

8

(注) この解答用紙は実物を縮小してあります。B5→A3(163%)に拡大コピーすると、ほぼ実物大の解答欄になります。

〔国　語〕100点(学校配点)

一 1　各2点×4　2, 3　各5点×2　4　8点　5　5点　6　(1)　4点　(2), (3)　各6点×3　二 1, 2　各3点×2　3　各4点×2　4〜6　各5点×3　7　8点　8　10点

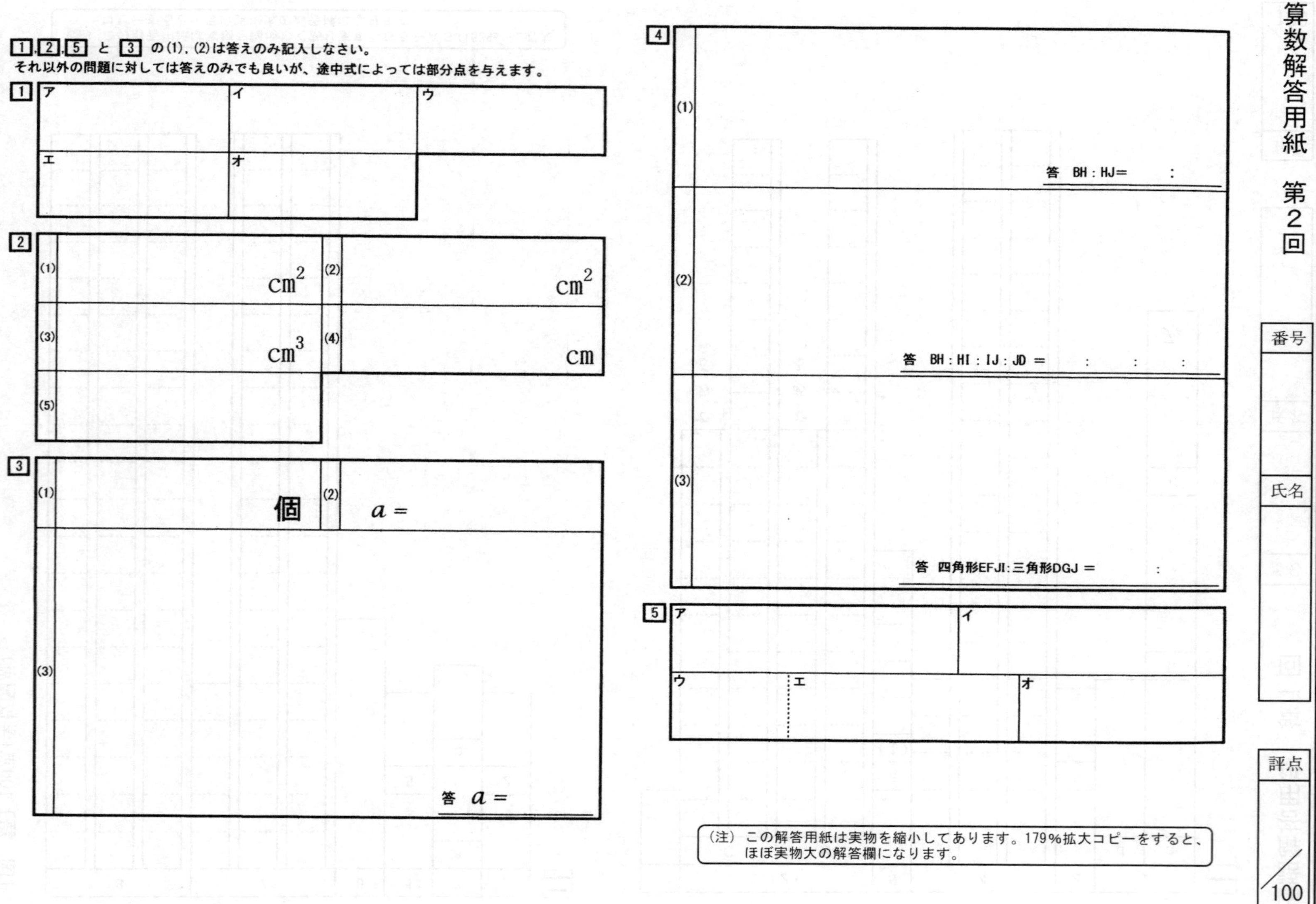

2022年度 昭和学院秀英中学校

算数解答用紙 第2回

番号 | 氏名 | 評点 /100

1, 2, 5 と 3 の(1), (2)は答えのみ記入しなさい。
それ以外の問題に対しては答えのみでも良いが、途中式によっては部分点を与えます。

1 ア | イ | ウ | エ | オ

2 (1) cm² | (2) cm² | (3) cm³ | (4) cm | (5)

3 (1) 個 | (2) a = | (3) 答 a =

4 (1) 答 BH : HJ = :
(2) 答 BH : HI : IJ : JD = : : :
(3) 答 四角形EFJI : 三角形DGJ = :

5 ア | イ | ウ | エ | オ

(注) この解答用紙は実物を縮小してあります。179%拡大コピーをすると、ほぼ実物大の解答欄になります。

〔算　数〕100点(学校配点)

1〜4　各5点×16　5　ア, イ　各5点×2　ウ・エ　5点<完答>　オ　5点

2022年度　昭和学院秀英中学校

社会解答用紙　第2回

番号		氏名		評点	／50

1 問1 ____ 問2 ____ 問3 (1) ____ (2) ____

問4 ____ (20) ____ (40) ____ (60)

2 問1 ____ 問2 ____ 問3 (1) ____ (2) ____

問4 ____

3 ____・____・____

4 A ____ B ____ C ____

D ____ E ____

問1 2番目 ____ 4番目 ____ 問2 ____ 問3 ____

問4 ____ 問5 ____・____ 問6 ____

5 ____・____・____

6 問1 ____ 問2 ____ 問3 ____

問4 ____ 問5 ____ 問6 ____

問7 ____

7 問1 (1) ____ (2) ____ (3) ____

問2 ____ 問3 ____

問4 ____

問5 ____ 問6 2番目 ____ 3番目 ____

(注) この解答用紙は実物を縮小してあります。172%拡大コピーをすると、ほぼ実物大の解答欄になります。

〔社　会〕50点(学校配点)

1 問1　2点　問2, 問3　各1点×3　問4　3点　2 問1　2点　問2　1点　問3　(1)　2点　(2)　1点　問4　1点　3　2点＜完答＞　4　A～E　各1点×5　問1　2点＜完答＞　問2～問4　各1点×3　問5　2点＜完答＞　問6　1点　5　2点＜完答＞　6　問1～問6　各1点×6　問7　2点　7　問1～問3　各1点×5　問4　2点　問5　1点　問6　2点＜完答＞

2022年度　昭和学院秀英中学校

理科解答用紙　第2回

番号		氏名		評点	／50

1

問1	g	問2	g	問3	g

2

問1	g	問2	g

問3	あ	g	い	g	う		え	g

問4	g

3

問1		問2		問3	

問4	

問5	A		B		C		D		E	

問6		

4

問1		問2	

問3	

問4		問5	

問6	A		D	
	E			

(注) この解答用紙は実物を縮小してあります。B5→A4(115%)に拡大コピーすると、ほぼ実物大の解答欄になります。

〔理　科〕50点(学校配点)

1, 2　各2点×10　3　問1, 問2　各2点×2　問3　3点　問4, 問5　各2点×2<各々完答>　問6　3点<完答>　4　各2点×8<問2, 問4は完答>

二〇二三年度　昭和学院秀英中学校

国語解答用紙　第二回

番号　氏名　評点 /100

一

1 a b c d e　2　3　4　5　6　7　8　9

二

1 a b c　2　3　4　5　6　7　8　9

(注)この解答用紙は実物を縮小してあります。179%拡大コピーをすると、ほぼ実物大の解答欄になります。

〔国　語〕100点(学校配点)

一　1　各2点×5　2, 3　各3点×2　4　10点　5　6点　6　各3点×2　7　6点　8　5点　9　6点　二　1, 2　各2点×4　3　3点　4～6　各5点×3　7　4点　8　5点　9　10点

2021年度 昭和学院秀英中学校

算数解答用紙 午後特別

番号		氏名	

評点	/120

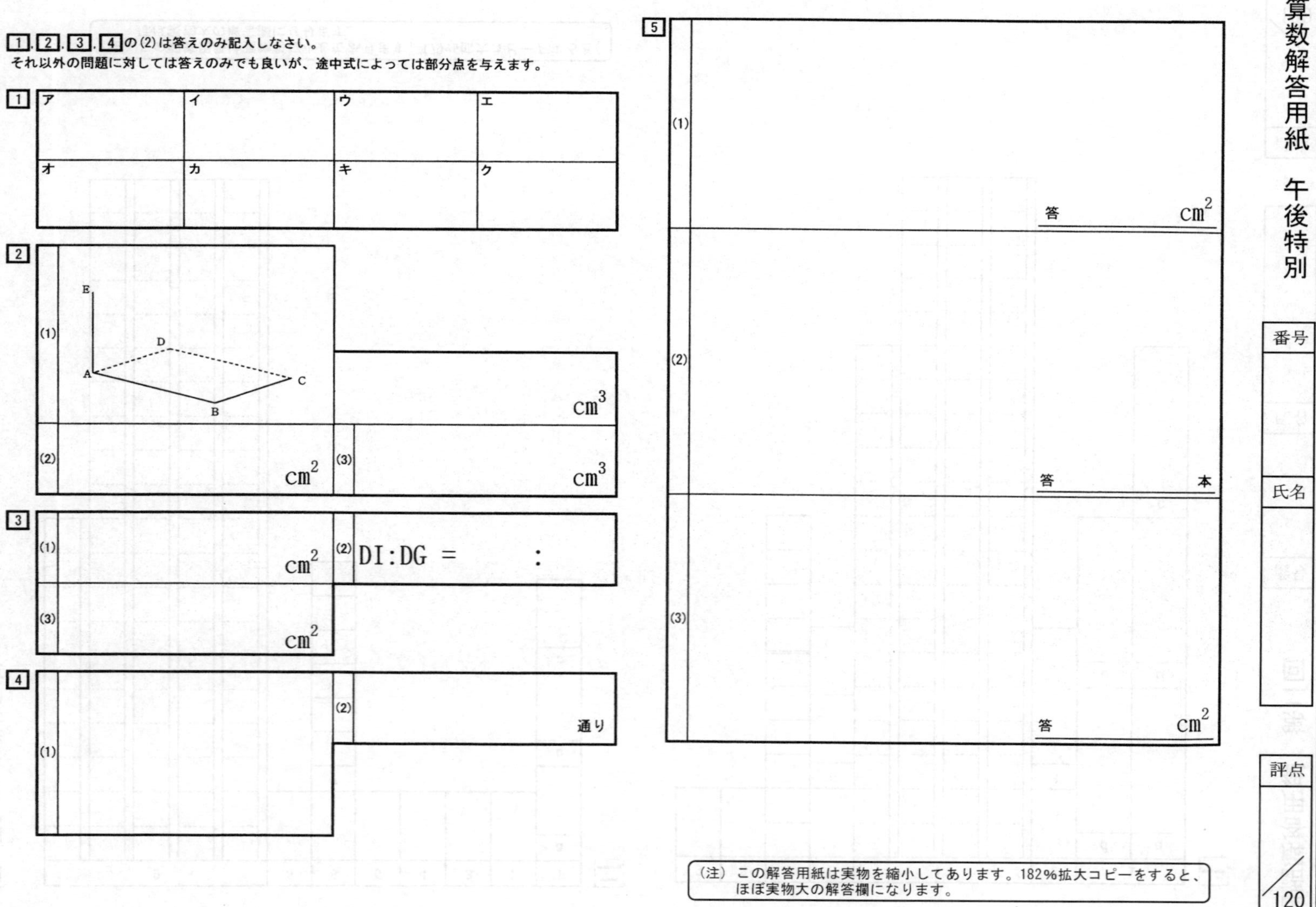

1, 2, 3, 4の(2)は答えのみ記入しなさい。
それ以外の問題に対しては答えのみでも良いが、途中式によっては部分点を与えます。

1

ア	イ	ウ	エ
オ	カ	キ	ク

2

(1) cm^3

(2) cm^2

(3) cm^3

3

(1) cm^2

(2) DI:DG = :

(3) cm^2

4

(1)

(2) 通り

5

(1) 答 cm^2

(2) 答 本

(3) 答 cm^2

（注） この解答用紙は実物を縮小してあります。182%拡大コピーをすると、ほぼ実物大の解答欄になります。

〔算　数〕120点（学校配点）

1〜5　各6点×20＜4の(1)は完答＞

二〇二二年度　昭和学院秀英中学校

国語解答用紙　午後特別

番号		氏名		評点	/80

一

1		2		3	
4		5			

二

1		2	え	3	
4	つ	5			

三

1

A		B	

2

3

（注）この解答用紙は実物を縮小してあります。Ｂ５→Ａ３（163%）に拡大コピーすると、ほぼ実物大の解答欄になります。

〔国　語〕80点(学校配点)

一, 二　各２点×10　三　1　5点＜完答＞　2　35点　3　20点

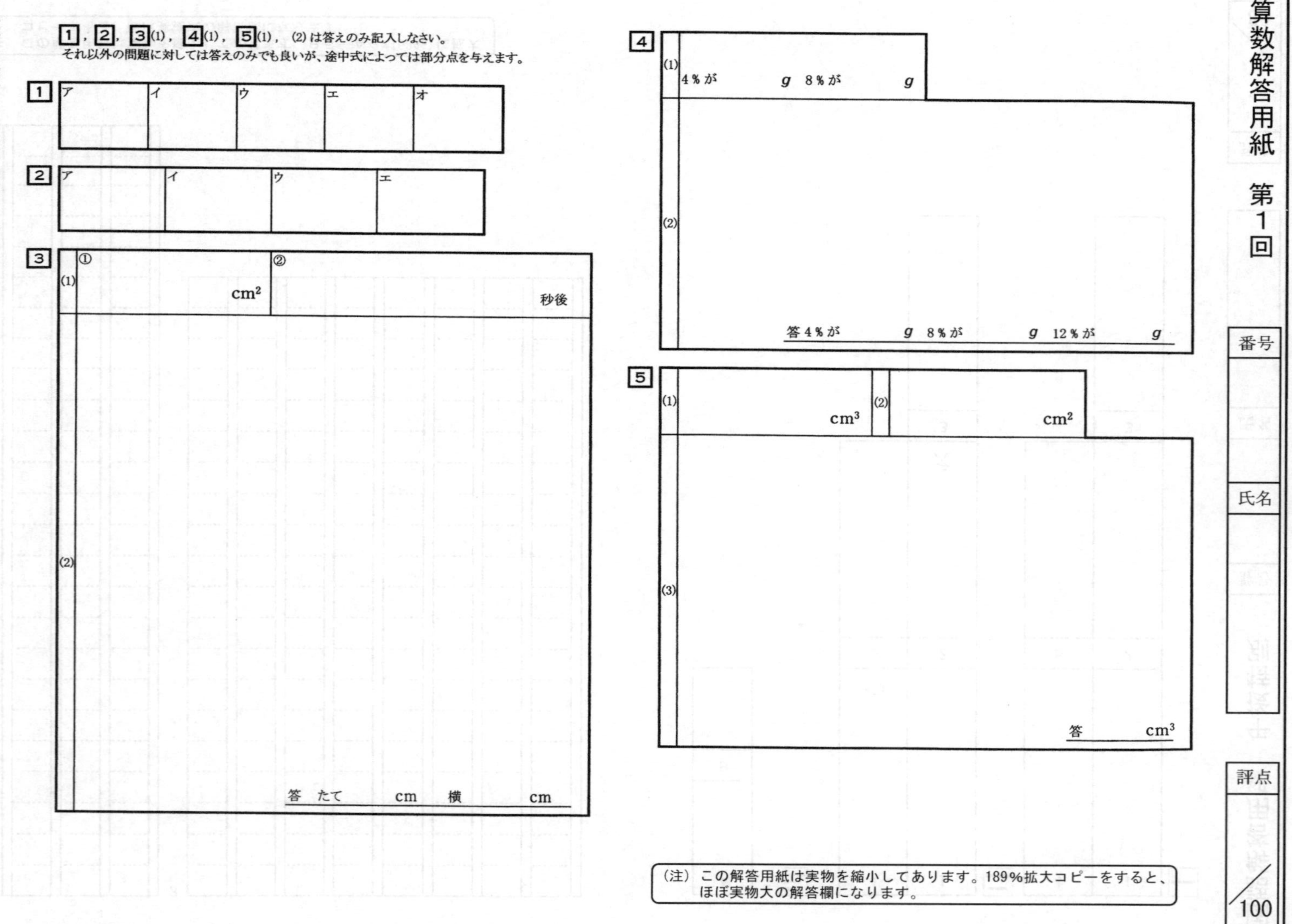
2021年度　昭和学院秀英中学校
算数解答用紙　第1回
番号　氏名　評点　/100
1，2，3(1)，4(1)，5(1)，(2)は答えのみ記入しなさい。
それ以外の問題に対しては答えのみでも良いが，途中式によっては部分点を与えます。
1　ア　イ　ウ　エ　オ
2　ア　イ　ウ　エ
3　(1)　①　cm²　②　秒後
(2)　答　たて　cm　横　cm
4　(1)　4％が　g　8％が　g
(2)　答 4％が　g　8％が　g　12％が　g
5　(1)　cm³　(2)　cm²
(3)　答　cm³
(注) この解答用紙は実物を縮小してあります。189%拡大コピーをすると，ほぼ実物大の解答欄になります。

〔算　数〕100点(学校配点)

1　ア　6点　イ，ウ　各3点×2　エ，オ　各6点×2　2　ア，イ　各6点×2　ウ，エ　各3点×2
3　(1)　①　6点　②　8点＜完答＞　(2)　各4点×2　4　(1)　6点　(2)　8点　5　(1)　6点
(2)，(3)　各8点×2

2021年度　昭和学院秀英中学校

社会解答用紙　第1回

番号		氏名		評点	／50

1　問1＿＿＿　問2＿＿＿　問3＿＿＿

問4［　　　］　問5＿＿＿

2　問1（20／40／60）

問2＿＿＿　問3＿＿＿

問4（20／30）

3　問1＿＿＿　問2＿＿＿　問3＿＿＿　問4＿＿＿

問5＿＿＿　問6＿＿＿　問7＿＿＿　問8＿＿＿

問9＿＿＿　問10＿＿＿　問11＿＿＿　問12＿＿＿

問13＿＿＿

問14＿＿＿

4　問1＿＿＿　問2＿＿＿　問3＿＿＿

問4＿＿＿　問5＿＿＿

5　問1＿＿＿　問2＿＿＿　問3＿＿＿　問4＿＿＿

問5＿＿＿　問6 A＿＿＿ B＿＿＿ C＿＿＿

問7＿＿＿→＿＿＿→＿＿＿→＿＿＿　問8＿＿＿

〔社　会〕50点(学校配点)

1　問1　2点　問2～問4　各1点×3　問5　2点　2　問1　3点　問2　2点　問3　1点　問4　2点　3　問1～問3　各1点×3　問4　2点　問5　1点　問6　2点　問7　1点　問8　2点　問9～問11　各1点×3　問12～問14　各2点×3　4　各1点×5　5　問1～問5　各1点×5　問6，問7　各2点×2＜各々完答＞　問8　1点

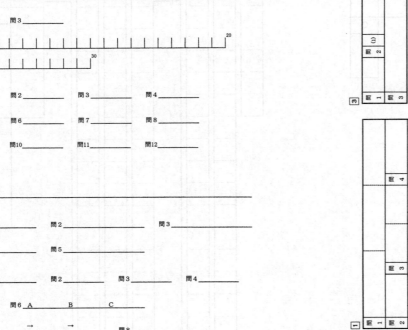

2021年度　昭和学院秀英中学校

理科解答用紙　第1回

番号		氏名		評点	／50

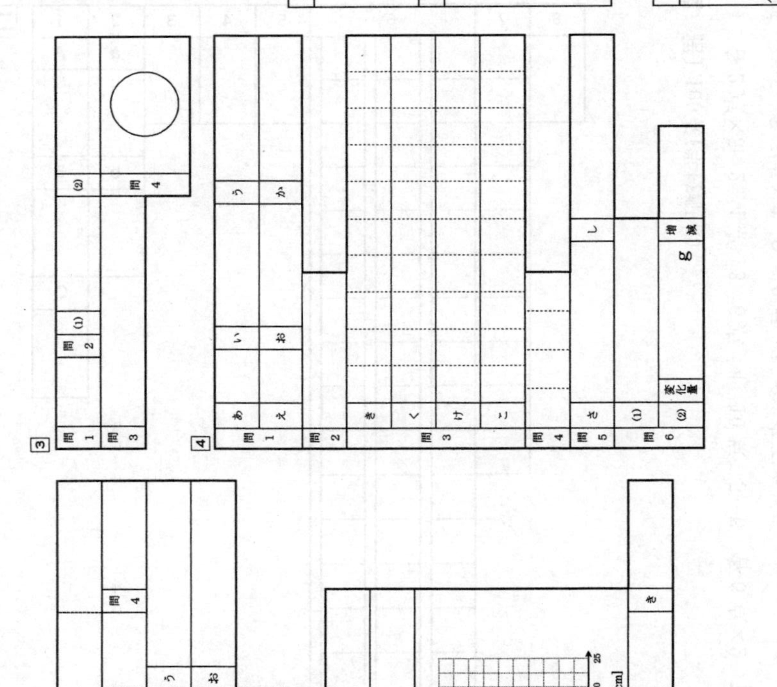

〔理　科〕50点(学校配点)

1　問1～問4　各1点×4＜問1，問3は完答＞　問5　各2点×5　2　問1　あ・い　2点＜完答＞　う・え　2点＜完答＞　問2　2点　問3　お・か　1点＜完答＞　き　1点　問4　2点＜完答＞　3　問1　1点　問2，問3　各2点×3＜問3は完答＞　問4　1点　4　問1　あ～う　2点＜完答＞　え～か　2点＜完答＞　問2　2点＜完答＞　問3　き・く　2点＜完答＞　け・こ　2点＜完答＞　問4～問6　各2点×4＜問5，問6の(2)は完答＞

二〇二二年度　昭和学院秀英中学校

国語解答用紙　第一回

番号　氏名　評点 /100

一

1 a b c d e
2
3
4
5
6
7
8

二

1 A B C
2 a b
3
4
5
6
7
8

（注）この解答用紙は実物を縮小してあります。B5→A3（163%）に拡大コピーすると、ほぼ実物大の解答欄になります。

〔国　語〕100点（学校配点）

一　1　各2点×5　2　4点　3　6点　4　10点　5，6　各6点×2　7　8点　8　5点　二　1，2　各2点×5　3～5　各5点×3　6　10点　7，8　各5点×2

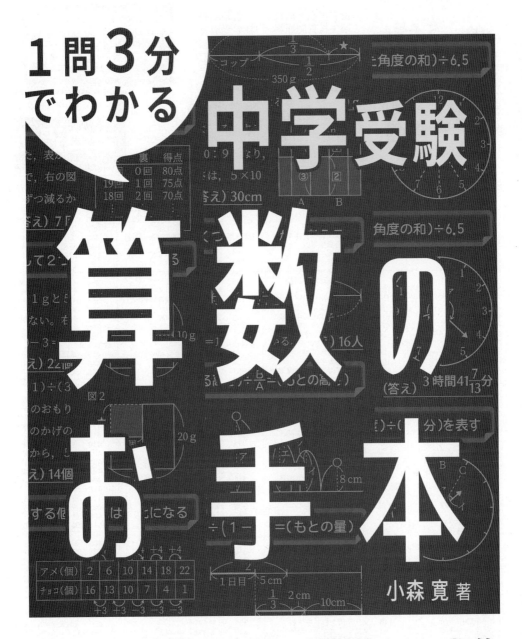

中学スーパー過去問　抜群の解説・解答!!　声の教育社版

合格必需品

定価2,200円～2,970円（税込）

都立中高一貫校
適性検査問題集

定価1,320円（税込）

首都圏版
中学受験案内

中学受験案内 2025年度用
声の教育社

定価2,310円（税込）

もっと古いカコモンないの？
中学
カコ過去問
「さらにカコの」過去問をHPに掲載（DL）

①優秀な解説・解答スタッフが執筆!!　②くわしい出題傾向分析と対策　③解答用紙が別冊、自己採点ができる!!

●東京都
ア 23 青山学院中等部
2 麻布中学校
73 足立学園中学校
51 跡見学園中学校
54 郁文館中学校
65 穎明館中学校
113 江戸川女子中学校
8 桜蔭中学校
98 桜美林中学校
76 鷗友学園女子中学校
45 大妻中学校
122 大妻多摩中学校
131 大妻中野中学校
12 お茶の水女子大附属中学校
カ 19 海城中学校
3 開成中学校
150 開智日本橋学園中学校
94 かえつ有明中学校
38 学習院中等科
20 学習院女子中等科
61 吉祥女子中学校
149 共栄学園中学校
48 暁星中学校
44 共立女子中学校
130 共立女子第二中学校
5 慶應義塾中等部
55 京華中学校
56 京華女子中学校
77 恵泉女学園中学校
71 光塩女子学院中等科
136 工学院大附属中学校
34 攻玉社中学校
91 麴町学園女子中学校
69 佼成学園中学校
97 佼成学園女子中学校
31 香蘭女学校中等科
70 国学院大久我山中学校
118 国士舘中学校
121 駒込中学校
99 駒沢学園女子中学校
4 駒場東邦中学校
サ 135 桜丘中学校
126 サレジアン国際学園中学校
79 サレジアン国際学園世田谷中学校
139 実践学園中学校
24 実践女子学園中学校
35 品川女子学院中等部
27 芝中学校
87 芝浦工業大附属中学校
95 芝国際中学校
103 渋谷教育学園渋谷中学校
40 十文字中学校
86 淑徳中学校
93 淑徳巣鴨中学校
124 順天中学校
30 頌栄女子学院中学校
117 城西大附属城西中学校
85 城北中学校
25 昭和女子大附属昭和中学校
7 女子学院中学校
90 女子聖学院中学校
127 女子美術大付属中学校
49 白百合学園中学校
41 巣鴨中学校
89 聖学院中学校
60 成蹊中学校
21 成城中学校
75 成城学園中学校
132 青稜中学校
82 世田谷学園中学校
タ 105 高輪中学校
83 玉川学園(中)
106 玉川聖学院中等部
64 多摩大附属聖ケ丘中学校
134 多摩大目黒中学校
120 中央大附属中学校
108 千代田国際中学校
11 筑波大附属中学校
1 筑波大附属駒場中学校
88 帝京中学校
151 帝京大学中学校
78 田園調布学園中等部
14 東京学芸大世田谷中学校
13 東京学芸大竹早中学校
50 東京家政学院中学校
115 東京家政大附属女子中学校
26 東京女学館中学校
100 東京成徳大中学校
160 東京大学附属中等教育学校
112 東京電機大中学校
119 東京都市大等々力中学校
80 東京都市大付属中学校
145 東京農業大第一高校中等部
59 桐朋中学校
109 桐朋女子中学校
28 東洋英和女学院中学部
58 東洋大京北中学校
33 トキワ松学園中学校
110 豊島岡女子学園中学校
53 獨協中学校
153 ドルトン東京学園中等部
ナ 128 中村中学校
133 日本工業大駒場中学校
129 日本学園中学校
92 日本大第一中学校
68 日本大第二中学校
84 日本大第三中学校
52 日本大豊山中学校
116 日本大豊山女子中学校
ハ 147 八王子学園八王子中学校
144 広尾学園中学校
152 広尾学園小石川中学校
74 富士見中学校
63 藤村女子中学校
9 雙葉中学校
32 普連土学園中学校
146 文化学園大杉並中学校
57 文京学院大女子中学校
101 文教大付属中学校
62 法政大中学校
148 宝仙学園中学校理数インター
42 本郷中学校
マ 114 三田国際学園中学校
143 明星学園中学校
46 三輪田学園中学校
16 武蔵中学校
96 武蔵野大学中学校
104 明治学院中学校
72 明治大付属中野中学校
123 明治大付属八王子中学校
43 明治大付属明治中学校
66 明星中学校(府中)
125 目黒学院中学校
22 目白研心中学校
ヤ 140 八雲学園中学校
102 安田学園中学校
29 山脇学園中学校
ラ 37 立教池袋中学校
67 立教女学院中学校
36 立正大付属立正中学校
ワ 17 早稲田中学校
18 早稲田実業学校中等部
81 早稲田大高等学院中学部
47 和洋九段女子中学校
【東京都立・区立６年制中高一貫校】
161 九段中等教育学校
162 白鷗高校附属中学校
163 両国高校附属中学校
164 小石川中等教育学校
165 桜修館中等教育学校
166 武蔵高校附属中学校
167 立川国際中等教育学校
168 大泉高校附属中学校
169 三鷹中等教育学校
170 富士高校附属中学校
171 南多摩中等教育学校
●神奈川県
320 青山学院横浜英和中学校
304 浅野中学校
301 栄光学園中学校
332 神奈川学園中学校
343 県立相模原・平塚中等教育学校
316 神奈川大附属中学校
328 鎌倉学園中学校
322 鎌倉女学院中学校
331 カリタス女子中学校
344 市立川崎高校附属中学校
314 関東学院中学校
339 公文国際学園中等部
321 慶應義塾湘南藤沢中等部
6 慶應義塾普通部
311 サレジオ学院中学校
325 自修館中等教育学校
315 湘南学園中学校
336 湘南白百合学園中学校
327 逗子開成中学校
303 聖光学院中学校
323 聖セシリア女子中学校
337 清泉女学院中学校
310 洗足学園中学校
341 中央大附属横浜中学校
335 鶴見大附属中学校
302 桐蔭学園中等教育学校
318 東海大付属相模高校中等部
317 桐光学園中学校
330 藤嶺学園藤沢中学校
306 日本女子大附属中学校
309 日本大中学校(日吉)
340 日本大藤沢中学校
10 フェリス女学院中学校
308 法政大第二中学校
347 聖園女学院中学校
312 森村学園中等部
313 山手学院中学校
342 横須賀学院中学校
307 横浜共立学園中学校
305 横浜国立大横浜・鎌倉中学校
326 横浜女学院中学校
345 市立南中学校
346 市立横浜サイエンスフロンティア中学校
324 横浜翠陵中学校
333 横浜創英中学校
319 横浜富士見丘学園中学校
329 横浜雙葉中学校
●千葉県
352 市川中学校
361 光英VERITAS中学校
355 国府台女子学院中学部
360 芝浦工業大柏中学校
354 渋谷教育学園幕張中学校
369 秀明八千代中学校
365 昭和学院中学校
362 昭和学院秀英中学校
363 西武台千葉中学校
359 専修大松戸中学校
364 千葉県立千葉・東葛飾中学校
368 千葉市立稲毛国際中等教育学校
356 千葉日本大第一中学校
357 東海大付属浦安高校中等部
351 東邦大付属東邦中学校
358 麗澤中学校
353 和洋国府台女子中学校
●埼玉県
413 浦和明の星女子中学校
418 浦和実業学園中学校
415 大妻嵐山中学校
416 大宮開成中学校
406 開智中学校
425 開智未来中学校
414 春日部共栄中学校
428 川口市立高校附属中学校
424 埼玉県立伊奈学園中学校
412 埼玉栄中学校
419 さいたま市立浦和中学校
427 さいたま市立大宮国際中等教育学校
401 埼玉大附属中学校
407 埼玉平成中学校
404 栄東中学校（A・東大Ⅰ）
426 栄東中学校（B・東大Ⅱ）
417 淑徳与野中学校
402 城西川越中学校
422 昌平中学校
411 城北埼玉中学校
403 西武学園文理中学校
405 聖望学園中学校
421 東京農業大第三高校附属中学校
410 獨協埼玉中学校
409 星野学園中学校
420 本庄東高校附属中学校
408 立教新座中学校
●茨城県
452 茨城中学校
458 茨城キリスト教学園中学校
459 茨城県立中等教育学校・中学校
451 江戸川学園取手中学校
455 常総学院中学校
454 土浦日本大中等教育学校
456 水戸英宏中学校
453 茗溪学園中学校
●栃木県
503 国学院大栃木中学校
504 作新学院中等部
501 佐野日本大中等教育学校
502 白鷗大足利中学校
●兵庫・鹿児島県
601 灘中学校
602 ラ・サール中学校
●算数の過去問25年分
701 筑波大附属駒場中学校
702 麻布中学校
703 開成中学校

声の教育社　〒162-0814 東京都新宿区新小川町8-15
https://www.koenokyoikusha.co.jp
TEL 03（5261）5061(代)　FAX 03（5261）5062